História da literatura
cristã antiga grega e latina

II/1
Do Concílio de Nicéia ao início da Idade Média

CLAUDIO MORESCHINI — ENRICO NORELLI

HISTÓRIA DA LITERATURA CRISTÃ ANTIGA GREGA E LATINA

II

Do Concílio de Nicéia ao início da Idade Média

Tomo 1

TRADUÇÃO
Marcos Bagno

Edições Loyola

Título original:
Storia della letteratura cristiana antica greca e latina
II: Dal Concilio di Nicea agli inizi del Medioevo, tomo primo
© 1996 Editrice Morcelliana
Via Gabriele Rosa 71 – 25121 Brescia
ISBN 88-372-1610-6

Diretor geral: Eliomar Ribeiro, SJ
Editor: Gabriel Frade

Diagramação: So Wai Tam
Edição de texto: Marcos Marcionilo
Revisão: Renato da Rocha Carlos, Silvana Cobucci Leite
e Sandra Garcia Custódio

Capa ajustada e atualizada por Ronaldo Hideo Inoue
a partir do projeto gráfico original.
Na capa, abertura do Concílio de Niceia (325 d.C.)
pelo imperador romano Constantino I, o Grande (em primeiro plano),
detalhe da obra (c. 1560) de Cesare Nebbia (c. 1536-c. 1614).

Edições Loyola
Rua 1822 nº 341, Ipiranga
04216-000 São Paulo, SP
T 55 11 3385 8500/8501, 2063 4275
editorial@loyola.com.br, vendas@loyola.com.br
loyola.com.br, ❶❷❸❹ @edicoesloyola

Todos os direitos reservados. Nenhuma parte desta obra pode ser reproduzida ou transmitida
por qualquer forma e/ou quaisquer meios (eletrônico ou mecânico, incluindo fotocópia e gravação)
ou arquivada em qualquer sistema ou banco de dados sem permissão escrita da Editora.

ISBN 978-85-15-01963-2

© EDIÇÕES LOYOLA, São Paulo, Brasil, 2000

Índice

Prefácio ao segundo volume 11
Siglas e Abreviaturas 15

CAPÍTULO I – **CRISTIANISMO E ANTIGUIDADE TARDIA** 19

1. Decadência e fim do império romano do Ocidente 20
2. Esgotamento do pensamento pagão no mundo ocidental 22
3. Decadência e Antiguidade tardia 26
4. Cristianismo e cultura clássica na época tardo-antiga 27
5. Formas literárias cristãs e tardo-antigas 30
6. Algumas formas literárias cristãs 34

CAPÍTULO II – **ESCRITORES GREGOS DA CONTROVÉRSIA ARIANA** 43

1. Ário e Alexandre, bispo de Alexandria 44
2. Astério 48
3. A controvérsia ariana entre Igreja e Império 49
4. O concílio de Nicéia 52
5. Eustácio de Antioquia 54
6. O campeão da fé de Nicéia: Atanásio 56
   a) Uma biografia exemplar 56
   b) As obras dogmáticas 59
   c) As obras históricas 63
   d) As obras exegéticas 65
   e) As obras hagiográficas e ascéticas 66
   f) O epistolário 68
   g) O papel histórico e religioso de Atanásio 72
7. Serapião 74
8. Cirilo de Jerusalém 75
9. João de Jerusalém 78

10. Eusébio de Emesa 78
11. Marcelo de Ancira 80
12. Fotino 81
13. Epifânio de Salamina 82

CAPÍTULO III – POLEMISTAS, ASCETAS E EXEGETAS GREGOS NO SÉCULO IV 87

1. Escritores antimaniqueístas 88
   a) Hegemônio 89
   b) Serapião de Thmuis 90
   c) Tito de Bostra 91
2. Escritores do monaquismo 91
3. Os escritos atribuídos a Macário: Macário-Simeão 96
4. Apolinário de Laodicéia 98
   a) A atividade literária de Apolinário 99
   b) O pensamento de Apolinário 101
   c) Obras exegéticas 102
5. Dídimo de Alexandria 102
   a) Obras exegéticas 103
   b) Obras dogmáticas 109

CAPÍTULO IV – OS PADRES CAPADÓCIOS 115

1. Civilização e cultura da Capadócia 116
2. Basílio de Ancira 116
3. Os capadócios 118
   a) Na Capadócia, em Atenas, no ermo 118
   b) Os inícios da teologia de Basílio: o *Contra Eunômio* 121
   c) Basílio, bispo de Cesaréia 126
   d) Gregório orador em Nazianzo 127
   e) Os primeiros anos de Gregório de Nissa escritor 129
   f) Basílio e suas cartas 131
   g) Basílio pregador 133
   h) A ascese 137
   i) A discussão sobre o Espírito Santo 142
   j) Outras obras de Gregório de Nissa 145
   k) Após a morte de Basílio 148
   l) Os últimos anos de Gregório em Nazianzo 153
   m) O epistolário de Gregório Nazianzeno 155
   n) Os poemas de Gregório Nazianzeno 156
   o) O ápice da produção de Gregório de Nissa 160
4. Anfilóquio de Icônio 172
5. Evágrio Pôntico 173

a) As obras de Evágrio 174
b) Doutrina de Evágrio 175

CAPÍTULO V – A ESCOLA ANTIOQUENA 177
1. Diodoro de Tarso 181
2. Teodoro de Mopsuéstia 183
   a) A exegese de Teodoro de Mopsuéstia 184
   b) O pensamento teológico de Teodoro 185
   c) A Réplica a Juliano Imperador 187
3. Policrônio de Apaméia 189
4. João Crisóstomo 189
   a) Escritos morais em defesa do monaquismo e da ascese 190
   b) A pregação do período antioqueno 193
   c) Homilias de conteúdo teológico 196
   d) Homilias catequéticas 197
   e) Homilias morais 197
   f) Homilias litúrgicas 198
   g) Os panegíricos 199
   h) De Antioquia a Constantinopla 200
   e) As obras do período constantinopolitano 203
   f) Crisóstomo, escritor e exegeta 205
5. Teodoreto de Cirro 208
   a) Obras exegéticas 209
   b) Obras apologéticas e retóricas 213
   c) Obras dogmáticas e polêmicas 216
6. Nemésio de Emesa 223
7. Severiano de Gabala 224

CAPÍTULO VI – ENTRE CRISTIANISMO E PAIDEIA ANTIGA
SINÉSIO DE CIRENE E NONO DE PANÓPOLIS 229
1. Sinésio de Cirene 230
   a) Filosofia e conversão cristã 230
   b) O epistolário 233
   c) As obras pagãs 234
   d) Os *Hinos* 235
2. Nono de Panópolis 238
   a) Identidade do poeta e autenticidade das obras 238
   b) O cristianismo de Nono 239
   c) A Paráfrase do Evangelho de João 240
3. Visão de Doroteu 243
4. Eudóxia Augusta 245

CAPÍTULO VII – LITERATURA CANÔNICA-LITÚRGICA DO SÉCULO IV-VI ... 249
As grandes coletâneas 252

CAPÍTULO VIII – DESENVOLVIMENTOS DA LITERATURA APÓCRIFA 257
I. Cânon e apócrifos 257
II. Gêneros e obras da literatura apócrifa 267
  1. Tradição sobre Jesus e Maria 267
    a) Nascimento e infância 267
    b) Paixão e descida aos infernos de Jesus 270
    c) Trânsito (ou Dormição) de Maria 274
  2. Cartas apostólicas 278
  3. Atos de apóstolos 280
    a) Atos de Pedro e dos doze apóstolos (NHC VI 1) 280
    b) Textos com os mesmos protagonistas dos Atos antigos 282
    c) Atos de outros apóstolos 286
  4. O romance pseudoclementino 288
  5. Apocalipses 292
    a) *Apocalipse de Paulo* 292
    b) Apocalipses gnósticos 294
    c) Esdras 296
    d) *Apocalipse de Tomé* 298
  6. Conclusão 299

CAPÍTULO IX – POLÊMICAS ANTIARIANAS NO OCIDENTE 303
  1. Características da cultura cristã ocidental dos séculos IV-V 303
  2. Roma cristã. Concílios e cartas papais 306
  3. O donatismo 308
    a) A literatura do cisma donatista 310
    c) Optato de Mileve 312
    d) Ticônio 314
  4. A polêmica antiariana durante o império de Constâncio II 315
    a) Óssio de Córdova 316
    b) Fortunaciano 317
    c) Febádio 317
    d) Gregório de Elvira 317
    e) Potâmio de Lisboa 318
    f) Eusébio de Vercelli 319
    g) Lucífero de Cagliari 319
  5. Hilário de Poitiers 322
    a) O *Comentário a Mateus* 323
    b) As obras históricas e polêmicas 324

c) As obras dogmáticas 326
d) Últimas lutas com os arianos. O *Comentário aos Salmos* 329
6. Zenão de Verona 331
7. Gaio Mário Vitorino 332
   a) Obras de retórica 334
   b) Obras antiarianas 334
   c) As obras exegéticas de Vitorino 337
8. O triunfo da ortodoxia nicena no Ocidente: Ambrósio 339
   a) Ambrósio contra os arianos 340
   b) O concílio de Aquiléia e os escritos teológicos 343
   c) Os *Hinos* ambrosianos 344
   d) A luta contra o paganismo 346
   e) A atividade literária de Ambrósio: as homilias e orações 347
   f) Ambrósio e a Escritura 352
   g) As orações oficiais de Ambrósio 354
   h) Os tratados 355
   i) O epistolário 358
   j) Obras espúrias 359
9. Escritores do ambiente ambrosiano 360
   a) Máximo de Turim 361
10. Outros menores 362
11. Nicetas de Remesiana 363
12. A literatura ariana no Ocidente 364
13. Prisciliano 365

CAPÍTULO X – **CIÊNCIA E FILOLOGIA BÍBLICA: O AMBIENTE ROMANO** 369

1. Ambrosiaster 369
2. Ciência e filologia bíblica: Jerônimo 372
   a) Em busca da ascese 372
   b) Em Roma, junto a Dâmaso 375
   c) A opção definitiva: o mosteiro e Belém 376
   d) Os escritos ascéticos 377
   e) As biografias dos santos 382
   f) Jerônimo biblista 383
   g) Jerônimo exegeta 389
   h) As traduções de Jerônimo 395
   i) As obras históricas 396
   j) O *Epistolário* 397
3. A cultura grega à disposição dos latinos:
   Rufino de Aquiléia e suas traduções 399
   a) Outras obras de Rufino 401
   b) As traduções de Rufino 402
4. Evágrio 404
5. Pelágio 404

CAPÍTULO XI – **POESIA CRISTÃ DO OCIDENTE** 409
1. Os *Hinos* de Hilário de Poitiers 410
2. Mário Vitorino 411
3. Proba 411
4. Dâmaso 413
5. Paulino, bispo de Nola 414
   a) Paulino poeta 415
   b) O epistolário 419
6. Prudêncio 421
   a) Métrica e gêneros literários prudencianos 422
   b) Os poemas épicos 423
   c) A produção lírica 425
   d) O poeta cristão 427

CAPÍTULO XII – **BIOGRAFIA E HAGIOGRAFIA NO OCIDENTE** 431
1. Primeiras formas hagiográficas 433
2. Sulpício Severo 435
   a) Os escritos hagiográficos 435
   b) A Crônica 437
3. As composições hagiográficas de Paulino de Nola 437
4. Paulino de Milão 438
5. Possídio 439
6. Uma "paixão" diferente: *a Paixão dos mártires da Acaunia* 440
7. Itinerários e viagens aos lugares santos 442
8. Egéria 444

Índice dos nomes dos autores antigos e das obras anônimas* 447

Prefácio ao segundo volume

Poucas palavras para apresentar ao leitor este segundo volume, que contém a continuação da história da literatura cristã antiga, desde o concílio de Nicéia até os inícios da Idade Média.

Toda abordagem global de um período histórico possui seus problemas; os do cristianismo das origens, nós os tocamos a seu tempo: aqui surgem outros. Antes de mais nada, o da periodização, que é um velho problema: onde considerar concluída a "literatura cristã antiga"? Em que consiste a Antiguidade? É evidente que a história não se detém, e que as datas são um ponto de suspensão, tendo uma função meramente prática. Ora, para o tema que nos propusemos não nos parecia aceitável a data tradicional de 476 d.C. (a queda do império romano do Ocidente); tal data, aliás, é abandonada por qualquer abordagem histórica da Antiguidade tardia. Para o ambiente grego, além de tudo, nunca existiram "datas limite". Mas era preciso deter-se de algum modo. Escolheu-se, assim, não uma data, mas uma época, e aqui a história do Ocidente era, de novo, mais bem-delineada que a do Oriente. Então, é justificável chegar até a fase de Gregório Magno, Gregório de Tours e Isidoro de Sevilha, que podem ser considerados personalidades ambivalentes, conservando o velho e prenunciando, de modos diferentes, o novo, isto é, a cultura medieval. É certo, de todo modo, que podemos ver tal cultura *in fieri* já em Boécio ou em Cesário de Arles. Para o Oriente, não há uma solução de continuidade perceptível entre a era de Justiniano e a de seus sucessores, e de resto costuma-se dizer que com Justiniano já estamos há muito em época bizantina (mas desde quando?). Era preciso deter-se, portanto, em torno do quinto concílio ecumênico de Constantinopla (553 d.C.), com suas últimas repercussões.

Um segundo problema é o da seleção do material — que é muito vasto, imponente — para os séculos IV, V e VI. Aqui, o problema é igualmente espinhoso: o que é e o que não é "literatura"? Tentamos fazer um corte com uma simplicidade desconcertante, da qual pedimos desculpas ao leitor: não conseguimos dizer o que é "literário", mas pudemos dizer somente que é aquilo que não é documentário; aquilo que não tem um objetivo unicamente prático. Com base nessa distinção, tão precária, e no entanto perceptível (acreditamos) a todo leitor, omitimos a discussão (e também a menção) de boa parte das cartas, documentos conciliares, atas, textos canônicos que se tornam cada vez mais freqüentes no curso destes séculos. Ademais, deixamos deliberadamente à margem todas as obras que não tiveram uma significativa *Wirkungsgeschichte*, como se costuma dizer (algumas poucas, e de escasso relevo, entre as compostas pelos escritores mais prolíficos). Mais difícil ainda foi excluir da abordagem os textos hagiográficos, que freqüentemente são documentos literários, ao menos marginalmente. Mas a este respeito devemos recordar que a hagiografia é uma ciência de direito próprio, que requer métodos específicos seus e interesses particulares: situada ao lado da "ciência" da literatura, é indispensável para o conhecimento do mundo cristão, mas não tanto para o conhecimento da *produção* literária. Acreditamos que estas especificações podem servir para que se compreenda melhor o "corte" que quisemos dar ao nosso trabalho.

Outro problema: a bibliografia. Para esta parte da literatura cristã, ela não apenas é volumosa, mas está em crescimento ano após ano. Essa disciplina, como outras do período, é particularmente viva nos estudos atuais (é abordada até pelos diários...). O leitor deverá compreender que nossas opções se deveram a limitações de espaço e também à impossibilidade de ter acesso concreto às últimas publicações de que se tem notícia.

Quanto à divisão do trabalho para o presente volume, especifiquemos que é obra de Claudio Moreschini, com exceção das seguintes seções, elaboradas por Enrico Norelli: *Dídimo de Alexandria* (pp. 102-114); *Teodoreto: obras apologéticas e retóricas, obras dogmáticas e polêmicas, cartas* (pp. 213-223); *Visão de Doroteu* (pp. 243-244); *Literatura canônico-litúrgica dos séculos*

IV-VI (pp. 249-256); *Desenvolvimentos da literatura apócrifa* (pp. 257-302); *A época do concílio de Éfeso* (pp. 217-259); *Debates teológicos pré-calcedônios e pós-calcedônios no Oriente* (pp. 261-328); *Ascese e espiritualidade no século V grego e na primeira metade do VI* (pp. 329-436).

É o momento de renovar os agradecimentos àqueles que ajudaram na publicação do primeiro volume: Ilario Bertoletti e Giovanni Menestrina; de recordar a sensibilidade humana e a vívida cultura de Stefano Minelli. Além disso, Claudio Moreschini agradece ao Istituto di Scienze Religiose de Trento, cuja rica biblioteca ele pôde usar com grande proveito.

Siglas e Abreviaturas

Para os livros bíblicos: abreviaturas da Tradução Ecumênica da Bíblia (São Paulo, Loyola, 1994). Para as demais obras antigas, os títulos são dados por inteiro ou se adotam, às vezes, abreviaturas compreensíveis. A data indica o ano da publicação do primeiro volume.
Para publicações em séries modernas, ativemo-nos quase sempre a S. M. Schwertner, *Theologische Realenzyklopädie, Abkürzungsverzeichnis*, 2., überarbeitete und erweiterte Auflage, W. de Gruyter, Berlin-New York, 1994. Damos aqui a lista das abreviaturas em parte já utilizadas no primeiro volume:

AB	Analecta Bollandiana, Bruxelles 1882-
ACO	*Acta Conciliorum Oecumenicorum*, ed. E. Schwartz [e outros], Berlin 1914-
ANRW	*Aufstieg und Niedergang der römischen Welt*, ed. H. Temporini – W. Haase, Berlin 1972-
ASEs	*Annali di Storia dell'Esegesi*, Bologna 1984-
Aug.	*Augustinianum*, Roma 1961-
BA	*Bibliothèque Augustinienne*
BLE	*Bulletin de littérature ecclésiastique*, Toulouse 1899-
BPat	*Biblioteca Patristica*, Firenze 1984-
CChr.Lat	*Corpus Christianorum, Series Latinas*, Turnhout 1954-
CChr.SA	*Corpus Christianorum, Series Apocryphum*, Turnhout 1983-

SIGLAS E ABREVIATURAS

CChr.SG	*Corpus Christianorum, Series Graeca*, Turnhout 1977-
CPG	*Clavis Patrum Graecorum*, ed. M. Geerard, Turnhout 1974-
CrSt	*Cristianesimo nella storia*, Bologna 1980-
CSCO	*Corpus Scriptorum Christianorum orientalium*, Roma [e alhures], 1903-
CSEL	*Corpus Scriptorum Ecclesiasticorum Latinorum*, Wien 1866-
CTP	*Collana di Testi Patristici*, Roma 1977-
CUF	*Collection des Universités de France*, Les Belles Lettres, Paris
DHGE	*Dictionnaire d'histoire et de géographie ecclésiastique*, Paris 1912.
DPAC	*Dizionario patristico e di antichità cristiane*, 3 v., Casale Monferrato 1983-1988-
DSp	*Dictionnaire de spiritualité ascétique et mystique, doctrine et histoire*, Paris 1937-
DTC	*Dictionnaire de théologie catholique*, Paris 1903-
GCS	*Die griechischen christlichen Schrifsteller der ersten drei Jahrhunderte*, Berlin 1897-
GNO	*Gergorii Nysseni Opera...*, Brill, Leiden 1960^2-
JThS	*Journal of Theological Studies*, Oxford [etc.] 1899-
MGH	*Monumenta Germaniae Historica*
MSR	*Mélanges de science religieuse*, Lille 1944-
NBA	*Nuova Biblioteca Agostiniana*, Roma 1965-
NHC	*Nag Hammadi Codex* (sigla de identificação para os textos da biblioteca gnóstica copta)
NHS	*Nag Hammadi Studies*, Leiden 1971-
OCP	*Orientalia Christiana periodica*, Roma 1935-
PG	*Patrologiae cursus completus, Series Graeca*, edição J.-P. Migne, Paris 1857-
PL	*Patrologiae cursus completus, Series Latina*, edição J.-P. Migne, Paris 1841-
PLS	*Patrologiae Latinae Supplementum* 1958-
PO	*Patrologia orientalis*, Paris [e alhures] 1907-

PRE	*Paulys Real-Encyclopädie der classischen Altertumswissenschaft*. Neue Ausgabe begonnen von G. Wissowa, Stuttgart 1894-
PTA	*Papyrologische Texte und Abhandlungen*, Bonn 1968-
PTS	*Patristiche Texte und Studien*, Berlin 1964-
RAC	*Reallexicon für Antike und Christentum*, Stuttgart 1950-
REAug	*Revue des études augustiniennes*, Paris 1955-
REByz	*Revue des études byzantines*, Paris 1946-
REG	*Revue des études grecques*, Paris 1888-
RevSR	*Revue des sciences religieuses*, Strasbourg [e alhures] 1921-
RHE	*Revue d'histoire ecclésiastique*, Louvain 1900-
RSLR	*Rivista di storia e letteratura religiosa*, Firenze 1965-
RSR	*Recherches de sciences religieuse*, Paris 1946-
SAEMO	*Sancti Ambrosii Episcopi Mediolanensis Opera*, Roma 1977-
SChr	*Sources chrétiennes*, Paris 1941-
SHAW.PH	*Sitzungsberichte der Heidelberger Akademie der Wissenschaften. Philosophisch-historische Klasse*, Heidelberg 1910-
TRE	*Theologische Realenzyklopädie*, ed. G. Krause, G. Müller, Berlin 1976-
TS	*Texts and Studies*, Cambridge [e alhures] 1891-
VetChr	*Vetera Christianorum*, Bari 1964-
VigChr	*Vigilae Christianae*, Amsterdam 1947-
ZKG	*Zeitschrift für Kirchengeschichte*, Stuttgart [etc.] 1877-
ZNTW	*Zeitschrift für die Neutestamentliche Wissenschaft*, Giessen 1900; Berlin 1934-
ZPE	*Zeitschrift für Papyrologie und Epigraphik*, Bonn 1967-

Capítulo I
Cristianismo e Antiguidade tardia

Uma vez superada, em nossa consideração histórico-literária, a era da tetrarquia e de Constantino, na qual os imperadores empreenderam um vigoroso esforço para aplicar um remédio aos dramáticos distúrbios que haviam devastado o império entre 230 e 280 (e foram necessários nada menos que outros cinqüenta anos para restabelecer o equilíbrio da situação político-social, com todos os velhos problemas, que permaneciam, e com os novos que haviam surgido), a avaliação histórica da fase posterior (séculos IV-VI), na qual se verifica a substituição, no Mediterrâneo ocidental, do império romano pelos reinos romano-bárbaros, traz de volta para nossa consideração o problema da "decadência" do mundo antigo e de como esta deve ser entendida. Não se trata de um problema inútil, nem as presentes observações, ainda que breves, serão vãs (ao menos esperamos), dado que é nesse cenário histórico e social que se desenvolve a literatura cristã que estamos considerando.

1. Decadência e fim do império romano do Ocidente

A idéia de que existiu uma decadência do império romano já foi proposta por Flavio Biondo no século XV, como observa Momigliano, ao qual recorremos para as considerações seguintes: tal decadência teria começado, segundo Biondo, a partir de 410, com a invasão dos godos. Para Montesquieu, ao contrário, a causa teria sido o poder do exército e o luxo excessivo; há, em Montesquieu, uma nota anticristã, depois retomada e desenvolvida sobretudo por Voltaire e Gibbon. Segundo Gibbon, o cristianismo teria sido o mais forte motivo de transformação e, portanto, de decadência do império romano. Somente no século XIX as invasões germânicas, também por motivos nacionalistas, foram consideradas a causa principal da queda de Roma. A única voz discordante foi a de Marx e seus seguidores, segundo os quais o império caiu porque sua estrutura social, baseada na escravidão, foi substituída pelo sistema econômico feudal.

Na realidade, a velha idéia de que a decadência do império se deveu ao triunfo do cristianismo tem de ser reconsiderada, ainda que de modo novo e com alguma cautela. De fato, o cristianismo introduzira uma atitude diferente diante do mundo profano e da realidade política que era a expressão desse mundo, contrapondo a ele, desde os primeiros tempos, a "cidade de Deus". Tudo isso seguramente foi sugerido, no início das relações entre paganismo e cristianismo, pela realidade, decerto dolorosa, das perseguições, ou por ser o cristianismo, de todo modo, uma *religio illicita*, mas se estendeu também nos séculos seguintes, uma vez que o germe de tal concepção estava implícito na religião cristã, se tomada sem nenhum corretivo: será justamente a Idade Média que encontrará os corretivos necessários para justificar, com base na ideologia constantiniana, a existência de um reino (ou, melhor ainda, de um império) cristão. O cristianismo produziu um novo modo de vida.

No século IV a Igreja se afirma, portanto, como uma organização em concorrência com o Estado, capaz de atrair para si, cada vez mais, as pessoas cultas e influentes. Tal concorrência ameaça a realidade do Estado de vários modos, mas sobretudo fazendo cintilar a possibilidade de uma vida diferente, a vivida na Igreja, e uma nova concepção política, uma nova realidade social. Essa nova realidade podia ser, por exemplo, a carreira eclesiástica. Quem amava o poder descobria bem depressa a possibilidade de encontrar na Igreja oportunidades maiores que no Estado. Mas descobria-se isso também no plano da teoria, não só no da prática política. As maiores personalidades do cristianismo foram os bispos que conseguiam unir a telogia cristã à filosofia pagã, a habilidade na política à fé segura nos valores cristãos: pensemos em Ambrósio e Agostinho, Atanásio e Basílio. A Igreja atraía muitos homens que no passado teriam sido excelentes generais, governadores de província, conselheiros dos imperadores. Os cristãos se sentiam mais cristãos do que cidadãos romanos e estavam ligados não tanto a suas instituições políticas tradicionais, mas à nova realidade social (igrejas, mosteiros, latifúndios eclesiásticos). O equilíbrio social mudava para desvantagem das antigas instituições do império. O clero gozava de toda espécie de privilégio, inclusive o de ser julgado pelos próprios bispos e não pelas autoridades do Estado. A atitude que Ambrósio teve diante de Teodósio é sintomática dessa nova realidade. Os bispos eram os inspiradores de grandes organizações voluntárias de caráter caritativo. Fundavam e controlavam instituições de caridade (citemos Basílio), os sacerdotes defendiam os pobres contra os funcionários de um Estado ávido e opressivo (mas ainda assim Estado), e, quando a situação militar do império piorou, a Igreja organizou (por exemplo, com Gregório Magno) a defesa das cidades contra os bárbaros. Portanto, deve-se admitir que a prosperidade da Igreja foi ao mesmo tempo uma conseqüência e uma causa da decadência do Estado. A Igreja constituiu um pólo de atração irresistível, também por motivos que não tinham nada a ver com as aspirações espirituais dos indivíduos. Um exemplo é dado pelo fenômeno do eremitismo, ao qual se dirigiram não apenas ascetas, mas também bandidos, saltcadores e desertores do exército romano, de modo a constituir uma ameaça para uma sociedade organizada, mesmo para uma sociedade cristã. Mas, uma vez estabelecido dentro de certas regras, a partir da época de Pacômio e de Basílio, e depois na de Agostinho e João Cassiano, também o monaquismo se tornou uma fonte de poder para a Igreja e, por fim, uma força construtiva para a sociedade. Os monges constituíam decerto uma força subversiva para o império; ofereciam, porém, uma alternativa à vida da cidade pagã.

Também em relação ao problema dos bárbaros, a Igreja soube comportar-se com muito mais flexibilidade que o poder civil. Enquanto no Oriente o problema dos bárbaros era menos grave, e a situação social menos desequilibrada em favor dos ricos, no Ocidente formas endêmicas de revolta social criavam expectativas de um novo domínio, ainda que bárbaro. As revoltas sociais que afligiram repetidamente a Gália (as do proletariado urbano e rural, os assim chamados *Bagaudae*) podiam achar um aliado nos próprios bárbaros invasores. Na realidade, as invasões bárbaras não serviram para libertar da escravidão; os escravos apenas mudaram de amo. Mas, no conjunto, no Ocidente a oposição aos bárbaros foi menos resoluta que no Oriente. A Igreja grega apoiou o Estado na luta antibarbárica e, de todo modo, jamais exerceu uma crítica tão corrosiva em relação ao Estado como fizeram Agostinho e Salviano. Por conseguinte, no Ocidente a Igreja substituiu pouco a pouco o Estado moribundo ao tratar com os bárbaros. Após tê-lo abolido, ela aceitou o desaparecimento do Estado e desenvolveu independentemente sua obra de civilizar os bárbaros, enquanto o poder civil não conseguira fazer outra coisa senão oferecer, por causa de sua debilidade, terras dentro de seus próprios limites àqueles que continuava a considerar bárbaros, já que não conseguira vencê-los no campo de batalha.

2. Esgotamento do pensamento pagão no mundo ocidental

Paralelamente a essas duas diferentes (e contrastantes) condições político-sociais do império, já dividido irrevogavelmente numa parte oriental e numa parte ocidental, verifica-se, no ambiente latino, um esgotamento das forças intelectuais do paganismo.

Contrariamente ao que ocorreu nos ambientes intelectuais de língua grega no Oriente, que freqüentemente foram defensores decididos do paganismo até bem avançado o século VI, sobretudo com o neoplatonismo, não se verificou no Ocidente nenhuma resistência ao cristianismo, no plano intelectual. É freqüente encontrarmos nas histórias literárias a caracterização da cultura do século IV como uma contraposição entre cristianismo e paganismo, sustentado pelo círculo dos intelectuais e aristocratas reunidos em torno de Símaco. Essa interpretação só em parte corresponde à verdade, já que tal movimento intelectual pagão teve peso muito reduzido. Não houve exatamente uma reação pagã confiada aos intelectuais, como alguns estudiosos acreditaram. No círculo dos amigos de Símaco havia Ausônio, que de todo modo foi cristão, ainda que morno. Amiano Marcelino, certamente pagão, nada teve a ver com Símaco, assim como Claudiano e Rutílio Namaziano. Ao contrário, Claudiano, ainda que "pagão muito pertinaz", como o definiu Agostinho, começou sua carreira sob a proteção de uma família cristã, a dos Anicii. Aquele a quem dedicou seu poema sobre "O rapto de Prosérpina", um nobre chamado Florentino, não está totalmente claro que tenha sido pagão. O resto da carreira de Claudiano transcorreu na corte de Teodósio e de Honório, ambos imperadores cristãos. Não poderia tê-lo feito se seu paganismo fosse realmente tão pertinaz como pensa Agostinho. Na realidade, seu paganismo (que decerto professou) não era tão aberto a ponto de ofender o imperador. Rutílio Namaziano, por sua vez, certamente inimigo do cristianismo e sobretudo do monaquismo, nada tem a ver com Símaco; seu poemeto "Meu retorno à pátria" foi escrito cerca de quinze anos depois da morte de Símaco; ele sequer é incluído nos *Saturnais* de Macróbio, que evocam uma conversa ocorrida no passado, entre literatos pagãos.

Mesmo as grandes edições dos clássicos, supostamente realizadas pelos aristocratas — pagãos — do século IV e beneméritas para a cultura clássica porque teriam garantido a conservação dos textos pagãos, na realidade resultam ser pouca coisa: significam simplesmente que um leitor corrigiu sua cópia pessoal de um texto clássico — Virgílio, Terêncio, Lívio — com o auxílio de um *grammaticus*. Essas "edições" podem muito bem ter sido realizadas por cristãos. De resto, algumas das anotações finais (*subscriptiones*) postas no fim do texto revisto pertencem a leitores cristãos. Não há motivo, portanto, para crer que Símaco e seus amigos tenham feito o que quer que seja para salvar os grandes clássicos pagãos. Simplesmente, esses literatos pagãos dedicaram um pouco de seu tempo a ler, copiar e corrigir suas cópias pessoais dos autores favoritos; e o fato de estes mesmos autores (Virgílio, Horácio, Terêncio) serem lidos também pelos cristãos indica quão pouco de paganismo havia naquela atividade. O cristianismo já se tinha apoderado da cultura pagã, garantindo-lhe por conta própria a sobrevivência.

Tampouco o ensino estava todo em mãos pagãs. Entre estes podemos contar também um certo Magno, que foi correspondente de Jerônimo e ao qual se ergueu uma estátua no Senado. De resto, professar idéias pagãs naquela época, depois da derrota definitiva dos pagãos na batalha do rio Frígido por obra de Teodósio (394 d.C.), teria sido extremamente inoportuno. Uma geração depois de Símaco não se ouve mais falar de pagãos em Roma.

Os clássicos pagãos, por seu turno, eram lidos tranqüilamente pelos cristãos, que mostram ter deles um conhecimento não inferior ao dos pagãos. As *Metamorfoses* de Apuleio, obra pagã por excelência, eram lidas por Agostinho, ainda que com atitude crítica; Agostinho, aliás, foi o único que conservou até nós o subtítulo de *O asno de ouro* para as *Metamorfoses*. A fama do mesmo Apuleio, considerado um mago — e portanto inimigo do cristianismo —, era bem conhecida também dos cristãos.

A historiografia, por outro lado, foi a única disciplina literária cultivada exclusivamente pelos pagãos: a dos cristãos, como veremos mais adiante, já era algo diferente. Eutrópio e Festo escreveram uma epítome de toda a história de Roma; Aurélio Vítor, da história imperial. Eutrópio e Festo escreveram para a corte do Oriente, a fim de fornecer aos novos aristocratas de Constantinopla os fatos fundamentais da história romana. Todavia, o mesmo Amiano Marcelino, que fala efetivamente do cristianismo, não toma uma posição precisa a favor ou contra ele. A historiografia pagã contrasta com a cristã, que foi revolucionária e nova, na medida em que foi história da Igreja e crônica desde o início do mundo. A própria *História dos imperadores (Historia augusta)* não é uma história escrita contra os cristãos, como acreditaram alguns. É uma compilação do final do século IV, talvez não anterior ao império de Teodósio, mas quer-se dar a entender como uma obra da era dos tetrarcas e de Constantino. Ora, embora seja considerada uma obra de propaganda anticristã, ela não exprime nenhum juízo negativo sobre o cristianismo, mas propõe (com muita cautela e de modo indireto) um ideal de tolerância, vista da parte pagã.

Nem mesmo as traduções do grego, bastante numerosas no século IV — *pari passu* com a diminuição do conhecimento dessa língua —, têm qualquer significado ideológico. A tradução da *Vida de Apolônio de Tiana* de Filóstrato, realizada pelo pagão Nicômaco Flaviano, não tem essa intenção. Seja como for, essa obra, que celebrava um mago pagão, era lida tranqüilamente por Jerônimo e Agostinho e era um livro popular. Sabemos que a biografia era um gênero de leitura que agradava aos senadores da época (Amiano Marcelino diz — para demonstrar a ignorância dos senadores romanos — que eles só liam Juvenal e as biografias de Mário Máximo). O mesmo Jerônimo escreveu biografias: mais uma vez a literatura cristã substitui a pagã. As outras traduções de pagãos não podem competir com a atividade de um Rufino ou de um Jerônimo.

Certa revivescência pagã foi representada pelo neoplatonismo, que teve a sustentação política de Vétio Agório Pretextato, cônsul designado para 385. Tradutor de algumas obras de Aristóteles, teve sua figura idealizada por Macróbio, que escreveu seus *Saturnais* cerca de cinqüenta anos depois que ocorreu a conversa entre os doutos pagãos, por ele imaginada. Macróbio exalta a figura de Nicômaco e o põe como interlocutor de um diálogo que imagina ocorrido em 384 — mas nos anos 420-430, quando escreve Macróbio, o paganismo já tinha acabado totalmente. No diálogo imaginado por Macróbio não há nenhuma menção ao problema do altar da Vitória, colocado na Cúria do Senado de Roma e objeto de um conflito entre Símaco e Ambrósio justamente naquele ano, como veremos mais à frente (capítulo IX). Pretextato, Símaco e Nicômaco Flaviano aparecem na obra de Macróbio como grandes eruditos e apaixonados antiquários, admiradores de um passado pagão, distante e já desprovido de qualquer incidência atual. O círculo de Símaco, além disso, não tinha nenhum interesse pela filosofia. Tudo isso contrasta com o que aconteceu na Grécia, onde o neoplatonismo foi o porta-estandarte da resistência ao cristianismo. Porfírio, de fato, escreveu uma obra contra os cristãos. E, de todo modo, embora Porfírio tenha vivido justamente em Roma e influenciado o neoplatonismo ocidental, foram os cristãos que leram mais a fundo Plotino e Porfírio e se serviram deles para suas próprias doutrinas; e, apesar de o escrito *Contra os cristãos* de Porfírio ter sido condenado à destruição por Constantino, os escritores cristãos do Ocidente continuaram a lê-lo e a confutá-lo. O próprio Mário Vitorino, mesmo tendo exercido por muito tempo o ensino da retórica pagã, em Roma, dedicou-se ao estudo do neoplatonismo depois de sua conversão ao cristianismo, e serviu-se dessa filosofia para suas obras antiarianas e para a exegese de Paulo. Também Calcídio, que nos deixou uma tradução parcial do *Timeu* de Platão e o comentou, criando um dos elos por meio dos quais a Idade Média pôde conhecer Platão, foi provavelmente cristão. O comentário de Macróbio ao *Sonho de Cipião* ciceroniano é tão pouco pagão (justamente porque neoplatônico) que foi lido sobretudo por cristãos e tornou-se difundidíssimo na Idade Média. Com efeito, não houve nenhum pagão que fosse capaz de contrastar os escritos de um Ambrósio ou um Agostinho.

A erudição pagã que se reflete no maciço comentário de Sérvio a Virgílio não deve levar a enganos. Não se pode negar, é claro, que os pagãos nutriram veneração por Virgílio, mas não devemos esquecer que igual veneração, se não maior, tiveram por ele os cristãos. Demonstra-o o fato de Jerônimo citar Virgílio tanto quanto os outros escritores pagãos; demonstra-o a prática dos centões cristãos, que reescrevem os Evangelhos servindo-se dos hemistíquios de Virgílio. Também Cícero e, mais particularmente, suas obras filosóficas, cheias de alfinetadas contra os cultos pagãos, eram preciosos para os cristãos: tais obras foram lidas com grande interes se pelos cristãos já desde a época da apologética. Ambrósio escreve uma imitação bastante fiel de *Os deveres* (*De officiis*) de Cícero. Um caso ainda mais significativo é o de *A república* (*De re publica*): obra pouco lida na época imperial por causa de seu conteúdo, já então fora de moda (dela existem somente citações nos tratados dos gramáticos). Os cristãos, porém, se interessaram muito por ela, sobretudo Lactâncio e Agostinho. A leitura de *Hortênsio*, diálogo com que Cícero exortava à filosofia, nos é atestada pela grande impressão que causou a Agostinho.

O exemplo mais eloqüente da fraqueza intelectual da sociedade pagã do século IV nos é dado por um ciclo de epigramas recentemente descobertos por Augusto Campana, os *Epigramas de Bobbio* (*Epigrammata Bobiensia*). Obra de um modesto poeta do círculo de Símaco, de nome Naucélio, eles nos confirmam (se necessário fosse) que não houve nenhuma resistência pagã ao cristianismo. Expressam um ideal de vida obscuro, interessado apenas no estudo e na literatura do passado. A própria *Relação* de Símaco em defesa do altar da Vitória e em polêmica com Ambrósio baseava-se na convicção de que era preciso manter-se ligado à tradição — o que significa que tal defesa estava destinada a fracassar. E é interessante observar que a *Relação* suscitou a atenção somente de escritores cristãos, como Ambrósio e Prudêncio. Nem Símaco nem seus amigos fizeram qualquer esforço para responder ao cristianismo em termos eficazes, que não fossem exclusivamente os da tradição; muito maior esforço, ao contrário, fizeram os cristãos para compreender o paganismo.

3. Decadência e Antiguidade tardia

Esse esgotamento, em âmbito latino, das mais genuínas forças intelectuais do paganismo, que continuavam a manifestar-se nas formas literárias tradicionais, não era sintoma de ignorância, barbárie, decadência. Significava a lenta transformação da cultura, aliás da civilização antiga no mundo medieval, mediante a maciça introdução, nela, da ideologia cristã; significava a transformação e, simultaneamente, a continuidade. Esta interpretação da Antiguidade tardia como "continuidade" é recente, depois de ter-se estabelecido, durante séculos, a idéia da "decadência": emblemática da mudança de juízo que a crítica mais recente sofreu é a posição de um grande historiador como Henri-Irénée Marrou que, após ter dado, em seu famoso ensaio sobre *Santo Agostinho e o fim da cultura antiga*, uma interpretação absolutamente tradicional da cultura tardo-antiga, identificada com a "decadência" *tout court*, da qual se destacava o gênio isolado e incomparável de Agostinho, escreveu, pouco mais de dez anos depois, em 1949, à maneira justamente de Agostinho, uma "retractatio", corrigindo muitas de suas precedentes afirmações. Além disso, em 1977 reexaminou o problema num ágil ensaio, talvez um pouco "irônico" (no sentido de que, tendo admitido publicamente quanto eram inaceitáveis suas idéias anteriores sobre a decadência do século IV, tendia agora a eliminar as diferenças entre cristianismo e paganismo — as duas interpretações de Marrou foram objeto de um agudo reexame por parte de Franco Bolgiani). O título, de fato (em tr. italiana, 1978), é: *Decadenza romana o tarda antichità*? Nesse ensaio, Marrou apresenta de modo exemplar e claro o conceito de "Antiguidade tardia" como transformação, não como decadência, mesmo que esta última reapareça, em certo sentido, na periodização que ele propõe. A periodização usual, que vê entre os séculos III e IV uma decadência, é reescrita: esse é o período da "Antiguidade tardia" ou, como Marrou o chama já em sua *História da educação na Antiguidade*, da *Theopolis*, da 'cidade de Deus', pagã ou cristã, assim como a idade da Grécia clássica tinha sido a idade da *polis*. A Antiguidade tardia é um período de "pseudomorfose", isto é, da intervenção, dentro de formas tradicionais, de conteúdos culturais novos, que assumem as formas ou as aparências anteriores. Desse período se origina a cultura medieval, depois de uma decadência que, mais tarde, também esta Antiguidade tardia teve de sofrer. A "decadência", portanto, não tem início com a era tardo-antiga enquanto tal, mas com a época das segundas invasões bárbaras na Itália, no final do século VI, que produzem a destruição da cultura, enquanto nos reinos romano-bárbaros do Mediterrâneo vai-se exaurindo lentamente aquela Antiguidade tardia de que falamos. Os estudiosos (por exemplo Mazzarino, Garzya, Cracco Ruggini, Pricoco) que levantaram o problema (ou, pelo menos, o trataram "em campo") consideram a Antiguidade tardia sem solução de continuidade pelo menos até Gregório Magno. Analogamente, J. Fontaine chega até Isidoro de Sevilha e a Espanha visigótica.

4. *Cristianismo e cultura clássica na época tardo-antiga*

Resta, portanto, depois do problema da antinomia entre decadência e transformação, o segundo e fundamental problema: a diversidade entre os dois mundos, o pagão e o cristão. Fique claro, antes de tudo, que a absoluta contraposição entre os dois, como se fossem duas hipóstases distintas entre as quais teria havido somente relações de antagonismo, foi um conceito estranho à cultura ocidental pelo menos até os tempos do humanismo, tendo surgido mais tarde, no sentido de que se imaginou a existência de uma forma, que teria permanecido antiga, a se fazer circundar de um novo conteúdo. Tal proposta exegética, de imaginar uma ruptura do cristianismo com a tradição clássica, é apresentada no final do século XVI. Na realidade, os mais recentes e sensíveis estudiosos do mundo tardo-antigo estão bem conscientes de que tal contraposição não existe (e também a esse respeito queremos citar o nome de um único estudioso, Santo Mazzarino, que abriu o caminho para esta nova interpretação do mundo tardo-antigo). Trata-se de avaliar a realidade e o grau da osmose entre as técnicas e os valores formais que foram considerados válidos, a cada vez, pelas pessoas cultas das diversas gerações, de modo que se deve refutar preliminarmente a distinção entre "autores pagãos" e "autores cristãos", para considerar as obras desse período e seus autores dentro da unidade do que chamamos, justamente, "Antiguidade tardia".

O que estamos dizendo pressupõe entre todos os escritores, pagãos e cristãos, a ligação profunda de uma mesma mentalidade estética. É preciso, portanto, inverter a problemática tradicional de todas as nossas histórias da literatura latina ou grega. Não se quer negar com isso a especificidade pessoal que cada autor imprime à própria obra, pagã ou cristã. A marca das personalidades individuais pode e deve, inevitavelmente, refletir-se na função que o escritor atribui à sua criação literária. Mas a tentativa de definir o que é particular a cada autor (pagão ou cristão), em sua singularidade pessoal, e o que é particular ao gênero de cada obra (de ascendência pagã, como a epopéia, ou cristã, como a homilia) não deve induzir-nos a considerar menos importantes os dados culturais de base que foram comuns a todos esses autores, sem exceção. Esses dados lhes foram impostos por determinado condicionamento social sofrido pela cultura que eles receberam, antes e independentemente de qualquer atividade e criação literária. Esse condicionamento social, que formou uma mentalidade estética comum, pode ser brevemente definido por alguns fatos.

O primeiro é que, apesar da tentativa — efêmera e de escassa repercussão — de Juliano, o apóstata, de criar uma escola confessional da qual deviam ficar excluídos os mestres cristãos, os gregos e os latinos tiveram, durante os séculos do Baixo Império, uma escola comum, que imprimiu em todos a marca de um verdadeiro classicismo, no significado original do termo, isto é, o de uma formação literária e cultural obtida nas escolas de gramática e de retórica graças à leitura e à exegese de um programa específico de autores considerados *clássicos*. Essa formação de base foi comum a todos os escritores latinos, seja pagãos seja cristãos, e também aos estrangeiros, como Amiano Marcelino e Claudiano, que, originários do Oriente, aprenderam o latim na escola, em Antioquia ou Alexandria do Egito, mas posteriormente alcançaram uma cultura latina e continuaram a aprofundá-la durante sua carreira literária no Ocidente. Assim se explica o fato de Amiano admirar, até num imperador como Constâncio, inimigo de seu imperador ideal Juliano, a excelência de uma educação literária muito acurada (XXI, 16) e censurar Joviano por sua ignorância, mais que por sua fé cristã (XXV, 10, 15). Ademais, é preciso levar em conta as implicações culturais do grande *slogan* da tetrarquia e de Constantino, já visto anteriormente, quando examinamos (no volume I, capítulo XIX) a instauração de uma poesia cristã, isto é, o tema da renovação das letras, expresso de modo exemplar por um célebre panegírico pagão escrito no final do século III, intitulado *Discurso de Eumene para a restauração da escola de Autun*. É uma propaganda ideológica que recomenda o retorno às fontes da cultura clássica e apóia o ideal de restauração desejado pela tetrarquia. Verifica-se uma *simultaneidade* nos escritores, atentos às obras uns dos outros, mais do que faria imaginar a suposta separação entre pagãos e cristãos. Segundo Fontaine, realmente, um poeta pagão como Ausônio teria sido lido com atenção pelos cristãos Prudêncio e Paulino. No plano social, portanto, é preciso supor a presença de uma ampla massa de conformistas inofensivos postos no interior das duas ideologias, uma massa constituída de pagãos cépticos acerca de suas tradições e de cristãos malconvertidos. Um exemplo desse *modus vivendi* nos é dado pelas relações pessoais entre Símaco e Ambrósio, dos quais o primeiro era pagão e o segundo cristão, e muito fortemente empenhado. Também na pintura, observa ainda Fontaine, a diversidade dos estilos não é ligada a diversidades ideológicas. Afresquistas e escultores funerários do século IV não eram especialistas segundo sua religião, mas trabalhavam obedecendo às encomendas da clientela. O estudo das origens da iconografia cristã põe cada vez mais em destaque a "supradeterminação cristã" de símbolos e esquemas figurais de origem antiga, como a dizer que a arte paleocristã foi tardo-antiga antes de ser cristã. A semelhança entre as concepções e a sensibilidade religiosa das diferentes fés em que se dividia a sociedade romana da Antiguidade tardia era tão grande que, espontaneamente, os mesmos temas artísticos e os mesmos esquemas iconográficos puderam alternadamente ser utilizados pelos artistas a serviço de uma e de outra fé (Marrou). As cenas encontradas em algumas tumbas pagãs, retratando o tribunal do além, estão representadas nos afrescos das catacumbas romanas de Calixto, de Priscila, de Pedro e Marcelino, de Domitila. A basílica cristã, que se constitui na época de Constantino, é a transformação de um edifício romano cujos primeiros testemunhos aparecem na época de Augusto. Bianchi Bandinelli observou várias vezes as afinidades entre as formas da arte pagã tardo-antiga e as da arte cristã: "na realidade, essa pintura cristã (dos séculos III-IV, nas catacumbas)... não se distingue, do ponto de vista da forma artística, da não-cristã. A diferença está somente na iconografia, nos temas e no conteúdo. No plano histórico-artístico deveria ser considerada junto com a pintura pagã. Mas um velho preconceito de classificação faz que seja ainda tratada à parte...", observa o estudioso. Mas o discurso, neste ponto, seria longo, porque implica outras disciplinas, às quais não nos dedicamos neste contexto. Queremos dizer, de todo modo, que não só não se pode considerar a literatura cristã separadamente da arte cristã (e isto parece óbvio a muitos), mas tampouco separadamente da literatura e da arte pagã da época — e isso parece muito menos óbvio à opinião comum, mas é o caminho que se deve percorrer, como foi sublinhado pelos estudiosos mais perspicazes tanto da literatura como da arte antiga.

5. Formas literárias cristãs e tardo-antigas

Passando a considerar mais concretamente algumas formas literárias da Antiguidade tardia, observamos logo de começo que elas, tal como as da idade imperial precedente, se baseiam sobretudo no ideal — e na prática — da retórica. Isso vale para Prudêncio e Claudiano, mas já era verdade para Lucano e para Estácio; é evidente em Agostinho e Tertuliano não menos que em Sêneca e Tácito.

Durante longo tempo a retórica foi considerada sinônimo de insinceridade e de falta de realismo. Com referência ao mundo clássico podemos levar em conta as tomadas de posição de Norden, em sua *Literatura romana* e na *Prosa de arte antiga*, e de Lesky, na *Literatura grega*, a propósito de Isócrates. Para a época pós-clássica, esse juízo crítico, continuamente difundido, é ainda mais negativo, como no estudo da bizantinística. Tal condenação deriva da antiga oposição entre retórica e filosofia e, depois, entre retórica e dialética, que surgiu em ambiente humanista, para a qual a retórica se reduziu a ser considerada um puro estudo das figuras do discurso. Somente nas últimas décadas o julgamento da retórica tem sofrido uma reviravolta. "Entre as diversas conseqüências da nova perspectiva crítica há também uma possibilidade mais articulada de leitura dos textos mais diversos independentemente do gênero a que pertencem... Há igualmente a possibilidade de considerar sob nova luz recursos expressivos tradicionalmente condenados como a tópica, bem como de inserir a retórica no discurso mais amplo, apenas iniciado, sobre a 'literatura de consumo'", como observa Garzya. Somente percorrendo esse caminho pode-se chegar a uma leitura dos documentos literários que não se limite à pura investigação dos dados históricos — dos quais os textos tardo-antigos seriam portadores (e deles somente) —, rejeitando todo o resto como estorvo; é percorrendo esse caminho que se pode chegar a uma leitura que inclua, na conexão da literatura com seu tempo, também as estruturas formais. Realidade e retórica estão estreitamente unidas, durante a Antiguidade tardia, em indissolúvel simbiose. De fato, nos séculos do tardoantigo a incidência da retórica sobre a literatura e sobre a cultura em sentido amplo foi um fenômeno tão evidente quanto difuso. Não sem motivo se fala de retorização geral. Como diz Curtius, "o sistema artisticamente construído da retórica tornou-se denominador geral, doutrina formal e tesouro da literatura geralmente considerada"; mas foram submetidas ao mesmo processo de retorização, com intenções obviamente diferentes a cada vez, as formas mais variadas de textos, desde os documentos das chancelarias, imperial e eclesiástica, até as cartas particulares.

A justificação, universalmente aceita naquela época, da retorização foi dada pela exigência de "imitar" os antigos. Tal critério foi julgado, nos tempos modernos, não só "impoético" mas também prejudicial à criação artística, porque contrasta com nosso conceito de "originalidade"; mas tal conceito era estranho ao mundo tardo-antigo, aliás também ao mundo clássico. A imitação, por outro lado, deve ser entendida no sentido mais amplo de referência obrigatória à herança intelectual, àquilo que constitui a cultura entendida em seu sentido mais geral. Tal retorização se manifesta na tendência da prosa — na prática e na teoria — a assumir colorido poético e, vice-versa, da poesia a transformar-se em retórica versificada. Notável foi também a influência da escola. A iniciação à poesia ocorria, como afirma Cameron, "não por obra das Musas sobre o monte Helicão, mas por obra do *grammaticus* na sala de aula", e decerto tampouco é por acaso que não poucos desses mesmos *grammatici* fossem poetas tardo-antigos. Da escola provinham os ingredientes do esquema retórico, o emprego dos lugares-comuns e tudo quanto servia para caracterizar o texto poético; também, e em primeiro lugar, o uso da mitologia, que deve ser considerada um fato de linguagem artística, não um sinal de criptopaganismo, no sentido de que o uso dela deva significar por si a adesão do poeta à antiga religião. Outro aspecto dessa elaboração retórica da literatura tardo-antiga é a atenuação das características precípuas dos gêneros literários, que se encontram "entrecruzadas", como se costumava dizer, as de um gênero com as de outro. Tudo é válido tanto no ambiente latino como no grego, que devem ser considerados, como sempre, unitariamente.

E, no entanto, identificar o traço fundamental da literatura tardo-antiga (e portanto também da cristã) na retórica não é suficiente, se não tentamos esclarecer o que entendemos com o termo "retórica". Os estudiosos de proveniência filológica e clássica (citamos Cameron e Garzya, mas poderíamos dar outros nomes, se quiséssemos e pudéssemos demorarnos) entenderam a retórica algo de mais limitado, de instrumental, uma "arte do dizer". Quacquarelli, ao contrário, seguindo uma linha diretriz dominante em seus estudos, tentou colher nela os significados mais profundos, indo às origens dela e a seu emprego nos escritores cristãos, Agostinho e Cassiodoro à frente de todos. "A retórica", diz Quacquarelli, "é tanto mais universal quanto mais é natural", isto é, corresponde à estrutura do intelecto e da psicologia do homem.

Ora, nesse contexto de imitação dos clássicos, que constitui o fundamento da retórica e, portanto, da cultura tardo-antiga considerada em seu conjunto, insere-se o cristianismo. Certamente, como já foi dito, não devemos considerar o cristianismo em seu significado mais estritamente religioso, de uma experiência singular, mas no aspecto de uma cultura religiosa representada pela dupla *bibliotheca sacra*: a dos autores bíblicos, de um lado, e a dos escritores cristãos, de outro, a partir de Tertuliano. A teologia, enquanto "discurso sobre Deus", exprime-se em vários gêneros literários no século IV, e sua finalidade de "inteligência da fé" não exclui totalmente as intenções estéticas: Hilário de Poitiers descobre que Deus é "a realidade mais bela entre todas as belas". As obras latinas cristãs são, é claro, o produto de uma atividade essencialmente religiosa, e como tais ligadas a exigências querigmáticas e pastorais, e seu caráter espiritual torna necessário o recurso a uma terminologia de espiritualidade. Mas isso não acontece apenas na literatura cristã, porque toda a Antiguidade tardia realiza um processo de espiritualização: basta pensar na interpretação neoplatônica de Homero. Van der Nat falou de uma mentalidade simbolista que é comum aos homens do século IV: todos, sem precisar ser platônicos, vêem no mundo o *signum* de uma realidade diferente e transcendente. De igual modo as artes figurativas tendem a abandonar os traços individuais para uma representação abstrata e simbólica da realidade, sobretudo no retrato do soberano.

Mas a retorização dominante naquela época, e de que temos falado, não significa esquematização. Ocorre, justamente na Antiguidade tardia, uma evolução das formas literárias; as formas antigas sobrevivem sob aspectos novos. Elas são ao mesmo tempo iguais e diferentes entre si, segundo fórmulas que o tempo modifica constantemente. Uma vez mais, a antinomia entre pagãos e cristãos parece ultrapassada, e mais ideológica que científica. Não existem, no século IV, gêneros literários substancialmente pagãos, e pouquíssimos são os gêneros literários substancialmente cristãos (talvez somente a homilia: mas isso se explica considerando sua origem, que deriva da exegese do texto sacro realizada na sinagoga). Não houve nenhuma concessão ao gosto do público, observa Fontaine, no sentido de que o escritor cristão tivesse de escrever como cristão, dado que a própria Palavra de Deus fazia tempo recebera forma em suas traduções nas línguas artísticas antigas. Testemunha-o, no fundo, o fato de os últimos livros do Antigo Testamento terem sido escritos em grego, nas formas e nos modos expressivos da literatura helenística. Esses foram motivos bastante válidos para que a interferência das formas literárias clássicas se tornasse, em certo sentido, congênita às várias formas da expressão literária dos cristãos. A Antiguidade tardia recolhe todos esses autores cristãos, semicristãos e não-cristãos; uma convivência de quase quatro séculos reforçou ainda mais essas convergências, pelos elos de uma dupla conversão, a da cultura antiga na cultura cristã e a do cristianismo na cultura antiga. Assim, para os cristãos, a forma não é um elemento externo, agregado a uma matéria preexistente; a palavra não pode preexistir à sua conformação. Ela parte da unidade de uma linguagem comum para exprimir a diversidade de suas mensagens particulares; pressupõe uma unidade de gosto, independente, ao menos nos inícios, das opções ideológicas e religiosas; implica a busca de uma tipologia das formas literárias que valha para cada ocasião: por exemplo, para a hagiografia e a aretologia simultaneamente (a celebração dos "homens de Deus" no deserto e do mago Apolônio de Tiana), para a hinologia cristã e a hinologia pagã, os panegíricos imperiais e os panegíricos dos mártires, a correspondência de Símaco e a de Ambrósio.

Tudo isso pareceria contrastar com tudo quanto os cristãos comumente afirmavam desde sempre sobre a conversão ao cristianismo significar uma mudança total da própria personalidade. Afirmaram-no Tertuliano e Cipriano, repetem-no Ambrósio, Agostinho, Basílio. É justamente nesta interpretação da "conversão" que se baseia a interpretação da literatura cristã enquanto tal. Mas já tivemos ocasião de notar que também escritores como Tertuliano não excluem — sequer em teoria — um interesse do cristão pelo mundo em que vive. Nem sempre (e menos ainda a partir de Constantino) o cristão tinha essa visão totalizante; ao contrário, a conversão significava uma nova orientação dos valores sociais. Por conseguinte, o cristianismo não vê uma contradição insanável entre o fim, que é novo, e os meios, que são os da criação literária tradicional. Cair-se-ia, pois, em graves ilusões óticas se se continuasse a isolar o estudo da literatura cristã

33

em nome de seu conteúdo, seja fazendo-o com intenções negativas — numa perspectiva ideológica de ordem anticlerical e anticristã (como fizeram Voltaire e Gibbon), ou numa perspectiva estética (em conformidade ao desprezo, típico do século XVIII, por tudo o que é pós-clássico, ou pelo não-clássico, considerado bárbaro) —, seja querendo, ao contrário, sublinhar, quase com função apologética, a originalidade absoluta do cristianismo, confundindo um pouco a mensagem contida com suas linguagens. Correr-se-ia o risco de tomar como novidade cristã o que se revela característico, em sentido muito amplo, das expressões literárias da Antiguidade tardia. Essas foram modeladas por toda uma evolução política e militar, econômica e espiritual, da sociedade antiga a partir do século III (e talvez já do II), pela época da angústia, de que falou Dodds; pela dor de viver, de que fala Bianchi Bandinelli; pelo estranhamento num outro mundo, segundo palavras de Brown. O homem da Antiguidade tardia está inserido numa sociedade que não é simples nem serena, mas repleta de contradições e de angústias que se agravam cada dia mais. Por esse motivo, prossegue Fontaine, na estética daqueles tempos os séculos da nobre simplicidade e da grandeza silenciosa do mundo clássico estão distantes. O naturalismo, diz ele, desaparece da arte plástica em prol de uma arte violenta e simbólica, vale dizer abstraída do presente, considerado efêmero; daí a ansiedade de agarrar e salvar a totalidade de uma cultura ameaçada pelos tempos, junto com a sociedade que a sustém, e tal ansiedade produz as tensões de uma constante exageração.

6. Algumas formas literárias cristãs

Uma abordagem global e detalhada dos gêneros literários cristãos nos obrigaria a demorar-nos além da medida. Consideraremos apenas alguns deles.

As últimas décadas do século IV foram, no mundo cristão, uma época que se comprazeu com experimentações literárias; os escritores cristãos buscaram apoderar-se de quase todas as formas da tradição literária, levando ao ápice o processo que havia começado com a penetração da nova religião no mundo greco-romano, já com a pregação de Paulo.

Interpretar a poesia cristã foi o problema mais estimulante entre os apresentados pela cultura tardo-antiga. Uma interpretação é que os poetas cristãos quiseram substituir com suas obras as dos pagãos, tornar inúteis estas últimas. Na realidade, a poesia nunca foi empregada na polêmica entre pagãos e cristãos, a não ser em dois carmes, interessantes sim, mas de valor secundário e escasso impacto histórico (não por acaso permaneceram anônimos), como o *Contra os pagãos* (*Adversus paganos*) e o dirigido *A um senador* (*Ad senatorem quemdam*). Não se percebe claramente, nos carmes cristãos, que o escritor tenha tido como escopo a eliminação ou a substituição dos gêneros literários pagãos; a convicção de ter-se servido de formas literárias pagãs para sua própria poesia não se nota antes de Sidônio Apolinário, o qual, por conseguinte, considera que sua produção anterior à ordenação episcopal deve ser rejeitada. Uma tendência muito prestigiada da crítica contemporânea é, portanto, a de situar a poesia cristã no contexto da poesia da época, reduzindo ao mínimo a essencialidade da produção cristã enquanto tal. Se o pressuposto teórico é plenamente válido, na medida em que é certo que o poeta cristão reconhecia a dignidade das formas literárias que ele aprendera e que todos os seus contemporâneos cultivavam, às vezes porém essa linha interpretativa quase faz do poeta cristão um poeta tardo-antigo *tout court*, como se ele não tivesse consciência de sua diferença diante da cultura pagã. Essa usurpação dos gêneros literários por parte dos cristãos deve ser entendida como uma apropriação das formas literárias existentes por parte de uma aristocracia cultural tardo-antiga já cristã. Assim, os poetas cristãos do século IV que cultivaram os gêneros literários tradicionais (e portanto pagãos) não os substituíram totalmente por gêneros novos, porque os tradicionais continuaram a existir. Por exemplo, os epitalâmios, como o de Paulino, retomaram e prosseguiram a estrutura do antigo epitalâmio, desde sempre cultivado. Tanto é verdade que o novo carme, modelado sobre as normas canônicas já existentes, empregava uma rica metaforização, que no mais das vezes era a da Antiguidade tardia. O fato de os poetas cristãos se terem servido daqueles modelos, e de Agostinho e Jerônimo desenvolverem sobre eles suas reflexões, indica que os consideravam válidos. Mas ocorre que, em âmbito cristão, os antigos gêneros poéticos agora estão dirigidos para a Bíblia, devido à consciência do poeta de realizar uma concorrência espiritual e literária. Continua, nos poetas cristãos, o uso de escrever um prefácio ao carme, uso que é de praxe na tardia poesia latina. Mesmo os maiores poemas da primeira poesia cristã, como os Evangelhos de Jovenco e o centão de Proba, são apresentados, em conformidade com seu programa e sua forma, como produtos de concorrência com a poesia pagã. O centão de Proba pode ser justamente enxergado como o modelo mais puro do contraste de gênero, tanto que pode ser considerado contrafacção (esta função de oposição à poesia pagã é prevista por Jerônimo também para alguns Salmos e para o Cântico dos Cânticos). Assim, no epitalâmio de

Paulino, não se acha só um conteúdo novo, confrontado com o antigo, mas o mesmo conteúdo, que é espiritualizado. Trata-se, de fato, de um confronto não mais entre forma e conteúdo, segundo a velha interpretação da oposição entre paganismo e cristianismo, mas entre um conteúdo e o outro. Em tal contraste devem ser levadas em consideração, para a análise literária, também outras disciplinas, como a liturgia e a exegese escriturística. Essa tendência crítica, como indicamos acima, põe em discussão o próprio conceito de "cristão", aliás, sua oportunidade de usá-lo no exame da poesia escrita por cristãos, objetando que o cristianismo da Antiguidade tardia é um cristianismo inserido na época, ele mesmo resultado de um confronto com o paganismo. Uma posição decerto extrema e não de todo convincente. Tal crítica quer contrastar com a outra, iniciada por volta de 1930-1940, que propõe a tese do "humanismo cristão": tal "humanismo" teria constituído a primeira e exemplar forma de recepção da Antiguidade clássica na Europa, devida a uma política de restauração literária. Este segundo veio crítico, de que falamos, teve como representantes Rand, Rahner, Courcelle, Curtius. O escritor cristão, segundo estes estudiosos, tende, em conformidade com o ideal humanista, a uma harmonia, sem jamais sacrificar a substância à forma; tende a um equilíbrio, em certo sentido preestabelecido, entre os verdadeiros valores do mundo antigo e do cristianismo, os quais eram considerados coordenados um ao outro. No século IV, o elemento cristão libera e recebe os valores do mundo antigo, que caminhava para o esgotamento.

Se a poesia cristã tende a apoderar-se das formas da poesia clássica (na elaboração, pelo menos, considerada válida em seus tempos), ela, no entanto, propõe também outras formas. Uma forma nova é a da poesia exegética; pode ser colhida, por exemplo, no conjunto da obra de Prudêncio. Com Paulino de Nola, por outra parte, renuncia-se às formas precedentes, as da paráfrase bíblica e do centão, para as quais ele representa uma reviravolta decisiva, depois radicalizada por Prudêncio. Se se observa o século V, a experimentação formal da poesia exegética não está ausente em poetas como Próspero e Oriêncio.

Emblemática da nova poesia cristã e, ao mesmo tempo, coerente com a contemporânea é a produção de Prudêncio. A propósito desse poeta, Fontaine falou de "interferência dos gêneros literários". Na composição dos poemas prudencianos, observa o estudioso, justapõem-se de modo inesperado violentas variações de tom, seções epigramáticas, prosopopéias e longos discursos, trechos líricos no interior de uma composição épica e traços épicos no interior dos poemas líricos. Percebe-se uma áspera discordância entre o metro, destinado a certo tipo de poesia, e a poesia mesma. Poder-se-ia falar de maneirismo, que é, segundo Curtius, "o denominador comum de todas as tendências opostas ao classicismo". A Prudêncio poderíamos aplicar algumas definições dadas para o barroco: "imagens de êxtase ou de martírio, de entusiasmo, de triunfo, união do macabro e da exultação, gestos veementes e afetação". O exame das fontes poéticas nos faz ver que Prudêncio, com esse modo, tem a clara consciência de realizar uma alquimia poética original, que não se pode reconduzir à técnica material e simples do reemprego de material preexistente. Se há reemprego, ele se realiza no modo artificioso que é típico de Ausônio, quase sempre combinado e alusivo, adaptado às exigências do gosto contemporâneo, que são diferentes das do texto original. Este produz, justamente, a "interferência dos gêneros literários", percebida por Cameron no contemporâneo — e pagão — poeta Claudiano, mas já empreendida desde os primeiros decênios da época imperial. Verifica-se, portanto, uma mutação dos gêneros literários habituais: o epos se transmuta em epílio, ocorre a inserção do burlesco e do familiar dentro do grandioso, dá-se espaço aos sentimentos amorosos dos heróis. Assim em Ausônio encontramos o mesmo intento de concentrar num breve poema (por exemplo, na *Mosella*) uma grande variedade de elementos poéticos diferentes, em que o leitor acha os ecos da poesia precedente. À mistura dos gêneros literários se sobrepõe a dos modelos poéticos. No interior da poesia hexamétrica (por exemplo, da *Origem do pecado* — a *Hamartigenia* — de Prudêncio) encontram-se aspectos da poesia satírica.

Para a renovação da cultura cristã do século IV Jerônimo contribuiu com suas três histórias dos monges que, embora no plano religioso sejam de escasso peso, não o são no plano literário, dado que inauguram a hagiografia latina literária. Elas contêm exemplos, parábolas, sentenças e, sobretudo, relatos em si repletos de fatos maravilhosos, quase episódios isolados de uma mais ampla narrativa romanesca. As biografias jeronimianas recorrem ao emprego das formas do romance e da biografia pagã. As histórias dos monges tinham, além de tudo, um objetivo particular, que as distinguia das demais formas literárias: deviam exaltar e propagandear o monaquismo, que justamente naquelas décadas estava começando por força própria a conquistar ampla parte do mundo e da espiritualidade cristã. Elas têm, portanto, intento edificante, estimulam o leitor à imitação ou só à admiração (a ascese, adverte Gregório Magno, "deve ser admirada, não imitada, por aqueles que são fracos"); mas têm como objetivo, no fundo, também o entretenimento: o aspecto literário, o interesse pelo relato ameno e agradável ficam ainda mais perceptíveis se comparamos as vidas dos santos escritas por Jerônimo e por Sulpício Severo com as dos hagiógrafos gregos, ou com a *Vida de Antão*, escrita por Atanásio.

Outro gênero literário renovado pelo cristianismo é o do diálogo. Ele tinha uma longa tradição e fora experimentado também por escritores cristãos precedentes, como Minúcio Félix e Metódio no século III, mas difundiu-se consideravelmente no IV e foi empregado para inúmeros âmbitos de discussão. É claro que o diálogo literário não é a reprodução em forma escrita de uma discussão oral, mas deve ser entendido somente no plano formal, isto é, como uma forma literária: quer-se dizer por meio de um diálogo o que de outro modo se poderia dizer com um tratado ou uma carta. No século IV o diálogo assume várias tipologias e funções, freqüentemente unidas entre si. Por exemplo, a tipologia da controvérsia dogmática (sobretudo antiariana, para ficar com o que chegou até nós) é em substância a mesma da polêmica antijudaica e antimaniqueísta (polêmica que permanece freqüente, a primeira, e se fortalece, a segunda); o diálogo de caráter polêmico às vezes assume o título de *altercatio*. Esse tipo de diálogo controversístico tivera um precedente nos tratados de apologética antijudaica e anti-herética dos séculos II e III, para os quais se apresentara igualmente a questão de sua destinação e da efetiva realidade histórica do diálogo. Ademais, já então se considerava que a reconstrução de uma controvérsia real respondia do melhor modo às necessidades da confutação. Tal *altercatio* é, portanto, a mais interessante e a mais rica no plano formal, na medida em que tende a reproduzir mais conforme à realidade uma discussão que realmente houve, e portanto é variada nos detalhes e interessante para a reconstrução histórica na qual se insere o diálogo. Existem outras formas de diálogo: o filosófico, do qual Agostinho dá um exemplo. Há o diálogo didático, que assume a forma da "pergunta e resposta" (com o título de *erotapokriseis* em grego ou *quaestiones et responsiones* em latim). Neste os papéis freqüentemente são o do herege que interroga e o do cristão que responde. As *quaestiones et responsiones*, porém, têm do diálogo apenas o feitio; na realidade, elas constituem um gênero literário à parte, que tem relação sobretudo com a exegese escriturística e os problemas "científicos". Existe também o diálogo hagiográfico, como o de Sulpício Severo, que quer construir um diálogo com uma forma cênica, organizada à maneira de Cícero, a quem imita de modo acentuado. Há o diálogo de meditação, como os *Solilóquios* de Agostinho e a *Consolação da filosofia* de Boécio: ambos os protagonistas conversam com uma entidade abstrata personificada, a Razão em Agostinho, a Filosofia em Boécio. Essa forma literária continua a ser usada no tardio século V: na África dominada pelo poder bárbaro dos vândalos, os escritores cristãos sentem a forte influência da tradição, e até em Constantinopla (ambiente quase exclusivamente grego) escritores latinos como Junílio, Rústio e Maxêncio se dedicaram à controvérsia com as heresias típicas da Igreja oriental: o monofisismo e o nestorianismo. Minúcio e Tertuliano, de todo modo, foram reconhecidos por uma autoridade como Jerônimo como os criadores do diálogo cristão; ambos eram lidos com vivo interesse no século IV. Para difundir esse tipo de diálogo influiu também a existência das atas e dos protocolos oficiais das discussões ocorridas nas diversas situações reais: por exemplo, nas assembléias conciliares. A literatura dialógica teria uma longa vida também depois do período histórico que estamos abarcando: durante a Idade Média, de fato, assistimos ao prosseguimento do diálogo antijudaico e do diálogo de conteúdo hagiográfico.

Verifica-se, do mesmo modo, uma renovação da epistolografia. Esta é cultivada também por um escritor pagão como Símaco. Já empregada por cristãos desde os tempos mais antigos, em que o Novo Testamento contém 21 epístolas sobre 27 componentes, a carta torna-se documento literário não graças ao seu conteúdo, mas em virtude de sua publicação, que acontece freqüentemente por desejo do próprio autor. No âmbito da epistolografia, a epístola didascálica assumira um papel importante. No programa cultural da escola antiga a epistolografia gozava de uma dignidade própria, ao passo que nos exercícios retóricos era importante a *ethopoiia*, isto é, a adaptação da expressão e do estilo a uma temática e a uma situação predeterminantes. O fundamento dessa "reconstrução dos caracteres" era a teoria sobre a composição da epístola, formulada pelos gregos e discutida também na era bizantina. No papel de um "discurso com quem está ausente", ou de uma conversa da qual podemos conhecer só uma parte, a epístola devia servir como testemunho de amizade entre duas pessoas e permitir a convivência também durante uma separação, que durava um breve período de tempo. Enquanto colóquio com um ausente, a epístola era um gênero literário de nível médio: tinha um comprimento correspondente ao objetivo, uma expressão clara e compreensível, sem rebuscamentos excessivos, podia contentar tanto as pessoas cultas como as nãocultas; devia empregar um número limitado de artifícios literários, como alusões não demasiado difíceis de entender, citações de autores antigos, que o leitor culto podia reconhecer, sentenças, enigmas e gracejos.

Nos ambientes da segunda Sofística do século IV, a epistolografia tem um papel de primeiro plano: é cultivada por Temístio, Libânio, Juliano, o

Apóstata e, entre os cristãos, por Basílio, Gregório de Nazianzo, Gregório de Nissa e João Crisóstomo. Gregório de Nissa nos refere (*Epist.* 14) que os amigos consideravam particularmente preciosa uma carta que ele fizera circular entre eles: uns tinham-na lido várias vezes e aprendido de cor; outros haviam tomado notas. Disso se compreende que um dos ideais da epístola era a braquilogia, a assim chamada "brevidade espartana", razão por que em quase toda coletânea epistolar se encontram inúmeros exemplos de cartas breves, até mesmo de três a seis linhas.

As regras para o modo correto de escrever uma carta foram expostas por Gregório de Nazianzo ao sobrinho Nicóbulo nas *Epístolas* 51 e 54. Gregório propõe como exemplo a Nicóbulo uma coletânea de cartas do amigo Basílio e uma de sua própria autoria (*Epist.* 53). Exemplos de cartas breves se acham também nos epistolários de Ambrósio e de Símaco.

Não se pode esquecer, enfim, a historiografia cristã. Com a conversão ao cristianismo surge o problema de um conhecimento mais preciso do cristianismo mesmo e do hebraísmo por parte dos novos convertidos, conhecimento que eles, no passado, tinham possuído de modo sumário e impreciso. "Aprendia-se uma história nova", observa Momigliano, "porque se adquiria uma religião nova." A conversão implicava literalmente a descoberta de uma história nova, de Adão e Eva até os acontecimentos contemporâneos. E, por outro lado, a nova história não podia suprimir completamente a velha: era preciso encontrar o modo de fazer corresponder os acontecimentos da história hebraica com os da história até então conhecida, que era a da Grécia e de Roma, dos tempos míticos, da guerra de Tróia, da qual também falara um historiador rigoroso e pragmático como Tucídides. Em segundo lugar cabia aos historiadores cristãos responder às acusações dos pagãos, segundo os quais o cristianismo era novo e portanto não tão autorizado quanto o paganismo. Devido à necessidade de fazer corresponder as duas histórias, os cristãos conceberam a idéia de uma cronologia que ia desde as origens do mundo até os tempos presentes; deviam mostrar também a antiguidade da doutrina hebraico-cristã e criar um modelo de história providencial. "Daí decorreu que, à diferença da cronologia pagã, a cronologia cristã tornou-se também uma filosofia da história. À diferença do ensinamento elementar pagão, o ensinamento elementar cristão da história não podia deixar de tocar nos pontos fundamentais do destino do homem. Pela primeira vez cabia ao neófito pensar em termos de história universal", observa ainda Momigliano.

A cronologia cristã surgiu bem antes do século IV. As maiores personalidades que se dedicaram a ela — Clemente de Alexandria, Júlio Africano, Hipólito de Roma, Eusébio de Cesaréia —, já as encontramos no primeiro volume desta obra. Eles transformaram a cronologia helenística numa ciência cristã e acrescentaram as listas dos bispos das sés mais importantes às listas dos reis e dos magistrados conhecidos pelo mundo pagão: os reis bíblicos junto aos reis de Roma. Assim fazendo, esses historiadores cristãos eram movidos também por critérios de ortodoxia, pela exigência de salvaguardar um conceito importantíssimo para eles, o da tradição, uma vez que as listas dos bispos seguiam o critério da sucessão apostólica. Foram realizados cálculos sobre o futuro retorno de Cristo à terra e sobre o juízo final.

No início do século IV, a cronologia cristã chegara ao cume. Eusébio não fez senão corrigir e melhorar o trabalho de seus predecessores, baseando-se sobretudo em Júlio Africano. Serviu-se livremente de fontes hebraicas ou anticristãs, como Porfírio. A importância que teve Eusébio na historiografia cristã é atestada também pelo fato de que ele foi transportado para o ambiente latino, às vezes com algumas adaptações, mas no mais das vezes traduzido tal e qual, sem que Jerônimo e Rufino, que o quiseram difundir no Ocidente, sentissem a necessidade de corrigi-lo (e sequer teriam sido capazes). Seus continuadores e imitadores insistiram em alguns outros aspectos (por exemplo, Sozômeno buscou ser mais obediente à tradição retórica), mas todos mantiveram a tradição de Eusébio, destacando a luta contra os perseguidores e os hereges, e portanto a pureza e a continuidade da tradição doutrinal. Eusébio iniciou um novo capítulo da historiografia não só porque inventou a historiografia eclesiástica, mas também porque se serviu de uma documentação completamente diferente da dos historiadores pagãos.

As formas tradicionais da historiografia pagã, por seu turno, não atraíram os cristãos, que preferiram inventar novas formas. Assim podem ser consideradas a história da Igreja e as vidas dos santos. Os cristãos, de todo modo, não se ocuparam com a interpretação política da história contemporânea. Talvez somente Lactâncio em *A morte dos perseguidores* (e portanto não numa obra histórica, mas polêmica) tenha proposto uma interpretação do gênero: era animado de um espírito conservador e tradicionalista, como vimos, mas suas interpretações dos fatos históricos não podem ser comparadas às de um Amiano Marcelino.

Bibliografia. Dada sua incidência, não só no plano dos problemas específicos, mas em todo o conjunto da literatura cristã e não-cristã, o tema deste capítulo é objeto de inúmeras e válidas contribuições científicas. Assinalemos somente as mais facilmente acessíveis: S. Mazzarino, *Antico, tardoantico ed era costantiniana* (2 vols.), Dedalo

Libri, Bari 1974-1980; *La fine del mondo antico*, Rizzoli, Milano 1988; P. Brown, *Il mondo tardo antico. Da Marco Aurelio a Maometto*, tr. it. Einaudi, Torino 1974; H.-I. Marrou, *Retractatio*, in *Sant'Agostino e la fine della cultura antica*, tr. it. Jaca Book, Milano 1981, pp. 475-531; id., *Decadenza romana o tarda antichità?*, tr. it. Jaca Book, Milano 1979 (sobre esses dois ensaios, e sobre o de P. Brown, estimulantes observações de F. Bolgiani, "Decadenza di Roma o Tardo Antico?"..., in VV.AA., *La storiografia ecclesiastica nella tarda antichità...*, Centro di Studi Umanistici, Messina 1980, pp. 535-587); R. Bianchi Bandinelli, *Roma. La fine dell'arte antica. L'arte dell'impero romano da Settimio Severo a Teodosio I*, Rizzoli, Milano 1991[5]; VV.AA., *Il conflitto tra paganesimo e cristianesimo nel secolo IV*, Ensaios organizados por A. Momigliano, tr. it. Einaudi, Torino 1968[2], e mais precisamente: A. Momigliano, *Il cristianesimo e la decadenza dell'Impero romano*, pp. 3-19; *Storiografia pagana e cristiana nel secolo IV d.C.*, pp. 89-110; VV.AA., *Christianisme et formes littéraires de l'antiquité tardive en occident*, Entretiens Hardt 23, Fondation Hardt, Genève 1977, entre os quais: A. Cameron, *Paganism and Literature in late fourth Century Rome*, pp. 1-30; R. Herzog, *Probleme der heidnisch-christlichen Gattungscontinuität am Beispiel des Paulinus von Nola*, ibid., pp. 373-411; J. Fontaine, *Unité et diversité du mélange des genres et des tons chez quelques écrivains latins de la fin du IVe siècle: Ausone, Ambroise, Ammien*, ibid., pp. 425-472; e ainda: M. Simonetti, *Omelie e Commentari Patristici*, in *Esegesi, Parafrasi e Compilazione in età tardoantica*. Atas do Terzo Convegno dell'Associazione di Studi Tardoantichi (Pisa 7-9 outubro 1993), D'Auria, Napoli 1995, pp. 361-381; J. Fontaine, *Naissance de la poésie dans l'Occident chrétien*, Et. Augustiniennes, Paris 1981; A. Garzya, *Retorica e realtà nella poesia tardoantica*, in VV.AA., *La poesia tardoantica: tra retorica, teologia e politica*. Atas do V Corso della Scuola Superiore di Archeologia e Civiltà Medievali... (Erice, 6-12 dezembro 1981), Messina 1984, pp. 11-49; VV.AA., *Sapientia et eloquentia. Studi per il 70° Genetliaco di Antonio Quacquarelli*, Edipuglia, Bari 1988 (compreende também alguns estudos do próprio Quacquarelli); A. Quacquarelli, *Retorica patristica e sue istituzioni interdisciplinari*, Città Nuova, Roma 1995 (o título sintetiza suas linhas de pesquisa); E. Raimondi, *Per la nozione di manierismo letterario*, in *Manierismo, Barocco, Rococò: concetti e termini*, Colloquio dell'Accad. Naz. dei Lincei, Roma 1962; E. R. Curtius, *La letteratura europea ed il Medioevo latino*, tr. it. La Nuova Italia, Firenze 1992.

Capítulo II

Escritores gregos da controvérsia ariana

Ao considerar globalmente a cultura da era constantiniana, temos o hábito de sublinhar, entre suas outras características, o interesse pela celebração do passado glorioso, que constituíra a era dos mártires (celebração que encontra seu lugar privilegiado na *História eclesiástica* de Eusébio); a exaltação do presente, que permite o gozo da paz proporcionada pelo "décimo terceiro apóstolo", isto é, pelo novo imperador, que era cristão — coisa inesperável e considerada puramente em teoria nos séculos precedentes; a concepção de um "cristianismo triunfante". Não devemos esquecer, porém, que justamente nos anos do império de Constantino surge uma controvérsia que, por sua violência, pareceu diversas vezes pôr em risco não só a unidade, mas a própria existência do cristianismo. Verdade é que a Igreja — preocupada, naquele momento, sobretudo com sua própria organização e com o reconhecimento da nova posição oficial no seio do império, que viria a assumir sob Constantino — não percebeu com exatidão num primeiro momento o perigo que se preparava. O próprio concílio de Nicéia, que Constantino quis e inaugurou pessoalmente em 325, pareceu ocasião suplementar para o triunfalismo imperial, no qual tomava parte, naquele momento, a Igreja, mais que um evento importante para a definição do dogma de fé. Acreditou-se que a sanção solene da

43

autoridade imperial fornecida à doutrina ortodoxa e a condenação oficial de Ário (primeira intervenção da autoridade imperial num problema de fé e heresia) tinham sido suficientes para encerrar uma questão, afinal de contas, ainda limitada. Como ocorre freqüentemente, os termos de um problema real não ficam claros para os contemporâneos, mas são percebidos mais tarde, quando esse problema exige uma abordagem diferente e mais aprofundada.

Talvez o único literato e teólogo que se deu conta da nova situação que o surgimento do arianismo criara tenha sido Eusébio de Cesaréia, que teve um papel de primeiro plano nessa controvérsia a partir do concílio de Nicéia até sua morte. Também por esse motivo Eusébio deve ser considerado o intelectual mais representativo da era constantiniana, na qual assistiu ao momento do triunfo e ao início das lutas de religião; todavia, a parte mais significativa de sua produção literária pertence ao período anterior a Nicéia, e em tal contexto já a examinamos.

Os estudos sobre este ponto crucial da história do cristianismo antigo — isto é, do arianismo — são, como é lógico, numerosíssimos; dada a postura essencialmente literária da presente investigação, limitar-nos-emos a indicar apenas alguns deles. O leitor que quiser obter uma visão global e diacrônica da controvérsia ariana e aprofundar seus momentos mais importantes poderá consultar: M. Simonetti, *La crisi ariana nel IV secolo*, Augustinianum, Roma 1975; Th. A. Kopeček, *A History of Neo-Arianism*, 2 vols., Philadelphia Patristic Foundation, Cambridge Mass. 1979; para o ambiente ocidental: C. Alzati, *Ambrosiana Ecclesia*. Estudos sobre a Igreja milanesa e o ecúmeno cristão entre a Antiguidade tardia e a Idade Média, NED, Milano 1993, pp. 45-95.

1. *Ário e Alexandre, bispo de Alexandria*

Acreditou-se, num primeiro momento, que a condenação infligida a Ário, presbítero de Alexandria, por seu superior, o bispo Alexandre, fosse a sanção legítima e definitiva de um erro difundido numa única comunidade cristã, ainda que importante, e portanto isolado. Ário, realmente, por volta de 320 (e, segundo alguns estudiosos, também antes) começara a pregar e a difundir sua doutrina, obtendo a aprovação de numerosos sequazes, chamados "arianos". Mas tal ensinamento suscitou prontamente graves oposições: Alexandre convocou Ário para um debate público, e suas doutrinas foram confutadas. Convidado a cessar sua pregação, recusou-se: aliás, difundiu ainda mais suas idéias em Alexandria. Alexandre, então, convocou um concílio de cerca de cem bispos, egípcios e africanos, e excomungou Ário junto com os presbíteros e bispos que se haviam enfileirado com ele e não haviam querido condenar suas idéias perversas (322-323 d.C.).

A tradição relativa a Ário, como é compreensível, é escassa e incerta, por causa de sua condenação e das lutas posteriores, que terminaram na desaprovação de suas doutrinas. Ário já não devia ser jovem quando começou seu ensinamento. Originário da África, nascido em torno de 260, teria sido na juventude partidário de Luciano de Alexandria. Em seguida, teria seguido as doutrinas dos melicianos que, por volta de 305, guiados pelo bispo Melício de Licópolis, teriam recusado qualquer comunhão com aqueles que cometeram apostasia durante a perseguição de Diocleciano e, posteriormente, arrependidos, pediam para ser readmitidos na comunidade local. Esses conflitos, essas discussões não eram novos na história da Igreja. Melício, ainda no cárcere, se dissociara da atitude mais indulgente de Pedro, bispo de Alexandria (300-311), e fora excomungado por Pedro. Ário, então diácono, foi readmitido na Igreja e sagrado sacerdote por Áquila, sucessor de Pedro, morto durante a perseguição de Diocleciano. Mas, quando Ário iniciou sua pregação, o bispo era Alexandre desde 312. Alexandre, que tinha grande estima por Ário, teve de empregar toda a sua diplomacia para resolver o cisma do intransigente Melício. Por outro lado, a situação da Igreja de Alexandria, logo depois do fim da perseguição, era grave: o *Didaskaleion* fora fechado, e provavelmente Alexandre viu em Ário uma pessoa adequada para revigorar a vida intelectual do cristianismo na cidade. Mesmo quando teve de contrapor-se a Ário, Alexandre parece jamais ter levado a polêmica até o fim (cf. Sozômeno, *História eclesiástica* I, 15). As fontes, mesmo as não-arianófilas (por exemplo, Epifânio, *Panarion* 69, 3, 2), sublinham a respeitabilidade do ensinamento de Ário e a brandura de seu caráter; naturalmente, os testemunhos contrários a ele interpretam sob luz negativa essas suas qualidades. Mesmo sua morte, ocorrida em 336, foi objeto de insultos e malignidades por parte dos adversários que, dando início a um triste costume rapidamente difundido por toda parte, viram nela uma espécie de punição divina. E, sobretudo, então os adversários do concílio de Nicéia se chamavam "eusebianos", não mais "arianos", como demonstração do fato de que Ário, iniciador de uma controvérsia tão grave, permaneceu um intelectual isolado e desprovido de séqüito, e de que outros se apoderaram de suas idéias, modificando-as também, como lhes pareceu oportuno. De fato, há pouco em comum entre a doutrina de Ário e a dos arianos do final da disputa, como Aécio ou Eunômio.

Essas escassas notícias encerram, de qualquer modo, uma série de dados que devem ser interpretados com base na evolução do pensamento cristão em Alexandria. A acusação dirigida a Ário, portanto, era a de sublinhar a absoluta transcendência e unicidade de Deus, considerado, como habitualmente se fazia, em primeira instância o Pai. Deus não comunica a nenhum outro sua natureza divina, e tudo o que existe tem origem do nada. Com esse princípio, Ário se aproximava mais do ensinamento filosófico contemporâneo que da tradição cristã, ainda que se possa encontrar para a doutrina de Ário um precedente no subordinacionismo típico da cultura alexandrina, já detectado no maior teólogo daquele ambiente, Orígenes. Segundo muitos estudiosos, os antecedentes da doutrina ariana já podem ser encontrados num discípulo de Orígenes, Dionísio de Alexandria (ver volume I, pp. 410-411). Ário, evidentemente, não mantivera a cautela de Orígenes e também abandonara a doutrina da geração eterna do Filho pelo Pai. O Filho, não sendo verdadeiro Deus, só podia ser criatura, ainda que a mais perfeita entre as criaturas. Isso não impede ao Pai ser Pai, só que é pai de um ser diferente d'Ele. O Filho é chamado, sim, Deus, mas só em sentido impróprio: ele é bom e sábio, goza da prerrogativa de ter sido criado diretamente por Deus, enquanto as demais criaturas foram criadas por meio do Filho, mas sua existência não se identifica com a realidade divina, e Ele é sempre contingente. Portanto, como apregoava um dito atribuído a Ário, "houve um tempo em que o Filho não era", ainda que a "criação" do Filho não tenha ocorrido, naturalmente, no tempo, dado que o tempo se iniciou com a criação do mundo. A salvação que Cristo proporciona aos homens não consiste numa renovação da natureza deles, realizada graças à assunção, por parte do Cristo, da realidade humana, mas em oferecer um modelo de vida e em revelar a verdadeira religião.

Por trás dessa postura da teologia de Ário existe, segundo Kannengiesser, a recepção do neoplatonismo contemporâneo, que levantara o problema (na quinta *Enéada* de Plotino) da concepção da diferença entre o primeiro princípio de todas as coisas, transcendente, isto é, o uno, e o segundo princípio, potencialmente múltiplo e portanto num nível inferior. As categorias neoplatônicas teriam sido retomadas e ilustradas por Ário mediante conceitos bíblicos. Assim o Pai é o Deus absolutamente transcendente, simples e inexprimível, que produz o Filho, o qual, caracterizado por uma multiplicidade de títulos em sua realidade e em seu agir complexo, é a causa da criação do universo. A filosofia neoplatônica se conjugara com a doutrina origeniana, tal como apresentada nos *Princípios*. Segundo outros, porém, a doutrina de Ário parece uma tentativa extrema de judaizar o cristianismo.

Bibliografia. Cf. Ch. Kannengiesser, *Holy Scripture and Hellenistic Hermeneutics in Alexandrian Christology*, in *The Arian Crisis*, Berkeley, California 1982; B. Lorenz, *Arius judaizans?*, Vandenhoeck & Ruprecht, Göttingen 1978; G. C. Stead, *The Platonism of Arius*, JThS 15 (1964) 16-37; A. Martin, *Athanase et les Mélitiens (325-335)*, in VV.AA., *Politique et Théologie chez Athanase d'Alexandrie*, Actes du Colloque de Chantilly..., ed. por Ch. Kannengiesser, Beauchesne, Paris 1974, pp. 31-62; A. Camplani, *In margine alla storia dei meliziani*, Aug. 30 (1990) 313-351.

É inverossímil que Alexandre, formado pela mesma tradição alexandrina e seguramente bom conhecedor de Orígenes, considerasse Ário um herege extremado, ainda que não compartilhasse seu radicalismo. A teologia de Alexandre baseia-se no mistério da divindade do Filho, explicada com Jo 1,18 ("Deus Filho único, que está no seio do Pai"). Alexandre tampouco fala de "consubstancial", palavra que será empregada somente depois do concílio de Nicéia, que a entendeu como termo técnico da natureza do Filho. Dele possuímos duas cartas: na primeira envia um relatório aos bispos de toda a cristandade, para informá-los do ocorrido na contenda com Ário; inicialmente Alexandre não teria desejado enviar esse relatório, divulgando assim os fatos, mas a intervenção de Eusébio, bispo de Nicomédia, em favor do herege o constrangera a entrar em maiores detalhes e a dar a máxima difusão à sua carta. A segunda carta, muito mais apaixonada, à qual, ao contrário, Alexandre deliberadamente quer dar publicidade, informa-nos dos desdobramentos posteriores da insubordinação e do perverso ensinamento de Ário; nesta Alexandre pede ajuda aos demais bispos para combater a propaganda adversa de Eusébio de Nicomédia e de seus seguidores.

Não sabemos quase nada das obras de Ário. Teve certa notoriedade uma composição, da qual permaneceram apenas alguns fragmentos, intitulada *Thalia (O banquete)*. Era em versos de caráter popular, nos quais insistiam zombeteiramente os inimigos de Ário, fazendo observar que, dessa maneira, suas doutrinas heréticas podiam ser facilmente aprendidas também por pessoas iletradas. O certo é que Ário, com essa obra agradável e, ao mesmo tempo, de fácil apreensão, visava obter ampla difusão para suas idéias. A *Thalia* nos foi conservada quase exclusivamente pelas poucas citações que dela faz Atanásio para criticá-la ferozmente, no primeiro livro *Contra os arianos* (I, 5) e no relatório *Sobre os sínodos* (cap. 15). A reconstrução do conteúdo e da estrutura dos poucos fragmentos citados constitui graves dificuldades para os críticos modernos. Quanto ao resto, parece que o herege confiava sobretudo nas cartas para esclarecer seu pensamento. Estas nos foram conservadas por seus adversários. A datação de tais cartas é incerta, embora seja importante precisar se são anteriores ou posteriores ao concílio de Nicéia. A mais importante, traduzida também em latim por Hilário de Poitiers e por Mário Vitorino, é enviada em 318 do exílio a Eusébio de Nicomédia, a quem recorda o comum discipulado junto a Luciano de Antioquia (sobre este, cf. vol. I, p. 419). Junto com outros bispos, ele subscreveu por volta de 320 uma carta sinodal, enviada a Alexandre para esclarecer sua própria posição e a de seus seguidores; perto do final de 327, subscreveu uma fórmula de fé, junto com o bispo Euzóio, enviando-a ao imperador Constantino.

Bibliografia. Sobre as fontes da doutrina de Ário e para uma discussão arrazoada da bibliografia mais recente, cf. Ch. Kannengiesser, *Arius and the Arians*, "Theological Studies" 44 (1983) 456-475; G. C. Stead, *The* Thalia *of Arius and the Testimony of Athanasius*, JThS 29 (1978) 20-52. Os textos em H. G. Opitz, *Urkunden zur Geschichte des Arianischen Streites*, de Gruyter, Berlin 1934.

2. Astério

Entre os mais significativos amigos de Ário estava Astério, o sofista, assim chamado por sua profissão de retor. Originário da Capadócia, teria sido, como Ário, discípulo de Luciano de Antioquia, sofrido a perseguição de Diocleciano, durante a qual teria cometido apostasia. No dizer de Atanásio, o próprio Ário teria recolhido em Astério argumentos contra o símbolo de Nicéia, e Astério teve uma má reputação como um dos principais defensores do arianismo. Teria escrito, após o concílio de 325, um *Pequeno tratado (Syntagmation)*, ao qual replicou freqüentemente Atanásio em vários de seus escritos e, talvez, também Marcelo de Ancira em sua obra principal (sobre este, ver mais adiante, p. 80). A posição de Astério, todavia, a crer ao menos no que nos diz Epifânio (*Panarion* 76, 3), teria sido mais moderada que a de Ário; teria tentado aproveitar-se da doutrina de Orígenes, enquanto o historiador ariano Filostórgio acusa-o de ter estragado a pura doutrina ariana. Apesar de seus erros doutrinais, Astério é recordado com palavras de louvor por Jerônimo (*Os homens ilustres*, 86), que menciona sobretudo sua atividade posterior (sob o imperador Constâncio): comentários a Romanos, aos Evangelhos, aos Salmos e muitas outras obras. Parece que podem ser atribuídas a ele algumas homilias recentemente descobertas, sobre os Salmos e outros livros bíblicos, que todavia são bastante frustrantes por causa de sua generalidade: Astério, que já depois de Nicéia abandonara sua posição em favor de Ário, nessas homilias parece distanciar-se da polêmica.

Bibliografia. Cf. Asterii Sophistae *Commentariorum in Psalmos quae supersunt*. Accedunt *aliquot homiliae anonymae*, ed. M. Richard, Simboloe Osloenses, Suppl., Brögge, Oslo 1956.

3. A controvérsia ariana entre Igreja e Império

Após sua condenação Ário não abandonou as próprias idéias, mas decidiu contactar outros bispos, fora de Alexandria, para obter alguma forma de aprovação: modo de comportamento que podemos definir como revolucionário e certamente novo, porque inspirado numa visão mais ampla da cristandade, não mais limitada à Igreja local. O procedimento de dirigir-se a outras igrejas para obter a aprovação das próprias idéias já estivera, naturalmente, em uso no século precedente (por exemplo, encontramo-lo em Novaciano), mas Ário e seus seguidores realizaram-no de modo sistemático, de maneira que a controvérsia saiu imediatamente de Alexandria, difundiu-se em poucos anos em todo o Oriente e, após o concílio de Nicéia, também no Ocidente. Outra novidade, devida à nova situação em que já se encontrava a Igreja, é representada pela intervenção da autoridade do Estado numa controvérsia que em si nada tinha de político, mas era devida somente a problemas específicos da religião cristã. Mas a distinção entre esfera do religioso (e, portanto, do privado) e esfera do político (e, portanto, do público) nunca existira no mundo antigo, e essa confusão de prerrogativas era considerada normal: as perseguições anticristãs por parte do império romano se justificam, no fundo, parcialmente também com esse pressuposto. Isso é tão evidente que, mesmo depois de Constantino, com bastante freqüência foram os próprios bispos que solicitaram a intervenção do Estado e tentaram influenciar as decisões do imperador. Constâncio II e Valente, por exemplo, convictos patrocinadores de uma forma de arianismo moderado, tentaram de todos os modos, inclusive com a força, impor suas convicções, perseguindo não só os que eram contrários ao arianismo, mas também os que, no seio deste, não estavam dispostos a aceitar a mesma fórmula de fé que o imperador queria. Daí ameaças, deposições e exílios em sés longínquas das personalidades mais importantes, como Atanásio e Hilário de Poitiers, para que não empreendessem uma eficaz oposição, e também das menos significativas no plano das contribuições doutrinais, mas conhecidas por sua combati-

49

vidade e por sua independência diante das decisões tomadas por outros. O imperador é normalmente assessorado por um ou mais bispos, que o assistem e o instruem sobre os problemas religiosos: não devemos imaginar Constantino ou Teodósio como escrupulosos e infatigáveis estudiosos dos textos sacros, atentos observadores das controvérsias teológicas que perturbavam os cristãos de seu império. Mas junto a Constantino estavam Eusébio de Cesaréia e Eusébio de Nicomédia (os arianos foram freqüentemente chamados "eusebianos" justamente por esse motivo), e junto a Constâncio estavam os "bispos da corte", Ursácio de Singidunum e Valente de Mursa. Uma vez que a corte do império do Ocidente ficava em Milão, a tendência arianófila foi representada, durante certo período, pelo bispo da cidade, o ariano Auxêncio, depois por outros que viveram no tempo de Ambrósio. Posteriormente, Ambrósio aconselhava Teodósio, assim como fizera com seus predecessores. Quando se encontrava em Constantinopla, o imperador, que era seguidor da ortodoxia e inimigo do arianismo, escutava o bispo da capital do império, que num primeiro momento foi Gregório de Nazianzo, e depois, nos anos seguintes, outros bispos inspiraram sua política religiosa. Naturalmente pode acontecer também o contrário: um bispo que, na corte, não é suficientemente enérgico e capaz de defender os princípios da moral e da religião cristã pode condescender, por debilidade e vileza, ao desejo (ou à prepotência) do imperador e aos ardis dos cortesãos. Instaura-se, portanto, no curso do século IV e no desdobramento concreto da controvérsia ariana, o sistema político-religioso do cesaropapismo que caracterizou o mundo bizantino, ou, no sentido oposto, teve lugar com freqüência a contraposição entre Estado e Igreja, porque as duas realidades não eram consideradas independentes uma da outra: tal contraposição caracterizou também a Idade Média ocidental. Certamente, não faltaram declarações por parte de bispos respeitados, como Atanásio, Hilário e Ambrósio, destinadas a alertar o imperador a não intervir nas questões religiosas, mas é inevitável que tais declarações em princípio tenham um significado limitado, porque são feitas por uma só das partes em causa, quando esta vê que o imperador favorece o partido inimigo. Nem se deve crer, como poderia fazer-nos supor a literatura controversística chegada até nós, que o poder imperial tenha favorecido constantemente os arianos *tout court*, antes que chegasse Teodósio, imperador favorável aos nicenos. Ao contrário, o poder político perseguiu, no caso, também algumas correntes arianas do Oriente, e não devemos esquecer que a literatura da época, que a Antiguidade nos conservou, provém quase toda das mãos de escritores nicenos.

A decisão de Ário de dirigir-se a Eusébio, bispo de Cesaréia na Palestina, mas intelectual cristão ouvido na corte de Constantino, e a intervenção de Eusébio de Nicomédia, inspirado (como acreditam alguns estudiosos, sobretudo E. Schwartz) talvez pela hostilidade para com a sé episcopal de Alexandria e para com o próprio Alexandre, foram repletas de conseqüências, e quando, pouco depois, Constantino decidiu fazer ouvir sua voz convocando um concílio que sanasse as divergências, teve-se a confirmação de que o poder imperial podia e devia intervir numa questão religiosa. Mas ninguém, naqueles tempos, achou que tal intervenção fosse devida a uma atitude autoritária: Constantino era "o imperador igual aos apóstolos" ou "o décimo terceiro apóstolo". Somente entre os pagãos se encontrou uma voz contrária a essa "confusão" entre Estado e Igreja cristã: o historiador Amiano Marcelino, pronunciando seu juízo sobre Constâncio II, que passara toda a vida a intervir na controvérsia ariana, disse que ele perturbara a primitiva simplicidade da religião cristã (cf. XXI, 16, 18).

A conclusão dessas contendas e das condenações que culminaram nos numerosos concílios foi, habitualmente, a deposição do derrotado e a destruição de seus livros: daí o fato de grande parte da literatura ariana ter-se perdido e ser-nos conhecida apenas mediante as citações ou discussões dos que a combateram (acima de todos Atanásio). Também os historiadores da Igreja, continuadores de Eusébio, eram quase todos do partido antiariano. O hábito de confirmar a condenação por meio da destruição dos livros deriva provavelmente da prática da administração civil. Já nos é atestado nos tempos do império pagão quando, segundo o relato de Tácito (*Anais* IV, 34-35), Tibério mandou destruir os livros do historiador Cremúcio Cordo, que escrevera uma história das guerras civis de Roma com tendências republicanas. Depois, sob Constantino, a obra do filósofo neoplatônico Porfírio *Contra os cristãos* fora igualmente submetida à condenação da autoridade imperial, e todas as cópias circulantes foram destruídas. Tenhamos em mente, além disso, que o palco dessa contenda religiosa foi quase preponderantemente o Oriente cristão e que o Ocidente, embora participasse nos últimos decênios do século IV da luta antiariana com a intervenção de personalidades de primeira linha, teve um papel subalterno na condução efetiva dos eventos. O próprio Constantino foi, a partir da fundação de Constantinopla, soberano sobretudo oriental, e entre seus sucessores, até Teodósio, os imperadores do Oriente foram as personalidades mais acreditadas.

Naturalmente não podemos seguir passo a passo os múltiplos casos, os ásperos confrontos, as numerosas fórmulas de fé, a multiplicação dos sínodos em favor desta ou daquela corrente, as intervenções do imperador ou das autoridades do Estado, habitualmente favoráveis ao arianismo.

A própria "literatura", se entendida em sentido lato, torna-se riquíssima, porque quase todos os que entraram na discussão deixaram alguma coisa escrita. Mas trata-se no mais das vezes (quando conservada até nós) de literatura documentária (em grande parte cartas e enunciações teológicas): examinar todo esse material é tarefa do historiador da Igreja e do dogma cristão, mais que do historiador da literatura. Mencionemos apenas o fato de que um sínodo dos bispos da Palestina, presidido por Eusébio de Cesaréia e Eusébio de Nicomédia, amigos de longa data de Ário, anulou a condenação formulada em Alexandria e convidou Alexandre a retroceder da atitude tomada — coisa que, naturalmente, Alexandre não fez, reiterando a condenação anterior. Portanto, Constantino se sentiu obrigado a intervir, para garantir, como ele disse (e a expressão é significativa), a paz do império: antes de tudo, enviou uma carta a Alexandre e a Ário, conservada na *Vida de Constantino* de Eusébio (II, 64), repreendendo-os pelos distúrbios produzidos por sua contenda, baseada na interpretação de uma passagem escriturística (o imperador se referia a Pr 8,22, passagem central durante a controvérsia ariana para a interpretação da origem da Sabedoria divina). Eles não deveriam ter posto em público suas divergências, dizia Constantino, mas comportar-se como os filósofos que resolvem suas discussões nas escolas. Mais concretamente, o imperador enviou depois a Alexandria um bispo de sua confiança, Óssio de Córdova, para que organizasse as coisas, mas foi em vão. Óssio, porém, pôde convocar um sínodo em Antioquia em 324-325, que foi em certo sentido a preparação de Nicéia, na medida em que se reiterou a condenação de Ário. Assim, o famoso concílio ecumênico foi convocado para a primavera de 325 em Nicéia, não longe de Constantinopla, e inaugurado pelo próprio Constantino.

4. O concílio de Nicéia

O imperador promoveu a mais ampla participação de bispos, que todavia foram quase exclusivamente orientais; dos ocidentais compareceram somente Óssio de Córdova (sobre o qual ver também adiante, capítulo IX, 4, a), dois presbíteros de Roma e poucos mais. O número teria sido elevado; mais tarde circulou em ambientes ortodoxos o número simbólico de 318, que era o dos servos de Abraão, aos quais foram idealmente identificados os bispos de Nicéia, que tinham feito triunfar a reta doutrina. Entre os presentes estavam, naturalmente, Eusébio de Cesaréia e Eusébio de Nicomédia, Alexandre, acompanhado de seu diácono Atanásio, ainda jovem (nascera em 295), mas que logo será o defensor por excelência das decisões conciliares, e Marcelo de Ancira, que se fará notar por ser ferrenho adversário dos arianos, mas igualmente perigoso, porque abertamente modalista. Sobre este concílio, porém, apesar de sua notoriedade (como, no fundo, sobre o seguinte, de Constantinopla, de 381) temos pouca documentação direta, porque não existem atas conciliares e o próprio símbolo nos é referido por escritores posteriores, em primeiro lugar por Atanásio.

Os trabalhos do concílio, iniciados em 20 de maio de 325 sob a presidência do próprio Constantino e prosseguidos sob a presidência de Óssio de Córdova, fiduciário do imperador, concluíram em 25 de julho com a formulação de um "símbolo", isto é, um compêndio das verdades de fé. Tal símbolo parece ter sido formulado tomando como base um credo já existente, sobre o qual teriam sido inseridos acréscimos e modificações em função antiariana. Esse credo teria sido de tipo "'hierosolimitano-antioquino', pelas muitas analogias que mostra com dois símbolos citados por Epifânio e com o que foi objeto das explicações de Cirilo de Jerusalém em suas *catequeses*" (Perrone). Entre as várias fórmulas introduzidas no símbolo, recordemos brevemente a principal, a que vê o Filho "da substância do Pai", conceito reiterado pouco depois pelo termo *homousios*, "consubstancial". Enfrentar os problemas do consubstancial de Nicéia, das diversas interpretações que ele suscitou, das controvérsias a elas ligadas, não é possível a não ser em pouquíssimas palavras. "Da mesma substância do Pai" queria significar, segundo a intenção dos bispos antiarianos, que o Filho, diferentemente do que Ário sustentara, não era criatura e entrava na mesma natureza divina do Pai, mas com sua específica personalidade. Todavia, tal termo foi fortemente criticado pelos arianos, que o acusaram de ser estranho à linguagem e à tradição bíblica, e de ser ambíguo, porque se prestava a interpretações modalistas. O fato de ter recebido a aprovação do modalista Marcelo de Ancira confirmava as suspeitas deles, tanto que o próprio Atanásio o evitou em seus primeiros escritos, até o sínodo de Alexandria de 362. A "substância do Pai", na terminologia conciliar, não distinguia ainda com suficiente clareza o que depois a teologia dos capadócios define como "substância" e como "hipóstase", ao passo que acepções no sentido de "existência pessoal" já eram entendidas no termo "substância". O concílio, de fato, não se serviu do termo "hipóstase" para indicar as Pessoas divinas; por outro lado, ele fora empregado por Orígenes. Em suma, o concílio de Nicéia desautorizou abertamente o ensinamento de Ário, mas deixou o campo aberto a algumas ambigüidades doutrinais e introduziu outras, justamente com o emprego do termo emblemático "consubstancial", para o qual, se o arianismo manifesto foi condenado junto com seu autor, um arianismo implícito não só não foi condenado mas até pôde difundir-se, graças ao apoio de todos os que viam nas decisões do concílio uma concessão ao modalismo de Marcelo de Ancira ou à imprecisão doutrinal de Óssio de Córdova. Os amigos de Ário, como Eusébio e outros, puderam acomodar-se por ora com uma aceitação repleta de reservas do símbolo niceno, prontos, no entanto, a retornar a luta partindo de suas próprias posições. De fato, eles viam que sua concepção não fora de modo algum confutada na íntegra pelo símbolo.

Recorde-se também que o concílio não se limitou a formular a condenação de Ário e a definir o símbolo de fé. Ocupou-se também de vários problemas relativos à disciplina eclesiástica, à formação do clero e a outros aspectos da vida da Igreja, cuja difusão e cuja compenetração na vida do Estado exigiam já outras normas, bem mais numerosas e complexas que as das primitivas comunidades cristãs. Regulou, além disso, a solução do cisma meliciano, cujos seguidores foram readmitidos na Igreja.

Bibliografia. Cf. L. Perrone, *Da Nicea (325) a Calcedonia (451)*, in VV.AA., *Storia dei concili ecumenici* (G. Alberigo, ed.), Queriniana, Brescia 1993, pp. 13-45; E. Boularand, *L'hérésie d'Arius et la "foi" de Nicée*, Éditions Letouzey & Ané, Paris 1972; M. Simonetti, *La crisi ariana...*, cit.

5. Eustácio de Antioquia

O concílio de Nicéia, como já dissemos, longe de resolver as contendas, deu-lhes novo impulso, na medida em que o símbolo por ele formulado foi aceito com muitas reservas. E ainda que Ário, formalmente condenado e obrigado a permanecer no exílio, apesar das repetidas tentativas de seus seguidores de fazê-lo regressar ao Egito, tenha saído de cena, suas doutrinas, apresentadas e defendidas de forma menos radical, mas mais sutil, se difundiram velozmente no Oriente, onde encontraram um terreno propício, uma vez que punham em evidência alguns princípios ensinados havia já um século pela escola origeniana. Ademais, o conceito de "consubstancial" parecia estranho à tradição da Igreja oriental. Ao arianismo formulado de modo mais cauteloso deu apoio bem depressa o próprio Constantino, que — ou por iniciativa própria ou a conselho de Eusébio de Nicomédia — abandonou as posições anteriores favoráveis ao *homousion*, e a mesma atitude foi assumida por seus sucessores, de modo que os sustentadores de Nicéia logo se viram numa posição de fraqueza e foram considerados quase sempre em comparação com os modalistas.

Ora, entre os primeiros seguidores do símbolo de Nicéia atingidos pela reação arianófila estava Eustácio, que fora confessor da fé sob Diocleciano e Licínio e eleito por volta de 323 bispo de Antioquia. Participou do concílio, mas logo entrou em conflito com Eusébio de Cesaréia e finalmente foi deposto com a acusação de sabelianismo por um sínodo ariano que se reuniu em 327 na mesma Antioquia. O imperador aprovou imediatamente a deposição de Eustácio, que foi exilado na Trácia, onde provavelmente morreu antes de 337. Em conseqüência de sua deposição, Antioquia teve, entre 330 e 360, bispos exclusivamente arianos, aos quais sempre se opôs uma combativa minoria nicena, os "eustacianos". A atividade literária e teológica de Eustácio não teve, portanto, grande lapso de tempo para desdobrar-se.

Ele escreveu um tratado *Contra os arianos*, em pelo menos oito livros, dos quais nos restam só poucos fragmentos; um *Sobre a alma*, provavelmente em duas partes, das quais a primeira era escrita em polêmica com a filosofia grega, a segunda contra os arianos, que sustentavam que o Logos encarnado assumira somente o corpo, mas não também a alma (a assim chamada cristologia *Logos-sarx*, bastante difundida em ambiente alexandrino no curso do século IV). Eustácio teria escrito contra Fotino de Sírmio, discípulo de Marcelo de Ancira, mas tal notícia deve ser considerada errada, uma vez que Fotino teria escrito suas obras depois da morte de Eustácio.

Conhecemos melhor, por outro lado, sua atividade exegética. Chegou até nós um estudo *Sobre a pitonisa de Endor*, no qual se examina a afirmação de Orígenes de que Samuel, forçado pelas artes da feiticeira, fora evocado do inferno (cf. 1Sm 28). Eustácio sustenta, ao contrário, que a aparição teria sido uma impostura, não uma verdadeira evocação, porque uma feiticeira animada por um espírito diabólico jamais teria tido força para forçar um morto. Mais importante que esse pormenor é o fato de Eustácio dirigir uma dura crítica a Orígenes, o qual, enquanto alegoriza, pode-se dizer, todo o texto sacro, interpretou somente esse episódio ao pé da letra.

Possuímos também fragmentos de uma *Explicação* de alguns Salmos (n. 15, 55-59, 92, 119-133), e de uma exegese de uma passagem central na controvérsia ariana, Pr 8,22 ("O Senhor engendrou-me primícia de sua ação"). Provavelmente Eustácio, como também outros escritores nicenos, entendia a expressão "engendrou-me" como referida à criação do corpo humano de Cristo. Por outro lado, um *Comentário ao Hexameron*, que nos chegou com o nome de Eustácio, não é autêntico, mas com toda probabilidade a tradução latina da homônima obra de Basílio de Cesaréia (cf. adiante, pp. 133s.).

Eustácio teria escrito, enfim, inúmeras homilias, de algumas das quais nos foram conservados apenas fragmentos em siríaco, e, como diz Jerônimo (*Os homens ilustres*, 85), um número infinito de cartas, das quais não sabemos nada.

Bibliografia. Orígenes – Eustácio – Gregório de Nissa, *La maga di Endor*, org. por M. Simonetti, BPat 15, 1989; M. Spanneut, *Recherches sur les écrits d'Eustathe d'Antioche avec une édition nouvelle des fragments dogmatiques et exégétiques*. Fac. Catholique, Lille, 1948.

6. O campeão da fé de Nicéia: Atanásio

Mas a defesa do símbolo de Nicéia e a luta contra o arianismo foram assumidas com muito maior autoridade por Atanásio que, nascido em 295, foi elevado ainda em idade jovem à cátedra de Alexandria, logo depois da morte de Alexandre, em 328. De todo modo, já havia acompanhado e apoiado seu bispo nos anos anteriores. A tradição, formada logo depois de sua morte, considera-o o símbolo por excelência da luta em defesa da fé, ainda que nessa luta Atanásio tenha feito intervir em notável medida as vicissitudes pessoais e o desejo de defender a posição de relevo da sé de Alexandria.

a) Uma biografia exemplar

Como Ário conseguiu ser parcialmente reabilitado e fazer-se ouvir por Constantino em pessoa em 332, Atanásio logo se tornou objeto dos ataques dos arianos, que antes de mais nada o acusaram de ter matado Arsênio, bispo de Ipsele, e de ter permitido ou fomentado violências contra os melicianos. Demonstrada a falsidade dessa acusação, sobreveio a injunção do imperador, que readmitiu Ário em Alexandria, uma vez que o herege, na opinião do próprio imperador, teria renegado as idéias condenadas em Nicéia. Atanásio se opôs, e isso decerto não lhe granjeou as simpatias de Constantino, persuadido pelos arianos a convocar outro concílio, em Tiro em 335, para lançar acusações contra Atanásio. Depois de muitas hesitações (pois sabia ter sido convocado para ser condenado), Atanásio compareceu a Tiro acompanhado de muitos bispos egípcios. Estes, porém, não foram admitidos no concílio, no qual teriam podido apoiá-lo, porque não haviam sido convidados. Em Tiro as coisas andaram como previsto; foi nomeada uma comissão para investigar a situação no Egito, razão por que Atanásio decidiu não regressar a Alexandria, mas fugir para Constantinopla; foi deposto em sua ausência. Os bispos do concílio foram convocados a Jerusalém para a dedicação da Igreja do Santo Sepulcro: ali os esperava Constantino, que lhes entregou um símbolo de fé que Ário lhe fornecera pouco tempo antes. Ao retorno do imperador a Constantinopla, Atanásio pediu para ser ouvido; num primeiro momento Constantino parecia favorável a ele, mas novas acusações dos arianos convenceram-no de que era melhor confirmar o exílio. O bispo de Alexandria teve, portanto, de dirigir-se a Treves, residência imperial no Ocidente, onde permaneceu até a morte do imperador, em 337, quando decidiu retornar à sua sé. Mas pouco tempo depois, em 339, um concílio, realizado em Antioquia a pedido de Eusébio de Nicomédia, que depois se tornou bispo de Constantinopla, declarou Atanásio deposto e cuidou de substituí-lo por um seguidor de Eusébio, Gregório da Capadócia. A sucessão foi executada com a força da autoridade civil, que sufocou um levante de seguidores de Atanásio, e este partiu para o exílio em Roma. Desse modo, o problema do arianismo se difundiu também no Ocidente, porque o bispo Júlio não apenas acolheu com amizade Atanásio e outros bispos antiarianos que tinham sido exilados — por exemplo, Marcelo de Ancira —, mas o reabilitou num concílio de 341 e organizou, para o Ocidente, uma frente contrária aos orientais: os bispos ocidentais manifestaram suas convicções em defesa do consubstancial no concílio de Sárdica, convocado pelo imperador do Ocidente, Constante, em 343. Ali os orientais romperam toda relação com os ocidentais; anatematizaram não só Atanásio mas também Júlio, enquanto os ocidentais declararam abertamente a inocência de Atanásio e o restituíram — formalmente — à sua cátedra, à qual todavia ele só pôde regressar triunfalmente depois da morte de Gregório, em outubro de 346, atravessando várias regiões do Oriente, entre as quais a Palestina. A ativa presença de Atanásio na Itália fez com que o Ocidente (salvo algumas exceções) acompanhasse com simpatia suas vicissitudes e tomasse posição a seu favor. O bispo de Alexandria pôde permanecer em sua sé por dez anos, mas a situação política mudou bem depressa, em virtude do apoio resoluto dado pelo imperador Constâncio a uma fórmula de arianismo moderado. O imperador obteve a condenação de Atanásio por dois concílios ocidentais, em Arles (353) e em Milão (355): somente Hilário de Poitiers, Eusébio de Vercelli e Lúcifer de Cagliari se recusaram a subscrever tal condenação e foram mandados ao exílio. O próprio Atanásio foi deposto, mais uma vez com a força, em 356, e se refugiou no deserto do Egito, onde encontrou o apoio dos monges daquele lugar. Em seu posto foi instalado o ariano Jorge da Capadócia. A situação mudou novamente cinco anos depois quando Juliano, o futuro apóstata, se apoderou do império destronando Constâncio. Juliano, que não era cristão e não estava interessado nos problemas dos quais seus antecessores haviam participado tão intensamente, permitiu, para obter a paz geral, o retorno a suas sés de todos os bispos, entre os quais o próprio Atanásio, contanto que eles se ocupassem apenas de suas dioceses. Assim o bispo de Alexandria, apoiado em sua autoridade, conquistada com trinta anos de luta, pôde convocar para 362 um concílio em Alexandria para resolver as contendas em favor do "consubstancial". Nesse concílio se obtém um notável esclarecimento dos significados do termo "substância", e os bispos nicenos foram convidados a acolher em amizade os arianos que, independentemente da aceitação do consubstancial, estivessem dispostos a professar a plena divindade do Filho e do Espírito, mas a discussão não chegou a uma solução definitiva. Nem por isso a vida atormentada de Atanásio pôde encontrar paz. Ele foi imediatamente exilado por Juliano, que não tolerou que ele exercesse sua atividade fora do Egito. Uma vez mais o bispo se refugiou no deserto, de onde, contudo, pôde retornar pouco depois, devido à morte do imperador, caído em batalha na guerra com os persas, em 363. Mas a Juliano sucedeu — após um breve período do imperador Joviano — o ariano Valente que, confirmando o exílio de todos os bispos banidos por Constantino, golpeou mais uma vez Atanásio, em 365. No entanto, também desta vez o exílio foi breve: Valente, empenhado numa guerra com um usurpador, quis obter o mais amplo apoio interno, e permitiu a todos os exilados o retorno à sé já em 366. Atanásio voltou então a Alexandria, onde morreu em 373.

Não nos teríamos detido tão longamente na vida de Atanásio se ela não fosse emblemática não apenas da forte e combativa personalidade do homem, mas também dos terríveis transtornos que conturbaram o quarto século cristão. Com o bispo de Alexandria, com sua condenação ou sua defesa, tiveram a ver todas as mais significativas personalidades da época, pode-se dizer. Homem de ação, mais que profundo teólogo, ele parece às vezes repetitivo em suas propostas, e suas obras nem sempre parecem bem informadas sobre as especulações doutrinais dos orientais (provavelmente porque durante longo tempo permaneceu no exílio, na maior parte no Ocidente). Atanásio era dotado também de um acentuado interesse pela história da controvérsia de que tomava parte, muito embora não com uma atitude desinteressada e objetiva, mas com o intuito de dirigir em defesa própria a interpretação dos fatos ocorridos no passado recente: nisso não foi diferente do ocidental Hilário de Poitiers, como veremos a seu tempo. Não sem motivo, portanto, podemos agrupar seus escritos em "dogmáticos" e "históricos", ainda que essas duas categorias não abarquem todos os seus amplos interesses, porque ele compôs outros escritos de não menor importância, que têm incidência sobretudo na vida espiritual e na moral da Igreja.

Bibliografia. M. Simonetti, *La crisi ariana...*, cit.; E. Schwartz, *Zur Geschichte des Athanasius*, in *Gesammelte Schriften* III, reimp. de Gruyter, Berlin 1959; VV.AA., *Politique et Théologie chez Athanase d'Alexandrie*, Actes du Colloque de Chantilly... ed. por Ch. Kannengiesser, Beauchesne, Paris 1974. Neste volume, para os problemas da biografia de Atanásio, lembremos: Ch. Piétri, *La question d'Athanase vue de Rome*; L. W. Barnard, *Athanase et les Empereurs Constantin et Constance*; J.-M. Leroux, *Athanase et la seconde phase de la crise arienne (345-373)*.

b) As obras dogmáticas

Entre os escritos dogmáticos, dedicados à defesa da ortodoxia, destacam-se os quatro livros *Contra os arianos*, dos quais, porém, o quarto não é autêntico. São enviados a todos os cristãos (à diferença de muitas epístolas de Atanásio, que têm como destinatários sobretudo colegas), com o objetivo de informá-los da nova heresia.

A obra foi composta, segundo a opinião mais difundida, nos anos do confronto mais forte com o imperador Constâncio (356-362), embora recentemente Kannengiesser tenha proposto uma data mais antiga, logo depois do retorno do exílio de Treves (337-339). A obra, sem dúvida, é ampla e informada, mas prolixa e estorvada por freqüentes repetições; difícil captar também a estrutura que a sustenta, que talvez consista numa dupla redação, para os primeiros dois livros, aos quais foi acrescido mais tarde um terceiro que tem poucos (ou nenhum) pontos de contato com os precedentes. *Contra os arianos* constitui, de todo modo, um momento central da vida e da atividade de Atanásio, tanto que mesmo suas obras polêmico-dogmáticas posteriores, como *Sobre os sínodos*, *Sobre as decisões do* concílio de Nicéia, a Carta aos bispos do Egito e da África, que encontraremos mais adiante, retomam alguns motivos das temáticas expostas nos três livros Contra os arianos.

O primeiro livro refuta a doutrina herética, tal como se encontra na *Thalia* de Ário, da qual se ridiculariza o uso popular que dela faziam os seguidores do herege, já que ela podia ser entoada na forma de cançoneta. Em seguida se combate o arianismo contido no *Syntagma* de Astério. O autor desenvolve a doutrina da absoluta eternidade do Filho, não diferente da do Pai, enquanto Pai e Filho são iguais: com isso, Atanásio segue o ensinamento de Alexandre de Alexandria e dirige sua polêmica contra o *slogan* ariano "houve um tempo em que o Filho não era"; em seguida, um segundo ponto fundamental é a doutrina da geração do Filho pela verdadeira essência do Pai. O uso da Escritura confirma que também o Filho possui uma natureza imutável como o Pai, e, para demonstrá-lo, Atanásio propõe a correta interpretação de algumas passagens cruciais, como Fl 2,9-10 e Sl 44,7-8. Aberto assim o caminho ao problema da reta exegese da Escritura, são examinadas, no final do primeiro livro e no segundo, as passagens contestadas pelos arianos, como Pr 8,22 ("O Senhor engendrou-me primícia de sua ação": fundamental para arianos e nicenos, tanto que seu exame é muito mais longo que o das outras passagens escriturísticas e tem-se pensado que constitui um pequeno tratado autônomo, inserido pelo próprio Atanásio em sua obra); Cl 1,15 (como entender o "primogênito de toda criatura"); Hb 1,4 e 3,1-2; At 2,36. O terceiro livro carece de uma verdadeira introdução, e é divisível em uma primeira parte, que contém a exegese de Jo 14,10 ("eu estou no Pai e o Pai está em mim") e de Dt 32,29 ("um só"), entendidos como contendo a doutrina da unidade de substância do Pai com o Filho por meio de sua recíproca habitação. A demonstração da unidade divina é a meta a que visa o comentário de Jo 17,11 ("para que eles sejam um como nós somos um") e o análogo Jo 17,20-23. Em seguida se responde à objeção dos arianos de que o Filho teria nascido pela vontade do Pai, tal como essa afirmação é verdadeira para nós, que nos tornamos filhos "por adoção". Uma última seção (III, 26-58) é de conteúdo essencialmente cristológico, e teve grande autoridade no período das controvérsias cristológicas da era bizantina, circulando também como obra autônoma. Provavelmente todo o último livro do *Contra os arianos* seja um tratado compósito e independente dos dois primeiros: não desenvolve o que foi dito neles e não lhes modifica nenhum ponto importante; carece da função polêmica que tinham aqueles (o ataque contra Ário e Astério) e ignora os marcos doutrinais estabelecidos por meio da exegese escriturística nos primeiros dois livros da obra. Mas também os primeiros dois livros provavelmente não sejam mais que a ampliação e desenvolvimento de um texto original, em um só livro: daí as repetições às quais fizemos referência. A obra que chegou até nós seria, portanto, o resultado de uma ampliação gradual efetuada pelo próprio Atanásio. Em todo o caso, a ampliação constituída pelo terceiro livro é muito mais tardia, por isso ele parece independente dos outros dois. Seu conteúdo tem afinidades com o da *Carta aos bispos da África*, que é de 369, e o da *Carta ao filósofo Máximo*, escrita em torno de 371, e transparece o ensinamento de um contemporâneo e admirador de Atanásio, Apolinário, bispo de Laodicéia (ver mais adiante, pp. 98ss.).

No que diz respeito ao conteúdo doutrinal de *Contra os arianos*, observa-se que o uso de "hipóstase", na obra, não é rigoroso, no sentido de que freqüentemente a palavra é adotada também para indicar a substância de Deus, não só as Pessoas; somente em suas últimas obras, depois do concílio de Alexandria, convocado por ele próprio em 362, Atanásio aprofunda o problema do uso da terminologia trinitária e começa a usar com mais atenção tanto o termo "consubstancial" como "hipóstase". Para ter uma precisa distinção entre unidade de substância e diferenciação de pessoa, entre substância e hipóstase, é preciso dirigir-se a Basílio, que poucos anos depois teria trazido essa contribuição preciosa, mas partindo de uma formação bem diferente, a do ambiente homeusiano, segundo o qual o ser "semelhante segundo a substância" é entendido no sentido de "semelhança com base na substância individual". A discussão de Atanásio evita considerações que tenham a ver com a filosofia grega ou, de modo mais geral, com a cultura profana: assim fazendo, o bispo de Alexandria tenta replicar de modo novo e pessoal a postura essencialmente filosófica de Ário.

Bibliografia. Ch. Kannengiesser, *Three Orations against the Arians: a reappraisal*, Studia Patristica XVIII, 3, Pergamon Press, Oxford e New York 1982, pp. 981-995. VV.AA., *Athanase d'Alexandrie évêque et écrivain. Une lecture des traités contre les Ariens*, por Ch. Kannengiesser, Beauchesne, Paris 1983.

Mais abertas, numa primeira leitura, à filosofia grega, mas sempre inspiradas pelos mesmos intentos teológicos, são duas obras dogmáticas estreitamente unidas entre si e dirigidas não só ao mundo cristão: *Contra os pagãos* e *Sobre a encarnação do Senhor*. A primeira, a rigor, não é uma obra dogmática, mas uma apologia, exemplo tardio de um gênero literário já em extinção; mas já foi dito anteriormente que a apologética devia ensinar, ao menos num nível mais elementar, a doutrina cristã; a segunda pode ser considerada dogmática no sentido de retomar um motivo que fora central na especulação do próprio Atanásio, empregado por ele contra os arianos: a encarnação do Senhor é o único instrumento que proporciona a salvação ao homem, porque a encarnação foi realizada com vistas à redenção. Mas a redenção só é possível se se admite que o Cristo encarnado é Deus em tudo e por tudo, e não uma criatura, como queriam os arianos. Além disso, o crescimento espiritual do cristão, proporcionado pelo conhecimento de Deus, só se obtém por meio de Cristo. O homem, que possuía tal conhecimento quando foi criado, perdeu-o depois do pecado, e certamente não o pode recuperar por meio da idolatria. Como se vê, motivos apologéticos e motivos dogmáticos entrecruzam-se nessas duas obras, fazendo delas um todo original, que contrasta com a contemporânea obra apologética de Fírmico Materno (a cuja limitação fizemos referência no vol. I, pp. 535-537). Atanásio, pouco depois de sua elevação à sé episcopal, quer instituir um diálogo com os pagãos cultos, e o faz recorrendo a motivos da filosofia platônica e da espiritualidade origeniana.

A data dessas duas obras é incerta: foi proposta uma anterior ao surgimento da controvérsia ariana, uma vez que nelas nunca se fala expressamente desses heréticos. Mas note-se que Atanásio ataca várias vezes "os que dividem a Igreja", expressão típica de suas obras antiarianas; além disso, o *Sobre a encarnação do Senhor* insiste no conceito do "corpo não-dividido de Cristo", que só se encontra nas *Cartas festais* escritas logo antes e logo depois do primeiro exílio de Atanásio. Parece, enfim, que as duas obras retomam alguns motivos da *Teofania* de Eusébio, composta antes de 335; tal retomada de motivos, segundo alguns estudiosos, teria um preciso objetivo polêmico diante do bispo de Cesaréia, querendo mostrar aos leitores de que modo certos motivos podem e devem ser utilizados em sentido verdadeiramente cristão. Em substância, parece que se deve pensar num ano compreendido entre 332, quando Atanásio tinha terminado suas visitas canônicas na diocese de Alexandria, e 335, antes de ser mandado ao exílio em Treves.

Bibliografia. Textos: Clarendon Press, Oxford 1971 (R. W. Thomson); SChr 199, 1973 (Ch. Kannengiesser). Estudos: Ch. Kannengiesser, *La date de l'Apologie d'Athanase "Contre les païens" et "Sur l'incarnation du Verbe"*, RSR 58 (1970) 383-428; E. P. Meijering, *Orthodoxy and Platonism in Athanasius. Synthesis or Antithesis?*, Brill, Leiden 1968; *Athanasius: Contra Gentes*. Intr., trad. e com., Brill, Leiden 1984.

Não menos importantes no plano dogmático são as *Epístolas*, das quais porém falaremos quando examinarmos as epístolas de Atanásio em seu conjunto.

Dada a grande autoridade e a fama conquistadas por Atanásio no campo de batalha (é o caso de dizê-lo) contra os arianos, foram-lhe atribuídas depois várias obras que atualmente são consideradas espúrias, embora não faltem tentativas de afirmar sua autenticidade atanasiana. Leve-se em consideração, de resto, que o problema da atribuição e da autenticidade é um dos principais da riquíssima literatura cristã em língua grega dos séculos IV e V, na qual abundam obras anônimas atribuídas aos escritores maiores (Atanásio, Basílio, João Crisóstomo etc.).

Antes de tudo, parece inautêntica, por causa do emprego de uma terminologia insólita (usa-se ali a expressão não-atanasiana "um só Deus em três hipóstases"), a obra *Sobre a encarnação e contra os arianos*. O mesmo se deve dizer de *Sobre a encarnação contra Apolinário*, dirigida contra Apolinário de Laodicéia (que, no entanto, nunca é nomeado no texto), cuja cristologia é combatida. Ao que parece, seriam duas obras diferentes reunidas com o mesmo título, escritas em torno de 380. Segundo outros, poderiam ter sido escritas por Marcelo de Ancira (e, portanto, seriam bastante anteriores àquela data), além do tratado, conservado em redação latina, *Sobre a Trindade e o Espírito Santo*. Existem duas exposições da reta fé, dirigidas contra os arianos, a saber: o *Discurso maior sobre a fé* e a *Exposição da fé*, puras compilações de motivos extraídos dos escritos autênticos de Atanásio; igualmente, a *Interpretação do símbolo* e *Sobre a encarnação do Verbo de Deus*. Mais conhecido é o *Símbolo atanasiano*, também chamado "*Símbolo quicumque*", da primeira palavra do texto. Tal símbolo, de fato, chegou até nós em latim, embora exista uma tradução dele do latim para o grego: é uma ampla profissão de fé trinitária, com detalhada cristologia, que se pode imaginar escrita somente depois do século V. Sua origem foi provavelmente a Gália ou a Espanha dos séculos VI-VII e teve grande notoriedade na Idade Média.

c) As obras históricas

Ao lado dessas obras dogmáticas devemos considerar as que são comumente definidas como "históricas": são "históricas" no sentido de explicarem a origem da controvérsia ariana, de informarem sobre as várias violências dos hereges e de nos comunicarem numerosos episódios e detalhes da história daqueles tempos. Tal "historiografia", porém, está bem longe de ser o que habitualmente se entende com essa palavra: nas obras de Atanásio os motivos apologéticos são predominantes, porque o escritor deve defender-se das acusações a ele dirigidas, que não eram poucas: em particular a de autoritarismo. Estamos lidando, portanto, com obras partidárias, e a suspeita de que o escritor nos fornece uma interpretação distorcida dos fatos é agravada pelo caráter polêmico do próprio Atanásio. Essas obras, de resto, remontam ao período da mais dura perseguição sofrida pelo bispo de Alexandria, a que lhe foi infligida pelo imperador Constâncio. A mais significativa dentre elas é a *História dos arianos, dirigida aos monges*, escrita em 358, com a qual Atanásio informa os monges do Egito — que exerciam forte apoio à sua política religiosa — do desdobramento da controvérsia; também a obra *Sobre os sínodos* de Rimini e de Selêucia de 359, concluídos com decisões favoráveis aos homeus. Escrita em 362, essa obra é a mais interessante, talvez, para a história da controvérsia ariana e representa uma autodefesa de Atanásio. Inaugura, além disso, o uso do envio de epístolas circulares informando sobre as deliberações sinodais, que será difundido sobretudo com Cirilo de Alexandria e as discussões do século V. Também é interessante a *Apologia contra os arianos*, de cerca de 357, porque contém amplos fragmentos das atas dos concílios da época, a partir do de Tiro, em que Atanásio fora condenado pela primeira vez.

A *Apologia contra os arianos* termina dirigindo-se polemicamente contra dois bispos, poderosos na corte do imperador Constâncio, junto ao qual defendiam um tipo de credo ariano (mais precisamente, de tipo homeu: o Filho é "semelhante ao Pai" ou "semelhante ao Pai em tudo"). Eram os bispos Ursácio de Singidunum, na Mésia, e Valente de Mursa, na Panônia: são nomeados aqui porque voltaremos a encontrá-los nas vicissitudes dos escritores antiarianos. Contra eles Atanásio teria escrito um livro, segundo Jerônimo (*Os homens ilustres*, 87), que de todo modo ficou perdido.

Do mesmo ano são outras duas apologias: na *Apologia a Constâncio* Atanásio se defende da calúnia de ter favorecido a guerra movida contra o imperador pelo irmão deste, Constante, e pelo usurpador Magnêncio; na *Apologia de sua fuga* ele justifica publicamente ter abandonado Alexandria depois da intervenção da autoridade civil, que instalou em seu lugar Jorge da Capadócia. O comportamento de Atanásio não teria sido devido à vileza, mas à imitação do dos profetas, dos apóstolos e do próprio Senhor, que não hesitaram em abandonar os lugares que a ameaça do inimigo tornara perigosos.

Bibliografia. Athanasius' Werke II, 1. *Die Apologien*, de Gruyter, Berlin 1935-1941 (H.-G. Opitz); SChr 56 bis, 1987 (J. M. Szymusiak).

d) As obras exegéticas

Atanásio dedicou-se também à exegese bíblica, ainda que não de maneira relevante, e as catenas contêm alguns fragmentos sobre Ct, Jó, Mt, Lc e 1Cor. Nos últimos anos de sua vida (ao que parece) teria escrito um *Comentário aos Salmos*, que, no entanto, ficou perdido. Recentemente foram descobertos alguns fragmentos dele.

Entretanto, a coleta dos fragmentos que comentam o livro dos Salmos, organizada por Maurini e intitulada *Exposição dos Salmos*, não é autêntica.

Bibliografia. Cf. M. J. Rondeau, *Une nouvelle preuve de l'influence littéraire d'Eusèbe de Césarée sur Athanase: l'interprétation des Psaumes*, RSR 56 (1968) 385-434; VigChr 22 (1968) 176-197; G. M. Vian, *Testi inediti dal commento ai Salmi di Atanasio*, Augustinianum, Roma 1978.

Por outro lado, chegou até nós a *Carta a Marcelino sobre a interpretação dos Salmos*, interessante porque constitui a única obra exegética de Atanásio seguramente autêntica. Sua importância é atestada também pelo fato de que, nos séculos seguintes, era habitualmente colocada antes de seu *Comentário aos Salmos*, à guisa de introdução. Na realidade é uma obra autônoma, na qual Atanásio responde ao amigo, um leigo rico e dotado de educação religiosa, que se dirigira a ele para ser instruído sobre o justo modo de ler os Salmos. O escritor lhe dedica uma epístola-tratado, um gênero literário empregado freqüentemente também na literatura filosófica de caráter moral, e inicia o tratado propriamente dito com um prólogo, no qual narra como um velho venerável lhe ensinara quanto o Saltério era precioso e rico de espiritualidade. Atanásio entende esse livro bíblico como um corpo único, um conjunto homogêneo de doutrinas; é considerado a quintessência do ensinamento histórico, profético, moral, do Antigo Testamento e deve ser interpretado segundo o espiritualismo de Orígenes. Sublinha-se também o valor literário dos Salmos, sua função de conforto espiritual em todo momento da vida do cristão. O escrito de Atanásio nunca tem o tom do tratado teórico, mas a discussão se desenvolve no modo simples típico da conversa entre amigos, sem que o bispo faça sentir sua autoridade. A obra, em suma, sintetiza admiravelmente as intenções práticas e os ideais de uma meditação espiritual.

Bibliografia. Edições: Ch. Kannengiesser (intr.) – P. Bright (tr.), Sources of Early Spirituality, Philadelphia 1986.

De igual modo, só chegou até nós um fragmento da obra intitulada *Sobre a afirmação "Tudo me foi entregue por meu Pai"* (Mt 11,27). Esse hábito de comentar (freqüentemente mediante uma homilia) uma perícope da Escritura se torna freqüente a partir da época de Atanásio. A intenção dogmática e antiariana desse fragmento é evidente.

Jerônimo (*Os homens ilustres*, 87) recorda também a obra *Sobre os títulos dos Salmos*, mas é duvidoso que possa ser identificada com o *Comentário aos Salmos*. Chegou-nos, por outro lado, um conjunto de *Escólios aos Salmos*, que pertence não a Atanásio, mas a Hesíquio de Jerusalém, sobre quem voltaremos no vol. II/2 desta *História da literatura cristã antiga grega, latina*, pp. 423ss. Fócio (*Biblioteca*, cod. 139) recorda com palavras críticas um comentário a Qo e Ct.

e) As obras hagiográficas e ascéticas

O interesse de Atanásio pela hagiografia é manifestado pela composição da *Vida de Antão*, escrita imediatamente depois da morte do famoso eremita (356), considerado habitualmente o fundador do monaquismo e personagem famosíssimo em sua época. Como sabemos pelo prefácio da obra, a morte do anacoreta despertara o interesse de alguns monges, provavelmente ocidentais, pela figura de Antão, monges que pediram a Atanásio — que, como egípcio, tinha de conhecê-la com maior precisão que eles — para narrar sua vida. A *Vida de Antão* foi escrita às pressas, e justamente por isso é tão mais fresca e agradável de se ler, gozando imediatamente de grande popularidade. Ela se prende estreitamente ao interesse do próprio Atanásio e da época em que viveu pela ascese e pelo monaquismo eremítico: Antão era, para os escritores e para todos os orientais, um exemplo vivo de ascese, um "homem de Deus", que viveu à imitação das figuras da história hebraica como Moisés, Samuel, Elias, Eliseu. Naturalmente, o ideal personificado por Antão não é só hebraico, mas também cristão, é o da *imitatio Christi*: a ascese significa perfeição, e é o meio mais eficaz para conduzir a luta contra o mal e contra o demônio, para operar milagres. Desse ponto de vista, o asceta é o sucessor do mártir do cristianismo primitivo, aliás, é o verdadeiro mártir dos tempos modernos, que luta não mais contra as potências do mundo, mas contra as potências espirituais (as quais, de todo modo, também no passado tinham sido as inspiradoras dos perseguidores — e que existia também um martírio espiritual já era uma convicção de Clemente de Alexandria e de Orígenes). No plano literário, portanto, a obra está entre as mais importantes de Atanásio, por ter dado um fortíssimo impulso à hagiografia, cultivada até então esporadicamente. Quanto à confiabilidade histórica, naturalmente não devemos julgar a obra com os mesmos critérios da "objetividade" positivista. Já mencionamos (vol. I, pp. 511-512) o fato de que os hagiógrafos enxergavam a verdade histórica com olhos diferentes dos nossos, sem que por isso devam ser considerados falsários. Atanásio, por exemplo, atribui a Antão pensamentos e convicções típicos do próprio Atanásio, não do eremita, que fora uma pessoa carente de toda cultura. Antão também é pintado como defensor da Igreja e dos ascetas contra as violências do herege, como o fora Atanásio, e sua fé parece muito semelhante às "regras de fé" formuladas pelo bispo de Alexandria.

A *Vida de Antão* foi traduzida em latim por Evágrio, bispo de Antioquia, antes de 388 (cf. p. 404), mas foram feitas outras traduções, entre as quais uma em siríaco e outra em latim, permanecida anônima, que parece ser mais próxima do original de Atanásio que a de Evágrio, mais elegante. Posteriormente, *Vida de Antão* foi o modelo para inúmeras vidas de santos, no Oriente e no Ocidente. Graças às traduções latinas teve amplíssima difusão no Ocidente, onde inspirou grande parte da espiritualidade monástica medieval e também as artes figurativas.

Tenha-se em mente, porém, que *Vida de Antão* que lemos foi vista por alguns estudiosos como não escrita por Atanásio, mas — apesar de algumas dificuldades, que fizeram pensar na existência de um original copta, do qual esta biografia teria sido traduzida, ou também em sua atribuição a Serapião de Thmuis (cf. p. 74), amigo íntimo de Antão e literato ele próprio — parece que a autenticidade atanasiana, confirmada também por inúmeros pontos de contato entre esta e as demais obras do bispo de Alexandria, deva ser considerada segura.

Bibliografia. Texto e tr.: *Vite di Santi*, org. Chr. Mohrmann, *Vita di Antonio,* texto crítico e comentário de G. J. M. Bartelink, Fondazione Valla, Mondadori, Milano 1974; R. G. Gregg (Classics of Western Spirituality, Paulist, New York 1980); SChr 400, 1994 (G. J. M. Bartelink). Estudos: R. Reitzenstein, *Des Athanasius Werk über das Leben des Antonius,* Sitzsber. Heidelb. Akad. d. Wissensch., 1914; H. Dörries, *Wort und Stunde,* Vandenhoeck & Ruprecht, Göttingen 1966; M. Tetz, *Athanasius und die* Vita Antonii, ZNTW 73 (1983) 1-30; G. J. M. Bartelink, *Die literarische Gattung der* Vita Antonii. *Struktur und Motive,* VigChr 36 (1982) 38-62. Indicações ulteriores em Ch. Kannengiesser, *The Athanasian Decade 1974-84: a bibliographical Report,* "Theological Studies" 46 (1985) 524-541.

Atanásio fez muito para difundir o ideal monástico também no Ocidente. Como é atestado por Agostinho e por outros, seja durante sua temporada em Treves, onde fora exilado após a condenação do concílio de Tiro, seja durante seu segundo exílio, em Roma, o bispo de Alexandria teria difundido naqueles ambientes a vida dos eremitas no deserto do Egito, de onde provinha. Lembre-se também o que se disse mais acima, que Atanásio teve nos monges do Egito um forte apoio durante suas contendas com os arianos e com as autoridades imperiais. Esse interesse pela ascese é confirmado também pelo fato de Atanásio escrever (segundo Jerônimo) inúmeros tratados sobre a virgindade — outro tema de caráter espiritual que estava conquistando importância cada vez maior e exercia crescente influência sobre a vida do cristão do século IV: bem depressa escritores do Oriente e do Ocidente adquiriram o hábito de dedicar ao tema da virgindade um tratado ou uma exortação moral. Chegou até nós um tratado *Sobre a virgindade*, cuja autenticidade tem sido questionada. O interesse de Atanásio a respeito nos é atestado por várias epístolas, que chegaram até nós em tradução copta e siríaca (por exemplo, uma *Epístola às virgens*) e por *Preceitos às virgens*, em tradução copta.

A Atanásio foram atribuídas, também nesse âmbito, muitas obras manifestamente espúrias.

Bibliografia. J. Lebon, *Athanasiana syriaca...* I, "Le Muséon" 40 (1927) 209-226; II, *ivi* 41 (1928) 169-216; M. Aubineau, *Les écrits d'Athanase sur la virginité*, RAM 31 (1955) 140-173; Y.-M. Duval, *La problématique de la* Lettre aux vierges *d'Athanase*, "Le Muséon" 88 (1975) 405-433.

f) O epistolário

Como observa Simonetti, "talvez Atanásio tenha dado o melhor de si como teólogo não tanto em seus prolixos discursos quanto em algumas cartas que pela amplitude, pelo tema tratado e pela ausência de qualquer elemento pessoal se configuram como verdadeiros tratados teológicos". Com essa afirmação se esclarece também o caráter precípuo do epistolário atanasiano: não estamos diante de uma coletânea orgânica de cartas, do tipo dos epistolários clássicos e cristãos, organizada pelo autor mesmo para fins sobretudo literários. Quando falamos de "epistolário" de Atanásio, entendemos especialmente certo número de cartas de conteúdo teológico e ético, não recolhidas em nenhuma coleção, que têm objetivos exclusivamente didáticos e práticos. Assim são as quatro importantes *Cartas a Serapião*, bispo de Thmuis no Egito, nas quais o escritor desenvolve uma mais ampla e articulada doutrina trinitária, afirmando decididamente a natureza divina do Espírito Santo, até então considerado, e não somente pelos arianos, com menor interesse, e quase exclusivamente do ponto de vista das obras realizadas na vida do homem, sem dizer que os arianos Lhe negavam *a fortiori* a natureza divina, se já a recusavam ao Filho. As cartas de Atanásio sobre o tema, escritas em 359-360, imprimem uma reviravolta na pneumatologia e prenunciam os mais importantes tratados escritos em torno de 380. Mas tais cartas são importantes também no plano literário, porque — tanto quanto (e até mais que) a carta a Marcelino, que vimos acima — indicam que se está difundindo o uso da carta de conteúdo doutrinal, a qual, usada esporadicamente também no passado e freqüente na cultura filosófica pagã, será depois cada vez mais amiúde utilizada justamente a partir de Atanásio. Basílio e Gregório Nazianzeno, igualmente, se servirão desse renovado gênero literário, que consideram muito funcional.

Mais breve, mas igualmente importante para a história do dogma cristão e para as vicissitudes da polêmica antiariana, é o *Tomus ad Antiochenos*, a *Carta sinodal e informativa enviada aos antioquenos*, escrita por encargo do sínodo de Alexandria de 362, na qual se tomaram algumas deliberações que, excluindo as formas mais decididas de arianismo, tendiam a aparar algumas arestas de recíproca hostilidade entre arianos e nicenos, que parecia ser provocada sobretudo por um mal-entendido acerca do significado dos termos (por exemplo, o emprego alternado de "semelhante" e "consubstancial", de "hipóstase" e "substância").

Por seu turno, a *Carta a Epicteto*, bispo de Corinto, escrita em 370, é dedicada ao aprofundamento da cristologia e parece antecipar certas posições de Gregório Nazianzeno (na *Epístola a Cledônio*), razão por que é freqüentemente citada pelas *Atas* dos concílios ecumênicos do século V, pelos escritores nestorianos e monofisitas, que inseriram nela algumas falsificações de sua autoria. Na epístola, de fato, Atanásio examina a questão do elemento humano e do elemento divino de Cristo e, embora ainda não empregue a expressão "duas naturezas", a concepção atanasiana a respeito é muito próxima de tal conceito. Parece que ela visa refutar sobretudo a doutrina de Apolinário de Laodicéia ou de seus discípulos, que se estava difundindo justamente naqueles anos.

Bibliografia. Edições: PG 25-26. Traduções: CTP 55, 1986 (E. Cattaneo). Estudos: E. D. Moutsoulas, *La lettre d'Athanase à Epictète*, in *Politique et Théologie*, cit.; A. Grillmeier, *Gesù il Cristo nella fede della Chiesa*, edição italiana organizada por E. Norelli e S. Olivieri I, 1, Paideia, Brescia 1982, pp. 583ss.

De conteúdo polêmico, por outro lado, e a *Carta sobre as decisões do sínodo de Nicéia*, escrita por volta de 350 e enviada a um personagem desconhecido (talvez fictício, como se usava fazer nos escritos de polêmica) em defesa dos termos, criticados porque estranhos à tradição cristã, "consubstancial" e "proveniente da substância". Cita-se uma carta importante, que fora enviada por Eusébio de Cesaréia à sua diocese para informá-la dos resultados do concílio de Nicéia, e talvez contivesse em anexo também um fascículo de trechos das atas, que tinham a ver com as deliberações daquele congresso. Ainda de conteúdo dogmático são a *Carta sobre a opinião de Dionísio, bispo de Alexandria,* de datação incerta, na qual Atanásio apresenta seu predecessor como uma autoridade em apoio do consubstancial, e a longuíssima *Carta sobre os sínodos de Rimini, na Itália, e de Selêucia, na Isáuria,* escrita no outono de 359, na qual se polemiza com os arianos, que haviam conduzido, também com a força, a discussão para chegar a conclusões já decididas de antemão (na corte de Constâncio II) em favor do homeísmo (o Filho é "semelhante ao Pai"). Confuta-se o credo que aqueles sínodos haviam formulado e propõe-se um entendimento com o partido dos homeusianos, guiado por Basílio de Ancira (cf. p. 116), cuja formulação de "semelhante segundo a substância" devia necessariamente, segundo Atanásio, resultar insustentável e forçar os mesmos homeusianos a abraçar o consubstancial de Nicéia. Reencontraremos essa atitude num outro niceno inteligente e aberto, Hilário de Poitiers (cf. pp. 326-327).

Há também uma *Carta aos monges,* para que não caiam no arianismo. De conteúdo análogo é a *Epístola aos bispos da África,* reunidos para um pouco conhecido sínodo de 369. Por seu turno, dizem respeito aos lances da vida pessoal de Atanásio a *Epístola encíclica aos bispos,* enviada pelo bispo do exílio em 340, na qual Atanásio condena seu sucessor Gregório, imposto com a força em Alexandria pelas autoridades imperiais, e a *Epístola encíclica aos bispos do Egito e da Líbia contra os arianos,* enviada após ter sido expulso com violência de Alexandria em 356. Nessa carta Atanásio retoma as argumentações de seu tratado *Contra os arianos,* baseando-se, para a confutação da heresia, quase exclusivamente nos testemunhos escriturísticos.

Há também epístolas destinadas a pessoas, mas sempre sobre temas de caráter teológico ou ascético: a começar pela *Carta ao imperador Joviano,* de 363, escrita por Atanásio por encargo do sínodo de Alexandria de 362 para expor, em resposta a uma solicitação do mesmo imperador, a verdadeira doutrina de fé. Temas análogos são os das epístolas, ainda mais tardias (370-371), *a Adelfo,* a *Máximo* (talvez espúria), *a Rufiniano.*

Outras cartas foram escritas por Atanásio para instruir a Igreja de Alexandria sobre os problemas litúrgicos e sobre a prática relativa à Páscoa (por exemplo, sobre o costume da quaresma que, já difundida alhures, Atanásio queria introduzir no Egito): são importantes, portanto, sobretudo para a história desses aspectos da vida cristã. Referimo-nos às *Cartas festais*, assim chamadas porque devem estabelecer a data da festa da Páscoa, enviadas segundo uma tradição local que se iniciara já na metade do século III com o bispo Dionísio.

Deveriam ter sido ao todo quarenta e cinco, correspondentes aos anos do episcopado (329-373), mas faltam as dos anos do exílio em Treves, em 336-337, e as da fuga no deserto (358-361); durante o segundo exílio e em alguns outros anos elas são substituídas por breves bilhetes enviados a bispos específicos; outras quatro são mencionadas, mas também se perderam. No total, em suma, são trinta e cinco cartas.

Naturalmente, além de definir a data da Páscoa, Atanásio se detinha a discutir os problemas e as questões do momento. Entre estes, o de impedir a difusão de escritos apócrifos. A tal problema é dedicada a *Epístola* 39, de 367, reconstruível por fragmentos do original grego e das traduções siríaca e copta. Ela elenca todos os livros bíblicos, um por um, distinguindo dos autorizados os deuterocanônicos (Sb, Sr, Est, Jt, Tb), além da *Didaché* e do *Pastor* de Hermas. Os *Livros dos Macabeus* não são sequer nomeados. As *Cartas festais* foram reunidas num conjunto pouco depois da morte de Atanásio e traduzidas em copta, a língua do povo cristão do Egito. Existe também uma tradução siríaca, ao passo que o original grego nos foi conservado em brevíssimos fragmentos. Essas cartas não são composições de caráter literário como, no fundo, haviam sido ainda as de Dionísio de Alexandria, no século anterior, mas têm uma intenção puramente pastoral e prática, de modo a poderem ser imediatamente entendidas pelo povo. Os cristãos a quem o bispo se dirige não são mais as pessoas cultas dos círculos origenianos, mas pessoas ignorantes, camponeses, gente que provém do campo e do deserto. Atanásio tem de levar em conta a religiosidade delas. Abundam as citações bíblicas, que o bispo continuamente explica. Tem-se observado, por outro lado, que as primeiras cartas, do período em que Atanásio ainda estava no início de sua carreira e recém-saído dos estudos, estão infiltradas de espiritualismo origeniano.

Bibliografia. Texto: CSCO 150, 1955 – 151, 1955 (L. Th. Lefort), para a versão copta.
    Cf. V. Peri, *La cronologia delle lettere festali di Sant'Atanasio e la quaresima*, "Aevum" 35 (1961) 28-86; P. Merendino, *Osterfestbriefe des Apa Athanasius*, Düsseldorf 1965.

g) O papel histórico e religioso de Atanásio

A vida de Atanásio, convulsamente conduzida entre as lutas e os exílios, desdobrou-se entre Oriente e Ocidente, entre Alexandria do Egito, Roma e Treves: isso produziu dois efeitos muito importantes. De um lado, a personalidade do grande bispo fez com que o Ocidente fosse envolvido na controvérsia ariana, propondo ele também formulações da doutrina cristã que fossem atuais, isto é, não limitadas aos resultados alcançados no século precedente; o problema do consubstancial estimulou os homens de cultura a raciocinar e a refletir sobre as novas doutrinas que vinham do Oriente, que não podiam ser simplesmente postas de lado como se se tratasse das habituais sutilezas dos gregos, como os ocidentais estavam acostumados a considerá-las. O próprio bispo de Roma já fora chamado a intervir pessoalmente. De outro lado, Atanásio, fazendo-se conhecer concretamente pelos ocidentais, apresentou-se como o intermediário mais autorizado entre gregos e romanos, entre Alexandria e Roma, que eram então as sedes episcopais mais importantes. A ele se dirigiu Basílio de Cesaréia, no final da vida, para que influísse sobre o bispo de Roma, quando Basílio tentou pôr fim às dissensões da sé de Antioquia, reconhecendo como único bispo legítimo a Melécio, contra Paulino. Ademais, a defesa e a aceitação por parte de todas as igrejas cristãs da doutrina do consubstancial constituiu, desde os tempos de Nicéia até a morte de Atanásio, o princípio essencial, o centro a partir do qual irradia o pensamento do bispo de Alexandria.

O consubstancial seria, segundo os arianos (e de fato assim era), estranho à tradição do cristianismo, porque não-escriturístico. Mas Atanásio responde que em todo o caso o termo abarca o essencial do problema, porque só o consubstancial faz ver a relação entre o Filho e o Pai, não porque se deva fazer disso um símbolo de luta, como por seu turno eram as várias definições arianas, surgidas uma atrás da outra. O consubstancial era justificado única e simplesmente porque manifestava a natureza de Deus e sua atividade salvífica: a verdade que ele indica se encontra confirmada nos fatos e no significado mais profundo das Escrituras. Com ele os Padres de Nicéia quiseram dar "uma declaração exata, pondo por escrito a linguagem das Escrituras, porque o termo exprime o que as Escrituras significam", diz Atanásio. Esse é o motivo por que Atanásio, como foi dito acima, não é rigoroso (sobretudo em suas primeiras obras) no emprego do termo, contentando-se também com o mais simples "semelhante" (o Filho ao Pai), uma vez que fosse reconhecido o alcance da palavra, tanto mais porque todos esses "signos" da natureza de Deus não são adequados a exprimi-la: não se deve crer que o "consubstancial" possa transpor a inacessibilidade absoluta de Deus, que exige somente nossa adoração. Muito menos aceitável é a tomada de posição dos heréticos que, no cúmulo da soberba humana, acham possível recorrer à lógica para falar de Deus, "como se não existisse nada que eles não possam compreender" (*Epist. a Serapião* II, 1). Tem-se observado a esse propósito que Atanásio, à diferença não somente dos escritores arianos (por exemplo, Aécio ou Eunômio), mas também de certos escritores nicenos (por exemplo, os capadócios), é hostil ao emprego de categorias da cultura profana, por exemplo da filosofia, em sua discussão sobre Deus. Ele, portanto, nunca se cansa de reiterar o princípio, central em sua pregação, de que Deus pode ser conhecido somente por Si mesmo. Ora, o consubstancial é o único meio pelo qual Deus tomou a iniciativa de revelar-se a nós: ele de fato se bascia, cm última análise, no mandamento de Cristo de "ir e pregar a todas as gentes em nome do Pai, do Filho e do Espírito Santo". Portanto, o Filho, longe de ser uma criatura e de pertencer ao mundo sensível, como os homens, é plenamente Deus: igual por igual, bom por bom, sábio por sábio; estando no seio do Pai, é o único que pode revelar o Pai, de modo que conhecer o Filho é conhecer o Pai. Encarnou-se, por fim, para proporcionar a salvação aos homens. Esse é o segundo ponto central da teologia de Atanásio: o interesse pela soteriologia e pela encarnação. "Tal como não teríamos sido libertos do pecado se a carne assumida pelo Verbo não tivesse sido por natureza uma carne humana... assim o homem não teria sido feito Deus se o Verbo feito carne não fosse provindo do Pai por sua natureza e não lhe pertencesse propriamente e segundo a verdade. Pois a união efetuada pela encarnação teve o objetivo de unir aquilo que é, por natureza, homem, àquilo que por natureza pertence à divindade, de modo que fossem asseguradas a deificação e a salvação" (*Contra os arianos* II, 70; cf. III, 41). Cristo é ao mesmo tempo homem e Deus, dá o conhecimento de Deus e, como homem, o recebe; toma sobre si nossas? "paixões", para triunfar sobre elas. Desse modo, a distinção entre Deus e a criatura é salvaguardada sem que haja necessidade de atribuir ao filho a condição criada, análoga à de todo o mundo. Enfim, é preciso recordar a contribuição atanasiana a uma renovada especulação sobre a natureza e sobre a origem do Espírito Santo, o impulso dado à pneumatologia, como já se mencionou acima a propósito das *Epístolas a Serapião*.

Bibliografia. Obras de Atanásio: PG 25-28. Uma edição moderna de todo o *corpus* atanasiano fora projetada já pela Academia Prussiana das Ciências nas décadas entre as duas guerras mundiais e confiada a R. P. Casey e H. Lietzmann; posteriormente interveio H. G. Opitz, que pôde publicar só um estudo geral sobre a tradição manuscrita (cf. H. G. Opitz, *Untersuchungen zur Überlieferung der Schriften des Athanasius*, de Gruyter, Berlin e Leipzig 1935), porque morreu no curso da Segunda Guerra Mundial; depois, a Academia alemã de Ciências confiou a tarefa a M. Tetz e a W. Schneemelcher, mas, até o momento, nenhum volume de tal edição crítica apareceu. Um progresso sobre a edição de Migne decerto é representado pela edição de R. W. Thomson das obras *Contra os pagãos* e *Sobre a encarnação do Verbo*, acima citada. Sobre a teologia atanasiana, cf. também, no já citado volume *Politique et Théologie*, G. Chr. Stead, *"Homousios" dans la pensée de saint Athanase*; J. B. Walker, *Convenance épistémologique de l'"Homousion" dans la théologie d'Athanase*. Recentemente: M. Tetz, *Athanasiana. Zum Leben und Lehre des Athanasius*, de Gruyter, Berlin 1995.

A figura de Atanásio, porque dominante no ambiente dos defensores do consubstancial, não fez calar outros escritores nicenos, empenhados como ele nas lutas contra os arianos.

7. Serapião

Contemporâneo de Atanásio foi Serapião, bispo de Thmuis, no baixo Egito, a quem o bispo de Alexandria enviou as *Epístolas* mencionadas acima. Proveniente de uma experiência eremítica, Serapião foi ordenado bispo antes de 339 e gozou da estima do colega de Alexandria. Segundo Jerônimo (*Os homens ilustres*, 99), Serapião, pela fineza de sua cultura, teria sido apelidado "o literato" (*scholasticus*). Alguns historiadores da Igreja celebram sua ciência e a santidade de sua vida. Tentou defender Atanásio numa missão diplomática enviada ao imperador Constâncio em 356, mas tal embaixada não obteve sucesso e parece que Serapião também foi exilado.

Jerônimo recorda, entre suas obras, "um belo livro contra Mani, outro sobre os títulos dos Salmos e várias epístolas de leitura útil". Do livro *Contra os maniqueus* falaremos mais adiante (p. 90). Conhecemos também duas das cartas de Serapião, das quais nos fala Jerônimo (*Aos monges* e *Ao bispo Eudóxio*); permaneceu desconhecido, porém, para o escritor latino o *Eucológio*, uma compilação de trinta orações destinadas à liturgia, provavelmente a que se celebrava na Igreja de Thmuis (segundo alguns, Serapião teria sido não o autor, mas o redator dessas orações). Tais orações concluem-se com uma carta, ou um tratado em forma de carta, *Sobre o Pai e sobre o Filho*: esse tratado, segundo alguns estudiosos, seria porém uma obra mais antiga que o *Eucológio*, porque falta nele qualquer idéia clara sobre a natureza divina do Espírito Santo.

Bibliografia. PG 40, 900-941; F. X. Funk, *Didascalia et Constitutiones Apostolicarum* II, Paderborn 1905, pp. 158-195.

8. Cirilo de Jerusalém

A atividade literária e religiosa de Cirilo, empreendida toda ela na Palestina, é interessante porque nos mostra concretamente que a oposição ao arianismo não foi, no Oriente, uma prerrogativa de Atanásio e dos seus, como poderia supor uma opinião surgida desde os tempos mais antigos no Ocidente. Outros também se opuseram ao arianismo e tiveram de enfrentar o exílio, sem por isso se identificarem com os nicenos e sem aceitarem só por isso o consubstancial — como foi justamente o caso de Cirilo. Provavelmente foi por esse motivo, vale dizer por ter proposto uma solução de tipo eusebiano à questão ariana, que Cirilo foi julgado de modo hostil pelos escritores ocidentais, como Jerônimo e Rufino, para os quais valia o princípio simplificador de que tudo o que não fosse niceno (ou, melhor ainda, atanasiano) era ariano. Nos últimos anos de sua vida, Cirilo também se aproximou, como todos os eusebianos, em substância, da aceitação do credo de Nicéia, e foi acusado por Rufino (*História eclesiástica* I, 23) de ter mudado a fé várias vezes. Na realidade ele fez o que tinham feito tantos outros; mas somente porque, neste particular, comportou-se diferentemente de Atanásio, que defendera o consubstancial desde o início, foi considerado com suspeita pelos ocidentais.

Cirilo nasceu em Jerusalém em 313-315 e tornou-se bispo dessa cidade entre 348 e 350. Pertencem a esse período as *Catequeses*, sua obra de maior relevo. Talvez, porém, elas sejam anteriores, pois Jerônimo as atribui à juventude de Cirilo (*Os homens ilustres*, 112). Já a propósito da ordenação de Cirilo, Jerônimo (*Crônica*, ano 348) insinua que ela teria ocorrido graças a conchavos pouco honestos com Acácio de Cesaréia, que era o metropolita da região. Com maior verossimilhança, Acácio, seguidor de Eusébio como fora no passado também Cirilo, buscara com alguns ardis colocar na sé de Jerusalém um homem de sua confiança. Todavia, nos anos posteriores a 350, Acácio se indispôs com Cirilo porque viu nele um perigoso antagonista: o concílio de Nicéia, de fato, confirmara que a sé metropolitana da Palestina era Cesaréia, mas reconhecera uma dignidade particular à de Jerusalém. A essa hostilidade de Acácio se juntaram, naturalmente, as acusaçoes de ordem doutrinal: Acácio acusou Cirilo de ser seguidor do consubstancial, e este replicou que Acácio era um ariano camuflado. O metropolita conseguiu convocar em 357 um sínodo de bispos amigos e depor Cirilo, que partiu para o exílio. Reabilitado pelo concílio de Selêucia de 359, no qual os homeusianos desautorizaram Acácio, Cirilo provavelmente retornou à pátria, mas sua tranqüilidade foi breve, pois no ano seguinte o Concílio de Constantinopla depôs todos os principais expoentes homeusianos restituindo a preeminência aos homeus e a Acácio. Cirilo foi novamente exilado, mas por breve tempo, porque o imperador Juliano, como se viu com Atanásio, permitiu o regresso à sé dos bispos exilados por seu antecessor. Cirilo ter-se-ia aproximado, neste ínterim, como muitos homeusianos (por exemplo, Eustácio de Sebástia e Melécio), do consubstancial; novamente exilado por volta de 370 pelo imperador Valente, pôde retornar à pátria, como outros, com o advento de Teodósio em 378. Ali permaneceu, desenvolvendo obra de pacificação e de reorganização de sua Igreja, até morrer em 387. Participou provavelmente do segundo concílio ecumênico de Constantinopla, de 381, que reconheceu definitivamente sua legitimidade como bispo de Jerusalém.

A atividade literária de Cirilo, que se resume quase exclusivamente às *Catequeses*, pertence, portanto, à sua juventude, como nos mostraram as fontes antigas. As *Catequeses* constituem um conjunto homogêneo de dezoito homilias, precedidas por outra de caráter introdutório. As dezoito são dedicadas quase exclusivamente a explicar o significado do batismo, conforme o objetivo para o qual foram pronunciadas, e por isso são chamadas também "batismais". O autor, levando em conta que o catecúmeno passava da vida pagã a uma vida cristã, inseriu nelas amplos e numerosos trechos de polêmica contra o modo de viver e a idolatria dos pagãos. As outras cinco homilias, enfim, são dirigidas aos neófitos. O conteúdo das *Catequeses* é sobretudo cristológico, porque em Cristo se baseia a salvação dos que se tornam cristãos. É interessante notar que elas chegaram até nós por meio de uma transcrição estenográfica, realizada no momento: esta atividade, aliás, é de uso quase constante nos séculos IV e V, também em ambiente latino, que vê a difusão rápida e capilar de uma notável atividade homilética. As *Catequeses* de Cirilo foram recolhidas por um redator, que anotou o versículo escriturístico que motivara o pregador: "improvisada em Jerusalém... com leitura de..." é o breve preâmbulo de cada uma. Interessante também é o fato de essas catequeses conterem uma explicação detalhada de cada proposição do símbolo de fé então empregado em Jerusalém, em duas redações das quais uma bastante antiga.

Nas *Catequeses*, de todo modo, Cirilo nunca emprega o termo "consubstancial" nem jamais fala de arianismo. Apesar disso, sua instrução dos cristãos não podia ignorar a doutrina da divindade do Filho, e a ela Cirilo dedica toda a undécima catequese. A doutrina de Cirilo parece de teor seguramente ortodoxo porque reitera a plena divindade e eternidade do Filho, e evita o axioma ariano de que "haveria um tempo em que o Filho não era", ainda que, como dissemos, não fale do Filho como consubstancial ao Pai. Provavelmente ele também temia que o termo evocasse uma concepção sabeliana, assim como (dissemo-lo mais acima) o próprio Atanásio prefere, em suas primeiras obras, o termo "semelhante" (em sentido forte) ao "consubstancial". Cirilo também, como nicenos e eusebianos, tem graves palavras de condenação ao modalismo de Marcelo de Ancira. Em substância, Cirilo pareceria próximo da atitude de Alexandre de Alexandria, que era a ortodoxa antes que o consubstancial de Nicéia se colocasse como divisor de águas entre as diversas posições. Ele, portanto, segue a doutrina, já proposta por Eusébio de Cesaréia, das três hipóstases divinas, sublinhando sobretudo a individualidade de cada uma, mais que a identidade de substância. O ambiente intelectual do bispo de Jerusalém e suas tradições religiosas são, portanto, diferentes dos de Atanásio e ainda distantes dos do concílio de Constantinopla de 381, mas nem por isso menos interessantes, porque nos fazem ouvir uma voz nova, nos fazem conhecer um ambiente que para nós, dominados como somos pela fama de Atanásio, é, certamente, menos habitual: isso pode valer como testemunho da variedade e vivacidade intelectual do Oriente cristão.

Possuímos pouquíssima coisa posterior às *Catequeses*, e não sabemos se Cirilo escreveu algo além daquilo de que temos notícia. Entre seus escritos haveria a epístola — que Sozômeno (*História eclesiástica* IV, 5) conservou — enviada ao imperador Constâncio para informá-lo de uma aparição milagrosa (uma grande cruz iluminada sobre o Gólgota) ocorrida em 7 de maio de 351. Nessa carta se fala da "santa e consubstancial Trindade", e por isso se acredita que Cirilo acolheu o *homousion*. Conhecemos também uma homilia *Sobre o paralítico que estava deitado junto à piscina* (Jo 5,5), que parece, ao contrário, preceder as *Catequeses*, porque teria sido pronunciada quando Cirilo era ainda presbítero, na presença do bispo de Jerusalém, Máximo. Essa homilia chegou até nós na redação estenografada e desprovida de revisão literária. Enfim, alguns fragmentos de outras homilias dedicadas a passagens do evangelho de João (sobre as bodas de Caná; sobre Jo 16,28). Outras homilias a ele atribuídas são consideradas espúrias.

9. João de Jerusalém

Junto com as *Catequeses* pré-batismais de Cirilo chegaram até nós outras cinco catequeses, bem mais curtas, chamadas "mistagógicas" porque constituem uma introdução aos mistérios, isto é, aos sacramentos: são explicações do batismo e da eucaristia propostas aos recém-batizados. No passado atribuía-se também essas cinco *Catequeses mistagógicas* a Cirilo de Jerusalém, mas estudiosos mais recentes consideram, também com base em algumas diferenças de estilo, que as *Catequeses mistagógicas* são do sucessor de Cirilo na cátedra de Jerusalém, João (387-417). As catequeses de João são preparadas, em certo sentido, com base nas de Cirilo, mas isso não significa que o autor deva ser Cirilo, já que é normal que temas litúrgicos locais se conservem de um pregador para outro. As catequeses de João mostram uma simplificação da liturgia. Tanto as de Cirilo como as de João são bastante interessantes para o estudo da liturgia e dos símbolos de fé locais. Esses temas também podem ser conhecidos graças à pregação desses dois bispos, e recebem uma confirmação pela *Peregrinação* de Egéria (cf. pp. 444ss.), que passou uma temporada em Jerusalém em 381-384. Para todos esses detalhes é fundamental a recente edição de Gabriella Maestri e Victor Saxer.

O estilo de João parece muito mais simples e linear que o de Cirilo, menos abundante de imagens, mas é mais contido e controlado.

Bibliografia. Texto: PG 33; W. C. Reichsl–J. Rupp (I-II, München 1848-1860, reedição Olms, Hildesheim 1967); SChr 126, 1966 (A. Piédagnel). Traduções: CTP 8, 1990³ (A. Quacquarelli); 103, 1993 (C. Riggi); Cirillo e Giovanni di Gerusalemme, *Catechesi prebattesimali e mistagogiche*, tr. de G. Maestri e V. Saxer, introd. e notas de V. Saxer, Paoline, Milano 1994; Estudos: A. Bonato, *La dottrina trinitaria di Cirillo di Gerusalemme*, Augustinianum, Roma 1983.

10. Eusébio de Emesa

Ao mesmo ambiente oriental, próximo do de Cirilo, pertence Eusébio de Emesa.

Nascido em Edessa, estudou em Antioquia, onde teria cultivado a filosofia, e foi em seguida discípulo de Eusébio de Cesaréia. Em 341, quando o concílio de Antioquia quis substituir Atanásio na cátedra de Alexandria, Eusébio de Nicomédia indicou o nome deste Eusébio. Mas, a crer no que relata Sócrates (*História eclesiástica* II, 9), Eusébio, sabendo quanto o povo de Alexandria era ligado a Atanásio, recusou, e em seu lugar foi nomeado Gregório da Capadócia (cf. acima). A Eusébio foi atribuída a sé de Emesa, na Mesopotâmia, da qual só pôde tomar posse com dificuldades por causa da resistência do povo, vencida pela intervenção do patriarca de Antioquia, contrário aos nicenos. O resto de sua vida é extremamente obscuro, porque nunca vemos seu nome nos sínodos seguintes, e no de Selêucia de 359 encontramos um Paulo como bispo de Emesa. Talvez tenha tido de abandonar Emesa por ter professado a astrologia, a crer no que diz Sozômeno (*História eclesiástica* III, 6). Teria sido um bispo muito próximo do imperador Constâncio e morrido provavelmente em 359, em Antioquia. O bispo Jorge de Laodicéia escreveu uma biografia de Eusébio.

De seus escritos conhecia-se só uns poucos fragmentos até cerca de 1920, quando Wilmart descobriu no códice lat. 523 da Biblioteca municipal de Troyes, escrito no século XII a Clairvaux, sob o título de *Eusebii Emesini libelli*, uma tradução latina anônima de dezessete homilias, realizada provavelmente por dois tradutores diferentes, trabalhando na Gália do século V. Mais tarde Buytaert demonstrou que pertencem a Eusébio de Emesa outros treze opúsculos, também em tradução latina, que já eram conhecidos porque publicados no século XVII por Sirmondi sob o nome de Eusébio de Cesaréia. Essas homilias são de conteúdo variado: uma celebra os apóstolos Pedro, Paulo e João, durante uma festa em Antioquia; outra contém o elogio de Eusébio de Cesaréia; fragmentos conservados em traduçao latina ou armênia nos fazem conhecer sermoes pronunciados em Beirute e Jerusalém. Os problemas teológicos são enfrentados, mas de modo não técnico, e sim com um estilo e um ritmo que pudessem agradar à audiência, nem sempre interessada nas questões dogmáticas.

O pensamento de Eusébio de Emesa tem, portanto, afinidade com o de Cirilo: autor sobretudo de homilias, não de tratados mais profundos e engajados, ele pertence a uma corrente que não condenara totalmente o arianismo. De fato, embora sublinhe freqüentemente a plena divindade do Filho, ele também evita, como Cirilo, empregar o consubstancial de Nicéia. Tanto Cirilo como Eusébio de Emesa são considerados, portanto, prosseguidores da tradição origeniana em seus aspectos mais simples. Ambos polemizam insistentemente contra o sabelianismo e Marcelo de Ancira. Seu próprio biógrafo, Jorge de Laodicéia, foi um dos promotores do movimento dos homeusianos. Talvez também Hilário de Poitiers, apesar de sua decidida e nítida posição nicenófila, pode ter retomado alguns motivos de Eusébio, provavelmente durante seu exílio no Oriente. No âmbito da exegese, por ele desenvolvida em homilias, parece que Eusébio foi sobretudo literalista, antecipando assim o grande florescimento da escola antioquena.

Devemos recordar, enfim, como representante desse ambiente oriental que tinha como centro cultural Cesaréia e da tradição instaurada por Orígenes, a Acácio, sucessor de Eusébio exatamente em Cesaréia em 340. Teria escrito uma obra, conservada em parte por Epifânio, contra Marcelo de Ancira, o alvo preferido desses arianos moderados. Além dela, uma biografia de seu predecessor Eusébio, um *Comentário ao Eclesiastes*, em 17 livros, e *Questões diversas*, em 6 livros, a crermos no que nos conta Jerônimo (*Os homens ilustres*, 98).

Bibliografia. Texto em E.-M. Buytaert, *L'authenticité des dix-sept opuscules contenus dans le ms. T. 523 sous le nom d'Eusèbe d'Emèse*, RHE 43 (1948) 5-89; id., *L'héritage littéraire d'Eusèbe d'Emèse*, Museum Lessianum 24, Louvain 1949; id., *Eusèbe d'Emèse, discours conservés en latin*, Spic. Sacr. Lovan. 26-27, Louvain 1953-1957; P. Smulders, *Eusèbe d'Emèse comme source du De Trinitate d'Hilaire de Poitiers*, in VV.AA., *Hilaire et son temps*. Actes du Colloque de Poitiers, Et. Augustiniennes, Paris 1969, pp. 175-212; R. Devreesse, *Les anciens commentateurs grecs de l'Octateuque et des Rois*, Bibl. Apost. Vatic., Città del Vaticano 1959.

11. Marcelo de Ancira

Resoluto defensor do consubstancial de Nicéia e fiel amigo de Atanásio foi Marcelo, bispo de Ancira, na Galácia, o qual, porém, combateu os arianos com base em posições nitidamente modalistas. Os próprios nicenos, em princípio bastante favoráveis às posições de Marcelo, com o passar do tempo esclareceram melhor a sua (deles) interpretação do consubstancial, à qual não podia adaptar-se o modalismo do bispo de Ancira, e por isso a partir da metade do século se instaurou fórmula de uma eqüidistância da ortodoxia tanto em relação a Ário como em relação a Marcelo, indicado com o nome do modalista por excelência, vale dizer, Sabélio. Algumas das obras de Marcelo confluíram, porém, entre as de Atanásio, a quem foram atribuídas; a crítica moderna tende a identificar nas obras pseudo-atanasianas material de Marcelo.

Marcelo participou do concílio de Nicéia e era já ancião por volta de 335, quando publicou um livro em defesa do símbolo niceno contra arianos e eusebianos, em primeiro lugar contra Astério da Capadócia. Tal livro é obscuro para nós, pois é lembrado quase sempre sem que se lhe nomeie o título e é parcialmente conhecido pelas citações de seus adversários: em primeiro plano pelas de Eusébio (o *Contra Marcelo* e *A teologia da Igreja*), depois por uma obra polêmica de Acácio de Cesaréia, o sucessor de Eusébio, conservada pelo *Panarion* de Epifânio (cf. adiante, p. 84). Seja como for, podemos ter uma idéia geral do conteúdo do escrito de Marcelo. No arianismo o bispo de Ancira vê apenas um politeísmo disfarçado, porque, segundo ele, é impossível sustentar a existência de três hipóstases e considerá-las a composição da unidade divina. É necessário, quando muito, partir da unidade e depois ver como ela se dispõe em uma trindade. Só que tal economia divina é concebida, por Marcelo, de modo essencialmente modalista: o Logos, que desde a eternidade se achava no Pai, foi movido, por via de prolação, a ter uma subsistência pessoal, devida à decisão do Pai de criar o mundo. Por isso o Logos é destinado a voltar ao Pai no fim dos séculos. Neste sentido Marcelo pensa que o Filho é efetivamente consubstancial ao Pai, causando assim grave prejuízo à justa interpretação do termo e dando motivos justificados às críticas que os arianos lhe dirigiam. Compreende-se, pois, que dessa maneira Marcelo tenha sido acusado de renovar a impiedade de Sabélio, e que aparecesse num primeiro momento a Atanásio e aos seus como um aliado incômodo e, na segunda geração dos escritores nicenos, totalmente condenável, no mesmo nível dos arianos.

Em 336, portanto, Marcelo foi declarado deposto por um sínodo de bispos reunidos em Constantinopla, e sua condenação foi reiterada em 338-339. Dirigiu-se a Roma para o sínodo de 341, onde se encontrava Atanásio, para justificar-se. Obtido seu intento, foi readmitido no bispado de Ancira, do qual foi deposto definitivamente em 347 por ordem do imperador Constâncio II. A partir de então não temos mais notícias dele, embora Epifânio (*Panarion* 72, 1) diga em 376 que Marcelo morrera dois anos antes. Seja como for, sua condenação foi reiterada no concílio ecumênico de Constantinopla, em 381. Segundo Jerônimo (*Os homens ilustres*, 86), Marcelo teria escrito várias outras obras, que Jerônimo porém não nomeia.

Bibliografia. A obra de Marcelo pode ser lida em GCS 14, 1972, no quarto volume das obras de Eusébio (ed. C. G. Hansen).

12. Fotino

O modalismo antiariano foi levado ao extremo, se possível, por Fotino, bispo de Sírmio, na Panônia, que, na época de Marcelo, fora diácono da Igreja de Ancira: Deus é Pai e Logos na mesma pessoa; Jesus Cristo foi apenas um homem, nascido de modo admirável, que, graças à sua perfeição moral, teria adquirido uma dignidade divina. Fotino foi condenado pelo sínodo de Sírmio de 351; pôde retornar à sé depois do edito de Juliano, o apóstata, em 361, mas foi novamente deposto poucos anos depois por Valentiniano I. Morreu no exílio em 375. Vicente de Lérins e o historiador Sócrates louvaram-lhe o forte engenho e a capacidade de escrever obras teológicas tanto em grego como em latim, por exemplo um tratado *Contra todas as heresias*. Teria escrito muitas outras obras, entre as quais uma *Contra os pagãos* e outra *A Valentiniano*, na qual, dirigindo-se ao imperador do Ocidente, teria defendido sua ortodoxia.

13. Epifânio de Salamina

Dirigindo-se a controvérsia ariana para a conclusão em favor dos nicenos, Epifânio, bispo de Salamina em Chipre, embora não fosse uma personalidade de particular importância, parece emblemático dessa situação, escrevendo poucos anos antes do concílio de Constantinopla de 381, que viu a vitória da ortodoxia, uma obra monumental na qual estavam todas as heresias do cristianismo, partindo das origens para terminar com as heresias de seu tempo, incluindo arianos, semi-arianos (como ele os chama) e marcelinos. É de notar que ele insira em sua obra também os maniqueus, que, apesar de não serem verdadeira heresia do cristianismo, eram à época considerados heréticos.

Epifânio nasceu em Hierápolis, perto de Gaza, entre 310 e 320, de família de devota fé cristã. Desde jovem se dedicou ao estudo da Escritura, que logo conjugou com a prática ascética: foi-lhe mestre de ascese o eremita Hilarião, que se encontrava naquelas paragens, como sabemos por Jerônimo (*Vida de Hilarião* 1, 5). Tal educação foi acrescida pela que recebeu dos monges do Egito, junto aos quais transcorreu sua juventude. Essa sua formação monástica, ocorrida em idade precoce, caracterizou sua mentalidade, pouco aberta à cultura, sobretudo se pagã, e pronta a ver em todo canto inimigos e perigos para a reta fé. Epifânio regressou, porém, à pátria quando tinha cerca de vinte anos, tornou-se monge permanecendo em amizade com Hilarião e fundou um mosteiro perto de sua cidade natal. Consagrado sacerdote, tornou-se depois bispo de Constança, a antiga Salamina, em Chipre, por volta de 367, embora continuasse a conduzir uma vida ascética e adquirisse fama por sua atividade benéfica e pelo favor com que seguiu sempre os movimentos espirituais. Começou a ter contatos com alguns bispos nicenos, como Eusébio de Verticelli, exilado no Oriente em 355. Parece que foi justamente essa grande fama que o salvou das providências persecutórias do imperador Valente, que cuidou de depor e exilar os bispos nicenos de seu território. Epifânio tentou também intervir no "cisma de Antioquia", para encontrar uma solução ao conflito que opunha Melécio a Paulino (cf. pp. 319-320). Nos últimos anos de sua vida, a partir de 394, esteve implicado em ásperas controvérsias provocadas talvez por aqueles que se aproveitaram de sua autoridade e ingenuidade. Um destes foi Jerônimo, que se dirigiu a ele para obter uma condenação do origenismo (que, aliás, Epifânio, em seu *Panarion*, de que falaremos em breve, efetivamente colocara na lista das heresias) e para combater o origenista João, bispo de Jerusalém. Talvez atiçado por Jerônimo, Epifânio teve um franco desentendimento com João, justamente em Jerusalém. O conflito entre Epifânio e João terminou em 399 graças à intervenção do respeitado bispo de Alexandria, Teófilo, que, inicialmente admirador de Orígenes, tornou-se de repente ferrenho antiorigenista, também para poder perseguir (e finalmente sujeitar) os monges do deserto que, seguidores de Orígenes, lhe eram rebeldes. Provavelmente, no âmbito dessas tramas organizadas por Teófilo, Epifânio convocou, em 402, a pedido do mesmo Teófilo, um sínodo de bispos de Chipre, os quais reiteraram a condenação de Orígenes. Para tanto Epifânio iniciou também, embora já em idade avançada, uma polêmica com João Crisóstomo, então bispo de Constantinopla, que Epifânio considerava seguidor de Orígenes (na realidade foi Teófilo, inimigo jurado de Crisóstomo, que fez a intriga para obter o apoio de Epifânio). Parece, contudo, que Epifânio se deu conta de seu erro e de ter sido enganado por Teófilo. Não participou do concílio "do Carvalho" de 403, que por iniciativa de Teófilo declarou deposto Crisóstomo (cf. pp. 202s.), e retornou a Salamina, onde morreu pouco depois.

Em sua vida, Epifânio foi certamente guiado pela convicção de ter de defender a ortodoxia a todo custo, mas nem sempre demonstrou sagacidade na escolha das pessoas e na avaliação das doutrinas. Homem de grande erudição, conhecia, segundo Jerônimo (*Contra Rufino* II, 22; III, 6) — testemunha interessada, porém, dado que Epifânio o apoiara em sua contenda contra o mesmo Rufino —, cinco línguas (grego, siríaco, hebraico, copta e latim), mas essa erudição não se tornou uma cultura cristã no sentido pleno da palavra, tanto que suas contribuições de pensamento são nulas ou pouco significativas, ao passo que conheceu — fruto, justamente, de sua erudição —, e conservou para nós, muitas doutrinas dos heréticos de seu tempo e dos tempos mais antigos, isto é, dos gnósticos dos séculos I-II.

Esse enorme conhecimento das heresias antigas e modernas foi sistematizado por Epifânio em duas obras da maturidade, o *Ancorado* e o *Panarion*. São nomes simbólicos, mas bastante transparentes: o *Ancorado* é um escrito composto em 374 (portanto, num período de incontestável supremacia dos arianos), que devia proporcionar a "âncora" da reta fé a quem estivesse perturbado pelas controvérsias religiosas do momento. A nau da Igreja, diz ele, não pode entrar no porto porque é impedida pelos ventos contrários da perversa doutrina, em particular por aquela que nega a divindade do Espírito Santo. A obra de Epifânio é, assim, uma espécie de compêndio da ortodoxia nicena, mas não se limita a enfrentar o problema trinitário, porque expõe também todo o conjunto da doutrina cristã: nele o escritor insere amplos *excursus* polêmicos contra os hereges e também contra os pagãos, que prenunciam a obra maior. Aliás, em certo ponto o escritor traça as linhas de um escrito muito semelhante ao ulterior *Panarion*, que talvez ele já tivesse em mente. O *Ancorado* termina com dois símbolos de fé, o segundo dos quais, mais longo e detalhado, provavelmente foi elaborado por Epifânio e tomado como modelo para o símbolo elaborado pelo concílio de Constantinopla de 381 (do qual talvez o escritor tenha participado), como testemunho da estima de que Epifânio gozava junto aos nicenos por sua erudição e por sua vida, dedicada à defesa da ortodoxia.

Essa estima foi confirmada e aumentada pela obra que Epifânio escreveu imediatamente depois (entre 374 e 377), o *Panarion*: "o estojo dos medicamentos" que deviam servir para curar da mordida venenosa das heresias. Vários são os remédios, tantos quantas são as heresias, embora a obra se reduza a ocupar-se só dessas últimas e não dos remédios. A obra, em três livros e sete tomos (provavelmente essa divisão se deva à preferência de Epifânio pelos números simbólicos), leva em consideração oitenta heresias (também este número é simbólico: são as oitenta concubinas de Salomão, às quais se refere Ct 6,8; as "adolescentes sem número" de que fala essa passagem bíblica seriam as filosofias pagãs; "a pomba", que é única, é a Igreja). O *Panarion* vai desde Simão Mago, das origens do cristianismo, até os tempos do autor, concluindo-se com os messalianos (cf. p. 139). Compreende também vinte outras heresias, que seriam doutrinas pré-cristãs de caráter religioso e filosófico, segundo o princípio, já instaurado por Hipólito e pelos heresiólogos mais antigos, de ver na filosofia grega a origem das heresias cristãs. A Hipólito remontam provavelmente as notícias sobre as heresias mais antigas, e o critério com que foi disposta a matéria é o seguido pelo autor do *Sintagma* (cf. vol. I, pp. 321s.). Epifânio também levou em conta, porém, Ireneu, Clemente de Alexandria e Eusébio. Citou longos trechos de Orígenes, a quem considerava herético, ao passo que para as heresias de seu tempo recorreu também à citação de cartas e documentos conciliares e se dirigiu a amigos e conhecidos (por exemplo, a Basílio). A obra é precedida de dois proêmios: o primeiro contém o índice dos temas, o segundo explica os fins e os métodos de seu trabalho. Termina com uma breve descrição da reta doutrina e da Igreja apostólica, descrição chamada *A fé*. A crítica moderna tem observado, porém, que a tanto empenho e esforço, empregados na coleta dessa enorme massa de material, não corresponde uma proporcional inteligência crítica, comumente confinada à *reductio ad absurdum* das doutrinas heréticas e à condenação de seus representantes, em geral considerados homens inspirados somente pela vanglória. Às heresias Epifânio opõe a confirmação, estreita e repetitiva, da fé de Nicéia, e por isso a obra é útil mais para a investigação das idéias dos outros (em particular as obras dos hereges, sobretudo as mais antigas, que se perderam) que para o julgamento pessoal de Epifânio. Quanto aos valores intrínsecos da obra, no plano da compilação dos fatos históricos eles variam. O *Panarion* é uma boa coletânea de materiais relativos às doutrinas, bastante menos válido, porém, no que diz respeito às pessoas e à história dos movimentos heréticos. No tratamento das heresias mais recentes, contemporâneas do autor, Epifânio mostra uma boa informação, com amplas exposições das obras dos escritores confutados (por exemplo, arianos, semiarianos, maniqueus etc.).

Como escritor, Epifânio não emerge por dotes particulares, nem deve ser considerado de baixo nível: talvez a grande quantidade de material e a pressa com que o dispôs lhe tenham impedido uma elaboração adequada. A Escritura, com seu léxico, influiu de modo considerável em sua língua; esta formou o estilo de Epifânio mais que a retórica grega, ainda que o escritor não seja capaz de formar uma reconstrução pessoal do estilo bíblico, como fez, com seu gênio, Agostinho. Às vezes ele se expressa à maneira de um homileta.

O interesse pela erudição aparece também nas obras menores de Epifânio. Recordemos *Sobre os pesos e as medidas* empregada na Palestina e na Síria: o opúsculo, que parece ser sobretudo um esboço e uma coleta de material, foi composto em Constantinopla em 392, e está conservado parcialmente em grego e inteiramente numa versão siríaca. Porém, ele não se ocupa só do que o título indica, mas também do cânon e das traduções do Antigo

Testamento. Foi-nos conservada fragmentária em grego e inteira numa antiga versão latina também a obra *Sobre as doze pedras preciosas*, interpretação alegórica das pedras que ornavam o peitoral do sumo sacerdote dos hebreus; a obra foi escrita em 394, durante uma estada de Epifânio na Palestina, e enviada a Jerônimo, então em Belém. Conhecemos também algumas cartas de Epifânio a Jerônimo, traduzidas em latim por este último, acerca da controvérsia origenista. Mas já a um período anterior (talvez entre 367 e 373) remonta uma carta enviada aos desconhecidos Eusébio, Marcelo e outros, conservada em fragmentos, e tratando de alguns problemas de cronologia da paixão de Cristo e da festividade da Páscoa.

Espúria é a *Recapitulação*, compilação que reúne, com um único nome, os resumos que antecedem os vários livros do *Panarion*, ainda que ela tenha sido considerada por Agostinho uma obra de Epifânio e lhe tenha fornecido o esquema de parte de sua obra *Sobre as heresias*; este apetrechamento, devido provavelmente à necessidade de sintetizar, para maior comodidade, uma obra gigantesca como o *Panarion*, foi preparado sem demora, como era lógico que acontecesse.

Bibliografia. Edições: GCS 25, 1915; 31, 1922 (K. Holl); 37, 1985^2 (K. Holl – J. Dummer); tr.: *The Panarion of Epiphanius of Salamis* Book I (sect. I-46), trad. de F. Williams, Brill, Leiden etc. 1987; CTP 9, 1993^2 (*L'ancora della fede*: C. Riggi); C. Riggi, *Epifanio contro Mani*, revis. crítica, tr. it. e com. histórico del *Panarion* di Epifanio, *haer*. LXVI, Pont. Athen. Sales., Roma 1967.

Capítulo III

Polemistas, ascetas e exegetas gregos no século IV

Com este título, que seguramente pode ser criticado por sua generalidade, queremos contemplar os escritores que, somente em parte, em alguns aspectos, tiveram um papel na polêmica com os arianos sem terem sido totalmente absorvidos por ela, mas que também tiveram interesses em outros problemas. A questão ariana, decerto, envolveu todo o mundo intelectual cristão, e a vida de toda a Igreja no século IV foi abalada por ela, a ponto de se poder dizer que ela condicionou ao menos em parte o pensamento de toda aquela época. Não se deve, porém, esquecer que, mesmo considerando-se só os contrastes doutrinais, nem tudo se resumiu à luta entre arianos e nicenos: a Igreja teve de enfrentar outros problemas, como o da condenação do maniqueísmo, ou foi estimulada por fermentos de caráter espiritual, como o movimento do monaquismo (que também se manifestou sob formas problemáticas); ou enfim, independentemente de toda discussão encarniçada de caráter polêmico (ou ao menos de modo mais desinteressado), no século IV fervilharam problemas de caráter dogmático e erudito, relativos à exegese do texto sagrado, que absorveram boa parte das energias intelectuais do literato cristão (pode-se dizer que, no Oriente, não houve intelectual que não tenha escrito exegese); o centro "especialista" para tal atividade foi, desde os tempos de Orígenes, Alexandria do Egito, mas foram-no também as grandes cidades que possuíam uma viva tradição cultural, como Antioquia, às quais se juntaram em seguida Constantinopla e Cesaréia da Capadócia.

1. Escritores antimaniqueístas

Ao lado das questões de caráter mais estritamente dogmático que agitavam a Igreja em seu próprio seio, como a do arianismo, devemos considerar as que diziam respeito à luta contra os que não eram cristãos, como os maniqueístas. Estes estavam adquirindo amplíssima difusão no império romano no século IV. Apesar disso, os escritos contra os maniqueístas, em geral, são considerados com menos atenção do que mereceriam.

O maniqueísmo, surgido por volta da metade do século III na Pérsia, já havia penetrado no império romano nos últimos anos daquele século, tanto que foi condenado e perseguido por Diocleciano e seus colaboradores em pé de igualdade com o cristianismo; em seguida foi-se difundindo cada vez mais no curso do século IV, a ponto de não ter havido escritor cristão (pode-se dizer) que não tenha feito referência polêmica à doutrina maniqueísta. O maniqueísmo atraía as pessoas daquela época graças à sua aberta profissão de dualismo: a idéia de que existia um princípio negativo, que explicava a existência do mal neste mundo, ia ao encontro da atenção dedicada à problemática do mal que percorria os círculos intelectuais gnósticos havia pelo menos dois séculos; assim, no dualismo maniqueísta haviam confluído, em última análise, alguns aspectos da cultura religiosa do mundo romano e oriental. Já algumas correntes gnósticas dos séculos precedentes tinham professado o desprezo do mundo, que condenavam como obra de um deus inferior e malvado, e uma substancial divisão dos homens nas duas classes dos eleitos e dos imperfeitos. Mani, de fato, com sua pregação, se propusera como o ponto de encontro do cristianismo e do zoroastrismo, do Oriente e do Ocidente. Desse modo sua religião retomava, junto aos elementos de base, derivados do dualismo oriental (não necessariamente iraniano), também inúmeros aspectos da religião cristã, como a profissão de fé em Cristo, de quem Mani se declarara apóstolo, e no Espírito Santo, do qual se dizia inspirado. Tudo isso podia dar uma impressão de criptocristianismo, razão por que os escritores cristãos, quando combatem o maniqueísmo, não o consideram uma religião estranha ao cristianismo, mas uma heresia interna a ele, e as condenações formuladas nos concílios contra os hereges atingem, por vezes, também os maniqueístas junto com aqueles. Ademais, a hierarquia do maniqueísmo era baseada na existência de duas classes, a dos eleitos e a dos "ouvintes", que podia corresponder, em substância, à dos catecúmenos e à dos batizados, que são os verdadeiros cristãos. Um forte ascetismo e um espírito missionário ardoroso conquistavam muitas pessoas do império, mesmo provenientes do paganismo. Assim como, depois, para o cristianismo, o maniqueísmo foi a única religião difusa no império romano que se tornou objeto de condenação por parte da autoridade civil. Enquanto o império era ainda pagão, a autoridade civil perseguiu o maniqueísmo, considerado expressão da civilização persa, inimiga constante (vê-se isso num rescrito de Diocleciano em 297 d.C.); em seguida, tornando-se cristão o império, perseguiu-a juntamente com a autoridade religiosa, tanto que o maniqueísta era levado diante do bispo da sede local, para ser submetido a interrogatório e condenado.

Bibliografia. Textos: A. Adam, *Texte zum Manichäismus*, Kleine Texte für Vorlesungen und Übungen, de Gruyter, Berlin 1954. Estudos sobre o maniqueísmo no império romano: F. Decret, *Aspects du manichéisme dans l'Afrique romaine*, Et. Augustiniennes, Paris 1970; P. Brown, *La diffusione del manicheismo nell'impero romano*, in *Religione e società nell'età di Sant'Agostino*, tr. it. Einaudi, Torino 1975; pp. 85-107. H.-Ch. Puech, *Studi sul manicheismo*, tr. it. Einaudi, Torino 1995. Ademais, os escritos antimaniqueístas de Agostinho constituem uma fonte preciosa para o conhecimento dessa religião no Ocidente cristão.

a) Hegemônio

Por volta da metade do século IV se encontram os primeiros escritores cristãos que polemizam com o maniqueísmo. O primeiro teria sido um Hegemônio, de quem se sabe pouco, autor de um escrito intitulado *Os atos de Arquelau* ou *Os atos da disputa de Arquelau*. Esse Arquelau teria sido um bispo cristão que teria conduzido uma discussão contra Mani na cidade de Cárcaris na Mesopotâmia. A obra, todavia, não nos chegou sob o nome de Hegemônio, mas anônima, como apêndice de um anônimo catálogo de heresias escrito em ambiente latino no final do século IV. É, portanto, uma tradução, muito incorreta e sem beleza literária: do texto grego se conservaram alguns fragmentos graças às citações que dele fez Epifânio no *Panarion*. Hegemônio se apresenta no final da obra, como aquele que teria transcrito a discussão ocorrida entre Arquelau e Mani; a data de composição desta *Disputa* é fornecida pelo fato de ela asseverar que, se Mani tivesse razão, então teriam se passado mais de trezentos anos desde que Jesus enviara o Paráclito, e pelo fato de ela ser recordada por Cirilo de Jerusalém numa sua *catequese*, em 348.

Na obra de Hegemônio se lê que Mani, querendo convencer o cristão Marcelo, rico e nobre, a converter-se à sua doutrina, lhe envia uma carta. Marcelo mostra a carta ao bispo Arquelau, que sugere a Marcelo convidar o próprio Mani para um confronto e uma discussão. Tal discussão, da qual, naturalmente, Arquelau sai vencedor, tem uma seqüência, na medida em que um sacerdote, Diodoro, não muito preparado, faz saber por meio de uma carta a Arquelau que Mani conduz em seu país uma forte propaganda, e pede conselhos a Arquelau sobre alguns problemas de caráter dogmático. O bispo envia a Diodoro alguns conselhos por escrito e desloca-se pessoalmente até lá; tem lugar uma segunda discussão com Mani, que se conclui de modo análogo à primeira. Inútil dizer que tudo isso não passa de uma invenção literária, embora Jerônimo tome a discussão como um fato realmente acontecido (cf. *Os homens ilustres*, 72).

A obra, portanto, é construída segundo o método das diversas "discussões" ou "diálogos" entre judeus e cristãos, que já tinham sido escritos nos séculos II e III. Além disso, ela mostra algumas falhas de estrutura porque, em vez de ser apenas a reprodução de um debate, mesmo que inventado, possui em seu interior notícias sobre a vida e sobre a doutrina de Mani. Todavia, são justamente essas notícias de caráter histórico as mais interessantes, na medida em que são, em sua maior parte, plausíveis; um trecho da exposição de Mani, posto na boca de um discípulo seu, foi retomado por Epifânio poucos decênios depois.

Bibliografia. Textos: PG 10, 1429-1524.

b) Serapião de Thmuis

Serapião, bispo de Thmuis, aquele a quem Atanásio enviou as *Epístolas* tão importantes por seu conteúdo dogmático, e de quem falamos por causa de sua participação na luta contra os arianos, escreveu uma obra *Contra os maniqueístas*, até o século XVIII conhecida apenas imperfeitamente. Foi restituída de modo quase integral pela crítica do século passado, que a extraiu do contexto da mais conhecida e importante obra de conteúdo análogo, a de Tito de Bostra. Junto a ela encontrou-se, em alguns manuscritos medievais, um fragmento de uma obra, também escrita contra os maniqueístas, que segundo alguns pertenceria ao bispo ariano Jorge de Laodicéia.

A obra de Serapião é dirigida contra os pontos fundamentais da religião maniqueísta, combatendo-os com muita energia e com o emprego da retórica, não sem certo espírito filosófico.

Bibliografia. Texto: PG 40, 900-924; Estudos: R. P. Casey, *Serapion of Thmuis against the Manichees*, Harvard Theol. Studies 15, Cambridge Mass., 1931.

c) Tito de Bostra

Poucos anos depois, no mesmo âmbito da polêmica antimaniqueísta, acha-se Tito, bispo de Bostra na Arábia; teria sofrido a perseguição de Juliano (perseguição "camuflada", como a definiram os antigos escritores cristãos), que numa carta de 1° de agosto de 362 (n. 52 Bidez) atiçou a população de Bostra a expulsar Tito para o exílio, já que Juliano professara não querer intervir pessoalmente nas questões cristãs. Tito teria morrido sob Valente, antes de 378 (assim Jerônimo, *Os homens ilustres*, 102).

Tito escreveu depois da morte de Juliano uma obra *Contra os maniqueístas*, em quatro livros, de bom nível teológico. Chegou-nos na íntegra em tradução siríaca, ao passo que do original grego só temos os primeiros dois livros e parte do terceiro. Restam-nos também fragmentos em árabe. Tito confuta a religião de Mani com base tanto na insustentabilidade do dualismo como nas atestações escriturísticas (essas se explicam levando em conta o fato de que muitos cristãos eram expostos à propaganda maniqueísta, e portanto era necessário pô-los em alerta recorrendo justamente à Escritura). Só em fragmentos nos chegaram algumas de suas *Homilias sobre Lucas*, extraídas de uma catena que remonta ao século IV. Outras obras a ele atribuídas não parecem autênticas.

Bibliografia. PG 18, 1069-1264 para os textos em grego. Uma clara sinopse de suas obras é dada por Geerard em CPG 3575-3578. Estudos: P. Nagel, *Neues griechisches Material zu Titus von Bostra*, Studia Byzantina, Folge II, Berlin 1973.

2. Escritores do monaquismo

O século IV vê a difusão impetuosa do monaquismo, ainda que este, como sempre acontece com todo aspecto da espiritualidade cristã, já tivesse sido preparado por certas idéias ascéticas particularmente vivas desde os inícios da pregação apostólica. O fenômeno do eremitismo tem sido estudado, nestas últimas décadas (compreende-se facilmente o motivo), sobretudo em seus aspectos antropológicos, sociais e históricos. Também no presente contexto, portanto, devemos levar parcialmente em conta essas características do movimento monástico, embora prestando maior atenção ao aspecto literário que lhe é conexo e que para nós constitui o problema principal.

Surpreende sobretudo o surgimento repentino do monaquismo e sua rápida difusão em dois ambientes bem precisos do mundo romano: o Egito e a Síria. Tal movimento ascético se verifica no curso de cerca de cem anos: entre 250-257, quando Paulo de Tebas (a crer na *Vida de Paulo*, escrita por Jerônimo: ver p. 383) se refugia no deserto egípcio, e 365 aproximadamente, quando Basílio funda os primeiros cenóbios na Capadócia (cf. p. 137). Tudo isso não acontece por acaso, ainda mais considerando-se o pano de fundo histórico, econômico e social do monaquismo: nesses cem anos ocorreu uma enorme transformação na estrutura da sociedade antiga, que tomou o rumo da nova realidade da Idade Média bizantina e romano-bárbara. A anacorese — que adquire no mundo cristão seu significado característico e essencialmente espiritual, como emblema do "homem de Deus", que se manifesta com ela — tinha, em seu início, um significado bem diferente no Egito da época: significava uma forma de protesto social, uma rebelião contra as condições da vida como fora vivida por séculos no mundo greco-romano, e que a nova realidade socioeconômica, instaurada no período de crise aguda como era o dos séculos III-IV, tornava dia a dia mais insuportável. Na idade imperial, a fuga da cidade era um comportamento próprio dos bandidos, dos endividados, dos descontentes com a ordem constituída, e foi um fenômeno que provocava a intervenção da polícia e preocupava aqueles que deviam administrar a região e zelar pelas arrecadações fiscais. Existe, em suma, uma inegável ligação entre a fuga da cidade, produzida por motivos de caráter social, que moviam os pagãos e a anacorese dos cristãos: não se diz, realmente, que estes últimos fossem incitados só e exclusivamente por estímulos de ordem espiritual. Por conseguinte, a administração das cidades e das aldeias tornava-se cada vez mais difícil, já que o refúgio no deserto era uma miragem não somente para os estratos ínfimos da população, mas também para aqueles que, na sociedade, podiam (e deviam) assumir encargos de caráter administrativo: as "liturgias", isto é, as obrigações (não-remuneradas) relativas à administração pública, das quais se encarregavam os cidadãos mais abastados, eram cada vez mais evitadas na proporção em que aumentava a pobreza, por cuja culpa tais encargos tornavam-se cada vez mais pesados. Para evitá-los, para escapar de uma tributação feroz, de uma pobreza difusa, a fuga para o deserto aparecia freqüentemente como o único remédio.

A difusão do monaquismo das cidades para os campos fez com que o peso da cidade diminuísse em prol das áreas consideradas até então socialmente menos importantes. Apresenta-se com maior insistência, no século IV, o problema da conversão dos camponeses. Este, de fato, parece um elemento constante nas biografias dos monges da época; e sobretudo os próprios monges, inclusive os fundadores das comunidades, são freqüentemente de origem camponesa. Antão pertencia a uma família de grandes proprietários de terra; falava o copta, língua dos camponeses egípcios, e por toda a sua vida não foi capaz de falar correntemente o grego. Pacômio provinha de uma família de camponeses da Tebaida. Este fenômeno é tornado visível também pela difusão, no episcopado egípcio, de bispos que tinham nomes não-gregos. Compreende-se bem, portanto, como o monaquismo egípcio foi animado também por um forte nacionalismo; foi em meio aos monges que se refugiou Atanásio, procurado pelo governador (pagão e decerto não-egípcio), que queria prendê-lo por ordem de Constâncio (p. 58). Shenute, abade do Mosteiro Branco, também de origem camponesa, organizou um poderoso mosteiro habitado por monges exclusivamente de língua copta. Estes eram muito numerosos e constituídos não apenas por ex-camponeses, mas também por ex-bandidos e desertores do exército. Em todos esses ambientes, como é lógico, a antiga cultura grega ou também o cristianismo helenizado e urbano de Alexandria e de Constantinopla não podia certamente penetrar. Parece que Shenute teria tido uma educação à grega, mas que a desprezava.

Outro ambiente em que o monaquismo teve ampla difusão foi a Síria, cujo deserto atraiu, não menos que o egípcio, aqueles que queriam dedicar-se à anacorese. Aqui, porém, a situação não era totalmente análoga à egípcia; os ascetas siríacos, não menos famosos que os egípcios, eram ligados às aldeias da região. Enquanto o monaquismo egípcio se constituiu num mundo social e econômico autônomo, o ascetismo siríaco manteve-se sempre em contato com o mundo circundante. De resto, ocorre que nos séculos IV e V a sociedade rural da Síria não estava em pleno abandono, como se verificava, em contrapartida, em outras regiões do império.

Já se falou, portanto, de "cenóbio", aquela instituição que, segundo o termo grego, indica "a vida em comum" dos "monges" (quase dois termos opostos), daqueles que abandonaram a cidade e "vivem sozinhos". O cenobitismo, difundido, ao que parece, por Pacômio (do qual falaremos em breve), parece situar-se, segundo uma distinção tradicional, em oposição ao monaquismo de Antão; na realidade, não se tratava de oposição, mas da necessidade de organizar de modo racional — inclusive com base no problema econômico — a vida eremítica. O cenóbio significava que o monaquismo se tornou uma instituição; fundado na propriedade fundiária, ele constitui um novo elemento da economia tardo-antiga e um dos fundamentos da bizantina. Agora só faltava ao monaquismo a justificação cultural, e esta também foi encontrada não muito tempo depois: Atanásio escreveu uma *Vida de Antão*, que é o manifesto do monaquismo, e daí em diante a "literatura monástica" faz seu ingresso na literatura do cristianismo antigo.

Bibliografia. O monaquismo foi, e ainda é, objeto de um debate aceso que aborda em primeira instância os componentes sociais, econômicos e antropológicos da Antiguidade tardia, e a bibliografia a respeito é imensa. Recordemos apenas: B. Lohse, *Askese und Mönchtum in der Antike und in der alten Kirchen*, München-Wien 1969; G. M. Colombas, *El monacato primitivo* I, Madrid 1974; E. Griffe-G. Folliet-J. Perez De Urbel-G. Penco, *Saint Martin et son temps*, "Studia Anselmiana" 46 (1961) 1-132; P. Brown, *Il mondo tardo antico. Da Marco Aurelio a Maometto*, tr. it. Einaudi, Torino 1974; id., *Il culto dei santi. L'origine e la diffusione di una nuova religiosità*, ibidem, 1983; Id., *La società e il sacro nella tarda antichità*, ibidem, 1988.

Com o surgimento de uma literatura monástica (principalmente com Atanásio e seus contemporâneos) atribui-se ao próprio Antão a composição de cartas de admoestação e de conteúdo espiritual (por exemplo, algumas teriam sido enviadas por ele a Constantino e seus filhos). O bispo egípcio Amão nos conservou uma carta de Antão ao abade geral Teodoro e seus monges. Jerônimo, em seguida, diz que Antão teria enviado sete epístolas a vários mosteiros do Egito; foram escritas em copta *(Aegyptiace)*, mas bem depressa traduzidas em grego (*Os homens ilustres*, 88). Dificilmente estas poderiam ser identificadas com as de uma série de sete epístolas (existe também outra série, de vinte) que chegou até nós; algumas epístolas dessas séries existem também em tradução árabe. Naturalmente espúria é também uma *Regra* que ele teria composto.

Igualmente famoso foi Pacômio, que se distinguiu de Antão por ter fundado, a partir de 318, os primeiros mosteiros egípcios, nos quais os monges vivem obedecendo a uma regra e a um superintendente. Morreu em 346. Também de Pacômio, como de Antão, foram escritas *Vidas* em várias línguas. Pacômio, ademais, teria escrito uma *Regra*, para a qual, como em geral para esta literatura, o problema fundamental é distinguir o núcleo original (escrito provavelmente em copta), sucessivamente ampliado por vários acréscimos. Mas bastante depressa (em 404) a regra de Pacômio —

ou ao menos a que vigorava naqueles tempos — foi traduzida em latim por Jerônimo, que nos preservou, assim, um antigo documento da organização monástica. Dessa organização sabemos que Pacômio distinguira o tempo da oração comunitária, de manhã e à tarde, do resto do dia, dedicado ao trabalho manual, considerado também uma espécie de serviço divino. O monaquismo de Pacômio foi, portanto, não eremítico, mas análogo (somente análogo, como diremos mais adiante) ao que Basílio organizou. Como apêndice à regra (na redação transmitida a nós por Jerônimo), encontram-se também algumas cartas de Pacômio aos irmãos e numerosas sentenças suas.

Bibliografia. L. Th. Lefort, *Oeuvres de Pachome et de ses disciples*, CSCO, CLIX, 1956.

O segundo sucessor de Pacômio foi Orsíese, que escreveu *Instruções aos monges*, também traduzidas por Jerônimo. Além disso, Jerônimo declara, no prefácio à sua tradução da *Regra* de Pacômio, ter traduzido também os preceitos de Teodoro e de Orsíese: Teodoro teria sido, só por dois meses, o primeiro sucessor de Pacômio e teria escrito cartas; os preceitos de que estamos falando devem ser, portanto, considerados distintos das *Instruções aos monges*. Possuímos também uma breve carta de Teodoro, escrita em grego. As *Instruções aos monges* são constituídas de 56 capítulos e insistem, entre outras coisas, no dever de sufocar o espírito de insubordinação que, ao que parece, perturbara os mosteiros pacomianos.

Outro monge que ficou famoso por sua santidade e seus milagres foi Macário, o Egípcio, também chamado Macário, o Velho, ou Macário, o Grande, nascido por volta de 300 numa aldeia do alto Egito, morador do deserto de Skete, cerca de sessenta milhas ao sul de Alexandria; morreu por volta de 390. Conhecemos também outro Macário, apelidado, para distingui-lo, o Alexandrino ou "o citadino". Este teria nascido antes ainda e morrido em 393, quase centenário; teria sido morador de outra região do Egito, chamada "Deserto das Celas", perto do monte Nitra. Como se vê, todos esses monges eram originários do campo egípcio e seguramente não possuíam cultura alguma.

Deles nos fala Paládio na *História lausíaca* (vol. II/2 desta *História da literatura cristã antiga grega e latina*, pp. 336ss.), já que nenhum dos dois deixou nada escrito, embora Jerônimo nos faça saber que Macário (mas não fica especificado qual deles) teria enviado uma carta a monges mais jovens.

3. Os escritos atribuídos a Macário: Macário-Simeão

Chegaram até nós sob o nome de Macário alguns conjuntos de homilias, cuja importância e caracterização espiritual, histórica, geográfica têm sido objeto da pesquisa destes últimos sessenta anos: graças a essa pesquisa, conseguiu-se reavaliar tal produção literária. Se desde o início deste século se conhecia só um grupo de cinqüenta homilias — das quais se dizia que são "não-desagradáveis à leitura por sua vivacidade e frescor, e têm o nome de *Homilias espirituais*, atribuídas a Macário do Egito; freqüentemente elas não são homilias propriamente ditas, mas se desdobram no esquema literário de 'pergunta e resposta' (*quaestiones et responsiones*), que se tornará de amplo uso na literatura posterior" (assim é o juízo que delas faz Bardenhewer) —, recentes investigações estabeleceram que existem:

— uma primeira coleção de 64 homilias, a primeira das quais é constituída da *Grande Carta* (que na realidade é um tratado) atribuída a Macário;
— uma segunda, de 50 homilias espirituais, que é a mais conhecida (já desde o século XVI); é a de que se falava acima;
— uma terceira, de 43 homilias, das quais 15 já estão na segunda coleção e 28 outras são novas;
— uma quarta, de 26 homilias, compreendidas na primeira coleção.

Em apêndice à segunda coleção se encontram outras sete homilias, das quais cinco autênticas.

Todas essas coleções de homilias foram reunidas na era bizantina ao tempo do renascimento místico (séculos X-XI), embora algumas delas circulassem separadamente e em florilégios, ora sob o nome de Macário, ora sob o de Simeão da Mesopotâmia, de Basílio, de Efrém, de Marcos, o Eremita. Delas foram feitas traduções e novos *corpora* em siríaco, árabe, georgiano, antigo eslavo. Ainda hoje essas homilias são objeto de pesquisas, realizadas com o fim de se alcançar uma edição crítica confiável.

No que diz respeito a seu autor, parece que ele deve ser localizado no Oriente grego: o Eufrates é o único rio conhecido por ele; está informado das guerras contra os persas e os godos, das invasões dos indianos e dos sarracenos; o grego em que as homilias são escritas apresenta influências do aramaico. Sua doutrina apresenta contatos com o *Liber graduum*, texto ascético de ambiente siríaco, mas também com várias doutrinas dos messalianos, isto é, de um movimento anárquico de entusiastas e ascéticos, rebeldes à hierarquia da Igreja, que se difundiu na Ásia Menor e na Síria, de onde era originário, e foi várias vezes condenado a partir de dois concílios: um realizado em Side, na Panfília, sob a presidência de Anfilóquio de Icônio (cf. pp. 137 e 172ss.), por volta de 388, e o segundo em Antioquia, presidido por Flaviano, bispo dessa cidade, em torno de 390, e em seguida outras vezes. Desse movimento falaremos novamente, ao abordar Basílio (p. 139) e Gregório de Nissa (p. 169). Assim, essas homilias sublinham a necessidade de experimentar de modo sensível a presença de Cristo e do Espírito Santo, afirmam que o mal exerce um domínio invencível sobre o homem, professam um forte dualismo (embora o escritor sublinhe a força do livre-arbítrio), atribuem escassa importância à economia sacramental; todavia, não estão presentes nelas os desvios disciplinares e doutrinais característicos dos messalianos; ao contrário, o autor mesmo critica os messalianos mais ardentes e grosseiros. Voltaremos cm breve a isso. À parte tudo o que tem a ver com o movimento messaliano, a vida monástica é propagandeada e recomendada como o melhor modo de servir a Deus e obter a união com Ele; como o tipo mais alto de vida cristã. Muita atenção é dedicada, nessas homilias, ao ideal da purificação, que permite a ascese da alma. Ainda nos primeiros decênios de nosso século parecia verossímil uma atribuição de todo esse *corpus* de escritos ascéticos, se não a Macário, decerto a um ambiente monástico próximo de Atanásio; ou então — suposta inicialmente uma origem messaliana — se pensou que fossem a obra de messalianos refugiados no deserto egípcio depois de terem sido condenados (nas homilias, de fato, fala-se de "perseguição").

Mas a crítica mais recente abandonou a velha hipótese de um ambiente egípcio e situou essas homilias no ambiente da Ásia Menor e da Síria. De fato, elas apresentam contatos também — embora tais contatos devam ser avaliados com muita cautela — com as doutrinas ascéticas de Basílio e de Gregório de Nissa. Em particular, a *Grande Carta* de Macário (ou Macário-Simeão, como se disse) parece muito próxima do pensamento dos dois Padres capadócios. A linguagem, por exemplo, evita todos os termos específicos do monaquismo, o que é típico dos escritos ascéticos de Basílio; os monges são chamados "cristãos" ou "irmãos". A *Carta* ensina, como Basílio, a complementaridade dos carismas; insiste na oração assídua e na concentração do espírito; o cap. 9 de *O Espírito Santo* de Basílio é inserido na coleção 3 dessas homilias. Mais problemática ainda é a relação entre a *Grande Carta* e Gregório de Nissa, porque uma obra ascética deste último, *O fim do cristão*, coincide quase literalmente com uma parte da *Grande Carta*. Supôs-se (Staats) uma dependência do Nisseno para com a *Grande Carta*; e se pensou que o Nisseno tivesse desempenhado diante dos messalianos um papel de moderador, análogo ao que Basílio desempenhara com os eustacianos (assim Gribomont: cf. mais adiante, pp. 138ss.): nesse sentido, *O fim do cristão* poderia ser um remanejamento da *Grande Carta*, na medida em que retoma voluntariamente os conteúdos desta e atenua-lhe os traços mais extremos; todavia, alguns (M. Canévet) têm posto em dúvida a autenticidade gregoriana daquela obra.

Enfim, eis algumas palavras para precisar a personalidade de Macário-Simeão. O nome do autor deriva do fato de que algumas dessas homilias são atribuídas a Macário, outras a um Simeão; a homilia 51 a Simeão da Mesopotâmia. Por esse motivo, Dörries desenvolveu a hipótese de que o autor do *corpus* macariano fosse Simeão, um dos chefes messalianos recordados pelos heresiólogos depois de 400, embora este Simeão não apareça entre os personagens mais importantes do movimento messaliano. De todo modo, o autor parece ter sido inicialmente siríaco, e depois se teria deslocado para a Ásia Menor. Sua atividade teria sido desenvolvida entre 370-380 e 420-430.

Bibliografia. Textos: E. Klostermann-H. Berthold, *Neue Homilien des Makarios-Symeon aus Typus III*, TU 72, Akademie Verlag, Berlin 1961; H. Dörries-E. Klostermann-M. Kroeger, *Die 50 griechischen Homilien des Makarios*, PTS 4, de Gruyter, Berlin 1964; as homilias do "apêndice" foram publicadas por G. L. Marriott, Harvard Theol. Studies, Cambridge, Mass. 1918; SChr 275, 1980 (V. Desprez); Pseudo-Macario, *La grande lettera*, ed. M. B. Artioli, Gribaudi, Torino 1989; Macario-Simeone, *Discorsi e Dialoghi Spirituali*, introdução, tradução e notas de Francesca Moscatelli OSB, Abbazia di Praglia 1984. Estudos: fundamental H. Dörries, *Symeon von Mesopotamien. Die Überlieferung der messalianischen "Makarius"-Schriften*, TU 55, 1, Hinrichs, Leipzig 1941; L. Villecourt, *La date et l'origine des "Homelies spirituelles" attribuées à Macaire*, Compte Rendu de l'Acad. des Inscript. et Belles-Lettres 1920; J. Gribomont, *Le de institutio christiano et le messalianisme de Grégoire de Nysse*, St. Patrist. V, TU 80, Akademie Verlag, Berlin 1962, pp. 312-332; W. Jaeger, *Two rediscovered Works of ancient Christian Literature: Gregory of Nyssa and Macarius*, Leiden, Brill 1965; R. Staats, *Gregor von Nyssa und die Messalianer*, PTS 8, de Gruyter, Berlin 1968; VV.AA., *Makarios-Symposium über das Böse...* herausgegeben von W. Strothmann, Harassowitz, Wiesbaden 1983.

4. Apolinário de Laodicéia

Uma personalidade de notável destaque naquela época foi Apolinário, bispo de Laodicéia, famoso sobretudo por suas doutrinas heréticas, embora estas não tenham caracterizado todo o seu pensamento religioso. Mas a condenação por ele sofrida por causa de suas idéias erradas sobre o

Cristo encarnado acarretou a destruição de suas obras, infelizmente, mesmo as que não eram abertamente heréticas, como seus comentários escriturísticos, lidos, por exemplo, por Jerônimo. Pouco mais jovem que Atanásio, travou relações com ele nos últimos anos da vida do bispo de Alexandria e teve um intercâmbio epistolar também com Basílio de Cesaréia. De fato, antes de suas idéias serem condenadas pelo sínodo de Roma de 375 e pelo concílio de Constantinopla de 381 (e a condenação foi reiterada com insólita dureza em 383, em 384 e em 388), Apolinário tinha sido um dos maiores campeões não só da luta contra o arianismo mas também da resistência cristã contra a restauração pagã de Juliano, o Apóstata. Todos lhe reconheciam vasta cultura, inteligência e eloqüência, que todavia teriam sido mal empregadas, observaram os ortodoxos.

Nascido por volta de 310 em Laodicéia, na Síria, filho do presbítero Apolinário, foi nomeado bispo de Laodicéia em meados de 361 como guia da comunidade nicena, à qual se opunha a ariana com seu bispo Pelágio, e ali permaneceu até sua morte, situada por alguns em 381-382, por outros em 385-395, por outros ainda em 392, quando então foi relembrado por Jerônimo (*Os homens ilustres*, 104).

a) A atividade literária de Apolinário

Graças a esses seus dotes intelectuais, Apolinário escreveu uma obra, em trinta livros, de confutação do famoso escrito *Contra os cristãos*, composto por Porfírio cerca de um século antes e que já fora objeto da polêmica de Eusébio de Cesaréia (cf. vol. I, pp. 554-555). Um segundo tratado polêmico, intitulado *A verdade*, foi escrito contra o imperador Juliano, por ocasião de sua perseguição anticristã, baseado não tanto em providências de caráter jurídico, mas em polêmicas de conteúdo doutrinal.

Sua fama, grande junto aos nicenos, era devida também a suas confutações dos hereges: teria escrito contra Eunômio (cf. pp. 122ss.) e contra Marcelo de Ancira, ou seja, conforme o *topos* da propaganda nicena, contra as duas heresias opostas e igualmente perigosas, defendendo a ortodoxia do consubstancial. Citam-se também os nomes de obras de Apolinário dirigidas contra escritores do ambiente antioqueno (cf. pp. 181ss.), como Diodoro de Tarso e Flaviano de Antioquia, e contra Orígenes.

De grande importância, embora seja impossível avaliá-la como mereceria, por causa, naturalmente, da completa destruição que deve ter sofrido, é a atividade puramente literária de Apolinário. Ela teria tido (como ocorre freqüentemente) uma causa contingente: o edito do imperador Juliano, com o qual se proibia os professores cristãos de continuar a ensinar a literatura pagã (isto é, de praticar o ensino tradicional), uma vez que, como cristãos, seriam maus professores: de fato, eles não acreditavam no ensino por eles ministrado, porque condenavam seus argumentos como idólatras e imorais. Por causa dessa proibição, os dois Apolinários tiveram a idéia de substituir o conteúdo do ensino pagão por um conteúdo cristão, vale dizer, de revestir a Bíblia com as formas literárias tradicionais, as que desde sempre tinham sido ensinadas na escola. Segundo o historiador Sócrates (*História eclesiástica* III, 16), Apolinário, pai, teria escrito uma gramática "em forma cristã", isto é (pensamos), uma gramática em que os exemplos e as abonações sobre o bom modo de escrever teriam sido extraídos dos escritores cristãos. O filho, que Sozômeno (cf. *História eclesiástica* V, 18) chama "sofista" ("literato": o termo corresponde ao dos literatos da Sofística contemporânea), teria escrito *diálogos* à maneira de Platão, cujo conteúdo teria sido tirado do Novo Testamento. Ainda Apolinário, o filho, segundo Sozômeno (segundo Sócrates, porém, teria sido o pai: esta incerteza se deve ao fato de que já no século V — uma vez que as obras de ambos tinham sido condenadas e destruídas — delas só se tinham notícias, não um conhecimento direto) —, enfim, um Apolinário teria elaborado o Pentateuco e os livros históricos do Antigo Testamento seja em componentes épicos seja em componentes dramáticos, o filho teria competido com Homero, escrevendo num igual número de livros (vinte e quatro) um poema cujo conteúdo era a "arqueologia hebraica", isto é, a mais antiga história hebraica até o tempo do rei Saul, e também comédias à imitação de Menandro, tragédias à imitação de Eurípides, poemas líricos em estilo pindárico. O mesmo Apolinário teria escrito breves poemas líricos, destinados a ser cantados durante o serviço divino ou, de todo modo, pelos fiéis nos vários momentos do dia. Destes poemas líricos Gregório de Nazianzo (*Epist.* 101, 17) nos dá notícia mais precisa, e também mais plausível, falando com exagero polêmico de um "novo saltério" de Apolinário.

Não nos teríamos detido tão longamente sobre a atividade poética, infelizmente perdida, desse literato seguramente de primeira ordem, se não acreditássemos que suas obras, caso tivessem chegado até nós, teriam mostrado elementos interessantes de literariedade, e nos teriam iluminado também sobre a gênese da poesia do contemporâneo Gregório Nazianzeno.

Existe uma *Metáfrase do Saltério* atribuída a Apolinário, mas sua autenticidade é quase universalmente rejeitada. Trata-se de uma "transformação", numa forma literária distinta, de uma composição já existente: esta era uma forma de exercício retórico comum na Antiguidade tardia, e já fora praticada, em ambiente latino, por Jovenco com seus *Livros dos Evangelhos*. A do pseudo-Apolinário, portanto, é uma transformação em hexâmetros de cento e cinqüenta Salmos, um exercício retórico rico de reminiscências clássicas, que mereceria, de todo modo, um estudo mais atento, que até agora não teve.

Bibliografia. Texto: PG 33, 1313-1538.

b) O pensamento de Apolinário

Apolinário ficou famoso no cristianismo antigo por sua heresia acerca da Pessoa do Cristo encarnado. Segundo ele, era impossível que numa única entidade se encontrassem duas realidades perfeitas e completas como o Filho de Deus e o homem, já que duas realidades perfeitas não podem formar uma unidade e duas naturezas perfeitas exigiriam duas pessoas. Portanto, para formar o Cristo encarnado haviam concorrido o Filho de Deus, que constituía o intelecto do homem-Deus, e a carne humana, constituída pelo corpo e pela alma, entendida, esta, à maneira platônica, vale dizer, só como princípio da vida e não também da inteligência. Esta doutrina, que resumimos tão rapidamente, foi em seguida desenvolvida e também modificada por seus discípulos, e suscitou um renovado interesse no curso dos debates cristológicos do século V.

A reconstrução de suas obras é uma tarefa de árdua dificuldade; muitas das que listamos são conservadas também em tradução siríaca. Apolinário teria escrito uma confissão de fé *A Joviano*, imperador de 363 a 364, transmitida sob o nome de Atanásio (a quem, porém, alguns a atribuem efetivamente); uma *Confissão de fé detalhada*, escrita por volta de 380 e atribuída a Gregório, o Taumaturgo; um tratado *Sobre a união do corpo e da natureza divina em Cristo* e outro *Sobre a fé e sobre a encarnação de Cristo, contra seus adversários* (este último fragmentário em grego), ambos submetidos à aprovação do papa Júlio I; uma homilia pronunciada na Epifania, *Que Cristo é um*, na qual é sustentada a tripartição da pessoa humana em corpo, alma e intelecto; um tratado *Sobre a encarnação do Verbo de Deus*, que a tradição manuscrita atribui a Atanásio, e uma carta mais longa, enviada a um presbítero Dionísio, igualmente submetida à aprovação do papa Júlio. O *Contraditorio contra os apolinaristas* de Gregório de Nissa (cf. adiante, p. 169) nos permite reconstruir o conteúdo da *Demonstração da divina encarnação à semelhança do homem*, composta entre 376 e 380, que contém a mesma doutrina da tripartição do homem. Enfim, uma *Recapitulação* de uma obra mais ampla, que se extrai do quinto livro (pseudo-atanasiano) do tratado *Contra os arianos*. Recentemente foi-lhe atribuído, por R. M. Hübner, o tratado pseudo-atanasiano *Contra os sabelianos*. Tratar-se-ia de um tratado escrito contra o modalista Fotino de Sírmio.

c) Obras exegéticas

Apolinário adquiriu também fama notável como exegeta; segundo o historiador Filostórgio, ele teria também conhecido o hebraico. Jerônimo encontrou Apolinário por volta de 374 e mais tarde, por volta de 390, admitiu que seus escritos podiam ser lidos, como os de Orígenes, com a cautela de saber colher o que é bom e rejeitar o que não o é (*Epist.* 55). Em *Os homens ilustres* (cap. 104), recorda seus inúmeros tratados exegéticos sobre a Escritura. Por isso Jerônimo serviu-se abundantemente deles para comentar Ecl, Is, Os, Ml, Mt, 1Cor, Gl e Ef, embora, em uma passagem (*Com. Isaías*, prol.), observe que os comentários de Apolinário são freqüentemente demasiado velozes e sintéticos, ou (*Contra Rufino* II, 34) o critique porque junta os comentários de outrem aos seus; além do uso que deles fez Jerônimo, a atividade exegética de Apolinário pode ser conhecida por fragmentos conservados nas catenas [coleções de extratos de autores eclesiásticos dispostas à guisa de comentário aos livros das Escrituras].

Bibliografia. Para a compilação de fragmentos e sua interpretação, é fundamental H. Lietzmann, *Apollinaris von Laodicea und seine Schule*, Mohr, Tübingen 1904. Sobre a heresia de Apolinário, há informações em A. Grillmeier, *Gesù il Cristo nella fede della Chiesa*, ed. italiana organizada por E. Norelli e S. Olivieri, Paideia, Brescia 1982, sobretudo pp. 607-629, e depois mais amplamente: E. Mühlenberg, *Apollinaris von Laodicea*, Vandenhoeck & Ruprecht, Göttingen 1969; R. M. Hübner, *Die Schrift des Apollinarius von Laodicea gegen Photin...*, de Gruyter, Berlin 1989.

5. Dídimo de Alexandria

A vida de Dídimo (*ca.* 313-398) cobre um período de acirradas lutas no campo da teologia e no da política eclesiástica; mas se por um lado suas obras polemizam contra os arianos, os maniqueístas, os pneumatômacos, os apolinaristas, por outro ignoramos se, e em que medida, participou também de outro modo de tais lutas, ou se permaneceu completamente estranho a elas, em seu retiro de anacoreta.

São três as fontes principais para sua vida, provenientes de testemunhos diretos: Rufino de Aquiléia, no segundo livro da *História eclesiástica* por ele composta em continuação à de Eusébio (II, 4); Paládio, *História lausíaca*, 4, 1-4; Jerônimo, *Os homens ilustres*, 109. Rufino foi aluno de Dídimo por oito anos, em duas ocasiões, a partir de 373 (*Apologia contra Jerônimo* II, 15); Jerônimo foi por um mês (no verão de 386) à escola de exegese de Dídimo (ibid.); Paládio encontrou-o quatro vezes (*História lausíaca*, 4, 1). Mas no conjunto as informações se limitam a poucos elementos, no mais das vezes anedóticos. Paládio, que se dirigiu a Alexandria em 388, narra (4,1) ter visto Dídimo quatro vezes em dez anos, o que leva à conclusão de que este morreu em 398; segundo Paládio, ele tinha 85 anos, o que permite situar o nascimento em 313; Jerônimo, por seu turno, nos faz pensar em 310 (Dídimo teria 83 anos em 393). Nascido em Alexandria, Dídimo perdeu a visão antes de aprender a ler, aos quatro anos, segundo o que Paládio afirma ter sabido dele próprio; foi talvez em ambiente monástico que ele pôde, contudo, obter uma instrução que o levou — graças à sua aplicação e a uma memória extraordinária — a adquirir um conhecimento aprofundado das Escrituras e, segundo Rufino e Jerônimo, das ciências profanas. Levava vida ascética numa cela perto de Alexandria, mas, com a aprovação do bispo Atanásio, ensinou na escola eclesiástica (assim Rufino), isto é, ao que parece, no *didaskaleion* inaugurado com Orígenes (cf. vol. I, p. 365), embora alguns estudiosos acreditem que na realidade Dídimo exerceu apenas um ensino privado. Os biógrafos narram dois encontros entre Dídimo e o grande asceta Antão, o primeiro em Alexandria, quando Dídimo fez visita a Antão, que deixara excepcionalmente o deserto para apoiar Atanásio em sua luta contra os arianos (Jerônimo, *Carta* 68, 2; Rufino, *História* II, 7; o episódio provavelmente se situa em 338); o segundo quando, mais tarde, Antão foi visitar Dídimo em sua cela (Paládio, *História lausíaca* 4, 3).

a) Obras exegéticas

Ao se converter à causa antiorigenista (cf. vol. I, cap. XV, e aqui pp. 379ss.), Jerônimo atacou Dídimo, a quem anteriormente adulara: reconhecia sua ortodoxia trinitária, mas afirmava que Dídimo, em seu comentário aos *Princípios* de Orígenes, defendera os erros deste, seja afirmando que se tratava de afirmações demasiado elevadas para poder tomá-las no sentido aparentemente mais óbvio, seja buscando interpretá-las de maneira aceitável (*Apologia contra Rufino* III, 12). Acusava-o também de ter retomado de Orígenes a doutrina da preexistência das almas (*Apologia contra Rufino* III, 28). Apesar do respeito de que gozou durante todo o século V, as agitações dos monges origenistas na Palestina acabaram produzindo a condenação de Dídimo, junto com Evágrio Pôntico e Teodoro de Mopsuéstia, por um sínodo reunido em Constantinopla em março/abril de 553 por bispos convocados para o V concílio ecumênico, mas antes da abertura deste. Os autores e os concílios sucessivos atribuíram esta condenação ao concílio ecumênico de Constantinopla de 553, e a confirmaram (cf. vol. II/2 desta *História da literatura cristã antiga grega e latina*, p. 269). A conseqüência foi a perda de grande parte das obras de Dídimo. Mas em 1941 uma descoberta em Tura, ao sul do Cairo, restituiu papiros dos séculos V e VI num total de mais de 2.000 páginas, contendo algumas obras de Orígenes (vol. I, pp. 399), mas sobretudo (mais de 1.800 páginas) diversos escritos exegéticos que, nos anos seguintes, foram reconduzidos a Dídimo. Certamente foram escondidos por monges origenistas, provavelmente os do vizinho mosteiro de Arsênio, que queriam salvá-los após a condenação do origenismo. Sua edição se estendeu até anos recentes: trata-se dos comentários a Gênesis, Jó, Eclesiastes, Salmos, Zacarias e de alguns textos menores.

Até então, das obras exegéticas de Dídimo só possuíamos fragmentos, transmitidos, em sua maioria, em catenas; àqueles já conhecidos desde inícios do século passado — e publicados em PG 39, 1111-1818 — juntaram-se pouco a pouco inúmeros outros. Jerônimo (*Os homens ilustres*, 109) fornece certo número de títulos de obras de Dídimo, informando que para uma lista completa caberia um índice à parte.

O comentário a Gn 1,1–17,6 (em parte bastante arruinado no início e no fim) foi descoberto em Tura; anteriormente, conheciam-se apenas fragmentos citados em catenas e por Procópio de Gaza. Sobre o *Êxodo* e sobre *1 e 2 Reis* restam somente poucos fragmentos. No que diz respeito aos profetas, dos dezoito livros sobre *Isaías* mencionados por Jerônimo restam fragmentos nos *Sacra parallela* de João Damasceno; pouquíssimos fragmentos sobre *Jeremias* e *Daniel*. Os cinco livros sobre *Zacarias*, mencionados por Jerônimo como escritos a pedido seu, foram encontrados em Tura. Jerônimo recorda um comentário em três livros a *Oséias*, que Dídimo teria dedicado ao próprio Jerônimo: nada resta dele. Dos sapienciais, Jerônimo cita um comentário a *Jó*: deste possuímos vários fragmentos catenários, e foi descoberto em Tura. Mais complexa é a situação dos *Salmos*. Segundo Jerônimo, Dídimo comentara-os todos. Dispunha-se de inúmeros fragmentos, editados por A. Mai com base em dois manuscritos vaticanos, e de alguns outros editados por Mingarelli (ambas as edições em PG 39, 1155-1622; nova ed. de E. Mühlenberg, cf. a Bibliografia). Em Tura se encontrou um comentário anônimo aos Salmos 20,1–44,4, na forma de notas tomadas durante aulas. Visto que o texto de Tura não coincide com os fragmentos e apresenta algumas diferenças interpretativas, alguns rejeitam sua atribuição a Dídimo. Todavia, foi mostrada a afinidade lingüística dos dois escritos; as diferenças dependem largamente do estilo "falado" do texto de Tura. Quanto ao conteúdo, a comparação não impõe diferença de autor: os fragmentos catenários têm uma impostação mais eclesiástica e tradicional, o comentário de Tura revela uma orientação ascética e posições mais audazes, em conexão provavelmente com o círculo mais restrito de destinatários, constituído pelos ouvintes das aulas. Deve-se tratar, portanto, de dois comentários diferentes, ambos remontando a Dídimo. Tampouco há maiores razões para rejeitar a Dídimo a paternidade do comentário a *Eclesiastes* (1,1-8; 5–12), este também encontrado em Tura sob forma de notas de aulas. Restam, enfim, fragmentos sobre os *Provérbios* e um sobre o *Cântico dos cânticos*.

No que diz respeito ao Novo Testamento, Jerônimo menciona comentários a *Mateus* e *João*, dos quais restam alguns fragmentos (um comentário a Jo 6,3-33 foi editado com base nos papiros de Tura). Sobreviveu certo número de fragmentos sobre os *Atos dos apóstolos*, sobre *Romanos*, sobre *1 e 2 Coríntios*. Uma *Brevis enarratio in epistulas catholicas* conservada em latim representaria, segundo um testemunho de Cassiodoro (*De institutione divinarum litterarum* 8), uma tradução/redução do comentário de Dídimo realizada por Epifânio; a passagens dela correspondem breves fragmentos gregos transmitidos em catenas. Resta, enfim, um fragmento sobre o *Apocalipse*.

A exegese de Dídimo situa-se na linha de Orígenes e constitui — antes de Cirilo de Alexandria, que porém se afasta sensivelmente do grande chefe de escola — o único testemunho importante de exegese alexandrina no século IV. Falta a Dídimo (e sua enfermidade pode ter influído nisso) o interesse pela crítica textual, que havia gerado os *Héxaplas* de Orígenes. Dídimo acolhe e comenta sem problemas traduções diferentes e paralelas do mesmo texto. Se em manuscritos da Septuaginta encontra em Is 26,9 as variantes de sentido oposto *seleuta*, "sacudidas", e *aseleuta*, "fixas", comenta tranqüilamente uma e outra, porque "a Escritura traz as duas" (*Com. Zc* II, 156.159; citamos este comentário segundo a repartição de Doutreleau em livros e capítulos). Analogamente, acolhe e comenta, junto com a Septuaginta, frases de outras versões, Áquila e Teodocião, Símaco (*Com. Zc* I, 359; V, 55). Suas noções sobre a origem destas últimas são, por outro lado, muito vagas, a ponto de supor que o evangelista João pôde utilizar o bem mais tardio Teodocião (*Com. Zc* IV, 254). E, se às vezes contesta uma tradução (assim em *Com. Gn* 174, 2-3, contra Símaco e Áquila), depende, sem dúvida, de Orígenes e não aduz nenhuma motivação filológica.

Quanto ao método exegético, Dídimo é fiel, em linha de princípio, ao platonismo de fundo de seu mestre e, portanto, à justaposição de interpretação literal e interpretação alegórica, em que a segunda representa um nível de leitura mais elevado. O sentido literal (por ele definido como *rhêton* ou *historía*; a ser distinguido da *lexis* que é o simples enunciado enquanto tal, preliminarmente à interpretação) representa o ponto de partida, e é neste nível que a Escritura pode ser utilmente compreendida pelos simples (*Com. Gn* 168,10–169,1; *Com. Ecl* 5,23; 7,23ss.; citamos esses dois comentários segundo as páginas e as linhas do manuscrito, reproduzidas nas edições). O sentido literal tem, de todo modo, uma importância diferente segundo o livro comentado. Assim, o *Comentário a Gênesis* concede certo desenvolvimento ao tratamento do sentido literal; sobretudo no relato da criação, o comentário literal parecia necessário para esclarecer uma série de dificuldades inerentes à realidade "histórica" do texto, por exemplo no caso da velha questão: "Como podia haver dias antes da criação do sol?" — tratada a propósito de 1,8, versículo dotado de comentário apenas literal. A exegese literal domina na interpretação da história de Noé (*Com. Gn* 168,10–179,3). Em certos casos, porém, como Orígenes, Dídimo afirma que o sentido literal é impossível (*defectus litterae*) e, portanto, o texto exige a interpretação alegórica ou espiritual. Assim acontece, em Gênesis, para 3,7-8, com as tangas de folhas de figo fabricadas por Adão e Eva e com Deus que passeia à tarde no jardim. As tangas devem ser interpretadas alegoricamente como as desculpas usadas pelos pecadores, e o passeio de Deus significa que Ele se afastou dos pecadores, mas em sua bondade lhes dá a possibilidade de percebê-Lo mediante as noções comuns, a fim de poderem converter-se (*Com. Gn* 84,7–88,17). Outros casos de *defectus litterae* dizem respeito aos números particularmente elevados, cf. *Com. Zc* III, 66-73; de fato, neste último comentário os casos de impossibilidade do sentido literal são bem mais numerosos que no comentário a Gênesis.

Allêgoría e *anagôgê* são para Dídimo termos largamente equivalentes, em que — como já para Orígenes — o primeiro parece designar antes o método e o segundo, o sentido espiritual. Daí resulta que, enquanto não há *allêgoria* sem *anagôgê*, o contrário é possível, porque a extrapolação do sentido espiritual pode acontecer sem aplicação de procedimento alegórico. Este é amplamente o caso no comentário a Eclesiastes, em que Dídimo freqüentemente enxerga como *anagôgê* — enquanto relativa à vida espiritual — a interpretação moral, facilmente obtenível deste livro bíblico sem necessidade do método alegórico (Simonetti). Dídimo emprega também *tropologia*, que, na medida em que designa realmente determinado tipo de alegoria (e não equivale simplesmente a esta última), indica uma exegese de tipo moral ou psicológico.

No *Comentário a Zacarias* a interpretação alegórica assume importância preponderante. Tratando-se neste caso de um texto profético, a interpretação cristológica das predições e das visões era considerada natural, e em tais casos não há justaposição de sentido literal e alegórico. Todavia, por meio de uma densa rede de conexões entre textos bíblicos contendo um mesmo vocábulo ou um mesmo motivo, Dídimo relaciona com a leitura cristológica outros níveis de leitura alegórico/espiritual. Assim, por exemplo, a exegese de Zc 6,12 (II, 31-61): "Eis um homem, Oriente é seu nome, e de debaixo dele (algo) se erguerá, e ele edificará a casa do Senhor". Aqui não é dada interpretação com referência a eventos internos à história de Israel; a passagem refere-se diretamente a Cristo (homem enquanto nascido de Maria, Oriente enquanto luz verdadeira e sol de justiça). A recorrência de "Oriente" permite em seguida a Dídimo atribuir o mesmo referente à outra profecia, Jr 23,5-6: "farei erguer-se para David um Oriente justo"; acrescentam-se assim outros textos em que ocorre "fazer erguer-se" — em particular Ez 34,23, que permite a transição ao motivo do bom pastor — e "erguer-se", em primeiro lugar a clássica profecia messiânica de Is 11,10. Mas, tendo assegurado a interpretação cristológica, Dídimo pode voltar a partir de "Oriente" em outra direção, por meio de Lc 1,78 (o Oriente que vem visitar os que estavam nas trevas e na sombra da morte), para encaixar uma interpretação espiritual relativa à passagem dos homens das trevas à luz (51). Ou, paralelamente, partir novamente de "de debaixo dele se erguerá" para um desenvolvimento simultaneamente eclesiológico e ético: a Igreja, submissa a Cristo, cresce como planta portadora de frutos de salvação, isto é, de obras justas (54-57). E seguem-se imediatamente outras possíveis interpretações das mesmas frases. Enfim, "construirá a casa do Senhor" refere-se à construção da Igreja em triplo modo: da parte do Verbo encarnado, da parte dos homens a ele sujeitos, da parte dos inimigos que o Cristo porá sob os pés (60); e o tratamento do versículo de Zacarias se fecha de novo sobre uma parênese relativa ao exercício das virtudes (62-63). Aqui se organizam, pois, mediante uma série de evocações lexicais, muitas séries de textos, das quais uma, a que funda a interpretação cristológica, sustém as demais. Se o exemplo aqui aduzido parte do nível da profecia cristológica, outros casos levam em conta o significado da profecia para o tempo de Zacarias: assim Zc 3,3-5 é interpretado primeiro literalmente (*pros rhêton, pros tên rhêtên diêgêsin*) com referência ao sumo sacerdote Josué, mas em seguida se precisa que se deve ver também o sentido espiritual (*pros dianoian*) relativo a Jesus, sumo sacerdote que toma para si os trajes imundos, os pecados da humanidade; isso permite ulteriores desdobramentos morais (I, 207-224).

No *Comentário aos Salmos*, a exegese cristológica é dominante, em conformidade com a tradição interpretativa cristã. Todavia, ela não se situa sempre no plano da interpretação espiritual. Basta referir-se aos dois primeiros salmos cujo comentário ainda existe. O rei protagonista do Sl 20 é "segundo a letra (*kath'historian*) David, segundo o sentido transladado (*kata anagôgên*) o homem nascido de Maria, segundo sua imitação e seu séquito (*kata mimêsin kai akalouthian autou*) [dissemos] que também seus imitadores são rei" (7,16-18). O primeiro nível alegórico, o salmo entendido como profecia da vida terrena de Jesus, é que permite sua ulterior aplicação espiritual aos crentes. O Sl 21, por sua vez, era diretamente aplicado à Paixão de Cristo desde os evangelhos, e este é entendido por Dídimo como o sentido literal. Mas, esclarece ele, é preciso ir além disso. Assim, por exemplo, aos vv. 18a.19 ("contaram todos os meus ossos", "repartiram-se as minhas vestes"), convém a interpretação literal, na medida em que se trata de eventos da Paixão, mas é necessário passar à interpretação espiritual, para a qual os ossos são as interpretações elevadas do corpo do Salvador que é a Escritura, e assim por diante (39,9-40,4). Mas também é abundante, nesse comentário, a exegese moral, fácil de se extrair das próprias atitudes do salmista diante de Deus.

Já se mencionou a importância da exegese moralizante no *Comentário a Eclesiastes*. Também a interpretação do livro de *Jó* é em grande parte de tipo moral. A história de Jó, tomada em seu sentido imediato, é modelo para a atitude que o homem deve ter: "o livro aqui proposto, muito útil, tem um sentido que não deve ser desprezado; de fato, nele Jó levanta toda a questão dos juízos de Deus e mostra como nenhuma das desgraças que atingem os homens ocorre sem o consentimento de Deus, e outras considerações fundamentais, já no prólogo, acerca da paciência e do desprezo das coisas indiferentes [nem boas nem más] — falo das riquezas, dos bens, da prole numerosa e boa —, e além disso também a demonstração do livre-arbítrio" etc. (1,5-20). Pelo menos uma interpretação alegórica, porém, é aqui de primeira importância, a de Jó 3,3: "maldito o dia em que fui gerado". Dídimo afirma que a letra não faz sentido, e desenvolve uma interpretação "segundo as leis da alegoria", relativa à preexistência das almas e à sua queda nos corpos depois do pecado (*Com. Jó* 56, 11-58, 16). Esta passagem forneceu pela primeira vez a prova de que Dídimo compartilhava esta doutrina origeniana tão fortemente contestada. No conjunto, a exegese de Dídimo herda de Orígenes a sensibilidade, a técnica, uma quantidade de símbolos, mas — diante do grande predecessor — é mais linear, bem menos genial e profunda. A aplicação moral tende, em Dídimo, a tomar a dianteira (excelentes comparações entre os dois são empreendidas por E. Prinzivalli).

b) Obras dogmáticas

Dos tratados dogmáticos de Dídimo resta, em tradução latina, a obra *Sobre o Espírito Santo*.

Ela se insere na controvérsia sobre a terceira pessoa da Trindade, que viera integrar as controvérsias cristológicas a partir de meados do século IV. Anteriormente, se a fórmula batismal (cf. Mt 28,19) e a confissão de fé, a ela conexa, asseguravam ao Espírito Santo um lugar junto ao Pai e ao Filho, a reflexão teológica a respeito dele permanecera nitidamente em segundo plano em relação àquela sobre as relações entre Pai e Filho, em torno das quais nos primeiros séculos cristãos giravam as temáticas cosmológicas e soteriológicas. Se as Escrituras autorizavam atribuir ao Espírito a inspiração profética, ele podia muito bem aparecer nessa perspectiva como entidade dotada de subsistência própria (isto é, como hipóstase, segundo a linguagem imposta no Oriente a partir do século III). A primeira reflexão orgânica foi tentada por Orígenes nos *Princípios* (cf. vol. I, p. 382) e em outros livros, e tende a descrever o Espírito como criado pelo Pai mediante o Filho, concepção que teria sido retomada de maneira mais nítida pelo origenista Eusébio de Cesaréia. Foi, porém, a partir de mais ou menos 360 que se constituiu um partido que negava decididamente a divindade do Espírito Santo. As fontes os designam como pneumatômacos ("que combatem o Espírito") e, mais tarde, macedonianos, nome que parece ter indicado em princípio um ramo dos homeusianos (partidários, no âmbito das controvérsias arianas, da idéia de que o Filho é de substância semelhante, *homoiousios*, ao Pai), "especializando-se" em seguida como designação dos pneumatômacos. Embora essa tendência pareça ter-se desenvolvido na Ásia Menor, já em 360 as *Cartas a Serapião* de Atanásio de Alexandria (cf. aqui, pp. 68-69) combatem um grupo de adversários da divindade do Espírito Santo, ativo no Egito, que Atanásio denomina *tropikoi*. Também os arianos logo se inseriram no debate, afirmando naturalmente a criaturalidade do Espírito. As *Cartas a Serapião* de Atanásio constituíram a base da argumentação ortodoxa, que defendeu a perfeita paridade do Espírito com o Pai, como já fizera com o Filho. Dessas cartas parece depender — embora a coisa tenha sido contestada — o tratado de Dídimo.

Perdida no original grego, a obra se conservou íntegra na tradução latina realizada por Jerônimo, sob exortação do papa Dâmaso, a partir de 384 (Jerônimo, prólogo à tradução e *Carta* 36 a Dâmaso), e foi terminada antes da composição do tratado *Sobre os homens ilustres* de 392. Parece que Jerônimo modificou em parte a terminologia de Dídimo. Este declara (2) ter escrito sob premente solicitação dos irmãos, para confutar alguns que "vão proclamando sobre o Espírito Santo coisas que nem se lêem nas Escrituras nem se acham em nenhum dos antigos [autores] eclesiásticos". As posições deles, como resulta do corpo da obra (27: assimilação do Espírito aos anjos; 61.65: o Espírito como criatura; 97: o Espírito privado de subsistência própria; etc.), são as dos pneumatômacos, mas Dídimo nunca os define desse modo; aliás, o único herege que menciona com precisão é Sabélio (161). Quanto à data, o tratado é decerto anterior a 381, ano em que é utilizado por Ambrósio em seu tratado sobre o Espírito (ver adiante, p. 343).

A divisão em três livros oferecida por algumas velhas edições (também em PG) é arbitrária. L. Doutreleau distingue, depois de uma introdução (1-9), duas grandes partes, dedicadas respectivamente à natureza e à atividade do Espírito (10-131) e à análise de algumas passagens escriturísticas (132-230). Seguem-se algumas considerações complementares (231-271) e uma conclusão (272-277). Antes de se ocupar do Espírito em suas relações intratrinitárias, Dídimo toma-o em consideração em sua relação com os seres humanos, como o dom divino por excelência. De resto, é nesse plano que podia mais diretamente utilizar os testemunhos bíblicos. Dídimo tem o cuidado de precisar que o Espírito se distingue dos anjos (25-28): embora estes sejam espíritos e chamados santos pela Escritura, sua santidade deriva de uma participação na Trindade, a qual é portanto de substância diferente da deles. O Espírito preenche todas as criaturas com a plenitude dos dons divinos, mas justamente por isso é diferente delas, não é criado (29-64). Aos adversários que se aproveitam da citação de Am 4,13 — "eu crio o espírito" —, Dídimo opõe que essa passagem não diz respeito ao Espírito Santo, mas ao sopro do vento (65-73). Dídimo se aplica em seguida a demonstrar a "não-diferença" (*indifferentia*: 74.87.100) do Espírito em relação ao Pai e ao Filho: já que quem comunga do Espírito comunga também do Pai e do Filho, idêntica é a operação dos três e, portanto, una a sua substância (80-81); e análoga conclusão se tira da unidade de vontade, de potência, de sabedoria (85-94). As operações do Espírito, realizadas em perfeita comunhão com o Pai e o Filho, confirmam a unidade de substância e a natureza incriada do Espírito (96-109).

Menos nítidos, a respeito da sistematização posterior da doutrina da "processão" do Espírito do Pai e do Filho, resultam os enunciados de Dídimo sobre a origem do Espírito: este, como o Filho, "sai" (*exeo, egredior*) do Pai, mas há diferença, na medida em que o Filho goza de uma particular *familiaritas* com o Pai (115). Por outro lado, Pai e Filho são responsáveis, juntos, pelo envio do Espírito (117). Filho e Espírito são ambos enviados, mas com operações (não naturezas) diferentes: o Espírito consola (enquanto Paráclito) e inspira os profetas (121-129). Conclusão: ao Espírito cabem os nomes de Senhor e Deus (130-131). Os capítulos 132-230 discutem quatro textos bíblicos: Jo 15,26; Jo 16,12-15; Rm 8,4-17; Is 63,7-12. Eles permitem voltar tanto às relações entre Filho e Espírito como aos efeitos do Espírito nos crentes. Entre as reflexões finais, são lembradas aquelas sobre os diversos sentidos do termo "espírito" na Bíblia (237-253), porque — nas pegadas de Atanásio, *Cartas a Serapião* 1 — respondem a uma questão preliminar e necessária (implícita na discussão de Am 4,13, esta também já desenvolvida por Atanásio): entre os textos bíblicos que mencionam o espírito, quais podem ser utilizados para fundamentar a doutrina sobre o Espírito Santo? Recorrendo à doutrina (aristotélica) dos *homonyma* (entidades de substância diferente que têm o mesmo nome), Dídimo identifica — e separa dos textos sobre o Espírito — uma série de acepções de *pneuma*: vento, alma, espírito humano, seres espirituais bons ou maus, a vontade humana, a inteligência espiritual das Escrituras... No conjunto, o tratado de Dídimo não tem o acume filosófico posto em ação no mesmo período pelos capadócios — e sobre este tema em particular por Basílio de Cesaréia — para aperfeiçoar noções essenciais como as de processão, natureza e substância; fundamentalmente exegeta, Dídimo atém-se ao dado escriturístico, que todavia sabe aproveitar a fundo. Este tipo de abordagem — sobretudo em referência ao evangelho de João — lhe permite, ademais, dedicar atenção particular às operações do Espírito, à sua presença na vida e na atividade do crente.

João Damasceno cita nos *Sacra Parallela* (PG 95, 1532 A) um pequeno fragmento tirado de uma obra de Dídimo, *Contra os maniqueístas* (cujo dualismo previa a existência de uma substância naturalmente má, contraposta a Deus). Este escrito (ou parte dele, ou uma forma sua abreviada) é transmitido por um manuscrito do século IX (na edição atualmente em uso, a de Galland, reproduzida em PG 39, 1085-1110, os primeiros dois capítulos são interpolações). O tratado, que não nomeia os maniqueístas, combate sobretudo interpretações dualistas de Paulo, baseadas em particular nas expressões "carne de pecado" (Rm 8,3) e "corpo de pecado" (Rm 6,6), e a conseqüente condenação do matrimônio. Nega a existência de uma substância má, oposta a Deus; este criou o diabo como ser animado racional, querendo que fosse bom, e foi por meio de seu livre-arbítrio que ele escolheu o mal. Deus não criou substâncias más; a acusação de Jesus aos judeus de serem filhos do diabo (Jo 8,39-44) não pode ser interpretada no sentido de serem maus por natureza, mas de terem realizado uma escolha análoga à do diabo.

Em 1758 o cônego Giovanni Luigi Mingarelli descobriu na biblioteca romana do cardeal Passionei, num manuscrito do século XI (hoje na biblioteca Angelica), um longo tratado em três livros sobre a Trindade, mutilado no início (os primeiros seis capítulos) e no fim (e, portanto, anônimo) e com relevantes lacunas internas. Seu irmão Federico, em 1764, e depois ele próprio, no prefácio à edição do texto em 1769, atribuíram a obra a Dídimo, sobretudo porque o historiador Sócrates (mas não as fontes precedentes sobre Dídimo) atesta que Dídimo compusera três livros *Sobre a Trindade* (*História eclesiástica* IV, 25); e porque em duas passagens do terceiro livro (III, 16.31) o autor do tratado anônimo remete a uma dissertação (*logos*) sua anterior sobre o Espírito Santo, identificada com a obra de Dídimo. A argumentação foi aceita por longo tempo, e o tratado foi utilizado para estudar a teologia de Dídimo; mas a descoberta de Tura provocou a reabertura da questão, a partir de um artigo de L. Doutreleau de 1957, que insistia nas diferenças entre as interpretações de Zc 3,8–4,10 no *Sobre a Trindade* (II, 14) e no *Comentário sobre Zacarias* de Tura (54,9–75,15). No debate posterior, foram adotados argumentos ulteriores contra a autenticidade, e se mostrou, entre outras coisas, que as remissões ao precedente *logos* sobre o Espírito Santo dizem respeito ao segundo livro de *Sobre a Trindade*. Por sua parte, Doutreleau voltou à atribuição a Dídimo, enquanto outros seguiram o caminho inverso. A questão, portanto, não está resolvida. Espera-se ainda um detalhado confronto entre o *Sobre a Trindade* e os escritos de Tura. Quanto ao conteúdo, a obra é sobretudo uma discussão de textos bíblicos em função anti-herética: como alvo aparecem sobretudo os anomeus (arianos radicais), os montanistas e os macedonianos. O primeiro livro defende a identidade de natureza do Filho com o Pai; o segundo, a natureza divina do Espírito Santo; o terceiro, após uma síntese da argumentação precedente, examina uma série de textos bíblicos adotados pelos adversários em prol de suas teses. O tratado é posterior a 1º de janeiro de 379, data da morte de Basílio, mencionado em 3, 22 como "um dos Padres que estão entre os santos".

Outros tratados de Dídimo estão perdidos. Jerônimo (*Os homens ilustres*, 109) menciona um *De dogmatibus* (os *dogmata* são provavelmente as opiniões dos adversários confutados), que talvez se deva identificar com o *Dogmatum volumen* mencionado no *Sobre o Espírito Santo* 145, em que Dídimo demonstrava que o Espírito é criador; impossível dizer se também se identifica com o *Sectarum volumen* mencionado em *Sobre o Espírito Santo* 19 e 93, que também continha elaborações sobre a divindade do Espírito. Jerônimo cita ainda dois livros *Contra os arianos* (conforme alguns, continuação do título precedente), que segundo alguns estudiosos deveriam identificar-se com os livros IV e V do *Contra Eunômio* de Basílio de Cesaréia, que em todo caso não pertenciam à mesma obra dos três anteriores (cf. aqui, p. 122). Na *Apologia contra Rufino* III, 28, Jerônimo afirma que, a pedido de Rufino, Dídimo compusera um livro sobre a questão *Por que morrem as crianças pequenas?*, no qual teria sustentado que, já que os pequenos não pecaram muito, é para eles pena suficiente terem tocado de leve a prisão do corpo. Além de *Contra os maniqueístas*, João Damasceno menciona duas outras obras de Dídimo: *A um filósofo*, da qual nada se sabe; *Sobre o incorpóreo*, da qual cita dois fragmentos. De outros escritos só conhecemos os títulos: *Sobre a alma*; *Sobre a fé*; *Sobre as virtudes*; *Sobre o Filho* (os dois últimos citados no III livro do *Comentário a Zacarias*). A transcrição de um *Diálogo entre Dídimo e um herege* foi encontrada em Tura. Enfim, um fragmento de um *Discurso sobre a teofania* foi identificado, em tradução latina, num lecionário para a Epifania e publicado em 1963. Já não são compartilhadas hoje em dia as propostas de atribuição a Dídimo de outros escritos: *Contra Ário e Sabélio*, transmitido entre as obras de Gregório de Nissa; *Tratado sobre a visão dos serafins* (sobre Is 6), transmitido em versão latina entre os escritos de Jerônimo; *Confutação de um montanista da parte de um ortodoxo* (que constituiu talvez uma fonte do III livro *Sobre a Trindade*); sete diálogos transmitidos sob o nome de Atanásio, que decerto remontam a autores diferentes e são dirigidos contra diferentes heresias (cf. para essas obras a síntese de Bienert, pp. 10-16).

Estilisticamente, Dídimo é um tanto opaco, prolixo, monótono, dado a digressões. Esse juízo, porém, é diferenciado segundo as diversas obras. Dos textos de Tura, os comentários a Gênesis, Zacarias e Jó, evidentemente destinados a um público amplo, são estilisticamente mais refinados; os comentários aos Salmos e a Eclesiastes são notas de aula para uso interno da escola. Esses dois representam, pois, documentos únicos, na medida em que restituem com imediatez o ensinamento da escola de Alexandria; único é também o fato de os estenógrafos terem reproduzido as perguntas e observações dos alunos. Por outro lado, o tratado teológico sobre o Espírito Santo documenta certa capacidade de composição por parte de seu autor.

Bibliografia. Em PG 39 se acham as obras conhecidas antes das descobertas de Tura. Do *Sobre o Espírito Santo* ed. crítica de L. Doutreleau, *Didyme l'Aveugle. Traité du Saint-Esprit* (SChr 386), Cerf, Paris 1992. Obras exegéticas encontradas em Tura: L. Doutreleau, *Didyme l'Aveugle. Sur Zacharie*, 3 vols. (SChr 83-85), Cerf, Paris 1962 (com importante intr.). P. Nautin, *Didyme l'Aveugle. Sur la Genèse*, 2 vols. (SChr 233; 244), Cerf, Paris 1976-1978. Na coleção Papyrologische Texte und Abhandlungen (R. Habelt, Bonn): *Kommentar zur Hiob (Tura-Papyrus)* ed. por A. Henrichs, U. e D. Hagedorn, L. Koenen, até agora 4 vols. (PTA 1; 2; 3; 33/1), 1968 ss; *Psalmenkommentar (Tura-Papyrus)*, ed. de L. Doutreleau, A. Gesché, M. Gronewald, 4 vols. em 5 (um de supl. ao vol. IV) (PTA 4; 6; 7; 8; 12; 34), 1969-1985; *Kommentar zum Ecclesiastes (Tura-Papyrus)*, ed. de G. Binder, L. Liesenborghs, M. Gronewald, J. Kramer, B. Krebber, 6 vols. em 7 (PTA 9; 13; 16; 22; 24; 25; 26), 1969-1983. *Kommentar zum Johannes-Evangelium; Protokoll eines Dialogs zwischen Didymos dem Blinden und einem Ketzer*, ambos ed. por B. Kramer em PTA 34, 1985. Para as edições dos fragmentos exegéticos, ver as indicações em CPG II, n. 2546-2564; para aqueles sobre os Salmos: E. Mühlenberg, *Psalmenkommentare aus der Katenenüberlieferung* I-II, de Gruyter, Berlin; New York 1975-1977. Nova ed. do *Sobre a Trindade: Didymus der Blinde. De Trinitate* I (ed. e tr. de J. Hönscheid); II (I. Seiler), Hain, Meisenheim an Glan 1975.
– Estudos: G. Bardy, *Didyme l'Aveugle*, Institut catholique, Paris 1910; W. A. Bienert, *"Allegoria" und "anagoge" bei Didymos dem Blinden von Alexandria*, de Gruyter, Berlin; New York 1972; J. Tigcheler, *Didyme l'Aveugle et l'exégèse allégorique. Etude sémantique de quelques termes exégétiques importants de son commentaire sur Zacharie*, Dekker op van de Vegt, Nijmengen 1977; M. Simonetti, *Didymiana*, in VetChr 21 (1984) 129-155; id., *Lettera e/o allegoria. Un contributo alla storia dell'esegesi patristica*, Augustinianum, Roma 1985, pp. 208-216; E. Prinzivalli, *Didimo il Cieco e l'interpretazione dei Salmi*, Japadre, L'Aquila-Roma 1988.

Capítulo IV

Os padres capadócios

Com os capadócios — Basílio, Gregório de Nazianzo, Gregório de Nissa, junto aos quais se inscreve uma personalidade de notável importância, como Evágrio Pôntico, e outra, certamente menos relevante, como Anfilóquio de Icônio — encontramo-nos, por um feliz acaso da história da cultura cristã, diante de um núcleo de teólogos e de guias da Igreja do Oriente compacto e homogêneo, porque composto de pessoas não somente ligadas por vínculos de amizade entre si, mas unidas, apesar das diferenças individuais, nas intenções, quais sejam: a organização da Igreja, uma exata definição do dogma trinitário, que conseguiram sancionar mediante uma decisão conciliar influenciada em diversos aspectos por elas mesmas (no concílio de Constantinopla, de 381), a difusão e a prática da vida monástica. Pessoas unidas também por sua formação cultural, uniforme em todas elas. O mais autorizado desses indivíduos, Basílio, foi reconhecido pelos outros como o mestre comum, tanto em vida como depois de morto, sem que nenhum experimentasse invejas e hipocrisias, ainda que ele tenha suscitado alguns ressentimentos por certas asperezas de seu caráter. Basílio traçou para os amigos as linhas da doutrina trinitária e da ascese, mas é preciso de todo modo reconhecer que também os dois Gregórios deram, cada um por conta própria, uma contribuição pessoal, e não foram meros repetidores das ideias de Basílio, embora a personalidade deles tivesse sido inconcebível sem a de seu mestre.

115

1. Civilização e cultura da Capadócia

A Capadócia situava-se no interior da Ásia Menor, e portanto um pouco fora de mão das cidades costeiras do Egeu e do Mediterrâneo — nas quais florescia havia séculos a civilização grega e, em seguida, a cultura cristã —, mas não o bastante para ficar isolada da capital (a estrada que levava de Constantinopla a Antioquia passava justamente por aquela região). Para os dois Gregórios — embora tivessem sido bispos titulares de pequenas cidades daquela zona, como Nazianzo e Nissa, das quais tiraram o sobrenome —, residir em Constantinopla ou ter também contatos com Alexandria do Egito não foi um problema. E Basílio, embora nunca tenha estado na capital do império, tendo sido primeiro presbítero e depois bispo em Cesaréia, certamente sabia o que acontecia em Constantinopla, ou, de todo modo, fora da Capadócia. A região fora cristianizada bem recentemente, na segunda metade do século III. Seu missionário fora Gregório, o Taumaturgo, discípulo de Orígenes, e originário justamente daquela região (nascera em Neocesaréia, na província vizinha do Ponto) (cf. vol. I, pp. 414ss). Nele os capadócios do século IV viram um antigo mestre, exatamente porque levara o cristianismo a suas famílias. Gregório de Nissa pronuncia-lhe um encômio. Às vezes os capadócios, mesmo que sem nomeá-lo, aludem a certas doutrinas suas. Talvez tenha sido por meio da tradição oral que remontava ao ensinamento do Taumaturgo que os Padres capadócios puderam conhecer Orígenes, o qual influiu de modo determinante na formação teológica deles, embora não se possa excluir, naturalmente, que tivessem conhecido Orígenes simplesmente porque aquele grande mestre era famoso no Oriente havia muito tempo.

2. Basílio de Ancira

Mas, poucos anos antes de emergirem na Capadócia as grandes personalidades de Basílio e seus amigos, a cultura cristã teve um válido representante em Basílio, bispo de Ancira, da vizinha região da Galácia, que Basílio de Cesaréia quase seguramente conheceu. Basílio de Ancira, de fato, gozou de uma fama notável no curso das lutas contra o arianismo durante o decênio entre 350 e 360, período em que ocorre a formação religiosa dos capadócios, e não se deve excluir que estes tenham tomado conhecimento também da posição doutrinal que Basílio de Ancira e os seus assumiram no seio da variada frente antiariana.

Para resumir em poucas palavras uma questão bastante complexa, Basílio de Ancira foi o animador de um movimento que se costuma definir como "homeusiano", de acordo com o qual o Filho era "semelhante ao Pai segundo a substância": tal posição não era identificável com a dos nicenos, por causa da ambigüidade do termo "semelhante" e do modo diferente de entender o termo "substância". Essa ambigüidade foi observada por escritores como Atanásio e Hilário de Poitiers, que eram, sim, convictos seguidores do consubstancial, mas captaram na posição dos homeusianos um elemento positivo, uma resoluta rejeição da doutrina segundo a qual a natureza do Filho teria sido "criada", e entreviram a possibilidade de chegar a um acordo com os homeusianos contra o resto da frente ariana e contra os modalistas de Marcelo de Ancira (cf. pp. 80-81). Os homeusianos definiram esta sua identidade como grupo próprio por ocasião do concílio de Ancira de 358.

Os capadócios, que se dedicaram às controvérsias trinitárias a partir de 360, assumiram diante do consubstancial de Nicéia uma atitude de resoluto apoio, mas certamente sentiram a necessidade de melhor definir o significado do termo, levando em conta as discussões surgidas depois de 325. Em conclusão, mesmo que não se possa obter a certeza absoluta nesse campo, não se deve excluir que a fé nicena dos capadócios, em muitos aspectos diferente da de Atanásio, possa ter sido ajudada a atingir sua maturação pelo ensinamento de Basílio de Ancira e dos homeusianos.

Basílio fora nomeado bispo por Marcelo de Ancira, que foi deposto no sínodo de Constantinopla de 336. Antes exercia a profissão de médico e de retor. Fortes oposições lhe impediram tomar posse de sua cátedra antes de 347. Teve grande atuação no sínodo de Esmirna de 351, que condenou o modalista Fotino (pp. 81-82), e sua autoridade cresceu, no tocante às discussões teológicas, na década seguinte, enquanto chefe reconhecido dos homeusianos. Mas no sínodo de Constantinopla de 360 o partido dos homeus, apoiado pelo imperador, tomou a dianteira e depôs Basílio, junto com Eustáquio de Sebástia (que voltaremos a encontrar em breve) e Eleûsio de Cízico. Basílio morreu no exílio depois de 364. Infelizmente, não possuímos nenhum documento escrito de seu pensamento teológico ("escreveu um livro contra Marcelo e um sobre a virgindade e outras coisas", diz a seu respeito Jerônimo, *Os homens ilustres*, 89). Os estudiosos modernos lhe atribuíram uma obra *Sobre a virgindade*, que nos chegou como obra de Basílio de Cesaréia mas seguramente não pertence a este. O aspecto insólito desta obra (tão insólito que fez pensar justamente na atividade primeira de Basílio de Ancira, que fora médico, como se disse) é constituído pelo interesse do escritor nos resultados higiênicos e médicos que a abstinência sexual proporciona, aspectos, portanto, de caráter concreto, considerados igualmente válidos, ao lado dos tradicionais motivos espirituais. Investigações posteriores encontraram uma influência de Basílio de Ancira na obra *A virgindade*, de Gregório de Nissa (cf., mais adiante, p. 130).

Bibliografia. Textos: PG 30, 669-809.

3. Os capadócios

a) Na Capadócia, em Atenas, no ermo

Mas é importante e insólito ao mesmo tempo (e terá uma incidência decisiva justamente em sua formação cultural) o fato de Basílio e Gregório de Nazianzo terem estudado em Atenas, que no século IV ainda era uma cidade pagã, dada a tenaz persistência — em suas escolas e no seio da população — das antigas tradições. Não por outro motivo, aliás, também estudou em Atenas o futuro imperador apóstata, que tentou restaurar o paganismo: os dois estudantes cristãos, provenientes da Capadócia, encontraram ali o jovem Juliano, parente do imperador Constâncio, que já então ocultava — sob a adesão formal ao cristianismo, no qual sua família o inserira à força, batizando-o — o desejo de tornar ao culto dos ancestrais, e deixava transparecer por seu caráter estranho e bizarro (assim o descreve Gregório Nazianzeno) o íntimo contraste de uma consciência inquieta.

A possibilidade de dar aos filhos uma educação tão esmerada, enviando-os para fora da pátria (Gregório de Nazianzo também esteve em Alexandria do Egito), só era permitida pelo fato de as famílias terem grandes facilidades econômicas. A de Basílio e Gregório, futuro bispo de Nissa, era de antiga tradição cristã; os avós tinham sofrido a perseguição sob o imperador Galério (306-313), mas depois tinham recuperado sua prosperidade econômica; a família do outro Gregório também possuía propriedades fundiárias em Arianzo, na Capadócia. O mais antigo foi este Gregório, que nasceu provavelmente em 329, Basílio pouco depois, em 330; dez anos mais jovem era o irmão de Basílio, o já nomeado Gregório de Nissa. O pai de Gregório Nazianzeno, Gregório, o Velho, fora seguidor de uma seita pouco conhecida, que unia judaísmo e paganismo, a dos "Hipsistários" ou "Hipsistianos", seguidores do Altíssimo (*Hypsistos*); teria sido convertido à ortodoxia graças à influência que sobre ele teve a mulher, chamada Nona.

Também são famosas as mulheres na família de Basílio e de Gregório de Nissa, que delas fala com admiração: Emélia, a mãe, que cuidou do sustento da família depois da morte do marido, dedicando-se em seguida à ascese, à caridade e à proteção dos pobres, e Macrina, a irmã mais velha, que se preocupou com energia e rigor da educação cristã dos irmãos, e da qual Gregório deixou uma biografia e palavras comovidas de encômio. Estas notícias biográficas tão detalhadas, relativas também à sua família e à primeira infância, chegaram até nós porque os Padres capadócios têm forte inclinação a falar de si mesmos, escreveram todos um epistolário, que não é consagrado exclusivamente aos problemas da Igreja, mas também à manifestação dos próprios sentimentos. Além disso, a primeira biografia de Basílio foi escrita exatamente por Gregório Nazianzeno, em seu *Encômio de Basílio* (n. 43 da compilação das *Homilias*); contém inúmeras notícias autênticas, e é importante porque nos fornece não só os fatos, mas freqüentemente também interpretações pessoais desses fatos.

Precedentemente todos haviam freqüentado as escolas de Cesaréia da Capadócia, num primeiro tempo, e depois Basílio a de Constantinopla (segundo alguns testemunhos, porém duvidosos, o mesmo Basílio teria sido aluno também do retor Libânio, em Antioquia). O pai de Basílio e Gregório era um retor bastante renomado e fazia questão de dar aos filhos uma instrução análoga. Em seguida, Basílio fora para Atenas, onde Gregório de Nazianzo — depois de ter estudado em Alexandria do Egito, como foi dito — se juntou a ele. Ter freqüentado as escolas de retórica e, em Atenas, também as de filosofia influiu inicialmente no caráter de Basílio, que teria desejado dedicar-se à retórica, mas foi dissuadido (ou impedido) por Macrina. A mesma mulher enérgica posteriormente convenceu também o irmão Gregório, futuro bispo de Nissa, a abandonar o ensino retórico, ao qual se havia dedicado com paixão por alguns anos, permanecendo na Capadócia, e sobretudo a voltar-se para a ascese. De todo modo, uma experiência de tipo retórico foi comum aos três capadócios, os quais, embora se afastando com maior ou menor dificuldade da prática ativa, conservaram sua formação retórica na estrutura do pensar e do escrever.

Entre os destinatários de suas cartas aparece também Libânio, de quem se falou acima, mas que não tem um papel de destaque na vida dos capadócios, para quem ele é mais um "conhecido" que um amigo. Os dois anos passados juntos em Atenas (354-355: mas Basílio, ao que parece, já estava lá desde 352), onde seguiram o ensinamento da retórica de Himério e Proerésio (pagão o primeiro, cristão o segundo), uniram numa amizade ainda mais estreita Basílio e Gregório. Basílio, regressando à pátria, ini-

119

cialmente se dedicou ao ensino da retórica, mas por breve tempo; batizou-se ainda jovem, apesar do hábito, comum então, de retardar o batismo, converteu-se à vida monástica e percorreu longamente o Oriente (Egito, Palestina e Síria) para entrar em contato com o eremitismo desses países. Uma "conversão" desse gênero era então freqüente: já não se tratava da conversão do paganismo ao cristianismo, mas da conversão do cristianismo de todos, o mais superficial, ao mais autêntico, que os capadócios chamaram "a verdadeira filosofia", isto é, a vida eremítica. Basílio quis conhecer pessoalmente a realidade do eremitismo oriental, que ele não quis imitar, como veremos adiante. De fato, após ter voltado à pátria em 358 e ter participado em março desse ano do concílio de Ancira, Basílio — provavelmente seguindo o ensinamento do amigo mais velho e autorizado, Eustáquio, então bispo de Sebástia na Armênia, propagador do ascetismo e bem conhecido na Capadócia — quis pôr em prática um tipo de vida eremítica especificamente seu, e chamou a vivê-la também Gregório de Nazianzo, que permanecera em Atenas por mais tempo, até perto de 357.

Desse Eustáquio é preciso falar um pouco mais, dada a importância que parece ter tido na formação ascética de Basílio e seus amigos. Alguns anos antes, em 340, se realizara em Gangra, na Paflagônia, um concílio que condenara algumas manifestações de entusiasmo ascético de tipo popular, por causa de seu extremismo. Eustáquio, bispo de Sebástia já desde 325 e uma das autoridades reconhecidas desse ascetismo, continuara — apesar da condenação do concílio de Gangra — a gozar da admiração e da estima de muitos, entre os quais os componentes da família de Basílio. Conservando a dignidade de bispo, mostrara ser um moderado no seio daquele movimento. Acrescente-se o fato de Eustáquio, seguidor do credo homeusiano, ter participado de alguns concílios entre 355 e 360, e por isso será deposto pelo concílio de Constantinopla de 360 e restituído à sua sé por Juliano, o Apóstata. Sua presença na vida e no pensamento de Basílio será forte, até o momento em que ocorrerá entre os dois uma ruptura, em razão de questões de caráter dogmático (cf. adiante pp. 142-143).

Gregório Nazianzeno aceitou de bom grado o convite do amigo. De fato, ele também sentia o fascínio da ascese e do eremitismo. Em 358 ambos foram morar nas florestas solitárias do Ponto, nas propriedades que Basílio tinha em Anesi, perto do rio Íris, num local esplêndido e selvagem, como o descreveu mais tarde o próprio Gregório. Também um irmão de Basílio, Naucrácio, já havia escolhido o mesmo gênero de vida, praticando a ascese e a assistência dos pobres, mas fora morto por um animal selvagem.

Mas na solidão, diferentemente do que costumavam fazer os eremitas no deserto, eles não permaneceram ociosos, nem se dedicaram exclusivamente à oração. Como literatos e teólogos cristãos em formação, prepararam juntos a *Filocalia*, uma "antologia" das doutrinas mais importantes e, sobretudo, seguramente ortodoxas, de Orígenes. A vida eremítica, levada do modo como se descreveu — na oração junto com o estudo —, permaneceu sempre o ideal de Basílio, que lhe deu depois plena e concreta execução em sua função de idealizador de uma regra e de moderador das comunidades monásticas fundadas por ele próprio. De igual modo, Gregório Nazianzeno ao longo de sua vida alternou a atividade prática com o retiro na solidão, que sempre preferiu. Este ideal também não será estranho ao bispo de Nissa, que o porá em prática sobretudo nos últimos anos de sua vida. Talvez também este Gregório, num primeiro tempo leitor de doutrina cristã e em seguida (depois de 364) professor de retórica pagã, tenha freqüentado essa "escola" de Basílio, onde adquiriu seu profundo conhecimento da Escritura, de Fílon e de Orígenes.

No que diz respeito, pois, à *Filocalia*, essa obra, além de possuir uma importância notável porque nos permite conhecer, ainda que em breves excertos, o texto autêntico (não-traduzido em latim) de obras perdidas de Orígenes (por exemplo, aquela sobre *Os princípios*), é significativa pelo interesse com que Basílio e Gregório (mas decerto também o outro capadócio, como nos fazem ver suas obras) recorriam às obras de Orígenes, interesse que será amplamente confirmado pelas doutrinas deles próprios. Para um julgamento diferente da *Filocalia*, cf. também vol. I, pp. 407).

Bibliografia. Uma boa apresentação dos primeiros anos da vida dos capadócios nos é dada por M. Aubineau, em SChr 119, 1966 (Grégoire de Nysse, *Traité de la virginité*, pp. 29-82); P. Gallay, *Vie de Saint Grégoire de Nazianze*, E. Vitte, Lyon-Paris 1943.

b) Os inícios da teologia de Basílio: o *Contra Eunômio*

A preparação da *Filocalia* nos oferece um testemunho do estudo que Basílio, junto com Gregório, dedicara a Orígenes. A vida eremítica de Basílio e Gregório não durou muito. Em 360, Basílio foi convocado pelo bispo Diânio de Cesaréia (uma personalidade bastante medíocre) e enviado a Constantinopla para defender a reta doutrina junto com os homeusianos — já falamos do resultado malogrado do concílio. Morto Diânio em 362, seu sucessor, Eusébio, convenceu Basílio a deixar definitivamente seu retiro; consagrou-o sacerdote e o chamou para junto de si em Cesaréia, e sempre teve grande estima por ele, embora algumas discrepâncias ocorressem entre ambos, provavelmente porque a personalidade de Basílio era levada naturalmente a mandar lá também onde a prerrogativa cabia ao bispo.

A presença no concílio de Constantinopla de 360 atribui a Basílio, com apenas trinta anos de idade, um papel ativo na controvérsia ariana; sua formação doutrinal, de que ele lançou mão naquele conflito, foi provavelmente a que recebera dos homeusianos, como se mencionou acima. Em Constantinopla, portanto, os homeusianos foram derrotados. Basílio, todavia, não abandonou a luta e retomou a polêmica com os principais representantes do arianismo. Na ala extrema figurava o herege Eunômio, e Basílio escreveu contra ele sua primeira obra. Mas, antes de entrar abertamente num confronto com um dos mais aguerridos defensores da heresia, Basílio já começara a refletir sobre o problema, manifestando provisoriamente algumas considerações sobre a diferença entre "consubstancial" e "semelhante por natureza" em algumas cartas, escritas entre 361 e 363. O autor está disposto a aceitar a fé de Nicéia, desde que ela não produza uma queda no modalismo; emprega a fórmula "semelhante segundo a natureza", que justamente naqueles anos (em 363) é aceita pelo concílio de Antioquia. Para ter-se uma idéia desta primeiríssima fase do pensamento basiliano é útil recorrer também à correspondência entre Basílio e Apolinário de Laodicéia, então considerado entre os mais autorizados representantes do partido antiariano.

Bibliografia. Cf. M. Simonetti, *Genesi e sviluppo della dottrina trinitaria di Basilio di Cesarea*, in *Basilio di Cesarea. La sua età, la sua opera e il basilianesimo in Sicilia*, Atti del Congresso internazionale (Messina 3-6 XII 1979), Centro di Studi Umanistici 1983, pp. 169-197.

O *Contra Eunômio*, escrito muito provavelmente em torno de 364, é, portanto, uma obra da juventude de Basílio, mas revela uma maturidade e uma clareza de pensamento que fazem dele um dos pilares da doutrina que caracteriza a teologia dos capadócios, a da distinção entre uma substância e três hipóstases, doutrina retomada sem modificações substanciais, mas com aprofundamentos originais, pelos dois Gregórios. Segundo Gribomont, Basílio teria escrito esta obra em estreito contato com alguns bispos homeusianos seus amigos, acima de todos Eustáquio de Sebástia, que já vimos ter estimulado a propensão de Basílio ao monaquismo. Esta é a ocasião para considerar mais de perto a doutrina de Eunômio, que pode ser tido como um dos arianos mais radicais.

Eunômio também nascera na Capadócia, por volta de 335. Seguira na juventude o ensinamento do ariano extremista Aécio e em particular ficara deslumbrado com o uso da dialética que este introduzia nas discussões teológicas — o emprego da dialética por parte de Aécio e Eunômio será continuamente criticado por todos os capadócios. O duro ataque que Basílio dirigiu contra Eunômio dizia respeito à doutrina que qualifica o Filho como realidade criada. Eunômio introduzira uma novidade nas discussões teológicas da época, empregando os dois termos contrapostos de "não-geração" e "geração", "não-gerado" e "gerado", para designar respectivamente o Pai e o Filho. A novidade consistia em atribuir os dois termos às duas Pessoas divinas no sentido de eles indicarem especificamente a natureza delas, na medida em que os nomes, se ditos com propriedade, observava Eunômio, devem ser reveladores das coisas das quais são os nomes. Na doutrina de Eunômio as teses lingüísticas desempenham um papel incomum, que não se encontra não só no cristianismo, mas nem sequer na filosofia pagã, com a única exceção do neoplatonismo que — freqüentemente por causa da interpretação do *Crátilo* de Platão — era particularmente interessado na função que o nome possui na realidade existente. A grande importância do nome, como insubstituível instrumento que manifesta a realidade, deriva do fato de, segundo Eunômio, a descoberta do nome ser obra de Deus, que o teria ensinado aos homens; o nome constitui uma noção que tem uma força de natureza própria, não é a conseqüência de um pensamento humano, de um conceito que o homem formula segundo as circunstâncias.

Essas doutrinas estão contidas numa obra que Eunômio intitulou *Apologia*, na medida em que ela queria defender a posição sustentada por ele no concílio de Constantinopla. Naquele tribunal, Eunômio fora derrotado pelos homeus, tanto quanto Basílio e os homeusianos, mas sua eloqüência fora tão grande que recebera como prêmio (observaram Basílio e o Nisseno) a sé episcopal de Cízico. Contra a *Apologia* polemizou Basílio no *Contra Eunômio*. Por causa disso, o herege escreveu depois uma *Apologia da Apologia* como resposta; a essa segunda obra replicou, por fim, Gregório de Nissa, com seu *Contra Eunômio*. A *Apologia*, à diferença da obra dos demais hereges, chegou até nós porque foi conservada junto com a obra de Basílio. Eunômio também escreveu uma *Profissão de fé*, que foi combatida por Gregório de Nissa, como veremos adiante. Outros escritores que polemizaram com Eunômio foram Apolinário de Laodicéia e Dídimo (ao qual talvez devamos atribuir os livros que, como quarto e quinto, prosseguem o *Contra Eunômio* de Basílio, mas seguramente não pertenciam ao bispo de Cesaréia).

O *Contra Eunômio* é composto de três livros, dos quais os primeiros dois são dedicados à relação Pai-Filho; o terceiro, muito mais breve, é carente de uma verdadeira discussão teológica e se ocupa da divindade do Espírito. Essa estrutura responde ao estado da especulação ortodoxa acerca do problema da pneumatologia no final do século IV, ainda atrasada e não aprofundada. O "consubstancial" de Nicéia não é empregado como se fosse coisa óbvia, mas só poucas vezes se faz referência a ele (I, 20; II, 10.19) e sem que suscite uma atenta discussão, embora o escritor se oponha radicalmente à posição de Eunômio. Apesar de entender "substância" com um novo significado — o de "substância genérica" —, Basílio ainda não está certo se deva ou não empregar o termo correntemente. Mesmo a doutrina das três hipóstases está longe de ser desenvolvida, embora Basílio exponha com clareza a relação entre a substância divina, comum aos Três, e as propriedades individuantes (*idiomata*) significadas pelos nomes de "Pai" e de "Filho" (II, 4-5).

Para a doutrina que distingue uma substância das três hipóstases, não foram encontrados antecedentes precisos: ela parece ser afim a certas doutrinas platônicas contemporâneas (pensou-se em Porfírio) e em certo sentido tinha sido preparada por Orígenes, que pela primeira vez definira como "hipóstases" as Pessoas divinas e, mesmo não empregando de modo rigoroso a distinção entre substância e hipóstase, mantivera distintas entre si as hipóstases sem dar o passo perigoso de ver na geração do Filho algo que pudesse ocorrer "no tempo", isto é, algo de posterior à existência do Pai. Também Orígenes sustentara que a geração do Filho ocorria *ab aeterno*: se o Pai é pai, é-o *ab aeterno*, por isso também o Filho é eterno junto com o Pai. Basílio, portanto, evita acuradamente toda subordinação do Filho ao Pai, seja porque fora instruído por cinqüenta anos de controvérsia ariana, seja porque sozinho (ou junto com Gregório Nazianzeno) fora capaz, como nos mostra a *Filocalia*, de pôr de lado toda doutrina não-ortodoxa de Orígenes.

À heresia de Eunômio — segundo a qual o Pai, que é Deus, não pode ser conhecido — Basílio responde que Deus enquanto tal é desconhecido aos homens e que tampouco o termo "não-geração" serve para no-lo fazer conhecer; os nomes divinos nos representam apenas o modo de ser da Pessoa, ou suas relações, seja com as demais Pessoas, seja com os homens. De todo modo, uma forma de conhecimento nos é permitida porque podemos extraí-la das obras de Deus no mundo. Em sua especulação trinitária Basílio insere um tratado dedicado ao Espírito, cuja divindade era comumente negada pelos arianos, não apenas por Eunômio. Nesta seção de sua obra, Basílio faz de certo modo um apanhado da questão da pneumatologia ortodoxa, retomando as prerrogativas tradicionais do Espírito Santo (santificação, participação nas obras do Pai e do Filho, união indissolúvel com as outras duas Pessoas). Mesmo assim, Basílio — como Atanásio nas *Epístolas a Serapião* — não afirma explicitamente que o Espírito é Deus e não é capaz de precisar o modo em que Ele teve origem. Esta será uma temática enfrentada sobretudo pelos outros dois capadócios. Apesar da provisoriedade da pneumatologia deste terceiro livro do *Contra Eunômio*, a obra de Basílio terá um papel fundamental nos concílios da União de Ferrara e Florença (1438-1439) e será traduzida em latim para essa ocasião.

Todo o conjunto da teologia trinitária, genialmente reorganizada, é exposto por Basílio com uma linguagem límpida e precisa ao mesmo tempo, acurada e clara, que faz desta obra, embora juvenil, uma contribuição fundamental para a definição do dogma cristão e, de um ponto de vista literário, uma exceção no *mare magnum* das obras teológicas da época, freqüentemente descuidadas no estilo, repetitivas e pouco claras na exposição.

Basílio, pois, se apresenta desde o início, na vida intelectual do cristianismo do Oriente, como teólogo; está destinado a exercer um papel de primeiro plano no partido niceno. São os últimos anos do episcopado de Atanásio, ao qual Basílio parece suceder como guia contra os arianos, embora seus interesses bem depressa se voltem em outra direção: a organização da regra e da vida monástica. Provavelmente naquele decênio 360-370 foi considerável na teologia nicena também o ensinamento de Apolinário de Laodicéia, de quem Basílio foi amigo e do qual retomou talvez algumas concepções teológicas no curso dos poucos meses que precederam o *Contra Eunômio*; mas a contribuição de Apolinário de Laodicéia — já que o teólogo foi condenado por sua heresia cristológica — foi bem depressa esquecida.

Bibliografia. Edições: SChr 299 e 305 (com a *Apologia* de Eunômio: R. Sesboué-G. M. Durand, 1982-1983); K. Holl, *Amphilochius von Ikonium in seinem Verhältnis zu den grossen Kappadoziern*, Mohr, Tübingen-Leipzig 1904; M. Simonetti, *La crisi ariana...*, cit.; id., *Genesi e sviluppo della dottrina trinitaria...*, cit. Sobre as obras de Eunômio: Eunomius, *The extant Work*. Texto e trad. de R. P. Vaggione, University Press, Oxford 1987; E. Cavalcanti, *Studi Eunomiani*, Pont. 1st. Orient. St., Roma 1976; sobre os livros IV e V do *Contra Eunômio:* Pseudo-Basilius, *Adversus Eunomium IV-V*. Einleint., Übersetz. u. Komm. von F. X. Rische, Brill, Leiden 1992.

No epistolário de Basílio foram conservadas algumas cartas enviadas a Apolinário (n. 361, 363 e 364), e uma, de resposta, deste (n. 362), cuja autenticidade é debatida. Alguns acham que se trata de um falso, atamancado com o objetivo de garantir a ortodoxia de Apolinário por meio da amizade com Basílio. Mas a essa hipótese — que reproduz de forma mecânica o desejo de manter Basílio ao abrigo de todo contato com heréticos — agora se movem sérias objeções, e está-se pendendo a considerar autêntico o epistolário supracitado.

Bibliografia: H. De Riedmatten, *La correspondence entre Basile de Césarée et Apollinaire de Laodicée*, JThS 7 (1956) 199-210; 8 (1957) 53-70.

c) Basílio, bispo de Cesaréia

Apesar do notável resultado (e, de fato, também do sucesso) conseguido com seu escrito de conteúdo teológico, Basílio se dedicou — já naqueles anos como sacerdote, e sobretudo depois que, em 370, sucedeu a Eusébio no episcopado de Cesaréia — à Igreja da Capadócia. Não somente em Cesaréia, porém: ele ultrapassou sempre os estreitos confins de sua diocese, mantendo contatos (como notamos em seu epistolário) com as demais sedes episcopais (em particular, foi amigo e defensor de Melécio de Antioquia), embora nem todas tenham correspondido com igual solicitude à sua argúcia (por exemplo, a de Roma). Na pátria, dedicou-se à organização da assistência aos pobres, à distribuição de víveres em tempo de carestia, à fundação de obras de caridade. Não se intimidou em opor-se energicamente ao próprio imperador Valente que — reformando as dioceses arianas de modo a favorecer os arianos — tentou, durante uma viagem passando por Cesaréia, convencer Basílio, com lisonjas e também com ameaças, a abandonar o consubstancial de Nicéia. Nos planos de sua enérgica política eclesiástica Basílio introduziu — decerto contra a vontade deles — também o amigo Gregório e o irmão de mesmo nome. Gregório também tivera de abandonar a vida eremítica por volta de 361, porque o chamara o pai, que era bispo de Nazianzo, para ajudá-lo. Contra sua vontade, foi por ele ordenado sacerdote mas, como protesto, abandonou imediatamente Nazianzo para voltar à vida eremítica. Em seguida, deixou-se convencer a não abandonar o pai, bastante velho, então voltou e se estabeleceu em Nazianzo. Já se manifesta nesse anos o caráter inseguro de Gregório, nunca satisfeito consigo mesmo e com os outros, sempre suspeitando sofrer trapaças dos amigos.

Ora, no âmbito de sua política eclesiástica, que via a necessidade de opor-se ao poder dos bispos homeus — que, além de tudo, eram apoiados pela autoridade imperial —, Basílio quis servir-se também do irmão e do amigo Gregório, consagrando-os bispos, ainda que relutantes (e Basílio teve de admitir numa ocasião que nem um nem outro eram as pessoas adequadas ao ofício a eles imposto: mas decerto, quando os nomeara, não levara em grande conta as opiniões ou os protestos dos dois...). O irmão foi nomeado bispo de Nissa, na Capadócia; o amigo, em 372, bispo de Sásima. De todas essas incertezas e conflitos temos o eco vivo e forte nas homilias do próprio Nazianzeno.

Mas Sásima era um burgo perdido entre as montanhas, uma localidade conhecida apenas dos viajantes, não uma cidade em que Gregório pudesse e quisesse desdobrar seus dotes intelectuais (e eventualmente ter uma homilia apreciada). Por isso Gregório não só se recusou a tomar posse de sua sé episcopal como também fugiu de novo para o ermo, de onde, à custa de muitos pedidos, o pai conseguiu convencê-lo a voltar, para que fosse seu coadjutor. No entanto, logo depois que o pai morreu, em 374, Gregório, convencido de não ter mais nenhum motivo para dedicar-se à igreja de Nazianzo e de ter sido traído em sua amizade por Basílio, voltou mais uma vez, em 375, à vida ascética, dirigindo-se desta vez para mais longe, no deserto da Síria. No ano anterior Gregório de Nissa também tivera de abandonar precipitadamente sua sé episcopal porque, com base em acusações falsas de malversação, fora denunciado pelos arianos à autoridade civil e correra o risco de ser encarcerado: teve de refugiar-se nas montanhas do Ponto. Basílio continuou sozinho sua política em defesa da doutrina nicena, mesmo tendo sofrido a decepção de não ter como amigo sequer o bispo de Roma. No contexto do cisma de Antioquia (cf. pp. 319-320), de fato, Dâmaso tomara posição em prol de Paulino, enquanto Basílio e grande parte do episcopado oriental se puseram ao lado do bispo legítimo, Meléclo, e Basílio não conseguiu fazer Dâmaso retroceder em sua decisão.

d) Gregório orador em Nazianzo

Naqueles anos, o amigo Gregório tinha um papel muito limitado, seja como literato, seja como teólogo. Permanecera junto do pai, bispo de Nazianzo, e se fizera conhecer pela atividade que mais lhe era congenial, a de orador cristão. Entre 369 — quando teve de abandonar a vida monástica, levada até então com Basílio, para voltar a Nazianzo, onde, a contragosto, foi sagrado sacerdote pelo pai — e 375 — quando se retirou para levar vida eremítica perto de Selêucia, no deserto da Síria —, havia pronunciado dezenove homilias. Esse primeiro conjunto de orações sacras é bastante variado nos conteúdos e mostra Gregório já nos níveis mais elevados dessa arte, isto considerando-se do ponto de vista da arte retórica. Como densidade de pensamento, por outro lado, a obra de Gregório ainda deixa a desejar, porque se trata em sua maior parte de orações de ocasião, e às vezes inconcludentes e, julgadas em conjunto, um pouco superficiais. O fato é que Gregório ainda não se sentia (e não queria ser) um orador que propusesse uma teologia sua: neste ponto, preferia seguir o ensinamento do amigo Basílio — o salto de qualidade nesse sentido, ele só o dá a seguir, em Constantinopla, e não sem motivo, dada a nova e premente situação em que se virá a achar quando, como bispo, terá de enfrentar graves responsabilidades. Além disso, a vida intelectual certamente era mais animada em Constantinopla que na pequena Nazianzo. Assim, nos anos 362-375 a oratória de Gregório é marcada pelos acontecimentos de Nazianzo e da Capadócia. Ora prega para recomendar a caridade cristã, por ocasião da carestia de 373 (n. 14), ora pronuncia o elogio fúnebre do irmão (n. 7) e da irmã, sublinhando a vida ascética (virginal) por ela levada de comum acordo com o marido no seio do casamento, conforme a um ideal então difundido (n. 8); em seguida, o elogio fúnebre do pai (n. 18). Interessantes, para compreender a personalidade insegura e sensível de Gregório, e novas em seu gênero, são as orações que pronuncia dirigindo-se a si mesmo e a Basílio e ao pai, para justificar suas defecções do cargo de bispo que lhe fora imposto (n. 9-12). De fato, num primeiro momento, consagrado sacerdote contra a vontade, pelo pai que precisava dele em Nazianzo para a administração da diocese, Gregório não pudera recusar (e desde então repetirá sempre que cedeu a um ato de "tirania"), mas, como já foi dito, logo abandonara Nazianzo para regressar à vida eremítica. Cedendo aos apelos do pai, deixara em seguida definitivamente a solidão na Páscoa de 362, e numa longa homilia (n. 2), provavelmente destinada à leitura de poucos íntimos mais que ao pronunciamento público, quis justificar o próprio comportamento inseguro, alegando sua indignidade para assumir os novos e pesados encargos e exaltando a vida na solidão, cujo objetivo principal é buscar Deus na contemplação, e delineando, em contraste com sua própria debilidade, a figura do perfeito sacerdote — foi justamente por esse motivo que tal homilia ganhou grande notoriedade e foi usada por João Crisóstomo, como exemplo a ser seguido, para seu tratado *Sobre o sacerdócio*. Em seguida virão a consagração episcopal — obra de Basílio e do pai — e a atribuição da sé de Sásima, a recusa e o abandono de seu posto na hierarquia eclesiástica. Duas homilias (n. 4 e 5) são dignas de nota — não tanto por nos permitirem reconstruir a figura de Juliano, o Apóstata, que certamente não é vista com objetividade, mas justamente porque são o eco das apreensões suscitadas por sua "branda perseguição" (como a definiu Jerônimo) e o testemunho da alegria que percorreu o mundo cristão à morte do imperador inimigo. Foram escritas contra o Apóstata (provavelmente também não pronunciadas em público), num ano pouco especificado após a morte do imperador, ocorrida em 363. É estranho que nos outros capadócios o período de Juliano e sua tentativa de restaurar o paganismo não tenham deixado vestígios. Só o Nazianzeno é movido pela polêmica, que investe não somente o paganismo e os cultos idólatras (que Juliano tentara renovar), mas também as providências discriminatórias, em particular o afastamento dos mestres cristãos das escolas, imposto por um edito específico do imperador. Gregório rejeita com desdém a alegação de Juliano de que os verdadeiros gregos eram os pagãos, porque depositários da genuína tradição de sua civilização. Juliano escrevera uma obra *Contra os galileus*, sublinhando, exatamente, que os cristãos pertenciam a uma civilização diferente. Essa atitude do Nazianzeno é mais interessante que os demais motivos polêmicos contidos nas duas orações, que são na maior parte tradicionais e não fazem justiça ao imperador derrotado e morto no campo de batalha, em guerra com os persas. Isso faz ver como o escritor cristão se sentia particularmente magoado com a pretensão do Apóstata de excluir os cristãos do patrimônio cultural dos gregos. Esta tomada de posição será repetida também em outros momentos por Gregório que, mesmo reiterando a substancial estranheza do cristianismo em relação ao paganismo, se manifesta, pelo interesse que nutre pela forma literária, de modo não diferente dos escritores pagãos seus contemporâneos. "Abandonei tudo para quem quiser", diz ele naquela homilia (4, 100), "riquezas, nobreza, fama, poderio, tudo o que faz parte da vaidade nesta terra. Dediquei-me somente à palavra, e não me arrependo das fadigas que tenho suportado em terra e no mar para possuí-la... É meu bem, o bem que conquistei para mim em detrimento de qualquer outro, o primeiro que vem depois das coisas de Deus e depois da esperança de obter o que não podemos ver".

Bibliografia. Edições: SChr n. 247, 1978 (1-3: J. Bernardi); 309, 1983 (4-5: J. Bernardi); n. 415, 1995 (6-12: M.-A. Calvet); *Orazione contro Giuliano*, intr., tr. e com. de L. Lugaresi (BPat 23, 1993). Estudos: J. Bernardi, *La prédication des Pères Cappadociens*, PUF, Paris 1968; C. Moreschini, *L'opera e la personalità dell'imperatore Giuliano nelle due "Invective" di Gregorio Nazianzeno*, em *Forma Futuri*. Estudos em homenagem ao Card. M. Pellegrino, Bottega d'Erasmo, Torino 1975, pp. 416-430; id., *Struttura e funzione delle Omelie di Gregorio Nazianzeno*, in VV.AA., *Gregorio Nazianzeno teologo e scrittore*, ed. por C. Moreschini e G. Menestrina, EDB, Bologna 1992, pp. 151-170.

e) Os primeiros anos de Gregório de Nissa escritor

Depois desse primeiro grupo de homilias, isto é, depois de 375, não temos mais notícias do Nazianzeno até 379. Alguns anos antes, e mais precisamente em 371, inicia-se a atividade literária do terceiro dos grandes Padres capadócios, Gregório, que pouco depois, em 372, foi posto por Basílio na sé episcopal de Nissa. Mas antes disso ele atravessara o que poderíamos chamar uma "crise", abandonando, pouco depois de 364, o ensino de leitor, tipicamente cristão, e dedicando-se ao da retórica (um ensino leigo e, sobretudo, pagão). O sucessivo casamento de Gregório fizera crer ao Nazianzeno (que lhe escreve uma carta de reprovação) que o amigo estivesse perdido para o ideal ascético. Na realidade, seu percurso foi apenas mais complexo, e aquele ideal não se afastara de sua mente, tanto que Gregório iniciou sua atividade literária em 371 escrevendo um tratado *Sobre a virgindade*. O fato é que a influência de Basílio — que o sagrará bispo de Nissa pelos mesmos motivos e com a mesma autoridade com que impusera a ordenação do outro Gregório — não tinha cessado, e exatamente nos anos anteriores a 370 Basílio começara a difundir suas instituições monásticas. Com essa primeira obra já se caracteriza a atividade literária do Nisseno: ele escreve predominantemente tratados, porque era voltado sobretudo ao estudo e à pesquisa, mais que à atividade prática e à oratória sacra. E muito embora, tal como Basílio e o Nazianzeno, tenha pronunciado homilias, como veremos a seguir, elas permanecem como algo de secundário no conjunto de sua produção. O tratado *Sobre a virgindade* não apresenta uma problemática nova, decerto, mas nova e interessante é a base doutrinal que a sustenta: profundamente nutrido de platonismo e de origenismo, freqüentemente inspirando-se em Fílon e em sua exegese bíblica, o Nisseno baseia também em motivações filosóficas (por exemplo, as da diatribe cínica) o ideal da continência, de modo que esta obra parece às vezes um tratado filosófico-retórico, análogo aos que podiam escrever os filósofos pagãos de seu tempo, tanto mais que — como observou Aubineau — ele parece ter retomado alguns motivos de caráter médico do tratado análogo de Basílio de Ancira. E mesmo assim o forte espiritualismo origenista é mitigado, em certos pontos, pela influência de um realismo que deriva provavelmente de Basílio, irmão do Nisseno. Também a elaboração retórica é, neste escrito, muito acentuada (por exemplo, na insistência com que são retomados todos os motivos tópicos das dificuldades e das angústias do estado matrimonial; na interpretação nem sempre feliz de certas passagens bíblicas) e revela o mestre que até aquele momento o Nisseno tinha sido em tal disciplina.

Mas, mesmo escrevendo *Sobre a virgindade*, o Capadócio deixa entrever os traços fundamentais de sua doutrina mística. A virgindade é a condição original do homem criado à imagem de Deus, e é ela que permite a união íntima de Maria com o mistério da encarnação; ela proporciona desde agora a contemplação de Deus, depois realizada plenamente na vida futura; para obter essa contemplação deve-se percorrer um verdadeiro itinerário espiritual; a alma é o espelho de Deus, e nela se vê ainda a marca deixada por seu criador (muito embora, cedendo ao platonismo, o autor veja só na alma, e não no homem inteiro, o ser à imagem de Deus). Para o verdadeiro cristão se impõe a necessidade da luta contra as paixões, com o fim de reconstituir a imagem original, deformada pelo pecado.

Bibliografia. Edições: GNO VIII, 1, Leiden 1952 (*Opera Ascetica*: J. P. Cavarnos); SChr 119, 1966 (M. Aubineau). Estudos: J. Daniélou, *Platonisme et théologie mystique*, Aubier, Paris, 1954[2]; W. Völker, *Gregorio di Nissa teologo e mistico*, tr. it. de Ch. O. Tommasi, intr. de C. Moreschini, Vita e Pensiero, Milano 1993; P. Pisi, *Genesis e phthorà*. Le motivazioni protologiche della verginità in Gregorio di Nissa e nella tradizione dell'*enkrateia*, Ediz. dell'Ateneo, Roma 1981. Assinalemos aqui que existe um repertório bibliográfico sobre Gregório de Nissa: M. Altenburger-Fr Mann, *Bibliographie zu Gregor von Nyssa*, Brill, Leiden 1988.

f) Basílio e suas cartas

As duas décadas que vão de 360 a 379, data da morte de Basílio, são totalmente dominadas pela figura do bispo de Cesaréia, a quem Gregório de Nazianzo e Gregório de Nissa consideram seu mestre pleno de autoridade, cuja eminência é confirmada também pelo alto posto que ocupava. Basílio, como foi dito acima, estava se dedicando sobretudo à sua atividade pastoral, primeiro como coadjutor do bispo Eusébio e depois como metropolita de Cesaréia, e também à sua missão de organizador do ascetismo na Capadócia. Reflexo de tal atividade é um riquíssimo epistolário, que alcança até 376, no qual Basílio se vê empenhado em resolver os problemas práticos, em encaminhar os duvidosos, em esclarecer os pontos fundamentais da doutrina cristã (para tal fim escreve epístolas bastante longas), em propor de modo claro e resoluto suas próprias doutrinas ascéticas. O hábito de escrever longas cartas de caráter doutrinal sempre estivera presente na Igreja antiga; no século IV tal hábito faz com que a carta-tratado se torne uma espécie de gênero literário específico — já o vimos com Atanásio. Também Basílio se serve dele, dedicando a tais cartas inúmeros momentos de aprofundamento teológico. Assim, vemos que em suas cartas ele se mostra cada vez menos inseguro, com o passar dos anos, em aderir ao "consubstancial" de Nicéia, que fora aceito em Antioquia em 363 por seu prestigioso amigo Melécio. Para melhor definir o termo e evitar qualquer nódoa de modalismo, ele escreve as *Epístolas* 113, 114, 140, 159.

Fundamental é a *Epístola* 125, subscrita também por Eustáquio de Sebástia, na qual os dois bispos esclarecem a fórmula de fé, incluindo na natureza de Deus também o Espírito Santo. Nos últimos anos de sua vida, por seu turno, situam-se as *Epístolas* 210, 214, 236, 258 (a Epifânio), 263 (aos ocidentais), e outras que, sendo contemporâneas a seu tratado *Sobre o Espírito Santo*, retomam-lhe e aprofundam-lhe a temática.

Começou-se a fazer compilações das epístolas de Basílio já durante sua vida. Uma foi preparada pelo próprio Gregório de Nazianzo (cf. *Epíst.* 53). Talvez o mesmo Basílio e seus amigos tenham cuidado dessa tarefa, mas depois de Basílio ter sido eleito bispo: poderia ser um testemunho disso o fato de termos poucas epístolas do período anterior ao episcopado. Os editores Maurini, no século XVIII, dividiram-nas em três grupos seguindo, como freqüentemente faziam nesses casos, um critério cronológico (n. 1-46: epístolas anteriores ao episcopado; n. 47-291: epístolas do período episcopal; n. 292-366: epístolas de situação e autenticidade incertas). Tal ordem agora, naturalmente, está sujeita a retificações parciais. Mas também entre as consideradas autênticas pelos Maurini encontram-se algumas que não o são (por exemplo, algumas são de Evágrio e de Gregório de Nissa), enquanto outras (as dirigidas ao famoso retor pagão Libânio), consideradas espúrias por aqueles editores, tendem hoje a ser consideradas autênticas.

No *epistolário*, Basílio deu seguramente o melhor de si como homem e como escritor. Ele constitui um documento literário de primeira ordem, pela maestria da estrutura retórica e pela clareza e pureza da linguagem — dotes que, sendo típicos da cultura e da forma mental do escritor, caracterizam de modo admirável também as obras de estrito conteúdo teológico.

Bibliografia. Edições: Les Belles Lettres I-III, 1957-1966 (Y. Courtonne); Loeb I-IV, 1951-1970 (R. J. De Ferrari); Corona Patrum 11, 1983 (M. Forlin Patrucco: n. 1-46); Briefe II-I (n. 1-213) (W. D. Hauschild, Hiersemann, Stuttgart 1973-1990). Estudos: Y. Courtonne, *Un témoin du IVe siècle oriental. Saint Basile et son temps d'après sa correspondance*, Les Belles Lettres, Paris 1973; R. Pouchet, *Basile le grand et son univers d'amis d'après sa correspondance...*, Augustinianum, Roma 1992; R. Hübner, *Gregor von Nyssa als Verfasser der sog. epist. 38 des Basilius...*, in *Epektasis*. Mélanges... J. Daniélou, Beauchesne, Paris 1972, pp. 463-490. Outros estudos: P. Scazzoso, *Introduzione alla ecclesiologia di S. Basilio*, Vita e Pensiero, Milano 1978; P. J. Fedwick, *The Church and the Charisma of Leadership in Basil of Caesarea*, Pontif. Instit. of Mediaev. Studies, Toronto 1979; K. Koschorke, *Spuren der alten Liebe...*, Universitätsverlag, Freiburg Schweiz 1991. Sobre o ambiente da pregação de Basílio, cf. A. Di Berardino, *La Cappadocia al tempo di Basilio*, in VV.AA., *Mémorial Dom Jean Gribomont*, Augustinianum, Roma 1988, pp. 167-182; M. Forlin Patrucco, *Basilio di Cesarea e Atanasio di Alessandria: ecclesiologia e politica nelle lettere episcopali*, ibid., pp. 253-269.

g) Basílio pregador

As numerosas homilias correspondem ao mesmo intento, pastoral e didático a um só tempo, das epístolas. Neste âmbito, um confronto com as de Gregório Nazianzo mostra de modo mais nítido a diferença entre as duas personalidades. Se as homilias de Basílio são de caráter tradicional nos conteúdos, na medida em que se dedicam à exegese ou à pregação moral, as de Gregório são variadas, de conteúdo múltiplo e, sobretudo, pessoais, apresentam motivos, sentimentos e pensamentos próprios do homem Gregório, que predomina sobre o pregador. Isso se deve ao fato de o Nazianzeno ter uma consciência diferente de seu dever pastoral, se comparada à de Basílio, e em suas obras é muito mais "autobiográfico" que seus dois amigos. A atividade homilética dos capadócios sem dúvida foi de primeira ordem, mas espanta seu volume relativamente escasso. As homilias dos três Padres somadas não só não alcançam o conjunto da homilética de João Crisóstomo ou de Agostinho, como também sequer o número das homilias que estes dedicaram a um único tema. Provavelmente os capadócios tenham sido guiados por um rigoroso critério de escolha quando, visando a publicação, eliminaram muitas das homilias que todavia seguramente haviam pronunciado, não as considerando dignas de ser compiladas para a leitura.

As mais famosas homilias de Basílio (o próprio Gregório Nazianzeno as situa no ápice da obra homilética do amigo) são sem dúvida as *Homilias sobre o Hexameron*. Segundo a opinião tradicional, teriam sido pronunciadas por Basílio quando ainda era presbítero, portanto antes de 370, durante uma Semana Santa. Recentemente, porém, Bernardi e Gribomont propuseram uma data mais tardia, a Quaresma de 378, ou de todo modo posterior a 376. São "uma síntese de elevada vulgarização", como as define Gribomont, "em que a fé no Criador retoma com vivacidade as concepções platônicas sobre a origem do mundo e a cosmologia moralizante dos antigos". Elas se desdobram em vários dias, até mesmo na manhã e na tarde do mesmo dia. Basílio pretende explicar ao povo a passagem talvez mais famosa do Antigo Testamento, a de Gênesis em que se descrevem os seis dias da criação; e o argumento, se por um lado entra de pleno direito na tradição exegética mais elevada (como se deve entender a criação do homem e do universo), que já vimos representada por Orígenes, por outro se prestava a uma função essencial para o pregador, a de instruir não somente sobre os problemas mais profundos do texto bíblico, que exigiam uma exegese doutrinalmente aguerrida, mas também sobre os dados mais elementares que o auditório, composto em grande parte de pessoas incultas, ignorava. Na pregação de Basílio, como em geral na pregação cristã, o intento didascálico, em sentido lato, era fundamental, por isso o pregador podia sentir-se autorizado a explicar também coisas que imaginaríamos reservadas de preferência à escola pagã, já que não estritamente atinentes à religião cristã; mas é preciso levar em conta o auditório e suas capacidades intelectuais, a limitada formação cultural que habitualmente o caracterizava (encontramos menções à condição humilde de seus ouvintes em todas as homilias de Basílio, e o mesmo é confirmado por Gregório de Nissa com referência justamente às homilias sobre o *Hexameron*). A grande massa do povo cristão (mas também pagão), de fato, não tinha freqüentado a escola, porque custava caro, e no lugar do ensinamento escolar podia usufruir somente aquele que a homilia lhe proporcionava. Deste modo se explica a insistência, por parte de Basílio, nos detalhes que têm uma aparência "científica", razão por que o pregador, para maior clareza, descreve com maravilhosa vivacidade a terra, o mar e as águas, os pássaros e as maravilhas da Criação; toda alegorese está ausente, a exegese é puramente literal. Mas, além da atitude mais acentuadamente didascálica, devemos também considerar o refinamento das descrições, das observações, que derivam de uma sólida preparação filosófica, as conscientes tomadas de posição contra a exegese alegórica: tudo isso faz parte do aspecto culto da homilética de Basílio e, mais particularmente, destas homilias, que são um modelo do gênero.

Bibliografia. Edições: SChr 26bis, 1968 (St. Giet); Basílio di Cesarea, *Sulla Genesi (omelie sull'Esamerone)*, ed. de M. Naldini, Fondazione Valla, Mondadori, Milano 1990. Estudos: E. Amand de Mendieta, *Les neuf Homélies de Basile de Césarée sur l'Hexaéméron. Recherches sur le genre littéraire, le but et l'élaboration de ces homélies*, "Byzantion" 48 (1978) 337-368; G. T. Armstrong, *Die Genesis in der alten Kirche...* Mohr, Tübingen 1962; J. Bernardi, *La prédication...*, cit., J. F. Callahan, *Greek Philosophy and the Cappadocian Cosmology*, "Dumbarton Oak Papers" 12 (1958) 29-57; G. May, *Schöpfung aus dem Nichts*, Akademie Verlag, Berlin 1978; J. Pepin, *De la philosophie à la théologie patristique*, Variorum Reprints, London 1986.

Igualmente didáticas, no sentido de serem acentuadamente moralizantes e menos interessadas nos problemas exegéticos, são as *Homilias sobre os Salmos*, anteriores ao episcopado segundo alguns estudiosos. Mas a cronologia delas é difícil de determinar. As *Homilias sobre os Salmos* não constituem um conjunto homogêneo, no sentido de o pregador ter querido comentar o Saltério ou uma parte deste. Algumas delas não pertencem a Basílio; as autênticas são quatorze, provavelmente parte de uma atividade pregadora mais ampla.

Gregório Nazianzeno, que em seu *Encômio de Basílio* nos fala da produção literária do amigo e mestre, conhece também "encômios de mártires" e "discursos dedicados à moral e ao comportamento cristão". Gregório refere-se, portanto, às vinte e quatro *Homilias diversas*, de caráter moral, não-exegéticas. Sua datação é igualmente incerta. Tentou-se ligar os vários temas a alguns momentos da vida de Basílio, mas essa tentativa nem sempre deu resultados seguros. Parece que seria melhor distinguir, aqui também, dois blocos: de um lado, as homilias do período sacerdotal, interessadas sobretudo nos problemas sociais, em algumas das quais Basílio ilustra sua atividade de reformador dos costumes, enquanto ao período do episcopado, e sobretudo a seus inícios, deveríamos atribuir as de caráter dogmático. Algumas destas, também neste caso, são espúrias: era normal, na Antiguidade, atribuir a própria obra a um autor famoso para assim garantir-lhe a conservação. Entre estas são conhecidas a n. 6 (que é a exegese de um passo de Lc 12,18 "destruam horrea mea") e a n. 7 (*Contra os ricos*), que parecem devam ser situadas por volta de 368-369, por ocasião de uma terrível carestia que afligira a Capadócia; nelas Basílio critica as desigualdades sociais de seu país, tornadas ainda mais agudas naquela contingência, e exige um uso da riqueza dirigido ao bem dos pobres. As mais importantes no plano teológico, por seu turno, são a n. 15, *Sobre a fé*, que é uma espécie de compêndio da doutrina do *Contra Eunômio*, e a n. 16, *Sobre o início do prólogo de João*. Também a n. 24, *Contra os sabelianos, os arianos e os anomeus*, contém numerosos trechos de conteúdo trinitário, em particular relativos à pneumatologia. Esta homilia, contemporânea do tratado *Sobre o Espírito Santo*, é considerada por Simonetti uma espécie de *summa* da teologia trinitária de Basílio na plena maturidade. Ela, porém, inova quanto à concepção teológica precedente, na medida em que concede mais espaço ao termo "pessoa", normalmente evitado porque suspeito de modalismo, como várias vezes se disse. Talvez Basílio, em seus últimos anos de vida, após a ruptura com o homeusiano Eustáquio, pretendesse aproximar-se dos nicenos de observância mais estrita.

Muito famosa é a homilia dirigida *Aos jovens, de que modo eles podem aproveitar os livros dos pagãos*, que, como se vê já pelo título, não é uma homilia, mas um breve tratado, no tipo dos tratados morais de Plutarco. É dirigida a alguns sobrinhos e quer aconselhá-los acerca do modo de acolher o ensinamento escolar que, no tempo de Basílio, era o tradicional dos pagãos: nele os temas das leituras eram maculados pela idolatria ou moralmente criticáveis, porque infiltrados de paixões desregradas e imorais (emblemáticos eram os temas da poesia lírica e do teatro trágico e cômico). Basílio exorta os jovens a buscar nos textos pagãos os ensinamentos compatíveis com a moral cristã, mais particularmente os ascéticos, para os quais os textos pagãos são considerados uma espécie de preparação aos cristãos. O opúsculo teve amplíssima ressonância, sobretudo depois que foi traduzido em latim, no Renascimento, quando se verificou uma renovada e mais ampla leitura dos textos pagãos, e o tratado de Basílio foi interpretado como se fosse a aprovação da cultura clássica da parte do cristianismo. Na realidade, tal não fora a intenção de Basílio. Ele repete insistentemente que os textos clássicos não têm valor por si sós, mas devem servir como preparação para a luta contra o mal; este tratado, portanto, também responde às exigências da ascese, mesmo sendo destinado não aos monges, mas aos literatos.

Por fim, pertencem aos conteúdos da homilética basiliana duas *Homilias sobre a origem do homem*, que a tradição manuscrita atribui ora a Basílio, ora a Gregório de Nissa, mas que verossimilmente não são nem de um nem de outro, não obstante os mais recentes editores dos textos (Smets e van Esbroeck) terem suposto que fossem de Basílio. A temática desenvolvida conduz, de todo modo, essas homilias ao ambiente do bispo de Cesaréia: teriam sido reunidas por um redator ou por um discípulo com base em notas tomadas durante a pregação de Basílio. Elas pretendem ilustrar, após a explicação da criação do mundo, desenvolvida nas *Homilias sobre o Hexameron*, a criação do homem, e mais particularmente o que é dito em Gn 1,26-27 e 2,7. Elas concluiriam, assim, as nove *Homilias sobre o Hexameron*, cumprindo a promessa, enunciada ao término daquelas, de tratar do tema da criação e da natureza do homem. Observe-se, porém, que essas homilias parecem fortemente impregnadas de temas origenianos, razão por que se deve avaliar até que ponto esses temas, mesmo não sendo decerto totalmente estranhos a Basílio, são conciliáveis com seu pensamento (daí a atribuição de tais homilias a Gregório de Nissa).

Bibliografia. Edições: PG 29, 3-208 (*Sobre o Hexameron*); 209-493 (*Sobre os Salmos*); 31, 164-617 (*Homilias diversas*); S. Y. Rudberg, *L'homélie de Basile de Césarée sur le mot "Observetoi toi-même"*, Almquist & Wiksell, Sotckhölm 1962; M. Naldini (BPat 3, 1984). Traduções: *Omelie sui Salmi* (A. Regaldo Raccone, Paoline, Alba 1978). Estudos: E. Valgiglio, *San Basilio, Ad adulescentes*, "Rivista di studi classici" 20 (1972) 82-110; A. Pastorino, *Il "discorso ai giovani" di Basilio e il "de audiendis poetis" di Plutarco*, in VV.AA., *Basilio di Cesarea: la sua età...*, cit., pp. 217-257. Para as *Homilias sobre a origem do homem* (consideradas *tout court* X e XI das *Homilias sobre o Hexameron*), Smets e van Esbroeck (SChr 160, 1970); Hörner (entre os Gregorii Nysseni *Opera*, Suppl. X, Brill, Leiden 1972). Estudos: J. Bernardi, *La prédication des Pères Cappadociens*, cit.; G. Sfameni Gasparro, *Influssi origeniani ed elementi basiliani nell'antropologia delle omelie "Sull'origine dell'uomo"*, in VV.AA., *Basilio di Cesarea...*, cit., pp. 600-652.

h) A ascese

O ideal ascético foi, para Basílio, talvez o ponto central de sua vida, ainda que as necessidades em que se encontrou tenham feito com que ele fosse levado mais a sugerir e a organizar a vida ascética para os outros que a praticar ele mesmo, mediante a solidão monástica; sabemos, de todo modo, pelo que nos dizem os amigos, que, embora vivesse no mundo como bispo e mesmo sem poder dedicar-se à vida eremítica, ele conduzia uma vida de rigorosa ascese. Quando vivia com Gregório Nazianzeno no eremitério, em 358-359, já teria preparado regras escritas para os monges.

Não se deve crer, de qualquer maneira, que os movimentos ascéticos ou monásticos fossem uma novidade na Capadócia, e que o tipo de monaquismo então mais conhecido, o egípcio, também fosse o único. É verossímil, de fato, que o monaquismo, como movimento espiritual e religioso, tenha surgido espontaneamente em diversos lugares, como expressão da Igreja e da religiosidade local. Portanto, aquele já presente no Ponto e na Capadócia no tempo de Basílio era provavelmente aparentado ao monaquismo, geograficamente próximo, da Síria e a certas tendências ascéticas da Igreja cristã da Pérsia, atestadas pelas obras de Afraate e de Efrém. Contemporânea de Basílio é a difusão, sobretudo na Síria, de um monaquismo anárquico, que encontrava a hostilidade das classes mais altas da sociedade; foi inicialmente condenado pelo concílio de Gangra, de 341, presidido por Eusébio de Nicomédia (bispo respeitado na corte de Constantino e decreto pouco favorável ao entusiasmo e à ascese), e mais tarde (por volta de 390), tendo recebido o nome de "messalianismo", foi combatido por Anfilóquio de Icônio e Flaviano de Antioquia, bispo e amigo de João Crisóstomo.

Na época de Basílio, apesar da condenação do concílio de 341, o movimento ascético no Ponto e na Capadócia, a crer no testemunho fundamental de Sozômeno (*História eclesiástica* III, 14), era guiado por Eustáquio, a quem já encontramos acima. Ora, Basílio, mesmo seguindo a Eustáquio, prepara para suas comunidades uma regra bem diferente: podemos constatar a diferença entre o monaquismo de Basílio e o de Eustáquio levando em conta também um texto em siríaco, o *Liber graduum*, coletânea de trinta homilias que contêm provavelmente material derivado do ensinamento de Eustáquio e distingue duas categorias de cristãos: os justos, que são dispensados da caridade perfeita e da renúncia total, e os perfeitos, que podem escolher os mandamentos que lhes importam. Basílio, por seu lado, evita antes de tudo a doutrina dos dois graus da vida cristã e a condenação dos cristãos que não aderem à ascese; igualmente, condena a rebelião à hierarquia e o desprezo do matrimônio; insiste sobretudo numa forma estável de vida em comum, no trabalho a serviço das obras de caridade, numa vida que representa a realização, a mais integral possível, da sociedade cristã. À ascese sectária ele opõe a idéia do conselho, tirada do Evangelho. A virgindade, conquanto importante, não está no centro de suas preocupações; grande espaço é atribuído à pobreza e ao jejum. Tudo isso é ensinado por alguém que é, ao mesmo tempo, bispo de Cesaréia da Capadócia: Basílio fora hostilizado, nessa eleição, pela burguesia e pelo episcopado da região, que temiam seu ascetismo (o pai de Gregório Nazianzeno, bispo também, fora instado a favorecê-lo). Na realidade, Basílio, eleito bispo, conseguiu manter o movimento ascético dentro dos limites da obediência à hierarquia eclesiástica, privando-o de toda tendência rebelde, e ao mesmo tempo conservou os aspectos mais genuínos da ascese. Em seus escritos ascéticos ele critica, mesmo sem nomeá-los explicitamente, os excessos aos quais se haviam entregado os monges eustaquianos. Os ascetas, de fato, não devem acreditar que são uma sociedade à qual cabe um lugar mais honrado que os outros, mas devem acreditar que são a própria Igreja, a qual recupera o rigor dos tempos evangélicos. Uma prova disso é que Basílio não utiliza o vocabulário monástico, já formado no Egito, mas fala só de doutrina cristã e de mandamentos de Deus; nos escritos em que se dirige aos ascetas, jamais os chama com o nome de "monges", não os considera um grupo distinto na Igreja, caracterizado pela castidade. Eles são "irmãos", assim como o são, no fundo, todos os cristãos: este é o termo que volta com mais freqüência nas regras. Os cenobitas das comunidades basilianas não eram muito numerosos (cerca de 30 ou pouco mais), em contraste com os grandes cenóbios da Tebaida do Egito, às vezes povoados por centenas de monges-operários. Também a relação entre os monges e o "pai" é tipicamente basiliano: é uma relação de filialidade, como a que existe numa grande família, completamente diferente da relação autoritária de Shenute no Mosteiro Branco do Egito (cf. pp. 93-94). Diferentemente da regra pacomiana, a de Basílio requer um noviciado. Sob a direção do superior deve-se instaurar no cenóbio uma vontade coletiva, da qual estão excluídos os heroísmos pessoais, com todo o desdobramento deteriorado de espetacularidade e de individualidade que lhe são congênitos. Outra diferença do monaquismo egípcio é que o cenóbio basiliano é explicitamente voltado para o exterior e tem um verdadeiro escopo social, que consiste na instrução dos monges, na atividade caritativa e assistencial. É conhecido o que nos relatam alguns historiadores mais tardios (Sozômeno, *História eclesiástica* VI, 34; Teodoreto, *História eclesiástica* IV, 16): Basílio, nos primeiros anos de seu episcopado, teria mandado construir bem perto de Cesaréia um conjunto de cenóbios, chamado Basilíade. Aliás, uma carta do próprio Basílio ao governador da província (*Epíst.* 94) teria proposto a construção de uma série de edifícios que constituíam quase uma cidade: em meio a eles estavam projetados um grande hospital, com médicos e enfermeiros, um albergue para acolher os forasteiros, os pobres, talvez os leprosos, e enfim oficinas nas quais os artesãos poderiam exercer seus ofícios. Tudo, porém, junto de uma igreja, de uma sede para o bispo e dos alojamentos para os monges. Como quer que tenha acabado tal projeto, o certo é que esse monaquismo de tipo novo, com suas concretas preocupações com a organização da vida dos pobres — para a qual podiam contribuir, com doações meritórias, também os ricos que, em suas *homilias*, Basílio exortara a bem empregar sua riqueza —, estava prestes a se tornar um elemento insubstituível da sociedade medieval, tanto bizantina como ocidental. Diante desses interesses e dessas preocupações, compreende-se que as ações heróicas dos indivíduos são inúteis, sem valor diante de Deus, e derivam apenas da vanglória. A comunidade monástica, em geral pequena, é em princípio independente; na prática pode ser assimilada, mesmo mantendo-se distinta, à Igreja secular. Como observa Mazza, "a relação entre o movimento não-estruturado, como o anacoretismo e o ascetismo, e a Igreja 'institucionalizada' foi central no pensamento de Basílio" — Basílio que foi, sim, monge, mas também bispo de Cesaréia. Não se exigem reuniões gerais dos monges, mas relações entre as comunidades monásticas, coligadas numa federação não demasiado rígida, situadas não muito longe das cidades e das aldeias; tais comunidades são submissas à autoridade do bispo local.

Com base no que foi dito, fica claro que Gribomont teve razão ao enfatizar quanto é errada a convicção dos que acreditaram que Basílio — com base no fato de ele na juventude ter ido ao Egito visitar os mosteiros pacomianos, como se disse acima — não fez outra coisa senão reproduzir na Capadócia o monaquismo egípcio. É com os messalianos da Ásia Menor que Basílio se confronta. A novidade do monaquismo basiliano está em ele se fazer presente já não no deserto, como o anacoretismo sírio-egípcio e o cenobitismo de Pacômio, mas no raio de influência da cidade ou da aldeia. Daí os problemas que envolvem as comunidades basilianas, e as respostas no plano cultural e organizacional que as regras dão a eles.

O problema dos eustaquianos, todavia, não foi eliminado com as providências do concílio de Gangra nem com a nova regra formulada por Basílio. Poucos anos depois, por volta de 390, teve lugar em Side, na

Panfília, um concílio presidido por Anfilóquio de Icônio, que precisou ocupar-se com os continuadores dos eustaquianos, chamados *messalianos* com palavra siríaca, ou *euquitas* (homens da oração) no equivalente grego. Estes retomavam as atitudes rebeldes e anarcóides dos eustaquianos, e sustentavam que somente a oração, à qual era preciso dedicar-se ininterruptamente, podia salvar o homem.

Com o título global de *Tratados ascéticos* foram agrupadas pelos editores Maurini as numerosas obras de Basílio que têm a ver com a vida monástica. Ele mesmo, num ano indefinido de seu episcopado, fez uma coleção do que já escrevera e a ela antepôs uma carta de acompanhamento. Tal coleção foi reconstruída em tempos recentes por Gribomont e por Neri, que a destacaram do conjunto das obras ascéticas, em meio às quais andara confundida. Tratar-se-ia, pois, de um *Prólogo* (um "discurso") *para o esboço de ascese* (PG 31, 1509D-1513A), de um *Tratado sobre o juízo de Deus* (PG 31, 653A-676C), que é uma exortação à penitência, de uma *Regra de fé para os monges* (PG 31, 676C-692C), e enfim dos tratados propriamente ditos de caráter ascético, estruturados em forma de perguntas e respostas. Em primeiro lugar vêm as *Regras morais*, oitenta ao todo, compostas de modo simplíssimo: a enunciação da regra de comportamento, à qual são anexados os testemunhos neotestamentários (cerca de 1.500), que constituem seu suporte teórico (inicialmente Basílio escrevera só as regras, conduzindo o leitor a buscar por conta própria os versículos necessários para a justificação delas com base escriturística). Esta é verdadeiramente a "regra" composta por Basílio, o fundamento de sua doutrina monástica, verossimilmente escrita nos inícios de sua carreira, por volta de 360. As regras, de todo modo, não são recolhidas desordenadamente, mas é possível separar fios condutores em seu conjunto, como a autoridade e a interpretação das Escrituras, a obediência aos preceitos, os mistérios, as virtudes cristãs etc. Depois das *Regras morais* vêm as respostas que Basílio mesmo dera, no curso de sua vida, aos que o interrogaram sobre os problemas — inclusive práticos — que a ascese levantava a cada vez. Dessa sua atividade pastoral, das numerosas viagens durante as quais ela se desenvolvia, quando quem quer que desejasse lhe fazia perguntas sobre as verdades da fé e sobre a vida evangélica, quem nos informa é o próprio Basílio, na *Epístola* 223, enviada a Eustáquio de Sebástia em 375. Ele sentia, portanto, a obrigação e o carisma do ensinamento. Só que estas *Regras* na realidade não são regras, e o próprio Basílio nunca as chamara desse modo: são apenas perguntas. Essa série de *Regras* em forma de perguntas e de respostas teve duas redações, uma mais breve e uma mais ampla. A mais breve, provavelmente anterior à eleição episcopal de Basílio, perdeu-se no texto grego, mas foi traduzida em latim por Rufino de Aquiléia cerca de trinta anos depois de sua composição, e existe também numa redação siríaca, descoberta por Gribomont. O estudioso deu o título de *Asceticon parvum* a esta primeira compilação, que compreende 203 perguntas-respostas; posteriormente, numa época em que Basílio já era bispo, foi escrita uma nova série de *Regras*, chamadas *Asceticon magnum*, que constitui uma ampliação da redação anterior. Essa ampliação é formada pelas *Regras longas* (55 perguntas-respostas, cujas respostas freqüentemente são bastante longas, donde o título) e pelas *Regras breves* (num total de 318 perguntas-respostas). A diferença entre as duas coletâneas não consiste apenas na maior ou menor extensão. As *Regras longas* constituem uma catequese organicamente ordenada, com a apresentação dos princípios e das normas gerais, razão por que a estrutura da interrogação e da resposta pode obedecer, em certos casos, também a exigências literárias, enquanto as *Regras breves* são uma coletânea de problemas e de soluções que dizem respeito à casuística mais concreta, refletindo mais de perto a relação entre discípulo e mestre, e são mais livres de todo vínculo literário.

As obras ascéticas de Basílio constituíram um elemento fundamental da cultura religiosa bizantina e tiveram amplíssima difusão junto com a difusão do monaquismo basiliano, que alcançou também o Ocidente. A enorme importância de tais obras se manifesta também no grande número de manuscritos que as conservaram. Rufino, como já dissemos, traduziu em latim, com o título de *Instituições monásticas*, a primeira redação das regras basilianas.

Recorde-se, por fim, no âmbito dos escritos ligados à vida ascética, também o tratado *Sobre o batismo*, em dois livros, dedicado à instrução dos catequistas que devem administrar o batismo e a eucaristia. Este também está, em parte, na forma de perguntas e respostas, à maneira das *Regras*. A partir de Garnier, esse tratado foi considerado espúrio por muitos. Agora, ao contrário, pensa-se que é autêntico de Basílio. Não se tem certeza da data de composição: em 366 ou no período entre 371 e 379.

Bibliografia. Edições: PG 31, 653-1628 (compreendendo o *De baptismo*); Basilio di Cesarea, *Il battesimo* (texto, tr., intr. e com. de U. Neri), Paideia, Brescia 1976; SChr 357 (J. Ducatillon, 1989). Traduções: *Opere Ascetiche* di Basilio di Cesarea, ed. de U. Neri, tr. de M. B. Artioli, UTET, Torino 1980. Estudos: fundamental J. Gribomont, *Saint Basile. Évangile et Église*, Abbaye de Bellefontaine 1984 (uma compilação de escritos anteriores), ao qual se sucedem numerosas outras contribuições, que não entraram nesse volume, e que não podemos, por brevidade, elencar, E ainda· W. K. L. Clarke, *St. Basil the Great. A Study in Monasticism*, Cambridge 1913; P. Humbertclaude, *La doctrine ascétique de Saint Basile de Césarée*, Beauchesne, Paris 1932; E. Amand de

Mendieta, *L'ascèse monastique de Saint Basile*, Abbaye de Maredsous, Maredsous 1949; *Le système cénobitique basilien comparé au système cénobitique pachomien*, "Rev. Hist. Rel." 152 (1957) 31-80; G. M. Colombàs, *El monacato primitivo*, tr. it. cit.; M. Mazza, *Monachesimo basiliano: modelli spirituali e tendenze economico-sociali nell'impero del IV secolo*, in VV.AA., *Basilio di Cesarea, la sua età...*, cit., pp. 55-96. Para as questões sociais, na Capadócia e mais em geral no império do Oriente, cf. M. Forlin Patrucco, *Aspetti del fiscalismo tardo-imperiale in Cappadocia: la testimonianza di Basilio di Cesarea*, "Athenaeum" 51 (1973) 294-309; id., *Povertà e ricchezza nell'avanzato IV secolo: la condanna dei mutui in Basilio di Cesarea*, "Aevum" 47 (1973) 225-234.

i) A discussão sobre o Espírito Santo

No curso dessa atividade pastoral e ascética, que o envolve ao máximo, o bispo de Cesaréia encontra em 375 a ocasião para escrever seu segundo tratado de caráter teológico — em muitos aspectos inovador e em outros apegado a posições doutrinais mais antigas —, o tratado *Sobre o Espírito Santo*, dedicado a Anfilóquio, bispo de Icônio. Essa obra representa uma contribuição à pneumatologia na medida em que enfrenta pela primeira vez de modo preciso o problema da natureza divina do Espírito, negada não só pelos arianos mas também pelos pneumatômacos, a parte dos homeusianos que, seguindo Eustáquio de Sebástia (que todavia estivera ao lado de Basílio como defensor da divindade do Filho), se haviam separado dos nicenos quanto a este problema. Segundo alguns estudiosos (por exemplo, H. Dörries e J. Gribomont), particularmente inclinados a sublinhar o papel de Eustáquio na definição do pensamento de Basílio, tal como já o *Contra Eunômio* também *O Espírito Santo* teria conservado (e mais precisamente nos caps. 10-27) os conteúdos das discussões que o bispo de Cesaréia mantivera com Eustáquio por ocasião de uma profissão de fé subscrita por ambos em 373. Basílio e Eustáquio tinham conseguido chegar a essa profissão de fé em conseqüência do agravamento da controvérsia sobre a natureza divina do Espírito, que Eustáquio, fiel à sua origem homeusiana e adepto da corrente dos pneumatômacos, persistia em negar. O resultado da discussão precedente de 373 se acha com o título de "cópia antígrafa da profissão de fé", como carta n. 125 do epistolário de Basílio. É preciso levar em conta, porém, o fato de que, quando Basílio escreveu seu tratado, dois anos depois, as relações entre os dois se haviam deteriorado, já que Eustáquio abandonara as conclusões a que chegara, acusando Basílio de ter falsamente dado a entender que se pusera de acordo com ele sobre as questões doutrinais.

Por outro lado, Basílio fora convidado (de modo um pouco inoportuno) poucos meses antes por Gregório de Nazianzo, mediante uma carta (n. 58), a proclamar abertamente a divindade do Espírito, um problema que ainda não encontrara o assentimento total dos antiarianos, tão diferentes em suas posições. Tal inoportunidade, reprovada a Gregório por Basílio em sua resposta (*Epíst.* n. 71), estava em pretender afirmar de forma dogmática uma doutrina à qual boa parte dos homeusianos não aderia, razão por que tal afirmação podia significar uma ruptura com eles, particularmente nociva naqueles anos em que era necessário fazer frente comum contra a maioria dos homeus. E, no entanto, tratava-se de um problema já inevitável, sendo preciso que os antiarianos se pronunciassem abertamente a esse respeito, como fizeram Dídimo (*O Espírito Santo*, caps. 29 e 31) e Epifânio (*Ancorado* 8, 9); e por isso o Nazianzeno não estivera totalmente errado ao pedir que se acabasse com a demora em enxergar como verdade de fé o que poucos anos depois o concílio de Constantinopla teria afirmado como dogma, ainda que não no modo como Gregório teria desejado (o concílio, de fato, levou em maior consideração as exigências dos homeusianos).

Ora, Basílio quer dar uma resposta afirmativa ao problema da divindade do Espírito, mas chega a ela de modo indireto porque, em vez de asseri-la explicitamente com base em afirmações escriturísticas (e tampouco poderia fazê-lo, dado que tais afirmações não existem), ele a deduz do fato de o Espírito participar junto com o Pai e o Filho — a quem é indissoluvelmente ligado — das peculiaridades da natureza divina, da dignidade e das operações. Tampouco neste tratado se encontra uma explícita afirmação de que o Espírito é Deus, já que Basílio prefere ater-se ao puro dado escriturístico, mesmo não hesitando em admitir que sem o Espírito não existe a Trindade divina e que o Espírito está sempre presente junto às outras duas Pessoas na obra de criação e de santificação. Além disso, Basílio esboça pela primeira vez (18, 47) a doutrina — que será desenvolvida a seguir pelos outros dois capadócios e se tornará tradicional no Oriente bizantino — do Espírito que deriva do Pai *por meio do* Filho. O ponto de partida das considerações de Basílio fora uma doxologia cantada pela Igreja de Cesaréia: "glória ao Pai *por meio* do Filho, *no* Espírito Santo" ou "glória ao Pai, com o Filho, *junto ao* Espírito Santo". Era necessário, portanto, precisar o valor de tais preposições. Na segunda parte da obra, escrita provavelmente alguns meses depois da primeira, Basílio recolhe os testemunhos dos Padres que podem resultar favoráveis à sua tese, introduzindo uma interessante distinção entre *kerygma* (em substância, o conjunto das tradições não-escritas, que tinham sua vitalidade no ensinamento da Igreja) e *dogma*, a verdadeira doutrina de fé, confiada ao texto.

E é interessante observar que, apesar da presença no concílio de 381 de Gregório Nazianzeno — que chega exatamente, na *homilia* 31, pronunciada em Constantinopla em 380, a estender o "consubstancial" também ao Espírito —, os Padres conciliares tiveram de levar em conta as objeções dos pneumatômacos, com os quais travaram longas discussões, não coroadas de êxito, de modo que o próprio símbolo reserva a atribuição explícita da natureza de Deus ao Pai e ao Filho, mas não ao Espírito Santo, que é "doador de vida", "procede do Pai", "é adorado e glorificado junto com o Pai e o Filho". Esta formulação, no fundo, tinha sido a do próprio Basílio também na obra de que estamos falando, mas constitui um retrocesso diante da afirmação, muito mais explícita, da divindade do Espírito Santo feita por Atanásio no *Tomo aos antioquenos*, de que se falou acima (p. 69).

O tratado *Sobre o Espírito Santo* não possui a genialidade e a profundidade das invenções teológicas que se lêem no *Contra Eunômio*. Permanece, de todo modo, como uma obra de notável interesse e se impõe no panorama cultural do cristianismo dos anos 370-380.

Existe um segundo tratado *Sobre o Espírito Santo*, que mostra forte influência de Plotino. Este é de autenticidade contestada, e a língua e o estilo, que formam quase uma antologia de expressões de Plotino, parecem ser diferentes dos de Basílio. Provavelmente foi escrito por alguém do círculo do bispo de Cesaréia. Outra hipótese é que tenha sido obra do próprio Basílio na época da *Filocalia*.

Bibliografia. Edições: SChr 17bis (B. Pruche, 1968). Tradução: CTP 106 (G. Azzali Bernardelli, 1994). Estudos: H. Dörries, *De Spiritu Sancto. Der Beitrag des Basilius zum Abschluss des trinitarischen Dogmas*, Vandenhoeck & Ruprecht, Göttingen 1956; H. Dehnard, *Das Problem der Abhängigkeit des Basilius von Plotin*, PTS 3, de Gruyter, Berlin 1964.

Poucos anos depois, Basílio morreu (1º de janeiro de 379) em conseqüência de sua saúde instável e de uma intensa e extenuante atividade pastoral e ascética, e com ele desaparece o mestre de Gregório de Nazianzo e de Gregório de Nissa, mestre de doutrina teológica e de espiritualidade. Uma interpretação da figura de Basílio — à parte a excelsa relevância que ela possui em uma consideração global — apresenta um aspecto de incerteza, conforme se acentuem dois interesses que parecem muito distantes entre si, o do literato e o do asceta. Sem dúvida, a investigação sobre as doutrinas filosóficas (sobretudo neoplatônicas e estóicas) empregadas por Basílio a partir do *Contra Eunômio* até seus escritos ascéticos apresenta-nos um escritor dotado de grande cultura. Mas outros críticos observam que o emprego de um léxico filosófico para descrever a realidade ascética e monástica (como o próprio termo "filosofia" para indicar a ascese; os elementos da ética, que derivam do estoicismo; as concepções platônicas do estranhamento do corpo, da iluminação espiritual, da assimilação a Deus) não deve levar a engano: os conceitos filosóficos estão sempre subordinados a uma reinterpretação em sentido cristão, na qual a Escritura dá o significado último e preponderante. Assim, sua atividade foi considerada indicativa de um "aristocrata revolucionário", embora a definição de "Basílio comunista", que também foi feita, pertença às debilidades em que caem até mesmo os maiores estudiosos.

É nossa tarefa, aqui, considerar em Basílio sobretudo o literato cristão, e não hesitamos em dizer que, embora goze de menor fama que o grande "sofista" e luxuriante escritor Gregório Nazianzeno, ele foi, de todo modo, em sua diversidade, escritor não menor que aquele. Antes de mais nada, sua personalidade resolveu, como observa Naldini, "com pacata determinação no íntimo de uma consciência equilibrada e ao mesmo tempo firme e inovadora", aquilo que para outros autores cristãos — sobretudo na área latina — constituíra um dilema, às vezes dramático, entre o momento estritamente cultural e o momento ascético. Mas, tal como o Basílio asceta soube evitar os extremismos de tipo eustaquiano, também o Basílio literato soube dirigir-se tanto à filosofia moral de origem estóico-neoplatônica como à retórica profana escolhendo, nos empréstimos que fez a elas, os elementos aos quais pôde dar vida e significado cristão. Límpido e claro, sempre, é seu estilo; exemplo de como se podem debater argumentos árduos com clareza e precisão de lexico. Não sem motivo falou-se de um verdadeiro "humanismo" de Basílio.

Bibliografia: Y. Courtonne, *Saint Basile et l'Hellénisme*, Les Belles Lettres, Paris 1934 (útil, mas muito desatualizado); J. F. Callahan, *Greek Philosophy and the Cappadocian Cosmology*, "Dumbarton Oak Papers" 12 (1958) 29-57; A. M. Malingrey, *"Philosophia". Étude d'un groupe de mots dans la littérature grecque, des Présocratiques au IVe siècle a. J. C.*, Klincksieck, Paris 1961; VV.AA., *Basil of Caesarea Christian, Humanist, Ascetic. A sixteenth Hundredth Anniversary Symposium*, I-II (ed. P. Fedwick), Pontifical Institute of Medioeval Studies, Toronto 1981; no volume de VV.AA., *Basilio di Cesarea...*, cit., lêem-se contribuições de M. Naldini, *La posizione culturale di Basilio Magno*, pp. 199-216, e de G. D'Ippolito, *Basilio di Cesarea e la poesia greca*, pp. 309-379; I. Backus, *Lectures Humanistes de Basile de Césarée...*, Et. Augustiniennes, Paris 1990. Sobre o estilo de Basílio: G. L. Kustas, *Saint Basil and the Rhetorical Tradition*, em VV.AA., *Basil of Caesarea...*, cit., pp. 221-279.

j) Outras obras de Gregório de Nissa

Neste período (375-379), calando-se Gregório Nazianzeno após as não muito significativas homilias dos anos 370-375, o irmão de Basílio prossegue em sua atividade literária iniciada por volta de 370, e sua produção agora vai-se tornando cada vez mais nutrida e significativa, embora se possa dizer que os dois Gregórios vivem ainda à sombra do grande mestre. De fato, devemos situar nestes anos (vale dizer, antes da morte de Basílio) alguns opúsculos de caráter ascético e moral, que decerto não possuem o mesmo significado de outros que o Nisseno escreveu sobre o tema, mas servem para indicar que a ascese, já mencionada na obra sobre a virgindade, não foi abandonada, continuando a ser objeto de meditação. São as obras *O nome e a profissão do cristão* e *Ao monge Olímpio, sobre a perfeição do cristão*, duas obras afins na temática, que é o aprofundamento da natureza do verdadeiro cristão, o qual se realiza como tal na imitação de Cristo. Característica constante do Nisseno é basear suas doutrinas espirituais numa motivação teológico-filosófica; por isso mesmo, nessas obras menores se encontram motivos essenciais de Gregório. Além disso, na nova função de bispo, ele inicia sua atividade de pregador: encontramos cinco homilias sobre *A oração do Senhor* (uma introdutória e quatro de exegese propriamente dita do "Pater noster"), provavelmente situadas nos anos 374-376. De poucos anos depois (segundo alguns de 379, segundo outros de 380) é a *Sobre os defuntos*. Esta última é uma homilia em que o pregador exorta os fiéis a não se abandonar à dor desmesurada pela perda de seus entes queridos, já que ela deveria ser considerada uma consolação. Mas, dada a sensibilidade do pensamento, ela vale, antes, como uma espécie de "sermão dogmático" muito próxima do verdadeiro tratado doutrinal (Lozza). Devido ao tema da homilia, o Nisseno tem a ocasião de dedicar-se pela primeira vez (retornará a ele pouco depois em *A alma e a ressurreição*) ao problema da "apocatástase" ou restauração final, segundo o ensinamento origeniano; por esse motivo, a homilia *Sobre os defuntos*, como também o tratado sobre a alma, recebeu na idade bizantina algumas interpolações, visando conferir ao texto um pensamento seguramente ortodoxo. Análoga a esta é a homilia *Sobre a ressurreição de Cristo*, também densa de reflexões sobre temas escatológicos. Configura-se, assim, desde agora uma das características da pregação do Nisseno, o qual, diferentemente de Basílio e de Gregório de Nazianzo, inclina-se sobretudo a servir--se de elementos filosóficos e teológicos, tantos que os próprios motivos bíblicos passam a segundo plano; continua sempre forte a acentuação retórica, na estrutura e no estilo.

Bibliografia. Edições: GNO VIII, 1 *Opera ascetica* 1952 (ed. W. Jaeger); traduções: CTP 15, 1979 (*Fine, professione e perfezione del cristiano*: S. Lilla); GNO IX, *Sermones, pars prior*, ed. G. Heil, A. van Heck, E. Gebhardt, A. Spira, 1967; Gregorio di Nissa, *Discorso sui defunti*. Ed. crítica com introd., notas e índice organizados por G. Lozza, Corona

Patrum 13, SEI, Torino 1991; Gregor von Nyssa, *Die drei Tage zwischen Tod und Auferstehung unseres Herrn Jesus Christus*, eingel., übersetzt und kommentiert von H. R. Drobner, Brill, Leiden 1982; L. F. Pizzolato, *La "consolatio" cristiana per la morte nel sec. IV. Riflessioni metodologiche e tematiche*, "Civiltà Classica e Cristiana" 6 (1985) 441-474.

Recordemos, igualmente, outras orações de caráter ético: duas homilias *Sobre o amor pelos pobres*; uma *Contra os usurários*, dedicada ao mesmo tema da de Basílio.

Mas no que diz respeito à homilética de Gregório de Nissa, como em geral a toda a homilética antiga, somos obrigados a nos limitar à produção mais significativa, por motivos de espaço.

De nível bem diferente são dois tratados doutrinais que partem da exegese de doutrinas bíblicas e ainda estão fortemente influenciados pelo ensinamento de Basílio. Por esse motivo os examinamos neste contexto, embora ambos sejam posteriores (mesmo que só em poucos meses) à morte de Basílio. O bispo de Cesaréia explicara, em suas homilias *Sobre o Hexameron*, a criação do mundo e do homem; o Nisseno, por sua vez, retorna ao tema, aprofundando-o com o tratado *Sobre a criação do homem*, dedicado a Pedro de Sebástia, irmão seu e de Basílio. Gregório quer examinar o problema da antropologia e desenvolve doutrinas origenianas acerca da questão da assim chamada "dupla criação do homem", de que fala Gn 1,26 e 2,7, resolvendo-a no sentido de que o texto sagrado entenderia na primeira vez a humanidade considerada idealmente em seu conjunto, e na segunda vez a verdadeira criação do homem real, diferenciado em macho e fêmea. Posteriormente, retomando doutrinas estóicas, segundo as quais a beleza e a perfeição da obra de Deus se manifestam em todo o criado, o autor põe em evidência a funcionalidade e a correspondência à providencialidade divina, que se notam no corpo humano.

Pertencem a essa mesma problemática (mesmo resolvendo-a de modo original, fortemente origeniano), e foram atribuídas ao Nisseno por alguns manuscritos medievais, as duas homilias *Sobre a origem do homem*, que seriam, sim, de Basílio, como mencionamos mais acima.

A outra obra tem o título de *Explicação apologética do Hexameron*, vale dizer, quer retomar a exegese da doutrina genesíaca da criação do homem e ao mesmo tempo pretende ser uma defesa das *Homilias sobre o Hexameron* de Basílio, o qual, segundo alguns críticos da época, não teria enfrentado de modo adequadamente científico aquele tema importante, mas ficado na superfície e falado mais para os ignaros que para os homens de cultura. Portanto, respondendo ao pedido do irmão Pedro, a quem também essa obra é dedicada, o Nisseno reexamina o relato bíblico da criação do mundo e tenta dar aos vários fatos — narrados pela Escritura com simplicidade, de modo não-científico, e não aprofundados pela exegese basiliana (por exemplo, o da criação da luz; da existência da luz antes da criação do mundo; do significado do abismo sobre o qual se movia o Espírito de Deus; do firmamento etc.) — uma explicação de caráter mais rigorosamente científico, que recorre às doutrinas estóicas, ao judaísmo e a Fílon, o Hebreu. Por este motivo, o Nisseno emprega uma interpretação estritamente literal, que contrasta com aquela fortemente alegórica e espiritual de suas outras obras exegéticas, e com muita resolução dá uma justificativa desse seu modo de ler o Gênesis, muito embora nas obras posteriores ele volte à exegese espiritual. A *Explicação do Hexameron* foi escrita alguns meses depois da obra sobre a criação do homem, provavelmente no outono de 379.

Bibliografia. Edições: PG 44. Uma tradução parcial da *Explicação do Hexameron* em Gregório de Nissa, *Opere*, introd., trad. e notas organizadas por C. Moreschini, UTET, Torino 1992; CTP 32, 1980 (*L'uomo:* B. Salmona). Estudos: M. Alexandre, *La théorie de l'exégèse dans le De hominis opificio et l'In Hexaemeron*, in VV.AA., *Écriture et culture philosophique dans la pensée de Grégoire de Nysse*, Actes du Colloque de Chevetogne édités par M. Harl, Brill, Leiden 1971, pp. 87-110; E. Corsini, *Plérome humaine et plérome cosmique chez Grégoire de Nysse*, ibid., pp. 111-126; E. Peroli, *Il platonismo e l'antropologia filosofica di Gregorio di Nissa...*, introd. de C. Moreschini, Vita e Pensiero, Milano 1993.

k) Após a morte de Basílio

Nesse meio tempo a situação política, contra a qual Basílio empenhara todos os seus esforços, mudara inesperadamente. O imperador Valente, que apoiara os homeus, fora derrotado e morto pelos godos na terrível batalha de Adrianópolis, em agosto de 378; seguiram-se meses terríveis de desordem e de devastações. Os bárbaros chegaram até os muros da capital, e tudo parecia perdido. O novo imperador, Teodósio, conseguiu restabelecer um mínimo de ordem, fazendo um pacto com os godos. Sobretudo, ele era — inesperadamente, pois ninguém no Oriente conhecia aquele homem de origem espanhola, que até então fora apenas um militar — ferrenho defensor da fé nicena. Pouco a pouco Teodósio fez valer o peso de suas convicções. Os bispos nicenos, que Valente obrigara a partir para o exílio, puderam retornar a suas sés. Assim, Gregório de Nissa, no outono de 379, participou sem nenhum impedimento de um sínodo em Antioquia, no qual se condenou o apolinarismo, e recebeu o encargo de devolver a ordem à Igreja de Sebástia, na Armênia, deixada vacante com a morte de Eustáquio, poucos anos antes. A comunidade nicena de Constantinopla, que não tinha um bispo seu (o bispo da capital, Damófilo, era homeu), pensou em nomear um chamando Gregório de Nazianzo de sua vida eremítica.

Eram os primeiros meses de 379: a comunidade nicena era uma minoria, ameaçada pelas violências dos heréticos; não tinha uma igreja sua, mas só uma capela, chamada "Anastásia" ("a ressurreição"), em que se reunir; o poder ainda estava com Damófilo e o clero homeu, apoiados pela corte. A situação dos nicenos, portanto, era bastante difícil; no entanto Gregório, que sempre se recusara a participar da vida prática, transformou-se inesperadamente num homem de governo, resoluto e enérgico, encorajando seus fiéis, enfrentando os riscos, até o da própria vida, fazendo crescer sua autoridade em Constantinopla, até que Teodósio, no edito de Tessalônica de fevereiro de 380, estabeleceu que a única fé do império era a professada por Dâmaso de Roma e Pedro de Alexandria. O imperador, portanto, em 26 de novembro do mesmo ano, tirou Damófilo da catedral de Constantinopla e a confiou a Gregório, que se tornou assim o bispo oficial da cidade. Gregório em poucos meses chegara ao ápice de sua carreira, conquistando fama também como orador sacro: temos um exemplo de sua eloqüência nas homilias daqueles anos, e sua fama de orador sacro é confirmada pelo testemunho de Jerônimo, que naquele tempo estava em Constantinopla e pôde inclusive ouvir, de Gregório, homilias que não chegaram até nós. Mais tarde, Jerônimo o definiu como "meu mestre, de quem aprendi a exegese da Escritura".

Vimo-nos referindo várias vezes à morte de Basílio porque ela, a nosso ver, constitui um divisor de águas e assinala uma reviravolta não só na vida mas também na produção literária e teológica de Gregório de Nissa e Gregório de Nazianzo, que parecem agora mover-se já sem a proteção e a "vigilância" do respeitado e enérgico bispo de Cesaréia. Eles agora agem no máximo de suas possibilidades, que talvez estivessem parcialmente constrangidas pela vontade de Basílio (isso é evidente sobretudo para Gregório de Nazianzo), mas sem mostrar nenhuma rebelião ao ensinamento daquele que continua a ser, para os dois capadócios, até o final de suas vidas, o mestre de espiritualidade e de doutrina.

Nesse período de conflitos e de dificuldades, Gregório deu o melhor de si no plano prático e intelectual. Testemunham-no as homilias que pronunciou em Constantinopla: cerca de vinte em dois anos (n. 20-42: mas uma que pertence a este conjunto — a de n. 35 — é seguramente espúria; outra é provavelmente anterior), contra as dezenove dos quinze

149

anos transcorridos na provinciana Nazianzo, e sobretudo quase todas de particular significado, seja no que diz respeito ao conteúdo, seja no tocante à forma literária. Gregório seguramente se sentia mais à vontade no ambiente culturalmente vívido de Constantinopla, que estimulava sua propensão à oratória e o obrigava a examinar e aprofundar seus próprios raciocínios. Emergem, nesse amplo grupo de homilias, as que, pronunciadas entre a primavera e o verão de 380, foram em seguida chamadas globalmente "orações teológicas" por seu denso conteúdo (n. 27-31). Na primeira delas, Gregório satiriza a mania dos arianos e dos cristãos em geral de querer falar sem nenhum controle dos problemas teológicos, como se fossem banais temas em moda. Na seguinte, exalta a providência e a potência criadora de Deus, que se manifestam nas maravilhas da Criação, para fazer compreender, em polêmica com o racionalismo dos arianos, que o homem, se não é capaz de explicar adequadamente o mecanismo vital que se vê existir em toda criatura, mesmo humilde, ou a ordem e a perfeição das obras de Deus, tanto menos capaz será de conhecer o Criador. Depois dessas duas orações, Gregório enfrenta o problema teológico em sentido estrito, na homilia 29, confutando as objeções dos arianos à geração do Filho e contrapondo-lhes a doutrina de Basílio, retomada por Gregório, mas delineada de modo mais nítido: o Filho é uma hipóstase de caráter "pessoal", isto é, gerado pelo Pai, que é não-gerado; na seguinte (n. 30) examina um dossiê de textos escriturísticos, para opor à interpretação ariana — firme em sublinhar a inferioridade do Filho, enquanto criatura — a verdadeira exegese, da qual se deduz a perfeita paridade de substância do Filho com o Pai. Enfim, na homilia n. 31, Gregório retoma o problema do Espírito Santo, cuja plena e perfeita divindade ele proclama abertamente, superando as cautelas de Basílio que, como se disse acima, afirmara-a apenas implicitamente ao deduzi-la do fato de o Espírito gozar de honras iguais às das outras duas Pessoas divinas. Gregório expõe sua doutrina teológica que, partindo dos fundamentos lançados por Basílio, substitui — para enunciar a peculiaridade (*idion*) das três Pessoas — a articulação (proposta por seu mestre) de "paternidade", "filialidade" e "santificação" pela de "não-geração", "geração" e "processão", de modo que este último termo, que indica o Espírito, insere a terceira Pessoa de modo mais orgânico na substância divina. Gregório não se limita apenas, como era tradicional até sua época, a falar da presença santificadora e inspiradora do Espírito nos homens, mas sobretudo de sua origem, e portanto de sua natureza, no sentido de o Espírito "proceder" do Pai (cf. Jo 15,26) paralelamente ao Filho, que foi gerado. Tal doutrina trinitária é exposta por Gregório também em outro importante grupo de homilias, destinadas a celebrar a festa do Natal (n. 38), a da Epifania (n. 39) e a do batismo de Cristo (n. 40), nos anos 380-381, e na homilia sobre o Pentecostes (n. 41), de 379, que quer reiterar a plena divindade do Espírito e tentar converter a tal doutrina, se não os arianos, ao menos os pneumatômacos. E certamente tem um claro significado dogmático também a oração n. 20, que é o encômio de Atanásio. Habitualmente, a oração fúnebre era feita *in loco* e pouco tempo depois da morte da pessoa; por isso tem uma intenção programática o fato de Gregório, em Constantinopla, num ambiente ariano, celebrar o grande bispo de Alexandria, campeão da luta contra os hereges. É preciso ter em mente que Gregório, à diferença de Basílio, defensor resoluto de Melécio e dos antioquenos, queria granjear a amizade do episcopado egípcio, como também mostra a homilia n. 34.

Recordemos também algumas outras homilias (n. 25-26), nas quais Gregório, decepcionando-se gravemente com a sinceridade de um ambíguo personagem, que escondia sua ambição sob o aspecto exterior da humildade própria dos filósofos cínicos — um certo Máximo —, primeiro o exaltara e depois, ludibriado pelo aventureiro, reconhecera seu erro. À parte esses eventos de escasso peso para a história, nessas homilias o orador identifica na renúncia ao mundo e à exterioridade, própria dos filósofos cínicos, o ideal da própria "filosofia" cristã.

Todas as homilias, ademais, têm um marcante caráter pessoal, à diferença das de Basílio, tão objetivas e de intentos exclusivamente exegéticos e morais. Já vimos que algumas das pronunciadas em Nazianzo tinham essa característica, já que Gregório, quando falava ao povo ou aos amigos, freqüentemente apresentava seus próprios sentimentos, dúvidas, suas próprias esperanças. O mesmo se dá no período de Constantinopla: Gregório passa da afirmação da própria fraqueza à ironia para com seus inimigos, quando fala após sua entronização na cátedra episcopal (n. 36), ou recorre ao sarcasmo quando, tornado objeto — junto com a comunidade de seus fiéis — das violências dos arianos, finge confessar a estes últimos que foram os nicenos, na verdade, os culpados (n. 33). Nesse período se situa também a única homilia de conteúdo exegético (n. 37); nela Gregório explica a perícope evangélica (Mt 19,1-12) dedicada ao "fazer-se eunuco" por amor do reino dos céus e segue um critério exegético que concede pouco ao espiritualismo, diferentemente do que faz naqueles mesmos anos seu amigo Gregorio de Nissa. Mas, se tivéssemos um número maior de homilias do Nazianzeno dedicadas à exegese escriturística, poderíamos ter uma idéia mais adequada e menos sumária. A homilia 37 é provavelmente a última pronunciada por Gregório antes do concílio de Constantinopla, que vê, ao mesmo tempo, o apogeu e o inesperado declínio de sua influência.

Um concílio ecumênico para o Oriente, contemporâneo e com finalidades iguais às do que devia celebrar-se em Aquiléia, no Ocidente, fora desejado por Teodósio, o qual — mesmo tendo expresso com clareza sua posição filonicênica já no edito promulgado em Tessalônica em 28 de fevereiro de 380, estabelecendo que a ortodoxia consistia na fé de Roma e de Alexandria — queria de todo modo fazer ratificar sua opção no foro mais adequado. Tal concílio deveria encerrar definitivamente as controvérsias provocadas pelo arianismo e condenar qualquer outra nova heresia (por exemplo, o modalismo e Apolinário). Deveria resolver também outras questões, como a do bispado de uma sede importante como Antioquia, disputado entre o bispo legítimo, Melécio — apoiado pela quase — totalidade dos nicenos do Oriente — e Paulino, que gozava de simpatias no Ocidente. Os trabalhos se desenrolaram nos meses de maio e junho de 381, e a presidência coube, inicialmente, ao bispo da própria Constantinopla, Gregório. Apesar disso, o Nazianzeno não conseguiu impor a aprovação de suas idéias que, às vezes, na tentativa de uma pacificação geral, lesavam também o bom direito de outrem (por exemplo, dos melecianos). Vendo que, mesmo presidindo o concílio, ele se chocava contra dificuldades cada vez maiores; criticado, enfim, pelos bispos egípcios que acreditavam em seus amigos (e na verdade estavam próximos das posições de Dâmaso, que, como fora hostil a Basílio, também o será a Constantinopla em geral), foi acusado de ter violado o cânone 15 de Nicéia, que proibia o abandono de uma diocese para ocupar outra (e Gregório abandonara Sásima por Constantinopla, embora nunca tivesse ido a Sásima para tomar posse daquela sé). Gregório então, como era típico de seu caráter impetuoso e sensível, decidiu não só continuar a participar do concílio nem permanecer na sé de Constantinopla. Apresentou sua demissão ao imperador Teodósio que, embora nutrindo a maior estima por sua pessoa, a aceitou, vendo que não era possível continuar apoiando um bispo tão pouco político como Gregório.

Bibliografia: G. Dossetti, *Il simbolo di Nicea e di Costantinopoli*, Herder, Roma 1967; L. Perrone, *Da Nicea (325) a Calcedonia (451)*, in VV.AA., *Storia dei concili ecumenici* (G. Alberigo, ed.), Queriniana, Brescia 1993, pp. 58-68; E. Lodi, *Il Credo nicenocostantinopolitano nella liturgia romana*, Marietti, Genova 1995.

Gregório pronunciou, para a ocasião, uma última homilia (n. 42), que é de despedida definitiva, não só ao concílio mas também a Constantinopla. Ficou famosa pelo tom patético e comovido com que o autor evoca o período — pleno de angústias, mas em outros aspectos gratificante — passado como bispo na Anastásia, antes da magnificência da sé episcopal à qual fora elevado; declara estar cansado de contendas e lutas; abandona toda grandeza do mundo, deixando como única herança sua a fé incorrupta que tantas vezes defendera.

Voltou imediatamente a Nazianzo, onde retomou sua atividade como bispo da cidade. Assim que lhe foi possível, porém, em 383, demitiu-se e retirou-se para levar vida solitária e ascética em suas propriedades de Arianzo, onde morreu em 389 ou 390.

Dos três amigos, apenas o mais jovem, Gregório de Nissa, permanecera ativo na vida pública. O Nisseno participou do concílio de Constantinopla, preparando as decisões de caráter dogmático com a composição de alguns de seus importantes tratados doutrinais, por isso no mesmo concílio gozou de indiscutível autoridade como teólogo. O Padre capadócio conservou tal autoridade permanecendo a seguir em estreito contato com Constantinopla, onde foi ouvido pela corte cristã de Teodósio. Como orador oficial escreveu, em 385-386, as orações fúnebres para a princesa Pulquéria e para a mãe desta, Flacila; participou dos sínodos de Constantinopla de 384, e depois novamente do de 394; morreu pouco depois desta data.

l) Os últimos anos de Gregório em Nazianzo

Abandonada Constantinopla, Gregório voltou, como se disse, a Nazianzo (não sabemos com quanta saudade do passado), onde retomou suas funções de bispo, que abandonara em 375, e pronunciou suas últimas homilias: em 383 a do domingo *in albis* (n. 44), a seguir uma pela Páscoa (n. 45). Bastante interessante é a homilia pronunciada em 381 ou 382, em Cesaréia, o encômio de Basílio (n. 43): seguramente mais curta do que foi lida diante do povo, em seguida ampliada em sua forma escrita. Com ela obtemos muitas informações sobre a vida de Basílio que, mesmo assim, devem ser lidas da maneira certa, já que é característica da arte de Gregório mencionar os fatos e não narrá-los abertamente. Isso era muito necessário, dado que alguns acontecimentos da vida do amigo podiam ser interpretados *in malam partem*, como os conflitos entre Basílio presbítero e seu bispo Eusébio, ou a oposição que suscitara na Capadócia sua candidatura a bispo de Cesaréia, como se viu acima. Gregório, pois, limita-se à atividade literária de Basílio, cujo magistério insubstituível ele reitera sem, é claro, elencar as obras uma a uma, mas referindo-se de modo geral ao conteúdo delas e à grande importância que tiveram para a ascese e para a teologia cristã. Esta oração constitui um notável documento do gênero literário do encômio que, inicialmente usado em ambiente pagão, é adaptado por Gregório a um personagem cristão. Gregório, além disso, manifesta de modo claro, e para nós bastante interessante, o que devia ser o ideal da cultura cristã professado pelos capadócios: o orador sabe que muitos cristãos criticam seu uso da cultura e da literatura profana, e defende com tranqüilidade, mas resolutamente, seu direito a servir-se do legado dos clássicos, pois isso não significa uma renúncia à reta fé.

As *Homilias* são provavelmente o vértice da arte de Gregório Nazianzeno e, podemos dizer também, um dos pontos mais altos a que chegou a literatura cristã de língua grega. Certamente, se quisermos julgar, como é oportuno, a produção literária tardo-antiga considerando de modo global paganismo e cristianismo, diremos que elas constituem uma obra com a qual poucas da literatura pagã da época podem suportar o confronto. Educado pelos grandes mestres de retórica do tempo, Gregório aprendeu com eles a arte da oratória florida e rica de movimentos apaixonados, como a invectiva, o entusiasmo, o abatimento; mesmo na atenta elaboração, na homilia ele deixa subsistir — aliás, exprime em plenitude — os sentimentos mais pessoais; o léxico é riquíssimo e freqüentemente poetizante, como era de uso na produção retórica contemporânea, com alusões aos autores clássicos, que Gregório conhecia muito bem; por outro lado, essas referências exigem constantemente uma adaptação ao novo texto, no qual são inseridas, quase a competir com o original. Enfim, por ter posto a teologia trinitária como objeto de sua apaixonada eloqüência recebeu, na era bizantina, o título de "o Teólogo" por excelência, aquele que melhor que os outros soube "falar de Deus". Também o Nazianzeno (não só nas homilias, mas também nas outras obras) como os demais capadócios nutre seu pensamento cristão com certo conhecimento da filosofia pagã, mesmo não a utilizando com a profundidade e a segurança especulativa próprias de Gregório de Nissa; o Nazianzeno recorre sobretudo ao platonismo (no âmbito da teologia e da espiritualidade) e ao cinismo (no tocante às doutrinas morais, como o separar-se do mundo exterior, a comiseração pela mesquinhez do homem, o desprezo da soberba alheia).

Bibliografia. Edições: SChr 270, 1980 (n. 20-23: J. Mossay); 284, 1981 (n. 24-26: J. Mossay); 250, 1978 (n. 27-31: P. Gallay e M. Jourjon); 318, 1985 (n. 32-37: C. Moreschini e P. Gallay); 358, 1990 (C. Moreschini e P. Gallay); 384, 1992 (n. 42-43: J. Bernardi). Para as orações 13-19, ainda PG 34. Traduções: CTP 39, 1983 (*Omelie sulla natività*: C. Moreschini); 58, 1986 (*I cinque discorsi teologici*: C. Moreschini); Gregor von Nazianz, *Die fünf theologischen Reden*, Text und Übersetzung mit Einleitung und Kommentar herausgegeben von J. Barbel, Patmos-Verlag, Düsseldorf, 1963. Estudos: J. Dziech, *De Gregorio Nazianzeno diatribae quae dicitur alumno*, Poznan 1925; H. Pinault, *Le platonisme* de Saint Grégoire de Nazianze, Imprimerie-Librairie G. Romain, La Roche-sur-Yon 1925; F. Lefherz, Studien zu Gregor von Nazianz. Mythologie, Überlieferung, Scholiasten, diss. Univ. Bonn, Bonn 1958; J. Plagnieux, Saint Grégoire de Nazianze théologien, Éditions Franciscaines, Paris 1951; J. M. Szymusiak, Éléments de théologie de l'homme selon Grégoire de Nazianze, Univ. Gregoriana, Roma 1963; F. Trisoglio, Reminiscenze e consonanze classiche nella XIV orazione di S. Gregorio Nazianzeno, "Atti Accad. Scienze Torino" 99 (1964-1965) 129-204; R. R. Ruether, Gregory of Nazianzus Rhetor and Philosopher, Clarendon Press, Oxford 1969; Th. Spidlik, Grégoire de Nazianze. Introduction à l'étude de sa doctrine spirituelle, Pont. Istit. Orient., Roma 1971; H. Althaus, Die Heilslehre des heiligen Gregor von Nazianz, Aschendorff, Münster 1972; C. Moreschini, Il platonismo cristiano di Gregorio Nazianzeno, "Ann. Scuola Norm. Sup. Pisa" 4 (1974) 1345-1392; M. Kertsch, Bildersprache bei Gregor von Nazianz, Grazer Theol. Studien, Universität Graz 1980; VV.AA., Gregorio Nazianzeno teologo e scrittore. Atti del Convegno di Trento 1990, ed. C. Moreschini e G. Menestrina, EDB, Bologna 1992 (contribuições de Spidlik, Quacquarelli, Trisoglio, Kertsch, Criscuolo, Moreschini, Menestrina, Palla, Crimi, Maltese); J. Bernardi, Saint Grégoire de Nazianze, Cerf, Paris 1995. Uma resenha dos estudos publicados sobre toda a obra de Gregório Nazianzeno foi organizada por F. Trisoglio, San Gregorio di Nazianzo in un quarantennio di studi (1925-1965), "Rivista lasalliana" 40 (1973). Uma edição global de todas as obras de Gregório Nazianzeno fora projetada no início do século XX pela Academia Polonesa de Ciências, mas em seguida foi abandonada por uma série de complicadas vicissitudes: sobre ela informa de modo exaustivo M. Plezia, Storia di una edizione incompiuta, tr. it. de M. Rzepiela, D'Auria, Napoli 1992.

m) O epistolário de Gregório Nazianzeno

A finíssima (e às vezes luxuriante) elaboração literária, a forte caracterização retórica, plena de sentenças e *pointes,* que se mostra tão esplendidamente nas homilias, caracteriza também o epistolário do Nazianzeno que, se comparado ao de Basílio, deixa bem evidentes as diferenças entre as duas personalidades. Enquanto o de Basílio é rico de problemas concretos, de questões doutrinais, de discussões teológicas, o de Gregório se entrega aos sentimentos mais imediatos, que nem sempre são os mais profundos, às impressões do momento, aos instantes da vida; não gosta de tratar de questões doutrinais mas, quando muito, de problemas que atormentam seu espírito e o dos amigos. Enquanto Basílio escreve com autoridade a colegas e homens políticos, Gregório se dirige sobretudo a pessoas de menor posição dentro da hierarquia, mas com as quais pode ter um intercâmbio de sentimentos: o amigo, nessas cartas, predomina sobre o personagem, mesmo que o Nazianzeno escreva ao próprio Basílio ou a Gregório de Nissa. É porque é diferente a abordagem com que ele se dirige à pessoa a quem escreve, e justamente por isso o epistolário do Nazianzeno está entre os mais pessoais jamais compostos, sobretudo entre os da literatura grega.

São ao todo 244 cartas, das quais muitas foram enviadas pelo Nazianzeno a amigos e parentes em seus últimos anos de vida, e são portanto os únicos documentos que nos fazem saber algo a seu respeito naquele período. Uma breve compilação das cartas fora preparada pelo próprio autor a pedido de Nicóbulo, um jovem neto de sua irmã Gorgônia, e nessa ocasião Gregório especificou quais deviam ser os critérios a obedecer na epistolografia que, como gênero literário, não devia somente comunicar notícias, mas responder a normas específicas suas. Gregório exige da epístola concisão, afabilidade, clareza e falta de afetação e, sem dúvida, se adequou às regras que ele mesmo estabelecera. A concisão que Gregório requer é o resultado de uma busca retórica, e ele a define como "não o escrever poucas sílabas, mas escrever muitas coisas em poucas sílabas" (*Epíst.* 54). Todavia, a concisão deve ser de um tipo na epístola e de outro na homilia, em que é sobretudo alusão erudita.

Que a epístola era um gênero literário, condicionado também pelo conteúdo, é demonstrado pelo próprio Gregório, que escreveu também três epístolas de conteúdo teológico e doutrinal e, por esse motivo, frias e despojadas no estilo, mas límpidas e claras no tratamento do assunto, à maneira de Basílio. Mesmo os antigos se deram conta de que as *Epístolas* 101, 102 e 202 são diferentes das outras pelo estilo e pelo conteúdo, tanto que não as inseriram na compilação das cartas, como fizeram os editores Maurini, mas juntaram-nas à coleção das homilias. As duas primeiras foram enviadas por Gregório ao presbítero Cledônio em 382, enquanto a de n. 202 foi enviada em 387 a Nectário, que sucedera a Gregório na sé de Constantinopla. As três enfrentam com rigor e grande profundidade teológica — junto com uma excepcional clareza e lucidez — a heresia de Apolinário de Laodicéia e em alguns aspectos prenunciam as discussões dogmáticas e as soluções ortodoxas formuladas pela cristologia do século V.

Bibliografia. Edições: Les Belles Lettres, I-II, 1964-1967 (P. Gallay); *Briefe*, eingeleitet, übersetzt etc. von M. Wittig, Hiersemann, Stuttgart 1981; *Lettres théologiques*, SChr 208, 1974 (P. Gallay e M. Jourjon). Estudos: P. Gallay, *Langue et style de S. Grégoire de Nazianze dans sa correspondance*, Paris 1933; M.-M. Hauser-Meury, *Prosopographie zu den Schriften Gregors von Nazianz*, Hanstein, Bonn 1960.

n) Os poemas de Gregório Nazianzeno

A amplitude dos interesses culturais e a facilidade de escrever enfrentando os problemas mais díspares e manifestando os mais variados sentimentos fizeram com que Gregório nos deixasse outro notabilíssimo produto literário (embora até o momento, em vários aspectos, negligenciado pelos estudiosos e pouco conhecido). Referimo-nos a suas composições poéticas, cujo grande número, num total de dezoito mil versos — tantos quanto os da *Ilíada* e da *Odisséia* juntas —, sem dúvida assusta e afugenta. Acrescente-se o fato de que, também por causa das dimensões desta produção, até o presente carecemos de uma verdadeira edição crítica dela, acompanhada dos comentários adequados, embora a edição oitocentista de Caillau ainda seja, em vários aspectos, notável. Uma massa tão vasta de poemas não foi, é claro, composta por Gregório em pouco tempo, mas decerto ao longo de toda a sua vida; todavia, faltam indicações cronológicas. Certamente, muitos poemas foram compostos durante os anos de seu retorno definitivo a Nazianzo: deduzimos isso do fato de ele escrever durante a solidão de sua ascese, ou de se sentir já perto da morte, ou de dar vazão à sua violenta polêmica contra os bispos que o haviam traído, e isso serve para indicar que ele escreve depois de abandonar o concílio de Constantinopla. Mas em muitíssimos poemas, sobretudo nos de caráter didascálico, que constituem uma boa metade da obra, carecemos totalmente de uma indicação cronológica, mesmo que aproximativa. Caillau, na falta de uma cronologia interna, que poderia constituir um dos critérios a ser seguidos, optou por uma divisão por temas, recorrendo à dos "poemas teológicos" que, por sua vez, se subdividem em "dogmáticos" e "morais", e dos "poemas históricos", divididos em "poemas acerca de si mesmo" e "poemas dirigidos aos outros". Nós também, por razão de brevidade e clareza, deveremos seguir esta divisão, recordando, entre os "poemas teológicos", antes de mais nada os "Poemas arcanos". Trata-se de uma coletânea de dezessete peças, algumas das quais em hexâmetros, e portanto de caráter didascálico, outras em dísticos elegíacos e em iambos, destinadas a expor em versos as doutrinas fundamentais do cristianismo: numa primeira parte é exposta a teologia trinitária, e muitos são os pontos de contato entre esses poemas e as "orações teológicas", sobretudo as *Homilias* 29-31. A segunda parte da coletânea dos "Poemas arcanos" é constituída, por seu turno, de poesias de conteúdo moral, mas não exclusivamente didascálico, e por isso encontramos nelas também algumas elegias de caráter meditativo e pessoal, que estão entre as mais belas composições de Gregório. A seção se conclui com poemas contendo uma série de sentenças: compilações de sentenças morais, em prosa ou em versos, constituíam uma forma de poesia didascálica muito apreciada na cultura tardo-antiga.

O elemento didascálico é, de todo modo, predominante no *corpus* das poesias do Nazianzeno e leva-o até a ensinar em versos quais são os livros autênticos da Escritura, ou a sintetizar num poema o conteúdo dos quatro Evangelhos; a resolver o conflito entre Mateus e Lucas sobre a genealogia de Cristo; a elencar as parábolas e os milagres de Cristo. Outra ampla seção é dedicada às doutrinas ascéticas, com a exaltação do ideal da virgindade. Interessante de ler, por ser um belo documento da refinada arte poética de Gregório, é o poema de censura às mulheres que pintam o rosto, no qual a descrição maliciosa da beleza feminina intervém e dá leveza ao severo objetivo moral.

Entre os poemas voltados para si mesmo encontramos duas biografias: uma, bastante longa (cerca de dois mil versos iâmbicos), intitulada justamente *Sobre sua vida*, rica de elementos interessantes não só da vida de Gregório mas também do ambiente de Constantinopla em que viveu. A outra, em hexâmetros, é de caráter mais espiritual e interpreta à luz das vontades da providência divina as vicissitudes enfrentadas pelo autor. Muitíssimos, por fim, são os poemas, de extensão variada, que contêm uma meditação: sobre a miséria humana e sobre a nulidade da vida, sobre as próprias desgraças, sobre o desejo de ascese e sobre a aspiração a Deus. Esses poemas são seguramente os mais belos, porque Gregório não é poeta de fôlego amplo, mas dá o melhor de si nas poesias breves. Frios, enfim, e a considerar apenas como documento histórico e de costume são os poemas da última seção, os "dirigidos aos outros", que abordam problemas de comportamento moral, ou são exercícios retóricos. Entre esses se nota um poema de exortação a uma dama nobre, Olimpíada, conhecida também de Gregório de Nissa, à qual o Nazianzeno dá vários conselhos acerca do comportamento que convém à mulher cristã. O modo como Olimpíada deve-se comportar não é, seguramente, válido para todas as demais mulheres; Gregório sabe que se dirige a uma pessoa de alta estirpe e quer fazer de Olimpíada a figura ideal da feminilidade cristã.

Um lugar à parte, na produção poética de Gregório, cabe aos Epigramas e aos Epitáfios. O conteúdo é bastante evidente pelos títulos: os epitáfios são escritos pelo Nazianzeno para seus entes queridos (em particular para a mãe Nona e para o grande amigo Basílio), e os epigramas destinados, conforme o uso da poesia epigramática antiga, a captar breves momentos e situações imediatas. Também nesses dois ciclos de obras, que talvez se situem no curso de vários anos e não foram escritos em sucessão, temos o melhor da poesia do Nazianzeno: a capacidade de produzir um resumo de sentimentos e de breves descrições; e também o pior: certa repetitividade dos temas. De todo modo, é significativo da cultura de Gregório o fato de ter composto dois ciclos de poesia cristã com título altamente pagão.

Um lugar de grande destaque, dentro da produção poética do Nazianzeno, é ocupado por uma obra particular, embora sua autenticidade seja controvertida. Trata-se de uma tragédia, *A Paixão de Cristo* (*Christus patiens*), que teve ampla difusão e grande fama na era bizantina. A temática e a espiritualidade de tal tragédia poderiam muito bem inserir-se na personalidade de Gregório. No entanto, o reconhecimento da autenticidade é obstado por alguns dados realmente consideráveis: a possibilidade de Gregório sentir-se interessado em compor uma tragédia; o fato de tal tragédia não passar de um centão de versos de tragédias de Eurípides; o fato de a tradição manuscrita d'*A Paixão de Cristo* ser diferente da das outras obras poéticas de Gregório. A obra poderia ser um centão, um produto em voga justamente naquelas décadas, como se poderá ver (cf. adiante, p. 245). Todavia, alguns estudiosos recentes e de provada competência, como A. Tulier e F. Trisoglio, pronunciaram-se recentemente pela autenticidade gregoriana da tragédia.

A maestria literária de Gregório dá o melhor de si também em suas composições poéticas. Ele sabe empregar os versos mais variados, mostrando-se nisso digno herdeiro da tradição clássica grega e o apaixonado imitador dela que já conhecemos. Quanto à técnica poética, contudo, Gregório parece ter-se afastado em parte das regras prosódicas, e às vezes recorre francamente à rítmica em detrimento da métrica. Algumas soluções prosódicas parecem irregulares, se consideradas conforme as normas clássicas, não sabemos se por necessidades métricas ou porque certas quantidades não eram mais sentidas em sua época, ou eram sentidas como variáveis. Decerto, na massa de dezoito mil versos, não se pode pretender que tudo seja poeticamente válido. Digamos mais: alguns poemas são realmente feios, outros monótonos e áridos, outros ainda pura e simples prosa versificada. Mas isso constitui a regra, pode-se dizer, de toda compilação poética demasiado ampla. Se nos limitarmos (justificada ou não tal escolha) a considerar as composições mais válidas no plano artístico (e, mesmo assim, também as menos bem-sucedidas têm sua importância para a cultura cristã), teremos diante de nós mais um aspecto significativo da personalidade literária de Gregório Nazianzeno, que contribui para fazer dele o maior literato do século IV e, talvez, de toda a cristandade grega tardo-antiga.

Bibliografia. Edições: PG 37-38. Edições de poemas isolados, com introdução, tradução e comentário: *De vita sua* (Chr. Jungck, Winter, Heidelberg 1974); *Gegen die Putzsucht der Frauen*, Verbesserter griechischer Text etc. ... von A. Knecht, Winter, Heidelberg

1972; *Carmina de virtute I/II* (M. Kertsch, R. Palla, Universität, Graz 1986); Poeti Cristiani 1, ETS, Pisa 1995 (*Sulle virtù*. *Carme giambico*, C. Crimi, M. Kertsch, J. Guirau). Traduções: com texto original, *Epitaffi*, ed. de C. Peri, Jaca Book, Milano 1975; CTP 62, 1987 (*Fuga e autobiografia*: L. Visconti); 115, 1994 (parcial: C. Moreschini, C. Crimi, G. Laudizi, I. Costa); 16, 1990[2] (*La passione di Cristo*: F. Trisoglio), SChr 149, 1969 (*La passion du Christ*: A. Tulier). Estudos: M. Pellegrino, *La poesia di S. Gregorio Nazianzeno*, Vita e Pensiero, Milano 1932.

o) O ápice da produção de Gregório de Nissa

Se em dez anos, no máximo, após a morte de Basílio se desdobra o melhor da carreira literária de Gregório Nazianzeno, compreendida entre a homilética e a poesia, também a atividade do outro Gregório, o de Nissa, se torna cada vez mais intensa a partir de 379; aliás, podemos dizer que ela tem algo de prodigioso entre 379 e 381. Antes de tudo, podemos considerar a homilética: nesse campo, o Nisseno alcançou resultados do maior relevo no plano do pensamento e da exegese, mas nitidamente inferiores, no plano literário, aos do Nazianzeno, para quem a pregação, a exteriorização dos sentimentos e dos pensamentos era algo muito mais natural e espontâneo. Gregório de Nissa se manifesta, nas homilias, como um pregador um pouco livresco: não há muita diferença entre uma homilia sua e uma obra sua destinada à leitura. Ele procede de modo entulhado e prolixo, e este é um defeito também das homilias mais bem-sucedidas como aquelas, que pertencem a um período posterior, sobre o *Cântico dos Cânticos*. Junto com um grupo de homilias morais de menor peso, que parecem ser deste período ou um pouco anteriores, voltemos nossa atenção para as homilias de conteúdo exegético. Em 379 ele pronunciou oito homilias *Sobre as bem-aventuranças*. O tema escolhido mostra que o interesse do Nisseno se volta ao mesmo tempo à exegese bíblica e à ética; a dicção às vezes é trabalhosa e tortuosa ou, ao contrário, se abandona sem freios às afetações de uma retórica de efeitos simplórios. Mais importantes, certamente, são os conteúdos filosófico-teológicos: nas *Homilias sobre as bem-aventuranças* Gregório desenvolve as linhas essenciais de sua doutrina espiritual, da alma como imagem de Deus, ao qual ela deve retornar semelhante após a deformação sofrida por obra do pecado (é a doutrina platônica da *homoiosis theoi* transformada em sentido cristão) — é preciso encontrar Deus em si mesmo e não na dissipação do mundo material, exatamente porque só a alma reproduz o arquétipo divino.

Pertence também a esse primeiro período da atividade do Nisseno o tratado exegético *Sobre os títulos dos Salmos*, dividido em duas partes, das quais a primeira quer identificar uma ordem preestabelecida pelo autor sacro na disposição dos *Salmos* entendidos em sua totalidade. Gregório aplica assim, de modo muito interessante, ao texto bíblico o critério da exegese neoplatônica, e mais precisamente de Jâmblico, que queria identificar um *skopòs*, uma intenção específica, para cada diálogo de Platão. Do mesmo modo, Gregório quer encontrar um *skopòs*, que consiste na utilidade moral, para o cristão, em cada título do texto sagrado. Nesta obra o Nisseno começa a propor uma série de critérios exegéticos que serão aplicados por ele também em todas as obras posteriores. Antes de tudo, o intérprete da Bíblia deve visar à obtenção da utilidade (sobretudo espiritual) para seu ouvinte ou leitor; essa busca se une à exigência de obviar ao *defectus litterae*: deve-se estar seguro, de fato, de que ainda não se captou o verdadeiro significado do texto quando o que se extrai de uma leitura literal de tal texto resulta contrastante com o objetivo da utilidade, porque incoerente ou moralmente criticável. Tal critério é o da conseqüencialidade, da necessidade de retraçar uma lógica rigorosa nos fatos e nas idéias do texto bíblico. Em toda essa série de pressupostos hermenêuticos o Nisseno recolhe e reelabora princípios então seguidos na exegese neoplatônica e já mencionados também pelos doutos cristãos que o precederam, como Orígenes e Eusébio de Cesaréia, e também por Fílon de Alexandria.

Bibliografia. Edições: para o *In Inscriptiones Psalmorum* e o *In sextum Psalmum* cf. GNO V, 1962 (J. McDonough). Traduções: CTP 110, 1994 (*Sui titoli dei Salmi:* A. Traverso); Gregorio di Nissa, *Commento al Nuovo Testamento*, cd. de A. Penati Bernardini, Coletti, Roma 1992. Uma tradução da segunda, sexta e sétima *homilia sobre as bem-aventuranças* in Gregorio di Nissa, *Opere*, ed. de C. Moreschini, UTET, Torino 1992. Sobre a exegese do Nisseno: J. Daniélou, *L'être et le temps chez Grégoire de Nysse*, Brill, Leiden 1970 (uma compilação de escritos anteriores); M. N. Esper, *Allegorie und Analogie bei Gregor von Nyssa*, Habelt, Bonn 1979; M. Canévet, *Grégoire de Nysse et l'herméneutique biblique*, Et. Augustiniennes, Paris 1983; B. de Margerie, *Introduzione alla storia dell'esegesi*, tr. it. Borla, Roma 1982; M. Simonetti, *Lettera e/o allegoria*, cit.; em particular, sobre *Os títulos dos Salmos*, cf. M. J. Rondeau, *Exégèse du Psautier et anabase spirituelle chez Grégoire de Nysse*, in *Epektasis*, cit., pp. 517-531; id., *D'où vient la technique exégétique utilisée par Grégoire de Nysse dans son traité "Sur les titres des Psaumes"?*, in VV.AA., *Mélanges... H. Ch. Puech*, Presses Univ. de France, Paris 1974, pp. 263-287.

Em 380 situam-se duas obras muito diferentes entre si, mas estreitamente ligadas pela mesma intenção do autor. No final de 379 morrera Macrina, a irmã de Basílio e de Gregório, que tivera influência decisiva na formação cristã dos dois irmãos. Ela fundara — graças aos abundantes recursos de seu patrimônio familiar, aos quais juntara a prática de uma fervorosa e rígida ascese — um mosteiro na Capadócia, onde acolhera muitas mulheres de condição humilde, que de outro maneira teriam vivido na miséria ou na rua, e muitas outras nobres ou ricas, animadas por um análogo espírito ascético. O irmão, para preservar sua memória, escreve uma biografia, a *Vida de Macrina*, que pela tocante simplicidade é uma das obras mais bonitas do Nisseno, que consegue encontrar um perfeito equilíbrio entre os sentimentos mais humanos e profundos e a elaboração retórica, tornada aqui muito discreta. A obra apresenta a figura de uma santa, como exemplo da perfeição feminina: a temática estava se tornando particularmente viva durante o século IV, no âmbito da substituição da figura do mártir pela do santo. Como as "paixões dos mártires" não fizeram diferença entre figuras masculinas e femininas, no sentido de que a diferença do sexo não era mais impedimento para alcançar a perfeição (e daí o surgimento do ideal da assim chamada *mulier virilis*, da mulher em tudo e por tudo à altura do homem, porque, enquanto cristã, supera as fraquezas do próprio sexo), assim também a hagiografia — que estava se formando tanto no Oriente como no Ocidente justamente no século IV — leva em consideração homens e mulheres indiferentemente. A obra do Nisseno é uma biografia no sentido clássico, mas já tende à hagiografia, na medida em que se apodera dos ideais de vitória sobre a própria carne, aos quais fizemos menção acima, que são típicos da figura do santo e objeto da narração hagiográfica.

Na evocação das últimas horas de Macrina, Gregório recorda que a irmã lhe trouxe à memória toda a vida passada, sua e da família. Além disso, segundo Gregório, Macrina teria exposto a doutrina da imortalidade da alma, indissoluvelmente ligada à da ressurreição, como cria a fé cristã. Esta é uma invenção de caráter literário do próprio Gregório, que recorre ao exemplo famoso de Sócrates. Tal como o filósofo ateniense, no último dia antes de morrer, explicara sua doutrina da imortalidade da alma — que aparece posta por escrito no diálogo composto por Platão, o *Fédon* —, assim também Macrina, em circunstâncias semelhantes e com igual atitude de mestre, explica a mesma doutrina, que ela expõe numa obra anexa, *Sobre a alma e a ressurreição*. Este é seguramente um dos escritos mais importantes de Gregório, no que diz respeito à densidade do pensamento. A ressurreição da carne fora um dogma cristão que desde sempre encontrara fortes resistências e suscitara ásperas críticas da parte dos hereges, ou também de ambientes ortodoxos, onde freqüentemente fora interpretado alegoricamente. Gregório tenta demonstrar esse dogma de fé servindo-se de doutrinas filosóficas e sustenta que a alma, que é, por consenso comum, imortal, permanece, após a morte, junto aos elementos corpóreos a que estivera ligada em vida, e, ao mesmo tempo, pode também enfrentar as penas infernais ou gozar do prêmio do além porque, não sendo de natureza material, não é ligada por força das coisas, como o somos nós, à dimensão espácio-temporal, que nos vincula a este mundo. O vértice da discussão desenvolvida por Macrina é atingido com a descrição da vida ultraterrena da alma, ligada, num intercâmbio de recíproco amor, à vida eterna, à vida plena de Deus: aqui o Nisseno retoma o ensinamento joanino — Deus é amor — e funde-o admiravelmente com a doutrina da transcendência e da teologia apofática de origem neoplatônica, e por isso o Nisseno surge como um dos maiores e mais originais neoplatônicos cristãos, antecipando as especulações de Dionísio, o Areopagita.

Bibliografia. Edições: para a *Vida de Macrina*, GNO VIII, 1, 1952 (V. Woods Callahan); SChr 178, 1981 (P. Maraval). Traduções: S. Gregorio di Nissa, *La vita di S. Macrina*. Intr., tr. e notas de E. Giannarelli, Pauline, Milano 1988; C. Moreschini in: Gregorio di Nissa, *Opere*, cit. Estudos: E. Giannarelli, *La tipologia femminile nella biografia e nell'autobiografia cristiana del IV secolo*, Istit. Storico Ital. per il Medioevo, Roma 1980; U. Mattioli, *Astheneia e andreia. Aspetti della femminilità nella letteratura classica, biblica e cristiana antica*, Univ. di Parma, Roma 1983.
Para *A alma e a ressurreição*: PG 46. Traduções: CTP 26, 1981 (S. Lilla). Estudos: Ch. Apostolopoulos, *Phaedo Christianus...*, Lang, Frankfurt-Bern-New York 1986.

Mas não termina aqui a produção teológica e filosófica de Gregório. No mesmo ano, 380, com admirável operosidade ele inicia a obra mais extensa de sua atividade literária e certamente uma das mais importantes do cristianismo grego, aquela dedicada à confutação de Eunômio. O herege contra quem Basílio escrevera quinze anos antes não abandonara suas idéias de vingança, mas num longo período de tempo (cerca de doze anos) meditara, e finalmente publicara, a resposta ao *Contra Eunômio* do bispo de Cesaréia. Tendo Basílio escrito contra a *Apologia* de Eunômio, o mesmo Eunômio retoma a polêmica escrevendo uma *Apologia da Apologia*, em réplica ao *Contra Eunômio*. Não sabemos se Basílio teve tempo de ler o ataque de seu adversário. Leu-o, sim, porém, o Nisseno, que se achava em Constantinopla para os trabalhos preparatórios do Concílio e, movido pela indignação diante dos insultos que Eunômio proferira contra Basílio, inflamou-se em escrever sua confutação do adversário — tanto mais porque ele declara abertamente também nesta obra, como nas anteriores (por exemplo, nas *Homilias sobre o Hexameron*, que se conectam com as do irmão), ser um continuador do ensinamento de Basílio. Gregório escreveu sua obra em três etapas sucessivas, cada vez que conseguia ler a do herege — esta não era de fácil obtenção, já que os seguidores de Eunômio não gostavam de deixá-la nas mãos de seus inimigos, mas a reservavam àqueles que poderiam facilmente ser convencidos. O Nisseno escreveu com pressa o primeiro livro durante a primavera de 380; depois, com mais calma, o segundo, contra o segundo livro de Eunômio, no inverno de 380-381; por fim, terminando-o em 383, compôs o terceiro, dividido em doze tomos, contra o terceiro livro do herege.

A estrutura da obra de Basílio fora a de polemizar passo a passo com o herege, citando as diversas perícopes de seu texto, às quais fazia seguir suas próprias confutações. Provavelmente Eunômio fizera a mesma coisa na *Apologia da Apologia*, e o mesmo faz, mais uma vez, o Nisseno em seu *Contra Eunômio*, que consiste numa confutação conduzida passo a passo ao longo de toda a obra do herege que — embora perdida em sua integridade — deste modo é reconstituível em boa parte. Para completar sua confutação de Eunômio, Gregório escreveu também, naqueles mesmos anos, mas como obra independente, o breve tratado exegético com o título *Explicação da passagem escriturística (1Cor 15,28): "E quando todas as coisas lhe houverem sido submetidas..."*, e, pouco depois, a *Confutação da profissão de fé de Eunômio*, que o herege escrevera para justificar sua própria ortodoxia, por ocasião de uma tentativa — sugerida pelo imperador Teodósio, mas fracassada por causa da litigiosidade dos heréticos e da oposição apriorística do patriarca de Constantinopla — de chegar a uma repacificação geral, desde que os dissidentes tivessem justificado suas idéias numa conferência realizada para tal fim. Tanto a *Profissão de fé* de Eunômio como a *Confutação* que o Nisseno lhe faz acrescentam pouca novidade às duas obras anteriores: apenas uma maior atenção à Pessoa do Espírito, para a qual Eunômio (embora recusando-lhe natureza divina) está disposto a reconhecer alguns dotes e algumas funções de caráter espiritual, recebendo aguda confutação por parte de Gregório.

O *Contra Eunômio* — uma obra gigantesca nas proporções e particularmente cansativa de ler, difícil de ser dominada por inteiro — apresenta, bem ou mal, as características constantes da arte de Gregório: um esforço, levado ao extremo, de chegar ao fundo do problema e de examinar as questões de todos os pontos de vista possíveis; uma informação ampla e detalhadamente exaustiva; uma grande cultura tanto no âmbito do cristianismo (Orígenes, naturalmente, é o pano de fundo) como no da filosofia pagã, particularmente platônica (mas com atentos *excursus* na direção da filosofia da linguagem professada pelos estóicos e também de algumas concepções próprias da lógica aristotélica). Além disso, uma amplidão de problemas examinados, capaz de assustar o leitor: teologia trinitária, exegese bíblica, doutrinas cristológicas, certamente ainda não perfeitamente elaboradas, mas bem claras em sua apresentação, que superam as formulações arcaicas daquela que se costuma chamar a cristologia Logos-carne e prenunciam as discussões do século V.

O primeiro livro rechaça a hipótese herética da existência de uma gradação no interior da substância divina e combate o postulado eunomiano de que ela é manifestada pela oposição entre não-geração e geração. Gregório assevera, em vez disso, que a não-geração indica a propriedade específica do Pai e a geração a do Filho (são os mesmos termos da teologia de Basílio e de Gregório de Nazianzo), mas só como o modo pelo qual pela substância se distingue o aspecto particular (*idion*) da hipóstase. O escritor atribui não apenas ao Pai, mas também ao Filho, a eternidade de natureza, que Eunômio, ao contrário, considerava prerrogativa apenas da substância do Pai, que é a origem, enquanto o Filho teria sido "feito". Na base dessa concepção do Nisseno está a doutrina origeniana de que a geração do Filho é eterna, porque o Pai, que é eterno, é eternamente Pai do Filho.

O segundo livro enfrenta a doutrina lingüística de Eunômio, segundo a qual os nomes divinos — que são numerosos e atribuídos exclusivamente ao Filho, enquanto o Pai permanece somente Pai — manifestam sua multiplicidade. Basílio sustentara, de fato, que os nomes do Filho têm, sim, sua validade e manifestam efetivamente algo de suas peculiaridades (essencialmente, a relação do Filho com o homem), mas não exprimem sua natureza, porque a natureza divina é inexprimível. Para Gregório, porém, os nomes divinos são uma invenção puramente humana e não possuem realidade substancial, ao passo que Deus é Deus independentemente do fato de o homem nomeá-Lo ou não.

O terceiro livro, por fim, é dedicado sobretudo à exegese. Primeiro, à dos termos "geração" e "gerado", que Eunômio reduz a serem equivalentes de "feitura" e "feito", apesar de também ele falar de "geração". Em seguida, combate-se a deformação ariana da doutrina da geração, que segundo os heréticos não fazia mais que implicar uma paixão (uma modificação da substância) de Deus. Finalmente, rechaça-se a interpretação ariana das passagens escriturísticas das quais os heréticos se serviam para sustentar sua doutrina da inferioridade do Filho, e nesta exegese Gregório retoma motivos da tradição nicena (por exemplo, Atanásio), ou mesmo não-ortodoxa, como alguns sustentados por Marcelo de Ancira.

Bibliografia. Edições: GNO I-III, 1960[2] (W. Jaeger). Traduções: Gregorio di Nissa, *Teologia Trinitaria, Contro Eunomio, Confutazione della professione di fede di Funomio*, ed. de C. Moreschini, Rusconi, Milano 1994; *Commento al passo: quando avrà sottomesso a sé tutto...*, in Gregorio di Nissa, *Commento al Nuovo Testamento*, ed. de A. Penati Bernardini, cit. Estudos: Tenha-se em mente que, dada a centralidade que possui o *Contra Eunômio* na produção teológica do Nisseno, os estudos que citamos neste contexto devem ser consultados também para as demais obras teológicas. Cf.: D. L. Balàs, *Metousia Theou. Man's Participation in God's Perfections according to St. Gregory of Nyssa*, Herder, Roma 1966; E. Corsini, *La polemica contro Eunomio e la formazione della dottrina sulla creazione in Gregorio di Nissa*, in *Arché e Telos*. L'antropologia di Origine e di Gregorio di Nissa (U. Bianchi, H. Crouzel, eds.), Studia Patristica Mediolanensia 12, Vita e Pensiero, Milano 1981, pp. 197-212; E. Mühlenberg, *Die Unendlichkeit Gottes bei Gregor von Nyssa...*, Vandenhoeck & Ruprecht, Göttingen 1966; as coletâneas miscelâneas, nas quais aparecem os estudiosos mais conhecidos de Gregório, como: *Écriture et culture philosophique...*, cit. (van Parys, Hübner, Mühlenberg); *Gregor von Nyssa und die Philosophie* (eds. H. Dörrie, A. Altenburger, U. Schramm), Zweites Internat. Colloquium über Gregor von Nyssa, Brill, Leiden 1976 (Balas, Dörrie, Stead, Verghese); *El Contra Eunomio I* (ed. L. F. Mateo-Seco y J. L. Bastero) (Bastero, Drobner, Kobusch, Mann, Mateo-Seco, Meredith, Mosshammer, Stead, Studer), VI Coloquio Internacional sobre Gregorio de Nisa, Univ. Navarra, Pamplona 1988; *Studien zu Gregor von Nyssa und der christlichen Spätantike* (H. R. Drobner, Chr. Klock eds.), Brill, Leiden 1990 (Meredith, Mosshammer).

O *Contra Eunômio*, portanto, principal obra teológica do Nisseno, foi composto paralelamente aos trabalhos preparatórios do concílio de Constantinopla e ao próprio concílio. Seria interessante poder dizer que essa obra influenciou as decisões conciliares: provavelmente, porém, essas teriam tido a mesma conclusão, já que no concílio se reuniram todos os bispos de segura fé nicena, e por isso a condenação do arianismo devia surgir por força desse consenso. Seja como for, a obra acompanhou significativamente os trabalhos conciliares, do mesmo modo como as demais obras teológicas do Nisseno, que não por acaso devem ser situadas no mesmo arco de tempo. Abordam o problema da substância única e das três hipóstases divinas os opúsculos *A Ablábio: não são três deuses*; *Aos gregos, com base em noções comuns*, e a carta *A Eustáquio, sobre a Santíssima Trindade*, nos quais o Nisseno quer precisar que a separação em três Pessoas no seio da mesma substância não deve ser entendida como se tratasse de três deuses distintos. Essa crítica, que fora digirida também a Basílio e a Gregório Nazianzeno, provinha dos seguidores do credo de Nicéia que não eram capazes de entender a articulação da doutrina basiliana. O Nisseno retoma-a distinguindo as Pessoas no seio da substância do mesmo modo como os indivíduos Pedro e Paulo se distinguem no seio da espécie "homem".

Mais extensa é a obra escrita *Sobre o Espírito Santo contra os pneumatômacos seguidores de Macedônio*, na qual o Nisseno aborda especificamente — após o tratado *Sobre o Espírito Santo* de Basílio e as homilias de Gregório Nazianzeno sobre o mesmo tema — o problema da natureza divina do

Espírito. Aqui também, ainda que com as hesitações que mencionamos mais acima, Basílio abrira o caminho; o Nazianzeno, mais ousado, pusera de lado essas hesitações, proclamando abertamente a divindade e a dignidade do Espírito; o Nisseno, com menor entusiasmo e mais ponderação, reitera essa doutrina, observando que não é somente o Pai a agir, mas que cada uma das ações do Pai se cumpre com a participação das outras duas Pessoas, em uma total unidade de vontade e de operações. A natureza do Pai se estende por meio do Filho e chega até o Espírito, como três luzes, das quais a primeira, acendendo a segunda, permite que se acenda com esta a terceira. O Filho possui assim uma posição central no interior da natureza divina, porque o Espírito tem origem, procede (como já sublinhara o Nazianzeno com base em Jo 15,26) do Pai por meio do Filho; não é gerado como o Filho, já que se origina do Pai, mas não é o Filho (esta é a pneumatologia que domina a cultura bizantina e que dez séculos depois Bessarião tentará fazer aceitar pelos latinos nos concílios da união, em Ferrara e em Firenze, e nos escritos que compôs naquelas ocasiões).

Bibliografia. Edições: GNO III, 1, 1958 (Fr. Müller). Tradução: C. Moreschini, in Gregorio di Nissa, *Opere*, cit.

Mas a atividade do Nisseno não se limitou a essas obras, ainda que tão importantes. Em 381 tem lugar um conjunto de oito homilias, bastante superiores àquelas, em alguns aspectos menos profundas, dedicadas às *Bem-aventuranças*. São as elaboradas *Homilias sobre o Eclesiastes*, nas quais Gregório explica alguns capítulos desse livro. Para tal exegese, o Nisseno considera absolutamente necessário sair do significado literal ou estreitamente moral, que de outro modo seria em muitos pontos inaceitável para um cristão (a antiga exegese do *Eclesiastes* acreditara às vezes captar nesse livro a presença do epicurismo, baseando-se na exortação do autor a desfrutar o momento oportuno e a gozar, porque tudo é vaidade). A interpretação do Nisseno, ao contrário, abandona toda idéia de epicurismo e insiste numa exegese fortemente inspirada no platonismo, na medida em que vê na vaidade das coisas terrenas a característica essencial deste mundo criado, ao qual se contrapõe a realidade transcendente. A isso se junta o motivo, típico do Nisseno, e constantemente desenvolvido depois nas obras mais tardias, da *epektasis*, isto é, do esforço ininterrupto, do avanço contínuo em busca do verdadeiro bem. No que diz respeito à exegese cristã em sentido estrito, Gregório num primeiro momento reconduz a figura do eclesiastes a Cristo, que teria sido o modelo do pregador. Todavia, no progresso da obra tal tipologia é abandonada, e o autor mostra um interesse maior pela figura histórica de Salomão, no qual se deveria identificar o eclesiastes que fala. A busca do prazer, que o livro bíblico menciona, é uma das múltiplas experiências que a sabedoria de Salomão produziu. "O fato é que, à diferença do *Cântico dos Cânticos*, o *Eclesiastes* não exigia necessariamente uma exegese continuada, oferecendo, com seu conhecido ensinamento sobre a vaidade universal, uma suficiente utilidade também segundo o sentido literal" (Leanza). A experiência de vida humana de Salomão oferece por si só uma variedade de significados morais, que não requerem obrigatoriamente o recurso a uma interpretação alegórica.

Bibliografia. Edições: GNO V, 1962 (P. Alexander). Traduções: CTP 86, 1990 (S. Leanza); Gregory of Nyssa, *Homilies on Ecclesiastes*. An English Version with Supporting Studies. Proceedings of the Seventh International Colloquium on Gregory of Nyssa (St. Andrews, 5-10 September 1990), Edited by S. G. Hall, de Gruyter, Berlin 1993.

Com a participação no concílio ecumênico, e com a notoriedade que ganhou com os escritos que se referem às temáticas conciliares, o Nisseno passou a ser considerado um respeitado mestre de teologia, de moral cristã, de exegese. Ainda que na sé episcopal da capital do império esteja sentado outro, a palavra de Gregório é ouvida na corte. Seu ensinamento cristão é resumido, por volta de 385, numa obra mais orgânica que inovadora, a saber o *Grande Discurso Catequético*, que quer ser uma ampla síntese da doutrina cristã, destinada aos que têm de ensiná-la. Uma vez que é necessário encontrar as respostas adequadas às objeções movidas ao cristianismo da parte de judeus, pagãos e hereges, o catequista deve estar adequadamente informado sobre as várias doutrinas cristãs, que Gregório expõe uma após a outra. O escritor começa traçando uma rápida síntese da doutrina de Deus, distinguindo a substância das Pessoas e tentando reconstruir a essência do Logos e do Espírito por meio da observação de que também no homem existem o logos e o espírito, como entidades distintas da pessoa humana em seu conjunto. A parte mais longa da obra é dedicada à doutrina da encarnação de Cristo, justificada na medida em que constitui o único meio de poder produzir a salvação do homem depravado pelo pecado, e de responder ao mesmo tempo às exigências de racionalidade e de justiça, que Deus deve respeitar. Gregório se detém longamente em algumas objeções à história da salvação, que provavelmente tinham sido levantadas pelos intelectuais pagãos, como Porfírio e Celso: por que Deus demorou tanto para salvar o homem? Por que escolheu justamente aquele modo e não outro, mais rápido e imediatamente eficaz? O pecado, enfim, é devido, sim, à tentação do demônio, mas ao livre-arbítrio do homem. Daí a doutrina dos sacramentos, que se resumem sobretudo ao batismo e à eucaristia.

A seguir, o Nisseno se consagra a combater a heresia apolinarista, que se estava difundindo e contra a qual também Gregório, desde seu retiro em Nazianzo, enviara as epístolas a Cledônio e a Nectário. Assim, o Nisseno escreve em 385 uma carta ao poderoso patriarca de Alexandria, Teófilo, para comunicar-lhe sua posição de condenação do apolinarismo e as argumentações que emprega para tal fim (mas devemos recordar que já no terceiro livro *Contra Eunômio*, três anos antes, o Nisseno delineara eficazmente uma cristologia ortodoxa das duas naturezas de Deus). Depois, em 387, retoma o discurso numa obra que é considerada bastante longa e prolixa, o *Contraditório contra os apolinaristas*.

Bibliografia. Para o *Grande discurso catequético*, cf. H. Srawley (Cambridge, 1903); L. Meridier (Paris 1908). Traduções: CTP 34, 1990² (M. Naldini); C. Moreschini, *Opere*, cit. Para as obras antiapolinaristas, cf. GNO III, 1, 1958 (Fr. Müller).

Gregório já se encontra no final de sua longa atividade de escritor cristão, e nos últimos anos de sua vida volta a meditar sobre alguns pontos de sua teologia, sustentados e demonstrados, nos anos precedentes, sobretudo com o auxílio de instrumentos filosóficos. Agora, porém, assistimos a uma forte reviravolta, que acentua em sentido espiritual e místico tudo o que já fora apresentado, seguramente, nas obras anteriores, mas delineado de modo sobretudo racional. Não pretendemos dizer que o Nisseno passa de um período filosófico (e, mais precisamente, platônico) a um período místico; dizemos apenas que o aspecto místico se torna mais relevante. Ele abandona doravante a vida da corte e dedica-se à ascese, embora tenhamos pouca informação do modo e do lugar em que Gregório a teria praticado pessoalmente (dele não temos nada que se assemelhe às diversas *regras* de Basílio). Mencionou-se acima (pp. 96-97) a hipótese de sua propensão pelos ascetas messalianos, atestada por uma obra que se situa nos últimos anos da vida do Nisseno, *O fim do cristão*. O certo, porém, é que agora os motivos ascéticos vêm cada vez mais em primeiro plano.

Essa espiritualidade não nova, mas mais profunda e empenhada, se manifesta em duas grandes obras desse período, diferentes entre si no gênero literário, mas muito afins em vários aspectos. Referimo-nos às quinze *Homilias sobre o Cântico dos Cânticos* e à *Vida de Moisés*. As *Homilias sobre o Cântico dos Cânticos* constituem, sem dúvida, o vértice da exegese do Nisseno, mas justamente pela presença de motivos e de elementos que são estranhos àquela que entendemos, em sentido estrito, como exegese. O Nisseno pretende explicar aquele livro bíblico a Olimpíada, mulher de alta linhagem, culta e interessada nos problemas exegéticos e na ascese, à qual também se dirige Gregório de Nazianzo, dedicando-lhe um poema para que ela tomasse conhecimento de qual era a vida de uma verdadeira mulher cristã. Mas não é tanto a interpretação do texto em si e por si que interessa ao Nisseno, que não traz nada de novo à exegese tradicional daquele livro bíblico: Orígenes, em seu comentário e em suas homilias, já tornara canônica a interpretação espiritual, que via no *Cântico* a expressão do amor de Cristo pela Igreja e, no plano humano, de Cristo pela alma. Isso é exatamente o que se lê nas homilias de Gregório, que, além disso, faz, no prólogo, referência direta a Orígenes e se detém a justificar o método de exegese espiritual que o mesmo Orígenes canonizara e difundira. A novidade de Gregório consiste na ênfase mística de cada detalhe do *Cântico*, em reunir num único contexto todas as experiências espirituais às quais ele sempre fizera referência, como a da visão extática, da "sóbria embriaguez" que envolve a alma arrebatada no êxtase, da ascensão a Deus, do progresso incessante da alma rumo ao objeto de seu amor (é a doutrina da *epektasis*, de origem paulina), da contínua desilusão produzida pelo fato de que o amado é infinito, enquanto o amante é uma criatura finita.

Textos: GNO VI, 1960 (H. Langerbeck); W. Jaeger, *Two rediscovered Works of ancient Christian Literature: Gregory of Nyssa and Macarius*, Brill, Leiden 1954. Traduções: CTP 15, 1979 (S. Lilla); 72, 1988 (C. Moreschini). Estudos: G. I. Gargano, *La theoria di Gregorio di Nissa sul Cantico dei cantici*, Pontif. Istit. Orient., Roma 1981.

Esse mesmo interesse místico está presente na outra grande obra da velhice de Gregório, a *Vida de Moisés*. Se o gênero literário das *Homilias sobre o Cântico dos Cânticos* é bem definido, o mesmo não se pode dizer da *Vida de Moisés*, que só em parte pode ser chamada obra de exegese. Apesar do título e de ser baseada numa trama biográfica, não é uma biografia; e tampouco é exclusivamente uma obra de exegese bíblica, apesar de os acontecimentos da vida de Moisés serem — conforme as regras exegéticas do Nisseno — primeiro expostos segundo a história e depois interpretados espiritualmente. Tudo visa a uma interpretação mais profunda, que não é moral, nem somente espiritual, mas puramente mística. Os mesmos motivos místicos que se encontram nas *Homilias sobre o Cântico dos Cânticos* estão presentes também na *Vida de Moisés*: a incessante ascensão da alma, aqui simbolizada por Moisés, que recebe de Deus manifestações de sua presença de importância sempre crescente, desde a sarça ardente até a entrega das tábuas da Lei. Descreve-se a visão mística, que é uma treva dos sentidos, simbolizada pela treva em que Moisés adentrou para ver a Deus no Sinai. E, junto com a forte acentuação mística, também o interesse ascético: pode-se dizer que cada particular da vida de Moisés é funcional à perfeição moral do cristão, perfeição que culmina no tornar-se "amigo de Deus". De tal perfeição, aliás, o próprio Moisés fora um modelo, como o Nisseno afirma logo no prólogo, em que sublinha a necessidade de imitar os grandes da história sagrada, na plena convicção de que a via do bem é de percurso infinito, pois o bem não admite limites: o neoplatonismo está bem presente também na última obra de Gregório.

Bibliografia. Edições: GNO VII, 1, 1964 (H. Musurillo); SChr 1ter, 1968 (J. Daniélou); *Vita di Mosè*, ed. de M. Simonetti, Fondazione L. Valla, Mondadori, Milano 1984. Estudos: M. Simonetti, *La tecnica esegetica di Gregorio di Nissa nella vita di Mosè*, "Studi storico-religiosi" 6 (1982) 401-418.

Recordemos, enfim, um epistolário não amplo que, embora interessante, não atinge o nível artístico dos epistolários de Basílio e de Gregório de Nazianzo (e também é menos importante, no plano teológico, que o do bispo de Cesaréia — mas já foi dito que Gregório de Nissa dá o melhor de si nos tratados, não nas obras de caráter mais oratório e literário). Relembremos numerosas homilias, que se situam ao longo de toda a sua vida; também estas não são de valor excepcional, não tanto por serem muitas de caráter ocasional, mas porque o Nisseno não tinha a arte oratória como qualidade precípua.

Bibliografia. Edições das *epístolas*: GNO VIII, 2, 1959² (G. Pasquali); SChr 363, 1990 (P. Maraval); traduções: R. Criscuolo, D'Auria, Napoli 1981. Estudos: J. Bernardi, *La prédication des Pères Cappadociens*, cit.

A composição da *Vida de Moisés* situa-se talvez em torno de 390, e depois disso não temos outras notícias de Gregório Nisseno (que morreu provavelmente em meados de 394). Assim, após trinta anos desde o ingresso na história da cultura e do pensamento cristão com o primeiro escrito contra Eunômio, concluía-se esplendidamente a atividade dos escritores oriundos da Capadócia, que levaram o pensamento e a literatura do cristianismo grego ao topo de suas possibilidades, conjugados numa harmonia bastante produtiva. O retor Gregório, que suscitara as preocupações do amigo (o outro Gregório), o qual temia que tivesse sido perdido para a fé cristã, contribuíra, ao contrário, tanto quanto o outro e quanto o irmão e mestre, para a formação de uma cultura cristã tipicamente grega (Jaeger vê nela uma segunda *paideia*, depois da clássica de Atenas). Sua cultura se transformara, passando da retórica à filosofia, e neste âmbito o Nisseno se apresenta como um verdadeiro filósofo cristão, junto a Orígenes e a Dionísio, o Areopagita. O aspecto literário de sua obra parece, certamente, menos válido; seu modo de escrever não alcança a limpidez de Basílio ou a ornamentação do Nazianzeno; parece mais próximo da retórica das escolas da época, pelas quais foi influenciado (e nas quais ele mesmo ensinou), mas que não soube reelaborar até formar um estilo pessoal.

Bibliografia. O antigo estudo de L. Meridier (*L'influence de la Sophistique sur l'oeuvre de Grégoire de Nysse*, Rennes 1906) permaneceu normativo por noventa anos, condenando inexoravelmente as escassas qualidades literárias do Nisseno, mas essa sentença foi confirmada mais pela preguiça que por um verdadeiro conhecimento de causa. Começou-se a percorrer um novo caminho com Chr. Klock, *Untersuchungen zu Stil und Rhythmus bei Gregor von Nyssa*. Ein Beitrag zum Rhetorikverständnis der griechischen Väter, Athenaeum, Frankfurt am Main, 1987.

4. Anfilóquio de Icônio

É justo recordar também, além dos três grandes capadócios, outro personagem que ocupa uma digna posição junto deles e deu também sua contribuição para a solução dos problemas abordados por Basílio e pelos dois Gregórios.

Anfilóquio, bispo de Icônio, ainda é pouco conhecido e não goza do mesmo renome dos demais capadócios, embora os concílios do século V em diante citassem suas opiniões com admiração. Mas essas são as vicissitudes da história, que freqüentemente reduz a nada a autoridade, ainda que notável, de um personagem.

De sua vida somos informados principalmente graças ao epistolário de Basílio e dos dois Gregórios, de quem era íntimo amigo. Nascido também na Capadócia por volta de 340-345, era provavelmente primo do Nazianzeno. Em Antioquia freqüentou os cursos do famoso retor Libânio (teve, portanto, ele também, como os outros capadócios, uma acurada educação retórica). Transferiu-se para Constantinopla, onde a partir de 364 exerceu a carreira de juiz. Mas ele também pouco a pouco decidiu "converter-se" à vida monástica e por isso, por volta de 370, regressou à pátria e teve, como o Nazianzeno, de aceitar a decisão de Basílio, que em 373 o designou bispo de Icônio. Participou do concílio de Constantinopla, do qual sua autoridade saiu fortalecida; esteve presente ainda no sínodo realizado na capital em 394, e deve ter morrido pouco depois.

Suas obras estão quase todas perdidas. Possuímos fragmentos de um tratado sobre *O Espírito Santo*, que compôs por ocasião do concílio, junto com outras obras em defesa da ortodoxia trinitária. De tema igual era provavelmente a *Epístola a Seleuco*, a quem enviou depois a única obra que nos chegou na integridade, os *Iambos a Seleuco*, contendo exortações à vida ascética e uma lista dos livros canônicos da Bíblia; essa lista tornou-se famosa no Oriente bizantino e foi retomada pelas compilações da Igreja grega. As características poéticas dos *Iambos a Seleuco* não são muito diferentes das dos poemas didascálicos do Nazianzeno. Além disso, circulam sob o nome de Anfilóquio oito homilias, das quais provavelmente apenas cinco são autênticas: algumas foram pronunciadas por ocasião de celebrações litúrgicas, outras explicam alguns episódios evangélicos. Têm forte acento retórico, mas não alcançam o nível das de Gregório Nazianzeno. Anfilóquio teria escrito também tratados contra os messalianos, que talvez possam ser identificados com aqueles contra os quais se dirige o tratado *Contra a falsa ascese*, no qual são combatidas as formas não-ortodoxas de ascese, que se inspiram em concepções encratitas e heréticas. De fato, Anfilóquio presidiu o concílio de Side de 390, que condenou os messalianos, como já foi dito.

A vida e a atividade literária de Anfilóquio repetem, portanto, as dos grandes capadócios, cujas pegadas ele seguiu. Também sua teologia, que podemos reconstruir por numerosos fragmentos, não sai do esquema "uma substância-três Pessoas", precisado por Basílio e pelos dois Gregórios. As Pessoas se distinguem entre si só no "modo de ser". A cristologia repete a doutrina de "um só Filho em duas naturezas".

Bibliografia. PG 37 (*Iambi ad Seleucum*) e 39 (*Homilias*); E. Oberg, *Amphilochii Iconiensis Iambi ad Seleucum*, de Gruyter, Berlin 1969. Estudos. K. Holl, *Amphilocius von Ikonium...*, cit.

5. Evágrio Pôntico

Anfilóquio pertencera ao círculo dos capadócios inclusive como parente de Gregório Nazianzeno, mas outras personalidades também se movem no âmbito dos ideais cristãos trazidos à luz por aquelas grandes figuras. O final do século IV vê a formação e o fortalecimento da espiritualidade cristã, em particular do monaquismo, na pessoa de Evágrio.

Evágrio nasceu em 345 em Ibora, no Ponto, filho de um bispo local. Ainda jovem foi arrebatado pelas personalidades de Basílio e de Gregório Nazianzeno, que se haviam retirado naquela região para se dedicar à ascese. Embora os dois capadócios, pelos motivos que já vimos, tenham permanecido pouco tempo no Ponto, isso bastou para convencer Evágrio a dedicar-se à vida monástica, que ele pôde praticar com maior amplitude que os próprios Basílio e Gregório. Foi ordenado leitor por Basílio e diácono por Gregório, a quem Evágrio considerou seu mestre. Gregório o instruiu na filosofia e nas ciências sagradas. Evágrio estava em Constantinopla em 381, quando ali também se achava o Nazianzeno; após a demissão deste, Evágrio ficou por lá sob o sucessor, Nectário. Mas em conseqüência de um sonho decidiu abandonar a vida eclesiástica, na qual seguramente teria feito carreira por seus dotes intelectuais. Dirigiu-se, assim, a Jerusalém, onde foi acolhido por Melânia, a anciã, e por Rufino de Aquiléia, mas em 383 estava no Egito, e a partir de então passou o resto da vida no deserto, aonde levou suas idéias origenistas, aprendidas na escola de Basílio e de Gregório Nazianzeno. Lá permaneceu até o ano de sua morte, em 399, pouco antes que Teófilo, bispo de Alexandria, iniciasse sua perseguição contra os monges origenistas, a quem buscava submeter à sua autoridade. De Evágrio nos falam Paládio, Sócrates (*História eclesiástica* IV, 23), Sozômeno (*História eclesiástica* VI, 30); mais difusamente *Os ditos dos Padres do deserto* (ver pp. 867ss). Nas descrições desse texto, seguramente autênticas, Evágrio aparece como um literato em meio aos camponeses egípcios, em sua maioria incultos, mas não por isso menos admirado. Junto com ele se encontrava o monge Amônio, ele também leitor e admirador de Orígenes, que também se destacava no deserto da Nítria.

a) As obras de Evágrio

São relembradas por Paládio (*História lausíaca* IV, 23) e por Genádio (*Os homens ilustres* 11) e chegaram até nós seja no original grego, seja em traduções em línguas orientais. São elas: o *Tratado prático*, que consiste numa centúria (um tipo de agrupamento de temas afins, então bastante usual: como diz o título, era formado de cem capítulos); o *Tratado poético*, que contém a doutrina ascética de Evágrio; o *Tratado gnóstico*, composto de uma meia centúria (da obra grega só nos restam fragmentos, enquanto o texto completo está em siríaco e em armênio). Essa obra contém uma série de conselhos dirigidos aos "gnósticos" — os contemplativos do deserto —, informando como devem se comportar.

Os *Capítulos gnósticos* (*Kephalaia gnostika*) são a obra mais importante, que forma uma trilogia com as duas anteriores. Do texto grego só nos restou uma pequena parte, fragmentária. A obra existe inteira em duas traduções siríacas, uma das quais remanejada com o fim de eliminar as doutrinas origenistas; com base nesta foi realizada depois também uma tradução armênia. É formada por seis centúrias de noventa sentenças cada uma. Existe também, em siríaco e em armênio, um "suplemento" de outras sessenta sentenças, na verdade um tratado separado, cujo título é *Capítulos para o conhecimento*.

O *Tratado de combate*, contra os "maus pensamentos" (as tentações), só existe em versão siríaca e armênia. Tem oito partes, correspondentes ao número das tentações (que depois se tornarão sete), classificadas segundo os textos escriturísticos que se referem a elas. Fundamental, na obra, é também o princípio da luta contra os demônios — para empreendê-la serão indicados os meios.

Há também as *Sentenças métricas*, dirigidas aos monges que vivem na comunidade — os cenobitas —, e não aos anacoretas como as precedentes (trata-se de 137 dísticos), e as *Sentenças de exortação* a uma virgem (em 56 dísticos). Enfim, as *Epístolas*: são 64, todas preservadas em siríaco, menos uma, em grego, conservada como a n. 8 do epistolário de Basílio, e que é importante para conhecermos a teologia de Evágrio. Entre as cartas em siríaco, uma é enviada a Melânia e apresenta uma síntese da doutrina de Evágrio.

Evágrio escreveu também comentários a livros bíblicos (por exemplo, aos Provérbios e aos Salmos), que todavia não chegaram até nós. Algum material do *Comentário aos Salmos* confluiu provavelmente nos *Comentários escolhidos sobre os Salmos*, publicados entre as obras de Orígenes. As catenas nos conservaram material de um *Comentário a Jó*, e Evágrio é freqüentemente citado por elas (breves menções a este gênero literário exegético no vol. II/2 desta *História da literatura cristã antiga grega e latina*, p. 426). Enfim, uma obra *Sobre a oração*, que aparece, em grego, sob o nome de Nilo, o asceta, e sob o nome de Evágrio numa tradução siríaca e numa árabe.

Para outras obras menores ou espúrias, conservadas nas línguas orientais, remetemos aos estudos dos especialistas nessas línguas.

b) Doutrina de Evágrio

A doutrina de Evágrio nos parece fortemente influenciada por motivos origenianos, aprendidos tanto por meio de seus mestres da Capadócia quanto por um intenso estudo pessoal. Existe uma *henade* original, formada por todos os seres racionais e pelas inteligências puras, criados iguais por Deus, porque O conheceram. Deus é o inteligível por excelência. Os intelectos se macularam com a culpa de "negligência" no curso de sua contemplação, e esta produziu o "movimento" deles, em razão do qual cessou sua união com o intelecto divino. Os intelectos, por causa de sua queda, que correspondeu ao grau de ignorância em relação a Deus, tiveram sortes diferentes e o nome de "almas". Mas Deus não os abandonou, já que criou para eles o mundo e o corpo (e nisso consiste a segunda criação). A união da alma a um corpo não significa uma punição, mas um instrumento de salvação, porque o corpo é indispensável para a contemplação. Mais grosseira é a contemplação que alcançam os homens ímpios e os demônios, enquanto a contemplação natural é a que corresponde ao estado angélico; acima desta se encontra a ciência da *henade*.

Por causa de seu origenismo Evágrio foi condenado mais tarde, junto com Orígenes e com Dídimo, pelo concílio de Constantinopla de 553. Mas, de todo modo, seu ensinamento se estenderá até Paládio, Máximo, o Confessor, e a espiritualidade bizantina e, no Ocidente, será admirado por Rufino e Cassiano.

Bibliografia. Os textos gregos em PG 40, 1221D-1252C e, mais recentemente: SChr 170-171, 1971 (*Traité pratique*: A. e C. Guillaumont); 356, 1989 (*Le Gnostique:* A. e C. Guillaumont); 340, 1987 (*Scholies aux Proverbes*: P. Géhin); 397, 1993 (*Scholies à l'Ecclesiaste*: P. Géhin). Tr. CTP 100, 1992 (*Trattato pratico sulla vita monastica*: L. Dattrino); 117, 1994 (*La preghiera:* V. Messana); *Gli otto spiriti malvagi*, ed. de F. Comello, Pratiche editrice, Parma 1990. Estudos: A. Guillaumont, *Les "Kephalaia Gnostika" d'Evagre le Pontique et l'histoire de l'origénisme...*, Seuil, Paris 1962; DSp., s. v. (A. Guillaumont).

Capítulo V

A escola antioquena

Entre as grandes cidades do Oriente helenizado nas quais se difundira o cristianismo desde os primeiríssimos tempos, inclui-se Antioquia, metrópole não distante da Palestina. Temos notícia da presença de comunidades cristãs em Antioquia desde os tempos dos apóstolos. Como nos ensina também a história política, Antioquia e o reino da Síria tinham constituído um Estado que pudera disputar com Alexandria do Egito, primeiro, e com Roma, depois, a supremacia sobre o Oriente mediterrâneo. Muito embora o reino da Síria, como todos os reinos helenísticos, também tivesse caído sob a dominação romana no século I a.c., nem por isso a importância comercial e cultural de Antioquia ficou diminuída. Tal importância aumenta no século IV, tanto que, entre os séculos IV e V, Antioquia se torna uma das mais importantes sedes episcopais, caracterizada por uma cultura cristã que em certos aspectos parece mais aberta que outras aos contatos com os pagãos. Na realidade, neste particular as hipóteses de trabalho dos estudiosos, sobre a efetiva abertura da cultura cristã à pagã em Antioquia, permaneceram hipóteses, não tiveram uma confirmação segura de dados de fato, uma vez que temos à disposição poucos elementos que nos possam fazer pensar num intercâmbio de relações entre a comunidade pagã e a cristã. Em Antioquia viveu e ensinou um dos principais mestres de retórica (isto é, de cultura clássica) da época, um personagem famoso, Libânio, que gozou da estima e da amizade de Juliano, o Apóstata. Seu magistério, que durou quarenta anos, terá certamente deixado sinais, e acredita-se que foi também por mérito seu que existiu aquele círculo de intelectuais pagãos perseguido pelo imperador Valente entre 371 e 374, como sabemos pelo historiador Amiano Marcelino. Entre os discípulos de Libânio estiveram também João Crisóstomo e Teodoro de Mopsuéstia, como atesta o historiador Sócrates (*História eclesiástica* VI, 3), e Crisóstomo teve efetivamente uma refinada educação retórica (as tentativas de reconduzir ao ensinamento de Libânio também o discipulado de Basílio, uma geração antes, permaneceram, contudo, sem alcançar certezas). Mas, como normalmente acontecia, o cristão convertido costumava romper as relações (só no plano teórico, é claro) com a cultura pagã, de modo que não temos nenhum elemento preciso para ver relações concretas entre pagãos e cristãos em Antioquia. Festugière, que também falou de uma "Antioquia pagã e cristã", insistiu em sublinhar as características de uma vida urbana totalmente pagã, em Antioquia, nas festas, nos hábitos, nas cerimônias, de um paganismo presente em toda parte, e a necessidade, para o próprio cristão, de destacar-se daquele ambiente. Um dos meios para contrapor uma educação cristã à educação pagã, substancialmente imoral, como no-la descreve justamente Libânio (apesar de seus aspectos positivos no plano intelectual), foi o monaquismo, que Crisóstomo vivamente recomendou e defendeu em seus escritos contra as críticas que lhe eram movidas. A educação monástica, em certo sentido, deve servir para proteger as crianças da má educação que lhes será ministrada, a seguir, pelas letras profanas. O mesmo João Crisóstomo, após ter sido aluno de Libânio, o repudia em seu escrito em honra de são Bábilas, atacando-o ferozmente. Com base nesse pressuposto da existência de uma "Antioquia pagã e cristã", cujas relações recíprocas, de todo modo, permanecem vagas, a própria exegese bíblica praticada pelos escritores originários daquela cidade — que certamente se diferenciou de modo essencial da exegese de Orígenes e se difundira no resto do Oriente cristão — foi ligada por alguns estudiosos à exegese pagã dos textos clássicos, mas uma investigação aprofundada a respeito deu poucos resultados seguros.

Bibliografia: Estudos: P. Petit, *Les étudiants de Libanius*, Nouvelles Éditions Latines, Paris 1957; A.-J. Festugière, *Antioche païenne et chrétienne. Libanius, Chrysostome et les moines de Syrie*, de Boccard, Paris 1959; G. Downey, *A History of Ancient Antioch from Seleucus to the Arab Conquest*, Univ. Press, Princeton 1961; B. Schouler, *La tradition hellénique chez Libanion*, Univ. de Lille, Les Belles Lettres, Paris 1984.

A cultura antioquena, de todo modo, não se reduz exclusivamente à "escola exegética antioquena", embora esta constitua talvez seu aspecto mais famoso. Tal "escola" é uma corrente de exegese, que se caracteriza por sua nítida diferenciação da que se costuma chamar "alexandrina" e que teve em Orígenes seu principal representante, difundindo-se depois no Oriente (Atanásio, Dídimo, os capadócios) e no Ocidente (Hilário, Ambrósio e, em parte, Jerônimo). Para resumir em poucas palavras as características das duas correntes exegéticas antigas, poder-se-ia dizer que, enquanto a escola alexandrina se interessava sobretudo pela interpretação espiritual, a antioquena interpretou os textos com um critério exegético literal; mas estes são apenas os primeiros rótulos; será preciso olhar mais detalhadamente, como já se fez para os alexandrinos que, no tempo, precedem os antioquenos.

Costuma-se dizer que esse critério de exegese literal remontaria diretamente a Teófilo — originário, justamente, de Antioquia —, no século II, ou, pelo menos, a Luciano de Antioquia, que viveu entre o final do século III e o início do IV. Mas há o risco de que a atribuição dos precedentes da escola antioquena a esses autores seja devida somente ao fato de serem da mesma cidade dos grandes exegetas dos séculos IV e V. Sem dúvida, a controvérsia ariana contribuiu para desenvolver também no ambiente de Antioquia um pensamento cristão mais profundo, mas não há motivos convincentes para explicar o porquê de uma diferenciação do método exegético alexandrino, e quanto essa diferenciação era consciente. De todo modo, parece que as tendências a seguir uma exegese literalista tornaram-se cada vez mais fortes no ambiente sírio-palestino da época. Só possuímos maiores conhecimentos de tal método exegético a partir de Diodoro de Tarso (370 em diante). Teodoreto, enfim, considerado o último representante da tendência antioquena, escreve entre 430 e 450, mas é menos antialegorista que seus predecessores. Teodoro de Mopsuéstia, amigo e discípulo de Diodoro, teria precisado qual devia ser a tarefa do intérprete — que, como autor de escritos exegéticos, devia distinguir-se do pregador, embora também este se dedicasse freqüentemente à exegese: a exposição do intérprete não se deve abandonar a divagações, diz Teodoro, mas deve ser rigorosa e sintética, ocupando-se só dos pontos difíceis de um texto, enquanto o pregador pode levar em consideração também o que de *per se* é claro. O pregador pode ser abundante e eloqüente; o intérprete, ao contrário, deve ser conciso.

No interior dessa concisão, o intérprete antioqueno se dedica essencialmente à exegese dos textos de um ponto de vista filológico, gramatical, histórico e também literário. Não que esses problemas estivessem totalmente ausentes na exegese alexandrina, ou ao menos em seus principais representantes como Orígenes, mas decerto constituíam para ela uma parte acessória.

Quanto ao significado desse modo diferente de interpretar o texto sagrado, os estudiosos não têm certeza. Há quem fale de simples "mal--entendido" entre as duas correntes, a literalista e a espiritualista, ou então da aplicação do simples bom senso, da parte dos antioquenos, que é exigido por qualquer texto: em tal caso, porém, a consciência crítica do exegeta antioqueno seria bastante limitada, ou até nem existiria por completo. Outros, contudo, pensaram numa influência, sobre a exegese antioquena, da parte do literalismo da exegese judaica. Outra tendência diferente é a de alguns estudiosos (dos quais alguns de formação filológica clássica) que reconduziram os elementos essenciais da exegese antioquena à pagã, interessada, justamente, sobretudo na letra e na história, ou que viram em ação, na citada exegese, o método de ensino da escola pagã, que se interessava exclusivamente por textos literários — o texto sagrado teria sido explicado por esses intérpretes com o mesmo método seguido pelos críticos pagãos, isto é, com o emprego dos mesmos instrumentos retóricos que eram aplicados a Homero, aos trágicos e aos oradores áticos, detendo-se em certas características estilísticas, narrativas, poéticas, que podiam ser encontradas também na literatura pagã. Por exemplo, Teodoro de Mopsuéstia, em seus comentários a cada um dos profetas menores, antepõe *hypotheseis*, breves resumos do conteúdo do texto, análogos aos resumos que os gramáticos antigos prepararam para as tragédias áticas. Parece, além disso, que, para reconstruir o ambiente em que viveram os profetas e, portanto, para melhor explicá-los, o comentador antioqueno se servia da história do povo hebreu, extraída não só dos livros históricos do Antigo Testamento, mas também dos escritores de coisas hebraicas, como Flávio Josefo, ou recorria à história dos persas, que podia ser encontrada em Heródoto. Teodoro examinava também o próprio texto da Septuaginta (mesmo não conhecendo o hebraico) e notava que alguns modos de expressão desse texto deviam ser próprios da língua dos judeus, não dos gregos. Também por esse motivo, portanto, é preciso crer que os antioquenos se serviam daqueles particulares instrumentos exegéticos que a crítica pagã aplicava aos textos literários, isto é, instrumentos retóricos, porque, entre os pagãos, a interpretação dos textos filosóficos apresentava algo de análogo ao espiritualismo alexandrino. De fato, era normal que o filósofo de escola, explicando um texto, construísse sobre este as suas interpretações e encontrasse nele o apoio à sua própria doutrina. A escola neoplatônica e a aristotélica da idade imperial são representadas por comentadores de Platão e de Aristóteles. Também Plotino parte sempre de sua interpretação pessoal do texto de Platão.

Qual o motivo inspirador dessa nova exegese, diferente da precedente alexandrina? Segundo Simonetti, a diferenciação não foi tanto uma questão de método quanto de resultados e de intenções, no sentido de que à exegese antioquena era estranha a orientação cristológica do texto sagrado, por sua vez essencial para a alexandrina. Havia mudado, diz Simonetti, o modo de ver a relação entre Cristo e o Antigo Testamento. Diminuíra a exigência de sublinhar, em sentido antignóstico, a continuidade e o progresso do Antigo Testamento ao Novo, e a conclusão da controvérsia ariana, ocorrida simultaneamente ao surgimento da atividade de Diodoro e de Teodoro, tivera o resultado paradoxal de reduzir o interesse de buscar a ação específica de Cristo no mundo, limitando-a à encarnação, justo no momento em que confirmava sem mais dúvida a natureza divina do Filho de Deus.

1. Diodoro de Tarso

É costume considerar Diodoro o primeiro exegeta antioqueno, o qual teria sido influenciado por Eusébio de Emesa (cf. p. 78ss.), cidade não muito distante de Antioquia: como se vê, o critério geográfico intervém na definição dessas personalidades. Jerônimo já teria notado isso (*Os homens ilustres*, 119). Diodoro teria aderido às idéias de Melécio no concílio de Constantinopla. Em Antioquia, Diodoro teria sido o mestre de uma (ou talvez mais de uma) fraternidade de ascetas. O lugar do monaquismo siríaco era, então, o deserto próximo aonde, naquele mesmo período, também se dirigira Jerônimo. Diodoro foi provavelmente o guia espiritual dos cristãos de Antioquia, além do Crisóstomo (por exemplo, também de Teodoro, mais tarde bispo de Mopsuéstia). Por volta de 378 teria deixado Antioquia para tornar-se bispo de Tarso. Sabe-se que voltou uma vez a Antioquia, talvez em 386, onde teria tido chance de escutar a pregação de João Crisóstomo, que fora seu discípulo no passado. Teria morrido antes de 394.

Diodoro teria escrito muito, e os títulos de suas obras nos fazem entrever uma notável formação literária que, segundo alguns, é perceptível também em alguns detalhes conservados nos fragmentos de seus escritos. Fócio (*Biblioteca*, cod. 223) louva a variedade de sua doutrina. Teria polemizado *Contra Platão, sobre Deus e os deuses*; *Contra Aristóteles, sobre o corpo celeste*; *Sobre a alma, contra várias heresias que lhe dizem respeito*; *Sobre deus e a matéria inventados pelos pagãos*. Por outro lado, o documento mais importante de sua atividade exegética é constituído pelos fragmentos de um *Comentário ao Octateuco*, conservado nas catenas.

A "catena" era uma forma de comentário típica do mundo bizantino, na qual a exegese de um texto escriturístico era preparada por um compilador desconhecido mediante a compilação de passagens de vários autores que se haviam ocupado daquele mesmo texto, passagens depois "concatenadas" uma à outra pelo mesmo compilador; este se limitava a indicar o nome do comentador do qual o fragmento fora extraído, sem acrescentar explicações próprias suas.

O *Comentário ao Octateuco* teria sido escrito na forma das "perguntas e respostas", *quaestiones et responsiones*, que vinha sendo empregada já havia longo tempo na cultura cristã e justamente no século IV alcançara o ápice. Em tal "comentário" teriam sido encontrados numerosos elementos devidos à influência da exegese pagã. A Diodoro se pode atribuir também um *Comentário aos Salmos*, todavia considerado não-autêntico por alguns. Nessa obra se encontram enunciados alguns princípios acerca do método que o exegeta deve seguir. Entre estes, devemos citar apenas a limitação do conceito de "alegoria", que não indica mais — como nos escritores alegoristas precisamente — a interpretação espiritual em sentido lato, mas só e especificamente a maneira já seguida pelos filósofos gregos a respeito dos mitos pagãos, no sentido de que "alegoria" significa interpretar com um significado diferente o texto sagrado. A interpretação espiritual é chamada por Diodoro de *theoria* — termo que, de todo modo, se encontra também em Gregório de Nissa com esse significado. Um exemplo da interpretação "filológica" de Diodoro é dado pelo fato de ele negar todo valor às *inscriptiones* dos Salmos, das quais apenas algumas, segundo ele, se referiam efetivamente a David, sem que houvesse nelas qualquer significado cristológico; e é dado pelo interesse pelo conteúdo e pela ordenação dos Salmos, que no mais das vezes são reconduzidos a seu ambiente histórico, com a exclusão quase total de qualquer significado messiânico (este se limita aos salmos tradicionais, n. 2, 8 e 44).

Bibliografia: Textos: PG 33, 1561-1616; CChr.SG 6, 1980 (*Commentarii in Psalmos:* G. M. Olivier). Estudos: J. De Coninck, *Essai sur la Chaîne de l'Octateuche*, Bibliothèque de l'École des Hautes Études, Paris 1912; L. Mariès, *Études préliminaires à l'édition de Théodore de Tarse sur les Psaumes*, Paris 1933; R. Abramowski, *Untersuchungen zu Diodor von Tarsus*, ZNTW 30 (1931) 234-262; E. Schweizer, *Diodor von Tarsus als Exeget*, ibid., 40 (1941-1942) 33-75; Chr. Schäublin, *Untersuchungen zu Methode und Herkunft der Antiochenischen Exegese*, Hanstein, Colônia-Bonn 1974; A. Grillmeier, *Gesù il Cristo nella fede della Chiesa*, cit., pp. 658-670; M. Simonetti, *Lettera e/o allegoria*, cit.

2. Teodoro de Mopsuéstia

Nascido por volta de 350 de uma rica e influente família antioquena, provavelmente cristã, teria inicialmente cultivado os estudos de retórica, com o objetivo de seguir a carreira jurídica ou de funcionário da burocracia imperial: um primo de Teodoro, Peânio, teria se tornado algumas décadas depois, em 404, prefeito de Constantinopla e amigo de Crisóstomo. A escola mais famosa de Antioquia, que Teodoro também freqüentou, foi a de Libânio, de quem se falou acima. Nessa escola Teodoro teve como colega também João Crisóstomo e, junto com este, teria provado a experiência de uma "conversão" espiritual a um cristianismo mais empenhado, aderindo a uma comunidade ascética, na qual se achava como guia Diodoro de Tarso. Teodoro foi evidentemente educado por este último na prática da exegese escriturística, conduzida, como se dizia acima, com critérios bem diferentes dos dos alexandrinos. Com a morte do pai, Teodoro teve um momento de crise, pensando em abandonar a comunidade ascética, mas logo permaneceu em sua decisão primeira graças às insistências de Crisóstomo, que lhe escreveu uma epístola que nos foi conservada (ver adiante, p. 190). Poucos anos depois, em 378, Diodoro deixou Antioquia para assumir o bispado de Tarso, e Teodoro tornou-se o mais importante exegeta de Antioquia, embora nem sempre permanecesse em sua cidade natal, e se dedicou completamente a esta atividade, até morrer em 428. No contexto do cisma antioqueno, que opusera por anos Melécio a Paulino, ele se ligou, como Crisóstomo, a Flaviano, sucessor de Melécio quando este morreu em 381. Flaviano, por sua vez, nomeou Teodoro sacerdote em 383. Em 392, graças à fama alcançada com um escrito de caráter dogmático sobre a encarnação de Cristo, Teodoro foi designado como teólogo ortodoxo e enviado a Anazarbo na Cilícia, para enfrentar a discussão com os bispos macedonianos, que contestavam a natureza divina do Espírito Santo. Para tanto Teodoro foi sagrado bispo, a fim de que tivesse a possibilidade de opor-se aos inimigos da reta fé num plano de igualdade hierárquica. Depois do sucesso conseguido naquela discussão, foi-lhe atribuído o bispado de Mopsuéstia, uma cidade da Cilícia, famosa pelo oráculo de Mopso, que ali tinha sede. A partir dessa época o renome de Teodoro ultrapassou os limites da Síria, e ele se tornou famoso também fora de seu país. Teodósio teve ocasião de escutá-lo provavelmente em Constantinopla em 394, aonde se havia dirigido por ocasião do concílio ali reunido aquele ano. Cerca de dez anos depois verificaram-se as tristes circunstâncias que envolveram João Crisóstomo na contenda com a corte imperial, como veremos adiante, e Teodoro permaneceu fiel ao amigo da juventude e seu compatriota, como se vê por algumas cartas do próprio Crisóstomo, enviadas a Teodoro durante seu exílio.

a) A exegese de Teodoro de Mopsuéstia

A exegese foi a atividade precípua pela qual Teodoro ficou famoso, mesmo ela não tendo sido para ele — como para nenhum outro, aliás — pura atividade erudita, mas determinou suas concepções religiosas, que foram consideradas não-ortodoxas e precursoras do nestorianismo.

O primeiro escrito exegético teria sido um famoso *Comentário aos Salmos*, no qual ele já teria manifestado, com certa força polêmica, seu critério de interpretação histórica: atenção à letra do texto, aos problemas da versão da Septuaginta, às características estilísticas de cada escritor. Cada Salmo deve ser situado em seu ambiente histórico, suas imagens devem ser esclarecidas no plano lexical. Os Salmos têm, segundo Teodoro, uma finalidade essencialmente moral, enquanto o conteúdo cristológico e messiânico passa sem dúvida a segundo plano, como já afirmara Diodoro (só os *Salmos* 2, 8, 44 e 109 teriam essa característica). O Salmo 118 foi precedido de um prólogo, que circulou também sozinho numa versão siríaca em virtude de seu conteúdo teórico; este procurava expor os critérios exegéticos do autor, e teve o título de *Tratado contra os alegoristas*, dos quais os mais significativos eram, segundo Teodoro, Orígenes e Fílon de Alexandria. O texto do *Comentário ao Salmos* ficou em grande parte perdido e foi reconstruído, tanto quanto possível, graças aos esforços de R. Devreesse para os primeiros oitenta Salmos.

Uma vez determinados esses critérios exegéticos, Teodoro permaneceu fiel a eles também nos escritos posteriores: o *Comentário aos profetas menores*, conservado no original grego; o *Comentário ao Gênesis*, ainda existente no século IX, quando foi lido por Fócio; um *Comentário ao Evangelho de João*, aparentemente posterior em alguns anos (foi escrito por volta de 385 ou mesmo depois). De todo modo, a atividade principal de Teodoro foi dirigida à exegese, mesmo depois de eleito bispo. Assim, o *Comentário a Mateus, a Lucas, a 1 e 2Cor, Hebreus, Romanos, Epístolas menores*: infelizmente, esse grupo de comentários ficou quase todo perdido, com exceção de alguns fragmentos, conservados nas catenas, e de uma tradução latina, que nos permite conhecer o *Comentário às epístolas menores* de Paulo, que remonta a aproximadamente 415. Conservado em parte numa tradução siríaca foi o *Comentário ao Eclesiastes*. Teodoro escreveu depois um *Comentá-

rio a Jó, em que examinava (de acordo com os interesses próprios da exegese antioquena) também o aspecto literário daquele livro bíblico, no qual via uma influência do diálogo cantado da tragédia grega. Em todos esses trabalhos o comentário de Teodoro é rápido e essencial, freqüentemente uma simples paráfrase; pontual na interpretação, rico de referências históricas, mas também capaz de colher o pensamento do autor do texto sacro, sobretudo o de Paulo na epístola aos Romanos, relativamente ao problema da relação entre judaísmo e cristianismo, entre Lei e liberdade etc. Igualmente famoso, mas infelizmente perdido, é o *Comentário ao Cântico dos Cânticos*, em que o estudioso interpretava o amor dos dois esposos fora de qualquer espiritualização, à qual se entregava a exegese alexandrina (e a exegese por ela influenciada) desde os tempos de Orígenes: Teodoro, ao contrário, considerava o livro um canto de amor de Salomão pela filha do Faraó, sua esposa, composto em ocasião de uma festa na corte do rei. Também esta interpretação do *Cântico* deveria inserir-se, segundo Simonetti, na forte limitação do interesse cristológico nutrido por Teodoro na interpretação do Antigo Testamento, para a qual as duas economias aparecem independentes uma da outra, assim como cristianismo e judaísmo são complementares, mas independentes, e não é Cristo que vai constituir a ligação entre os dois mundos espirituais. Assim, no *Comentário aos Salmos*, Teodoro nega que o contexto desse livro bíblico fosse, a não ser em pouquíssimos casos, de caráter profético.

b) O pensamento teológico de Teodoro

Além da atividade exegética, Teodoro se dedicou à confutação do arianismo, seguindo muito fielmente (a crer, pelo menos, nos títulos das obras) o rastro de Gregório de Nissa. De fato, escreveu uma obra *Contra Eunômio* e uma *Defesa de Basílio contra Eunômio*. Movida também provavelmente pelo pensamento do Nisseno será a obra seguinte *Sobre a encarnação*, em quinze livros, com a qual Teodoro tentou trazer uma contribuição autônoma a uma problemática que cada vez mais naqueles anos se aprofundava e que desaguou nas acirradas discussões do século V. Teodoro dirigiu sua polêmica contra os arianos e contra os apolinaristas, e sua concepção cristológica (não sabemos se expressa já precisamente nesta obra) foi um prelúdio às discussões posteriores, no curso das quais Teodoro, como se disse, foi considerado um predecessor de Nestório (Fócio assim considerou também a Diodoro). Parece também que essa obra influenciou a cristologia de Agostinho. A mesma problemática foi retomada alguns anos mais tarde, sempre em polêmica com o apolinarismo, num tratado *Contra Apolinário*, em quatro livros, também perdidos. Teodoro, por causa disso, foi condenado nos *Três capítulos* do concílio de Éfeso, que compilavam os erros de Teodoro, Teodoreto e Ibas, e a condenação foi reiterada no concílio de Constantinopla de 553 e aprovada, por necessidade, pelo papa Vigílio (cf. vol. II/2 desta *História da literatura cristã antiga grega e latina*, pp. 146-148). A igreja siríaca, porém, que era de tendência nestoriana, e em cuja língua fora traduzida grande parte das obras de Teodoro (ao que parece, ainda em vida deste), considerou-o um de seus mestres mais autorizados e viu nele o intérprete por excelência dos textos sagrados. Um juízo preciso a esse respeito é difícil de formular, devido ao desaparecimento de muitas obras de Teodoro: alguns estudiosos modernos consideraram objetivamente justificada a condenação do bispo de Mopsuéstia como antecipador de Nestório, enquanto outros consideram falsificadas pelos adversários as citações extraídas dos escritos de Teodoro e inseridas no *dossiê* dos *Três capítulos*, e sustentam que a distinção, por ele efetuada, de duas naturezas e uma só pessoa é ortodoxa. Segundo outros estudiosos, por fim, na distinção teodorana entre Logos divino e homem assumido, Logos e homem permanecem duas entidades independentes: se o homem obtém os atributos do Logos, este, por sua vez, não é caracterizado pelas peculiaridades do homem, provavelmente porque Teodoro teme comprometer a imutabilidade divina.

O bispo de Mopsuéstia envolveu-se também na questão pelagiana a partir do sínodo de Dióspolis de 415, que absolveu Pelágio das acusações a ele movidas pelos ocidentais (cf. vol. II/2 desta *História da literatura cristã antiga grega e latina*, pp. 58ss.). Teodoro, fiel à sua concepção grega da natureza humana, não aceitou a doutrina do pecado original, então formulada pelas primeiras obras de Agostinho e retomada, com um sistema de pensamento muito mais fraco, por Jerônimo, que naquele ano escrevera um *Diálogo contra os pelagianos*. Teodoro exprimiu suas convicções na obra, em dois livros, dirigida *Contra aqueles que sustentam que os homens pecam por natureza e não por vontade própria*. Provavelmente tinha Jerônimo como alvo. Por essa sua tomada de posição — reiterada pelo eficaz apoio dado poucos anos depois ao mais influente dos seguidores de Pelágio, o bispo Juliano de Eclano —, Teodoro foi considerado seguidor da impiedade herética por Genádio de Marselha (*Os homens ilustres*, 46). Juliano traduzira para o latim o *Comentário aos Salmos* de Teodoro, e quando o papa Zósimo, convencido por Agostinho, expulsou Juliano de sua sé este se refugiou no Oriente junto a Teodoro em 421, e estando ali escreveu seus livros *A Floro*, que continham um ataque a Agostinho (p. 61 do vol. II/2 desta *História da literatura cristã antiga grega e latina*).

Correspondem a esses dois momentos mais importantes do pensamento de Teodoro algumas outras obras suas: um escrito em três livros *Contra a doutrina dos magos persas*, no qual abordava a doutrina da criação e da salvação cristã; parece que, a crer no que diz Fócio (*Biblioteca*, cod. 81), também Teodoro, como já pensara Diodoro de Tarso, retomara a doutrina origeniana da apocatástase, na qual se inseria sua concepção de que os homens não pecam por força de sua própria natureza. Relembremos por fim dezesseis *Homilias catequéticas*, conservadas em tradução siríaca e destinadas aos catecúmenos que deviam receber o batismo na noite de Páscoa. Essas, como exigia sua destinação, contêm uma exposição elementar da doutrina cristã.

Bibliografia. Textos: PG 66, 124-632 (*Comentário aos dozes profetas menores*); *In epistolas B. Pauli commentarii* (H. B. Swete), Cambridge 1880-1882; R. Devreesse, *Le commentaire de Théodore de Mopsueste sur les Psaumes* (I-LXXX), Studi e Testi 93, Biblioteca Apostolica Vaticana, Città del Vaticano 1939; *Les Homélies catéchétiques de Théodore de Mopsueste* (R. Tonneau e R. Devreesse), Studi e Testi 140, ibid., 1949; *Catenae Graecae in Genesim et Exodum* I-II (Fr. Petit), CChr.SG 2, Turnhout 1977; 15, Turnhout 1986; W. Strothmann, *Das syrische Fragment des Ecclesiastes-Kommentars von Theodor von Mopsuestia*, Harassowitz, Wiesbaden 1988; *Syrische Katenen aus dem Ecclesiastes-Kommentar des Theodor von Mopsuestia*, ibid., 1988; *Pauluskommentare aus der griechischen Kirche...* (K. Staab), Neutestam. Abhandl. 13, Münster 1933 (1984); *Commentaria in Evangelium Joannis Apostoli* (J.-M. Vosté), CSCO 115/Syr 62; 116 Lovanii 1940; para os vários *Comentários aos Evangelhos*, que se podem extrair das catenas bizantinas: J. Reuss, *Matthäus-Kommentare aus der griechischen Kirche*, TU 61, Akademie Verlag, Berlin 1957; *Joannes Kommentare aus der griechischen Kirche*, TU 89, ibid., Berlin 1966; *Lucas-Kommentare aus der griechischen Kirche*, TU 130, ibid., Berlin 1984.
Estudos: L. Abramowski, *Zur Theologie Theodors von Mopsuestia*, ZKG 72 (1961) 263-293; A. Vaccari, *In margine al commento di Teodoro Mopsuesteno ai Salmi*, in *Miscellanea G. Mercati* (= Studi e Testi 121), Bibl. Apost. Vaticana, Città del Vaticano 1946, pp. 175-198; R. Devreesse, *Essai sur Théodore de Mopsueste*, Studi e Testi 141, Bibl. Apost. Vaticana, Città del Vaticano 1948; U. Wickert, *Studien zu den Pauluskommentaren Theodors von Mopsuestia*, ZNTW, Beiheft 27, Berlin 1962; R. A. Norris, *Manhood and Christ. A Study in the Christology of Theodore of Mopsuestia*, Clarendon Press, Oxford 1963; Chr. Schäublin, *Untersuchungen zu Methode und Herkunft der Antiochenischen Exegese*, cit.; M. Simonetti, *Note sull'esegesi veterotestamentaria di Teodoro di Mopsuestia*, VetChr 14 (1977) 69-102; id., *Lettera e/o allegoria*, cit.; S. Zincone, *Studi sulla visione dell'uomo in ambito antiocheno (Diodoro, Crisostomo, Teodoro, Teodoreto)*, Japadre, L'Aquila-Roma 1988.

c) A Réplica a Juliano Imperador

Esta é uma resposta ao livro escrito pelo Apóstata *Contra os galileus*, isto é, contra os cristãos. A obra de Juliano, em três livros, remontava a cinqüenta anos antes, a 363, mas, como era de hábito (e dada também a lentidão da difusão, no mundo antigo, das obras escritas, que exigia muitas décadas), uma confutação era considerada atual mesmo muito tempo depois (lembremos o *Contra Celso* de Orígenes, escrito cerca de setenta anos depois da obra do pagão, como se observou na p. 372; o *Contra Símaco* de Prudêncio, escrito vinte anos depois do conflito entre Símaco e Ambrósio, como se vê adiante, p. 425). Nos ambientes pagãos, o *Contra os galileus* continuou a ser estimulante mesmo mais tarde, na época de Cirilo de Alexandria, por volta de 430, tanto que o próprio Cirilo escreveu, e justamente por esse motivo, uma confutação de Juliano (ver pp. 241s. do vol. II/2 desta *História da literatura cristã antiga grega e latina*). A de Teodoro é provavelmente a primeira réplica que foi escrita da parte cristã. Também ela se conservou apenas fragmentariamente em catenas da era bizantina, e os poucos restos que chegaram até nós foram confundidos por alguns com os fragmentos de um comentário ao Evangelho de Lucas. Sobre essa obra Augusto Guida escreveu páginas fundamentais. O escritor procedia provavelmente como fizera Orígenes no *Contra Celso*, dividindo o texto do inimigo do cristianismo em várias perícopes sucessivas, às quais fazia seguir sua confutação. Nessa obra, que remonta provavelmente aos anos em que vivia ainda em Antioquia, Teodoro mostra pleno domínio do método exegético, e é movido provavelmente também pela intenção de defender seu mestre Diodoro de Tarso, cuja doutrina (por exemplo, a cristologia) fora objeto de críticas da parte de Juliano. Teodoro recorre ao método exegético que lhe é próprio para confutar as objeções do Apóstata, o qual, retomando uma longa tradição de críticas pagãs que remontavam a Porfírio, se não diretamente a Celso, observara, entre outras coisas, que as fontes cristãs por excelência — os Evangelhos —, são invalidadas por graves contradições internas (*diaphoniai*), a ponto de pôr em dúvida a confiabilidade. A particular formação exegética de Teodoro, atento sobretudo à letra do texto, sugere-lhe uma resposta de tipo "filológico", no sentido de que ele admite que tais contradições realmente existem, mas dizem respeito a elementos de detalhe e, de todo modo, são também explicáveis historicamente e no plano da realidade; aliás, justamente por isso, por corresponderem a uma realidade histórica, elas demonstram a autenticidade da narração evangélica. Se tal narração fosse falsa, seus compiladores teriam evitado propositalmente toda contradição e procurado pôr-se de acordo.

Bibliografia. Fundamental (também para a atividade exegética de Teodoro em seu conjunto): Teodoro di Mopsuestia, *Replica a Giuliano imperatore*, ed. de A. Guida, BPat 24, 1994.

3. Policrônio de Apaméia

Irmão de Teodoro de Mopsuéstia, Policrônio foi bispo de Apaméia, na Síria. É recordado por Teodoreto em sua *História eclesiástica* como ainda vivo por volta de 428, mas não participou do concílio de Éfeso em 431, onde foi condenado Nestório, porque nessa data já tinha morrido. Teria comentado sobretudo os livros proféticos do Antigo Testamento, e chegaram até nós, graças às catenas, fragmentos de suas notas a Jó, Dn e Ez; talvez tenha comentado também Jr.

Não obstante as escassas informações que possuímos a seu respeito, também Policrônio, como Teodoro, deve ser incluído de pleno direito na corrente da exegese antioquena: dispunha de amplos conhecimentos no plano histórico e arqueológico, interpretava a Escritura segundo seu significado literal, graças a critérios fortemente racionalistas. Parece que nesta sua recusa da exegese espiritualista ele se aproximou da interpretação histórico-racionalista do cristianismo, desenvolvida pelo grande inimigo dos cristãos, o neoplatônico Porfírio.

Bibliografia. Textos: PG 93, 13-470. Um estudo de conjunto da atividade exegética de Policrônio seria extremamente útil: o último é o de O. Bardenhewer, *Polychronius, Bruder Theodors von Mopsuestia...*, Freiburg im Br., 1879.

4. João Crisóstomo

A mesma experiência dos capadócios, de originar-se na província e estar depois presente e ativo em Constantinopla, assumindo uma posição de relevo na vida social e política da capital, mas também sofrendo as conseqüências disso, devidas, neste caso, ao confronto com o poder imperial, foi vivida por João, chamado em seguida "crisóstomo" ("boca de ouro"), por sua eloqüência. Tal título nos permite aproximá-lo de Gregório Nazianzeno, que dedicara toda a vida à "eloqüência" sacra e a manifestar com a homilia, mais que com o tratado científico, suas idéias e, muito freqüentemente, também os próprios sentimentos.

À diferença dos capadócios, porém, que provinham de uma província isolada, João era originário de uma das mais importantes cidades do império, Antioquia, rica de dinheiro e também de cultura, pagã e cristã, como já se disse. João pôde gozar dessa cultura, graças à riqueza de sua família. Morto o pai quando ele era ainda menino, a mãe, que quis permanecer viúva apesar de sua jovem idade, confiou o filho, que nascera

189

entre 344 e 354 (provavelmente em 348), a mestres de retórica, entre os quais o famoso Libânio.

Terminado o período da educação retórica, com cerca de vinte anos João decidiu consagrar-se à ascese e ao estudo assíduo das Escrituras, no qual foi seu mestre, entre outros, Diodoro de Tarso. Como de costume na época, a perfeição do cristão era considerada a ascese, e também João procurou-a, porém, para não abandonar a mãe viúva, não se dedicou à vida eremítica de imediato, mas apenas depois de sua morte, praticando-a por quatro anos. Em 381 é nomeado diácono por Melécio, e começa sua atividade como escritor e orador.

a) Escritos morais em defesa do monaquismo e da ascese

Suas primeiras obras são escritas (ainda não são homilias). Dedica-as à defesa da vida monástica contra as críticas que lhe eram dirigidas. Assim, entre 378 e 385, Crisóstomo escreve, imitando a diatribe da filosofia cínica e estóica mais popular, os dois livros *Contra os críticos da vida monástica* e o *Confronto entre o rei e o monge*, retomando, em modo retórico, a oposição platônica entre o filósofo e o tirano. Recordemos ainda, mais ou menos daquela época, as *Exortações a Teodoro que havia cedido*, duas exortações, sinceras mas recheadas dos lugares-comuns da retórica, ao amigo Teodoro, futuro bispo de Mopsuéstia, que abandonara então a vida monástica para administrar o próprio patrimônio e tencionava casar-se, como já vimos. Análogo é o tema dos dois livros *Sobre a compunção*, que são uma exortação a essa virtude, exortação dirigida a dois monges; três livros *A Estagírio, atormentado pelo demônio*, destinados a um monge seu amigo, nos quais o autor enfrenta o significado da dor humana. A atitude de Crisóstomo em relação ao monaquismo é ambígua. Ele "evita todas as excentricidades e as proezas, das quais abundavam relatos em seu tempo" (Leroux), prova-velmente também porque se aproximava da atitude do bispo Flaviano, que justamente naquele período condenara os messalianos. No entanto, ainda segundo Leroux, em sua obra encontram-se os temas mais importantes da doutrina de Macário-Simeão: o retorno ao estado paradisíaco de Adão antes da queda, a obtenção da vida angélica, o acesso por meio da graça ao reino escatológico de Cristo (motivos que, de todo modo, se encontram também em Gregório de Nissa). Isso não impediu que mais tarde, quando bispo de Constantinopla, Crisóstomo acolhesse com amizade os monges egípcios exilados pelas perseguições de Teófilo.

O interesse que o domina naqueles anos — sobretudo o interesse pela vida sacerdotal — leva-o a pôr por escrito suas convicções a esse respeito, mostrando logo sua fértil inspiração e sua fecunda abertura aos tratamentos amplos e fáceis. Escreveu, assim, quando era ainda diácono (381-386), o tratado *Sobre o sacerdócio*, provavelmente sua primeira obra a obter fama imediata: Jerônimo já o terá lido poucos anos depois, recordando-o ao escrever *Os homens ilustres* (cap. 129) em 392 (Crisóstomo se achava ainda em Antioquia). O tratado logo se tornou famoso no mundo bizantino, onde teve ampla difusão. Foi, de fato, considerado o tratado clássico sobre a responsabilidade, a dignidade e a função, as obrigações do sacerdócio, seja no grau mais baixo, seja no mais alto, o episcopado. Em seis livros, tem a estrutura de um diálogo entre o autor e um amigo de nome Basílio (segundo alguns, bispo de Rafanéia, na Síria), com uma moldura de fatos históricos realmente ocorridos. Tal moldura parece bastante complexa e artificiosa, provavelmente devida aos instrumentos retóricos em que o escritor era mestre, como a invenção de alguns eventos e a preterição de outros. Nela intervém igualmente a imitação de um modelo famoso, a segunda oração de Gregório Nazianzeno, também consagrada ao episódio da fuga (nesse caso, tratava-se do próprio Nazianzeno) diante da obrigação de assumir a pesada responsabilidade do sacerdócio. A obra de Crisóstomo se conclui retomando a oposição, tornada freqüente no cristianismo do século IV, entre vida ativa e vida contemplativa, isto é, entre a vida do cristão na comunidade e a do monge. Crisóstomo, apesar de ter praticado pessoalmente o eremitismo nos anos precedentes, neste tratado dá a preferência à vida ativa, na medida em que ela requer maior grandeza de alma: a vida monástica, de fato, é mais segura e mais calma que a sacerdotal, e esta, portanto, tem o primeiro posto na escala da perfeição.

Outras obras morais desses anos (notemos que no início de sua carreira literária Crisóstomo emprega também o gênero literário do tratado, que depois abandona quase totalmente para dedicar-se à homilia) são dedicadas a propagandear e defender o ideal da virgindade. Trata-se de *A virgindade*, da exortação *A uma viúva jovem*, escrita em torno de 380; do tratado *Não se devem repetir as núpcias*. Entre essas obras, a mais importante é, sem dúvida, a sobre *A virgindade*, muito embora, no plano doutrinal, não apresente motivos novos: ao contrário, prende-se a uma longa tradição que remontava pelo menos a Clemente de Alexandria e fora reiterada no curso do século IV pelos escritos de conteúdo análogo de Atanásio,

Basílio de Ancira e Gregório de Nissa. Crisóstomo retoma os motivos da condenação da ascese praticada pelos heréticos, à qual nega qualquer valor, porque estranha à fé cristã. Afirma que não se deve desprezar o matrimônio (como faziam os hereges) só porque a virgindade é mais preciosa; detém-se longamente, por fim, a destacar os méritos espirituais e morais da virgindade, recorrendo também ao emprego de motivos tradicionais, como as dificuldades da vida matrimonial, as dores que esta comporta (morte prematura do cônjuge ou dos filhos etc.), as contrariedades que se deve enfrentar a cada dia. No casamento, todavia, pode-se conduzir também uma vida virginal (uma convicção que se achava também em Eusébio de Emesa e foi amplamente difundida no cristianismo ocidental). Devem ser adequadamente explicadas também a poligamia dos patriarcas e a posição assumida por Paulo em 1Cor 7. A virgindade, como sustentaram igualmente os capadócios, é o meio principal para poder praticar a "filosofia", isto é, a vida contemplativa cristã, que é própria do monge; esta se realiza na ascese, mas também no estudo da palavra de Deus e dos escritos dos Padres. Muitas considerações se prendem, naturalmente, por afinidade dos temas, às desenvolvidas na obra escrita *Contra os detratores da vida monástica*.

Também o problema das assim chamadas *virgines subintroductae* foi abordado por João Crisóstomo, que em dois opúsculos alerta para os riscos que tal convivência podia oferecer (*Contra aqueles que têm junto de si virgens subintroductae*; *Que as cônegas não devem morar junto com os homens*: estes dois breves tratados, contudo, são deslocados por alguns para o período do episcopado de Constantinopla).

Em 386 João foi ordenado sacerdote pelo sucessor de Melécio, o bispo Flaviano. Já tivera lugar o concílio ecumênico de Constantinopla, que imprimira uma guinada decisiva à ortodoxia, embora, naturalmente, as polêmicas teológicas não tivessem se aplacado imediatamente só em conseqüência das decisões conciliares (Eunômio, por exemplo, ainda estava ativo com seu perigoso ensinamento depois de 381). Flaviano, portanto, achou oportuno servir-se do engenho e do talento de João para ter nele um pregador da ortodoxia na Igreja principal de Antioquia, e João, após ter pronunciado um sermão de agradecimento (a Deus por ter-lhe dado a palavra e ao bispo por tê-lo nomeado sacerdote) — atitude emblemática de seu espírito —, exerceu seu ofício como pregador, seguido e admirado até o final de sua permanência em Antioquia, que se dá em 397.

b) A pregação do período antioqueno

Este talvez seja o período de melhor e mais fértil produção, um período em que João, ainda não sobrecarregado das terríveis responsabilidades do episcopado de Constantinopla, mas pregador em sua cidade natal, dedica-se a seu ofício com um entusiasmo em que a quantidade de sua produção, todavia, prevalece sobre a profundidade do pensamento. Sua pregação se dirige aos temas mais variados: em primeiro lugar a explicar o texto sagrado, portanto a instruir o povo cristão no plano moral. Grandíssimo destaque tem, em Crisóstomo, a consideração da realidade social de sua cidade, Antioquia. Certamente as outras cidades do império eram afligidas pelos mesmos problemas da superpopulação e da miséria: Constantinopla os apresentará ainda mais acentuados, e João não deixará de intervir sobre esses problemas também em sua nova sé. Por esses motivos o pregador insiste em repetir que se impõe a todos a obrigação de cuidar dos mais pobres e dos mais fracos, razão por que suas homilias possuem certa importância para se conhecer a realidade social da época. Outra tarefa a que se dedica a pregação de Crisóstomo no período antioqueno é explicar ao povo o significado mais profundo das festas, da liturgia. A publicação desta riquíssima produção homilética tornou-se possível pelo fato de o pregador ter se servido de estenógrafos (freqüentemente permaneceram no texto elementos que caracterizam a extemporaneidade de seu falar) e depois reelaborar o que havia dito, porque possuía um rascunho precedentemente preparado. Recorde-se, enfim, que entre suas homilias foram introduzidas, com o passar do tempo, numerosas outras que não pertencem a Crisóstomo, mas são de contemporâneos seus ou de escritores do século V ou VI: distinguir o autêntico do falso constitui uma das principais tarefas da crítica crisostômica e dos estudiosos da homilética cristã em geral.

Isso posto, numerosas e ricas são as coletâneas de *homilias*. Ao Gênesis, e mais precisamente a seus primeiros três capítulos, Crisóstomo dedicou num primeiro momento (na Quaresma de 386) 9 *homilias*, e depois (em 388 ou em 395) outras 67, que explicam seções escolhidas de todo aquele livro bíblico, retomando também passagens da coletânea precedente. São consideradas mais notáveis as homilias sobre 58 Salmos (n. 4-12; 43-49; 108-117; 119-150), que pertencem provavelmente ao final do período antioqueno e têm o título de "interpretações", talvez porque não tenham sido efetivamente pronunciadas. Nessas homilias o cunho moral é muito acentuado. Parece que Crisóstomo adota para sua exegese não só o texto da Septuaginta, mas também o de outros tradutores, como Áquila, Símaco e Teodocião.

Recordemos ainda, remontando ao mesmo período (386-387), seis *homilias* sobre Isaías, algumas das quais, porém, foram pronunciadas mais tarde, em Constantinopla. Parece que também não é autêntico um comentário a Isaías, que chegou até nós não em grego, mas numa versão armênia. Ademais, cinco *Homilias sobre Ana* (sobre seções do primeiro livro de Samuel) e três *Homilias sobre David e Saul*; duas *Homilias sobre a obscuridade dos profetas* dizem respeito aos livros proféticos em geral. As catenas conservaram vários fragmentos sobre Jr, Dn, Jó e Pr.

No âmbito da pregação sobre o Novo Testamento destacam-se as *Homilias sobre o Evangelho de Mateus*, noventa ao todo e pronunciadas provavelmente em 390. Caracterizam-se também por um conteúdo teológico (embora bastante superficial), porque contêm numerosas polêmicas contra os maniqueus. Crisóstomo repele a distinção maniqueísta entre o Deus do Antigo Testamento e o do Novo e vê uma completa identidade entre um e outro, não uma oposição entre o deus de bondade e o de crueldade. Ambos os testamentos derivam do mesmo Deus, que quis no novo completar o antigo. Encontram-se também polêmicas, tampouco muito aprofundadas, contra os arianos, e sublinha-se a plena igualdade de natureza do Filho com o Pai. Essas homilias são conhecidas também pelo interesse que Crisóstomo dedica à vida mundana de Antioquia, pelas críticas à paixão desenfreada pelos jogos e pelos espetáculos, aos quais o pregador opõe o rigor da vida monástica. Notícias de origem bizantina nos informam de que Crisóstomo teria comentado Mt, Mc e Lc, mas dele só nos chegaram as homilias de que estamos falando, além de sete *Homilias sobre Lázaro* (cf. Lc 16,19-31). Crisóstomo também dedicou sua atenção ao evangelista João com uma coletânea de 88 *Homilias sobre o Evangelho de João*, mais breves que as anteriores, verossimilmente compostas no ano seguinte, em 391. Aqui também se desenvolve a polêmica contra os arianos, baseada na reta interpretação das passagens joaninas que sublinham a plena igualdade do Filho com o Pai, e com a retomada da doutrina tradicional da deliberada anuência do Filho em rebaixar-se à humildade da condição humana. Falta, porém, nessas homilias, um verdadeiro aprofundamento do significado dogmático e espiritual, tão peculiar do texto joanino, porque Crisóstomo permanece na superfície.

Dada sua notoriedade, as *Homilias sobre Mateus* tiveram difusão também no Ocidente, graças à tradução de Aniano de Celeda, que traduziu porém só as primeiras vinte e cinco por volta de 420. Completa, por seu turno, seria a tradução latina realizada por Burgundione da Pisa, no século XII.

Um *corpus* gigantesco, na pregação de Crisóstomo, é constituído pelas homilias dedicadas a Paulo: antes de tudo, as homilias sobre a Epístola aos Romanos, as mais famosas. São 32 ao todo, quase todas pronunciadas em Antioquia, mas algumas também nos primeiros anos do episcopado de Constantinopla (estendem-se provavelmente ao longo do período compreendido entre 381 e 398). Em virtude do assunto, compreende-se que elas possam ter sido utilizadas pelos pelagianos, na medida em que Crisóstomo explica a epístola paulina sem fazer referência, como é lógico, à concepção, especificamente agostiniana, do pecado original, e que Agostinho, por sua vez, na obra *Contra Juliano pelagiano*, escrita em 421, cite várias passagens de Crisóstomo, que ele considera conformes a suas próprias idéias. Também essas homilias logo foram, por isso, traduzidas em latim. Na realidade, nelas o aprofundamento teológico é bastante escasso, e Crisóstomo, conforme à sua formação exegética antioquena (acrescente-se também o fato de ele ser pouco dado à especulação), explica o texto paulino sobretudo do ponto de vista moral e ascético. No apóstolo ele via o ideal do bispo, que sabia unir a administração de sua Igreja à catequese para seus fiéis.

Igualmente do período antioqueno são as 44 *Homilias* sobre 1Cor e as 30 sobre 2Cor, às quais se juntam três homilias dedicadas especificamente a 1Cor 7,1; três a 2Cor 4,13 e uma a 1Cor 15,28. A Gl, além disso, Crisóstomo dedicou um verdadeiro comentário; a Ef, 24 *homilias*, entre as quais ficou famosa a de n. 20, dedicada à santidade do matrimônio. As homilias a Fl (15 ao todo) são talvez do período antioqueno, mas há quem considere que possam ter sido pronunciadas em Constantinopla. Aqui se encontra, com referência à doutrina da *kenosis*, a polêmica contra os hereges que negavam a realidade da encarnação do Cristo. A 1Tm são dedicadas 18 *homilias*, a 2Tm, dez; a Tt, seis; a Fm, três. Acrescente-se, por fim, quatro *Homilias sobre o início dos Atos dos apóstolos*, e 4 *Sobre a troca de nomes* (antes de tudo, o nome de Saulo, chamado Paulo, e, depois, de alguns outros personagens bíblicos). Das outras homilias falaremos ao considerar a atividade de Crisóstomo em Constantinopla porque elas remontam àquele período.

Um julgamento global dessa atividade homilética de Crisóstomo deve levar em conta, seguramente, o enorme volume da produção, mesmo que na maior parte dos casos a pregação não se caracterize por um particular aprofundamento especulativo da matéria. O pregador é de inspiração fácil, entusiasta e sensível a vários problemas, éticos, espirituais, também sociais e políticos; mas não se pode dizer que a exegese dos vários escritos bíblicos encontre motivos novos na pregação de Crisóstomo.

c) Homilias de conteúdo teológico

Ao lado das homilias exegéticas, que passamos rapidamente em revista, situam-se no período antioqueno algumas outras prédicas que querem ter um caráter doutrinal mais marcado mas, mesmo assim, não fazem de Crisóstomo um verdadeiro pensador cristão, e muito menos um pensador original. Tais são as homilias *Sobre a incompreensibilidade de Deus*, título que, na verdade, só cabe às cinco primeiras, pronunciadas em Antioquia por volta de 386-387, contra os anomeus que ainda naqueles anos andavam pregando sua heresia e achavam possível encontrar um nome de Deus que revelasse Sua verdadeira natureza (assim dissera, por exemplo, Eunômio). Com esse conjunto de prédicas o autor dá sua contribuição — que, todavia, não é muito rica no plano doutrinal — à controvérsia ariana, que já vivia então seus derradeiros anos. Trata-se de doze homilias, que incidem em diferentes ocasiões (as últimas duas da coletânea foram pronunciadas quando Crisóstomo foi introduzido na sé de Constantinopla em 398 e reunidas às outras posteriormente pelo editor de Crisóstomo, Montfaucon, no século XVIII). O orador quer demonstrar que o Pai é conhecido somente pelas outras duas Pessoas da Trindade, e nem sequer pelos anjos, muito menos pelos hereges. Portanto, o Filho e o Espírito são iguais ao Pai.

Essas homilias evocam as de Gregório Nazianzeno, análogas no conteúdo e na forma, embora Crisóstomo tenha se valido mais provavelmente de Basílio e do Nisseno. Encontramo-nos diante de uma homilética de caráter didascálico, destinada a explicar o mistério trinitário segundo a doutrina nicena que triunfara exatamente naqueles anos, obtendo a definitiva confirmação pelo concílio de Constantinopla. O orador dirige-se, de fato, não diretamente aos hereges, mas a fiéis que podem cair vítimas da pregação daqueles. O pregador, porém, não atinge a profundidade das homilias teológicas de Gregório Nazianzeno.

De conteúdo dogmático é também a homilia *Sobre a ressurreição dos mortos*. Ainda mais pobres de conteúdo, porque retomam os motivos tradicionais da polêmica antijudaica, são as *Homilias contra os judeus*, pronunciadas em 386-387, dirigidas aos ouvintes cristãos, sobretudo para alertá-los contra as práticas mágicas das quais (diz ele) se serviam os judeus e que atraíam também os cristãos das classes mais humildes. Ademais, somos informados, pelas admoestações de Crisóstomo, de que algumas celebrações rituais judaicas eram freqüentadas, por ignorância, também por cristãos.

d) Homilias catequéticas

Tais são as duas *Catequeses batismais*, pronunciadas durante a Quaresma de 388, que mostram que a Crisóstomo cabia também a missão de preparar os catecúmenos para o sacramento do batismo. Além dessas duas homilias já conhecidas, foram descobertos em 1909 outros quatro sermões de instrução ao batismo, dos quais o primeiro, todavia, coincide com o primeiro dos dois já conhecidos; os outros três também são provavelmente da mesma época (388). Em 1955, enfim, foram descobertas outras oito catequeses, de época posterior, contudo, às acima indicadas, exceto a terceira delas, idêntica à quarta das descobertas em 1909. Esta foi traduzida em latim provavelmente por Aniano de Celeda, que traduziu, como vimos, outras homilias crisostômicas, e foi empregada por Agostinho no primeiro livro do *Contra Juliano pelagiano* de 421.

e) Homilias morais

O propósito moral sempre esteve presente na pregação de Crisóstomo dedicada à exegese bíblica. Ele emerge em clara luz também em algumas outras homilias, pronunciadas isoladamente, que não têm, certamente, o peso e o significado das exegéticas. São dirigidas sobretudo a extirpar da comunidade cristã de Antioquia as práticas pagãs, que ainda existiam na vida de todos os dias (naturalmente também mais tarde, em Constantinopla, se apresentará ao pregador o mesmo imperativo de ordem moral). Recordando: a *Homilia sobre o primeiro de janeiro*, dedicada a combater o hábito de entregar-se aos banquetes desenfreados pela festividade do início do ano; três *Homilias sobre o diabo*, que na realidade querem condenar os divertimentos do teatro, considerado uma assembléia em que está presente o diabo (recordemos as contínuas polêmicas dos escritores cristãos, do Oriente e do Ocidente, contra os espetáculos teatrais, que na idade imperial eram quase exclusivamente de baixo nível moral e de nenhum significado artístico: mímicos, lutas de gladiadores etc.). De assunto diferente são as nove *Homilias sobre a penitência* (das quais, porém, a sétima parece pertencer a Severiano de Gabala e não a Crisóstomo), a homília *Sobre a esmola* e a *Sobre os prazeres futuros e sobre a baixeza dos prazeres presentes*. "Enquanto censura constantemente aos ricos a sua egoística indiferença pela sorte de seus irmãos menos afortunados, ele nunca se esquece de insistir sobre o dever da esmola, e o assunto retorna tão freqüentemente em seus sermões que o apelidaram de 'São João, o Esmoler'" (Quasten).

f) Homilias litúrgicas

Importante para a datação da festa do Natal, já fixada definitivamente pela liturgia cristã em 25 de dezembro, e desde há cerca de um século identificada com a festa pagã do "Sol invicto", que caía nesse dia, é a homília *Sobre o dia de Natal de nosso Senhor Jesus Cristo*, de 25 de dezembro de 386 (um segundo sermão, de 396, cuja autenticidade, contudo, é duvidosa, a reitera). De propósito análogo é a homília *Sobre o batismo de Cristo e sobre a epifania*, de 6 de janeiro de 387.

Recordemos, enfim, duas *Homilias para a Sexta-feira Santa* (*Sobre a traição de Judas*), três para a quinta-feira santa (uma *Sobre o cemitério e sobre a cruz* e duas *Sobre a cruz e sobre o ladrão*), duas *Homilias pascais*, uma *Sobre a Ascensão do Senhor* e uma *Sobre o Pentecostes*.

Não têm conteúdo nem finalidade didascálica em sentido estrito, mas podem ao menos parcialmente ser consideradas obras de admoestação, e portanto caracterizadas por uma função didascálica, as 21 *Homilias sobre as estátuas dos antioquenos*, provocadas por um episódio ocorrido em 387, pouco tempo depois que Crisóstomo fora ordenado sacerdote. Por causa de uma forte tributação ordenada pelo imperador Teodósio, o povo de Antioquia se entregara à desordem — como freqüentemente ocorria na época imperial tardia, período de extrema miséria e de forte fiscalização — e depredara as estátuas do imperador e de sua família. Era de esperar uma represália, e por esse motivo o próprio bispo de Antioquia, Flaviano, se dirigira a Constantinopla para tentar resolver as coisas do melhor modo. Durante a ausência do bispo, enquanto as autoridades imperiais já haviam tomado as primeiras providências punitivas, tem lugar a pregação de Crisóstomo que, quase fazendo as vezes de bispo, encoraja e acalma o povo em expectativa, até que o retorno de Flaviano pôde anunciar que o imperador renunciara a pôr em prática sua vingança.

g) Os panegíricos

O hábito de celebrar a festa de um santo estava se impondo cada vez mais no século IV, e Crisóstomo também contribuiu com sua parte para esse costume, que constituía para a vida do cristão uma ocasião de reunião e de vida em comum. O panegírico, por outro lado, não era muito diferente da homilia em alguns aspectos, na medida em que era um discurso público e tinha também uma finalidade didascálica: o contato do panegírico com a homilia é indicado também pelo fato de os antigos o chamarem "discurso panegírico", de louvor, e ser pronunciado diante de um público (*panegyris*) reunido para determinada celebração, que podia também ser profana.

O *Discurso sobre S. Bábilas contra Juliano, o apóstata, e os pagãos* é o mais famoso de nosso pregador. É a celebração do santo de Antioquia, cujo martírio é evocado junto com os acontecimentos que se seguiram à tentativa de proibir-lhe o culto, empreendida por Juliano, o apóstata, quando Crisóstomo era muito jovem, em 362. Escrito num ano compreendido entre 378 e a morte do bispo Melécio (381), é uma das primeiras obras de Crisóstomo e se configura ao mesmo tempo como uma celebração da figura do santo e uma defesa do culto das relíquias dos mártires, cada vez mais difundido no século IV. Aos milagres e à potência de Bábilas Crisóstomo opõe a fraqueza dos deuses pagãos e dos demônios; destaca quanto é injusto impedir aos cristãos o culto dos mártires e, ao mesmo tempo, pretender que os demônios sejam objeto de veneração não-merecida. Nessa atitude Crisóstomo toma posição contra aquele que tentara justamente naqueles anos fazer reviver o culto dos demônios, o imperador Juliano, e, com ele, contra o mestre ideal de Juliano, e de todos os intelectuais pagãos, o grande filósofo Porfírio. A obra polemiza também com Libânio, o famoso sofista, que fora mestre do próprio Crisóstomo, como já dissemos. Libânio ensinava então em Antioquia, e Crisóstomo cita longos trechos de um discurso dele (a *Monodia sobre o templo de Apolo em Dafne*), no qual o retor pagão deplorara o incêndio do templo de Apolo em Dafne, subúrbio de Antioquia, do qual foram acusados os cristãos do tempo do imperador Juliano. Esse panegírico pode ser considerado o momento em que João, numa ocasião pública, renega diante de todos sua educação retórica.

Ao lado desse escrito se pode situar a *Homilia sobre S. Bábilas* pronunciada em Antioquia após a ordenação em 386. Ela contém a narrativa do martírio do santo. Aqui também voltam os motivos polêmicos contra o paganismo e mais em particular contra Juliano, o apóstata.

De impostação e tendência semelhantes é um tratado um pouco posterior (provavelmente de 387), *Contra os judeus e os pagãos, em demonstração do fato de que Cristo é Deus.* O tema é facilmente inserível na tradição apologética, seja pela parte polêmica seja pelas argumentações que servem para instruir os opositores da doutrina cristã. Tais argumentações, dirigidas contra os judeus, consistem na demonstração de que as promessas messiânicas foram cumpridas. Essas tardias continuações da apologética já não têm um conteúdo teórico geral, mas partem de episódios isolados, como a perseguição de Juliano, o apóstata, e o culto de S. Bábilas, o santo local. O tratado parece ter sido deixado interrompido pelo autor.

Mas, além do panegírico em honra de S. Bábilas, contam-se numerosos outros em honra das grandes figuras do Antigo Testamento (Jó, Eleazar, os Macabeus e sua mãe) ou dos mártires — em sua maioria, mártires locais, como Romano, Juliano, Berenice e outros. Mais contumazes e de grande fama na Antiguidade (tanto que logo foram traduzidas em latim, entre 415 e 419, por Amiano de Celeda) são as *Sete homilias em honra de S. Paulo*, que confirmam o que já se observou acima acerca da atenção que Crisóstomo dedicara ao apóstolo, considerado não só mestre mas também exemplo do bispo perfeito.

Pertence aos últimos anos da permanência de Crisóstomo em Antioquia um tratado (escrito por volta de 393) que teve certa notoriedade a partir do século XVII, por ser um dos poucos documentos da pedagogia cristã da Antiguidade — o tratado de Basílio, igualmente famoso, sobre a educação dos jovens se ocupa de um problema mais restrito, as leituras dos clássicos pagãos, e não tem um verdadeiro significado pedagógico. Referimo-nos ao tratado *Sobre a educação dos filhos*, dividido em duas partes; a primeira tem um título autônomo, *Sobre a vanglória*, e a segunda discorre especificamente *Sobre a educação dos filhos*: o primeiro tema é considerado preparatório ao assunto principal, que é o segundo, uma vez que não se deve educar os jovens para que busquem a glória vã das ocupações deste mundo.

h) De Antioquia a Constantinopla

Em 397 morreu o patriarca de Constantinopla, Nectário, que fora sucessor e amigo de Gregório Nazianzeno; então, por sugestão do imperador Arcádio ou de seu conselheiro, o camarista Eutrópio (pois na época — e também depois — Arcádio era pessoa fraca e apática), João, já famoso por sua pregação em Antioquia, foi chamado pelo clero e pelos fiéis de Constantinopla a ser bispo dessa cidade. Tal eleição não agradou ao bispo de Alexandria, o poderoso Teófilo, que no entanto teve de consagrar João em 398.

A vida de Constantinopla e o cargo de bispo da capital, em estreito contato com o imperador e a corte, eram algo bem diferente da vida de Antioquia, onde, ademais, João não tinha ainda responsabilidades episcopais e podia dedicar-se livremente à pregação, protegido pelo bispo Flaviano. Ser bispo em Constantinopla exigia uma capacidade diplomática (entendida também no significado mais deteriorado do termo: adaptação aos compromissos) que Crisóstomo não possuía. Seu rigor moral e sua severidade, por outro lado, granjeavam-lhe a hostilidade de numerosos cortesãos. Por exemplo, do próprio Eutrópio, da imperatriz Eudóxia e dos grandes personagens da Igreja — bispos que preferiam abancar-se na corte e aproveitar das vantagens garantidas aos cortesaos obsequiosos, em vez de cumprir com seu dever em suas próprias dioceses. O contraste gritante entre a riqueza sem limites dos poderosos e a extrema indigência das classes mais pobres suscitou no bispo de Constantinopla um cuidado pelos problemas sociais que até então tinha escapado da atenção da Igreja; somente com a difusão do cristianismo nas grandes massas urbanas (após Constantino) ela teve de enfrentar o problema da miséria econômica não apenas no indivíduo isolado ou nas camadas sociais de uma pequena cidade de província, mas, doravante, da população de uma metrópole. Por esse motivo a pregação de Crisóstomo em Constantinopla — agora desacelerada em relação à de Antioquia, mais frenética pela urgência dos problemas concretos, embora ainda dedicada, como dizem os títulos, à exegese escriturística — mostrou uma aguçada sensibilidade pelos problemas éticos e práticos, sublinhando a necessidade, que se impunha a todo cristão, de aliviar de algum modo a miséria tão difundida, e a responsabilidade que tinha a Igreja diante desse problema.

Segundo alguns testemunhos, deveríamos situar logo no início do episcopado constantinopolitano, como sinal de um clima ético mais rigoroso que Crisóstomo queria introduzir, as homilias sobre as *virgines subintroductae*, que já citamos no período antioqueno.

Ao primeiro período do episcopado constantinopolitano, quando ainda não haviam surgido as divergências com a corte e a imperatriz (389-399), pertence uma série de doze homilias, de conteúdo vário, entre as quais uma que destacava a imoralidade dos espetáculos teatrais. Crisóstomo se apresenta na veste de pregador oficial, com uma oratória ampla e solene. É ouvido por todos.

Pouco depois ocorreu o primeiro confronto de João com os poderosos da corte, e foi com o mesmo camarista Eutrópio, que o chamara a Constantinopla, mas bem cedo tentou limitar-lhe a autoridade. Para tanto Eutrópio quis intervir sobre o direito de asilo da Igreja. Além disso, ele também estava entre os acusados por Crisóstomo de luxo descarado e imoralidade. Num primeiro tempo, pareceu que o cortesão poderia vencer a luta, já que obtivera do imperador o consulado, mas bem depressa, por causa de uma revolta da guarnição de Constantinopla formada por soldados godos e do ódio de Eudóxio, Eutrópio foi defenestrado e teria sido morto pela multidão se não se tivesse refugiado na Igreja de Crisóstomo, que o defendeu. Não confiando no bispo, Eutrópio abandonou a Igreja, foi capturado e executado. Crisóstomo pronunciou por ocasião de cada um dos dois fatos uma comovida homilia; e por outra, de alguns meses depois (pronunciada em meados de 400), somos informados de que ele buscava acalmar os confrontos entre os cidadãos de Constantinopla e a guarnição dos bárbaros.

Mas logo o rigor moral e a incapacidade de adaptar-se aos compromissos levaram Crisóstomo ao confronto com a corte, e em primeiro lugar com a imperatriz, à qual o bispo não poupara as acusações de dissoluta. Essa se dirigiu — para diminuir o prestígio do bispo rebelde — a Teófilo, que já vimos ter sido hostil a João desde o início. Teófilo, aliás, viu sua tarefa facilitada pelo fato de outros bispos — Severiano de Gabala, Antíoco de Ptolemaide e Acácio de Beréia — também manterem relações ruins com Crisóstomo. O bispo de Alexandria, ademais, tinha motivos pessoais para odiar o patriarca de Constantinopla porque, tendo querido estender sua autoridade despótica também sobre os monges do deserto da Nítria, havia-os perseguido e fora em seguida acusado por eles junto a João. Este convocara um sínodo e chamara Teófilo para desculpar-se em público. Assim Teófilo partiu de Alexandria mas, confiante no apoio da imperatriz, em vez de apresentar-se ao sínodo de João, convocou outro sínodo, chamado "do Carvalho", num subúrbio de Calcedônia, e com a ajuda de 36 bispos, em grande parte egípcios, em agosto de 403 condenou o bispo de Constantinopla, que se recusara a comparecer, com base em 29 itens de acusação inventados, em grande parte de ordem moral e disciplinar. Crisóstomo foi deposto e banido para a Bitínia. Temos uma violenta homilia sua contra essa decisão, contra a qual (a decisão) o próprio povo de Constantinopla se rebelou. Entregando-se aos tumultos, a população forçou as autoridades imperiais a reconvocar o bispo, que regressou em meio à exultação geral e pronunciou outra homilia, *Sobre seu retorno*. Poucos meses depois, contudo, Crisóstomo manifestou novamente sua independência de espírito condenando os excessos dos festejos que se realizavam na cidade pela dedicação de uma estátua de Eudóxia. O conflito com a imperatriz reacendeu-se, e Crisóstomo, numa homilia, comparou Eudóxia a Herodíades. As críticas e os ataques à corte prosseguiram, e o imperador pediu a Crisóstomo que se desculpasse. No ano seguinte, na Páscoa de 404, o bispo foi proibido de exercer suas funções, e em junho foi exilado num vilarejo solitário e inóspito da Armênia, Cucuso, enquanto seus seguidores eram perseguidos pelos sucessores de João, os bispos Arsácio e Ático. O bispo de Roma, Inocêncio I, buscara, num primeiro momento, fazer obra de pacificação, e depois resoluta embora inutilmente tomou a defesa de João, junto com os bispos ocidentais. O imperador do Ocidente, Honório, convencido por Inocêncio, interveio em favor do exilado, censurando Arcádio, e propôs que se realizasse um concílio em Tessalônica para examinar o caso. Mas os enviados papais, que deviam levar essas requisições escritas a Constantinopla, chegando perto da cidade após mil dificuldades, foram mandados de volta à força. Três anos depois, visto que em Cucuso, apesar da dureza do exílio, Crisóstomo conseguia ainda manter ligações com os amigos de Constantinopla e de Antioquia, considerou-se destinar ao exilado uma sé ainda mais inóspita, e o imperador mandou-o transferir-se para Pityus, uma localidade selvagem na extremidade oriental do mar Negro. Exaurido pela viagem, Crisóstomo morreu em 14 de setembro de 407 em Comana, no Ponto.

No Ocidente, o bispo de Roma permaneceu fiel ao esforço empreendido em prol de João: recusou a comunhão a seus inimigos e forçou-os a reatar com os seguidores de João, que eram perseguidos. A festa de são João Crisóstomo foi instituída em 14 de setembro de 428 (em Constantinopla Nestório já fora sucedido).

A fonte principal para a vida de João é o *Diálogo* de Paládio, redigido em forma de conversação fictícia entre um bispo oriental e o diácono romano Teodoro, logo depois da morte de Crisóstomo, entre 407 e 408, para responder a um libelo difamatório de Teófilo de Alexandria.

e) As obras do período constantinopolitano

Os primeiros anos da pregação na capital do império são caracterizados por duas homilias com as quais Crisóstomo teve, a contragosto, de tomar parte na turbulência da vida política. Como já se disse, o poderoso ministro do imperador, Eutrópio, em 399 fora defenestrado em conseqüência de uma conjuração urdida por seus inimigos, e só pudera salvar-se refugiando-se na igreja catedral, onde o bispo o defendeu contra os que desejavam matá-lo, recitando uma homilia que destacava a vaidade das coisas humanas e em particular do poderio deste mundo. Uma segunda homilia foi pronunciada quando Eutrópio foi capturado e executado (PG 52, 391-414). E quando o próprio Crisóstomo se achou no topo do poderio terreno, porque fora reclamado pelo entusiasmo do povo que se opusera ao exílio imposto por seus inimigos, pronunciou uma homilia para enfatizar como a Igreja, e não os homens individualmente, é invencível, e outra com a qual acalmou os ânimos excitados da multidão, no dia seguinte ao seu retorno a Constantinopla (PG 52, 437-460).

Naquele período João se dedicou mais uma vez à exegese do Novo Testamento, e mais precisamente com as *Homilias sobre os Atos dos apóstolos*, em número de 150. Aqui, porém, o autor não parece ter tido tempo — que tinha, por outro lado, na tranqüilidade maior de Antioquia — de rever a redação escrita de suas prédicas e lhe dar plena conformação retórica. Remontando ao período compreendido entre 397 e 400, elas constituem a única pregação de exegese aos Atos dos apóstolos a ser posta por escrito na Antiguidade cristã. Cinqüenta e cinco delas foram traduzidas em latim pelos amigos de Cassiodoro, no mosteiro de Vivarium, mas tal versão ficou perdida. O interesse do homileta pelos Atos é determinado também por evidentes motivos morais, na medida em que quer propor a seu auditório as comunidades cristãs primitivas — que conduziam uma vida rigorosa conforme aos preceitos de Cristo, praticavam a caridade para com os pobres, a concórdia e o amor recíproco —, para que delas tire o estímulo suficiente para imitá-las.

Ao mesmo tempo, Crisóstomo voltou à exegese do apóstolo tão admirado por ele: Paulo. Datam provavelmente de 399 as doze *homilias* sobre a *Epístola aos Colossenses*, que são, como aquelas sobre os Atos dos apóstolos, menos cuidadas de um ponto de vista formal e um tanto desorganizadas nos conteúdos, não tendo uma clara e nítida referência ao assunto da epístola paulina; em seguida, onze *Homilias sobre 1Ts* e cinco *sobre 2Ts*.

Mais importantes são as 34 *Homilias sobre a epístola aos Hebreus*, que pertencem ao último ano do episcopado constantinopolitano (403-404), razão por que foram publicadas postumamente com base em anotações estenográficas tomadas em seu tempo por um certo Constantino, sacerdote de Antioquia.

Além disso, como já dissemos, pronunciou duas homilias de conteúdo teológico, reunidas na coletânea intitulada *Sobre a incompreensibilidade de Deus* (cinco, como foi dito, já tinham sido lidas em Antioquia).

Ao último período de sua vida pertence o *Epistolário*, composto de 236 cartas, das quais o grupo mais comovente é constituído pelas enviadas durante o período do exílio. Também dois escritos, da época de banimento (406-407), que querem oferecer conforto a si mesmo e aos amigos (entre estes se distingue uma nobre cristã, de nome Olimpíada). Os amigos, de fato, estão confusos com a perseguição de que Crisóstomo era objeto e são vítimas eles próprios das violências. Uma destas obras se intitula *Ninguém sofre ofensa senão de si próprio*, a outra *Àqueles que se escandalizaram com sua adversidade* ou *Sobre a divina Providência*. São dois tratados que, embora escritos num momento de angústia que podemos facilmente imaginar, mostram ainda assim que o escritor se lembra da educação clássica que recebera e se inspiram em temas da moral estóica e cínica — mas, uma vez mais, Crisóstomo é o pregador cristão, dirigindo tais temas para um significado novo.

f) Crisóstomo, escritor e exegeta

Como se viu, a atividade literária de Crisóstomo foi incansável, embora mais ampla que profunda. Dotado, por natureza, do dom da palavra e da comunicação, serviu-se dele como instrumento privilegiado para manifestar o próprio pensamento. Tal manifestação foi confiada em primeira instância à homilia, na qual foi mestre. A homilia lhe serviu em primeiro lugar para a exegese escriturística, ainda que o melhor de sua personalidade não apareça nesse campo. Como exegeta, Crisóstomo decerto não teve a profundidade de um Orígenes ou de um Gregório de Nissa, também por causa de sua formação, que foi a da escola antioquena, dirigida mais à "história" que ao "espírito" do texto sacro. Daí o fato de a explicação de Crisóstomo ser rica de motivos morais, de aprofundamentos psicológicos, de sentimentos humanos, mas pobre de verdadeira exegese.

Com base na educação recebida, Crisóstomo, como é lógico, se move seguindo as linhas de seu mestre Diodoro de Tarso e de seu amigo Teodoro de Mopsuéstia. Mostra escasso interesse pelo problema cristológico (e portanto por uma interpretação do Antigo Testamento em chave cristológica) e maior atenção aos escritos do Novo Testamento. Estudando-os, ele está atento aos motivos morais, mais que ao aprofundamento de tipo espiritual ou teológico. Como já se disse, ele vê em Paulo o tipo perfeito de cristão, aliás de bispo ideal, mais que o espiritual movido por problemas teológicos e filosóficos.

O texto mais interessante, no que diz respeito aos princípios exegéticos de Crisóstomo, é o *Comentário a Isaías*, o único verdadeiro comentário que ele escreveu, em contraste com a massa das homilias. Nele se baseia justamente Simonetti para avaliar a exegese de Crisóstomo. Esta "é rigorosamente literal, e os procedimentos alegorizantes se limitam a explicar as passagens de conteúdo simbólico já na intenção do hagiógrafo, e com grande parcimônia de detalhes", observa o estudioso. Contudo, em outros lugares, por exemplo nas *Interpretações dos Salmos*, o critério dos dois níveis de leitura tem maior incidência. O número dos Salmos com valor cristológico é, para Crisóstomo, maior que para Diodoro e Teodoro.

Mas à grande maioria dos fiéis servia (e talvez ainda sirva) sobretudo uma pregação humana, mais que um ensinamento profundo e uma exegese que enfrente os problemas em que se insere toda a realidade cristã. Vista dessa perspectiva, a homilética de Crisóstomo é filha de seu tempo, na medida em que é fortemente impregnada de retórica e interessada em inserir no contexto todos os estímulos necessários para levar o discurso aos problemas morais e atuais. Estamos, pois, longe da homilética primitiva. A pregação de Crisóstomo, ademais, foi sustentada também por um compromisso social insólito, que se filiava deliberadamente às origens mais profundas e mais antigas do cristianismo: a sensibilidade e a disponibilidade sincera para com o próximo, sobretudo para com os mais fracos, fizeram de João o orador cristão por excelência. Graças à sua fama, conquistada não somente como pregador mas também como defensor dos pobres e como cristão incapaz de tolerar os abusos dos ricos e dos poderosos, Crisóstomo tornou-se célebre na Antiguidade e na Idade Média bizantina, a ponto de ser considerado um dos Padres ideais da Igreja do Oriente.

Por esse motivo a pregação de Crisóstomo, tão concreta e pouco teórica ou especulativa, não foi envolvida nas controvérsias cristológicas que pouco tempo depois de sua morte começaram a lacerar a cristandade, e não foram encontrados em sua obra motivos ou temas que pudessem ser aproveitados por esta ou aquela das partes em luta.

À sua abundante pregação correspondeu, portanto, uma infindável massa de manuscritos que, compilados em toda parte do império bizantino e mais e mais vezes no decorrer dos séculos, servem como testemunho da fama do escritor e de sua atualidade, jamais diminuída. Por isso é que em meio a suas numerosas homilias se insinuaram outras, que não lhe pertencem, inclusive (por ironia da sorte) as de seu inimigo Severiano de Gabala. Acrescente-se também que suas obras mais significativas foram bem cedo traduzidas. No âmbito do presente volume recordamos, naturalmente, as traduções em língua latina (acima mencionamos algumas vezes as de Aniano de Celeda), mas outras foram feitas em siríaco e armênio. Dada sua amplitude e a quantidade dos testemunhos escritos, a obra de Crisóstomo nos é disponível só em mínima parte, em edições limitadamente confiáveis. No mais das vezes temos de nos servir ainda das edições dos grandes doutos dos séculos XVII e XVIII, enquanto a gigantesca empresa de identificar os *Codices Chrysostomici Graeci*, preliminar a qualquer verdadeira edição crítica, foi iniciada há trinta anos e tem ainda muito caminho pela frente. Esta será uma das tarefas mais importantes para a filologia patrística dos próximos anos, desde que possa encontrar pessoas dispostas e capazes.

Bibliografia. A infindável produção de Crisóstomo até hoje só é legível, em sua totalidade, na velha edição maurina de Montfaucon, integrada pelas descobertas posteriores, em PG 47-64; obra de grande mérito, a esse respeito, realizaram os estudiosos que publicaram alguns textos em edição crítica. Cf. SChr 13 bis, 1968 (*Lettres à Olympias*: A.-M. Malingrey); 28 bis, 1970 (*Sur l'incompréhensibilité de Dieu*, I: intr. de J. Daniélou, texte critique et notes de A.-M. Malingrey, tr. de R. Flacelière); 50, 1985³ (*Huit Catéchèses baptismales inédites*: A. Wenger); 79, 1961 (*Sur la providence de Dieu*: A.-M. Malingrey); 103, 1964 (*Lettre d'exil... [Quod nemo laeditur]*: A.-M. Malingrey); 117, 1966 (*A Théodore*: J. Dumortier); 125, 1966 (*La virginité*: texte... par H. Musurillo, introduction... par B. Grillet); 138, 1968 (*À une jeune veuve sur le mariage unique*: B. Grillet); 188, 1972 (*Sur la vaine gloire et l'éducation des enfants*: A.-M. Malingrey); 272, 1980 (*Sur le sacerdoce*: A.-M. Malingrey); 277, 1981 (*Homélies sur Ozias*: J. Dumortier); 300, 1982 (*Panégyriques de S. Paul*: A. Piédagnel); 304, 1983 (*Commentaire sur Isaïe*: J. Dumortier, A. Liefooghe); 346, 1988; 348, 1988 (*Commentaire sur Job*, I-II: H. Sorlin, L. Neyrand); 362, 1990 (*Discours sur Babylas*: M. A. Schatkin, C. Blanc, B. Grillet; *Homélie sur Babylas*: B. Grillet, J.-N. Guinot); 366, 1990 (*Trois Catéchèses baptismales*: A. Piédagnel, L. Doutreleau); 396, 1994 (*Sur l'égalité du Père et du Fils*: A.-M. Malingrey). Traduções: CTP 4, 1990² (*La verginità*: S. Lilla); 7, 1985² (*Vanità – Educazione dei figli – Matrimonio*: A. Ceresa-Gastaldo); 22, 1990² (*La vera conversione*: C. Riggi); 24, 1989² (*Il sacerdozio*: A. Quacquarelli); 31, 1989² (*Le catechesi battesimali*: A. Ceresa-Gastaldo); 35, 1982 (*Commento alla Lettera ai Galati*: S. Zincone); 45, 1984 (*L'unicità delle nozze*: G. Di Nola); 69, 1988 (*Panegirici su S. Paolo*: S. Zincone); *Commento al Vangelo di S. Matteo* 1-3, tr. de R. Minuti e F. Monti, Città Nuova, Roma 1967²-1968²-1969²; *Commento al Vangelo di Giovanni* 1-3, tr. de A. Del Zanna, Città Nuova, Roma 1969-1970; *Dall'esilio: lettere*, ed. de R. Callegari, Jaca Book, Milano 1976.

Estudos: *Codices Chrysostomici Graeci*, Inst. Rech. et d'Hist. des Textes, Paris 1968 (I: M. Aubineau; II: R. E. Carter); 1970 (III: R. E. Carter) etc.; CHRYSOSTOMIKA, *Studi e ricerche intorno a S. Giovanni Crisostomo*, ed. de Comitato per il XV Centenario della sua morte, Roma 1908; J. C. Baur, *Der heilige Johannes Chrysostomus und seine Zeit*, 2 vols., Münche r, 1929-1930; H. Lietzmann, art. *Ioannes Chrysostomus*, RE Pauly-Wissowa; Bardy, DThC; A.-J. Festugière, *Antioche païenne et chrétienne*, cit.; C. Fabricius, *Zu den*

Jugendschriften des Johannes Chrysostomus. Untersuchungen zum Klassizismus des vierten Jahrhunderts, Gleerup, Lund 1962; A. M. Ritter, *Charisma im Verständnis des Joannes Chrysostomus und seiner Zeit...*, Vandenhoeck & Ruprecht, Göttingen 1972; O. Pasquato, *Gli spettacoli in S. Giovanni Crisostomo*, Pont. Instit. Orient. Stud., Roma 1976; R. L. Wilken, *John Chrysostom and the Jews*, Berkeley, California 1983; M. Simonetti, *Lettera e/o allegoria*, cit.; S. Zincone, *Ricchezza e povertà nelle omelie di Giovanni Crisostomo*, Japadre, L'Aquila 1973; id., *Giovanni Crisostomo. Commento alla lettera ai Galati*, ibid., 1980; VV.AA., *Jean Chrysostome et Augustin*, Actes du Colloque de Chantilly 1974, Beauchesne, Paris 1975. Enfim, no que diz respeito ao complicado acúmulo das obras pseudo-crisostômicas, é fundamental J.-A. de Aldama, *Repertorium Pseudo-chrysostomicum*, Inst. Rech. Hist. des Textes, Paris 1965.

5. Teodoreto de Ciro

Teodoreto se apresenta nos ambientes do cristianismo oriental como o último grande exegeta da escola antioquena, mas também (e este foi um mérito seu que o une a Teodoro de Mopsuéstia) uma personalidade de teólogo e de estudioso para quem a exegese não constituía o campo privilegiado da investigação, como foi, no fundo, para o próprio João Crisóstomo. Teodoreto, de fato, tomou parte ativa nos debates teológicos contemporâneos.

Nascido de família abastada em Antioquia, em 393, teve uma acurada educação, também no âmbito da cultura pagã. Com a morte dos pais, em 416, Teodoreto vendeu todo o seu patrimônio, distribuiu-o aos pobres e se retirou no mosteiro de Nicerte, perto de Apaméia, na Síria. Por volta de 423 tornou-se bispo da sé episcopal de Ciro (ou Cirro: empregaremos os dois nomes indiferentemente), perto de Antioquia. O governo de sua sé teve, a crer no que referem algumas fontes antigas, também alguns aspectos de caráter administrativo concreto, na medida em que ele se teria aplicado a realizar obras públicas em sua cidade. Ademais, Tedoreto foi condiscípulo de Nestório sob o magistério de Teodoro de Mopsuéstia, e por isso tomou parte no movimento, forte sobretudo em Antioquia, contra Cirilo de Alexandria. Participou assim do concílio de Éfeso de 431 como chefe da delegação dos antioquenos, apoiando o partido dos nestorianos — que todavia foram condenados naquela assembléia —, e mesmo nos anos seguintes permaneceu fiel àquela facção, continuando a polemizar com Cirilo, apesar de às vezes estar disposto a uma acomodação com as teses do adversário.

Por causa dessa hostilidade para com Cirilo e de uma posição nem sempre clara em âmbito cristológico, Teodoreto foi acusado por Dióscuro de Alexandria junto ao patriarca de Antioquia, Domno II, pois "teria dividido o único Senhor nosso em dois Filhos". A tais acusações Teodoreto replicou em 448 com uma solene profissão de fé, que porém não foi considerada suficiente por Dióscuro. Este anatematizou Teodoreto e moveu contra ele a corte imperial. Um escrito de 448 lhe impediu ultrapassar os limites de seu bispado e em 449 lhe foi proibido comparecer ao sínodo de Éfeso, dominado pelos eutiquianos, onde Teodoreto foi declarado deposto junto com todos os seguidores de Nestório. Teodoreto apelou então ao papa Leão Magno, dando seu apoio ao *Tomus ad Flavianus*, escrito pelo papa, e à sua oposição ao segundo concílio de Éfeso (cf. pp. 129s. do vol. II/2 desta *História da literatura cristã antiga grega e latina*). O papa desse modo cancelou a condenação imposta a Teodoreto, e o imperador Marciano, sucessor de Teodósio II, que o condenara, permitiu que retornasse à sé, convidando-o ao próximo concílio de Calcedônia em 451. Teodoreto compareceu e, na última sessão conciliar de 26 de outubro de 451, participou do anátema proclamado contra Nestório, sendo assim reconhecido oficialmente como pregador ortodoxo.

Nos últimos anos de sua vida, Teodoreto viveu tranqüilamente em Ciro, onde, segundo o testemunho de Genádio (*Os homens ilustres*, 89), teria morrido durante o reinado do imperador Leão (457-474), provavelmente em torno de 460. Não obstante sua declaração de ortodoxia, a condenação a Teodoreto foi reiterada por causa dos assim chamados "Três Capítulos" do imperador Justiniano, no quinto concílio ecumênico de Constantinopla em 553 (cf. pp. 146s. do vol. II/2 desta *História da literatura cristã antiga grega e latina*).

Teodoreto, como foi dito, uniu os interesses exegéticos aos teológicos e baseou seu pensamento teológico na exegese, embora devamos dizer que em ambos os campos sua incansável atividade não foi proporcional à profundidade doutrinal. Também por esse motivo, isto é, pelo grande volume das obras que escreveu — como para Crisóstomo —, os estudos modernos permaneceram particularmente falhos. De fato, não dispomos de edições confiáveis porque as obras de Teodoreto não são lidas, atualmente, em edições críticas.

a) Obras exegéticas

Apresentamos, assim, um elenco das obras exegéticas do mestre antioqueno, reservando para elas algumas considerações gerais no fim.

Todas pertencem ao último período da vida do escritor, que começa poucos anos antes do concílio de Calcedônia. Algumas delas são estruturadas na forma, já bem conhecida, de "perguntas e respostas" (*Quaestiones et responsiones*). Trata-se das *Questões* ("perguntas") *sobre o Octateuco*, contendo respostas de variada extensão que dizem respeito em primeira instância ao Pentateuco e, em forma de apêndice, a Js, Jz e Rt. Numa passagem em que se discute um problema de Lv 1, Teodoreto remete o leitor a seus escritos mais antigos, entre os quais ao *Compêndio dos mitos dos hereges*, de 453. A obra sobre o Octateuco, portanto, deve ter sido composta entre 453 e 457 e pertenceria à velhice do escritor. Também escreveu *Questões sobre os livros dos Reis e dos Paralipômenos*, como prosseguimento das *Questões sobre o Octateuco*.

Segue-se-lhe o longuíssimo *Comentário aos Salmos*, um dos poucos comentários completos ao livro dos Salmos escritos na Antiguidade. O escritor sabe que já existem muitas obras sobre o tema, algumas das quais, diz ele, empregam a alegoria até a náusea, enquanto outras buscam adaptar as profecias a certos acontecimentos da Antiguidade judaica, de modo que a explicação que dão está mais adequada aos judeus que aos cristãos. Teodoreto pretende evitar ambos os excessos, preferindo manter a referência das profecias aos acontecimentos antigos e excluindo as que, por outro lado, têm um aberto significado messiânico, que prenunciam a Igreja que será constituída pelos pagãos, a evangelização e a pregação apostólica. Como se vê, portanto, Teodoreto pretende seguir um caminho que se afasta do literalismo de Diodoro e Teodoro, para os quais, como se viu acima, só poucos Salmos tinham um significado messiânico. Além disso, visto que o autor nos faz saber que gostaria de ter-se dedicado à explicação dos Salmos antes que à de qualquer outro livro bíblico, mas foi dissuadido pelos pedidos dos amigos, de modo que teve de comentar primeiro o Cântico dos Cânticos, Daniel, Ezequiel e os doze Profetas menores, devemos deduzir que o comentário aos Salmos vem por último, por volta de 449.

Entre as obras que precedem o *Comentário aos Salmos* temos, portanto, o *Comentário ao Cântico dos Cânticos*, em que o escritor, conforme ao que já declarara, pretende seguir um caminho intermediário entre espiritualismo e literalismo, e rejeita assim a interpretação "histórica" da esposa e do esposo, personagens do *Cântico*, proposta por Teodoro de Mopsuéstia. Na verdade, Teodoreto retomava em parte a interpretação origeniana.

Conservou-se até nós o já mencionado *Comentário a Daniel*, em que era desenvolvida, como de hábito, uma forte polêmica antijudaica contra a exclusão do livro de Daniel do número dos livros proféticos e contra o preconceito de Daniel não ser considerado sequer um profeta. Teodoreto, porém, não menciona a história, de autenticidade discutida, de Susana nem a de Bel e o dragão.

Existem também o *Comentário a Ezequiel* e o *Comentário aos doze Profetas menores*, ambos particularmente amplos; um *Comentário a Jeremias* e um *Comentário a Isaías*. Sobre essa última obra é preciso dizer algo mais. Até o final do século XIX só era conhecida em epítome, extraída das catenas bizantinas (PG 81, 215-494), até que Papadopoulos-Kerameus publicou no quarto volume da *Biblioteca de Jerusalém manuscrita* (Moscou, 1899) o elenco de alguns manuscritos conservados em Constantinopla no Convento do Santo Sepulcro, entre os quais se encontrava um (*Metochion* 17, do séc. XIV) contendo um comentário de Teodoreto a Isaías. A descoberta, todavia, passou despercebida até que entre 1929 e 1932 August Möhle, que fora encarregado de preparar o texto de Isaías para a edição da Septuaginta de Göttingen, fotografou o manuscrito supracitado, que se achava em péssimas condições por causa da umidade (e agora, provavelmente, estará ainda mais danificado). Atualmente, graças também às sucessivas edições, temos a obra inteira.

No que diz respeito à atividade exegética de Teodoreto sobre o Novo Testamento, restou-nos apenas um volumoso *Comentário às quatorze epístolas de Paulo*.

Para concluir, citemos também outra obra de *quaestiones et responsiones*, as *Perguntas e respostas aos ortodoxos*, conservadas entre as obras espúrias de Justino Mártir (cf. vol. I, p. 283). Talvez pertençam a Teodoreto também outros escritos pseudojustinianos: voltaremos a falar deles mais adiante.

A atividade exegética de Teodoreto, como a de seus predecessores antioquenos, se estendeu ao longo de toda a sua vida, e, tal como a deles, sua exegese não pode ser separada da especulação teológica. Essa manifesta um esforço constante, a vontade de conhecer o que outros antes dele também trouxeram para a explicação do texto sacro. Nascido numa família cristã, Teodoreto decerto foi habituado desde jovem a ler o texto sacro, mesmo que a formação e o refinamento de seu método devam ter acontecido no período de sua permanência no mosteiro de Nicerte e tal método apareça já definido com segurança desde seu primeiro comentário, que é o do Cântico dos Cânticos. Pouco mais tarde, no *Comentário aos Salmos*, tem bem presentes as duas tendências opostas, a dos que se entregam demasiado à alegoria e a dos que se fecham num estreito literalismo, derivado de uma leitura "histórica" do texto, mas que permanece, em seu entender, demasiado modesta. Daí ele corrigir certas posições extremadas de seu mestre Teodoro de Mopsuéstia, embora sua formação o levasse naturalmente a repisar as interpretações dos outros mestres antioquenos e a aproximar-se mais da exegese mais espiritual de um João Crisóstomo.

Teodoreto admite, de fato, que só o significado espiritual desbrava o caminho para a verdadeira interpretação do *Cântico*, para a qual não é possível aceitar os significados carnais e se deve voltar à leitura tradicional da Esposa e do Esposo. Tal significado também é fundamental para uma leitura correta dos demais textos proféticos. Para os textos proféticos (mas não para o Cântico) o significado histórico é, a seu ver, apenas mais visível e concreto, na medida em que contém uma realidade histórica precisa. Portanto o significado espiritual não pode fazer mais que coincidir com o histórico. Quer se deva entender o significado literal, quer se busque o metafórico, é preciso, segundo Teodoreto, fixar em primeiro lugar a realidade e a historicidade das declarações da Escritura, sem as quais o texto se torna fantástico e perde toda autoridade. O primeiro testemunho, repete ele, é dado pelos fatos, pelos acontecimentos. Nisso Teodoreto permanece perfeitamente antioqueno. Mas depois, sobretudo a partir do *Comentário a Ezequiel*, dá à sua interpretação um sabor espiritualista mais acentuado, retomando toda a série tradicional, canônica, dos tipos veterotestamentários. Isso não significa uma ruptura ou uma renegação posterior dos princípios exegéticos anteriormente fixados, mas a adaptação contínua aos textos a serem interpretados.

No conjunto, a interpretação de Teodoreto, só recentemente estudada de modo adequado por J.-N. Guinot, parece rigorosa e coerente. Houve, provavelmente, um refinamento de método do primeiro comentário, o do Cântico, para os seguintes. O estilo dos comentários de Teodoreto tende sempre a uma simplicidade e a uma clareza exemplares. Siríaco de origem, não se nota nele nenhuma diferença dos outros escritores antioquenos no que respeita à pureza e à agilidade do grego, que terá aprendido provavelmente na escola.

Por toda essa série de motivos, Teodoreto pode ser considerado o último grande exegeta cristão. Depois dele a crítica escriturística decai rápida e gravemente. Aos intérpretes originais, como foram os surgidos até agora, substituem-se os catenistas, os compiladores das exegeses alheias. Com Teodoreto, ao contrário, a exegese está em estreita ligação com o pensamento teológico. Demonstra-o sua intervenção nos episódios conciliares de Éfeso a Calcedônia, pela qual pagou um preço elevado. Com ele se conclui dignamente o capítulo da cultura antioquena que, se não produziu um Orígenes, manifestou em menos de um século personalidades de grande cultura.

Bibliografia. Textos: PG 80-82; SChr 276, 1980; 295, 1982; 315, 1984 (*Commentaire sur Isaïe*. J.-N. Guinot). Estudos: J.-N. Guinot, *L'exégèse de Théodoret de Cyr*, Beauchesne, Paris 1995.

b) Obras apologéticas e retóricas

A *Terapia das doenças helênicas* pertence à tradição das apologias contra os pagãos, embora, naturalmente, não se ache nela a dramática contestação das perseguições que caracteriza a apologética da era pré-constantiniana. O alvo de Teodoreto é a "reação pagã" dos intelectuais, que se nutre dos escritos de Plotino, Porfírio, Filóstrato, Hiërocles, Jâmblico. Se Teodoreto ainda tem de rebater os que ridicularizam o estilo bárbaro das Escrituras cristãs, já não é contudo o tempo em que era fácil lançar sobre os cristãos a acusação de serem uma malta de pobres ignorantes, como fazia Celso. A obra traz, segundo o proêmio do próprio autor, o título alternativo *Conhecimento da verdade evangélica a partir da filosofia dos gregos*. O duplo título corresponde à dupla intenção da obra. De um lado, trata-se de oferecer aos "gregos" (isto é, aos pagãos) os instrumentos para se curarem da doença causada pela ignorância da verdade (já para o imperador Juliano, cuja obra Teodoreto parece não ter lido, os cristãos eram *doentes* de irracionalidade). De outro lado, trata-se de sublinhar as incoerências e as contradições dos filósofos gregos, mas também as correspondências existentes entre suas doutrinas e as Escrituras dos cristãos. Essas coincidências derivam sobretudo do fato de os filósofos gregos terem recorrido largamente à sabedoria bárbara, mais antiga que a deles, e em particular à dos egípcios, os quais tinham aprendido de Moisés. Teodoreto retoma aqui o antigo argumento apologético do "furto dos gregos" que, elaborado na apologética do judaísmo helenístico, fora transmitido por Taciano, Clemente de Alexandria e Eusébio de Cesaréia.

> Esse ataque à tradição filosófica grega constitui a primeira parte do primeiro dos doze livros em que se divide a obra (o plano da obra em doze "conversações", *dialexeis*, é claramente apresentado no proêmio). A segunda parte desse livro, que tem função introdutiva, define a fé e contesta que ela seja irracional. A seqüência da obra pode ser subdividida em duas grandes partes: os livros II-VI têm caráter dogmático, enquanto os livros VII-XI se ocupam de questões mais ligadas à moral; o XII serve de con-

clusão. A argumentação procede nos vários livros segundo uma estrutura recorrente: à crítica das opiniões errôneas dos filósofos segue-se a discussão dos elementos de verdade que se encontram em sua obra — Platão e os platônicos estão aqui na primeira fila — e depois a apresentação da verdade e superioridade dos enunciados das Escrituras. O segundo livro é dedicado à doutrina de Deus: os filósofos cometeram a esse respeito todo gênero de erros, ainda que Platão, Plotino, Plutarco e Numênio tenham entrevisto alguma coisa da Trindade, mas por terem-na extraído dos livros de Moisés e dos profetas, que falaram veladamente do assunto. O terceiro livro critica o politeísmo e a demonologia pagã, contrapondo-lhe a angelologia e a demonologia tiradas da Escritura. O quarto opõe às doutrinas gregas sobre o mundo e sua natureza o ensinamento das Escrituras sobre a criação a partir do nada. O quinto trata da natureza dos seres humanos, e em particular da relação entre alma e corpo, do livre-arbítrio e da responsabilidade moral. O sexto é dedicado à Providência — a uma rápida confutação dos filósofos que a negaram ou limitaram segue-se um estudo do pensamento de Platão e de Plotino a respeito, e uma exposição conclusiva sobre a manifestação da Providência divina na Encarnação. O sétimo livro opõe aos sacrifícios aos ídolos o sacrifício mosaico, concessão à fraqueza dos hebreus, e aduz a polêmica dos filósofos gregos, em primeiro lugar de Porfírio, contra o sacrifício. O oitavo defende o culto dos santos e dos mártires, atacando ao mesmo tempo os cultos pagãos com o argumento tradicional evemerista (os deuses e os heróis são na realidade homens divinizados). O nono se ocupa das leis, contrapondo ao valor limitado das leis civis o valor universal das normas evangélicas. Critica em particular as *Leis* de Platão. O décimo livro opõe aos oráculos pagãos, criticados com os mesmos testemunhos de Plutarco e de Porfírio, as profecias bíblicas, claras e confirmadas pelos fatos. O undécimo livro aborda os fins da existência e a escatologia, examinada em particular na obra de Platão: com esta são confrontadas as doutrinas evangélicas. O duodécimo livro, enfim, contrapõe a vida prática dos filósofos pagãos à dos cristãos.

A apresentação da tradição pagã é feita com grande requinte de erudição. Contam-se cerca de 340 citações de 105 autores profanos, freqüentemente de obras perdidas para nós. No mais das vezes, é certo, Teodoreto não cita de primeira mão: depende em particular — embora não o declare, exceto uma só vez para Eusébio — de duas grandes obras apologéticas cristãs, os *Estrômatos* de Clemente de Alexandria e a *Demonstração evangélica* de Eusébio de Cesaréia, bem como de florilégios pagãos, os quais também lhe passam erros de citação. Um termo *ante quem* para a redação da obra é dado pelas cartas 113 e 116 de 449, que se referem a ela. Mas M. Richard estabeleceu, com base na evolução da linguagem cristológica de Teodoreto, uma data anterior a 431, e P. Canivet, com vários argumentos (entre os quais particularmente as referências do autor a santos da zona de Antioquia ou de Apaméia, mas não de Ciro), propõe uma data anterior à sagração episcopal de Teodoreto em 423.

Da ampla atividade oratória de Teodoreto restam só os dez *Discursos sobre a Providência*, que desenvolvem extensamente um tema abordado no sexto livro da *Terapia* (e no quinto do *Compêndio das fábulas heréticas*). Também aqui a intenção é antes apologética: trata-se de justificar a Providência contra as objeções dos pagãos. Os primeiros cinco discutem os problemas que a admissão da Providência divina a partir do mundo físico envolve, respectivamente: céu, lua, estrelas (I); ar, terra, mar, rios (II); o corpo humano (III); os produtos da atividade humana (IV); a submissão dos seres irracionais ao homem (V). Os outros fazem o mesmo para o âmbito da vida moral e social: riqueza e pobreza (VI); amos e servos (VII); a submissão a amos maus (VIII); a aparente ausência de recompensa pela justiça nesta vida (IX); a intervenção de Deus em favor de todo o gênero humano, e não só dos hebreus, na encarnação de Cristo (X). É justamente na Encarnação que se situa a maior manifestação e demonstração da Providência. Teodoreto ostentou nesses amplos discursos uma retórica fulgurante e uma notável erudição, também no campo das ciências naturais, no esforço de mostrar a Providência em ação em todos os âmbitos da experiência humana. Enquanto os estudiosos anteriores situavam geralmente a obra antes de Éfeso, M. Richard se baseia na evolução da cristologia de Teodoreto para datá-la em 435-437.

Acrescentemos aqui algumas palavras sobre as outras obras oratórias de Teodoreto, das quais bem pouco chegou até nós. No final da *História religiosa* se acha, em alguns manuscritos, um eloqüente *Discurso sobre o divino e santo amor*, destinado a mostrar que foi o amor por Deus que sustentou os ascetas em suas lutas. Sua autenticidade, porém, não é segura. Para o resto, têm-se alguns fragmentos, em latim, conservados nas versões dos atos dos concílios de 431 e de 553 e provenientes de homilias cristológicas pronunciadas por Teodoreto em Calcedônia, onde foi convidado pelo partido antioqueno do concílio de Éfeso para combater Cirilo. Fócio (*Biblioteca*, cod. 273) transmitiu alguns fragmentos de cinco homilias em memória de João Crisóstomo, pronunciadas, em sua opinião, depois do retorno de Teodoreto do exílio (445). Fócio cita sobretudo passagens, de grande empenho retórico, do terceiro, quarto e quinto encômio, para documentar-lhes a beleza de expressão e de pensamento. Duas outras obras apologéticas de Teodoreto se perderam. As *Respostas às perguntas dos magos* só conhecemos por algumas citações do próprio Teodoreto (cartas 82 e 113; *História eclesiástica* V, 38; *Questões sobre o Levítico* 1). Dirigiam-se contra os magos persas, instigadores das perseguições anticristãs dos reis Bahram V e Jezdegerd II. Supôs-se que tenham sido compostas em 429-430 por causa do pedido de ajuda dos cristãos da Pérsia. Respondiam às objeções dos magos contra o cristianismo e criticavam o culto dos elementos. Um amplo fragmento de um "terceiro livro contra os maniqueus" que comparece como de Teodoreto (ou Teódoto?) na catena sobre os livros dos Reis contida no manuscrito *Coislin Graec.* 8 não parece pertencer a Teodoreto. A carta 145 menciona um tratado *Contra os judeus*, destinado a mostrar que os profetas tinham prenunciado Cristo. Acreditou-se haver um grande fragmento dele em algumas *Questões contra os judeus com elegantíssimas soluções* contidas num manuscrito do século XIV da biblioteca Laurenciana de Florença (ao qual o nome de Teodoreto foi acrescentado no século XVIII), mas os estudos mais recentes contestam tal proposta. P. Canivet propõe identificar este escrito com a *Terapia*.

Bibliografia. *Terapia*: P. Canivet, *Théodoret de Cyr. Thérapeutique des maladies helléniques*, 2 vols. (SChr 57), Cerf, Paris 1958. Estudos: P. Canivet, *Histoire d'une entreprise apologétique au Ve siècle*, Bloud et Gay, Paris 1957. – *Discursos sobre a Providência:* PG 83, 556-773; tr., intr. e notas de Y. Azéma, *Théodoret de Cyr. Discours sur la Providence*, Les Belles Lettres, Paris 1954. Tr. it.: M. Ninci, *Teodoreto di Ciro. Discorsi sulla Provvidenza*, Città Nuova, Roma 1988. – Homilias sobre Crisóstomo: R. Henry, *Photius. Bibliothèque* VIII, Les Belles Lettres, Paris 1977, pp. 106-111. – Para os fragmentos dos dois tratados cf. J. Schulte, *Theodoret von Cyrus als Apologet*, Wien 1904; M. Brok, *Le livre contre les mages de Théodoret de Cyr*, MSR 10 (1953) 181-194; id., *Un soi-disant fragment du "Traité contre les Juifs" de Théodoret*, RHE 45 (1950) 487-507.

c) Obras dogmáticas e polêmicas

A mais importante que chegou até nós é o *Eranistes* ou *Polimorfo*. *Eranistes* significa em grego "catador, apanhador", e o autor explica a escolha do nome no proêmio: os adversários por ele combatidos, "apanhando (*eranisamenoi*) as piores doutrinas de muitos homens ímpios, produzem uma doutrina multicor e multiforme". Os autores de tal *patchwork* são naturalmente os monofisitas, e as heresias a que recorrem são, segundo Teodoreto, as de Simão Mago, Cerdão, Marcião, Valentino, Bardesão, Apolinário,

Ário, Eunômio e assim por diante. Após o prólogo, a obra se estrutura em três diálogos entre um Eranistes e um ortodoxo. Cada um dos diálogos recebe um título particular baseado na tese que nele se defende: (1) *Atreptos*: a natureza divina em Cristo permanece imutável; (2) *Asynchytos*: ela não se mistura com a natureza humana; (3) *Apathês*: permanece impassível. Cada um dos três diálogos é seguido de um florilégio patrístico (o primeiro dos três florilégios é precedido de sete citações relativas a Jo 1,14: "O Logos se tornou carne"), num total de 238 passagens extraídas de 88 obras. Parece que a estrutura tripartite da obra e a maioria das citações são extraídas de um florilégio preparado pelos bispos do patriarcado de Antioquia para ser contraposto a Cirilo em Éfeso, em 431. Por outro lado, Teodoreto também utiliza no curso do diálogo citações tiradas de Cirilo, enquanto renuncia a servir-se de Diodoro de Tarso e de Teodoro de Mopsuéstia, que não teriam sido accitos por seus adversários. Após os três diálogos e os respectivos florilégios, a obra se conclui com quarenta "demonstrações mediante silogismos" agrupadas em três partes correspondentes aos temas dos diálogos, e destinadas a compendiar as teses destes últimos.

Interessante para o aspecto literário é a declaração do autor no proêmio: Teodoreto se insere na tradição do diálogo filosófico, mas, diferentemente dos antigos escritores gregos que indicavam os nomes dos interlocutores no corpo do discurso, ele os põe em evidência toda vez no início de uma nova fala. Os antigos realmente se dirigiam a leitores cultos e competentes na literatura; ele, ao contrário, deseja que "mesmo àqueles não iniciados na literatura seja fácil a leitura e localização do que é útil". Com a mesma finalidade escolheu para os interlocutores os títulos de Eranistes e de ortodoxo. A forma do diálogo torna-se em suma aqui uma espécie de expediente para indexar a exposição da doutrina ortodoxa e torná-la imediatamente distinguível da falsa.

O *Eranistes* é a obra mais importante — embora não nos devamos limitar a ela — para conhecer a cristologia de Teodoreto. Este, preocupado, como toda a tradição antioquena, em salvaguardar a integridade da humanidade em Cristo, insiste na presença em Jesus de duas naturezas. Antes da encarnação, de fato, há uma só natureza, a do Logos; para realizar a salvação dos seres humanos, Deus criou no seio da Virgem um homem perfeito, imediatamente assumido pelo Logos. A assunção, a *syllêpsis*, é para Teodoreto o modo da união das naturezas; o Cristo possui portanto duas naturezas, a que assume (a divina) e a que é assumida (a humana). O Logos, portanto, não se tornou carne, mas revestiu uma carne, um ser humano completo. Este é o templo em que o Logos habita, e a natureza do templo é diferente da de quem nele mora. Teodoreto insiste na repartição das propriedades e das atividades entre as duas naturezas; em particular, não pode aceitar a proposição contida no duodécimo anatematismo de Cirilo, segundo o qual se pode afirmar que o Logos divino sofreu e morreu. Ao mesmo tempo, porém, Teodoreto repeliu constantemente a acusação de haver admitido dois Filhos: repetidamente afirma que Cristo é um e não dois, falando de um só *prosôpon* como lugar da união. Pode falar também de união física, desde que se acrescente que as propriedades das naturezas permanecem inconfundidas (*Eranistes* II). Tampouco rejeita o *theotokos*, recusando-se, porém, a condenar o *anthrôpotokos*. Depois de Éfeso, no entanto, a partir das negociações que conduzem à união de 433, Teodoreto evitou as expressões concretas do tipo "o homem assumido", preferindo falar da humanidade assumida.

As cartas 16, 83, 130 de 448 referem-se à obra como terminada há pouco. Ela remonta, pois, aos anos 447-448. Todavia, no texto que nos chegou, no florilégio no final do segundo diálogo, foram inseridas as vinte citações patrísticas que na segunda metade de 449 o papa Leão I fez acrescentar ao seu *Tomo a Flaviano* de 13 de junho do mesmo ano. Pensou-se assim que se tratava de uma segunda edição aumentada, mas M. Richard prefere considerar que se trate de um antigo acréscimo de copista.

Em algumas cartas dos anos 449-450, Teodoreto menciona uma sua obra *Sobre a teologia e a divina encarnação*, ou melhor, *Sobre a santa Trindade e a divina economia* (carta 113, e uma carta conservada em latim no cap. 40 do *Synodicon contra a Tragédia de Ireneu*). Essa obra se conservou porque foi posta sob o nome de Cirilo de Alexandria, dividida em dois tratados intitulados respectivamente *Sobre a santa e vivificante Trindade* e *Sobre a encarnação do Senhor*. Estes dois escritos são evidentemente obra de um teólogo antioqueno e, como mostrou Ehrhard, quase certamente de Teodoreto. De resto, foram identificados outros fragmentos que trazem o nome de Teodoreto, entre os quais alguns em Severo de Antioquia, que indica como título da obra *Sobre a teologia da santa Trindade e sobre a economia*, que deve ser o original. A obra foi composta provavelmente antes de Éfeso, e declara no início estar isenta de tendências polêmicas, querendo apenas expor a reta doutrina para os crentes. Mas a parte sobre a encarnação contém uma constante polêmica contra "os herdeiros das patranhas de Apolinário" — sem dúvida, contra Cirilo de Alexandria e seu partido.

A *Confutação dos doze anatematismos de Cirilo*, composta por Teodoreto no início de 431 (cf. p. 237 do vol. II/2 desta *História da literatura cristã antiga grega e latina*) e condenada em Constantinopla em 553 (cf. vol. II/2 desta

História da literatura cristã antiga grega e latina, p. 269), perdeu-se como obra autônoma, mas permaneceu, provavelmente mais ou menos completa, na *Carta a Evópcio* com a qual Cirilo precisamente lhe respondia. Pouco depois do concílio de Éfeso, Teodoreto compôs o *Pentalogos*, em cinco livros, que também caiu vítima da condenação de 553 (mas ainda lido por Fócio: *Biblioteca*, cod. 46). Dele restam, contudo, numerosos fragmentos em tradução latina na *Collectio Palatina* das Atas do concílio de Éfeso, e diversas citações em grego na catena sobre Lucas de Nicetas de Heracléia.

Em resposta ao tratado de Cirilo de Alexandria *Contra Diodoro e Teodoro* (cf. vol. II/2, p. 238), Teodoreto compôs, provavelmente em torno de 438, uma *Defesa de Diodoro e Teodoro*, perdida. Dela restam uns cinqüenta fragmentos em Facundo de Hermiane, e alguns outros nas atas, conservadas em siríaco, do "latrocínio de Éfeso" de 449 (cf. vol. II/2, p. 256) e do concílio de Constantinopla de 553. L. Abramowski identificou fragmentos dela também na *História eclesiástica* em siríaco do nestoriano Barchadbeshabba. Teodoreto ali defendia apaixonadamente a memória dos dois teólogos defuntos e acusava Cirilo de haver honrado Teodoro quando vivo para atacá-lo depois de morto.

Teodoreto cita alguns tratados dogmático-polêmicos de sua autoria que se perderam para nós: *Contra os arianos e os eunomianos* (cartas 82, 113, 116, 145 e alhures); *Contra os macedonianos*, ou *Sobre o Espírito Santo* (carta 82; *Fábulas heréticas* V, 3); *Contra os apolinaristas* (cartas 82 e 145). Foi proposto, mas sem sucesso, recuperar estas três obras numa série de sete diálogos sobre a Trindade e dois contra os macedonianos, atribuídos na tradição manuscrita a Atanásio e a Máximo Confessor. Teodoreto menciona também um seu escrito *Contra os marcionitas*, também perdido: demonstrava ali que Deus não é só bom mas também justo, e salva suas próprias criaturas, não as de um outro (carta 145). Todas essas obras foram compostas antes do concílio de Éfeso. Igualmente perdido é um *Livro místico* em doze *logoi*, que defendia os mistérios da fé contra os hereges (carta 82; *Fábulas heréticas* V, 2, 18).

Fócio (*Biblioteca*, cod. 46) leu e resumiu "27 tratados contra diversas teses", divididos em dois livros, sob o nome de Teodoreto. Sobre o segundo livro (tratados 7-27), há muito se mostrou que não é obra de Teodoreto, mas de Eutério de Tiana (p. 282 do vol. II/2). Dos primeiros seis, de tema cristológico, não se tem outro vestígio, exceto que o sexto é provavelmente identificável com um tratado, que nos chegou anônimo, intitulado *Mesmo depois da encarnação o Senhor nosso Jesus Cristo é um só Filho*, composto pouco antes da "ladroeira de Éfeso".

Como se disse acima (p. 211-212), duas obras do *corpus* falsamente atribuído a Justino foram restituídas a Teodoreto. Uma é a *Exposição da reta fé* (citada como obra de Teodoreto por Severo de Antioquia), que trata na primeira parte da Trindade, na segunda da encarnação conforme a perspectiva antioquena: da natureza da Virgem o Logos criou para si um templo, o homem perfeito, e o "revestiu" mediante uma "suprema união", de modo que um só é o Filho, mas possui duas naturezas diferentes (caps. 10-11). É certamente anterior a 431. A outra obra são as *Respostas aos ortodoxos acerca de algumas questões necessárias* (transmitida em duas versões diferentes); pertence ao gênero das "perguntas e respostas" e trata de questões extremamente diferentes, de teologia, exegese, moral, ciências naturais.

De certo modo a meio caminho entre as obras históricas e as dogmáticas (em geral é classificado entre as primeiras) está o *Compêndio das fábulas heréticas* (*Hairetikês kakomythias epitomê*), em cinco livros, dedicado ao *comes* Esporácio, a pedido de quem — como determina a dedicatória — fora escrito. Comissário imperial delegado ao concílio de Calcedônia de 451, Esporácio foi cônsul em 452. Uma vez que tal cargo não é mencionado por Teodoreto, a obra deve remontar ao menos a 453 (451 como *terminus post quem* é assegurado pela menção, no proêmio, à erradicação da última heresia, a de Eutíquio).

O prefácio fornece o plano da obra. Os primeiros quatro livros constituem uma resenha das heresias cristãs, ou das que Teodoreto considera como tais. O primeiro livro é dedicado aos que imaginaram outro criador, postularam outros princípios e tiveram uma cristologia doceta, desde Simão Mago, passando pelos gnósticos e marcionitas, até Mani. O segundo livro se ocupa do erro contrário, o dos que reconheceram, sim, um só princípio, mas viram em Cristo um mero homem, desde Ebião e Fotino, passando pelos elcasaítas (entre outros), por Paulo de Samósata, Sabélio, Marcelo de Ancira. O terceiro trata dos diversos hereges que se situaram entre esses dois extremos: nicolaítas, montanistas, Noeto, quartodecimanos, até o milenarista Nepote. O quarto se ocupa das heresias recentes, desde Ário, Eudóxio, Eunômio, Aécio até os messalianos, Nestório e Eutíquio. O quinto livro, mais longo que o conjunto dos outros, contrapõe às multiformes heresias uma exposição sistemática da doutrina ortodoxa: Trindade (1-3), criação, seres espirituais, antropologia (4-9), providência (10), cristologia e soteriologia (11-15), bondade e justiça de Deus (16), unidade dos dois Testamentos (17), batismo (18), escatologia (19-23), questões éticas (24-29). Este livro é pouco mais que uma coletânea de passagens bíblicas, mas nem por isso deixa de ser interessante como exposição sistemática da doutrina cristã, gênero raro na época patrística.

O próprio Teodoreto declara no proêmio ter-se servido, para a exposição das heresias, dos escritos dos "antigos doutores eclesiásticos", desde Justino Mártir e Ireneu até Jorge de Laodicéia. A pesquisa moderna confirmou o largo uso das antigas resenhas heresiológicas, entre as quais são fundamentais — além de Justino e Ireneu — o *Syntagma* de Hipólito e o décimo livro do *Elenchos* (sobre cuja paternidade hipolitana tanto se debate ainda), ao qual Teodoreto se refere mencionando Orígenes (sob cujo nome, de fato, a obra nos chegou). Singularmente, escapou-lhe totalmente Epifânio, cuja grande obra anti-herética não foi (para sorte nossa) suplantada pelo *Compêndio das fábulas heréticas*. Também a *História eclesiástica* de Eusébio de Cesaréia é amplamente aproveitada. Enquanto os primeiros três livros dependem pesadamente dessas fontes, o quarto (parcialmente dedicado a contemporâneos de Teodoreto) contém também material próprio, e o autor remete em certos casos (Ário, Eudóxio) à sua *História eclesiástica* para mais ampla informação.

Teodoreto quis adotar um critério sistemático, subordinando a ele, no interior de cada livro, a ordem cronológica. Todavia, já no terceiro livro o critério de inclusão é puramente negativo. O quarto renuncia completamente a critérios sistemáticos para adotar simplesmente o cronológico (as heresias mais recentes). Nos proêmios a cada livro, Teodoreto reitera a idéia tradicional que remete o nascimento de todas as heresias à maldade e à inveja do diabo, que desde as primeiras passagens do Evangelho se esforçou por sufocá-lo, sem jamais tê-lo conseguido. O quinto livro, declara o autor, permite ao leitor comparar ponto por ponto a doutrina da Igreja com as heresias e dar-se conta da superioridade incomparável da primeira, fruto da ação do Espírito Santo.

Bibliografia. *Eranistes*: ed. crítica com intr. (sem tr.) de G. H. Ettlinger, *Theodoret of Cyrus*. *Eranistes*, Clarendon Press, Oxford 1975. – *Sobre a teologia da santíssima Trindade*: os dois tratados entre as obras de Cirilo em PG 75, 1148-1189 e 1420-1477; para os outros fragmentos cf. CPG III, n. 6216. – *Pentalogos*: PG 84, 65-88; PL 48, 1068-1076 e as indicações em CPG III, n. 6215. – *Defesa de Diodoro e Teodoro*: CPG III, n. 6220; cf. L. Abramowski, *Der Streit um Diodor und Theodor zwischen den beiden ephesinischen Konzilien*, ZKG 67 (1955/1956) 252-287. – *Após a encarnação...*: PG 83, 1433-1440. – Os dois tratados pseudojustinianos em PG 6, 1208-1400, e em J. C. Th. Otto, *Iustini philosophi et martyris opera quae feruntur omnia* III/1-2, Fischer, Jena 1880-1881[3]. – *Compêndio das fábulas heréticas*: PG 83, 335-556.

No tocante às *cartas*, ainda no século XIV o historiador bizantino Nicéforo Calixto conhecia mais de 500 delas. Só uma parte foi conservada,

221

em três coleções: (1) a sirmondiana (do nome de seu primeiro editor, J. Sirmondi, que a publicou em 1642), com 147 cartas; (2) a patmense, 47 cartas descobertas em 1881 num manuscrito do mosteiro de S. João em Patmos; (3) 36 cartas dos anos 431-437, transmitidas nas coleções de documentos conciliares, quatro das quais em grego, as outras em latim. Uma carta a Abúndio, bispo de Côme, chegou em latim na *Vida* deste último, e alguns fragmentos de uma carta a João de Egéia são conservados em siríaco. Considerando que algumas cartas são atestadas mais de uma vez, tem-se um total de 232. Muito poucas são anteriores a 428, nenhuma (salvo alguns fragmentos) é posterior a 451; a maior parte se agrupa nos anos 431-437 e 447-451. Muito diversos são os destinatários, não menos de 115 só nas coleções sirmondiana e patmense, pertencentes a todas as classes sociais. Entre as cartas aos bispos, são interessantes as enviadas a Proclo de Constantinopla, com que Teodoreto manteve sempre boas relações apesar de suas tomadas de posição duramente antinestorianas; a Flaviano de Constantinopla, em que este aparece favorável à posição cristológica dos orientais; a Ireneu de Tiro, o amigo de Nestório e autor da *Tragédia* em defesa deste último (cf. vol. II/2 desta *História da literatura cristã antiga grega e latina*, pp. 295ss.); e sobretudo a longa carta 83, de 448, a Dióscuro de Alexandria, monofisita radical e violento, com a qual Teodoreto se defende das calúnias relativas à sua posição cristológica, contidas numa carta de Dióscuro a Domno de Antioquia (que será deposto, com Teodoreto, Flaviano e outros, em Éfeso em 449). Mas todas as cartas a bispos são de grande importância para conhecermos as peripécias da crise nestoriana e dos inícios do monofisismo. Elas documentam quanto Teodoreto resistiu em condenar Nestório. Muitas outras cartas se dirigem a eclesiásticos, mas ainda mais numerosas são as endereçadas a leigos. Alguns destes são altos dignitários do império, como Anatólio, em quem Teodoreto parece depositar uma confiança particular, e cuja influência na corte de Teodósio II o bispo de Ciro aproveita de bom grado (cartas 45, 79, 92, 111, 119, 121, 138). Ou como Aspar, o grande general ariano que foi mandado assassinar em 471, por ciúme, pelo imperador Leão. Entre as poucas correspondentes leigas de Teodoreto distingue-se Pulquéria (carta 43), irmã de Teodósio II, depois mulher de Marciano, favorável aos orientais e protetora de Teodoreto, que ela ajudou a retornar do exílio em Apaméia em 451. Embora, em sua maioria, de caráter privado, as cartas são importantes, entre outras coisas, para o conhecimento da cristologia de Teodoreto.

Mencionamos, por fim, que Teodoreto escreveu também obras históricas, às quais voltaremos oportunamente (cf. vol. II/2 pp. 408ss.).

Bibliografia: Y. Azéma, *Théodoret de Cyr. Correspondance* I-III (SChr 40, 98, 111), Cerf, Paris 1955-1965 (vol. I: intr. e col. patmense; II-III: col. sirmondiana); para as demais cartas, editadas em ACO I e IV, cf. CPG III, n. 6241-6278.

6. Nemésio de Emesa

Bispo de Emesa, na Síria, Nemésio confirma a múltipla variedade da cultura antioquena entre os séculos IV e V, sem ser, contudo, uma personalidade comparável à dos grandes exegetas de quem o ambiente antioqueno pode orgulhar-se. De Nemésio temos muito poucas notícias, obtidas exclusivamente de sua obra *A natureza do homem*, que à primeira vista pareceria situar-se melhor numa história da filosofia antiga, já que é um tratado, baseado exclusivamente em fontes profanas, dos problemas do homem e da alma. De todo modo, o ambiente em que Nemésio escreveu é o antioqueno, e a cronologia constitui uma confirmação ulterior disso (teria escrito sua obra provavelmente no final do século IV).

Deduz-se esta datação pelo fato de Nemésio fazer referência ao herege Eunômio, que morreu por volta de 391, a Apolinário de Laodicéia e, ademais, a um literato vivo, que porém não nomeia, provavelmente Teodoro de Mopsuéstia, morto em 428. Nenhum herege posterior a Eunômio e Apolinário é nomeado por Nemésio. Todavia, alguns estudiosos acreditam que se possa descer até a primeira metade do século V. Certo é que de Nemésio não possuímos nenhuma notícia, nem mesmo por parte do próprio autor.

Observou-se freqüentemente que a obra de Nemésio, dedicada ao estudo (às vezes também à simples descrição) da realidade humana, da união do corpo com a alma, de outros problemas conexos com a antropologia e a psicologia, até a condenação do determinismo e a defesa do livre-arbítrio, apresenta maior interesse para a história da filosofia e da medicina antiga que para o pensamento cristão. Tanto é verdade que foi abundantemente estudada naquele âmbito, já que contém doutrinas que remontam a Possidônio e a Aristóteles. Nemésio emprega também manuais de filosofia, as assim chamadas doxografias, que apresentavam, registradas segundo os temas e em sucessão cronológica, as opiniões dos diversos filósofos sobre as diferentes questões. Mas isso é verdade até certo ponto, porque é preciso ter em mente que o problema da realidade humana era objeto de estudo também em âmbito cristão: por exemplo, *A obra criadora de Deus*, de Lactâncio, como já se viu (vol. I, p. 526), e o contemporâneo tratado sobre *A criação do homem*, de Gregório de Nissa. Nemésio, portanto, não está totalmente isolado no aprofundamento do problema por ele escolhido. Outro aspecto pelo qual Nemésio se aproxima mais da filosofia pagã que do cristianismo é representado pelo fato de sustentar a doutrina da preexistência das almas, que teriam sido criadas por Deus junto com todo o mundo físico, com o fim de encarnar sucessivamente.

A obra de Nemésio, embora modesta nos conteúdos e pobre de idéias, adquiriu notoriedade logo a seguir, quando o enfraquecimento do pensamento científico (já exíguo no tempo do próprio Nemésio) fez parecer útil aquele manual de dados relativos ao corpo e à alma humana. Análogo interesse, pelos mesmos motivos, foi dedicado à *Criação do homem*, de Gregório de Nissa. *A natureza do homem* foi traduzida em armênio, provavelmente em siríaco, e depois em latim, no século XI, por Alfano, médico e arcebispo de Salerno, e no século XII por Burgundione da Pisa. Essas traduções difundiram a obra na cultura e na ciência ocidentais. Na era bizantina, João Damasceno serviu-se amplamente dela para escrever *A fé ortodoxa*, e um monge Melício, no século IX, fez uma espécie de amplo extrato da obra.

Bibliografia. Textos: Teubner, Leipzig 1986 (M. Morani).

7. Severiano de Gabala

Bem pouco se conhece de sua vida. Sua língua materna era o siríaco, mas não sabemos onde nasceu. Bispo de Gabala, na Síria, ao sul de Laodicéia, por volta de 398-399 chegou a Constantinopla, cujo patriarca era, havia pouco, João Crisóstomo (Sócrates, *História eclesiástica* VIII, 10, 2; Sozômeno, *História eclesiástica* VI, 11). As fontes retratam Severiano como um protegido da imperatriz Eudóxia, desejoso de ganhar honra e riqueza com a oratória, a exemplo de seu conterrâneo Antíoco de Ptolemaide (outro dos protagonistas da oposição a Crisóstomo, morto antes de 408; dele restam duas homilias sobre o Natal). Partindo para Éfeso no final de janeiro de 401, Crisóstomo confiou o cuidado da igreja de Constantinopla a Severiano e ao diácono Serapião. O ciúme entre os dois degenerou numa ruptura, com recíprocas acusações também de caráter doutrinal. Ao retornar depois da Páscoa, o patriarca forçou Severiano a deixar Constantinopla; mas ele se deteve em Calcedônia, até que Eudóxia conseguiu trazê-lo de volta à capital e obrigar João a reconciliar-se com ele. A esta pacificação provisória se deve a única homilia datável de Severiano,

Sobre a paz (início do verão de 401?). Quando, no verão de 403, Teófilo de Alexandria conseguiu obter no sínodo do Carvalho a deposição de Crisóstomo (cf. p. 218 do vol. II/2 desta *História da literatura cristã antiga grega e latina*), Severiano juntou-se a seu partido e esteve entre os explícitos acusadores de João. Quando este voltou do primeiro e breve exílio, Severiano deixou Constantinopla, mas regressou já no início de 404. Aliado à imperatriz e em colaboração com Acácio de Beréia, com Antíoco de Ptolemaide e com os monges dirigidos por Isaac o Sírio, Severiano animou a campanha que finalmente obrigou Crisóstomo ao exílio definitivo (20 de junho de 404). Quando Flaviano de Antioquia morreu em 26 de setembro de 404, o grupo dos amigos de Severiano conseguiu sagrar como seu sucessor Porfírio, um adversário de Crisóstomo. A participação direta de Severiano, porém, não é certa. Segundo Genádio de Marselha (*Os homens ilustres* 21), Severiano morreu sob Teodósio II (408-450), sem dúvida antes do concílio de Calcedônia, provavelmente antes de 425 (segundo o sinaxário da Igreja etíope, teria morrido dois anos depois de Crisóstomo, portanto em 409).

Genádio declara que Severiano foi muito versado nas Sagradas Escrituras e admirável pregador de homilias, e afirma ter lido dele uma exposição da epístola aos Gálatas e um opúsculo sobre o batismo e sobre a festa da Epifania (*Os homens ilustres* 21). De fato, os textos de Severiano que conhecemos entram nos dois gêneros mencionados por Genádio (o opúsculo sobre o batismo corresponde verossimilmente à homilia sobre a Teofania). No tocante à exegese, ele não comentou apenas Gálatas, mas todas as epístolas de Paulo, conforme se conclui dos fragmentos transmitidos em catenas, que deixam entrever duas recensões (duas edições do próprio Severiano?). Fragmentos sobre os Atos dos apóstolos, por seu turno, provêm provavelmente de homilias. Estas são igualmente importantes para sua exegese.

As homilias, contudo, levantam espinhosos problemas de autenticidade. Sob o nome de Severiano foram transmitidas em grego treze homilias, muitas das quais são espúrias. Por outro lado, testemunhos antigos e critérios estilísticos permitem atribuir-lhe outras homilias, transmitidas sob outros nomes, em particular sob o de João Crisóstomo, a quem a tradição atribui todas as homilias gregas seguramente escritas por Severiano. Uma vez que os primeiros testemunhos de falsa atribuição remontam ao início do século VII, S. J. Voicu acredita que a transferência a outros nomes do *corpus* homilético de Severiano ocorreu logo depois da condenação de Severo de Antioquia em 536 a fim de salvar as homilias, porque Severo e

Severiano eram às vezes confundidos. Certo número de homilias, ademais, é transmitido em armênio e em siríaco. Um repertório detalhado das homilias (e dos outros textos conhecidos de Severiano, autênticos e espúrios) se acha em CPG II, n. 4185-4295 (48 homilias autênticas completas e 3 fragmentárias), mas deve-se integrar com as indicações fornecidas por Voicu e Uthemann (cf. Bibliografia).

Mencionemos as seis homilias que constituem um ciclo sobre a criação do mundo (PG 56, 429-500), nas quais é desenvolvida uma cosmologia fundada numa leitura literal do relato bíblico, segundo os princípios da escola exegética antioquena, que Severiano segue. Ele, porém, não escapa totalmente do simbolismo, embora de maneira "controlada". Um exemplo: Gn 1,20-21 — segundo o qual Deus criou (assim diz a Septuaginta literalmente) "toda alma vivente de répteis, que as águas produziram, e o que voa dotado de asas" — é interpretado como um símbolo da água do batismo, na qual se entra arrastando sob o peso dos pecados, para dela sair capaz de voar rumo ao céu (homilia 4 sobre a criação). Mas, precisa Severiano no contexto, "esta (interpretação) não foi extraída alegorizando (*allêgoruntes*), mas alcançamos o sentido profundo (*etheôrêsamen*) por meio da letra (*historia*). Uma coisa é fazer violência à letra para alegorizar, outra salvaguardar a letra e compreender em acréscimo a *theôria*" (PG 56, 459). Tal posição depende de Deodoro de Tarso, que distingue a *allêgoria* como interpretação arbitrária, imposta forçadamente ao texto; a *theôria*, o sentido autêntico além da letra, mas sem sacrificar esta última; a *tropologia*, interpretação alegórica que encontra justificação no próprio texto. Nesse caso, o elemento que permite ir além da letra é o adjetivo *pterôtos* do texto bíblico: aplicado às aves, é inútil; não se deve entendê-lo então como "emplumado", mas como "que se expande", o que permite aplicá-lo aos répteis e portanto identificar os animais que se arrastam com os animais que voam, referindo-os ao mesmo ser humano antes e depois do batismo (Severiano esclarece a distinção terminológica e metodológica também, por exemplo, numa homilia sobre a serpente de bronze, PG 61, 796).

O estilo de Severiano é simples, até enxuto, pobre de retórica, com frases breves. Nas homilias como nos fragmentos exegéticos, ele defende a doutrina nicena e a ortodoxia trinitária, com polêmicas freqüentes contra arianos, anomeus, sabelianos, apolinaristas, maniqueus, judeus etc. Quanto à tradição antioquena, desenvolve largamente a mariologia. Insiste, porém, na mediação única de Cristo, lançando-se contra a veneração dos anjos, a qual ele liga ao paganismo e ataca duramente como fonte de heresia.

Bibliografia. Para as edições dos textos, cf. CPG II, n. 4185-4295, a ser completada particularmente com S. J. Voicu, "Sévérien de Gabala", DSp fasc. 92-94, 1989, 752-763; e K.-H. Uthermann, "Severian von Gabala", *Biographisch-Bibliographisches Kirchenlexikon* IX, Bautz, Herzberg 1995, 1487-1504 (ambos com ampla bibliografia). Fragmentos sobre Paulo: K. Staab, *Pauluskommentare aus der griechischen Kirche aus Katenenhandschriften gesammelt*, Aschendorff, Münster i.W., 1983³, pp. 213-351 (mas cf. CPG n. 4219). Uma nova edição das obras está em preparação em CChr.SG organizada por C. Datema e colaboradores. Como estudos, também: J. Zellinger, *Studien zu Severian von Gabala*, Aschendorff, Münster i.W. 1926; H.-D. Altendorf, *Untersuchungen zu Severian von Gabala*, dissert. inédita, Tübingen, 1957.

Capítulo VI

Entre cristianismo e *paideia* antiga Sinésio de Cirene e Nono de Panópolis

Com este título, que corre o risco de parecer genérico, queremos propor à atenção do leitor em primeira instância duas personalidades normalmente consideradas à margem da história literária cristã. Na realidade, elas não são totalmente marginais, e sim apenas menos interessadas nos debates religiosos de seu tempo, o que não as torna estranhas à fé que abraçaram, ou mornas para com ela. Tiveram uma educação literária refinada como os capadócios, mas sua "conversão" não foi tão envolvente quanto a de Basílio e a dos dois Gregórios, na medida em que continuaram a dar atenção à *paideia* dos antigos, na qual creram com maior convicção por toda a vida.

1. Sinésio de Cirene

Sinésio vem a nosso encontro como uma figura singular no âmbito da cultura cristã, e certamente isolada. Tornando-se bispo de Cirene, passou a fazer parte em sentido pleno da vida da Igreja e, além disso, representa uma típica figura de intelectual, embora não freqüente, que tentou com plena consciência salvar a tradição da civilização e da cultura helênica num período que lhe parecia bastante obscuro para os ideais em que tinha crido. Certamente Sinésio não compreendia que a cultura grega não estava sendo destruída, mas transformada pelo cristianismo: daí seu isolamento. Mas, por outro lado, os filósofos neoplatônicos que se obstinavam em repelir a "teosofia bárbara" (como Porfírio definiu a religião cristã) eram, no fundo, mais "atrasados" que ele.

A vida deste "gentil-homem do campo" (assim chamado freqüentemente pelos estudiosos, por seu modo de viver retirado mas, ao mesmo tempo, dedicado aos estudos e a um comportamento "antigo"), que nasceu de nobre família e viveu numa cidade da periferia do império, numa região diariamente exposta às incursões dos bárbaros da África, com os quais — ele, literato e filósofo — teve de se enfrentar em duras expedições militares, este "gentil-homem", dizíamos, foi a reencarnação do passado, quando para um grego o ideal do homem "belo e bom", do *kalòs kagathós*, era realizado não só no culto das musas mas também na prática do exercício físico, do cavalgar, no estar convicto de que sua própria estirpe remontava aos tempos do mito: Sinésio ligava-a diretamente aos filhos de Héracles, os quais, segundo a tradição, tinham fundado a pátria de Sinésio, Cirene. Em seu tempo esta cidade, outrora famosa e pátria do grande poeta Calímaco, estava em plena decadência, reduzida a ser pouco mais que uma localidade de província, distante dos grandes centros de cultura e de riqueza, e exposta aos assaltos dos bárbaros.

a) Filosofia e conversão cristã

A temática que indicamos com este título é exemplificada pela vida de Sinésio.

> Ele nasceu em torno de 370. Após os primeiros estudos na pátria, dirigiu-se a Alexandria, à escola da filósofa neoplatônica Hipácia. Estamos habituados a conhecer o ambiente daquela grande cidade do Oriente desde o início, pode-se dizer, da cultura cristã. Desde os tempos de Clemente, de

Orígenes, de Atanásio, ela sempre fora rica de vida intelectual, seja pagã seja cristã, muito embora, quando ali chegou Sinésio, pagão de berço, a cultura helênica já estivesse próxima do fim. Em Alexandria o poder do patriarca sempre fora muito forte, capaz de opor-se à autoridade civil, como o exemplo de Atanásio demonstrara, e naqueles anos, em que o paganismo se tornava cada vez mais fraco no plano numérico — não no plano do pensamento —, o desequilíbrio a favor da autoridade religiosa só podia ser perigoso, dado que na cátedra de Alexandria tinha assento um bispo enérgico, mas intolerante: nos mesmos anos em que Sinésio lá esteve, a multidão cristã, atiçada pelo bispo Teófilo, destruíra o famoso templo de Serápis, divindade egípcia, símbolo da religião pagã de Alexandria. Teófilo era também um poderoso sem escrúpulos, como João Crisóstomo e os monges origenistas do deserto tiveram de constatar pessoalmente.

Do período transcorrido em Alexandria (393-395), na escola do neoplatonismo, Sinésio nos fala nas cartas 137-146, enviadas, quando regressou a Cirene, ao amigo Herculiano que lá residia. São cheias de entusiasmo pela filosofia neoplatônica, que conjugava espírito científico e sensibilidade religiosa, virtudes às quais teve aceso graças ao ensinamento de Hipácia. A figura dessa mulher, também morta pela multidão de fanáticos cristãos, será idealizada em tempos modernos (citemos, entre outros, o *Libro di Ipazia*, de Mario Luzi). Talvez com Hipácia Sinésio tenha aprendido também algo de alquimia, se for autêntico um escrito que nos chegou com seu nome. Ela, como já seu pai Teón, ensinava no *Mouseion*, que deve ser entendido como uma escola pública de alto nível. Tal escola era essencialmente de neoplatonismo e se distinguia da contemporânea e rival escola neoplatônica de Atenas. Em Atenas o neoplatonismo se ligara cada vez mais ao paganismo, mesmo em suas formas mais obscuras e menos racionais, como a teurgia, a magia e as ciências ocultas. Em Alexandria, ao contrário (ao menos segundo a interpretação de Marrou), o paganismo, ainda bastante difundido, convivia com a cultura cristã e permanecerá ainda bastante vivo até o final do século V. Os estudos de mais alto nível, em suma, viviam num clima de "neutralidade religiosa", e o neoplatonismo era caracterizado por um claro racionalismo, que não tinha qualquer interesse pelo ocultismo. Neste ambiente se formou Sinésio que, talvez por mérito da própria Hipácia, deu a seu pensamento uma guinada decisiva em favor do retorno à filosofia de Porfírio. Bem-entendido, assim fazendo Sinésio não levou em consideração um aspecto importante de Porfírio, o de sua polêmica anticristã, mas a estrutura do pensamento daquele neoplatonismo que podia ser mais próximo do cristianismo. Além disso, herdou daquele filósofo o interesse pela lógica aristotélica e pela matemática: desenhou uma carta celeste, uma projeção cônica da esfera das estrelas e dedicou-se a outros aspectos da astronomia.

Sinésio voltou a Cirene em 395 e aí ficou até 399, granjeando a estima geral, e tornou-se um dos magistrados (*curialis*) de sua cidade, embora tenha encontrado algumas dificuldades de caráter político. Sua atividade em defesa da própria terra manifestou-se também em empresas militares, como quando teve de repelir (e com sucesso) uma incursão de bárbaros em 395. Não permaneceu sempre em Cirene, mas dirigiu-se também a Antioquia e a Atenas, cidade sobre a qual, porém — e sobre a escola de neoplatonismo que ali se achava —, expressou suas críticas (cf. *Epist.* 136). Mas mais importante foi a viagem que fez, por encargo de seus concidadãos, a Constantinopla, onde deveria obter do imperador a diminuição das taxas em favor de sua pátria, problema particularmente sentido na Antiguidade tardia (e talvez também depois), que foi uma época de tributação vexatória, quase cruel. Em Constantinopla Sinésio ficou três anos, até 402, e ali pôde assistir a acontecimentos decerto nada alegres, produzidos pelas lutas entre as facções opostas dos tradicionalistas gregos e dos militares bárbaros que guarneciam a capital (uma milícia cidadã não existia mais havia séculos, no império romano). A presença dos bárbaros era combatida por alguns, mas considerada necessária por outros. O problema das relações entre gregos e bárbaros, de fato, tinha sido fundamental, e bastante debatido na vida cultural do Oriente grego do século IV. Por um lado, havia os que prefeririam expulsar os invasores, recorrendo a uma veleidosa e fracassada política de *revival* do antigo patriotismo; por outro, aqueles que, mais concretamente, consideravam impossível livrar-se da presença dos bárbaros, seja dos que estavam ameaçando nas fronteiras, seja dos que, em conseqüência das invasões anteriores, já se haviam estabelecido dentro das fronteiras e de fato eram considerados aliados insubstituíveis, que deviam servir para repelir os outros, ainda piores. Tudo isso sob o olhar ausente do jovem e pouco inteligente imperador Arcádio, filho do grande Teodósio.

Em 402 Sinésio deixa Constantinopla e passa de novo por Alexandria, onde se casa, em 403, com uma cristã de elevada condição social. O próprio patriarca Teófilo celebra o matrimônio. No início de 405 está na região de Cirene, onde deve organizar a resistência contra uma nova invasão bárbara, e regressa à pátria. Mas as invasões bárbaras destruíram suas propriedades e ele mesmo perdeu toda influência política, tanto que em 408-409 retirou-se na vizinha Ptolemaide.

Ali se verificou um evento decisivo para sua vida. Em 410 os cristãos do lugar o elegeram bispo, como fizeram os de Milão com Ambrósio. Tanto Sinésio como Ambrósio eram leigos, e ambos tinham escasso conhecimento da doutrina cristã. Sinésio, aliás, também estava convencido de que alguns dogmas do cristianismo não eram aceitáveis, como o da ressurreição da carne, do fim do mundo, da criação da alma. Eram as críticas que desde sempre os pagãos cultos, por exemplo, os platônicos, dirigiam ao cristianismo; e em particular a eternidade do mundo, observam alguns estudiosos como Marrou e Corsini, era considerada então uma doutrina que não contrastava com o cristianismo, tanto que Sto. Tomás ainda a considerava uma verdade filosófica racionalmente aceitável. Sinésio não pretende renunciar à sua filosofia neoplatônica. Teme, ademais, ter de abandonar todo o patrimônio de cultura para o qual ele até agora vivera: sua vida inspirada nos ideais antigos, seus estudos, seus livros. Tem pouca simpatia por certos aspectos da vida cristã, como o monaquismo, e quer continuar a própria vida de homem casado. Mas também diz que, se for eleito ao episcopado, não fingirá crer numa religião em que não crê. Tais objeções e escrúpulos de consciência provavelmente pareceram irrelevantes para um homem como o patriarca de Alexandria, Teófilo, que devia sagrá-lo bispo. Sinésio não tem coragem de recusar o cargo, e depois de muitas tergiversações, testemunhadas sobretudo por uma carta famosa (n. 105), aceita-o, ainda que sem entusiasmo, em 411. Seu episcopado foi breve, atormentado pelos infortúnios públicos e privados (Sinésio perdeu a mulher e dois filhos em tenra idade), mas, mesmo tendo achado difícil aceitar a sagração, ele enfrentou exemplarmente todas as obrigações. Morreu, ainda jovem, no cumprimento do dever, em 413.

Detivemo-nos na biografia de Sinésio porque, como dissemos no início, ela é exemplar de certo modo de viver a "conversão" do paganismo ao cristianismo, considerada — mas não por todos, certamente — um ato da própria consciência que deveria envolver toda a pessoa. Assim Sinésio, pagão de formação e de tradição, educado na filosofia neoplatônica, cidadão e magistrado de sua cidade, viu-se de repente diante da conversão, que lhe era quase imposta. Ela deve ter significado, como para Ambrósio, como para Agostinho, uma verdadeira mutação da alma e da vida.

b) O epistolário

Deste e de outros problemas dramáticos dá testemunho um precioso *epistolário*, que vai de aproximadamente 390 a 413. Entre os destinatários destacam-se o patriarca Teófilo e a filósofa Hipácia, sua mestra. Vários são os temas tratados e, naturalmente, nem todos de igual importância. Muitas são as cartas de ocasião ou lances de bravura em que está presente o literato finíssimo, às vezes também até demasiado afetado. Certo é que o epistolário de Sinésio foi importantíssimo para a cultura bizantina, representando um modelo de composição retórica.

c) As obras pagãs

Sobre estas somos obrigados a ser breves. A experiência das lutas políticas que perturbaram Constantinopla (399-400) reflete-se num tratado *Sobre a realeza*, no qual Sinésio traça uma política de reformas que possam opor-se à influência cada vez maior dos godos e, ao mesmo tempo, dá sua contribuição à discussão, viva desde os primeiros tempos do império, sobre o ideal do perfeito soberano. A temática dessa obra — a origem divina do soberano, suas funções, suas tarefas, acima de todas a de beneficiar a humanidade — insere-se nos tratados análogos dos sofistas do século IV (Temístio) e também anteriores (Díon Crisóstomo), e prosseguirá também na era bizantina, na qual o opúsculo de Sinésio gozou de fama. Ainda em conseqüência dos dramáticos eventos de Constantinopla é o tratado *Relatos egípcios ou sobre a providência*, em que Sinésio recorre aos mitos egípcios da luta entre Osíris e Tifão, o deus bom e o deus mal, para representar os dois partidos políticos que, em Constantinopla, sustentavam uma política hostil ou favorável aos godos.

Por outro lado, foi escrito mais tarde (em 405) e com intenções científicas o tratado sobre *Os sonhos*, sobre a onirocrítica, baseado no estudo da alma humana, sede e operadora dos sonhos mediante a faculdade imaginativa. Também este foi importante mais tarde, no humanismo italiano (por exemplo, em Giovanni e Gianfrancesco Pico della Mirandola), quando a discussão sobre a validade da astrologia e da previsão do futuro levou em consideração também o tratado de Sinésio.

Pertence, por sua vez, à esfera da retórica o *Díon*, uma discussão sobre o valor e a importância que teria tido o grande retor dos séculos I-II, Díon de Prusa, ou Crisóstomo, que fora criticado pelo sofista Filóstrato. A obra foi terminada em 404-405 e oferecida a Hipácia junto com o tratado sobre *Os sonhos*, como demonstração da importância que Sinésio atribuía ao escrito. É uma defesa da cultura literária, que compreende em si as duas artes contrapostas da retórica e da filosofia, julgadas unilaterais por Sinésio.

Nesse sentido, o *Díon* pode ser considerado a biografia literária de seu autor, e uma introdução ao estudo das artes liberais.

No âmbito de uma atividade mais descompromissada, e concorrendo com as composições análogas dos sofistas do passado, Sinésio na juventude (por volta de 396) escreve o *Encômio da calvície*, de um gosto retórico e sofístico que nos parece irremediavelmente longínquo.

d) Os *Hinos*

Estas composições poéticas podem, de alguma maneira, ser consideradas obras cristãs, já que algumas foram escritas no período do cristianismo de Sinésio e outras, anteriores, foram remanejadas depois. Os *Hinos* nos fazem compreender o sincretismo da posição cultural e religiosa de seu autor, dada a temática de que tratam; mas o profundo espírito religioso que os anima faz entrever o caminho que conduziu o poeta da filosofia neoplatônica à religião cristã.

Os *Hinos* de Sinésio retomam um antigo gênero literário, não entre os mais cultivados pelos gregos, o do "louvor da divindade". Ora, a divindade a que Sinésio se dirige é às vezes o deus neoplatônico, não o Deus cristão. Sinésio considera-o no mais das vezes em termos abstratos. Sua filosofia é conjugada à fé religiosa. Não é verdade que não se fale (como consideraram alguns críticos, interessados em destacar a vertente neoplatônica de Sinésio) da Trindade divina, nem de Cristo, problemas sobre os quais o pensamento cristão se esforçara desde o tempo de Clemente, justamente em Alexandria. Fala-se deles em termos filosóficos, mais que com os esquemas das discussões teológicas às quais nos habituou a literatura do século IV, de Atanásio em diante. Sinésio faz a Trindade corresponder à tríade neoplatônica, da qual deriva a cadeia das hipóstases, até descer às coisas materiais. A geração eterna do Filho é entendida segundo o pensamento de Porfírio. A alma se encontra na terra como conseqüência de uma "queda" da realidade ultraterrena e é exortada a abandonar todos os liames com a matéria (à qual está preso, indissoluvelmente, o corpo: daí a dificuldade, para Sinésio, de aceitar o dogma cristão da ressurreição). A partir dessa ruptura com o elemento terreno consegue-se iniciar o caminho do retorno *(epistrophé)* ao Pai, que é o Uno. A finalidade da experiência filosófica é a reunião da alma com o divino: tudo isso era o ensinamento ministrado em Alexandria pela filósofa Hipácia e retrocedia até o de Porfírio. O conhecimento filosófico é considerado o bem maior a que o homem pode chegar. É um tesouro que deve ser mantido oculto àqueles que não foram iniciados. Tudo é apresentando na mais pura abstração. Outros hinos, porém, são de conteúdo mais estritamente cristão: o quinto é um hino matutino, o sexto celebra a Epifania e interpreta misticamente os dons oferecidos pelos Magos a Cristo; o sétimo é uma oração para "o ilustre filho de uma virgem"; o oitavo é de conteúdo cristológico e celebra também a descida de Cristo aos infernos, não sem fortes reminiscências da mitologia pagã; o nono repercorre a experiência filosófica, literária e religiosa do próprio Sinésio. Nessa multiplicidade de temas, a hinografia de Sinésio é emblemática, também ela, da cultura variada e matizada do autor e do ambiente alexandrino, no qual se haviam inserido como componentes essenciais e concomitantes o cristianismo e o neoplatonismo.

São ao todo dez hinos, mas o último é quase seguramente espúrio. O primeiro remonta ao período de Constantinopla, mas depois foi remanejado em 411-413, quando Sinésio já era bispo. São compostos em dialeto dórico, como extrema homenagem do poeta à sua cidade natal e às suas origens. Cirene, de fato, fora colonizada pelos dórios em tempos remotíssimos, e Sinésio quer despontar como o poeta específico de sua estirpe, embora, naturalmente, sua linguagem seja exasperadamente literária e nada tenha a ver com a língua falada em sua cidade. Sinal de uma atitude erudita são também os metros em que estes hinos foram escritos. Os dois primeiros são em anapestos, o mesmo metro usado por Clemente de Alexandria no hino que conclui o *Pedagogo*, pelos papiros mágicos e pela hinologia gnóstica. O terceiro é em espondeus, como os hinos de Mesomedes, poeta da época do imperador Adriano. Os outros, em metros incomuns, típicos de um esforço literário que quer atingir resultados insólitos.

Os *Hinos* foram publicados pelo primeiro editor (W. Canter, Utrecht-Basiléia, 1567) segundo a ordem em que se achavam nos manuscritos, mas logo o editor seguinte, Francesco Porto (Paris, 1568), modificou-lhes a seqüência com base num critério que quer corresponder à evolução espiritual de Sinésio. O mesmo princípio, o da evolução espiritual, foi reconhecido válido por Terzaghi, o qual, mesmo retornando em sua edição à ordem transmitida pelos manuscritos, sustenta que esta correspondia efetivamente à ordem cronológica e a um cada vez maior aprofundamento do autor na fé cristã. Na realidade, a reconstrução de uma evolução parece empresa infrutífera, até porque a cronologia dos *Hinos* é impossível de ser determinada.

O primeiro *Hino* tem um caráter fortemente autobiográfico. O poeta recorda que, durante as angustiosas peripécias de sua embaixada em

Constantinopla, fez um voto a Deus e que escrevendo o hino está cumprindo tal voto. Temos, pois, uma característica que aproxima Sinésio de seu contemporâneo ocidental, Prudêncio: a composição poética como oferenda do cristão a Deus. O objeto dessa poesia, dessa oferenda, é constituído pela celebração da suma divindade, desdobrada segundo a concepção neoplatônica e origeniana ao mesmo tempo: a alma, preexistente numa condição de beatitude junto ao Pai, cai na vida terrena por escolha sua, e aqui é mantida prisioneira pela matéria, na expectativa de voltar a subir, graças à ajuda do Pai misericordioso, às regiões celestes. De caráter "autobiográfico" entendido em sentido lato é também o último *Hino*, que alguns, porém, consideraram ser o primeiro, quase como manifesto da nova poesia de Sinésio. A novidade de seu conteúdo consiste no fato de que ele agora declara abandonar os interesses perseguidos na vida anterior e dirigir-se a um novo tema, que deverá ser cantado em versos. São hinos de conteúdo teológico, como se disse, mas debaixo da árdua especulação cristã e neoplatônica flagramos algumas constantes de tipo espiritual (mas também estas pagãs e cristãs simultaneamente), como a contínua exortação à própria alma para que se liberte do peso da matéria, o motivo da queda da alma no mundo inferior, da qual ela deve reerguer-se.

Os *Hinos*, com seu conteúdo francamente religioso, são uma obra emblemática da cultura literária e filosófica da Antiguidade tardia, na medida em que abraçam os dois componentes, contrapostos mas entrelaçados ao mesmo tempo, do paganismo e do cristianismo. Seria arbitrário, de fato, considerar Sinésio apenas pagão ou cristão: se a maior parte de sua produção pertence a um período em que ele não era cristão, o próprio autor, longe de rejeitar as obras daquele período — como faziam os cristãos nos tempos antigos depois da conversão —, manteve-se ligado às idéias e aos motivos do passado. O fato é que, como observa Garzya, "a posição de Sinésio diante da nova fé foi mais de sofridas oscilações que de firmes certezas, e hoje parece simplista a posição de Wilamowitz, segundo o qual seu cristianismo foi pouco mais que um formal travestimento de conceitos". Certamente, querendo considerar o cristianismo como pura e simples reflexão sobre motivos especificamente ligados à mensagem evangélica, parece inegável que, no tumulto dos conflitos de ordem eclesial e religiosa, Sinésio teve um lugar nada notável, até marginal. Poucos meses depois da morte de Sinésio desaparecia também sua mestra, a filósofa Hipácia, massacrada em março de 415 por uma multidão de fanáticos cristãos, que com sua intolerância para com o mundo pagão (infelizmente, cada vez mais freqüente daí em diante) faziam ver como era volátil aquela atmos-

fera de civil convivência entre cristianismo e paganismo que fora a característica da cultura de Alexandria, desde os tempos de Clemente.
Bibliografia. Edições: *Hymni* (Poligr. dello Stato, Roma 1939: N. Terzaghi); *Opuscola* (ibid., Roma 1944: N. Terzaghi); *Epistolae* (ibid., Roma 1979: A. Garzya). Os *Hinos* foram publicados também por A. Dell'Era (Tumminelli, Roma 1968) e Chr. Lacombrade (CUF, Paris 1978); d'*Os sonhos* existe uma edição com intr. e com. de D. Susanetti, Adriatica Editrice, Bari 1992. Uma edição global (intr., texto confrontado, trad. e notas) de Sinésio foi organizada por Garzya, Utet, Torino 1989. Estudos: S. Vollenweider, *Synesius von Kyrene*, Vandenhoeck & Ruprecht, Göttingen 1979; J. Bregman, *Synesius of Cyrene, Philosopher-Bischop*, Univ. of California Press, Berkeley-Los Angeles-London 1982; H.-I. Marrou, *Sinesio di Cirene e il neoplatonismo alessandrino*, in VV.AA., *Il conflitto tra paganesimo e cristianesimo nel secolo IV*, cit., pp. 140-164; E. Corsini, *Ideologia e retorica negli "Inni" di Sinesio*, in VV.AA., *La poesia tardoantica: tra retorica, teologia e politica*, Atti... Erice 6-12 Dicembre 1981, Centro di Studi Umanistici, Messina 1984, pp. 351-377; M. Di Pasquale Barbanti, *Filosofia e cultura in Sinesio di Cirene*, La Nuova Italia, Firenze 1994.

2. Nono de Panópolis

Este poeta é famoso na literatura grega pagã por ter escrito um vasto poema mitológico, *As Dionisíacas*, e aqui deverá ser considerado sobretudo por sua presença na cultura cristã. Mas a problemática que lhe diz respeito não se divide tão facilmente em duas partes, a pagã e a cristã, tal como não se dividiu em duas partes, evidentemente, o mesmo Nono. Vejamos primeiro os termos do problema. A própria biografia, que não se baseia em dados seguros, é determinada conjuntamente com a discussão do problema literário.

a) Identidade do poeta e autenticidade das obras

Também é atribuída pelos manuscritos ao famoso poeta épico Nono de Panópolis uma *Paráfrase do Evangelho de João*, um título e um produto de um gênero literário tipicamente cristão, o da paráfrase em versos do texto evangélico. Juvenco e Proba são exemplos disso na cultura latina.

O autor dessa paráfrase é, segundo os manuscritos, um certo "Nono" ou, segundo outros, "Nono de Panópolis", ou então um "Amônio, filósofo e retor". As incertezas das indicações contidas nos manuscritos não parecem, contudo, atualmente ter grande peso, dada a inegável semelhança, no plano do estilo e da métrica, entre as *Dionisíacas*, obra de Nono de Panópolis, e a *Paráfrase*. Mas visto que as *Dionisíacas* são um gigantesco poema épico que narra as míticas empresas de Dioniso, deus pagão, deduz-se, numa primeira consideração, que o autor do poema só pode ter sido um pagão convicto. Esta, ao menos, foi a *communis opinio* até há algum tempo.

Ora, a vida de Nono de Panópolis é extremamente obscura. Costuma-se supor que tenha vivido entre os séculos IV e V, mas tal cronologia é tão ampla que não pode ser de nenhum auxílio. Outros deslocaram a composição das *Dionisíacas* ao período compreendido entre 400 e 490. Isso caso Nono fosse poeta exclusivamente pagão e não se levasse em conta a *Paráfrase do Evangelho de João*. Mas a crítica mais recente já não faz essa separação e não pensa mais em dois poetas diferentes; por conseguinte, para levar em conta também a *Paráfrase* e considerar ambas as obras como escritas por Nono de Panópolis, propôs-se timidamente no distante 1903 que o poeta Nono devia ser identificado com o bispo Nono de Edessa, morto em 470-471. Originário do Egito, onde se acha Panópolis, teria se convertido ao cristianismo e teria se transferido do Egito para Edessa. Independentemente de toda identificação mais precisa, de fato, pensou-se que era necessário supor uma conversão de Nono ao cristianismo, se realmente ele foi o autor da *Paráfrase*.

Recentemente, Livrea retomou essa identificação entre Nono de Panópolis e Nono de Edessa e deu um passo à frente, considerando infundada a tese de que as *Dionisíacas* sejam obra de Nono antes da conversão e a *Paráfrase* obra do poeta convertido. Também confutou os estudiosos que, tendo aderido à tese da conversão e retomado a *communis opinio* da inferioridade literária de uma obra como a *Paráfrase* enquanto tal (enquanto obra "não-original"), fizeram dessa suposta inferioridade literária um indicador ou do esgotamento da inspiração poética do poeta convertido (e assim a *Paráfrase* seria obra da velhice) ou da maturidade ainda não alcançada, na medida em que a *Paráfrase* teria sido a primeira prova literária de Nono.

b) O cristianismo de Nono

Fica evidente, portanto, por essas considerações, que o cristianismo de Nono foi — como o de Sinésio, junto ao qual o estamos considerando — fruto de uma conversão profunda, que não ficou na superfície, nem o poeta deve ser inserido, como pensam alguns estudiosos, na fileira daqueles poetas da época que foram sincretisticamente pagãos e cristãos ao mesmo tempo, como Ausônio no Ocidente, Palada e os escritores do ambiente de Gaza, como Corício, Zacarias Escolástico e outros no Oriente. Tal como a meditação de Sinésio produziu um cristianismo neoplatônico bem determinado pelo ambiente alexandrino em que viveu, assim o cristianismo de Nono se manifestou, nas *Dionisíacas*, numa forma de cristianismo caracterizado pela influência do culto de Dioniso espiritualizado, no sentido de o deus pagão, salvador e benfeitor da humanidade, poder ser considerado um símbolo do Cristo Salvador; e na *Paráfrase* de um modo mais aberto, no qual, porém, as próprias profissões dogmáticas aparecem numa forma poética que requer adequada interpretação. Nono escreveu suas *Dionisíacas* em Alexandria, e ali teria aprendido o neoplatonismo religioso do lugar, simultaneamente à sua fé cristã. A cidade de Panópolis, no Alto Egito, de onde provinha Nono, fora naquelas décadas a pátria de numerosos filósofos e poetas pagãos, como Horapollon, Ciro e Pamprépio, ricos de cultura grega, em meio a uma população já profundamente cristianizada e guiada pelo patriarcado de Alexandria, ou imitadora e seguidora do monaquismo de que o Egito era riquíssimo.

O cristianismo de Nono nas *Dionisíacas*, portanto, é uma fé não abertamente manifestada, mas sutilmente proposta ao leitor capaz de entender suas alusões e sofisticações expressivas. Além do plano do conteúdo, o cristianismo é captado também nas imitações de Gregório Nazianzeno. No que diz respeito à *Paráfrase*, ademais, o cristianismo do poeta se inspiraria no ensinamento do contemporâneo — e respeitado — Cirilo de Alexandria e, mais precisamente, em seu *Comentário ao Evangelho de João*. Aliás, segundo Livrea, esse *Comentário*, escrito em 425-428, poderia constituir o termo depois do qual teria sido composta a *Paráfrase*, que, todavia, deve ter sido anterior ao concílio de Calcedônia, de 451, que condenou o monofisismo. De fato, no poema de Nono parece haver uma insistente exaltação da natureza divina de Cristo, coisa que se enquadraria mal na nova situação criada por aquele concílio. Essa é a proposta de interpretação sugerida por Livrea, que citamos detalhadamente, muito embora, dada sua formulação recente, seja forçoso aguardar ulteriores verificações.

c) a *Paráfrase do Evangelho de João*

A técnica parafrástica gozava, até há poucas décadas, de escassa estima dos estudiosos. É sintomático a esse respeito o juízo de O. Bardenhewer sobre a obra parafrástica de Nono. Segundo o crítico, o poeta se mantém muito estritamente próximo do texto evangélico, sem acrescentar considerações de caráter teológico ou dogmático. Cada frase e cada versículo do evangelho são acuradamente "transformados" na descrição em hexâmetros. Os termos puros e simples do texto joanino são substituídos por todo tipo de sinônimos e epítetos, freqüentemente inflados e sufocados na intumescência da frase. E Bardenhewer conclui citando com ironia alguns exemplos das ampliações retóricas do singelo texto joanino.

Todas essas considerações parecem hoje nitidamente antiquadas e improdutivas aos olhos da crítica moderna, que tem considerado a paráfrase como uma nova forma poética — uma forma retórica, certo, mas nem por isso condenável *a priori* — de grande difusão na tardia idade imperial. Já a mencionamos anteriormente (vol. I, pp. 537 e 539).

O gênero parafrástico teve, no ambiente grego, um novo florescimento no curso dos primeiros decênios do século V. A paráfrase de Nono e a de Eudóxia, de que falaremos em breve, são um exemplo. Testemunho desse renovado interesse pela paráfrase são provavelmente as considerações que os dois historiadores da Igreja, Sócrates e Sozômeno, fazem, com poucos anos de distância entre um e outro, sobre as paráfrases realizadas pelos dois Apolinários (ver acima, pp. 98ss.). Enquanto Sócrates, que escreve em torno de 439, julga de modo nitidamente negativo a produção parafrástica deles — na medida em que os Apolinários, a seu ver, não teriam conseguido substituir nem os clássicos gregos, nos quais se inspiravam pelo estilo, nem as Escrituras, cujo conteúdo queriam difundir —, Sozômeno, ao contrário, dez anos mais tarde avalia com a máxima estima as mesmas obras dos Apolinários. Provavelmente, segundo Livrea, entre o primeiro e o segundo juízo se dera a publicação das duas paráfrases tão significativas, a de Eudóxia e a de Nono, que tinham sugerido a Sozômeno uma atitude aberta e favorável àquele gênero literário. Dito isso, a *Paráfrase* noniana — ainda mais se comparada à de Eudóxia Augusta —, que é muito fiel ao original, quase uma forma intermediária entre a paráfrase literária e o exercício retórico, parece extraordinariamente mais complexa. Nono não quer apresentar apenas uma ampliação do texto joanino, mas também uma interpretação, isto é, uma atenta e sutil releitura do quarto Evangelho. Essa releitura vai desde a interpretação dos detalhes (ou pontos fundamentais) do texto de base — entendidos em conformidade com o ensinamento de Cirilo de Alexandria — até a reformulação da narrativa mediante um estilo novo, que é o das *Dionisíacas* (uma atribuição dos dois poemas a autores diferentes já é, como se disse, fora de cogitação). Portanto, as duas mensagens, a literária e a conteudístico-dogmática, se interseccionam e são simultâneas. A primeira visa endereçar à classe culta dos contemporâneos de Nono, e mais especificamente aos pagãos, um texto que pudesse responder às exigências literárias da tradição grega, cultivada com tanto empenho pelos egípcios da época; a segunda, fornecer uma exegese escriturística conforme à de Cirilo, e de sua abertura ao monofisismo. O texto que emerge desses cuidados é a expressão da fé cristã do autor, confirmada também pelo fato de que, ao que parece, a interpretação noniana não é superficial, como geralmente se considera, mas mostra uma atenta avaliação dos significados do texto evangélico.

Característica fundamental do estilo de Nono é a luxuriante ornamentação de adjetivos, a mesma que suscitara as críticas de Bardenhewer, que citamos acima à guisa de exemplo de um modo antiquado de avaliação. Tal adjetivação foi dividida por Livrea em três categorias (das quais a mais rica é seguramente a primeira), a saber: as categorias dos adjetivos exegéticos, narrativos e exornativos. Um estilo certamente insólito para nós — habituados a um gênero diferente de expressividade, mais linear e simples —, mas novo e atraente, que exige a cada momento atenção e esforço para compreender os novos significados e a ressemantização dos epítetos que, se lidos sem atenção, podem dar uma idéia de monotonia.

Nono teve inúmeros continuadores, e sua arte fez escola no Egito do século V. Seu estilo e sua métrica foram retomados pelos poetas pagãos, como Museu, Coluto, Cristódoro e Dióscuro. A métrica é particularmente inovadora, a ponto de ser considerada um ponto de chegada na evolução do hexâmetro dactílico grego. Para uma avaliação mais pontual da métrica remetemos, naturalmente, aos estudos dos especialistas.

Bibliografia. Edições da *Paráfrase*: PG 43, 749-1228; Bibliotheca Teubneriana, Leipzig 1881 (A. Scheindler). Edições comentadas: canto XVIII, D'Auria, Napoli, 1989 (E. Livrea).
Estudos: J. Golega, *Studien über die Evangeliendichtung des Nonnos von Panopolis. Ein Beitrag zur Geschichte der Bibeldichtung im Altertum*, Breslau 1930; Q. Cataudella, *Cronologia di Nonno di Panopoli*, "Studi ital. di fil. class.", 11 (1934) 15-33 (= *Ultriusque linguae. Studi e ricerche di letteratura greca e latina*, I, D'Anna, Messina-Firenze 1974, pp. 443-465); E. Livrea, *Il poeta e il vescovo. La questione nonniana e la storia*, "Prometheus" 13 (1987) 97-123; G. D'Ippolito, *Nonno e Gregorio di Nazianzo*, in *Storia Poesia e Pensiero nel mondo antico. Studi in onore di Marcello Gigante*, Bibliopolis, Napoli 1994, pp. 197-208; D. Gigli Piccardi, *Metafora e poetica in Nonno di Panopoli*, Università, Firenze 1985; D. Accorinti, *Hermes e Cristo in Nonno*, "Prometheus" 21 (1995) 24-32.

3. Visão de Doroteu

Um dos papiros da coleção Bodmer de Cologny (Genebra), provenientes de Dishna no Alto Egito, o n. 29, escrito por volta de 400, contém poemas cristãos em hexâmetros dactílicos. Até agora foi editado (1984) um só, intitulado *Visão de Doroteu*. O colofão determina que esse Doroteu era "filho do poeta Quinto" (a ser identificado com Quinto de Esmirna?). O papiro apresenta muitas lacunas; a mais recente edição conta 343 versos, mas só 22 estão conservados na íntegra.

No entanto, podem-se acompanhar as peripécias. Doroteu, o autor, narra em primeira pessoa. Enquanto está sentado no palácio imperial, vê-se transportado, numa visão, ao pórtico do palácio de Deus na qualidade de porteiro, em companhia de um pessoal que evoca o da corte imperial. Assiste a uma cena na qual entram Cristo e Gabriel e que gera grande espanto. Mas seu conteúdo nos escapa por causa das lacunas. Em seguida, ele transgride sua função de porteiro ao entrar no palácio; denuncia um velho a Cristo, acusando-o de furto, mas se arrepende e suplica para que a visão chegue ao fim, o que não acontece. O próprio Cristo acusa-o de ter abandonado seu posto à porta e, apesar de sua tentativa de desculparse, ordena que Doroteu seja açoitado por Gabriel e outros anjos. Quando Doroteu está todo ensangüentado, Cristo manda parar a flagelação e coloca-o novamente na guarda da porta. Doroteu agradece a Gabriel por ter-lhe inspirado um canto. Em seguida, Cristo e Gabriel acompanham Doroteu dentro do palácio e intercedem junto a Deus para que ele possa conservar seu cargo. Doroteu é lavado do sangue e exortado a escolher um novo nome para seu batismo; escolhe André, porque sempre quis ser corajoso, *andreios*. Após ter sido batizado, fica muito alto e divisa a seu lado homens igualmente altos. Depois de uma exortação de Cristo, Doroteu retoma seu lugar à porta, e seu novo aspecto suscita a admiração de muitos, de modo que pede então que lhe seja atribuída uma nova missão, mais honorável. A resposta de Deus esta em grande parte perdida, mas certamente é negativa, porque Doroteu volta à sua guarda, mantendo seu esplêndido aspecto. Enfim, desperta, ora para continuar sendo um mensageiro de Deus e se propõe cantar os atos dos justos e de Cristo.

A linguagem e o estilo são homéricos, se bem que com elementos de *koiné*. Trata-se do mais antigo poema hexamétrico conhecido escrito por um cristão, e a singularidade de seu conteúdo — além das lacunas do manuscrito — faz dele um texto bastante misterioso, no qual quase tudo aguarda esclarecimento. Os primeiros editores aproximam esse Doroteu de dois personagens de mesmo nome (idênticos entre si?) mencionados por Eusébio de Cesaréia em sua *História eclesiástica*. Um (VII, 32, 3-4) era um padre de Antioquia do final do século III, em ótimas relações com a corte imperial; o outro (VIII, 1, 4; 6, 5) era um cristão que pertencia à corte de Diocleciano e morreu mártir. Os mais recentes editores do texto, Kessels e van der Horst, acham plausível essa aproximação e acreditam que Doroteu pode ser um funcionário da corte de Diocleciano que, por medo, teria ocultado sua fé cristã quando, no início da perseguição de Diocleciano em 298-299, foi pedido aos membros da corte de Nicomédia que sacrificassem aos deuses — daí os sentimentos de culpa que atravessam o poema e a punição infligida ao protagonista. Uma proposta diferente vem de E. Livrea, que identifica nosso autor com o primeiro dos dois Doroteus de Eusébio e com um Doroteu bispo de Tiro, mártir aos 107 anos sob o imperador Juliano em 362 e já confessor sob Constantino e Licínio. Proveniente de Antioquia, terá se formado no mesmo ambiente dos discípulos de Luciano do qual provinha Ário, o que combinaria bem com os traços subordinacionistas da *Visão*. Ademais, no poema o simbolismo da porta e todo o quadro cristológico só se compreenderiam depois do símbolo dos Padres orientais no concílio das Encênias (Antioquia 341), inspirado na doutrina de Luciano. A *Visão* seria escrita, portanto, entre 342 e 362 por este Doroteu, ancião e recentemente sagrado bispo (fato ao qual aludiria a cena final de paramentação, versos 328-334). Livrea acredita poder atribuir-lhe um passado gnóstico, do qual daria testemunho a simbologia da *Visão*, em particular a da veste, verificável sobretudo mediante a comparação com o *Canto da pérola* dos *Atos de Tomé*. A *Visão* evocaria um itinerário iniciático que deságua numa salvação espiritual em que a alma dispersa no mundo se reúne com o *nous* espiritual e divino. Essa aplicação dos símbolos gnósticos permanece discutível, mas a erudita intervenção de Livrea certamente provou que o exame dos motivos da *Visão* deve ser levado bem mais a fundo do que o fizeram os primeiros editores. Enfim, chamou-se a atenção (Bremmer) para os títulos das guardas do palácio, que remeteriam à segunda metade do século IV.

Bibliografia. Melhor edição: A. H. M. Kessels-P. van der Horst, *The Vision of Dorotheus (Pap. Bodmer 29) Edited with Introduction, Translation and Notes*, VigChr 41 (1987) 313-359. E. Livrea, recensão à *editio princeps* (A. Hurst, O. Reverdin, J. Rudhardt, *Vision de Dorothéos*, Köhn-Genève 1984), in "Gnomon" 58 (1986) 687-711. J. Bremmer, *An Imperial Palace Guard in Heaven. The Date of the Vision of Dorotheus*, ZPE 75 (1988) 82-88.

4. Eudóxia Augusta

A produção de Eudóxia Augusta não é movida, certamente, pela mesma problemática filosófica e literária de Sinésio e de Nono, permanecendo muito mais à superfície. Tal produção é, contudo, o produto da mesma atitude do convertido ao cristianismo, que levou consigo sua própria cultura pagã, e por este motivo Eudóxia, mantidas as devidas diferenças, pode ser considerada junto com Sinésio e com Nono.

A poesia de Eudóxia nos leva a um ambiente bem diferente, não às regiões orientais, ricas de fermentos religiosos e de antiga cultura helênica, como o Egito, animado por numerosos poetas, ou a Síria, onde a cultura era influenciada pelas paralelas formas literárias (sobretudo litúrgicas) na língua local, mas a Atenas e a Constantinopla, e mais precisamente à corte imperial. A posição social de que provinha essa poetisa deu-lhe uma educação literária tradicional. Filha de um professor de retórica de Atenas, seu nome de nascimento era Atenaide, e fora educada no paganismo. A princesa Pulquéria, irmã mais velha de Teodósio II, deu-a como esposa ao imperador em 421. Foi batizada e tomou o nome de Eudóxia. Em 438 empreendeu uma viagem espiritual a Jerusalém, onde pouco depois se estabeleceu (440), não sabemos se expulsa pelo imperador ou se cansada da vida na corte imperial. Em Jerusalém morreu em 460.

O historiador da Igreja Sócrates nos informa que Eudóxia teria composto um poema para celebrar a vitória de Teodósio II sobre os persas em 422, e Evágrio Escolástico conservou para nós alguns versos tirados de uma oração de encômio da cidade de Antioquia, composta por Eudóxia durante sua viagem a Jerusalém em 438. Fócio nos dá notícia de uma sua *Metáfrase do Octateuco*, no metro usual, o hexâmetro dactílico, e registrou dois versos. O mesmo erudito nos recorda a *Metáfrase do profeta Zacarias e do profeta Daniel*, que provavelmente se situam no período da vida de Eudóxia em Jerusalém, como também as outras composições que possuímos.

De Eudóxia nos chegaram, ainda que de modo fragmentário, algumas composições que, embora de nível não excelso, são o testemunho de um tipo de poesia cristã, ainda ligada ao metro clássico (e, portanto, à tradição). Vale dizer que ainda temos diante de nós uma poesia de base prosódica. Este é um aspecto importante da poesia de Sinésio, Nono e Eudóxia, que distingue estas três personalidades dos poetas mais estritamente ligados à liturgia e menos à tradição da poesia pagã.

Eudóxia também escreveu *Centoes Homericos*, que sao algo de análogo ao *Centão Virgiliano* da poetisa romana Proba (cf. pp. 411ss.). Tal como

Proba quer reescrever os Evangelhos combinando entre eles os hemistíquios dos versos virgilianos, também Eudóxia quer reescrevê-los servindo-se dos versos de Homero. Tal composição não nos chegou inteira, mas fragmentária, como parte de uma coletânea de centões homéricos que têm como tema os Evangelhos. Esses centões, por sua vez, estão em forma de "antologia", realizada sobre o original por obra de literatos ignotos, e se encontram em sua maioria anônimos nos manuscritos que no-los conservaram. Um deles, conservado na Bibliothèque Nationale de Paris (Suppl. gr. 388, do século X), contém uma seleção de centões de quatro poetas: dois destes são desconhecidos (um bispo Patrício e um filósofo Óptimo), os outros dois são, justamente, Eudóxia e o poeta bizantino Cosme de Jerusalém. Na antologia que nos chegou começa-se com um prefácio de Patrício; segue-se um prefácio de Eudóxia, que declara ter querido terminar o centão homérico de Patrício, deixado interrompido pelo autor. Eudóxia admite francamente a dificuldade de verter numa forma só em parte original o novo conteúdo cristão; o estilo de Homero não se adapta facilmente à história sacra; em todo caso, o número dos versos ou dos hemistíquios que não devem sofrer nenhuma alteração, mas ser empregados assim como estão, só pode ser pequeno. É necessário adaptar os hemistíquios ou as palavras ao novo contexto.

Mais interessante, decerto, é a outra obra de Eudóxia: a transformação em versos da lenda de S. Cipriano, realizada sobre um esboço em prosa, do qual circulavam várias redações no século IV. Era conhecido, por exemplo, também por Gregório Nazianzeno, que lhe dedicou uma oração (n. 24). A lenda, portanto, era amplamente difundida.

Cipriano era um mago de Antioquia que tentara por meio de sua arte provocar num jovem libertino, Aglaide, o amor de uma virgem cristã, de nome Justa. Mas teve de reconhecer que os cristãos são imunes às artes demoníacas e, portanto, convertera-se ele próprio ao cristianismo. Por isso, tanto ele como Justa (que depois da conversão mudara o nome para Justina e se tornara diaconisa) caíram vítimas das perseguições de Diocleciano em Nicomédia.

Dessa lenda Eudóxia executou uma versão em poesia, enriquecendo-a com pormenores romanescos e edificantes, com o título *Sobre o mártir Cipriano, em três livros* (este, ao menos, é o título que lhe dá Fócio, embora pareça mais um resumo que um título). Também esse poema nos chegou fragmentário: 322 versos do primeiro livro, que continha a narração da vida pagã de Cipriano e de sua conversão ao cristianismo; 479 versos do segundo, em que Cipriano fala de si e narra a história de sua conversão;

o terceiro livro, que narrava o martírio de Cipriano e de Justina, ficou totalmente perdido. Falta também a conclusão do segundo livro e, até poucos anos atrás, faltava ainda o início do primeiro, até que este foi descoberto num fólio da Biblioteca Pública de Leiden (aonde, em meados do século XVII, fora levado pelo filólogo holandês P. Rulaeus, que o arrancara do manuscrito Laurentianus VII, 10, da Biblioteca Laurenciana de Florença). A restituição a Eudóxia desses primeiros 99 versos do *martírio de Cipriano* e sua publicação foram obra recente de Claudio Bevegni.

Eudóxia é certamente uma poetisa medíocre; sua técnica versificatória foi considerada pobre quanto à métrica, sem dúvida porque a quantidade da língua grega, na qual quer poetar, era cada vez menos sentida pelos falantes dos séculos IV e V. Defeitos de prosódia se encontram, aliás, já em Gregório Nazianzeno. Mas o que falta a Eudóxia é todo verdadeiro estofo intelectual e poético. Sua poesia, portanto, é mais o testemunho de um aspecto da cultura cristã que um produto de arte e de capacidades técnicas.

Bibliografia. Textos: Teubner, Leipzig 1897 (A. Ludwich, que infelizmente publicou só alguns autores de centões, enquanto de outros só deu o título: aguarda-se ainda um editor para eles); C. Bevegni, *Eudociae Augustae Martyrium S. Cypriani* I, 1-99, "Prometheus" 8 (1982) 249-262; E. Salvaneschi, *Un Faust redento. Eudocia, de Sancto Cypriano*, "Σύγκρισις", Genova 1982, 1-80; id., ΕΞ ΑΛΛΟΥ ΑΛΛΟ. *Antico e tardoantico nelle opere di Eudocia Augusta*, Genova 1981, pp. 123-188.

Capítulo VII

Literatura canônica-litúrgica do século IV-VI

Fizemos alusão no volume I (p. 189) ao fato de os mais antigos documentos concernentes à vida interna das comunidades e à celebração da liturgia serem incluídos posteriormente em coleções mais amplas e, ao mesmo tempo, elaborados e atualizados. As obras que entravam mais tarde nas compilações são às vezes definidas (A. Faivre) como "unidades literárias". No volume I examinamos algumas delas: a *Didaché*, a *Tradição apostólica* e a *Didascalia dos apóstolos*. Embora caracterizadas por um escopo análogo, o de regular as várias funções e os vários grupos na comunidade, constituem um caso à parte as epístolas pastorais, que naturalmente, tendo sido incluídas no Novo Testamento, não foram retomadas nas coleções canônicas, as quais, de resto, na medida em que empregam procedimentos pseudepigráficos, reivindicam o ensinamento dos Doze e não o de Paulo. Deve-se destacar também que entre a *Didaché* e a *Tradição apostólica* situa-se uma guinada importante, que caracterizará a produção posterior: a atenção principal já não se concentra na comunidade em seu conjunto, mas nos ofícios ou *status* individuais ou em suas diversas competências. Está na base desse fato a transformaçao das estruturas comunitárias. A *Didaché* atesta um ministério desempenhado por apóstolos e profetas itinerantes, e ministérios estáveis em via de formação, seja porque os profetas se fixem nas comunidades, seja porque estas elejam epíscopos e diáconos para si. Os textos posteriores, por sua vez, documentam uma estrutura já definida e complexa. A *Didascalia dos apóstolos* concentra-se principalmente no papel do bispo, atestando sua posição bem consolidada na Síria do século III.

Às "unidades literárias" pertence ainda um escrito ao qual são atribuídos diversos títulos. O manuscrito de Viena (século XII), que só oferece o texto grego completo, intitula-o *Disposições dadas por meio de Clemente e cânones eclesiásticos dos santos apóstolos*. A primeira parte do título, com a referência a Clemente, é sem dúvida um acréscimo posterior que visa conectar a obra ao quadro fictício das *Constituições apostólicas* (cf. abaixo), enquanto a segunda parte tem boa probabilidade de corresponder ao título mais antigo. Na investigação moderna têm sido usados, contudo, nomes muito diversos, sobretudo em âmbito francófono (em alemão e em inglês, por outro lado, se impôs o título "Apostolische Kirchenordnung"/ "Apostolic Church Order"). Tende-se hoje a aceitar geralmente o nome de *Constituição eclesiástica dos apóstolos*.

O escrito se abre com uma breve introdução (1-3) em que os doze apóstolos, exprimindo-se coletivamente, declaram estar prontos para cumprir a ordem dada a eles pelo Senhor: antes de repartirem entre si as províncias como campos de missão (um motivo que a partir de certo momento se introduz na literatura apócrifa sobre os apóstolos), devem formular disposições relativas a bispos, presbíteros, diáconos, leitores, viúvas e à Igreja em geral. A cena se coloca assim depois da ascensão de Jesus: falta naturalmente Judas, e Pedro e Cefas são considerados duas pessoas diferentes; perto do fim, até Marta e Maria intervêm no diálogo. Alternadamente, os apóstolos formulam as normas. Mas uma primeira parte (4-14) não diz respeito às estruturas eclesiais, e sim à conduta moral. Trata-se de uma retomada, distribuída pelas bocas dos Doze, do tratado das Duas vias, de origem judaica, mas evidentemente muito reutilizado em âmbito cristão, e inserido na *Didaché*, na *Epístola de Barnabé* e na *Doutrina dos apóstolos* latina (cf. volume I, p. 189). A normativa anunciada no prólogo constitui o objeto de uma segunda parte (15-28), que se conclui com regras para os leigos, homens e mulheres. Uma breve conclusão na boca de Pedro reitera que os preceitos contidos no escrito correspondem a uma ordem do Senhor, e pede sua aceitação com a proibição de acrescentar ou suprimir o que quer que seja (a mesma proibição, que serve para sublinhar a autoridade e também o caráter inspirado de um texto — cf. já Ap 22,18-

19; *Did* 4, 13 etc. —, já se encontra no final da primeira parte, no cap. 14). Observamos aqui em ação aquele procedimento pseudepigráfico que consiste em legitimar a normativa em vigor na Igreja fazendo-a remontar diretamente aos doze apóstolos (na *Didaché* tal tendência só aparece no título, que é secundário).

O escrito é datado comumente no final do século III ou no início do IV, e situado no Egito ou, mais raramente, na Síria. Depende evidentemente das fontes: à parte obviamente o tratado das Duas vias, propôs-se identificar na segunda parte dois conjuntos preexistentes, o primeiro destinado a regular a eleição de bispos, presbíteros, leitores, diáconos e viúvas, o segundo contendo regras de comportamento para diáconos (em sentido genérico, compreendendo os vários ministérios eclesiais) e leigos. Cerca de um terço do resto (a partir do cap. 17) se encontra na compilação latina representada pelos fragmentos de Verona (ver abaixo). O escrito se encontra em coleções canônicas ulteriores: o *Sínodos* da Igreja de Alexandria, conservado em copta (sahídico e boháirico), etíope e árabe, e o *Octateuco clementino* (sobre esses cf. abaixo).

Diferente é o quadro narrativo em que se coloca a normativa do *Testamento do Senhor*. Aqui também são os apóstolos que se exprimem na primeira pessoa do plural, mas tudo o que fazem é citar discursos do Senhor ressuscitado. Do ponto de vista do gênero, o escrito constitui assim uma transformação dos colóquios do Ressuscitado com os discípulos, que no século II serviram para veicular doutrinas esotéricas e freqüentemente gnósticas (cf. vol. I, pp. 207-213). Ao mesmo tempo sublinha-se seu caráter de "testamento" (reiterado no corpo da obra: I, 17.18), isto é, de últimas disposições, cuja observância conduz à salvação. A. von Harnack chegou a afirmar que o autor pretendia acrescentar aos dois Testamentos já existentes um terceiro, uma espécie de Levítico cristão. De fato, a obra tal como se apresenta revela ainda claramente o caráter secundário do enxerto da normativa canônica num material típico dos discursos do Ressuscitado. Por ocasião da aparição de Jesus ressuscitado (que parece aqui a única), os discípulos lhe pedem que os instrua sobre os sinais do fim do mundo. O Senhor responde com um discurso apocalíptico, contendo os temas tradicionais dos males dos últimos tempos e do anticristo (caps. 1-13). Exorta depois os discípulos a voltar às Igrejas e a dar boas disposições. Eles lhe pedem então que lhes ensine como devem governar as Igrejas (14-15). Seguem-se as instruções de Cristo: até o final do livro I trata-se dos bispos, da celebração eucarística, das orações, de presbíteros, diáconos, viúvas, leitores, virgens; no segundo livro, entre outras coisas, dos leigos, dos catecúmenos, dos exorcismos, do batismo, da comunhão, da celebração pascal, das sepulturas. Toda essa parte normativa é de fato uma elaboração, fortemente ampliada, da *Tradição apostólica* (vol. I, pp. 193-195). Os dois livros a que nos referimos são os primeiros dois da versão siríaca do *Octateuco clementino*, em cujo âmbito precisamente o *Testamento do Senhor* nos chegou, em duas recensões. A divisão deles, como se vê (aliás, certamente secundária), não corresponde totalmente à distinção temática entre apocalipse e normativa canônica. Que essa distinção também corresponde a fases sucessivas de composição literária fica praticamente certo pelo evidente caráter secundário do acréscimo da parte canônica, mas também pelo fato de que um manuscrito de Tréveris do século VIII restituiu alguns fragmentos de uma versão latina do apocalipse que, portanto, deve ter existido independentemente do conjunto do *Testamento*, do qual não se conhece vestígio no Ocidente. Além de no *Octateuco clementino*, o *Testamento* nos chegou em siríaco também no *Synódicon oriental*. É conhecido, ademais, em três recensões árabes, numa das quais figura (mas num só livro) no *Octateuco clementino*; e em etíope, mas não no contexto do *Octateuco*. A obra foi certamente escrita em grego. Como data de composição assume-se geralmente o século V, às vezes o final do século IV. Diferente é o problema do apocalipse inicial, que em todo caso veicula materiais antigos. Uma vez que a Síria aparece como o primeiro dos países ameaçados pelo anticristo, costuma-se situar ali a composição do apocalipse, e de resto também a do *Testamento*. Propôs-se também o Egito ou a Ásia Menor.

Citemos ainda os *Cânones de Hipólito*, conservados só numa versão árabe do copta, por sua vez traduzido do grego. Em 39 cânones e numa prédica final, a obra é essencialmente uma reelaboração, adaptada a um contexto eclesial diferente, da *Tradição apostólica*. Circulou independentemente e não em coletâneas mais amplas. As propostas de datação são várias, mas inclina-se hoje para a metade do século IV. Como lugar de composição, pensa-se em Alexandria ou numa localidade do Egito setentrional.

As grandes coletâneas

Como se mencionou, a partir do século IV assiste-se à formação de amplas compilações que reúnem muitos escritos preexistentes. Elas tendem a assegurar a autoridade de seu conteúdo mediante procedimentos pseudepigráficos, atribuindo o inteiro conjunto aos apóstolos, freqüentemente pela mediação de Clemente de Roma, que a tradição considerava fiel discípulo de Pedro (cf. vol. I, pp. 157-162). Citemos algumas dessas compilações.

O códice *Veronensis LV (53)* da biblioteca capitular de Verona é um palimpsesto que contém na escritura superior (século VIII) as *Sentenças* de Isidoro de Sevilha, na inferior (cerca do ano 500) duas listas consulares e fragmentos de uma coleção canônica em latim, publicados em 1900 por seu descobridor, E. Hauler. A coleção compreendia, na ordem, a *Didascalia dos apóstolos* (da qual os fragmentos conservam cerca de três oitavos), a *Constituição eclesiástica dos apóstolos* (de que resta cerca de um terço) e a *Tradição apostólica* (da qual resta pouco mais da metade). Todos os textos são traduzidos do grego. Se o manuscrito se situa em torno de 500, a compilação da coletânea deve ser anterior, seja pelo caráter do latim (século IV), seja porque muito limitadas aparecem as supressões e as integrações com vistas à atualização dos antigos documentos, as quais caracterizam as coletâneas do século V; seja porque o compilador parece ter simplesmente justaposto os documentos, renunciando a unificá-los mediante um quadro pseudepigráfico comum como já se encontra nas *Constituições apostólicas* (ver abaixo). Admite-se, por isso, uma origem da coletânea na segunda metade do século IV. F. Nau acreditou encontrar numa carta de Paulino de Nola a Rufino de Aquiléia de 408, na qual Paulino declara ter traduzido um escrito de Clemente de Roma, uma referência à presente coletânea (e não às *Pseudoclementinas*, como em geral se pensou). Nau propõe, assim, Paulino como o tradutor da coleção. Quanto ao manuscrito, deve ter sido copiado na Itália setentrional.

Estão conservadas no original grego, por outro lado, as *Constituições apostólicas*, sem dúvida a coletânea mais bem-conhecida e mais estudada. É dividida em oito livros, cujos títulos indicam como tema de cada um, respectivamente, o comportamento dos leigos (I), bispos, presbíteros e diáconos (II), as viúvas (III), os órfãos (IV), os mártires (V), os cismas (VI), a ética e a iniciação cristã (VII), carismas, eucaristia, ordenações e disciplina (VIII). Na realidade, muitos outros são os temas tratados, relativos ao conjunto dos problemas que se apresentavam no governo das igrejas. Mais importante é assinalar as fontes confluídas na compilação: três são as principais. Os primeiros seis livros constituem um remanejamento da *Didascalia dos apóstolos*; os primeiros 32 capítulos do sétimo integram e elaboram a *Didaché*; os capítulos 3-45 do oitavo retomam a *Tradição apostólica*. A essas se juntam outras fontes, de definição mais incerta. A segunda metade do livro VII é ocupada por dois formulários litúrgicos: um de origem judaica, apenas retocado em sentido cristão (caps. 33-38), o outro de origem cristã, próximo de fórmulas eucarísticas atestadas por outros documentos do século IV (caps. 39-49). Também na reelaboração da *Tradição apostólica* do oitavo livro foram inseridas fórmulas litúrgicas cristãs. Ademais, os primeiros dois capítulos do livro VIII tratam dos carismas e parecem depender de um documento anterior, posto em relação com o título *Sobre os carismas* registrado junto de *Tradição apostólica* (como primeira parte da mesma obra?) na controvertida lista das obras atribuídas a Hipólito (cf. vol. I, p. 193). No mesmo livro VIII, após a reelaboração da *Tradição apostólica*, seguida de uma conclusão (cap. 46), foram inseridos (cap. 47) os 85 *cânones apostólicos*, uma coletânea de cânones provenientes de vários concílios do século IV, a começar de Nicéia (325), sem que se saiba se a coletânea foi realizada em conexão com a compilação das *Constituições* ou se preexistia. Foram igualmente disseminadas no texto citações e alusões a numerosos outros textos, em primeiro lugar à literatura atribuída a Clemente de Roma, sobretudo à *(Primeira) carta aos Coríntios* e às *Pseudoclementinas* (aqui, pp. 288-292). Tais motivos servem, entre outras coisas, para sustentar a ficção pseudepigráfica que unifica as *Constituições*, as quais se apresentam na tradição manuscrita como *Constituições dos santos apóstolos por meio de Clemente*. Os apóstolos, aos quais se junta João, irmão do Senhor (VIII, 35.39), se exprimem diretamente ao longo da obra, tanto coletiva como individualmente. Clemente parece o compilador da normativa emanada dos apóstolos, dos quais é intérprete fiel (VI, 18, 11). Essa ambientação em época apostólica é apoiada por numerosos temas tirados de outros textos: em primeiro lugar do Novo Testamento, mas também dos *Atos de Pedro* (conflito entre o apóstolo e Simão Mago), dos *Atos de Paulo*, das notícias de Hegesipo, retomadas por Eusébio, sobre personagens e eventos da época apostólica, e assim por diante. Também a serviço da ficção operam as numerosas citações veterotestamentárias, que situam os apóstolos e as igrejas em perfeita continuidade com a tradição bíblica. Pensou-se várias vezes, no passado, que a compilação se formou em fases sucessivas, mas F. X. Funk e outros documentaram a homogeneidade das intervenções do compilador, que deve ser identificado com o interpolador da recensão longa das cartas de Inácio de Antioquia (vol. I, pp. 162-167) e com o autor de um *Comentário a Jó* ariano, composto por volta de 360. Muitas hipóteses foram emitidas para identificá-lo com um personagem conhecido, mas nenhuma se impôs. O último editor, M. Metzger, pergunta-se se não se deve falar, antes, da obra de um *atelier* especializado em falsos literários. A compilação parece situar-se na Síria, com base nos dados relativos às festas litúrgicas e na denominação dos meses do ano, e talvez mais precisamente em Antioquia, porque se pressupõe uma numerosa comunidade eclesiástica urbana, e entre as metrópoles Antioquia é nomeada antes de Alexandria. Quanto à data, os elementos relativos às grandes festas e às celebrações litúrgicas convergem para 380; a condição de criatura atribuída ao Espírito Santo induz a situar a obra ou logo antes do concílio de Constantinopla de 381 (no qual esta doutrina foi condenada) ou logo depois dele, em tal caso com intenções polêmicas.

O *Sínodo alexandrino* (também chamado às vezes *Cânones dos apóstolos*, ou *Heptateuco clementino*) existe em várias línguas, em recensões diferentes: copta sahídica, árabe (traduzida provavelmente de uma versão copta diferente da conservada), etíope (remontando a um texto copta mediante uma versão árabe, diferente da conservada). Quanto a uma versão copta boháirica, aliás muito recente, não está claro se é uma forma do *Sínodos* ou uma forma abreviada do *Octateuco clementino*. O *Sínodos* contém a *Constituição eclesiástica dos apóstolos*, a *Tradição apostólica* e uma forma remanejada do livro VIII das *Constituições apostólicas*. O original grego é, portanto, mais recente que essas últimas, provavelmente porém mais antigo que o *Octateuco clementino*, porque sua estrutura tripartite corresponde à dos textos de que tratamos até agora, mais que à do *Octateuco*, mais complexa e presumivelmente posterior. A versão árabe acrescenta outros 56 cânones. As versões conservadas não têm um quadro pseudepigráfico; as fontes são simplesmente justapostas. À origem egípcia já remete a amplíssima atestação em copta.

O *Octateuco clementino* parece a compilação mais recente. De seus oito livros, em árabe o primeiro compreende o *Testamento do Senhor*, o segundo a *Constituição eclesiástica dos apóstolos*, o terceiro a *Tradição apostólica*, o quarto um texto paralelo às *Constituições apostólicas* VIII, 1-2 (carismas), o quinto um texto paralelo às *Constituições apostólicas* 3-46, o oitavo os 85 cânones eclesiásticos; a recensão siríaca omite a *Tradição apostólica*, e para manter o número de oito livros desdobra em dois livros o *Testamento do Senhor* (como se disse acima). Dificilmente as duas versões conhecidas podem derivar uma da outra. Antes, pressupõem um original comum, certamente grego, traduzido em siríaco provavelmente — como deixa entender uma nota num manuscrito siríaco de Paris contendo fragmentos do *Octateuco* — por Tiago de Edessa em 687. Os títulos e os cólofons dos livros isolados atribuem a obra a Clemente, certamente sob a infuência das *Constituições apostólicas*, mas tal enquadramento pseudepigráfico fica aqui totalmente exterior. Antes, um princípio de pseudepigrafia orientada para a legitimação se observa na ordem dos documentos: no início situa-se o

Testamento do Senhor, que se atribui a máxima autoridade com sua pretensão de remontar diretamente a Jesus; seguem-se as disposições da *Constituição eclesiástica dos apóstolos*, atribuídas nominalmente a estes últimos; depois as que são caracterizadas nos títulos dos livros seguintes como disposições de todos os apóstolos. Se, como parece (cf. acima), o *Octateuco* é mais recente que o *Sínodo alexandrino*, sua composição andará situada na segunda metade do século V.

À complexa questão da relação recíproca dessas coletâneas os estudiosos respondem com a hipótese de uma coletânea primitiva, composta em grego no século IV e hoje perdida. Para alguns (B. Botte), tratava-se de uma "coleção tripartida", que alinhava, sem acrescentar nenhum enquadramento unificante, a *Didascalia,* a *Constituição eclesiástica dos apóstolos* e a *Tradição apostólica.* Os fragmentos de Verona representariam uma tradução fiel de tal coletânea primitiva. Outros (J.-M. Hanssens) identificam na base dos fragmentos veronenses, das *Constituições apostólicas* e do *Sínodos* uma "coletânea canônica anônima" constituída só pela *Constituição eclesiástica dos apóstolos* e pela *Tradição apostólica*; desta seriam derivadas duas linhas de compilação, uma representada pelos fragmentos de Verona e pelas *Constituições apostólicas*, em que, anterior aos dois documentos mencionados, teria sido inserida a *Didascalia*; a outra linha seria representada pelo *Sínodos alexandrino*. O problema continua aberto.

Bibliografia. *Constit. ecles. dos apóstolos:* melhor ed. do texto grego: Th. Schermann, *Die allgemeine Kirchenordnung, frühchristliche Liturgien und kirchliche Überlieferung I. Die allgemeine Kirchenordnung des zweiten Jahrhunderts,* Schöningh, Paderborn 1914, pp. 12-34 (intr. 1-11). – *Testamento do Senhor:* I. E. Rahmani, *Testamentum Domini nostri Jesu Christi,* Kirchheim, Mainz 1899, reed. Olms, Hildesheim 1968 (texto siríaco, intr., tr., estudos anexos); R. Beylot, *Le Testamentum Domini éthiopien,* Peeters, Louvain 1984. – *Cânones de Hipólito:* R.-G. Coquin, *Les Canons d'Hippolyte* (PO 31/2), Paris 1966 (ed. crítica, tr. franc., intr.). – Fragmentos de Verona: E. Tidner, *Didascaliae apostolorum, Canonum ecclesiasticorum, Traditionis apostolicae versiones latinae* (TU 75), Akademie-Verlag, Berlin 1963. – *Costituzioni apostoliche*: M. Metzger, *Les Constitutions apostoliques,* 3 vols., (SChr 320, 329, 336), Cerf, Paris 1985-1987 (ed., tr., ampla intr., notas). – *Sínodos alexandrino*: G. W. Horner, *The Statutes of the Apostles or Canones Ecclesiastici,* London 1904 (ed. do etíope e do árabe, tr. ingl. do etíope, árabe e saídico). – *Octateuco clementino*: F. Nau, *La version syriaque de l'Octateuque de Clément,* reeditado por P. Ciprotti, Milano 1967 (tr. franc., nova intr. de Ciprotti). – Estudos: B. Steimer, *Vertex Traditionis. Die Gattung der altchristlichen Kirchenordnungen,* de Gruyter, Berlin-New York 1992, examina as questões introdutivas relativas a cada um desses escritos, estuda o gênero literário e fornece atualizada bibliografia. Cf. também A. Faivre, *Ordonner la fraternité. Pouvoir d'innover et retour à l'ordre dans l'Église ancienne,* Cerf, Paris 1992.

Capítulo VIII

Desenvolvimentos da literatura apócrifa

I. CÂNON E APÓCRIFOS

No primeiro volume desta obra tratamos dos mais antigos dentre os escritos habitualmente reunidos na categoria de "apócrifos do Novo Testamento", não numa seção especial dedicada a eles, mas considerando cada um junto com escritos de gênero afim, independentemente do fato de terem se tornado canônicos ou não. Constituíram exceção os Atos apócrifos dos apóstolos, uma vez que o único texto confrontável com eles, os Atos de Lucas, exigia ser tratado junto com o evangelho do mesmo autor. Além disso, neste caso, apesar do título comum, existe uma sensível diferença de forma literária. A opção de não isolar os apócrifos se justifica — aliás, parece-nos a única efetivamente adequada — numa história da literatura cristã que quer assumir como critério os fatos literários e não a avaliação expressa posteriormente por uma tradição eclesiástica sobre a autoridade religiosa das obras em questão. Se agora, porém, nos parece legítimo consagrar um capítulo especial aos desenvolvimentos da literatura apócrifa, é porque, nos séculos a que agora nos referimos (IV-VI), as condições da produção de tais textos surgem transformadas, em primeiro lugar por causa da definição de um cânon de Escrituras cristãs. De resto, já no primeiro volume, tratando dos desenvolvimentos da literatura evangélica, constatáramos que os escritos ali incluídos acabaram por incluir-se entre os apócrifos. Para compreender a situação é necessário deter-nos nos principais aspectos do processo de constituição de um cânon de Escrituras cristãs. A Bíblia dos primeiros cristãos era a mesma do judaísmo, ao qual o cristianismo pertencia em seus primórdios; tratava-se daquele conjunto de escritos que mais tarde, para os mesmos cristãos, tornou-se o Antigo Testamento. Na época de Jesus e dos apóstolos, eram considerados escrituras sagradas os cinco livros da Torá, a Lei de Moisés e os "Profetas" (*nevi'im*), compreendendo não só os que costumamos definir de tal modo — ou seja, Isaías, Jeremias, Ezequiel (mas não Daniel) e os doze profetas "menores" —, mas também os livros "históricos" que narram o estabelecimento dos israelitas na Palestina e as vicissitudes do período da realeza: *Josué, Juízes, 1 e 2 Samuel, 1 e 2 Reis*. Esses livros eram reconhecidos como inspirados pelo menos desde o século II antes de Cristo, embora ainda no tempo das origens cristãs não se tivesse definido oficialmente um cânon. Circulavam outros livros que gozavam de autoridade, pelo menos em certos ambientes: reescrituras ou continuações de narrativas históricas, como os dois livros das *Crônicas* e diversas formas de *Esdras* e *Neemias*; poesia religiosa (*Salmos*), político-religiosa (*Salmos de Salomão*) e profana (*Cântico dos Cânticos*); romances inspirados em problemas de teologia e de vida (*Rute, Ester, Jó, José e Asenet*); revelações (*Enoch, Daniel, Jubileus*); meditações filosóficas (*Qohelet*); coletâneas de máximas de sabedoria, mais ou menos helenizadas (*Sirácida, Provérbios, Sabedoria, Ahiqar*, as *Sentenças* do Pseudo-Focílides). A autoridade reconhecida a esses e outros escritos variava segundo os grupos e as correntes do judaísmo. Um livro podia ser considerado como de altíssima autoridade num círculo extremamente restrito: os documentos de Qumran mostram que a comunidade que os produziu anexava à "Lei" de Moisés um misterioso livro HGY (ou HGW), talvez "da meditação", que considerava escrito em tabuinhas celestes, e que não sabemos se deve ser identificado com um dos escritos lá encontrados. A partir do final do século I da era cristã, os rabinos que reorganizaram o judaísmo preocuparam-se em estabelecer as obras que deviam ser consideradas divinamente inspiradas (na linguagem deles: "contaminar as mãos"). Suas opções levaram ao fechamento do cânon da Bíblia hebraica, que não é uma decisão precisamente localizável, mas um processo cuja efetiva conclusão se situa no século III.

Mas a missão cristã de língua grega, que bem depressa se tornou enorme, adotou naturalmente a versão grega da Bíblia, realizada progressivamente no judaísmo alexandrino ao longo dos três séculos anteriores a Cristo (e em pequena parte talvez um pouco mais tarde também). Era chamada Septuaginta por causa da lenda dos setenta (ou setenta e dois) tradutores que a teriam realizado, cada qual independentemente dos demais, de forma milagrosamente idêntica — lenda evidentemente destinada a enfatizar a autoridade e o caráter divinamente inspirado, e que achou sua formulação mais completa na *Carta de Aristeu a Filócrates* (composta em Alexandria, datável do século II a.C.). A Septuaginta representava um cânon mais amplo do que o que seria admitido pelos rabinos (os quais acabaram por rejeitá-la quando ela se tornou a Bíblia dos cristãos). Ela não só reunia *Esdras* e *Neemias* num "Segundo livro de Esdras", ao qual fazia preceder outra obra como "1 Esdras", mas continha uma forma diferente de *Ester* e ampliações de *Daniel*, além dos romances de *Judite* e *Tobias*, dois suplementos ao livro de *Jeremias* (*Baruc, Carta de Jeremias*), quatro livros dos *Macabeus*, a *Sabedoria de Jesus de Sirac* e o bastante helenizado livro da *Sabedoria de Salomão*, Salmos suplementares (*Odes*), uma coletânea de *Salmos de Salomão*. Alguns desses livros viriam a ser acolhidos na Vulgata (a revisão jeronimiana da Escritura: cf. aqui pp. 383-389) e permaneceriam na Bíblia católica. No século XVI, os Reformadores voltaram ao cânon rabínico, definindo como "apócrifos" os livros que extrapolavam os limites desse cânon. De fato, o cânon dos cristãos de língua grega permaneceu o da Septuaginta. De resto, nos mais antigos manuscritos (cristãos) desta versão (séculos IV-V), o número e a ordem dos livros variam, atestando exatamente as oscilações a que nos referimos (por outro lado, livros judaicos que durante muito tempo gozaram de autoridade em ambientes cristãos, como *Enoch*, nunca tiveram lugar na Septuaginta). Podemos lembrar, enfim, que a Septuaginta adotou uma ordem por gêneros literários: depois da Lei (que em grego tornou-se o Pentateuco) achavam-se os livros históricos, como *Rute* — cuja vida é situada no tempo dos juízes —, inserido precisamente após o livro dos *Juízes*, e *Ester, Judite* e *Tobias*, ambientados em época helenística, entre *Esdras* (/*Neemias*) e os *Macabeus*. A seguir, os livros poéticos e sapienciais, e por fim os profetas, com *Jeremias* seguido de seus apêndices e, concluindo, *Daniel* com suas ampliações (os contos de Susana e de Bel e o dragão).

Essa diferente composição e estrutura da Septuaginta atesta uma concepção diferente da do cânon rabínico. Em particular, a inserção dos profetas no fim e especialmente dos dois mais apocalípticos, *Ezequiel* e *Daniel*, lança a experiência histórico-religiosa de Israel numa perspectiva de abertura a expectativas de redenção num futuro próximo. Fica evidente como o cristianismo podia inserir-se facilmente nessa perspectiva: basta pensar na importância extraordinária que, nos primeiros decênios do cristianismo, assumiu o recurso aos livros proféticos — e em particular a uma leitura "apocalíptica" deles — para a fundação da cristologia. Mas, justamente na medida em que o recurso à Bíblia era necessário para a demonstração cristológica, tornava-se importante determinar quais escritos exatamente compunham o cânon das Escrituras sagradas, e a consciência das diferenças entre os cânones podia ser sentida como um problema a ser resolvido. Foi o que se esforçou por fazer Melitão de Sardes, que afirma no prefácio a suas *Éclogas* — justamente testemunhos escriturísticos sobre Jesus, das quais só nos resta uma parte do prefácio, citada por Eusébio (cf. vol. I, p. 199) — ter-se dirigido à Palestina precisamente para determinar a lista exata dos "livros do Antigo Testamento". É difícil dizer se esta expressão pressupõe o reconhecimento de uma coletânea de textos escritos cristãos como "Novo Testamento", ou se Melitão pretende referir-se aos escritos que pertencem à antiga aliança. O certo é que o processo que conduziria à definição de um Novo Testamento estava em curso, naquela época, já havia algum tempo.

Com efeito, para os primeiros cristãos a Bíblia hebraica era necessária porque constituía o horizonte de compreensão e a base de legitimação da figura de Jesus. Para anunciar Jesus como o enviado divino, era preciso mostrar que justamente os aspectos mais escandalosos de sua vida, sua rejeição por parte das autoridades israelitas e sua crucifixão, encaixavam-se no plano do Deus legível nas Escrituras. Assim, em suas pregações e em seus escritos, os cristãos se referiam correntemente às Escrituras: à Lei e aos profetas em primeiro lugar, mas também aos demais livros que consideravam dignos de autoridade. Os livros que entraram no Novo Testamento citam freqüentemente os *Salmos*, que eram patrimônio comum, mas não é raro se referirem a obras aceitas em círculos mais restritos, como *Enoch* ou o *Testamento de Moisés*. Todavia, se é verdade que as Escrituras eram usadas para legitimar a autoridade de Jesus, de fato a prioridade cabia a esta última: as palavras e o comportamento de Jesus, tais como transmitidos na tradição, serviam de critério para a vida das comunidades de seus discípulos. As palavras e as cartas dos missionários cristãos, como também os escritos que reuniam ditos de Jesus e relatos sobre ele, não gozavam de outra autoridade senão da que vinha do fato de serem, justamente, veículos do que o Mestre dissera e fizera.

Exatamente por servir para regular a vida e o culto das comunidades cristãs, essa tradição era constantemente atualizada, mediante adaptação dos textos às diferentes exigências que se apresentavam nos diversos tipos de comunidade, mediante ampliações e também mediante seleção. Ademais, também em relação com o ambiente cultural em que se difundia a mensagem cristã, o sentido e a função de Jesus como portador de salvação eram repensados dentro de categorias diferentes: o Jesus messias não era uma representação equivalente ao Jesus *soter* ou ao Jesus mestre de sabedoria ou ao Jesus revelador do conhecimento de mistérios divinos. Cada uma dessas imagens modelava a forma que em determinado ambiente era dada à tradição acerca dele. Essa acabava, assim, por diferenciar-se ao extremo. Como destacamos no primeiro capítulo do primeiro volume, já Paulo tinha uma concepção de Jesus, de sua função salvífica e de sua relação com a Lei diferente da de outros missionários cristãos, que às vezes entravam em concorrência com ele na mesma área de missão. As epístolas de Paulo permitem entrever como a forma em que era transmitida a tradição sobre Jesus era diferente nos dois casos. Essa tendência naturalmente se acentuou com o tempo, numa situação em que não havia um controle exercido sobre tal tradição por centros eclesiásticos dotados de autoridade reconhecida sobre um território amplo. Parece legítimo, portanto, falar, com H. Koester e J. M. Robinson, de "trajetórias" diversas da teologia cristã, embora nem sempre seja fácil situar nessas trajetórias os diferentes escritos das origens cristãs que chegaram até nós. Além disso, essa noção de trajetórias não deve ter implicações teológicas, como se cada uma delas tivesse sido movida por um finalismo interno e seus resultados estivessem inelutavelmente predeterminados desde o princípio. Muitos elementos atuaram no desenvolvimento de tais linhas, que freqüentemente se entrecruzam, às vezes se fundem ou se perdem, numa complicada rede de circunstâncias históricas.

Esses desenvolvimentos nas tradições teológicas, que podemos seguir fragmentariamente por meio dos textos remanescentes, não devem ser pensados independentemente das circunstâncias dos grupos que foram seus portadores. Deles, infelizmente, sabemos muito pouco, mas alguma coisa podemos vislumbrar. Aquelas que a tradição eclesiástica chamou "epístolas de João", por exemplo, dão testemunho de conflitos internos às comunidades que reivindicavam para si o legado do "discípulo predileto", e mais precisamente em torno da interpretação do documento no qual a reflexão teológica do grupo vinha fixando-se: nosso quarto evangelho; 1 e 2Jo consideram heréticos aqueles que dão, da tradição teológica comum e em particular da cristologia, uma interpretação diferente da dos autores das cartas, e 3Jo mostra como, inversamente, o autor e seus seguidores são excluídos da comunhão nas igrejas governadas por seus adversários (cf. vol. I, pp. 130-135). No final do século II, o bispo Serapião de Antioquia condena como heresia a posição de certos "docetas" de uma comunidade de sua diocese, e por conseguinte declara pseudepígrafo o *Evangelho de Pedro*, que num primeiro tempo ele próprio lhes havia permitido ler como Escritura — é um caso privilegiado em que podemos verificar que a rejeição de um livro era conseqüência da rejeição do grupo que o utilizava, até mesmo em detrimento do conteúdo doutrinal do próprio livro (cf. vol. I, pp. 118-121).

Precisamente os dois últimos exemplos dizem respeito a escritos evangélicos em que a tradição de Jesus assumira formas determinadas em relação com uma intensa reflexão cristológica e soteriológica. Outras modulações da tradição podem ser apreendidas nos evangelhos judeucristãos, no *Evangelho de Tomé*, no *Evangelho de Filipe*, nos diálogos do Ressuscitado com seus discípulos, e assim por diante (para todos esses escritos, cf. o primeiro volume desta obra). Em suma, no século II a tradição sobre Jesus se diversificara extremamente, em relação com as posições teológicas e eclesiológicas de vários grupos cristãos, que divergiam cada vez mais entre si, até produzirem conflitos, em cuja gênese os problemas disciplinares se combinavam com os doutrinais (veja-se o caso de Inácio de Antioquia e de seus adversários, sobre os quais, porém, não sabemos de que escritos se valiam: vol. I, pp. 162-166). Em geral, todas as partes em causa afirmavam remontar ao ensinamento de Jesus transmitido pelos apóstolos e por seus sucessores; a tradições secretas de ensinamentos do Ressuscitado recorriam os gnósticos do século II, mas também personagens posteriormente não considerados heréticos, como o autor da *Epístola dos apóstolos*, Papias de Hierápolis ou Clemente de Alexandria.

A concorrência de posições doutrinais e eclesiais às vezes incompatíveis, mas que pretendiam, todas, conectar-se ao ensinamento de Jesus freqüentemente por meio dos mesmos apóstolos, gerava uma situação incontrolável. Por volta de 140, Marcião tentou cortar esse nó górdio admitindo uma só leitura da doutrina de Jesus, aquela incluída nas epístolas de Paulo, mas segundo a insustentável interpretação que o próprio Marcião dava delas (cf. vol. I, pp. 247-249). De tal modo, resolvia-se radicalmente a questão da pluralidade de doutrinas e a da pluralidade de escritos que reivindicavam autoridade. À doutrina única de Marcião correspondia um conjunto limitado e uniforme de Escrituras, constituído pelo evangelho de Lucas e por dez epístolas de Paulo, evangelho e epístolas expurgados por Marcião conforme sua própria teologia. Esta exigia também o abandono da Bíblia hebraica por inteiro. A posição extremista de Marcião foi imediata e duramente combatida no seio da Igreja. Mas seus adversários, para serem eficazes, deviam ao mesmo tempo enfrentar o conjunto dos problemas que haviam produzido a resposta marcionita. Em primeiro lugar, a questão de pôr limites à diversidade de posições teológicas e de escritos que as autorizavam. Basta recordar que o *Syntagma* de Justino Mártir, composto já durante a vida de Marcião, pelo pouco que dele sabemos parece ter tematizado o problema geral da heresia na Igreja justamente a partir do choque produzido por Marcião; e sobretudo que a grande obra de Ireneu de Lião contra as heresias, dirigida principalmente contra gnósticos e marcionitas, define o espaço da ortodoxia também em oposição a judeu-cristãos e encratitas, e argumenta com base num preciso grupo de textos "apostólicos", excluindo explicitamente uma série de outros. Tanto Justino como Ireneu, ademais, asseguram (junto com outros, naturalmente) a pertinência da Bíblia hebraica à Igreja cristã, definindo ao mesmo tempo seu *status* em relação com a revelação de Jesus. De fato, com a obra de Ireneu (por volta de 180-190), o cânon do Novo Testamento já é quase igual ao que será fixado a seguir, embora as listas de livros canônicos e apócrifos só apareçam mais tarde, com o século IV. O *Cânon de Muratori* (vol. I, p. 436), que deve ser situado com toda probabilidade por volta de 200, de fato não é uma simples lista, mas uma espécie de "introdução" ainda preocupada em discutir as circunstâncias de origem dos vários textos para documentar-lhes a autoridade ou, inversamente, a inaceitabilidade.

Não se pode falar de fixação definitiva do cânon do Novo Testamento senão no final do século IV, porque até esta época permanecerão oscilações. De modo particular, o Apocalipse de João será muito contestado no Oriente, sobretudo por causa de seu milenarismo, enquanto no Ocidente é a epístola aos Hebreus que terá dificuldades em se fazer aceitar como obra de Paulo. As listas em que Eusébio de Cesaréia classifica os livros aceitos por todas as igrejas (*homologoumena*), os rejeitados por todos e os contestados (*antilegoumena*) atestam que no Oriente, por volta de 325, não só havia acordo mas também que os critérios permaneciam em parte confusos (*História eclesiástica* III, 25, 1-7). Ademais, os livros excluídos do cânon são para ele em parte ortodoxos (*nothoi*), em parte invenções de hereges. Durante o século IV, as listas de livros canônicos se multiplicam no Oriente e no Ocidente, seja na obra de teólogos (Cirilo de Jerusalém, Atanásio de Alexandria, Gregório de Nazianzo, Epifânio de Salamina,

Anfilóquio de Icônio; Hilário de Poitiers, Filástrio de Bréscia, Rufino de Aquiléia, Jerônimo...), seja sob a forma de listas anônimas recopiadas em manuscritos bíblicos, como a do códice Claromontano (século VI), que poderia remontar a um cânon compilado em Alexandria por volta de 300; seja sob forma de decisões conciliares, como no cânon 60 do concílio de Laodicéia de 363 ou no cânon 24 do terceiro sínodo de Cartago de 397; seja, enfim, em compilações de normativa eclesiástica, como no último dos 85 cânones anexos às *Constituições apostólicas* do final do século IV.

Importante é também a lista de livros acolhidos e rejeitados contida no *Decreto Gelasiano*, que na verdade não é creditado ao papa Gelásio (492-496; alguns manuscritos atribuem-no a outros papas), mas parece ser um documento privado composto na Itália ou na Gália meridional no início do século VI. De resto, nenhuma lista canônica pretendeu ter valor definitivo e vinculante para a Igreja universal antes do decreto *De canonicis scripturis* do concílio de Trento, emanado em 8 de abril de 1546.

O processo de constituição do cânon implicou obviamente a exclusão de textos cuja fidelidade à autêntica tradição apostólica não foi reconhecida pela "grande Igreja". Contra os muitos que recorriam a tradições transmitidas secretamente a partir de determinados apóstolos, às quais já nos referimos, fez-se valer a tradição pública, da qual se afirmou que era levada pela sucessão dos bispos nas diversas igrejas, remontando, de maneira direta ou indireta, a instituições da parte de apóstolos. Construía-se, assim, a ligação entre sucessão episcopal e ortodoxia que determinaria a história posterior da Igreja. Ora, onde se recorria a tradições secretas dos apóstolos, os escritos que pretendiam contê-las podiam ser qualificados positivamente como apócrifos, "escondidos", isto é, secretos, reservados a um círculo de iniciados: pense-se no *Apócrifo de João* ou nos dois "apócrifos" contendo revelações de Tiago, a que remete a *Epístola de Tiago* encontrada em Nag Hammadi. Os polemistas "ortodoxos", que opuseram aos grupos gnósticos a tradição pública, desvalorizaram naturalmente o termo "apócrifo", fazendo dele um sinônimo de "falso" (Ireneu, *Contra as heresias* I, 20, 1; Tertuliano, *A pudicícia* 10, 12), se bem que em Orígenes ainda se encontre uma conotação mais neutra (*Carta a Júlio Africano* 9; *Com. a Mateus* X, 18 etc.). Especialmente em conexão com os esforços de fixação do cânon, os apócrifos foram associados cada vez mais à heresia e considerados secundários e desviantes diante da pureza das origens representada pela pregação e pelos escritos dos apóstolos: assim em Atanásio (*Carta festal* 39 de 367), Jerônimo (*Com. a Isaías* 17), Agostinho (*Contra Fausto* XI, 2), no *Decreto Gelasiano* e assim por diante.

Nesses casos, o critério para definir os apócrifos é o reconhecimento eclesiástico, e não a forma literária ou o conteúdo. Diferentes são os critérios empregados pelos estudiosos modernos que, a partir do século XVI, e mais intensamente do XVIII, tentaram delimitar o campo dos apócrifos. A tendência dominante até recentemente é sintetizada na definição proposta em 1959 por W. Schneemelcher: "escritos não acolhidos no cânon, mas que, mediante o título ou outros enunciados, avançam a pretensão de possuir um valor equivalente aos escritos do cânon, e que do ponto de vista da história das formas prolongam e desenvolvem os gêneros criados e acolhidos no Novo Testamento". Mas essa definição foi criticada por E. Junod pelo estreito vínculo instituído por ela entre apócrifos e cânon e pela conseguinte limitação cronológica da produção de apócrifos (até o século III). O mesmo Junod está propenso, mais que a uma definição, a uma descrição dos caracteres fundamentais da literatura apócrifa cristã (termo a ser preferido a "apócrifos do Novo Testamento"): a evocação de figuras ou eventos das origens cristãs, de maneira bastante diferente de um texto a outro; a complexa e desordenada tradição do texto, não protegido pela autoridade canônica, mas disponível para modificações e reescrituras; a impossibilidade de agrupar esses textos, anônimos, por época, lugar, teologia, gênero literário. De fato, essa descrição não resolve todos os problemas: por exemplo, embora consideremos insegura a prática tradicional (que remonta ao século XIX) de agrupar os apócrifos num *corpus* organizado segundo os gêneros literários do Novo Testamento, parece difícil prescindir, para determinar o que é um apócrifo, de considerações de gênero literário. Todavia, a descrição de Junod nos parece até o momento a mais válida. Retomaremos a questão no final deste capítulo.

Diante das cômodas coletâneas de "Apócrifos do Novo Testamento" em circulação, o leitor deve recordar que se trata de *corpora* artificiais, devidos aos estudiosos modernos e aos critérios de escolha por eles elaborados, os quais só em pequena parte coincidem com os que inspiraram as listas eclesiásticas de apócrifos mencionadas acima. Listas e coletâneas reuniram obras nascidas em contextos muito diferentes e com diversas intenções. Na realidade, não se compreende um apócrifo em relação aos outros escritos do *corpus* apócrifo, mas em relação aos outros antigos textos cristãos, apócrifos ou não, que se referem à mesma situação histórica e aos mesmos conjuntos de idéias. Foi isso o que tentamos fazer com os mais antigos apócrifos cristãos no primeiro volume. Todavia, já nele recolhemos em capítulos especiais grupos de escritos de gênero afim, que se tornaram apócrifos, como no caso dos Atos apócrifos dos apóstolos. Isso se fez necessário pelo fato de que logo se desenvolveram gêneros literários nos quais a matéria era fornecida por personagens e acontecimentos das origens cristãs (Maria, José, Jesus, os discípulos) e que por razões teológicas, litúrgicas, devocionais se prolongaram através dos séculos, produzindo reescrituras e transformações do mesmo material. Nesses casos, a afinidade de forma e as relações intertextuais autorizam então efetivamente agrupar tais textos do ponto de vista da história da literatura. Numa época em que — a partir dos séculos III-IV — o cânon neotestamentário de fato já se fechou, tais escritos podem inspirar-se em determinados elementos canônicos, mas se situam conscientemente fora do cânon e no âmbito de uma tradição literária própria, na qual os novos reescrevem variadamente os antigos.

A maior parte de tais obras deixa-se distribuir em algumas grandes linhas, segundo os personagens e as circunstâncias narradas. Algumas dessas linhas tiveram início bem cedo e prolongaram-se no tempo: por exemplo, os Atos apócrifos dos apóstolos, que já tivemos de agrupar desde o início no século II como representantes de um gênero bem-delimitado e caracterizado por intensas relações intertextuais internas. Tal é também o caso dos relatos relativos à infância de Maria e de Jesus, que até a Idade Média se caracterizaram largamente como combinações e reelaborações dos textos do século II. Outras linhas, como os colóquios do Ressuscitado com os discípulos, se esgotam bem depressa, ou melhor, na medida em que sobreviveram, modificaram sua função: de textos em que a cristologia desempenha uma função importante eles se tornaram quase exclusivamente escatológico-apocalípticos. Outros ainda, como a descida de Cristo aos infernos, se encaixaram em relatos da Paixão, mas adquiriram um rico desenvolvimento autônomo a partir pelo menos do século IV. A difusão do culto mariano se acompanhou de uma vívida literatura sobre a dormição e a assunção da Virgem, que se combinará depois, a partir, no mais tardar, do século VII, com aquela sobre a infância de Maria para formar o gênero das vidas da Virgem. Transformando aquela que, na forma primitiva do *Apocalipse de Pedro*, era uma descrição das penas posteriores ao juízo final, desenvolve-se uma literatura de apocalipses como viagens no além para contemplar inferno e paraíso; mas se escrevem também apocalipses dedicados aos eventos dos últimos tempos do mundo. A seguir nos referiremos às mais significativas obras dos séculos IV-VI em relação com os diversos gêneros e temáticas.

II. GÊNEROS E OBRAS DA LITERATURA APÓCRIFA

1. Tradição sobre Jesus e Maria

a) Nascimento e infância

Não há muito o que dizer, nos séculos IV-VI, sobre os desenvolvimentos dos textos concernentes ao nascimento e à infância tanto de Maria como de Jesus. No volume I examinamos dois textos do século II: a *Natividade de Maria* ou *Proto-evangelho de Tiago*, que se inicia com a concepção de Maria por Ana e termina com o massacre dos inocentes; e a *Infância do Senhor Jesus*, compilação de prodígios realizados pelo menino divino. É natural que se manifestasse a tendência a reunir essas duas séries narrativas, integrando a elas, ao mesmo tempo, de maneira ainda mais orgânica que na *Natividade de Maria*, os dados dos relatos da infância de Mateus e Lucas, agora universalmente reconhecidos como canônicos. Obtinha-se assim uma narrativa em que os relatos canônicos da natividade — que em Mateus e Lucas ficam, se não teologicamente, ao menos narrativamente um tanto isolados — eram inseridos num conjunto narrativo contínuo que ia desde o nascimento de Maria até o limiar do ministério público de Jesus. Ademais, contrariamente aos textos canônicos, "congelados" por sua própria autoridade, esses relatos eram ilimitadamente passíveis de ampliações, e o caráter particularmente maravilhoso dos evangelhos canônicos da infância se prestava à adição de desdobramentos posteriores cada vez mais fabulosos, sem que estes últimos escandalizassem uma consciência "ortodoxa". As ampliações constituíam em parte a transposição narrativa de reflexões teológicas; em parte serviam à liturgia, à devoção (sobretudo mariana) ou a nobilitar determinados lugares santos (recorde-se o desenvolvimento das peregrinações aos lugares santos, sobretudo a partir do século IV); em parte provinham do prazer de narrar. Naturalmente, tendia-se a deixar de fora os elementos que, com o passar do tempo, pareciam chocantes do ponto de vista dogmático ou moral.

Tínhamos observado, a propósito dos relatos do século II (cf. vol. I, p. 220), que neles os episódios relativos ao nascimento de Jesus — que nos evangelhos tornados canônicos só têm sentido em referência ao corpo principal do texto, à narração do ministério de Jesus e de sua Paixão, morte e ressurreição — adquirem autonomia. Contudo, tínhamos constatado também que os desenvolvimentos narrativos sobre o nascimento e a infância de Maria conservavam claramente na *Natividade de Maria* a referência a uma questão cristológica realmente debatida: o conflito sobre o nascimento de Jesus de uma virgem. Também a *Infância do Senhor Jesus*, mesmo sujeita a expandir-se rapidamente com acréscimos de todo gênero, desenvolve-se a partir de um núcleo de episódios atestados no século II, de forte densidade cristológica. No século II tais relatos não parecem ainda se propor principalmente como complemento de uma "história de Jesus". Suas reescrituras sucessivas, ao contrário, se orientam decididamente nessa direção. Mais que os fragmentos contidos nos evangelhos canônicos sobre a infância, elas resultam eficazes para explicar aos crentes a primeira parte da vida do Salvador onde haja interesse numa "biografia de Jesus" (como acontecerá, por exemplo, na Idade Média com a *Legenda aurea* de Jacopo da Varazze, morto em 1298). Apesar da inclusão dos apócrifos do nascimento e infância de Jesus nas listas dos apócrifos a evitar (por exemplo, no *Decreto Gelasiano*), a fortuna desses escritos, em sucessivas adaptações, foi larga e duradoura.

No período considerado no presente volume, tais relatos se desenvolveram e se diferenciaram progressivamente. O que nos resta de homilética mariana dos séculos V e seguintes permite apreender o sucesso de temas apócrifos. Todavia, os numerosos textos evangélicos da infância que possuímos parecem, na forma atual, todos posteriores. Grande influência teve no Ocidente medieval o latino *Evangelho do Pseudo-Mateus*, assim chamado por Konstantin von Tischendorf, autor da edição crítica (hoje, aliás, em via de reelaboração por causa da enorme ampliação da base manuscrita). Este livro é precedido, numa parte do manuscrito, de um proêmio em forma de correspondência entre os bispos Cromácio de Aquiléia e Heliodoro de Altino, de um lado, e Jerônimo, de outro. Para enfrentar a difusão das fábulas apócrifas e heréticas, os primeiros pedem ao segundo — e este aceita — que traduza do hebraico o relato autêntico, redigido pelo evangelista Mateus, do nascimento de Maria e da infância de Jesus. Naturalmente, essa correspondência é ela mesma apócrifa (seu ponto de partida é uma tradução efetivamente feita por Jerônimo a pedido dos dois bispos), e representa um modo característico de credenciar um apócrifo apresentando-o como antídoto autêntico a apócrifos — método, aliás, bastante antigo no cristianismo, sendo o primeiro exemplo constituído por 2Ts 2,2. O apelo a Jerônimo tem sua ironia, dado que justamente esse escritor investira contra os "delírios" dos apócrifos do nascimento de Jesus (*Contra Elvídio* 8; 15). Mas talvez exatamente a consciência desse fato tenha servido para dar credibilidade ao texto em questão. Por outro lado, alguns manuscritos têm, no lugar dessa correspondência, um prólogo em que Tiago, o irmão de Jesus, se declara o autor. Essa forma, que transforma em prólogo o epílogo da *Natividade de Maria*, é decerto mais antiga do que a que se vale de Mateus, chamando Jerônimo em campo, uma autoridade em matéria de tradução de textos sagrados do hebraico. Dos 42 capítulos em que é dividido o texto editado por Tischendorf, os primeiros 17 são uma reescritura da *Natividade de Maria*, na qual é omitido tudo o que diz respeito a João Batista e à sua família; os capítulos 18-24 narram os prodígios da fuga para o Egito, tema canônico ausente na *Natividade de Maria*, mas que era necessário retomar para ligar-se com a infância de Jesus e que, ademais, com sua ambientação exótica, bem se prestava a desdobramentos narrativos fabulosos. O capítulo 25 repete Mt 2,19-20 (retorno do Egito), e os capítulos 26-42, ambientados na Galiléia, retomam episódios do ciclo da *Infância do Senhor Jesus*. Por outro lado, a forma do texto publicada por Tischendorf não passa de uma das atestadas pela tradição manuscrita — outras ampliam mais ainda. A datação do escrito constitui um problema: uma reescritura latina abreviada e "normalizada" nas partes coincidentes com o relato canônico, a qual vai até o nascimento de Jesus (e foi diretamente retomada, entre outros, por Jacopo da Varazze, adquirindo assim larga influência), o *Liber de nativitate Mariae*, composto por Pascásio Radberto entre 846 e 849, estabelece o termo *ante quem*, mas para o resto os estudiosos hesitam entre os séculos V-VI e os inícios do IX, e parece difícil que o livro seja anterior ao VII.

Os três ciclos (Maria do nascimento ao parto; fuga para o Egito; infância de Jesus em Nazaré) acham-se unidos em evangelhos transmitidos em línguas orientais, que escapam, tanto geográfica como cronologicamente, de nosso escopo, embora em certos casos possam ter tido modelos gregos. É o caso do prolixo *Evangelho da infância armênio*, elaboração recente (século XII?) e particularmente fabulosa da versão armênia de um apócrifo siríaco sobre a infância do Senhor, que sabemos realizada depois de 590. Por seu turno, inicia-se com o nascimento de Jesus o *Evangelho da infância árabe*, de fato uma versão de uma redação siríaca perdida, a qual pode remontar ao século VI/VII. Este amplia consideravelmente o repertório de milagres de Jesus no Egito e depois do retorno a Belém (*sic*), sublinhando a mediação de Maria. Em dois dialetos coptas e em árabe conserva-se a *História do carpinteiro José*, sobre a qual não fica claro se era um original grego; a forma mais antiga poderia remontar ao século VI e está ligada à evolução da festa de São José. Ali se imagina que o próprio Jesus conta aos discípulos a vida, e sobretudo a morte, de José. Interessante, enfim, é o relato, em grego, de uma disputa entre judeus, cristãos e pagãos na corte persa dos sassânidas, no curso da qual são evocados os oráculos e os prodígios que induziram os magos a empreender a viagem até Belém. A obra seria do século V ou VI e, segundo seu editor, E. Bratke, poderia basear-se numa fonte da segunda metade do século IV.

b) Paixão e descida aos infernos de Jesus

A outra grande catalisação de material narrativo apócrifo "evangélico" situa-se na extremidade oposta da vida de Jesus, em torno da Paixão e do período intermediário entre morte e ressurreição. Justino Mártir remetera na *I Apologia* (35, 9; 48, 3) a atas do processo e da execução de Jesus, mandadas redigir por Pilatos. Mas é difícil pensar que ele tivesse efetiva notícia de um documento do gênero, e menos ainda acesso a esse documento, enquanto o contexto de Justino apresenta elementos de um relato da Paixão construído sobre *testimonia* bíblicos e afim ao do *Evangelho de Pedro*. Por sua parte, Tertuliano (*Apologético* 21) alude a um relatório de Pilatos a Tibério sobre os milagres e a paixão de Jesus. Possuímos de fato um documento similar (*Anaphora Pilati;* cf. adiante, p. 279), porém muito mais recente (século VII?), como também uma carta de Pilatos a Cláudio, que põe a paixão de Jesus sob este imperador, detalhe já atestado por Ireneu. Temos também diversas recensões de *Atos de Pilatos,* que se apresentam justamente como o relato, redigido por testemunhas oculares, do processo de Jesus. Em ambos os casos, não se trata de documentos já conhecidos por Justino e Tertuliano, mas antes de fabricações posteriores que podem também ter se inspirado nas palavras daqueles escritores. Eusébio de Cesaréia (*História eclesiástica* I, 9; IX, 5, 1) menciona *Atos de Pilatos* anticristãos, forjados no contexto da perseguição de Maximino Daia (311-312). Foi talvez em reação a estes que nasceram as primeiras versões dos *Atos de Pilatos* cristãos, aos quais alude Epifânio em 375-376 (*Panarion* 50, 1).

Os problemas complexos levantados seja pela tradição textual, seja pela composição literária dos *Atos de Pilatos* tornam longo e difícil o trabalho de nova edição crítica em curso. Com efeito, as duas ordens de questão se entrecruzam, fazendo dos *Atos de Pilatos* um exemplo notável de como a transmissão do texto dos apócrifos pode levar ao questionamento do próprio conceito de "obra", na medida em que combinações e transformações geram nas várias línguas e nos diferentes manuscritos numerosas formas textuais das quais se apreende o parentesco recíproco, mas em relação às quais torna-se extremamente difícil definir uma como mais antiga ou mais confiável com respeito às demais. Está-se diante de um tipo de tradição literária cujas realizações textuais (formas de texto concretamente representadas nos manuscritos) se modificam progressivamente cada vez mais, a tal ponto que o editor da entidade "Atos de Pilatos" se vê em dificuldades até mesmo diante da tarefa de estabelecer quais delas lhe pertencem. O problema é freqüente na literatura apócrifa (veja-se já a tradição sobre o ciclo nascimento de Maria — infância de Jesus; ou o caso do *Apocalipse de Paulo*, mais abaixo), mas nos *Atos de Pilatos* ele assume dimensões particularmente impressionantes.

Na expectativa dos resultados da nova edição crítica, devemos nos basear ainda na velha edição de Tischendorf, bem como em edições mais recentes de manuscritos isolados. Bastará recordar aqui que em grego existem duas recensões dos *Atos*. A chamada A se abre com um breve prólogo que data a paixão de Jesus e declara que a narração a seguir foi redigida em hebraico por Nicodemos. Seguem-se — em 16 capítulos nas edições modernas — a narração das acusações levantadas contra Jesus pelos judeus junto a Pilatos; a convocação de Jesus por Pilatos e seu triunfal ingresso no pretório enquanto os estandartes romanos se dobram para adorá-lo; o debate diante de Pilatos, as intervenções de Nicodemos e dos curados por milagre em favor de Jesus; a condenação pronunciada por Pilatos apesar de sua convicção da inocência de Jesus; a crucifixão e a morte de Jesus; o desaparecimento de José de Arimatéia depois de ter sido aprisionado pelos judeus por sua tomada de posição a favor de Jesus; reaparecendo mais tarde, José testemunha ter visto Jesus ressuscitado; enfim, o debate entre os próprios judeus, que permanecem incertos sobre os testemunhos relativos à ressurreição e ascensão de Jesus e sobre o sentido dos acontecimentos. Em outra recensão grega (B), a uma forma sensivelmente diferente do mesmo relato segue-se (caps. 17-27) uma narração da descida de Jesus aos infernos, feita aos judeus pelos dois filhos do velho Simeão que segurara Jesus menino nos braços (Lc 2,25-35), mortos há pouco e libertos dos infernos por Jesus. Eles narram como uma luz resplandeceu na morada dos mortos e fez rejubilar os patriarcas, os profetas e João Batista, que a haviam anunciado; da mesma forma Seth, que evoca a promessa do óleo de misericórdia que teria curado Adão pecador. Satanás e o Inferno personificado dialogam sobre Jesus que, morto, está para chegar, e sobre a previsível impossibilidade de mantê-lo preso, ele que tão poderosamente se opusera à ação do diabo durante a vida. De fato, Jesus chega derrubando as portas dos infernos, acorrenta Satanás deixando-o na custódia do próprio Inferno, e conduz consigo ao paraíso Adão, profetas e santos, bem como o bom ladrão. Em latim, conhecem-se três formas do texto. Um palimpsesto de Viena do século V conserva fragmentos daquela que parece uma tradução do texto grego A; não parece que contivesse a descida aos infernos. Esta última, por seu turno, se encontra — numa forma similar à do grego B — na assim chamada recensão latina A, enquanto uma recensão latina B contém uma versão da descida um tanto diferente.

O grego A parece representar a forma mais antiga acessível e foi traduzido, além do latim, em siríaco, copta, armênio, georgiano; em antigo eslavo se encontram as versões com e sem *descensus*. Na Idade Média foram efetuadas versões em várias línguas européias. A pretensa composição por parte de Nicodemos gerou o título *Evangelho de Nicodemos*, atestado a partir da Idade Média. Em outro prólogo, atestado só numa parte da tradição, um certo Enéias declara ter encontrado os autos do processo de Jesus e tê-los traduzido em grego; o uso de latinismos tirados da obra de João Lido sobre as magistraturas romanas, dos anos 552-554, obriga a situar depois dessa data a composição da primeira parte. Sem dúvida, esta era, na origem, independente da segunda, a qual, por sua vez, não é atestada autonomamente, o que não exclui que possa ter tido uma existência independente antes de ser anexada à outra. Elementos de crítica interna e externa (tradição manuscrita) sugerem que, no interior da primeira parte, os capítulos 1-11 tenham formado uma unidade mais antiga. Naturalmente não se deve confundir a questão da data de composição dos textos com a da datação das tradições neles contidas. Os capítulos 1-16 põem na boca dos judeus acusações de ilegitimidade e de magia contra Jesus, atestadas ao menos desde o século II em fontes cristãs (só mais tarde em fontes hebraicas, onde se perpetuaram por séculos). É difícil, porém, dizer se a composição do texto estaria ligada a um real contexto de polêmica entre cristãos e judeus, ou se seria antes destinada a um uso interno em comunidades cristãs (também em relação com a liturgia da Paixão?). Quanto à segunda parte, a doutrina da descida de Cristo aos infernos entre a morte e a ressurreição desenvolveu-se, sem dúvida, na primeira metade do século II, como resposta ao problema da maneira como a eficácia salvífica da morte e ressurreição de Jesus se aplicava aos justos mortos antes dele. Mas isso não esclarece a data de composição do texto que encontramos ligado aos *Atos de Pilatos*.

O ciclo da paixão, morte, descida aos infernos, ressurreição encontrou múltiplos desenvolvimentos narrativos, até entrada a Idade Média. Nos limites lingüísticos e cronológicos do presente volume, devemos evocar ao menos as *Questões de Bartolomeu*, compostas, sem dúvida, em grego e chegadas até nós em recensões gregas (2), latinas (2), eslava, e de difícil reconstrução por causa do estado incompleto ou corrompido dos manuscritos. O título só convém propriamente à parte inicial, na qual, por ocasião de uma aparição do Cristo ressuscitado aos discípulos reunidos, Bartolomeu o interroga sobre sua descida aos infernos (que aqui ocorre diretamente da cruz) com a libertação de Adão e dos justos, bem como sobre a condição do paraíso. Num segundo episódio, Maria narra aos discípulos as circunstâncias em que concebera Jesus. Num episódio posterior, o Ressuscitado concede aos apóstolos que vejam o diabo, e a Bartolomeu que o pise e o interrogue sobre os modos de sua atividade e sobre sua inicial queda do céu. Na forma atual, este escrito não parece anterior ao século V, mas muitos estudiosos admitem uma forma antiga do III. Qualquer que seja a época de composição, ele contém tradições judeucristãs antigas. Adota a forma literária dos colóquios do Ressuscitado com seus discípulos para comunicar revelações sobre realidades sobrenaturais, sejam essas o paraíso ou a condição do diabo. Totalmente acessória é a menção do juízo final; a atenção se concentra no Além no presente, e no destino individual. Um desenvolvimento análogo constataremos mais abaixo nos apocalipses com viagem ao Além, embora as duas temáticas se encontrem depois reunidas em alguns dos apocalipses (mais recentes) de Esdras. Por outro lado, as circunstâncias da concepção de Jesus — narradas pelo Ressuscitado mesmo na *Epístula dos apóstolos*, antigo exemplo nãognóstico de diálogo do Ressuscitado — são aqui relatadas por Maria, reunida com os apóstolos depois da ressurreição e ascensão de Jesus. Este enquadramento narrativo se aproxima do gênero da dormição de Maria, do qual falaremos a seguir.

Um evangelho de Bartolomeu mencionado por Jerônimo (*Com. a Mateus*, prólogo) e pelo *Decreto Gelasiano* não parece corresponder a nenhum escrito que realmente tenha existido. Revelações feitas a Bartolomeu sobre a descida de Cristo aos infernos e sobre a salvação dos antigos justos, sempre em relação com o grupo formado pelos apóstolos e Maria, se acham nos vários textos coptas mais ou menos fragmentários que remontam ao *Livro da ressurreição de Cristo do apóstolo Bartolomeu*, que por causa de sua língua não nos diz respeito aqui. Pela mesma razão, não nos deteremos no *Evangelho de Gamaliel*, composto sem dúvida (talvez no século VI) em copta, língua na qual porém só subsistem fragmentos, e conservado em recensões árabes e sobretudo em etíope — centrado na figura de Maria, relata os episódios da paixão e da ressurreição de Jesus.

273

c) Trânsito (ou Dormição) de Maria

Nas obras até agora mencionadas vimos como se dedica certa atenção — particularmente desenvolvida em algumas delas — à figura de Maria e à sua relação com os apóstolos depois da ressurreição de Jesus. O fim de sua existência terrena torna-se o tema de uma complexa literatura cujos textos são intitulados antigamente *Trânsito de Maria*, ou *Dormição* (*Koimêsis*), mais tarde (a partir do século VIII) *Assunção*. O interesse pelo destino de Maria acentuou-se com a devoção a ela dirigida, em particular depois do concílio de Éfeso de 431 em que o apelativo *theotokos* foi oficialmente acolhido. O imperador bizantino Maurício (582-602) instituiu em 15 de agosto a festa da dormição de Maria, acolhida em Roma no final do século VII. Muitos dos textos de que nos ocupamos aqui foram utilizados, ou compostos, para a liturgia da festa, como alguns declaram explicitamente. Segundo o Novo Testamento (Jo 19,27), Maria fora acolhida pelo discípulo predileto, identificado pela tradição eclesiástica com o apóstolo João, mas a Bíblia não dizia nada de sua sorte posterior. Epifânio de Salamina (*Panarion* 78, 11) atesta que muitos recusavam atribuir a Maria uma morte comum, e outros a corrupção do corpo no sepulcro. Ele recusa tomar posição. Os escritos sobre o trânsito da Virgem situam-se nessa linha, com soluções diversas. A mais antiga parece aquela pela qual com a morte de Maria sua alma foi transportada para o céu, e seu corpo, deposto pelos apóstolos num sepulcro, é levado ao paraíso terrestre para ali aguardar, incorrupto, a ressurreição final. Mais tarde, porém, descreveu-se a ressurreição de Maria do sepulcro e sua posterior transferência para o céu; veiculada por um texto bastante influente, o do Pseudo-Melitão, essa idéia contribuiu para a já mencionada substituição, na Igreja romana do final do século VIII, do conceito de dormição pelo de assunção, e ao sucessivo desenvolvimento da teologia mariana, culminando no dogma da assunção de Maria ao céu em corpo e alma, proclamado pela Igreja católica romana em 1950.

Os numerosos escritos, em várias línguas, pertencentes a esta literatura apresentam evidentes traços comuns, mas também notáveis variantes, o que torna difícil remontar a uma espécie de arquétipo da tradição. A enorme influência do tema sobre a homilética faz com que uma parte dos textos em questão se apresente justamente sob a forma de homilias. Novos textos, sobretudo em línguas orientais, continuam a ser identificados e publicados, enquanto os gregos e latinos editados criticamente já no século XIX (em particular o Pseudo-João) precisam de novas edições, por causa do grande número de novos manuscritos encontrados mais tarde e dos novos conhecimentos relativos à história da tradição dessa literatura. Admite-se amplamente que o *Livro do repouso de Maria*, que nos chegou em versão etíope (imediata ou mediata) de um original grego, ateste o estado mais antigo atualmente acessível. A ele correspondem, entre outros, alguns fragmentos siríacos, contidos em parte num manuscrito do século V-VI. Essa forma da obra remonta portanto, no mais tardar, àquela época.

Por causa dessa posição privilegiada de testemunha do texto antigo, resumiremos aqui brevemente tal escrito, que em si mesmo escapa de nosso âmbito. O anúncio de sua dormição próxima, Maria recebe-o do Grande Anjo, que lhe entrega um livro e lhe anuncia uma próxima aparição no monte das Oliveiras. Nessa aparição, ele se lhe revela como o próprio Cristo e evoca o episódio (atestado também alhures) da palmeira que se dobrou para alimentar a Sagrada Família durante a fuga para o Egito e, por recompensa, foi transferida ao paraíso. O mesmo longo discurso prossegue com uma parábola-visão contra os que pregam, mas não fazem penitência, e com uma lenda sobre os ossos do patriarca José, bem como com a revelação do nome do próprio anjo: Misericordioso. Voltando para casa, Maria ora, depois anuncia aos parentes sua partida próxima e lhes pede que mantenham lamparinas acesas por três dias. Em tal contexto, ela evoca a contenda do anjo da justiça e do anjo do pecado pela posse da alma do moribundo, motivo de antiga tradição judaica. Chegam João, que partira para anunciar o evangelho, e em seguida os demais apóstolos. Cada um em seu longínquo lugar de missão foi prodigiosamente avisado e transportado à casa de Maria em Jerusalém. Com eles está também Paulo. Transcorrem a noite em pia conversação, junto com as virgens que acodem a Maria, sob a direção de Pedro, o qual narra uma parábola sobre o valor da virgindade. Ao alvorecer, chega Cristo com os anjos, toma a alma de Maria e a confia a Miguel. Os apóstolos conduzem o corpo à sepultura; os sumos sacerdotes judeus atacam o féretro, mas são massacrados pelos anjos, enquanto um deles que consegue tocar o leito de Maria tem sua mão paralisada, permanecendo preso ao féretro, e só uma vez convertido é curado. Enquanto esperam junto ao sepulcro que o Senhor venha tomar o corpo de Maria, os apóstolos discutem com Paulo, que pede para ser instruído nos mistérios a eles revelados, e narra uma história de Salomão e de um demônio. Têm em seguida uma discussão sobre o jejum. Chega o Senhor com Miguel, aprova o parecer de Paulo, depois manda os anjos levarem o corpo de Maria ao paraíso terrestre, no qual também os apóstolos são admitidos. Em resposta a um pedido deles, os apóstolos e Maria podem ver as penas infernais; a intercessão de Maria obtém para os condenados um descanso a cada domingo. Passam em seguida ao paraíso terrestre. Mas Paulo, para ser plenamente admitido no nível dos demais, deve vencer primeiro uma luta com o demônio, que se realiza na perseguição à qual ele e Pedro são submetidos pelo "rei de Roma", Paragmos. Vencida com sucesso a prova, os apóstolos se encontram com Maria no paraíso, de onde, após outras revelações, são mandados de volta à terra.

Nesse escrito prolixo, nem tudo remonta decerto à forma antiga do *Trânsito de Maria*. Em particular, o longo episódio da prova de Paulo, atestado em árabe independentemente do *Trânsito de Maria*, deve ser acréscimo posterior, mas não próprio da tradição etíope, porque o encontramos no *Testamento de Maria* em gaélico (antigo irlandês). Por outro lado, trata-se de uma obra de gênero literário bizarramente compósito. A dormição e a translação de Maria, embora sendo núcleo central, representam ao mesmo tempo a moldura em que se inserem materiais próprios dos evangelhos da infância (lenda da palmeira, caps. 4-9); parábolas com sua interpretação, mais ou menos inspiradas em modelos evangélicos (as árvores e os vermes, caps. 19-23; os dois servos, caps. 61-65); materiais da *haggadah* hebraica (história de Raquel e da morte dos primogênitos no Egito, caps. 26-30; os ossos de José, caps. 32-34; o juízo de Salomão, caps. 80-83; também a questão sobre a luz do sol, cap. 136); questões de moral e disciplina eclesial (o jejum, caps. 85-88); novelística típica dos atos apócrifos de apóstolos (a luta de Pedro e Paulo com o demônio, caps. 104-131; também as circunstâncias em que cada apóstolo se encontrava no momento de partir para a casa de Maria, cap. 50; o tema encontra desdobramento sistemático no *Trânsito* do Pseudo-João); viagens sobrenaturais análogas às dos apocalipses (visita aos infernos com o tema da suspensão dominical da pena, claramente inspirada no *Apocalipse de Paulo*, caps. 90-100; visita ao paraíso, caps. 101-102.132-135). Do ponto de vista da história das formas, o gênero do trânsito de Maria se configura portanto como tardio, adequado para integrar formas que se desenvolveram anteriormente. Seu programa narrativo, fundado em Maria nas suas relações com os apóstolos, mas num período posterior à ascensão de Cristo e em circunstâncias (a morte da Virgem) situadas na fronteira entre "este mundo" e o mundo de lá, prestava-se a catalisar formas e motivos dos evangelhos (em particular dos apócrifos da infância), dos Atos apócrifos dos apóstolos, dos apocalipses. De fato, o *Apocalipse de Paulo* pôde transformar-se sem mais em *Apocalipse da Virgem*. Dois escritos levam esse título: um, em etíope bastante recente (século XV?), praticamente uma reescritura do *Apocalipse de Paulo*; o outro (século IX), em grego com versões em armênio, etíope, antigo eslavo, é uma descida de Maria aos infernos, também amplamente influenciada pelo *Apocalipse de Paulo*. Surpreende, aliás, a presença, nos *Trânsitos de Maria*, de numerosos motivos teológicos de antiga origem judeucristã, como a cristologia angélica (o Cristo sob forma de "grande anjo", que se define como o terceiro formato na divindade, cap. 25, o que recorda a idéia do Espírito Santo como mãe de Jesus, atestada no *Evangelho dos Hebreus* e retomada pelos gnósticos), ou os dois anjos que disputam a alma do defunto (motivo já atestado em Qumran, retomado, entre outros, no *Apocalipse de Paulo*). A já assinalada proximidade com a tradição midráshica do judaísmo não impede a polêmica antijudaica, que se manifesta sobretudo no relato da agressão dos chefes judeus ao féretro de Maria e na conseguinte punição. Alguns motivos (presença de Cristo nas árvores, cap. 2) parecem ecoar temas maniqueus.

A mesma estrutura narrativa, ainda que muito mais breve, se encontra num *Trânsito* em grego contido num manuscrito vaticano (Gr. 1982, séc. IX) e num em latim, de um manuscrito de Reichenau (Augiensis 229), ambos editados em 1955. Esses também parecem próximos da forma mais antiga. Outros textos, mesmo dependendo em última análise dessa última, parecem afastar-se dela em grande medida. Podemos recordar o Pseudo-Melitão de Sardes, que nos chegou em duas recensões latinas (a mais antiga do século VI?), munido de um prólogo em que o bispo de Sardes, pretenso autor, declara querer substituir com o presente escrito — que contém o relato aprendido com o próprio João apóstolo — aquele, rico de falsidades, de Lêucio, companheiro dos apóstolos e depois caído na heresia. Este motivo representa um elo com a tradição dos Atos apócrifos dos apóstolos, na medida em que Lêucio era considerado por alguns o autor do grupo dos mais antigos desses Atos (cf. mais adiante). Os dados topográficos do texto (residência de Maria no Getsêmani, sepultura no vale de Josafá) podem inspirar-se em tradições locais, das quais se acham vestígios em outros textos. Mencionamos que o Pseudo-Melitão se caracteriza pela imediata ressurreição da Virgem do sepulcro e sua assunção ao céu, e referimo-nos à sua grande influência no Ocidente. Influentíssima no Oriente, em particular como carta litúrgica para 15 de agosto, foi a homilia sobre o trânsito de Maria escrita por João, bispo de Tessalônica (primeira metade do século VII). Uma reelaboração mais radical da narração de base (mais que um testemunho de uma forma diferente de *Trânsito*) é o texto (grego) do Pseudo-João (século V?), que tem o próprio apóstolo como narrador e apresenta numerosas diferenças com respeito ao grupo dos outros *Trânsitos*, em conexão provável com os usos litúrgicos e as tradições das peregrinações (morada de Maria em Belém; uso de incenso antes da oração etc.). Como se disse, a reescritura das lendas ligadas à morte e translação de Maria prosseguiu por séculos ainda, em várias línguas ocidentais e orientais.

2. Cartas apostólicas

A produção de cartas apócrifas no período que nos interessa é reduzida. Entra nessa categoria o epistolário um tanto banal de Paulo a Sêneca, em latim, do século IV. Dele falamos no vol. 1, p. 533.

A *Carta de Cristo descida do céu*, ou *Carta do domingo*, presumivelmente do século IV, entra de certo modo nos apócrifos (caracterizados, como se viu antes, pela referência a pessoas e entidades das origens cristãs) só pela presença de Pedro no quadro narrativo que faz a carta descer miraculosamente do céu e ficar suspensa no alto dentro da igreja de S. Pedro. O mesmo apóstolo, aparecendo em sonho ao bispo de Roma, revela-lhe a presença dessa carta. Em outra recensão, porém, ela desce em Jerusalém. A composição de "cartas celestes" difunde-se e permanece na Idade Média e na Moderna. Uma carta sobre o domingo, caída do céu, já era criticada no final do século VI por Liciniano, bispo de Cartagena. A carta é uma exortação, acompanhada de numerosas ameaças, a festejar dignamente o domingo. Existem versões dela, além de em grego e latim, numa quantidade de línguas antigas e modernas, e pode ainda acontecer de vê-la sendo distribuída numa Igreja ortodoxa.

Em conexão com os *Atos de Pilatos*, de que se tratou acima, foi transmitida em grego uma *carta de Pilatos a Herodes*, seguida da resposta deste. Existe em duas versões siríacas, uma das quais num manuscrito do século VI ou VII, o que assegura a composição no período que nos interessa. Tendo sabido das aparições de Jesus ressuscitado na Galiléia, Pilatos para lá mandou soldados, com os quais foram também sua mulher Procla e o centurião Longino (segundo a tradição apócrifa, aquele que perfurara o flanco de Jesus na cruz e em seguida reconhecera-lhe a divindade: combinação de Jo 19,34 e Mc 15,39), os quais viram Jesus. Este depois se manifestou também ao próprio Pilatos, condoído do mal cometido. A atitude positiva para com Pilatos é um típico desenvolvimento de tradições que tendem a aliviá-lo da responsabilidade da morte de Jesus para lançá-la sobre os judeus. O início dessas tradições já é visível nos evangelhos canônicos. Desenvolvimentos posteriores chegam a fazer de Pilatos um mártir, mandado decapitar pelo imperador por causa do relatório enviado sobre a morte de Jesus, no qual é reconhecida a inocência deste. Trata-se do conjunto de *Anaphora* (relatório) e *Paradosis* (detenção e morte) de Pilatos, não anterior ao século VII. Mas outras cartas de e a Pilatos continuam a ser compostas ao longo da Idade Média.

Podemos recordar aqui, por causa de seu título, outro documento também interessante. Descoberta em 1896 num manuscrito latino (século VIII) da universidade de Würzburg contendo homilias de Cesário de Arles, a *Carta de Tito, discípulo de Paulo, sobre o estado de castidade* foi publicada integralmente apenas em 1925. Foi composta certamente em latim. Sua língua é repleta de erros gramaticais que freqüentemente tornam difícil a compreensão. A não ser pelo título, esse longo escrito, que utiliza constantemente a apóstrofe à segunda pessoa do singular ou plural, não tem todas as características formais de uma carta, mas antes as de um apelo ou homilia. Ele se dirige a um grupo de pessoas, homens e mulheres, votados à castidade, com o fim de extirpar perigosas tendências em marcha, e em particular a prática do "matrimônio espiritual", freqüentemente praticado em grupos de ascetas, segundo o qual um virgem e uma virgem conviviam e até dormiam juntos, pondo à prova sua virtude justamente ao evitarem relações carnais em tais condições (uma prática que se encontrará em grupos medievais como os Irmãos do livre espírito). O capítulo 8 condena o fato de o asceta acolher uma mulher em casa para os serviços domésticos. Trata-se de uma extensão a um grupo de ascetas leigos da polêmica do tratado do pseudo-Cipriano (segunda metade do século IV) *De singularitate clericorum*, dirigido contra a coabitação de clérigos com mulheres, freqüentemente virgens consagradas, que se costumou designar polemicamente como *subintroductae*. Segundo o Pseudo-Tito (caps. 8 e 13), práticas imorais já estão em curso, mesmo onde não houve união carnal. Todavia, sua polêmica não se dirige somente contra tais abusos, mas contra a sexualidade em geral. Ele exalta, com fartura de interjeições, o estado virginal, que compara à condição angélica, e chama de contaminação toda relação sexual (cap. 1 etc.), que impede definitivamente de agradar a Deus. Sua argumentação apóia-se constantemente — e este é um dos aspectos singulares e interessantes do escrito — em citações tiradas não só da Bíblia (quase uma centena), mas também de apócrifos (mais de 30), entre os quais estão particularmente bem-representados os Atos de apóstolos, notoriamente permeados de tendências encratitas (cf. vol. 1, p. 222, e aqui logo mais abaixo). Mas também estão presentes, entre outros, o *Apocalipse de Elias*, ditos atribuídos a Enoc e Salomão, palavras apócrifas de Jesus, a *Didaché* e a *Epístola dos apóstolos*. Tudo é colocado (não há elementos suficientes para duvidar do caráter original do título) sob a autoridade de Tito, um dos mais fiéis discípulos de Paulo, destinatário de uma das epístolas pastorais pseudepígrafas, e provavelmente já considerado na tradição um modelo de ascese. Quanto ao lugar e ao tempo reais de composição da carta, a associação entre o apego especial à ascese e o uso intenso de apócrifos tem levado em geral a ligá-la ao movimento priscilianista, situando-a, portanto, na Espanha do século V. Todavia, num recente e amplo reexame da obra, G. Sfameni Gasparro contestou que ambos os aspectos sejam especificamente priscilianistas e ligou a carta — na qual salienta, contra a imagem tradicional de sua rusticidade e ingenuidade, a capacidade de construir sua argumentação organizando e explorando suas *auctoritates* — ao mais vasto movimento encratita difundido, com várias modalidades, no Oriente e no Ocidente. Os numerosos contatos com outros textos sobre a virgindade, e sobretudo com obras do Pseudo-Cipriano, de ambiente africano, como o já mencionado *De singularitate clericocum* e o sermão *De centesima, sexagesima, trigesima* (século III; cf. para ambos o vol. 1, pp. 501ss.), induzem a uma datação entre o final do século IV e a metade do V, e a não excluir uma localização do Pseudo-Tito na África.

3. Atos de apóstolos

a) *Atos de Pedro e dos doze apóstolos* (NHC VI 1)

Traçamos no volume anterior as características essenciais dos mais antigos Atos apócrifos dos apóstolos (pp. 207-222). Evocaremos aqui brevemente alguns desenvolvimentos posteriores, mas é oportuno mencionar à parte uma obra singular e, apesar do título do manuscrito — *Atos de Pedro e dos doze apóstolos* —, só parcialmente assimilável ao gênero dos Atos apócrifos. Completamente desconhecida antes, foi encontrada no códice VI de Nag Hammadi, do qual é o primeiro escrito (1,1–12,22). É, portanto, uma tradução copta, mas o original era certamente grego (como mostra, entre outras coisas, o uso do vocativo grego *Petre*).

Trata-se de um relato feito em primeira pessoa por Pedro. Após a crucifixão de Jesus (o início se perdeu), os apóstolos decidem empreender a pregação missionária. Embarcam numa nave e atingem uma ilha com uma cidade, cujo nome parece ser aproximadamente (o texto apresenta lacunas) "Sê fundada na perseverança". Ali encontram um mercador que grita oferecendo pérolas: os ricos se afastam dele porque pensam que não tem pérolas de verdade; os pobres lhe pedem para vê-las, mas ele promete dar-lhas gratuitamente se forem até sua cidade. Pedro pergunta ao mercador o seu nome e o caminho para sua cidade. O nome do mercador é Lithargoel (explicado no texto como "pedra de gazela", isto é, leve e luminosa como um olho de gazela), e o da cidade "Nove portas". Pode-se alcançá-la somente renunciando a toda posse, jejuando e invocando o nome de Jesus. Pedro tem uma visão da cidade, circundada de ondas e dotada do mesmo nome da primeira, que lhe é explicado: trata-se da morada celeste dos que perseveram na fé. Pedro e os companheiros "entram" na visão, tendo acesso à cidade, de onde vêem sair Lithargoel sob a forma de um médico, o qual se revela como Jesus. Ele lhes entrega duas caixas de remédios, uma grande e uma pequena, e encarrega-os de voltar à cidade terrena para instruir os fiéis, em particular os pobres (aos quais darão a coisa mais preciosa, o nome do Senhor), evitando os ricos. Os apóstolos aceitam a missão, prosternam-se, e o Senhor se afasta.

Incoerências internas mostram que o texto resulta da compilação de documentos diversos, três ou quatro segundo os estudiosos. Devia haver, em todo caso, a história de uma viagem (de Pedro e dos outros apóstolos?) a uma cidade rodeada pelas ondas do mar e, apesar disso, destinada a resistir graças à perseverança, provável alegoria da comunidade dos crentes; depois uma espécie de parábola sobre um mercador que oferece pérolas invisíveis mas reais, pelas quais se interessam os pobres, interpretação transparente da pregação de Jesus; enfim, uma aparição de Jesus glorioso sob a forma de um médico que transmite aos discípulos a capacidade de curar o corpo e a alma. Vê-se facilmente que o título situado no colofão no final do texto é um elemento atribuído secundariamente a um escrito complexo, no qual se reúnem a parábola, a alegoria, a lenda, a parênese (tema da perseverança). Como indicou H.-M. Schenke, o nome Lithargoel é atestado num texto do século VII como o do anjo que leva a caixa de remédios para curar as almas. Talvez nosso escrito tenha querido representar a função de Cristo (e de seus apóstolos) utilizando uma figura preexistente de anjo curador. Embora tenha sido proposto ver no escrito o início dos antigos *Atos de Pedro*, nada confirma tal hipótese. Parece tratar-se, antes, de um texto autônomo. O fato de pertencer à biblioteca de Nag Hammadi não lhe garante automaticamente o caráter gnóstico. Com efeito, ele não contém elementos gnósticos em si, mas — como é o caso de outros textos pertencentes à mesma biblioteca — podia ser lido numa ótica gnóstica (pense-se no interesse pelo destino da alma e nos temas da pérola e do mercador). O interesse pela ascese e o ideal da pobreza não impedem de pensar num autor preocupado com uma reforma interna da "grande Igreja", mas sugerem mais ainda uma situação de grupo minoritário e marginal, talvez na Síria. Difícil é a datação do texto; a idade do códice, primeira metade do século IV, define o termo *ante quem*. A aparente independência diante do Novo Testamento e o caráter das parábolas poderiam sugerir o século II mais ainda que o III, mas restam argumentos inconclusivos. Por tal razão, tratamos deste escrito singular no presente volume e não no anterior, precisando, contudo, que não faltam argumentos para fazê-lo entrar cronologicamente naquele.

b) Textos com os mesmos protagonistas dos Atos antigos

Depois desse escrito um tanto isolado no gênero "Atos apócrifos" e, francamente, pouco à vontade nele, voltamos à tradição literária própria dos Atos, a começar pelo destino ulterior dos cinco documentos mais antigos. Testemunhos latinos dos inícios do século V mencionam, condenando-o, um certo Lúcio ou Lêucio, discípulo dos maniqueus, como o autor dos atos apócrifos dos apóstolos. Por volta de 890, Fócio (*Biblioteca,* cod. 114) anota ter lido um manuscrito contendo os Atos de Pedro, João, André, Tomé e Paulo, no qual figurava Lúcio Carino como autor. Esse nome reúne os dois nomes dos ressuscitados que, na segunda parte dos *Atos de Pilatos* latinos, narram a descida de Jesus aos infernos (ver mais acima). O uso dos cinco atos apócrifos da parte dos maniqueus resulta do saltério maniqueu encontrado em copta (metade do século IV) e dos testemunhos de Filástrio de Bréscia (*Livro de heresias diversas* 88) e de Agostinho (*Contra Fausto* XXX, 4). O mesmo Agostinho e outros autores do século V testemunham também o uso por parte dos priscilianistas. Parece, pois, que no século IV os cinco grandes Atos tinham sido reunidos numa compilação, depois usada em particular pelos maniqueus e priscilianistas; e que a composição de tal conjunto (composto naturalmente de obras originalmente independentes e devidas a diversos, e anônimos, autores) foi atribuída, secundariamente, a um certo Lúcio, provavelmente o mesmo personagem que Epifânio menciona (*Panarion* 51, 6) como companheiro do apóstolo João e adversário dos hereges (dada a original conotação positiva do personagem, a atribuição a ele pode ter querido dar aos Atos apócrifos um verniz respeitável).

No que diz respeito à composição de novos textos, assinalaremos, de um lado, os consagrados aos protagonistas dos Atos do século II, e mais ou menos dependentes deles; do outro, os dedicados aos outros apóstolos, e também largamente influenciados pelos Atos mais antigos. Aliás, característica das "novas gerações" de Atos apócrifos é a tendência a reunir muitos apóstolos: Pedro e Paulo, Pedro e André, André e Mateus... O desejo de recolher de maneira sistemática as empresas e os martírios dos apóstolos gera mais tarde reescrituras do material apócrifo, como a coletânea latina em dez livros, provavelmente do final do século VI, arbitrariamente atribuída desde o século XVI a Abdias (imaginário bispo da Babilônia, que comparece no texto como o autor da vida de só dois apóstolos); ou como os *Combates dos apóstolos* em etíope, traduzidos (século XIV) provavelmente do copta. Lembre-se também a tendência a extrair dos textos mais antigos, e eventualmente a elaborar, os relatos do martírio dos vários apóstolos, para uso litúrgico por ocasião de suas festas; e à medida que se perdia o texto original dos antigos Atos (de modo que sua reconstrução hoje é laboriosa e necessariamente parcial), por causa de sua teologia tornada pouco ortodoxa, ou de sua extensão e da possibilidade de extratos ou abreviações, multiplicavam-se os manuscritos dos martírios e das reelaborações abreviadas.

Assim, enquanto dos antigos *Atos de Pedro* só resta uma parte numa péssima tradução latina num único manuscrito, um grande fragmento recuperado em copta e míseras citações em tradição indireta, já no final do século XIX J. A. Lipsius enumerava mais de setenta manuscritos dos *Atos de Pedro e Paulo*, ditos do Pseudo-Marcelo (um discípulo de Pedro, outrora seguidor de Simão Mago), do nome do suposto autor segundo alguns manuscritos da versão latina, e conservados em grego e latim, em três diferentes recensões. Uma primeira parte (caps. 1-21) narra a viagem de Paulo de Malta a Roma: ausente numa parte dos manuscritos, é decerto um acréscimo não anterior ao século IX. O resto — provavelmente da segunda metade do século V ou da primeira do VI — faz Paulo chegar a Roma vindo da Espanha, fazendo agir na capital junto com Pedro, em particular na luta contra Simão Mago, pertencente à mais antiga tradição dos *Atos de Pedro*, e aqui situada na presença do próprio Nero. Juntos, os dois apóstolos sofrem o martírio. Já no final do século I, a carta de Clemente de Roma mencionara o martírio conjunto dos dois. Por volta de 170, Dionísio de Corinto situara tal martírio "ao mesmo tempo". Os *Atos* do Pseudo-Marcelo selam a idéia do martírio comum de um modo que se imporá na tradição eclesiástica. Por seu turno, limitava-se somente a Pedro (como fará, aliás, também o Pseudo-Abdias) a *Paixão de Pedro* do Pseudo-Lino (sucessor de Pedro no episcopado romano segundo as tradições desenvolvidas no século II), reescritura latina, realizada no século IV, da parte final dos antigos *Atos de Pedro*. Já os *Atos* do Pseudo-Marcelo não mostram clara dependência em relação a estes últimos.

No âmbito das elaborações dos Atos antigos, podemos lembrar os *Atos de Tomé* latinos em duas recensões: a *Paixão* e os *Milagres* (estes devidos talvez a Gregório de Tours, incluídos no Pseudo-Abdias), ambas do século VI, que retomam em sentido "ortodoxo" materiais dos *Atos de Tomé* do século II. A Gregório de Tours devemos ainda os *Milagres de André* (também retomados no Pseudo-Abdias), preciosos porque nos dão um resumo dos antigos *Atos de André*, que só nos chegaram em fragmentos. Anteriores a Gregório são duas *Paixões de André* latinas (século VI), uma das quais sob a forma de carta de presbíteros e diáconos das igrejas da Acaia. André, aliás, está bastante presente nas elaborações lendárias, associado a outros apóstolos. É o caso dos *Atos de André e Matias* (ou *Mateus*) *no país dos antropófagos*, escritos em grego por volta de 400 (há elaborações deles nas coletâneas siríaca e etíope); dos breves *Atos de Pedro e André*, gregos (mesma época), cujo início se prende aos anteriores; e de outros mais tardios. Os dois mencionados, junto com o *Martírio de Mateus* e com outros, provêm do Egito. Em sua época, J. Flamion insistiu nas afinidades que ligam este grupo de textos, diferenciando-os dos mais antigos *Atos de André*. Em sua opinião, esses textos, deixando cair em grande parte o interesse teológico que caracterizava os primeiros Atos apócrifos, desenvolvem livremente elementos do romance antigo. Distinguem-se pela indiferença para com o tempo e o espaço, a qual afasta os apóstolos dos lugares aos quais os ligava a tradição precedente para fazê-los viajar pelas regiões mais exóticas e fabulosas; pela dramatização do relato, que os põe diante de todo tipo de adversário e termina por obscurecer sua personalidade individual em favor das empresas mirabolantes. Jesus intervém continuamente com aparições, dirige constantemente as peripécias dos apóstolos e comunica o conhecimento de realidades celestes. Satanás, por seu lado, também está presente com as provas e tribulações que inflige sem cessar aos apóstolos, nos quais o desencorajamento diante do suplício se alterna com o triunfo da vitória, para reapresentar-se depois na prova seguinte. O encratismo sexual reaparece, mas antes como sobrevivência do motivo e como motor dos acontecimentos que como princípio doutrinal. A posição de Flamion pode estar enfraquecida, mas sem dúvida existe uma diferença de atmosfera entre os Atos mais antigos e essas "lendas", que remete a uma situação histórica e geográfica diferente.

Entre os textos que têm os mesmos protagonistas dos Atos antigos mencionamos ainda os *Atos de João*, que se apresentam como escritos por seu discípulo *Prócoro* (é o mesmo nome de um dos sete diáconos de Jerusalém elencados em At 6,5). Foi enorme seu sucesso no cristianismo do Oriente, como demonstra sua utilização na hagiografia bizantina, mas também a rica e complexa tradição textual em grego bem como em grande número de versões (copta, árabe, etíope, armênio, georgiano, antigo eslavo); e também no Ocidente, em versão latina. No sorteio que divide a terra entre os apóstolos como campo de missão, cabe a João a Ásia Menor. Depois de um naufrágio, chega a Éfeso, onde, junto com Prócoro, se emprega como servente nas termas. Seus prodígios, em particular contra o ídolo de Ártemis, provocam a ira do diabo e enfim a expulsão do apóstolo. Uma segunda parte (a partir do cap. 8) narra a perseguição de João por parte do imperador Domiciano, a fracassada tentativa de matá-lo numa caldeira de óleo fervente, o exílio em Patmos e os numerosos milagres aí realizados. A ligação com Patmos vem evidentemente da atribuição do Apocalipse ao apóstolo João; mas aqui ele dita em Patmos também o evangelho (cap. 46), contrariamente à tradição que situava a obra em Éfeso. Enfim, João retorna a Éfeso, onde se faz sepultar e desaparece. Se esse relato do falecimento, como também a destruição do templo de Ártemis em Éfeso, encontram correspondência nos antigos *Atos de João*, o resto da obra não parece influenciado por eles. Aliás, ao contrário do tradicional encratismo dos Atos apócrifos, João declara que Cristo não o enviou para separar os cônjuges. Difícil é dizer se, como pensam os mais recentes editores do texto (Junod e Kaestli), o autor não conhecia diretamente os *Atos de João* do século II. O conteúdo da obra parece depender bem pouco de fontes preexistentes. O *Chronicon Paschale*, escrito pouco depois de 630, depende do Pseudo-Prócoro para a biografia de João e constitui o termo *ante quem*. A obra situa-se provavelmente no século V. O autor ignora tudo da geografia da Ásia Menor e de Patmos, enquanto os detalhes contidos num episódio situado perto de Antioquia fazem pensar numa origem nessa região. Entre os outros textos gregos e latinos sobre João lembramos pelo menos dois escritos latinos, a *Paixão de João* do Pseudo-Melitão (escrita talvez em Roma entre os séculos V e VI), que não deve nada aos antigos *Atos de João*, e os *Milagres de João* (*Virtutes Iohannis*), incluídos na coletânea do Pseudo-Abdias (final do século VI), que retomaram partes conspícuas dos *Atos* antigos.

c) Atos de outros apóstolos

Entre os Atos dedicados a apóstolos diferentes dos do grupo mais antigo, mencionam-se antes de tudo os *Atos de Filipe*. Trata-se de uma coletânea constituída de quinze atos e um martírio, que não possuímos integralmente. O manuscrito mais próximo do texto original (Xenophon 32, do século XIV), encontrado recentemente num convento do monte Athos, outrora completo, por causa das mutilações sofridas contém apenas os atos 1; 3-8 (início) e do 11 ao Martírio (exceto algumas partes). Outros manuscritos contêm os atos 1-9, mas numa forma mais breve, que representa decerto uma revisão.

A obra resulta com toda probabilidade da reunião de textos originalmente independentes e relativos a duas figuras diferentes, o apóstolo Filipe, um dos Doze, e o helenista Filipe mencionado nos *Atos dos apóstolos* (referimo-nos à recentíssima análise de F. Amsler). O ato 1 narra a ressurreição, por obra do apóstolo Filipe, de um jovenzinho que depois narra tudo o que viu nos infernos. A tendência encratita e a polêmica contra a calúnia em relação aos justos induzem a ver ali o manifesto de um grupo eclesial rigorista e marginalizado da ortodoxia eclesiástica, na Ásia Menor do final do século IV ou início do V. Outro conjunto é formado pelos atos 3-7, que narram os deslocamentos e os empreendimentos de Filipe no reino dos partos em Azoto, na Palestina, e em seguida na cidade imaginária de Nicatera. O protagonista aqui é o helenista Filipe, que no início é elevado pelos apóstolos à sua própria condição. Também esta parte é ligada ao encratismo asiático. O conjunto constituído pelos atos 8-15 e pelo Martírio punha em cena o apóstolo Filipe, missionário com sua irmã Marianne e com Bartolomeu na cidade de Ofiorime, identificada pelos próprios manuscritos com Hierápolis da Frígia. A luta de Filipe contra a víbora adorada em Ofiorime parece simbolizar a luta de uma comunidade cristã contra o culto da deusa Cibele que se praticava em Hierápolis, relacionado à descida de seus sacerdotes numa gruta cheia de vapores mefíticos ligada a uma fonte de água quente calcária, mas também à *incubação* (revelações obtidas em sonho) que se praticava no lugar. Tal culto foi substituído pelo de Cristo e de Filipe, do qual, como revelou a arqueologia, existia ali um *Martyrion* onde se praticava talvez a incubação. Característica deste texto é a associação de Filipe com um leopardo e um cabrito, aos quais ele converte e dota de voz humana e que o acompanham em suas peregrinações. Aqui está de novo o encratismo, típico daquele ambiente asiático (o leopardo torna-se vegetariano), acompanhado da convicção de que no presente se realiza a profecia escatológica de Is 11,6-9, segundo a qual os animais estarão em paz entre si e, em particular, "o leopardo se deitará perto do cabrito". O ato 2, que põe Filipe em conflito com os filósofos da Hélade, parece uma mera compilação de temas extraídos das duas últimas seções mencionadas, e remonta talvez ao redator da compilação final (século V?), o qual quis restituir a Filipe traços ortodoxos subtraindo-o às reivindicações (já então tornadas mais que suspeitas) do encratismo. Assinalou-se também (A. Orbe) a proximidade de certos episódios dos *Atos* com temas gnósticos. Interessantes são as orações e os monólogos de Filipe, que parecem veicular tradições teológicas antigas (por exemplo, sobre a cruz). Da parte localizada em Hierápolis existem versões em armênio, georgiano, antigo eslavo, ao passo que não se conhece nenhuma versão latina.

Entre os textos pertencentes ao período aqui tratado, mencionamos por fim os breves *Atos de Barnabé* (original grego; traduções em latim e antigo eslavo), interessantes porque oferecem um claro exemplo de composição de Atos apócrifos com finalidade de política eclesiástica. De fato, foram compostos perto do final do século V para sustentar as reivindicações de autonomia da Igreja de Chipre diante das pretensões do patriarcado de Antioquia. Retomam o episódio neotestamentário da pregação de Paulo e Barnabé em Chipre (At 13,4-13) para fazê-lo seguir-se de uma segunda missão na ilha, desta vez conduzida por Barnabé com o auxílio de João Marcos (At 15,39), o qual é o pretenso autor do escrito e narra em primeira pessoa. O texto se conclui com o martírio de Barnabé em Chipre (que resulta, assim, Igreja diretamente ligada aos apóstolos, bem como dotada da tumba de um apóstolo, elementos decisivos na contenda com Antioquia) e com a evangelização de Alexandria da parte de Marcos.

Como que na fronteira entre os Atos de apóstolos e as cartas apócrifas situa-se a *Lenda do rei Abgar*, na realidade uma criação siríaca, que mencionamos por causa de sua versão grega. Em sua *História eclesiástica* (I, 13) Eusébio de Cesaréia relata a tradução grega daqueles que, em suas palavras, são documentos provenientes do arquivo régio da cidade siríaca de Edessa. O rei da cidade, Abgar (personagem histórico, que reinou de 4 a.C. a 7 d.C., e depois de 13 a 50), acometido de uma doença incurável, ouviu falar de Jesus e lhe escreveu uma carta pedindo-lhe que viesse curá-lo. Jesus respondeu com outra, afirmando que sua missão estava limitada à Palestina, mas que depois de sua ascensão enviaria um de seus discípulos para curar o rei. Esse discípulo — prossegue a narrativa que, segundo Eusébio, seguia as cartas do arquivo — foi Tadeu, um dos Setenta, o qual, enviado por Judas (apóstolo que a tradição convertera em evangelizador da Síria), procurou Abgar, curou-o e evangelizou Edessa. A história, evidentemente, é lendária. Provavelmente, a boa-fé de Eusébio foi ludibriada por uma fabricação edessena que queria reconduzir as origens da Igreja local à pregação apostólica e ao próprio Jesus, e talvez afirmar o partido "ortodoxo" que no século III se desenvolvia em Edessa, onde o cristianismo revestira até então uma multiplicidade de formas, com uma forte presença de marcionitas e bardesanitas. Em siríaca permaneceu outra forma, mais tardia, do relato: a *Lenda de Addai*, na qual não se fala de uma resposta escrita de Jesus, e o nome do discípulo é justamente Addai. Aqui, o portador da carta de Abgar, Ananias, pinta um retrato de Jesus para levá-lo a seu soberano. Este aspecto conheceu em seguida larguíssima difusão, mas está ausente no texto conhecido de Eusébio, texto que dificilmente remonta a antes da metade do século III. Encontramo-lo, porém, em versões gregas posteriores do relato da conversão de Edessa (a partir do século VII/VIII).

4. O romance pseudoclementino

Ainda que de um modo particular, também em relação com o ciclo de Pedro está um escrito de notável interesse e ainda bastante enigmático, chamado correntemente *Pseudoclementinas* porque se apresenta escrita e narrada em primeira pessoa por Clemente de Roma (cf. vol. 1, pp. 157-162), de família nobre, em princípio pagão, depois fiel discípulo de Pedro, enfim constituído por ele bispo de Roma (uma tradição que bem cedo teve de ser harmonizada com a de Lino, fazendo de Clemente só o terceiro sucessor do apóstolo). Dessa obra chegaram até nós duas recensões diferentes: uma, em grego (decerto a língua original), dividida em vinte *Homilias* (título devido à importância que nelas têm os discursos de Pedro), a outra — sobrevivida por inteiro apenas na tradução latina de Rufino de Aquiléia, realizada por volta de 406 — distribuída em dez livros e intitulada *Reconhecimentos*. Tal título se deve a um dos fios condutores da narrativa. Ainda pequeno, Clemente perdeu-se dos pais e de dois irmãos, que ao longo do romance ele reencontra progressivamente, no curso de suas peregrinações atrás do apóstolo Pedro. Das *Homilias* conhecemos dois manuscritos completos, mais alguns que contêm alguns breves extratos. Existe ademais uma versão siríaca de 10,1–12,24; 13,1–14,12, influenciada às vezes pelo texto paralelo dos *Reconhecimentos*, e conservada num manuscrito de 411. Da versão rufiniana dos *Reconhecimentos* conhecem-se cerca de 115 manuscritos, testemunhando seu grande sucesso. Do original grego, perdido, restam alguns fragmentos em tradução armênia, bem como uma versão siríaca de I, 1, 1–IV, 1, 4, no mesmo manuscrito que contém a versão das *Homilias*. O grande interesse desta versão está na disponibilidade de um texto anterior — em muitos séculos — aos dos manuscritos gregos e latinos. Além disso, existem dois resumos gregos das *Homilias*. Por fim, alguns textos siríacos, árabes, georgianos e etíopes utilizaram material proveniente, direta ou indiretamente, das *Pseudoclementinas*.

Junto com claras diferenças, as *Homilias* e os *Reconhecimentos* mostram contatos evidentes e freqüentemente laterais, que obrigam a postular uma relação literária. Longos debates conduziram à opinião hoje largamente aceita da derivação de ambos os conjuntos (provavelmente em recíproca independência) de um texto preexistente, que se costuma chamar "escrito de base" (*Grundschrift* na terminologia dos estudiosos alemães que primeiro formularam a hipótese). É possível que Orígenes (mas não é seguro que as referências às *Pseudoclementinas* em suas obras sejam autênticas), Epifânio, as *Constituições apostólicas* e outros autores se refiram a tal escrito. Este, por sua vez, parece ter usado fontes diversas. A concordância de *Reconhecimentos* 9, 19-29 (uma crítica do determinismo astrológico, proveniente do escrito de base) com o *Livro das leis dos Países* de um discípulo de Bardesão mostra o uso, por parte do autor do escrito, do *Diálogo sobre o fado* do autor edesseno. Uma *Carta de Pedro a Tiago* (a obra apresenta o segundo como o superior do primeiro), anteposta às *Homilias* (e seguida de uma resposta de Tiago), alude a "livros de pregações" que Pedro enviou a Tiago. Este fato, bem como uma lista de dez livros contida em *Reconhecimentos* III, 75, induziu muitos estudiosos, a partir do século XIX, a postular como fonte importante do escrito de base umas *Pregações de Pedro*, perdidas para nós (*Kerygmata Petrou;* não confundir com a obra citada no vol. 1, pp. 274-275). Tal tese constitui até agora uma vulgata comumente aceita, mas mostrou-se recentemente que os textos atribuídos a essa fonte pertencem na verdade a extratos literários diversos, de modo que os estudiosos mais avisados tendem a abandonar a tese em questão. Parece necessário, por outro lado, admitir uma fonte especial para *Reconhecimentos* I, 27-71, em que se põe na boca de Pedro um resumo da história da salvação. Trata-se de um autor cristão de origem judaica, ativo talvez na Palestina por volta de 200, que enxerga no cristianismo o verdadeiro judaísmo e é feroz adversário de Paulo.

No "escrito de base" conectavam-se estreitamente duas linhas narrativas. Uma é aquela, já mencionada, da experiência pessoal de Clemente:

nobre romano, levava uma vida angustiada pela incerteza sobre o além. Por Barnabé, missionário vindo a Roma, ouve falar de Cristo como o "verdadeiro profeta", único capaz de fazer os humanos conhecerem a verdade. Segue-o assim à Palestina, em Cesaréia, onde encontra Pedro e se une a seus discípulos. Mais tarde, seguindo o apóstolo, reencontrará a própria mãe e reconhecerá em dois fiéis discípulos de Pedro os seus irmãos gêmeos, desaparecidos com a mãe quando ele tinha cinco anos. Encontrará por fim o pai, desaparecido quando Clemente tinha doze anos. Com esta linha se enlaça a da pregação missionária de Pedro e sobretudo de sua luta com Simão Mago, patrimônio — como foi dito acima — da tradição dos Atos de Pedro desde o século II. Nas *Pseudoclementinas*, Simão tem os traços de Marcião e dos gnósticos, além dos de um praticante da magia negra. Quando Clemente encontra a Pedro em Cesaréia, este pretende disputar publicamente com Simão e aproveita um adiamento de sete dias do debate para instruir a fundo Clemente sobre o verdadeiro profeta. A polêmica com Simão — que toca os temas fundamentais da unicidade de Deus, de sua bondade e justiça, da cristologia, do mal e da imortalidade da alma — ocorre em Cesaréia durante três dias. No quarto, informado de que Simão fugiu para Roma, Pedro decide persegui-lo. Fica, porém, mais três meses em Cesaréia, depois passa para Trípoli da Síria, onde por três dias instrui os habitantes sobre a verdadeira religião, tratando das origens da idolatria, da doutrina do verdadeiro profeta e do batismo. Dirige-se depois a Antioquia (reconhecimento da mãe de Clemente), e em seguida a Laodicéia, onde ocorre o reconhecimento dos irmãos e do pai. Como, por causa de seus infortúnios, este último abraçou o fatalismo astrológico, antes e depois de seu reconhecimento empreende-se um debate sobre o sentido do mundo, sobre a providência divina e o fado, que se conclui com o batismo do pai, precedido de um episódio que recoloca em cena os malefícios de Simão, mas que se resolve para prejuízo deste.

Justamente por tratarmos (por razões práticas) das *Pseudoclementinas* junto com os Atos apócrifos dos apóstolos, temos de insistir nas diferenças. Embora não faltem elementos romanescos nos Atos apócrifos, a história de Clemente faz do conjunto um romance compacto, ainda que fabricado com o auxílio de fontes e tradições heterogêneas, como assinalamos. Em tal sentido, a obra não tem analogias precisas no cristianismo antigo (mas, quando muito, no judaísmo helenista; pense-se em obras como *José e Asenet*). A busca das fontes, que minimizava a contribuição do autor, é substituída, nos estudos mais recentes, pelo interesse por sua obra. A conexão particular de dissertações doutrinais e de narrativa romanesca parece remeter à intenção de identificar na fé cristã a solução do conjunto dos problemas que podem se apresentar na vida (de um intelectual e de uma pessoa abastada, como o autor devia ser). O ensinamento do verdadeiro profeta indica como viver de acordo com a vontade de Deus sobre o mundo; o êxito feliz das vicissitudes pessoais de Clemente tranqüiliza quanto à ação da Providência divina; a crítica da astrologia e do fatalismo e a afirmação do livre-arbítrio fundam a possibilidade de um agir moral e eficaz no mundo. O autor é, sem dúvida, um judeu-cristão, para quem Cristo reafirma os princípios da Lei veterotestamentária. Mas, como os ebionitas, ele critica os sacrifícios cruentos. Para resolver os problemas levantados por certo número de passagens do Antigo Testamento, a obra recorre à teoria das falsas perícopes (*Homilias* 2, 38; 3, 47.50): à genuína Lei de Moisés os anciãos do povo, instigados pelo demônio, teriam acrescentado prescrições e outros enunciados distantes da verdadeira revelação, aos quais é necessário identificar e remover com a ajuda das palavras do verdadeiro profeta, isto é, da tradição dos ditos de Jesus. No tocante a esta, nosso texto dispõe da tradição canônica, mas também de *logia* transmitidos fora dela. Os elementos internos remetem à Síria como lugar de composição do escrito de base, cuja data deveria situar-se perto de 220. Trata-se, em todo caso, de um ambiente teológico e eclesial no qual não faz sentido aplicar os critérios de ortodoxia e heresia impostos mais tarde.

Junto com esta que nos parece atualmente a caracterização mais prudente do problema literário das *Pseudoclementinas* (somos devedores sobretudo das pesquisas de F. S. Jones), mencione-se de todo modo — também como prova da permanente complexidade da questão — uma recente proposta de reconstrução do processo de formação da obra, elaborada por J. Wehnert sobre a base da análise das técnicas narrativas. Não se trata aqui tanto de identificar documentos anteriores depois reunidos, quanto de apreender o desenvolvimento progressivo da obra a partir de um núcleo inicial. Em seu entender, o extrato mais antigo consiste num relato das lutas entre Pedro e Simão Mago, próximo temática e cronologicamente dos *Atos de Pedro* (final do século II/início do III). Ele se teria transformado no atual romance pseudoclementino mediante a combinação (entre 220 e 270) com duas tramas narrativas, concernentes respectivamente à conversão de Clemente e ao reencontro de uma família dispersa. Numa terceira fase, teria sido acrescentada a moldura constituída pela correspondência com Tiago. Entre o final do século III e o início do IV, enfim, teriam nascido, na ordem, as *Homilias* e os *Reconhecimentos*. Mas outras propostas continuam sendo avançadas... Parece que estamos longe de uma solução definitiva.

É inútil aqui detalhar as diferenças respectivas das *Homilias* e dos *Reconhecimentos* com respeito ao "escrito de base". O autor das *Homilias* parece ter qualidade e intenções notáveis no plano literário e teológico. Desloca para as homilias 16-19 uma parte do material da discussão entre Pedro e Simão Mago em Cesaréia (*Reconhecimentos* 2-3), criando uma sucessão de três debates entre Pedro e Simão em Laodicéia, sob o arbítrio do pai de Clemente. Nas homilias 4-6 encontra-se um episódio desconhecido dos *Reconhecimentos*: em Tiro, Clemente discute diversas vezes com o gramático Apião acerca do politeísmo e da mitologia. Aqui o autor desdobra sua erudição e seus interesses filosóficos-teológicos. Os estudiosos situam esta recensão na Síria, no início do século IV. O autor dos *Reconhecimentos* tem menos pretensões especulativas e literárias. Seu trabalho é tradicionalmente considerado uma revisão do texto em sentido "ortodoxo", mas tal juízo se modifica se a difícil seção cristológica de 3,2-11 (que Rufino abriu mão de traduzir, e foi traduzida e inserida no texto latino por outros) não é uma interpolação, como em geral se pensou, mas sim originária (assim pensa, provavelmente com razão, F. S. Jones). De fato, ela revela uma tendência ariana (e seus paralelos com a linguagem do ultra-ariano Eunômio foram indicados há tempo). Também esta redação parece situar-se na Síria, talvez por volta da metade do século IV.

5. Apocalipses

a) Apocalipse de Paulo

Como mencionamos no volume I (p. 152), o *Apocalipse de Pedro* — que apresentava os tormentos dos condenados sob forma de anúncio de Jesus referido ao tempo posterior ao juízo final, conectando-os com uma mensagem funcional à situação do autor — sofreu uma reescritura (atestada pelo fragmento grego de Akhmin do século VIII), na qual as penas infernais, apresentadas como já em ação, eram objeto de uma visão direta dos discípulos, e a elas se contrapunha uma visão da beatitude paradisíaca. Essa transformação é coerente com o interesse crescente pelo destino da alma individual logo depois da morte, o qual se desenvolve progressivamente e encontra seu texto mais representativo e influente no *Apocalipse de Paulo*. Este retoma o modelo literário antiqüíssimo — e bem arraigado nos apocalipses judaicos desde as partes mais antigas do livro de *Enoc* (pelo menos século III a.C.) — da viagem ultraterrena, concedida ao protagonista por especial eleição. No caso de Paulo, o estímulo foi dado por sua evocação de uma (ou mais de uma) experiência mística, na qual fora arrebatado ao terceiro céu e ao paraíso (2Cor 12,2-4).

Depois de um prólogo que data a suposta descoberta, nos alicerces da casa de Paulo em Tarso, do documento em primeira pessoa do apóstolo, reproduz-se a narrativa. Esta se abre com a revelação, feita a Paulo em êxtase, do lamento dirigido por toda a criação a Deus contra a impiedade dos humanos (caps. 3-6), ao qual se segue uma cena em que, ao fim do dia, os anjos relatam a Deus as ações dos mortais (7-10). Paulo em seguida é conduzido ao céu para assistir ao passamento do justo e do pecador. Os anjos psicopompos se acham à cabeceira de cada moribundo; encorajam cordialmente a alma do justo saída do corpo e levam-na a Deus. Mas a alma do pecado é agarrada por anjos terríveis que a acusam diante de Deus e depois a entregam ao anjo Tartaruco, incumbido dos tormentos (11-18). Paulo visita a seguir o terceiro céu e outras zonas celestes (19-30), onde encontra, entre outros, Enoc e Elias, os patriarcas, os santos inocentes, e cuja geografia descreve. Segue-se uma visita ao inferno (31-44) com um resumo dos vários tipos de pecadores e de penas (forte é a influência do *Apocalipse de Pedro*). A intercessão de Miguel, dos outros anjos e de Paulo vale aos condenados a concessão de uma suspensão das penas no domingo, um motivo que — como já vimos — é retomado nos *Trânsitos* e nos *Apocalipses da Virgem*. Os capítulos 45-51 contêm uma visão do paraíso (diferente, portanto, do terceiro céu dos capítulos 19-20), à qual a versão copta acrescenta outra, decerto secundária.

O imenso sucesso do *Apocalipse de Paulo* faz de sua tradição manuscrita uma das mais complicadas na área dos apócrifos cristãos. Em grego só resta um fragmento do original, bem como um resumo contido em dois manuscritos. O texto mais próximo do original perdido parece ser uma versão latina conservada num só manuscrito, do século VIII, versão da qual dependem alguns extratos e um remanejamento parcial, bem como onze recensões medievais mais ou menos abreviadas. Os textos latinos geraram, por sua vez, versões medievais em várias línguas ocidentais. Existe igualmente uma versão copta, num manuscrito do qual se perderam os primeiros quinze capítulos; duas versões siríacas, de uma das quais depende uma tradução árabe; quatro recensões armênias; uma em georgiano; diversas recensões em antigo eslavo. Já mencionamos, por fim, a transformação deste texto em *Apocalipse da Virgem* na tradição etíope. Esse emaranhado levanta difíceis problemas de reconstituição da forma mais antiga. A isso se junta a convicção — desenvolvida na investigação a partir das primeiras décadas do século XX — de que deve ter havido uma primeira versão do *Apocalipse*, datável na primeira metade do século III, já que citada por Orígenes; e de que uma segunda versão ampliada seria datável com base nos nomes dos cônsules sob os quais, segundo o prólogo, ocorre o descobrimento do texto de Paulo (as contradições entre as versões criaram incertezas sobre a data, que remete de todo modo ao final do século IV). Mais recentemente, P. L. Piovanelli desafiou com ótimos argumentos essa opinião difundida, mostrou a inconsistência do recurso a Orígenes como testemunha de uma primeira versão, e propôs datar a composição do *Apocalipse* entre 395 (data da morte de Teodósio I, um dos cônsules do prólogo) e 416, ano em que a obra é citada por Agostinho. Isso permite, entre outras coisas, compreender o lugar de honra reservado aos anacoretas e a ausência de referências aos mártires e a seus perseguidores (importantes na fonte, o *Apocalipse de Pedro*). No geral, o *Apocalipse de Paulo* — embora condenado no *Decreto Gelasiano* e em outras listas de apócrifos — desempenhou um papel central no desenvolvimento do imaginário cristão do "outro mundo", e por meio das versões latinas influenciou Dante, como se demonstrou há tempo.

b) Apocalipses gnósticos

Não se confunda com o anterior o *Apocalipse de Paulo* encontrado em copta (provavelmente tradução de um original grego) em Nag Hammadi (NHC V 2: 17,19–24,9). Este também se inspira em 2Cor 12,2-4, mas situa a visão de Paulo (narrada em parte na terceira pessoa, em parte na primeira) durante a viagem de regresso de Damasco a Jerusalém, após sua conversão. O início está mutilado: vemos Paulo perguntar o caminho a um menino, que declara conhecer tudo sobre Paulo e se revela como o Espírito (idêntico talvez ao Cristo). O menino mostra a Paulo os Doze, a quem ia visitar em Jerusalém, depois o faz subir primeiro ao terceiro céu, depois ao quarto (cf. 2Cor). Neste último se encontra o inferno. Paulo assiste aí à condenação de uma alma pecadora, que consiste em fazê-la entrar num corpo. Através do quinto e do sexto céu, Paulo atinge o sétimo, onde surge o ancião que representa Deus em Dn 7,9. Mas este, falando com Paulo, tenta apenas impedi-lo de subir mais. Mas não tem sucesso, porque Paulo, a conselho do Espírito que o acompanha, mostra a senha que está em seu poder. Isso lhe permite ascender até o décimo céu, onde pode saudar os espíritos seus companheiros. Trata-se de um verdadeiro apocalipse, no qual um conhecimento de ordem superior é mediado por um personagem ultraterreno (aqui o menino/Espírito). Está presente o motivo da viagem através dos céus, que inclui a dupla visita ao inferno (aqui situado no quarto céu, onde a tradição cristã freqüentemente situava o paraíso; mas a localização celeste dos infernos é largamente atestada nessa época caracterizada pela "demonização do cosmo") e ao paraíso. Especificamente gnóstico é o rebaixamento do Deus veterotestamentário a divindade inferior: trata-se do Demiurgo com sede na Hebdômada. Figura do gnóstico, que está em posse do Espírito, Paulo escapa tanto do destino da reencarnação (quarto céu), como do Criador (sétimo céu), graças à senha que, como em inúmeros textos gnósticos, representa sua identidade de espiritual e lhe permite aceder ao mundo celeste para além da Hebdômada, no qual encontra os que são de sua mesma natureza. Quanto aos Doze, embora superiores ao Criador, parecem inferiores a Paulo, que os encontra no oitavo céu, enquanto ele ascende ao décimo. O escrito tem, sem dúvida, o objetivo, entre outros, de valorizar Paulo, apóstolo predileto dos gnósticos, que liam em suas epístolas as próprias doutrinas deles. É impossível localizar o texto, difícil datá-lo; remonta provavelmente ao terceiro século.

À mesma época, ou também no final do século II, pertence o *Apocalipse de Pedro* proveniente da mesma biblioteca copta (NHC VII 3: 70,13—84,14; não confundir com a obra tratada no volume I, pp. 151-155). Diferentemente da maioria das revelações gnósticas, esta não é comunicada pelo Senhor ressuscitado, mas por Jesus na semana precedente à Paixão, enquanto se senta com Pedro (que narra em primeira pessoa) no Templo de Jerusalém. Jesus mostra a Pedro uma antevisão da própria paixão, fazendo-lhe ver também o que os judeus cegos não vêem: o verdadeiro Jesus não é aquele que aparece crucificado, mas aquele que, rindo, está ao lado da cruz. De fato, o texto quer propor uma interpretação (apresentada como revelação do próprio Salvador) da crucifixão fundada numa cristologia doceta. Tal doutrina se encontra evidentemente em conflito com a de outros grupos cristãos, contra os quais Jesus alerta Pedro numa enumeração inserida no interior da revelação sobre a cruz. Alguns dos grupos combatidos são decerto os que estão se desenvolvendo como "grande Igreja". Outros, porém, são com toda probabilidade grupos que os heresiólogos tacham de gnósticos. A censura àqueles que "se agarram ao nome de um morto" (74,13-14) parece referir-se justamente a polêmicas sobre a interpretação da paixão e da cruz de Jesus. O notável interesse deste escrito reside no fato de fornecer um ponto de vista "sectário" sobre diferentes grupos ativos num ambiente cristão, ainda que seja difícil definir a zona de origem do texto.

c) Esdras

Bem diferentes são outros textos que também se pode classificar como apocalipses. A versão latina do apocalipse judaico conhecido como *Quarto livro de Esdras* tem (diferentemente das numerosas versões orientais conservadas) uma seção a mais no início e uma no fim (cada uma dividida em dois capítulos). A primeira se apresenta explicitamente como uma revelação feita a Esdras, com uma visão no final. A segunda é uma espécie de profecia, anônima em si. Trata-se de dois escritos cristãos originalmente independentes não só de *4 Esdras*, mas também entre si, e costuma-se designá-los respectivamente como *5 Esdras* e *6 Esdras*. Os manuscritos são distribuídos entre duas recensões do texto, chamadas (por causa da zona de proveniência dos manuscritos) franca e espanhola. A diferença é nítida para *5 Esdras*, menos forte para *6 Esdras*. Em geral, considera-se a recensão franca como mais fiel à forma original. Um fragmento de *6 Esdras* encontrado entre os papiros de Oxirrinco (P. Oxyr. 1010) garante um original grego para este escrito, ao passo que para *5 Esdras* a coisa não está provada, embora seja verossímil.

5 Esdras se divide em duas partes: 1,4–2,9 é uma reprimenda a Israel por sua ingratidão e sua infidelidade para com Deus, que provocaram a substituição de Israel pelo novo povo cristão; 2,10-48 contém uma mensagem de consolo e de exortação para os cristãos, seguida da visão dos mártires sobre o monte Sião, os quais, vestidos de túnicas brancas, recebem a coroa do Filho de Deus, representado como um jovem de elevada estatura. Entre a mensagem e a visão existe, de algum modo, uma quebra (entre 2, 32 e 33). A representação do Filho de Deus acha correspondência em textos da metade do século II, como o *Pastor de Hermas*, o *Evangelho de Pedro*, a *Paixão de Perpétua e Felicidade*. A multidão de mártires vestidos de branco se encontra no *Evangelho de Pedro*, em *Hermas* e no *Apocalipse de João*. A presença de motivos tradicionais judaicos, dirigidos contra Israel numa violenta polêmica, remete a um processo de autodefinição da identidade cristã por meio de uma dura reação contra a religião-irmã (o judaísmo rabínico), e de autodesignação como povo novo, que está em desenvolvimento desde o início do século II (*Pregação de Pedro*). Esses elementos convergem para uma datação por volta do final do século II.

Foi proposto aproximar 5 *Esdras* do ambiente judeu-cristão em que foi produzido e utilizado o evangelho de Mateus. A dureza desse escrito contra Israel contribuiu para a abertura de uma ferida que permaneceu nos séculos. As invectivas da primeira parte parecem ter inspirado os "impropérios" que até recentemente eram recitados na liturgia católica da Sexta-feira Santa. As promessas da segunda parte, por sua vez, inspiraram a liturgia medieval.

6 *Esdras*, carente de uma moldura narrativa que enquadre a revelação, é antes uma profecia escatológica que um apocalipse no sentido que descrevemos (cf. vol. I, pp. 137-151). Contém ameaças divinas contra os povos que oprimem os fiéis, em particular Babilônia, Ásia, Egito e Síria. Aos justos não é poupada nenhuma prova, mas é-lhes prometida a libertação final, iminente. O quadro tradicional das calamidades dos últimos tempos — para além da referência fictícia a potências do mundo veterotestamentário (a atmosfera é muito semelhante à dos *Oráculos Sibilinos* judaicos) — parece ter em vista uma situação de perseguição dos cristãos, que se estende amplamente na parte oriental do império romano. Tentou-se determinar referências à perseguição de Décio e Valeriano, por volta de 260; mas tudo o que se pode dizer com certeza é que estamos antes de Constantino.

No citado *Quarto livro de Esdras*, composto no final do século I de nossa era, o personagem já lendário do reconstrutor de Jerusalém no regresso do exílio era posto em cena lamentando-se pela destruição de Jerusalém por parte da Babilônia, e lamentando-se com Deus, que permitia que seu povo fosse oprimido por povos idólatras. Era a transposição para a história antiga da angústia que atormentava os judeus depois da destruição de Jerusalém em 70 d.C. Segundo o Antigo Testamento, Esdras era também aquele que recuperara e pusera de novo em vigor o livro da Lei de Moisés. Em *4 Esdras* (14,38-48), todos os livros bíblicos, perdidos, são-lhe novamente ditados, sob inspiração do Espírito, e a eles se juntam outros livros que, por enquanto, devem ser mantidos em segredo. Em tal quadro era possível, justamente, inserir novas revelações sob o nome de Esdras. Os cristãos se apossarão dos diversos aspectos do personagem, mas, como vimos no caso de 5 *Esdras*, de intercessor por Israel apesar de suas culpas ele se torna veículo das acusações divinas contra o povo, bem como das promessas para o (futuro, na ficção) povo cristão. Trechos apócrifos, apresentados como profecias de Esdras, que conectavam a destruição de Jerusalém com profecias de Cristo, já circulavam desde a primeira metade do século II, como prova Justino Mártir (*Diálogo com Trifão* 72, 1). O papel de intercessor de Esdras foi recuperado pelos mais tardios apocalipses de incerta datação, aplicado porém aos pecadores no inferno, como no *Apocalipse de Paulo*, em certos *Trânsitos* e nos *Apocalipses de Maria*. Assim, a *Visão do beato Esdras*, conservada apenas em latim (em duas recensões), contém uma visita de Esdras ao inferno (com intercessão), seguida de outra ao paraíso (de novo com intercessão pelos condenados). Vemos análoga estrutura na segunda parte de um *Apocalipse de Esdras* conservada em grego, cuja primeira parte contém um debate de Esdras com Deus, no qual o primeiro protesta pela criação dos pecadores, acompanhado de uma descrição dos últimos tempos e do juízo. Uma terceira parte concerne à recusa de Esdras em morrer e enfim à sua submissão (tema presente no judaico *Testamento de Abraão*). Os temas da primeira e da terceira partes se encontram num *Apocalipse de Sedrach* (deformação do nome de Esdras?), também este em grego. Trata-se nestes casos de escritos bastante tardios, que porém conservam tradições judaicas muito mais antigas.

d) *Apocalipse de Tomé*

Completamente orientado em sentido escatológico é o *Apocalipse de Tomé*, mencionado no *Decreto Gelasiano*, mas recuperado apenas neste nosso século, em duas recensões latinas (para alguns, o original seria grego). Encontramo-lo, ademais, transposto intensamente em homilias inglesas medievais, e parece que foi utilizado também na Irlanda. Uma recensão longa, atestada por três manuscritos e introduzida como "carta do Senhor a Tomé", trata, numa primeira parte, das calamidades que se abaterão sobre a humanidade nos últimos tempos e dos soberanos que se sucederão nesse período. Uma segunda parte distribui em sete dias (aos quais se segue um oitavo de paz) os eventos do fim do mundo, incluído o retorno de Cristo. A recensão breve, atestada por dois manuscritos entre os quais um palimpsesto vienense do século V, se limita à segunda parte. A maioria dos estudiosos (mas recentemente se argumentou também em contrário) considera a versão breve mais antiga. O termo *ante quem* é aqui fornecido pelo palimpsesto de Viena. A recensão longa contém alusões a fatos históricos, algumas claras (aos dois filhos de Teodósio, Arcádio e Honório, e à morte pelo menos do primeiro, ocorrida em 408), outras nem tanto (pilhagem de Roma em 455 por Genserico?). De todo modo, o ambiente parece ser a parte ocidental do império. Este gênero de textos convidava às reatualizações, que inseriam alusões ao tempo presente querendo apresentá-lo como o do fim, sobretudo em períodos de guerra, carestia e sofrimentos generalizados. Contatos com as doutrinas maniqueístas e com textos priscilianistas indicam, se não a composição, o uso do texto em tais ambientes.

6. Conclusão

Em conclusão, recordamos não só que nos limitamos a uma restrita escolha de textos (as obras citadas na Bibliografia permitirão alargar o campo), mas também que o presente capítulo tem, inevitavelmente, uma lógica um tanto anômala no âmbito de uma história literária. De fato, as obras aqui consideradas não são ligadas entre si por um processo de desenvolvimento histórico e literário, nem por um comum ambiente de produção, nem por uma mesma problemática geradora, mas só pelo mesmo rótulo de apócrifos cristãos. Além disso, seu agrupamento correspondeu largamente a critérios convencionais e de praticidade. Procedemos por gêneros literários, assumindo os do Novo Testamento, mas sublinhamos diversas vezes quanto os textos agrupados nas várias categorias são heterogêneos não só por lugar e época de composição mas também por gênero (pense-se no parágrafo sobre os Atos, e na relação destes com as *Pseudoclementinas*; ou nos apocalipses, muito diferentes entre si). Também a relação entre os textos no interior de cada grupo é muito diferente. Em certos casos, uma relação literária é certa (evangelhos da infância, trânsito de Maria...), em outros os vários escritos não têm rigorosamente nada a ver uns com os outros (cartas!).

Vejamos de novo tudo o que observamos sobre a categoria de "apócrifos": ela parece útil para *descrever* um conjunto de textos anônimos ou pseudônimos apoiados em fatos e personagens das origens cristãs, mas cada vez mais se revela difícil uma *definição* dessa categoria e uma delimitação do campo. O significado do termo, como dissemos, mudou várias vezes ao longo dos séculos. Parece necessário recorrer a certa pragmaticidade em seu uso, renunciando a um rigor absoluto. Também a fronteira entre apócrifos e hagiografia ou lendas não é em geral simples de traçar, mas não nos parece aconselhável renunciar totalmente a ela. Isso não significa que se deva abandonar a busca de uma delimitação precisa do campo dos apócrifos como objeto de estudo. Mas é necessário estar consciente de que dificilmente se encontrarão critérios definitivos. Tampouco a referência às origens cristãs, que nos pareceu bastante satisfatória por ser atualmente proposta, parece um critério absoluto. Um exemplo: Dionísio, o Aeropagita, é certamente um personagem das origens cristãs, mas daí não decorre que se proponha inserir entre os apócrifos cristãos o *corpus* das obras postas sob seu nome (sobre elas, cf. vol. II/2 desta *História da literatura cristã antiga grega e latina*, pp. 369ss.). Todavia, é lícito supor que se, por hipótese, delas fosse conservada apenas a suposta carta de Dionísio a S. João (carta 10), ela se encontraria nas coletâneas modernas de apócrifos: e com efeito é definida como apócrifa (ao quadrado!) uma carta de Dionísio Areopagita a Tito sobre a assunção de Maria, transmitida em armênio. Outro exemplo é o dos apócrifos criados entre os séculos XIX e XX: a respeito deles, o termo "apócrifos" é usado como equivalente de "falsos", provavelmente por terem sido produzidos e difundidos numa época — a moderna — em que o conceito de autenticidade assume, na circulação da literatura, uma importância e uma função bem diferentes que na Antiguidade. Provavelmente a acurada aplicação de conceitos tirados da teoria literária contemporânea (em relação às várias fases da produção e recepção dos textos) poderá ajudar a afinar posteriormente o campo da investigação sobre os apócrifos.

Bibliografia. 1. Sobre a formação do cânon do Antigo Testamento em ambiente judaico e cristão: J.-D. Kasetli-O. Wermelinger (eds.), *Le canon de l'Ancien Testament*, Labor et Fides, Genève 1984. Sobre a formação do cânon bíblico cristão permanece clássico, embora limitado aos primeiros dois séculos, H. von Campenhausen, *Die Entstehung der christlichen Bibel*, J. C. B. Mohr, Tübingen 1968. Fundamental pela quantidade de dados e textos recolhidos, embora não mais atual em suas teses, permanece Th. Zahn, *Geschichte des neutestamentlichen Kanons*, 2 vols., Deichert'sche Verhandlung Nachfolger (G. Boehme), Erlangen-Leipzig 1888-1892. Ótima síntese dos dados disponíveis sobre os escritos cristãos considerados canônicos nos documentos dos primeiros quatro séculos (e além) é B. M. Metzger, *The Canon of the New Testament. Its Origin, Development, and Significance*, Clarendon Press, Oxford 1987. Sobre o debate ainda aberto acerca dos impulsos que conduziram no século II à constituição de um Novo Testamento (processo inelutável inscrito na lógica do desenvolvimento da tradição cristã, ou fator desencadeador representado por Marcião?), pode-se consultar F. Bovon-E. Norelli, *Dal Kerygma al canone. Lo statuto degli scritti neotestamentari nel secondo secolo*: CrSt 15 (1994) 525-540, com bibliografia (e o inteiro fascículo de CrSt ao qual aquelas páginas servem de introdução). Sobre a formação do Novo Testamento, cf. p. ex. A. F. J. Klijn, *Die Entstehungsgeschichte des Neuen Testaments*, ANRW II 26.1, 1992, pp. 64-97. – Para a problemática moderna sobre a noção de apócrifo pode-se partir da apresentação divulgadora em J.-D. Kaestli-D. Marguerat (eds.), *Le mystère apocryphe. Introduction à une littérature méconnue*, Labor et Fides, Genève 1995 (sobretudo os dois ensaios iniciais de E. Junod e J.-D. Kaestli). E. Junod, *La littérature apocryphe chrétienne constitue-t-elle un objet d'études?*, REA 93 (1991) 397-414, sintetiza a discussão mais recente, com bibliografia.

2. Instrumento indispensável para a identificação dos apócrifos cristãos e a localização de suas edições é M. Geerard, *Clavis apocryphorum Novi Testamenti* (CChr), Brepols,

Turnhout 1992. Necessários também os repertórios hagiográficos dos bolandistas: *Bibliotheca Hagiographica Graeca*, 3. ed. a cargo de F. Halkin, 3 vols., Société des Bollandistes, Bruxelles 1957 (atualizada por F. Halkin, *Auctarium* [Subsidia Hagiographica 47], Société des Bollandistes, Bruxelles 1969; id., *Novum Auctarium* [Subsidia Hagiographica 65], Société des Bollandistes, Bruxelles 1984); *Bibliotheca Hagiographica Latina antiquae et mediae aetatis*, ed. Socii Bollandiani, 2 vols., Bruxelles 1898-1901 (atualizado por H. Fros, *Bibliotheca Hagiographica Latina antiquae et mediae aetatis. Novum Supplementum* [Subsidia Hagiographica 70], Société des Bollandistes, Bruxelles 1986). A revista "Apocrypha", Brepols, Turnhout 1990ss., é inteiramente dedicada a esta literatura. Ver também ANRW II 25.5 (1988) e 25.6 (1988). – Os textos apresentados neste capítulo, e outros ainda, são tratados, e em parte traduzidos, nas coletâneas de apócrifos de Erbetta, Moraldi, Schneemelcher, assinaladas na bibliografia geral (a quantidade mais ampla de textos traduzidos está em Erbetta); ver ali também para bibliografia ulterior, a partir das edições dos textos. – Tradição sobre Jesus e Maria. Para a edição dos textos gregos e latinos da infância de Jesus e do ciclo de Pilatos deve-se recorrer ainda a C. von Tischendorf, *Evangelia apocrypha*, Mendelssohn, Leipzig 1876^2 (reed. Olms, Hildesheim 1987); para os textos orientais, ver as introduções às traduções nas coletâneas citadas. Para as *Questões de Bartolomeu*, no aguardo da nova edição crítica, é indispensável a tradução com introd. e notas de J.-D. Kaestli-P. Cherix, *L'évangile de Bathélémy d'après deux écrits apocryphes*, Brepols, Turnhout 1993 (contém também o *Livro da Ressurreição* copta). Para a selva dos *Trânsitos de Maria* é útil o repertório, com indicação das edições e ampla bibliografia, de S. Mimouni, *"Transitus Mariae"*, DSp XV, 1991, cols. 1160-1174; entre as tentativas de relacionar os textos entre si, ver agora antes de tudo S. C. Mimouni, *Dormition et assomption de Marie. Histoire des traditions anciennes*, Beauchesne, Paris 1995; ademais, p. ex., E. Testa, *Lo sviluppo della "Dormitio Mariae" nella letteratura, nella teologia e nell'archeologia,* "Marianum" 44 (1982) 316-389. – *Carta do Pseudo-Tito*: ed. do texto em PL Suppl. II, cols. 1522-1542. Estudos: G. Sfameni Gasparro, *L'Epistula Titi discipuli Pauli de dispositione sanctimonii e la tradizione dell'enkrateia*, ANRW II 25.6, 1988, 4550-4664, com a bibliografia precedente. – Atos apócrifos: à bibliografia dada no vol. I, p. 236, pode-se acrescentar E. Plümacher, *Apokryphe Apostelakten*, PRE Supplementband XV, 1978, cols. 11-70. Para os textos de Nag Hammadi ver as edições assinaladas no vol. I, p. 222. Sobre as recensões dos Atos antigos: E. Junod-J. D. Kaestli, *L'histoire des Actes apocryphes des apôtres du IIIe au IXe siècle: le cas des Actes de Jean*, La Concorde, Genève 1982. *Atos de Filipe*: F. Amsler-B. Bouvier-F. Bovon, *Actes de l'apôtre Philippe*, Brepols, Turnhout 1996 (intr., tr. e notas). Lenda de Abgar: A. Desreumaux, *Histoire du roi Abgar et de Jésus*, Brepols, Turnhout 1993. – *Pseudoclementinas*: ed. B. Rehm, *Die Pseudoklementinen I. Homilien*, 3. ed. a cargo de G. Strecker (GCS 42), Akademie Verlag, Berlin 1992; *II. Rekognitionen in Rufinus Übersetzung*, 2. ed. organizada por G. Strecker (GCS 51), Akademie Verlag, Berlin 1994. Tr. it. dos *Reconhecimentos: Pseudo-Clemente, I Ritrovamenti*, ed. de S. Cola, Città Nuova, Roma 1993. Estudos: F. S. Jones, *The Pseudo-Clementines. A History of Research*, "The Second Century" 2 (1982) 1-33, 63-96. Para uma orientação cf. a intr. de L. Cirillo à tradução dos *Reconhecimentos*, em *Littérature apocryphe chrétienne I*, ed. F. Bovon-P. Geoltrain (Pléiade), Gallimard, Paris 1997; e a de F. S. Jones à sua seleção das *Pseudoclementinas* em *New Testament Apocrypha*, ed. R. W. Funk, *II. Apocryphal*

Acts of the Apostles, ed. H. W. Attridge-D. R. MacDonald, Santa Rosa (Cal.), (agradecemos aos autores que gentilmente nos forneceram os manuscritos). Também: J. Wehnert, *Abriss der Entstehungsgeschichte des Pseudoklementinischen Romans*, "Apocrypha" 3 (1992) 211-235. – Apocalipses. *Apocalipse de Paulo*: Repertório dos textos e estudo da origem em P. L. Piovanelli, *Les origines de l'Apocalypse de Paul reconsidérées*, "Apocrypha" 4 (1993) 25-64. Textos de Nag Hammadi: cf. vol. I, p. 222. *5 e 6 Esdras* se encontram com *4 Esdras* nas edições críticas da *Vulgata*, p. ex. a de R. Weber e colaboradores, Württembergische Bibelanstalt, Stuttgart 1975[2], v. II. Outros apocalipses de Esdras: ed. O. Wahl, *Apocalypsis Esdrae. Apocalypsis Sedrach. Visio beati Esdrae*, Brill, Leiden 1977; tr. inglesa com introduções e notas em J. H. Charlesworth, ed., *The Old Testament Pseudepigrapha* I, Darton; Longman & Todd, London 1983, pp. 561-579 (M. E. Stone); pp. 581-590 (J. R. Mueller, G. A. Robbins); pp. 605-613 (S. Agourides).

Capítulo IX
Polêmicas antiarianas no Ocidente

1. Características da cultura cristã ocidental dos séculos IV-V

A partir de aproximadamente 350, a cristandade ocidental parece atravessada por fortes estímulos intelectuais e culturais. Se considerarmos a produção literária cristã exclusivamente do ponto de vista da cronologia, observaremos que a segunda metade do século IV é ocupada pelas personalidades de Hilário, Mário Vitorino e Ambrósio. Jerônimo escreveu boa parte de suas obras antes de 400, e Agostinho muitas das suas, inclusive as *Confissões*. Se ultrapassarmos o início do século V e considerarmos numa visão conjunta o período que vai da metade do século IV à morte de Agostinho (430), poderemos abranger nestes oitenta anos — período certamente curto na história do cristianismo antigo — talvez o melhor da produção cristã em língua latina, que conseguiu em tão breve tempo abraçar todos os gêneros literários, mesmo os que até o momento não haviam sido tentados, e renová-los.

É grande a difusão da cultura no século IV, e ela dura até a ruptura das tradições literárias, provocada pelas invasões bárbaras. Para tanto contribui sobretudo a homilia, sem dúvida um gênero tipicamente cristão (derivado da explicação da Lei na Sinagoga hebraica), mas, em outros aspectos, paralelo àquele representado, em âmbito profano, pelas orações oficiais e pelos panegíricos (aliás, homilias de tema profano e panegíricos foram pronunciados também por Ambrósio; panegírico em versos foram escritos por Paulino de Nola). Naturalmente, quando falamos de cultura difundida pela homilia, deve-se ter em mente que apenas a forma final do texto elaborado é apresentada de viva voz. Na realidade, a homilia é precedida por uma atenta preparação escrita. Posteriormente, depois de ter sido pronunciada, os textos (que tinham sido transcritos por um estenógrafo) são reelaborados pelo autor e postos na forma definitiva com as últimas modificações (isso ocorre, por exemplo, com os sermões de Agostinho).

A grande difusão da homilia na literatura cristã foi, portanto, facilitada pela difusão da estenografia, seja para a composição de obras literárias, seja para os documentos públicos. A partir do século II a estenografia é atestada em alguns papiros egípcios. Provavelmente alguns resumos dos *Atos dos Mártires* foram estenografados, e isso permitiu sua conservação até o momento seguinte da transcrição em forma mais literária; alguns conservaram, porém, a forma estenográfica original. A partir do século IV a atividade dos estenógrafos oficiais a serviço da Igreja é bem-atestada: eles se encontravam na comitiva dos Padres conciliares, registrando suas discussões, ou eram empregados nos casos de debates públicos com os hereges. Mas sobretudo empregavam-nos, freqüentemente a pedido dos oradores, por ocasião das homilias: o pregador queria que eles registrassem suas palavras, para depois rever o registro e publicá-lo na forma de tratado. Ou então eles eram pessoas do público que se interessavam particularmente pelas palavras do orador. Gregório de Nazianzo, por exemplo, recorda explicitamente os estenógrafos sempre presentes em suas pregações.

A homilia, habitualmente constituída pelo comentário a uma passagem escriturística, teve amplíssima difusão no século IV, representando um dos gêneros literários mais significativos do período. Foi definida como "os *mass-media* da Antiguidade cristã" (segundo Fontaine). A homilia, contudo, não tem apenas a função erudita de explicar a Escritura, e portanto não implica somente um nível cultural médio-alto. Ela deve servir também à instrução das massas que, impossibilitadas de freqüentar a escola, e por conseguinte analfabetas e ignorantes, somente graças à homilia podem ter uma formação religiosa, e também profana (simultaneamente religioso e profano, por exemplo, é o conteúdo das *homilias* ambrosianas *Sobre o Hexamerão*). Observa Gualandri que o homileta tem como objetivo a memorização daquilo que deseja ensinar, em particular o texto sacro. Muito útil para tal propósito é o canto: "aquilo que é cantado se prende melhor aos nossos sentimentos", diz Ambrósio (*Homilia sobre o Salmo 118*, 7, 25), que lembra também que todos amam o canto dos Salmos, homens e mulheres, velhos e crianças; por meio dele se aprende sem fadiga e se conserva com prazer na memória aquilo que se aprendeu. A utilidade do canto e da música para obter a difusão de qualquer doutrina fora percebida também por Ário, que escreveu a *Thalia* (cf. aqui pp. 47), e foi confirmada pelos hinos de Ambrósio.

Outro aspecto relevante da cultura latina do século IV é constituído pela difusão das traduções do grego: Rufino, Jerônimo e outros, menores ou anônimos, se dedicaram a elas, e tal atividade prossegue também no século V. A razão disso foi que o grego era cada vez menos conhecido e se tornara língua de elite. O exemplo de Agostinho, que certamente não foi um iletrado, mas se viu pouco à vontade com o grego e leu, quando pôde, os autores gregos em traduções latinas, é significativo. Isso indica que, de todo modo, era sentida fortemente a exigência de não perder o contato com a cultura oriental que, como sempre, aparecia aos latinos, mesmo os de fé cristã, como fonte e guia do pensamento. Tudo isso foi possível enquanto as condições políticas, sociais e econômicas do império mantiveram certa homogeneidade, mesmo sendo as duas partes governadas freqüentemente por imperadores diferentes. Mas Constâncio II, Juliano e Teodósio, embora com diferente fé religiosa, tiveram uma visão unitária do império, e Valentiniano I e Valente governaram em concórdia, de modo que a vida cultural do império foi homogênea, embora dirigindo-se para uma divisão cada vez mais agudamente sentida entre Oriente e Ocidente. Tal homogeneidade começou a se romper com os dois filhos e sucessores de Teodósio: Honório, no Ocidente, e Arcádio, no Oriente, entre os quais se verificaram também fortes motivos de atrito, pontualmente registrados pela poesia cortesã da época (por exemplo, por Claudiano). Depois deles a cisão entre as duas partes do império passou a ser um fato irreversível, agravado pelas invasões bárbaras no Ocidente, que chegaram a despedaçar a unidade estatal, enquanto o Oriente permaneceu relativamente tranqüilo. Agostinho foi o último escritor dessa época — no Ocidente — a ter ainda uma idéia global do cristianismo, e por isso suas relações culturais foram desde a Espanha até a Palestina, e entre seus autores favoritos havia sempre, apesar de seus protestos de ignorar a língua grega, escritores gregos. Depois dele o mundo latino (e não só o cristão) foi estilhaçado nos reinos romano-bárbaros, e as ligações com a cultura grega foram esporádicas e fragmentárias (retomadas, por exemplo, com o papa Leão Magno, no século V, e depois na Itália e na África do período bizantino). Veio a faltar, ademais, a convicção, que dominara até Agostinho, da unidade da cultura cristã de Oriente e de Ocidente.

2. *Roma cristã. Concílios e cartas papais*

A cultura cristã de Roma, que ali se radicara desde o século II, como vimos a seu tempo, se não alcançou os ápices a que chegara a cristandade da África no âmbito literário e teológico, sempre fora um ponto de referência para o Ocidente, embora não se possa falar ainda de "primado" do bispo de Roma. Ela se valeu seguramente da proteção concedida por Constantino à nova religião, apesar de as relações entre o imperador e o cristianismo ocidental serem freqüentemente veladas por elaborações panegirísticas posteriores, como a da famosa doação de Constantino ao papa Silvestre. Seja como for, o papel de preeminência na administração dos problemas da Igreja, entendida em todos os sentidos, papel a que aspirava a sé episcopal de Roma desde sempre, teve um forte apoio da parte do primeiro imperador cristão, e tal preeminência foi pouco a pouco reconhecida de fato pelo poder civil. Isso ocorreu pela primeira vez por ocasião da condenação do cisma donatista, lançada contra os bispos rebeldes da África no Concílio de Arles de 314, sob Constantino: o imperador parece reconhecer a importância das decisões de Roma para todo o cristianismo ocidental.

A atividade conciliar e a elaboração dogmática da fé cristã não podem ser consideradas, neste contexto, senão em segundo plano. Na era constantiniana tiveram lugar o concílio de Elvira (no mesmo 314 — mas segundo alguns estudiosos deve ser antecipado para 295), presidido por Óssio de Córdova, que já vimos presente em Nicéia (cf. pp. 52-54), e o já citado concílio de Arles. Ambos se ocuparam de problemas relativos à ética da Igreja e elaboraram certo número de cânones. A mesma função normativa que está dirigida, nesses primeiros concílios, sobretudo à prática cristã será depois estendida, nos concílios posteriores — o de Nicéia inaugurará tal concepção —, também à definição da fé cristã. No mais das vezes, em tais concílios, que serão dedicados ao problema ariano, o debate é violento e aceso, e as conclusões são polarizadas entre "reta fé" e "heresia". Os anatematismos dos erros doutrinais destacam essa oposição. Em geral as discussões no plano teórico, como efetivamente se haviam desenvolvido, recebem menos atenção que as conclusões, e não são registradas por escrito.

Significativo dessa crescente importância da sé romana é também o freqüente envio das cartas papais. Certamente um envio de cartas oficiais também terá sido verificado antes, mas ele parece quase regular em toda ocasião importante do século IV. Algo do gênero, naturalmente, faziam todas as sés episcopais mais importantes (já abordamos as chamadas *Cartas festais* de Atanásio). Os freqüentes concílios, e o hábito de informar toda a cristandade de suas deliberações, fizeram surgir (ou, de todo modo, reforçaram) a prática do envio de cartas sinodais. A partir do século IV as cartas papais constituem um documento de extremo interesse sobretudo para a história do cristianismo, ainda que nós, no presente contexto, só possamos tomá-las em consideração rapidamente. No século V o papel de Roma, no plano da defesa do dogma cristão, se tornará determinante.

Se a figura do papa Silvestre I (314-335), ligada à lenda da "doação de Constantino", não é historicamente muito bem-delineada, algumas cartas do papa Júlio I (337-352), escritas em nome do sínodo romano de 341, que tomou posições em defesa de Atanásio, nos foram conservadas em grego pelo próprio Atanásio em sua *Apologia contra os arianos*. O papa Libério (352-366), por sua vez, envolveu-se pessoalmente na controvérsia ariana, e fragmentos de algumas cartas suas nos foram conservados nas obras históricas de Hilário de Poitiers; são enviadas, entre outros, a Óssio de Córdova, a Eusébio de Vercelli e ao imperador Constâncio. Por causa de sua oposição à política imperial, favorável aos arianos e hostil a Atanásio, Libério foi exilado na Trácia em 355: tal exílio enfraqueceu sua resistência, e ele abandonou a defesa de Atanásio, considerado o símbolo da ortodoxia, enviando quatro cartas: duas aos bispos orientais, uma aos bispos homeus Ursácio, Valente e Germínio, para que obtivessem do imperador a revogação do banimento, e outra, análoga, a Vicente de Cápua, para que, junto com os outros bispos da Campânia, intercedesse por ele. O exílio de Libério terminou em 358. Mais tarde, em 363, enviou uma carta aos bispos da Itália, na qual, conforme às deliberações do sínodo de Alexandria de 362, Libério concedia a amizade aos arianos dispostos a renunciar à profissão de fé homéia, por eles subscrita no concílio de Rímini de 359. Enfim, em 366, uma carta em nome do sínodo de Roma a numerosos bispos homeusianos do Oriente, cuja profissão de fé ele reconhece como garantia contra o arianismo. Libério, de todo modo, foi um pontífice que fez sentir sua ativa presença em Roma também mediante seu interesse pela construção de edifícios de culto: o mais famoso foi a Basílica de Santa Maria Maior. Enfim, ascendeu à sé romana Dâmaso (366-384), famoso sobretudo como poeta, autor de *epigramas*, dos quais falaremos mais tarde (pp. 413ss.). Também ele enviou algumas cartas oficiais, relativas aos problemas da época. Dâmaso, pessoa autoritária, ligado à aristocracia romana, era verossimilmente pouco favorável a manter relações de igual para igual com outras sés, muito menos com a de Ambrósio em Milão, razão por que os dois se ignoraram. Essa frieza também envolveu, talvez, o maior literato que viveu em Roma sob Dâmaso (falamos de Jerônimo), como já veremos. Junto com a sé de Roma, cresce no curso do século IV a importância da sé episcopal de Milão. Isso já se dá antes de Ambrósio, que a levou a seu apogeu, na medida em que Milão teve, indiretamente, sua autoridade ampliada pelo fato de ser residência imperial. A importância da sé milanesa é atestada também pelo fato de o imperador Constantino convocar, precisamente em Milão, em 315, os dois bispos antagonistas de Cartago: Donato, o autor do cisma que tomou seu nome, e Ceciliano. Em 355, Constâncio, em Milão, quer fazer os bispos ocidentais aprovarem suas decisões em matéria religiosa (e em particular a condenação de Atanásio). Em Milão permaneceu um bispo ariano, Auxêncio, e sua importância (derivada precisamente da sé e não de sua doutrina) é confirmada pelo fato de Hilário de Poitiers tentar depô-lo, embora sua tentativa não tenha obtido sucesso.

Bibliografia: Ch. Pietri, *Roma Christiana. Recherches sur l'Église de Rome, son organisation, sa politique, son idéologie de Miltiade à Sixte III (311-440)*, Bibl. École Française de Rome, de Boccard, Paris 1976; C. Alzati, *Ambrosiana Ecclesia. Studi su la Chiesa milanese e l'ecumene cristiana fra tarda antichità e Medioevo*, cit.

3. O donatismo

A África estava então sacudida pelas lutas entre os católicos e os donatistas, num conflito que não deve ser entendido como uma simples diferença de idéias, mas como uma verdadeira luta de religião no seio do cristianismo, aguçada por sentimentos de revolta da província contra o centro do império. Costuma-se situar os antecedentes ideais dessa luta no conflito entre Cipriano e Estêvão a propósito da repetição do batismo, que vimos no volume I (pp. 495-497). Aquela controvérsia terminara rapidamente com a sobrevinda da perseguição de Valeriano, mas a discórdia ressurgiu mais uma vez na África, e com o recurso das duas partes à autoridade de Cipriano. Passou-se a discutir a legitimidade do cargo de um bispo de Cartago, Ceciliano, que fora consagrado pelo bispo Félix de Aphtunga, o qual era acusado de ter sido "traidor" (de ter entregado aos pagãos os livros sagrados) durante a perseguição de Diocleciano. Ceciliano fora elevado à sé de Cartago ao fim da perseguição. Seus opositores, encabeçados pelo bispo Donato, elegem Maiorino e apelam (e isso é significativo) ao imperador, pedindo-lhe que a questão seja confiada a um tribunal imparcial, constituído pelos bispos da Gália. Constantino inicialmente delega a questão ao bispo de Roma, Milcíades (310-314), nomeando-o explicitamente juiz da contenda, que é discutida num sínodo em Latrão em 313. O sínodo exprime um parecer favorável a Ceciliano. Então os donatistas, insatisfeitos com a resposta, renovam o pedido a Constantino, que consente, convocando um concílio em Arles para 1º de agosto de 314, aonde se dirige o próprio bispo de Roma, Silvestre, que sucedera a Milcíades. O concílio de Arles reitera a condenação, e este fato provoca a rebelião de numerosos confessores africanos.

Bibliografia. Textos: CChr.Lat 148, 1963 (Concilia Galliae: C. Munier); SChr 241, 1977 (*Conciles gaulois du IVe siècle*: J. Gaudemet). Estudos: E. Tengström, *Donatisten und Katholiken*, Studia Graeca et Latina Gothoburgensia XVIII, Göteborg 1964; S. Calderone, *Circumcelliones*, "Parola del Passato" 22 (1967) 94-109.

Depois desses primeiros embates — nos quais se assiste a um aferrar-se dos donatistas em suas posições, orgulhosos de serem a minoria depositária da santidade cristã —, em 321 Constantino fez uma tentativa de pacificação, que passava por cima das condenações lançadas pelos concílios (vale dizer, pela autoridade da Igreja) contra os dissidentes africanos. Parece que um rescrito imperial recomendava, naquele ano, a todos os bispos da África, a tolerância e a generosidade. Isso representou um primeiro período de retorno à paz, mas só aparentemente. Em 330, de fato, os donatistas arrancaram dos católicos a basílica mandada construir pelo imperador, sem que Constantino (provavelmente ocupado com a questão de Ário, bem mais urgente) interviesse para puni-los. Nos anos seguintes o cisma se fortalece mais, graças à atividade de Donato de Cartago, que desde 313 substituíra na prática a Maiorino como chefe dos dissidentes. Os católicos parecem estranhamente silenciosos e inconcludentes, incapazes de reagir. Os *circumcelliones*, bandos constituídos de trabalhadores braçais e de desocupados vítimas da miséria, infestam o interior, tanto que os próprios bispos donatistas, por volta de 340, pedem a intervenção do Estado romano para restabelecer a ordem. Mas logo os donatistas se servirão deles para organizar uma série de vexações contra os católicos. Em 347 o imperador do Ocidente, Constante, informado da rebelião organizada por Donato de Cartago e por outro Donato, bispo de Bagai, na atual Argélia, envia dois homens de sua confiança, Paulo e Macário, para distribuir víveres e dinheiro. Mas os donatistas haviam se antecipado aos comissários imperiais e convidado as várias igrejas locais a não aceitá-los e a recusar qualquer contato com eles, sustentando que o imperador não tinha nada a ver com a Igreja. É evidente que por trás dessa aparente distinção entre os dois poderes se ocultava a revolta da Numídia contra a autoridade imperial. Irromperam tumultos: os soldados de Paulo e Macário mataram vários *circumcelliones* e donatistas, os quais foram em seguida venerados por seus correligionários como mártires. Donato, o Grande, foi mandado para o exílio, onde morreu em 355. A autoridade imperial interveio, confiscando as basílicas e condenando ao exílio os chefes da revolta, obtendo assim uma aparência de calma, que durou por quinze anos, sem que a verdadeira paz, contudo, retornasse à província. E à revolta contra a autoridade imperial se juntava também o desejo de se livrar da autoridade do bispo de Roma, e do catolicismo em geral, considerado comprometido com o poder leigo.

a) A literatura do cisma donatista

Donato, chamado também "Donato, o Grande", teria sido o primeiro escritor donatista por ter composto, segundo Jerônimo (*Os homens ilustres*, 93), "muitos opúsculos que dizem respeito à sua heresia e um livro sobre o Espírito Santo, que se conforma à opinião dos arianos", juízo repetido mais tarde por Agostinho, testemunha decerto bem-informada (*As heresias*, 69). O mesmo Agostinho, por volta de 393, fez questão de escrever uma obra *Contra a carta de Donato* (*Contra epistolam Donati*), uma carta que dizia respeito ao batismo dos hereges. Donato teria tido uma profunda educação literária e seria dotado de uma extraordinária eloqüência.

Seus contemporâneos teriam sido um pouco conhecido Vitélio e, sobretudo, um Macróbio, que teria sido primeiramente presbítero católico em Roma e depois bispo secreto dos donatistas na África. Esse Macróbio teria escrito, segundo Genádio (*Os homens ilustres*, 5), "um livro de conteúdo moral enviado às virgens e aos confessores, repleto de necessária doutrina e sobretudo de sentenças bastante válidas para proteger a castidade". Tal livro foi identificado por alguns com o escrito pseudocipriano (cf. vol. I, p. 503) que prescreve *Que os clérigos vivam sós*, uma exortação contra a prática das *virgines subintroductae*. Não é certo se essa obra foi escrita por Macróbio quando ainda era presbítero, e portanto católico, ou se quando passara ao donatismo. De todo modo, ela se encaixa no período entre 363 e 373. Esse Macróbio teria sido também autor de uma *Paixão dos donatistas Maximiano e Isaac*, cujo martírio teria ocorrido em 374.

Com o breve reinado de Juliano, o Apóstata (361-363), porém, a situação mudou de novo. Como se viu a propósito da controvérsia ariana, Juliano, que tencionava restaurar o antigo culto pagão, não interveio nos conflitos internos do cristianismo. Chamou de volta os exilados em suas cátedras e proclamou a liberdade para todas as seitas religiosas. Os donatistas, naturalmente, tiveram razões para tirar proveito disso, recuperando-se da derrota sofrida sob o imperador Constante, que era cristão. Assim, às vezes dentro da legalidade, mas freqüentemente com violência, eles se reapoderaram de tudo aquilo (basílicas, lugares de culto, propriedades dos católicos) de que tinham sido espoliados, em sua opinião, nos quinze anos anteriores. As fontes católicas, como Optato de Mileve, são repletas de testemunhos das violências dos donatistas, cometidas sob o olhar quase sempre complacente ou distraído da autoridade imperial. Além disso, a Donato de Cartago, morto no exílio em 355, sucedeu naqueles anos outro chefe cismático, de habilidades organizativas e polêmicas não inferiores: Parmeniano.

Parmeniano, que viveu até cerca de 391-392, foi também escritor e defendeu a causa dos donatistas numa obra dirigida *Contra a igreja dos traidores* (*Adversus ecclesiam traditorum*). O argumento de tal obra é evidente: a verdadeira Igreja é constituída pelos donatistas. A obra ficou perdida e é reconstruível somente pela confutação que dela fez o católico Optato, bispo de Mileve. Dividia-se em cinco partes, que Optato chama de "tratados". Os problemas abordados pelo cismático são sobretudo de ordem ético-disciplinar: o batismo, as características da verdadeira igreja, uma enumeração de passagens bíblicas, interpretadas arbitrariamente para demonstrar que a Igreja católica já fora condenada pelos profetas — os católicos eram os verdadeiros pecadores. Parmeniano traçava, ademais, de seu próprio ponto de vista, a história dos acontecimentos do cisma donatista. Agostinho também escreveu contra ele, compondo três livros *Contra a carta de Parmeniano* (*Contra epistolam Parmeniani*). Com ele, portanto, a controvérsia entre católicos e donatistas ganha terreno no plano das idéias e dos escritos depois de os dois partidos, por cerca de cinqüenta anos, terem se enfrentado sem definir, tanto quanto saibamos, os termos ideológicos de sua contenda.

A história do donatismo permanece, no presente contexto, limitada a essas breves menções. Contra ele intervieram também os imperadores Valentiniano I, em 377, Teodósio, em 392, e Honório, em 398. Voltaremos a falar dele no momento adequado, quando o gênio de Agostinho conseguirá resolver, se não definitivamente ao menos em maior parte, o problema daquele cisma. Certamente, a origem do donatismo, seu caráter tão restrito e sua difusão numa única província — que quis se separar de propósito do contexto do cristianismo para perseguir um fantasma de perfeição, que inventara para si — influenciaram as características da literatura donatista e antidonatista, que surgem (também nas mãos de um homem como Agostinho) como o produto de uma cultura irremediavelmente provinciana. A grande África de Tertuliano e de Cipriano se transformara num ambiente de teimosos polemistas de mente estreita.

Bibliografia: J.-P. Brisson, *Autonomisme et christianisme dans l'Afrique romaine de Septime Sévère à l'invasion vandale*, de Boccard, Paris 1958; W. H. C. Frend, The Donatist Church. *A Movement of Protest in Roman North Africa*, Claredon Press, Oxford 1971[2]; O. Seeck, *Quellen und Urkunden über die Anfänge des Donatismus*, ZKG 10 (1889) 505-568; id., *Urkundenfälschungen des 4. Jahrhunderts. I. Das Urkundenbuch des Optatus*, ZKG 30 (1909) 181-227.

c) Optato de Mileve

Dele nada sabemos a não ser que, por volta de 400, Agostinho o cita, dizendo que fora bispo de Mileve, na Numídia (*Contra a epístola de Parmeniano* I, 3, 5). Naquela data, portanto, Optato já estava morto.

Como foi dito acima, à tese de Parmeniano — de que a verdadeira Igreja de Cristo era a dos donatistas — se opôs Optato, escrevendo uma obra cujo título original se perdeu (os manuscritos falam apenas de um *Livro de Optato, Liber Optati*), mas que se costuma chamar *Contra Parmeniano, o donatista* (*Contra Parmeinanum donatistam*). Segundo Jerônimo (*Os homens ilustres*, 110), ela teria sido escrita sob os imperadores Valentiniano e Valente: tal período compreende quinze anos (364-378), e a imprecisão da datação mostra quanto Jerônimo, que escreveu não muito tempo depois, estava pouco interessado nos acontecimentos da controvérsia donatista. O mesmo Optato, aliás, declara que a furiosa perseguição de Diocleciano se desencadeara mais de sessenta anos antes. Por outro lado, Fotino de Sírmio, que morreu em 375, ainda estava vivo no tempo de Optato.

Optato, portanto, contrapõe-se a Parmeniano, seja com argumentos de caráter dogmático, seja com demonstrações baseadas na história. No primeiro livro ele repercorre a história do cisma donatista e no segundo mostra que existe somente uma Igreja de Cristo, e que ela deve ser buscada na união com a sé de Pedro. No terceiro livro, quer demonstrar que os católicos não são responsáveis pelas ásperas providências tomadas pelo governo contra os rebeldes, mas que a responsabilidade delas recai exclusivamente sobre os donatistas. O quarto livro confuta algumas perversas interpretações de Parmeniano, para quem as passagens de Is 66,3 e Sl 140,5 referem-se aos católicos e a seus sacramentos. O quinto examina o valor do batismo e sustenta a doutrina da validade objetiva dos sacramentos, isto é, de sua eficácia *ex opere operato*. O sexto, enfim, sublinha o ódio e o fanatismo dos donatistas em relação aos católicos.

Depois da conclusão da obra foi acrescentado por um desconhecido um fascículo de documentos conciliares, compilado por alguém ignorado já em época anterior (pensa-se no período compreendido entre 330 e 347) e denominado *Atas da justificação de Ceciliano e de Félix* (*Gesta purgationis Caeciliani et Felicis*), com o objetivo de demonstrar a regularidade e a justeza da consagração de Ceciliano como bispo de Cartago por obra de Félix, que, como se disse, tinham sido contestadas pelos donatistas. A tais documentos faz contínua referência o próprio Optato nos seis livros de sua obra, e esse fascículo é empregado também nas discussões das Atas do concílio de Cartago de 411 — que se concluiu com a derrota dos donatistas, por obra de Agostinho — e em algumas obras do mesmo Agostinho.

Optato escreveu também uma segunda redação de sua obra. Consiste no acréscimo de um sétimo livro, cuja autenticidade foi contestada por algum tempo. No início desse livro faz-se referência às acusações movidas pelos donatistas aos seis livros da redação anterior. Tais acusações induziram Optato a retomar o escrito e a voltar ao assunto. Este sétimo livro não parece, contudo, ter sido perfeitamente elaborado, contendo os adendos aos seis livros anteriores ainda em estado de esboço ou de trabalho preliminar: evidentemente, o escritor não pôde levar a cabo seu projeto. Este último livro parece ter sido escrito bastante mais tarde, no tempo do papa Sirício (cerca de 385), e por conseguinte o autor inseriu no texto da redação precedente um acréscimo coevo, a menos que tal acréscimo tenha sido obra de um interpolador.

Também como escritor Optato, mesmo não sendo de alto nível, parece apreciável por certa solenidade sentenciosa. Causou alguma impressão em Agostinho, que lhe elogia a eloqüência (*A doutrina cristã* II, 40, 61).

A Optato foram atribuídas recentemente algumas homilias, conservadas entre as de Agostinho.

Bibliografia. Textos: CSEL 26, 1893 (C. Ziwsa); para os *sermones* cf. PLS I, 288-300. Traduções: CTP 71, 1988 (L. Dattrino). Estudos: fundamental, para toda investigação posterior, C. Mazzucco, *Ottato di Milevi in un secolo di studi: problemi e prospettive*, Patron, Bologna 1993. Da mesma autora, *La pace come unità della chiesa e le sue metafore in Ottato di Milevi*, "Civiltà Classica e Cristiana" 12 (1991) 173-211.

d) Ticônio

Igualmente desconhecida é a vida daquele que foi talvez o mais significativo dos escritores donatistas, cuja importância está conquistando cada vez maior relevo com o progresso dos estudos sobre a antiga exegese cristã.

O já citado Parmeniano escrevera a esse Ticônio uma obra de exortação, na medida em que Ticônio, embora fosse de declarada fé donatista, não aderia à eclesiologia dos cismáticos. A Igreja de Cristo, segundo Ticônio, devia ser aquela que, correspondentemente às promessas dos profetas, se estendera sobre toda a terra, e esta era uma sociedade composta de bons e de maus. Provavelmente, Ticônio expusera essas suas convicções em dois escritos que são citados por Genádio (*Os homens ilustres*, 18): "Três livros sobre a guerra intestina e a exposição das várias causas, nos quais, para defender seus correligionários, ele recorda os antigos sínodos". Por não ter obedecido à exortação de Parmeniano, Ticônio foi excomungado num sínodo donatista. Parece que os dois livros de Ticônio devem ser situados em 370 e em 375, ao passo que a carta de exortação de Parmeniano se situa em 378.

Contudo, apesar da excomunhão, Ticônio teria permanecido fiel à causa do donatismo. Mas os dois livros que escreveu em seguida chamaram a atenção dos católicos, em particular de Agostinho, cujas relações com a personalidade de Ticônio são cada vez mais bem-esclarecidas pela crítica destes últimos anos (por exemplo, pelos estudos de Alberto Pincherle). O primeiro é o *Livro das regras* (*Liber regularum*) que servem para encontrar o verdadeiro significado da Escritura. São sete regras e tratam do Senhor e de seu corpo (*de Domino et corpore eius*), isto é, do Senhor e da Igreja. Ambos constituem um único corpo, e por isso os profetas, quando falam do Cristo, entendem tanto o Senhor como a Igreja. A segunda regra é a de que o corpo do Senhor é bipartido (*de Domini corpore bipertito*), ou seja, é constituído de duas partes, dos bons e dos maus. A terceira regra é a das promessas da Lei (*de promissis et lege*), que trata das aparentes contradições existentes nas doutrinas bíblicas sobre as promessas e sobre a Lei ou sobre a fé e as obras. A quarta regra diz respeito à espécie e ao gênero (*de specie et genere*), isto é, às figuras do discurso, o qual às vezes põe a parte pelo todo e o todo pela parte. A quinta regra diz respeito aos tempos (*de temporibus*), e a sexta à recapitulação (*de recapitulatione*), em casos em que é exposto como destinado a acontecer mais tarde um evento que na realidade já aconteceu. A última diz respeito ao diabo e a seu corpo (*de diabolo et corpore eius*), ou seja, às profecias relativas ao diabo e a seus seguidores, que constituem como que um todo único com ele. Cada uma destas sete regras era, naturalmente, demonstrada com abundância de exemplos e de argumentos. O livro de Ticônio é importante porque, como se vê, é o primeiro tratado sistemático de hermenêutica bíblica surgido no Ocidente latino. Foi escrito por volta de 380 e exerceu forte influência sobre Agostinho, e é recordado ainda com respeito por Cassiodoro dois séculos mais tarde.

Mais ou menos no mesmo período, Ticônio compôs um *Comentário ao Apocalipse*, em três livros, levado em conta pelos exegetas daquele livro bíblico que escreveram nos séculos seguintes, na África e na Espanha. Conhecemo-lo pelas citações que dele fez, no século VIII, o sacerdote espanhol Beato de Liebana, e de alguns excertos que chegaram até nós num manuscrito de Montecassino. O comentário de Ticônio era redigido de modo fortemente espiritualista, com a exclusão de toda interpretação realista e a eliminação sistemática de todo resíduo de milenarismo, que ainda permanecera no Ocidente até os primeiros anos do século IV, com Vitorino de Petóvio (cf. vol. I, pp. 523-524). Ticônio lê o Apocalipse vendo nele sobretudo a referência à Igreja.

Bibliografia. Textos: PL 18, 15-; PLS I, 622-; F. Burkitt, *Texts and Studies* III, 1, Cambridge 1894; A. Amelli, *Spicilegium Casinense* III, 1, 1897, pp. 261-331; Estudos: M. Simonetti, *Lettera e/o allegoria*, Augustinianum, Roma 1985.

4. *A polêmica antiariana durante o império de Constâncio II*

A heresia de Ário, condenada em Nicéia em 325, transferiu-se para o Ocidente com certo atraso: só o papa Júlio I, no sínodo romano de 341, interveio em favor de Atanásio, e os conflitos se aguçaram dez anos depois, quando o filho de Constantino, Constâncio II, tornando-se imperador também da parte do Ocidente em 351, começou a favorecer por toda parte o arianismo. Se temos informação de polemistas de fé ortodoxa, conhecemos também aguerridos sustentadores do arianismo, que no Ocidente assumiu as formas mais radicais. A luta entre arianos e nicenos suscitou no Ocidente, como no Oriente, numerosas obras polêmicas de nível modesto, que todavia constituem o húmus sobre o qual se erguerão as grandes personalidades de Hilário, Mário Vitorino e Ambrósio. A polêmica antiariana envolveu também a cristandade da Gália e da Espanha, regiões de grande cultura desde os primeiros anos da idade imperial. A civilização literária da Gália, na qual floresciam ótimas e renomadas escolas de retórica, era mais importante que a da Espanha e da Itália já talvez desde a segunda metade do século III; e durante todo o IV e parte do V foram numerosos, na Gália, os escritores e poetas cristãos, muitos dos quais, decerto, menores, mas testemunhas da vivacidade cultural da região.

Bibliografia. Sobre o arianismo: M. Meslin, *Les ariens d'Occident*, Seuil, Paris 1967, pp. 335-430; M. Simonetti, *Arianesimo latino*, "Studi Medievali" 8, 11 (1967) 663-744.

a) Óssio de Córdova

Entre os primeiros polemistas antiarianos do Ocidente devemos, sem dúvida, citar Óssio (ou Ósio), bispo de Córdova, que, no curso de sua longa vida, primeiro assistindo ao concílio de Arles de 314, teria encorajado Constantino a iniciar a repressão antidonatista. Depois, teve um papel de primeiro plano antes e durante o concílio de Nicéia (cf. p. 52) e foi resoluto sustentador do "consubstancial" (o termo, tão contestado, foi freqüentemente ligado à sua pessoa). Sempre em sua posição de guia dos antiarianos, Óssio presidiu também o sínodo de Sérdica, atual Sófia, na Bulgária, em 343, e apresentou ao papa Júlio I a fé dos ocidentais. Dele nos restam algumas *Sentenças* (*Osii sententiae*), vale dizer, cinco pareceres oficiais sobre determinados problemas da vida da Igreja. Por sua posição decididamente antiariana Óssio foi depois perseguido pelo imperador Constâncio. Em 356 foi convocado a Sírmio, quase centenário, e obrigado com ameaças e embustes a subscrever uma fórmula de fé de tipo ariano. Parece que Óssio, a crer num testemunho tardio (de Isidoro de Sevilha, que evidentemente tinha interesse em seu conterrâneo), teria escrito à irmã uma carta *Em louvor da virgindade* (*De laude virginitatis*).

Pensava-se que a este Óssio tivesse sido dedicada a tradução e o comentário de Calcídio ao *Timeu* platônico, mas essa hipótese foi recentemente abandonada, sobretudo por motivos cronológicos, na medida em que Calcídio parece ter vivido entre o final do século IV e o início do V.

Bibliografia. Textos: PL 8; CSEL 65, 1916 (A. Feder).

b) Fortunaciano

Originário da África, escreveu, sob o imperador Constâncio, *Comentários aos Evangelhos* (*Tituli in Evangelia*); a crer no que nos refere Jerônimo (*Os homens ilustres*, 97), trata-se, numa linguagem breve e rústica, de trechos de comentário, escolhidos e postos em ordem; participou do já lembrado sínodo de Sérdica como bispo de Aquiléia, onde teria defendido Atanásio. Depois, porém, na qualidade de amigo do papa Libério, teria sido responsável por tê-lo induzido a abandonar a ortodoxia e a subscrever o símbolo ariano de Sírmio, como queria Constâncio. Desses comentários, que se perderam, foram recentemente descobertos fragmentos, que parecem ser inspirados sobretudo no simbolismo.

Bibliografia. Texto: CChr.Lat 9, 1957 (B. Bischoff-A. Wilmart).

c) Febádio

Temos alguns escritos de Febádio de Agennum, na Aquitânia (a atual Agen): remonta a 357-358 um breve tratado *Contra os arianos* (*Contra Arianos liber*), espécie de carta circular a todos os bispos da Gália. O opúsculo não brilha pela originalidade, pois consiste em grande parte em citações ou extratos do *Contra Práxeas* de Tertuliano, cuja defesa da individualidade da Pessoa do Filho contra os modalistas podia vir a calhar contra os que negavam sua divindade. Febádio foi um dos principais opositores da fórmula ariana de Rímini de 359 e viveu até o final do século IV. Jerônimo (*Os homens ilustres*, 108) diz que Febádio teria escrito também outras obras que ele, porém, não tinha lido.

Bibliografia. Texto: CChr.Lat 64, 1985 (R. Demeulenaere).

d) Gregório de Elvira

Mais significativa é a personalidade de Gregório de Illiberis (hoje Elvira, perto de Granada), outro vigoroso opositor do arianismo. Ainda vivo em 392, escreveu, segundo Jerônimo (*Os homens ilustres*, 105), vários tratados num estilo não particularmente cuidado e um elegante livro *Sobre a fé* (*De fide*). Esta obra conservou-se até nós, ainda que sua autenticidade tenha sido discutida longamente. É uma breve, mas densa e eficaz defesa do consubstancial, sustentada por numerosas passagens escriturísticas. Teria sido composta em torno de 360-361, pois pretende, entre outras coisas, opor-se à fórmula do sínodo de Rímini de 359. Foi publicada duas vezes e em forma diferente. Uma primeira vez, circulou anônima e em círculos restritos, e sofreu a acusação de sabelianismo (normalmente lançada pelos arianos contra os sustentadores do consubstancial de Nicéia). A segunda edição foi melhorada e ampliada, caracterizada por uma maior precisão dogmática e pela eliminação de todo particular que pudesse dar lugar a interpretações de tipo sabeliano, e circulou com o nome de seu autor.

Jerônimo recorda como obra de Gregório também certo número de homilias. Conservaram-se cinco sobre o *Cântico dos Cânticos*, que explicam somente o início desse livro bíblico, e podem ser consideradas a mais antiga exegese do *Cântico* em língua latina que se tenha conservado. A alegoria das núpcias místicas entre Cristo e a Igreja, já difundida por Hipólito, é proposta também por Gregório, que não se limita, porém, apenas à exegese do *Cântico*: a leitura tipológica do Antigo Testamento com referência a Cristo tem grande peso nessas homilias. Também outras vinte homilias caracterizadas por uma notável eloqüência, que podem ser identificadas com o anônimo *Tratado de Orígenes sobre os livros das Sagradas Escrituras* (*Tractatus Origenis de libris SS. Scripturarum*). Nele o autor se dedica a interpretar algumas passagens do Antigo Testamento, na maioria as que dizem respeito a determinado personagem bíblico, que ele considera tipo de Cristo, e problemas morais e teológicos. Essa obra, atribuída no passado a Vitorino de Petóvio, suscitou recentemente vivo interesse. A autoridade de Orígenes como exegeta, portanto, já se havia difundido também no Ocidente latino, como logo testemunhará de modo eloqüente o exemplo de Hilário. A obra parece pouco informada do problema ariano e limita-se a professar uma cristologia bastante sumária e arcaica, que parece ter tido como modelo Tertuliano e Novaciano. Omitimos por falta de espaço alguns outros tratados exegéticos, que chegaram até nós em fragmentos muito escassos.

Bibliografia. Textos: CChr.Lat 69, 1967 (V. Bulhart, J. Fraipont); PLS 1, 358-471 (= P. Batiffol-A. Wilmart-G. Heine). Para o *De fide*: M. Simonetti, Corona Patrum 1, SEI, Torino 1975. Estudos: omitindo a bibliografia mais datada, recordamos M. Simonetti, *Studi sull'arianesimo*, Studium, Roma 1968.

e) Potâmio de Lisboa

Bispo a partir de aproximadamente 350, escreveu uma carta a Atanásio, aderindo à sua posição. Conforme à sua fé nicena é também a *Carta sobre a substância de Deus* (*Epistula de substantia*). Depois, contudo, aderiu à fórmula ariana do segundo concílio de Sírmio de 357. Com estilo rebuscado e fortemente retórico escreveu duas homilias: *Sobre a ressurreição de Lázaro* (*Tractatus de Lazaro*) e *Sobre o martírio de Isaías* (*De martyrio Esaiae prophetae*).

Bibliografia. Textos: PLS 1, 202-216 (A. Hamman). Estudos: A. Montes Moreira, *Potamius de Lisbonne et la controverse arienne*, Univ. Catholique, Louvain 1969.

f) Eusébio de Vercelli

Podemos considerar junto com Hilário de Poitiers, de quem falaremos em breve, Eusébio, bispo de Vercelli, que, tal como Hilário, foi exilado por não ter subscrito o símbolo ariano proposto no sínodo de Milão de 355. Liberado por Juliano, o Apóstata, em 361, colaborou com Atanásio no concílio de Alexandria de 362. Nos anos seguintes, junto com Hilário, tentou restaurar a doutrina nicena na Itália. Morreu em 370-371. Originário da Sardenha, fora leitor na Igreja de Roma e amigo do papa Libério. Gozou de certa fama por seu ascetismo. Dele nos ficaram três cartas (*A Constâncio imperador*, em resposta à convocação ao sínodo de Milão; uma, do exílio, *Aos fiéis de Vercelli*; a terceira, a Gregório de Elvira, segundo alguns não seria autêntica). Atribui-se a ele — mas, ao que parece, sem motivos convincentes — o livro *Sobre a Trindade* (*De Trinitate*) pseudo-atanasiano (cf. p. 63). Mais importante é o fato de que teria traduzido em latim, omitindo as passagens criticáveis no plano dogmático, o *Comentário aos Salmos* de Orígenes e o comentário sobre o mesmo tema de Eusébio de Cesaréia, mas tais obras infelizmente se perderam.

Bibliografia. Textos: CChr.Lat 9, 1957 (V. Bulhart). Estudos: L. Dattrino, *La lettera di Eusebio al clero e al popolo della sua diocesi*, "Lateranum" 45 (1979) 60-82; id., *Il De Trinitate pseudoatanasiano*, Roma 1976; id., *Il cenobio eusebiano*, "Benedictina" 31 (1984) 37-45.

g) Lucífero de Cagliari

Condenado ao exílio pelo imperador Constâncio foi também Lucífero, sacerdote provavelmente de origem espanhola ou africana e bispo de Cagliari. Peregrinou por várias igrejas do Oriente. Livre para voltar à pátria com a morte do imperador em 361, Lucífero, irascível e teimoso, mais que batalhador, não quis participar do concílio de Alexandria, convocado naquele mesmo ano por Atanásio para regulamentar as questões suscitadas pelo longo domínio ariano, mas dirigiu-se a Antioquia, onde se lançou de cabeça (e sem verdadeira justificação) nas lutas que, naquela cidade, opunham a maioria, que seguia o bispo legítimo Melécio, de moderadas tendências homeusianas, à minoria, reunida em torno do presbítero Paulino, niceno de estreita observância. Lucífero, obstinado seguidor da fé nicena, fechado a qualquer diálogo com pessoas que pudessem pensar diferente dele, não achou coisa melhor a fazer senão consagrar Paulino bispo. Repreendido tanto por Atanásio como por Eusébio de Vercelli, Lucífero deixou Antioquia, onde a luta recomeçou com maior dureza, para retornar à Sardenha.

Se a oposição de Lucífero ao arianismo não foi muito sagaz, também suas obras — que chegaram até nós provavelmente graças ao zelo de seus seguidores — não mostram um alto nível intelectual, e muito menos a capacidade de propor uma solução à crise produzida pelo arianismo que não fosse a negação pura e simples das teses dos adversários, mesmo dos mais conciliadores. Lucífero certamente mostrou coragem e intransigência, escrevendo — durante o exílio e mesmo antes que seu perseguidor, o imperador Constâncio, morresse — cinco tratados em que a defesa da fé nicena, elaborada com a contínua repetição dos mesmos argumentos, se acompanha de uma violenta polêmica (igualmente repetitiva) com o imperador.

Esses tratados são: 1) *Não se deve compactuar com os heréticos* (*De non conveniendo cum haereticis*), no qual, baseando-se em textos bíblicos, o escritor sustenta que se deve cortar toda relação com os arianos, tal como foram excomungados os hereges nos tempos passados. 2) *Sobre os reis apóstatas* (*De regibus apostaticis*), em que relembra a Constâncio os exemplos dos reis de Israel que traíram a Deus e foram punidos. 3) *Sobre o venerável Atanásio* (*De sancto Athanasio*), defendido ardentemente por Lucífero por ter sido condenado *in absentia* pelo sínodo de Milão de 355; os ataques ao imperador Constâncio são violentíssimos, e sempre baseados na Escritura, que é citada com amplos extratos. 4) *Não se deve perdoar os que pecam contra Deus* (*De non parcendo in Deum delinquentibus*), em que justifica a oposição violenta a Constâncio movida pelos sacerdotes ortodoxos. 5) *É preciso morrer pelo Filho de Deus* (*Moriendum esse pro Dei Filio*), em que Lucífero censura Constâncio pelas violências sofridas pelos fiéis, em Alexandria, por obra da autoridade imperial, e institui um debate imaginário entre quem confessa a ortodoxia e quem manda renegá-la. O escritor desafia

Constâncio a condenar também os cristãos: Deus reconstituirá na integridade o corpo deles no momento da ressurreição.

Escrevendo essas obras, Lucífero reiterou, decerto, sua fé intransigente, mas permaneceu surdo a toda tentativa de diálogo, bem diferentemente do que fizera Hilário. Privados, assim, de um verdadeiro pensamento e de qualquer aprofundamento doutrinal, os escritos de Lucífero são interessantes quase somente porque, contendo longas citações escriturísticas, nos fornecem amplos testemunhos das versões bíblicas latinas pré-jeronimianas, e porque, escritos numa língua vulgarizante, nos fornecem muitos dados de caráter lingüístico sobre a evolução do latim tardio. Sua atitude rigorista e intransigente encontrou seguidores no Ocidente, onde, terminada a controvérsia ariana, muitos nicenos que haviam compartilhado a mesma atitude do bispo de Cagliari recusaram-se a tratar com aqueles que tinham sido suspeitos de simpatias pelo arianismo. Chamados "luciferianos", são autores de alguns escritos atribuídos, erroneamente, a escritores ortodoxos.

Bibliografia. Textos: CSEL 14, 1886 (G. Hartel); CChr.Lat 8, 1978 (G. F. Diercks; importante também pelas questões cronológicas, estilísticas, lingüísticas); *De regibus apostaticis; Moriundum esse pro Dei Filio* (texto, tr. e com. de V. Ugenti), Milella, Lecce 1980. Estudos: W. Tietze, *Lucifer von Calaris und die Kirchenpolitik des Constantius II*, diss. Tübingen 1976; W. von Hartel, *Lucifer von Cagliari und sein Latein*, "Archiv für die Lateinische Lexikographie" 3 (1886) 1-58; G. Castelli, *Lettura di Lucifero di Cagliari "Moriundum esse pro Dei Filio"*, "Civiltà Classica e Cristiana" 10 (1989) 439-480; id., *Studio sulla lingua e lo stile di Lucifero di Cagliari*, "Atti Accad. Scienze Torino" 105 (1971) 123-247; C. Zedda, *La dottrina trinitaria di Lucifero di Cagliari*, "Divus Thomas" 52 (1949) 276-329. No que diz respeito, enfim, ao texto bíblico empregado por Lucífero, remetemos aos estudos específicos.

A realidade cultural que caracteriza todos esses escritores menores (assim deve ser considerado também o último que elencamos, Lucífero de Cagliari) é, no conjunto, um tanto restrita. Eles mostram que uma explanação teológica ainda estava longe de suas possibilidades. A controvérsia ariana era baseada na elaboração desenvolvida pela teologia grega ao longo das linhas fixadas por Orígenes: nem Orígenes nem os arianos e antiarianos do Oriente podiam ser bem-compreendidos pelos literatos presos a posições antiquadas, fundadas ainda na teologia de Tertuliano. Sem uma abordagem direta — vale dizer, sem obstáculos — não seria possível captar os verdadeiros termos do problema, talvez também só por causa das ambigüidades e das confusões produzidas, no Ocidente, pela tradução em latim dos termos gregos basilares, como "substância" (*ousia*) e "pessoa" (*hypostasis*: termo que podia significar também "substância" e, portanto, tornava inaceitável a doutrina das três hipóstases). Gregório de Nazianzo dera-se conta da ambigüidade da terminologia, e Hilário de Poitiers do mal-entendido fundamental que impedira aos ocidentais ver que existia no Oriente algo diferente de um simples conflito entre o credo de Nicéia, simbolizado por Atanásio, e o "arianismo", representado por Ário, no qual, por outro lado, os arianos já não se reconheciam havia muito tempo. A unidade só podia ser restabelecida se fosse possível alcançar um aprofundamento do problema, empreendido em sólidas bases dogmáticas, e ainda faltava no Ocidente, até 360, a pessoa capaz de fazê-lo.

5. Hilário de Poitiers

Essa pessoa foi, justamente, Hilário, bispo de Poitiers, que retomou todas as temáticas exegéticas, espirituais, teológicas de seu tempo, imprimindo-lhes o sinal de sua individualidade, e, não contente em contribuir com o pensamento à definição da ortodoxia, tentou alcançar o objetivo também com obras polêmicas, com tratados históricos, com hinos de conteúdo religioso.

Hilário foi um ator não inferior a Atanásio nos acontecimentos da década em que o imperador Constâncio, tornado único soberano depois de 351, quis impor, com sua autoridade mas também com a violência, uma determinada forma de arianismo no Ocidente, onde até então reinara seu irmão Constante, estranho àquela idéia. Para tanto, Constâncio convocou uma série de sínodos locais, que deveriam impor o alinhamento de todos os bispos ocidentais a suas idéias. O próprio Hilário nos diz que participou do sínodo de Arles de 353: devemos, portanto, situar seu nascimento por volta de 310, se já era bispo então (nascera em Poitiers, na Aquitânia, região de grande cultura literária). Em Arles verificou-se a revolta de Paulino de Treves contra as manobras dos arianófilos (Constâncio, apoiado por dois bispos da corte, Ursácio e Valente, impusera uma fórmula de fé homéia em Sírmio em 351, acolhida bastante favoravelmente por toda parte, também porque tal sínodo condenara o modalista Fotino). Hilário tomou, então, posição nos termos de fé de modo claro e firme, ainda que isso nos faça perguntar como devemos interpretar sua afirmação (*Sobre os sínodos*, 91) de que "não tinha jamais ouvido falar da fé de Nicéia antes de ir para o exílio". Seja como for, Hilário teria se oposto às propostas arianas, não com base na fórmula de Nicéia, mas partindo da doutrina tradicional, isto é, a de tipo tertuliâneo, do *Contra Práxeas*, que continuava a ser válida no Ocidente, como vimos, por volta de 350. A reação de Constâncio não tardou muito. Em 355 realizou-se um novo sínodo, em Milão, na presença do imperador, durante o qual Eusébio de Vercelli, Dionísio de Milão e Lucífero de Cagliari recusaram-se a subscrever a condenação de Atanásio e foram mandados ao exílio. No ano seguinte, um sínodo reunido em Biterrae (Béziers) e manobrado pelo ariano Saturnino de Arles depôs Hilário, que foi, como os demais, exilado: teve de dirigir-se à Frígia, onde permaneceu até 360.

Bibliografia. Sobre o ambiente gálico: J. Fontaine, *La nascita dell'umanesimo cristiano nella Gallia romana*, RSLR 6 (1970) 18-39; M. Simonetti, *Alle origini di una cultura cristiana in Gallia*, Atti del Coll. sul tema "La Gallia romana", Roma 1971, pp. 117-129; J. Doignon, *Hilaire de Poitiers avant l'exile*, Ét. Augustiniennes, Paris 1971. Ademais, sobre vários problemas, também posteriores: VV.AA., *Hilaire et son temps*. Actes du Colloque de Poitiers..., Ét. Augustiniennes, Paris 1969.

a) O *Comentário a Mateus*

Antes do exílio, talvez nos anos 353-355, Hilário escreveu uma obra de notável importância porque inaugura a tradição exegética ocidental, já que a de Vitorino de Petóvio ficou quase toda perdida e o comentário ao mesmo livro bíblico de Fortunaciano de Aquiléia devia ser, segundo Jerônimo, bastante modesto. Trata-se do *Comentário ao evangelho de Mateus*. A obra nos chegou mutilada do princípio e do final. Hilário examina o texto baseando-se exclusivamente na tradução latina, sem levar em conta o original grego. Segundo alguns, ela poderia constituir-se de uma compilação de homilias, mas o estilo não favorece tal hipótese: Jerônimo (*Epist.* 58, 10), referindo-se porém à obra de Hilário em conjunto, diz que "Hilário não é adequado à leitura dos irmãos mais simples". Nesse *Comentário a Mateus* encontramos algumas referências, mas bastante genéricas, a certas proposições arianas; a polêmica antimodalista de Tertuliano constitui ainda a base das considerações de Hilário em âmbito trinitário. A exegese é ora muito detalhada, considerando uma palavra depois da outra, ora bastante rápida, na medida em que a trama da obra se baseia sobretudo nas palavras de Jesus, nas quais o comentador vê uma espécie de concatenação. O critério exegético predominante é o da interpretação alegórica, do reconhecimento de um segundo nível, superior ao da leitura literal, ainda que não seja totalmente excluído o significado gramatical e histórico. O primeiro nível de leitura nos leva a conhecer uma realidade interior; o segundo, uma realidade superior e espiritual. Ou então um nível se

323

refere à realidade presente; o segundo, à futura. O motivo central desse comentário hilariano é ver por toda parte a hostilidade dos judeus à pregação de Jesus como sintoma da iminente cessação da velha economia. Segundo Simonetti, estes são, todos, motivos e instrumentos da exegese origeniana, embora o estudioso não nos esconda a dificuldade de definir o modo como tal exegese tenha chegado à Gália da primeira metade do século IV. Hilário, de fato, não se serviu do comentário origeniano a Mateus mas, quando muito, de seus predecessores latinos, como Tertuliano e Cipriano. A cultura típica das escolas ocidentais emerge no emprego dos meios retóricos, que foram tomados de empréstimo a Cícero e Sêneca. Na exegese o autor se serve também dos outros textos neotestamentários. Assim é que, por exemplo, um dos motivos centrais da obra, a rejeição de Israel e a escolha dos pagãos, da parte de Deus, é interpretado à luz da epístola aos Romanos. Não tendo entrado ainda em contato com a teologia grega, o pensamento de Hilário exibe um caráter arcaico.

Bibliografia. Edições: SChr 254-258, 1978-1979 (J. Doignon); traduções: CTP 74, 1988 (L. Longobardo). Estudos: M. Simonetti, *Note sul Commento a Matteo di Ilario di Poitiers*, VetChr 1 (1964) 35-64; id., *Lettera e/o allegoria*, cit.; J. Doignon, *Hilaire de Poitiers avant l'exile*, cit. (e muitos outros ensaios do mesmo Doignon, reconhecido especialista de Hilário). Outros estudos (a serem consultados também para as obras teológicas posteriores): P. Smulders, *La doctrine trinitaire de Saint-Hilaire de Poitiers*, Univ. Gregoriana, Roma 1944; J. Galtier, *Saint Hilaire de Poitiers, le premier docteur de l'Église latine*, Beauchesne, Paris 1960; L. F. Ladaria, *El Espíritu Santo en San Hilario de Poitiers*, Madrid 1977; id., *La cristología de Hilario de Poitiers*, Univ. Gregoriana, Roma 1989 (e muitos outros); P. G. Burns, *The Christology in Hilary of Poitier's Commentary on Matthew*, Augustinianum, Roma 1981.

b) As obras históricas e polêmicas

Exilado na Frígia, Hilário retomou com maior empenho a polêmica contra os arianos e contra o imperador, que o haviam punido injustamente. Dedicou-se, decerto não com serena e objetiva imparcialidade, à composição de obras comumente definidas como "históricas". Elas constituem um exemplo bastante interessante de historiografia cristã mas, inspiradas em motivos contingentes e pessoais, são sobretudo panfletos. Seu tom violento e apaixonado lembra a literatura apologética do século III. Hilário, aliás, sente-se tão perseguido por causa de sua fé quanto os cristãos dos primeiros tempos. Tais obras "históricas" são, de todo modo, importantes pelo grande número de documentos oficiais relativos à controvérsia ariana que elas contêm. Um exame crítico global e aprofundado dessas obras seria precioso para o conhecimento de Hilário e de sua época.

No final do século IV foi compilada, na Itália, uma coletânea bastante desorganizada de documentos e trechos extraídos das obras históricas de Hilário e conservada num manuscrito da Bibliothèque de l'Arsenal, em Paris. Foi chamada *Collectanea antiariana Parisina*. O próprio Hilário queria recolher num só volume tanto os documentos de arquivo relativos às lutas de que estava participando pessoalmente quanto a narração dos fatos, a partir do momento de seu exílio. Tais livros históricos, "apresentados de maneira moderníssima como uma espécie de livro branco da ortodoxia, eram uma montagem de documentos integrais, interligados por um texto narrativo. Hilário apenas destacara o interesse dos documentos, seu valor demonstrativo, sua contribuição para uma exata compreensão histórica dos desdobramentos da questão" (Fontaine). A narração, portanto, foi realizada em momentos sucessivos. Um primeiro núcleo é representado por um livro escrito em própria defesa já antes do exílio, o *Primeiro livro ao imperador Constâncio (Liber prior ad Constantium Augustum)*: dele só nos chegaram uma carta coletiva endereçada a um imperador (provavelmente uma carta do concílio de Sérdica ao imperador Constâncio), uma explicação dos motivos da mesma (na medida em que Hilário via nos acontecimentos daquele concílio os antecedentes da crise posterior), e o relato das ocorrências do sínodo de Milão de 355. À mesma obra parece ter pertencido um proêmio, no qual são narrados os acontecimentos de que Hilário tomou parte, a começar do sínodo de Arles de 353. Seguem-se então, constituindo um segundo núcleo de documentos históricos, os fragmentos relativos ao concílio de Rímini e Selêucia e aos fatos que imediatamente o precederam (359-360). Estes fragmentos talvez devam ser reconduzidos ao *Livro contra Valente e Ursácio (Liber adversum Valentem et Ursacium, historiam Ariminensis et Seleuciensis synodi continens)*, mencionado por Jerônimo (*Os homens ilustres*, 100) e Rufino (*Sobre a falsificação dos livros de Orígenes*, PG 17, 628). Seguem-se, por fim, constituindo como que um terceiro núcleo, três trechos que dizem respeito ao bispo ariano Germínio de Sírmio: são os mais tardios e remontam a 366-367. Duas vezes, portanto, durante seu exílio Hilário se dirigiu ao imperador. Com o *Segundo livro ao imperador Constâncio (Liber secundus ad Constantium Augustum)*, escrito em 360, Hilário pede para ser posto frente a frente com seu inimigo Saturnino de Arles — que justamente agora se encontrava em Constantinopla —, para forçá-lo a admitir suas mentiras e seus erros. Assim Hilário teria a ocasião de explicar como estavam efetivamente as coisas e a injustiça sofrida. Mas, dado que a audiência não lhe foi concedida, Hilário preparou imediatamente um violento livro *Contra o imperador Constâncio* (*Contra Constantium imperatorem*), no qual nos informa das manobras fraudulentas empreendidas pelas autoridades imperiais contra os defensores da ortodoxia e, como exemplo, dos acontecimentos do concílio de Selêucia de 359.

Bibliografia. Edições: CSEL 65, 1916 (A. L. Feder); SChr 334, 1987 (Liber in Constantium imperatorem: A. Rocher). Estudos: A. L. Feder, Studien zu Hilarius von Poitiers. 1. Die sog. "Fragmenta Historica" und der sog. "Liber I ad Constantium imperatorem", "Sitzungsberichte der Akademie der Wissenschaften in Wien" 162 (1910) 1-188; Y.-M. Duval, La "manoeuvre frauduleuse" de Rimini. À la recherche du Liber adversus Ursacium et Valentem, in VV.AA., Hilaire et son temps, cit., pp. 51-103; A. Brennecke, Hilarius von Poitiers und die Bischofsopposition gegen Konstantius II, de Gruyter, Berlin 1984.

c) As obras dogmáticas

Mas ainda mais importantes são as obras que testemunham a profunda capacidade especulativa de Hilário, desenvolvida e amadurecida justamente durante o exílio. Entrando em contato com as doutrinas teológicas orientais e com os homens que as sustentavam, Hilário se livrou da estreiteza de horizontes que caracteriza, afinal de contas, seu *Comentário a Mateus* (uma obra que poderíamos classificar de "provinciana"). Teve a possibilidade de aprofundar seu conhecimento do grego e, sobretudo, de atualizar-se sobre a situação da controvérsia ariana, dos textos, das interpretações que estavam na base da multiplicidade de visões que reinavam no Oriente, mas no Ocidente eram ainda imperfeitamente conhecidas (e permaneceram assim mesmo depois). Com grande energia, pois, Hilário — mesmo nas dificuldades em que devia provavelmente encontrar-se por sua condição de exilado — precisamente naqueles anos se dedicou ativamente a defender a fé nicena, e o fez com grande inteligência, tanto no plano teórico como no "político", vale dizer, não endurecendo na polêmica, mas também explicando e, quando necessário, propondo soluções conciliadoras.

Para esclarecer os problemas a si mesmo e a seus leitores de língua latina, Hilário escreveu uma história do arianismo e das controvérsias produzidas por ele, das providências oficiais tomadas pelos vários concílios orientais. Trata-se do livro *Sobre os sínodos, ou sobre a fé dos Orientais* (*De synodis seu de fide Orientalium*). Destina-se aos bispos da Germânia, da Gália e da Britânia, a quem Hilário quer instruir sobre a real situação do Oriente na véspera dos sínodos de Rímini e de Selêucia, de 359, nos quais eles tinham o dever de intervir. É interessante ver, portanto, que os trinta anos posteriores ao concílio de Nicéia, tão tumultuosos no Oriente, haviam transcorrido quase sem deixar vestígio na cristandade ocidental: essa ignorância atesta, sem dúvida, quanto, na Antiguidade tardia, os dois mundos do Mediterrâneo, o ocidental e o oriental, em muitos aspectos já levavam uma vida separada, como depois acontecerá durante a Idade Média. O resumo de Hilário é, naturalmente, parcial, mas nem por isso menos interessante para a reconstrução da história do arianismo. Os documentos e as deliberações conciliares são dados em tradução latina. Hilário, assim, tentou organizar uma defesa contra o abuso de poder dos arianos, dirigindo-se ardentemente aos homeusianos, os mais próximos dos nicenos, para que aceitassem o consubstancial. De igual modo, dirigindo-se aos ocidentais, habituados a considerar doutrina ariana pura e simples tudo o que não coincidisse com o símbolo de Nicéia, Hilário alertava que o consubstancial podia levar a desvios doutrinais análogos àqueles em que incorrera Paulo de Samósata no século anterior. O consubstancial e o "semelhante segundo a natureza", se retamente entendidos, não estavam em conflito: nessa interpretação, muito inteligentemente, ele traçava o caminho a percorrer para se chegar a uma conclusão ortodoxa. O importante, pois, era confutar sobretudo a fórmula blasfema de Sírmio, de 357, abertamente ariana, evitando, por outro lado, o risco de cair no sabelianismo: uma "palavra de ordem", esta, dos escritores nicenos do Oriente e do Ocidente. Para evitar cair no erro, era preciso que os bispos ocidentais tivessem em mente que no próprio Oriente muitas deliberações (mesmo que não totalmente conformes a Nicéia) contrapunham-se eficazmente a tal blasfêmia.

Bibliografia. Edições: PL X, 479-548. Traduções: CTP 105, 1993 (L. Longobardo).

Certamente, uma proposta do gênero não podia ser acolhida sem dificuldades. Por isso, Hilário teve de acrescentar também Respostas em defesa própria contra os críticos de seu livro Sobre os sínodos (Apologetica ad reprehensores libri de synodis responsa). Delas só nos chegaram alguns fragmentos, bastante obscuros, nos quais Hilário se dirigia a Lucífero de Cagliari.

Ainda mais significativa que a obra sobre os sínodos foi aquela sobre A Trindade, sem dúvida o mais profundo tratado teológico do século IV latino, e inferior somente ao homônimo livro de Agostinho. Os antigos a conheciam também com o título de Contra os arianos e A fé. A obra consta de doze livros, dos quais o segundo e o terceiro não são uma verdadeira polêmica com os arianos, como serão os seguintes, mas discutem a fé a partir do símbolo batismal. Por esse motivo pensou-se que os primeiros dois livros fossem anteriores ao exílio e constituíssem uma primeira redação da obra, depois reunida aos livros posteriores. Os motivos teológicos em sentido estrito se entrelaçam, em Hilário, a um forte esforço apologético, em defesa da reta fé. O primeiro livro serve de preâmbulo e teria sido escrito por último, na medida em que apresenta a obra já na redação em doze livros. O terceiro livro se detém sobretudo na exegese de Jo 10,38 ("Eu estou no Pai, e o Pai está em mim"). Do quarto ao sétimo Hilário enfrenta as objeções dos arianos à natureza divina do Filho, e o quarto se abre justamente com a citação de uma carta de Ário e o exame de sua doutrina. Após um longo exame das passagens escriturísticas empregadas de modo pervertido pelos arianos (Mt 3,17; Jo 14,28; Jo 10,30), o oitavo livro defende a doutrina da *unitas* e sustenta que professar a divindade do Filho não implica a destruição da unidade de Deus, mas estabelece a *distinctio personarum*. O nono expõe a doutrina da geração (que não é "criação") do Filho pelo Pai. O décimo considera a humanidade de Cristo contra as objeções dos arianos, que viam nela o testemunho de seu nãoser Deus, razão por que no livro seguinte são discutidas algumas passagens escriturísticas que a sustentam. Enfim, no livro duodécimo se apresenta a doutrina da geração eterna do Filho. Poucas menções são feitas à divindade do Espírito Santo: isso testemunha quanto estava atrasada, ainda na metade do século IV, a especulação sobre o Espírito, já que uma personalidade de primeira ordem como Hilário permanece no limiar do problema (aliás, a situação no Oriente não era muito diferente).

Com *A Trindade*, Hilário retoma o legado da tradição teológica ocidental, formada por Tertuliano e Novaciano, mas, com um trabalho intelectual de primeira ordem, atualiza-a, confrontando-a com as últimas aquisições da teologia grega, que justamente naqueles anos estava no ápice de seu amadurecimento. Somente com os capadócios, observa Simonetti, a teologia oriental alcançará o mesmo grau de clareza, na perfeita fusão dos dois conceitos da unidade da natureza divina e da distinção das Pessoas do Pai e do Filho.

Bibliografia. Edições: CChr.Lat 62-62A, 1979-1980 (P. Smulders). Traduções: G. Tezzo, UTET, Torino 1971. Comentários: E. P. Meijering-J. C. M. van Winden, *De Trinitate* I, 1-19, 2, 3, Brill, Leiden 1982. Estudos: além dos de caráter teológico já indicados acima, cf. também, em VV.AA., *Hilaire de Poitiers et son temps*, cit., J. Moingt, *La théologie trinitaire de Saint Hilaire*; P. Smulders, *Eusèbe d'Émèse comme source du "De Trinitate" d'Hilaire de Poitiers*; e também E. Cavalcanti, *Filip. 2,6-11 nel "De Trinitate" di Ilario...*, "Compostellanum" 35 (1990) 123-143; e numerosas contribuições de J. Doignon, que não nos é possível listar.

d) **Últimas lutas com os arianos.** *O Comentário aos Salmos*

O retorno do exílio foi concedido a Hilário pelo próprio Constâncio, em 360. Com a força da autoridade intelectual e moral decorrente do exílio e de seus escritos, Hilário conquistou uma posição de primeiro plano na Gália, e num sínodo em Paris em 361 pôde fazer triunfar a doutrina de Nicéia e depor Saturnino (nesse ínterim, Constâncio tinha morrido, e seu sucessor, Juliano, o Apóstata, não se interessava pelas questões do cristianismo). Depois desse sucesso, Hilário tentou impor o consubstancial também na Itália e para tanto convocou um sínodo em Milão em 364, no qual os bispos nicenos decretaram a deposição do ariano Auxêncio, originário da Capadócia, que era o bispo daquela cidade. Mas o imperador Valentiniano interveio. Ele não queria que, em seu reinado, ressurgissem os conflitos da época de Constâncio, e a deliberação do sínodo não teve aplicação. Auxêncio permaneceu em sua cátedra até morrer, em 374 (suceder-lhe-á Ambrósio). Hilário abandonou toda tentativa de intervir fora da Gália e morreu provavelmente por volta de 367.

O bispo de Poitiers fundamentou sua tentativa de expulsar Auxêncio escrevendo um livro "breve e elegante", como o define Jerônimo, *Contra Auxêncio* (*Contra Arianos vel Auxentium Mediolanensem*), convidando todos os ortodoxos a se abster de qualquer comunhão com o herético. Relata acontecimentos milaneses em que o imperador Valentiniano, instigado pelo mesmo Auxêncio, interviera em defesa do bispo herético. Cita um testemunho escrito da heresia de Auxêncio, expedido por este pouco tempo antes, no concílio de Rímini.

Bibliografia. Edições: PL X, 609-618; Y.-M. Duval, *Vrais et faux problèmes concernant le retour d'exile d'Hilaire de Poitiers et son action en Italie, en 360-363*, "Athenaeum" 48 (1970) 251-275.

Depois de regressar à pátria, Hilário voltou a cultivar seus primeiros interesses, os exegéticos. Terminando o trabalho por volta de 365, aventurou-se num *Comentário aos Salmos* (*Tractatus super Psalmos*), destinado não a todos os Salmos, mas aos de número 1, 2, 9, 13, 14, 51-69, 91, 118-150. Tampouco a discussão sobre os Salmos escolhidos é global, mas se apresenta como uma série de abordagens, aprofundadas, sim, mas separadas entre si. Por esse motivo alguns consideram que a obra nos tenha chegado fragmentária e que originalmente compreendesse todo o Saltério. Este trabalho pressupõe os resultados alcançados com *A Trindade*, na medida em que é bem solidamente documentada a doutrina da natureza divina do Filho. Baseia-se num conhecimento profundo da obra de Orígenes sobre o mesmo tema, que se perdeu, mas que, já nas palavras de Jerônimo, Hilário teria usado abundantemente. Nesses últimos anos, depois da experiência oriental, já não é difícil pensar que Hilário tenha assimilado Orígenes muito bem. Também o método exegético é típico do Alexandrino: a Escritura nos proporciona realidades espirituais à inteligência, também por meio da interpretação não-literal da história e da lei de Israel; os próprios nomes judaicos, os hábitos e as coisas do mundo terreno nos abrem o caminho a realidades invisíveis. Enfim, no que diz respeito aos Salmos, neles se encontra precipuamente um valor profético, e mais particularmente a referência à pessoa e à vida do Cristo vindouro.

Bibliografia. Edições: CSEL 22, 1891 (A. Zingerle); SChr 344 e 347, 1988 (*sur le Psaume 118*: M. Milhau). Estudos: E. Goffinet, *L'utilisation d'Origène dans le Commentaire des Psaumes de Saint Hilaire de Poitiers*, Publ. Univ., Louvain 1965; M. J. Rondeau, *Les travaux des Pères grecs et latins sur le Psautier... Recherches et Bilan*, Pont. Instit. Stud. Orient., Roma 1982; M. Simonetti, *Interpretazione storica e cristologica nei "Tractatus super Psalmos" di Ilario*, in *Polyanthema*, Studi in onore di S. Costanza, Università, Messina 1988, pp. 315-330; J. Galtier, op. cit.; J. Doignon, *Hilaire de Poitiers devant le verset 17, 28ª des Actes des Apôtres*, "Orpheus", n.s. 1 (1980) 334-347.

Entre as obras exegéticas de Hilário deve ser incluído também um perdido *Tratado sobre o livro de Jó*, do qual nos restaram dois fragmentos conservados por Agostinho e outro, pelo concílio de Toledo de 633.

Análogo caráter exegético tem, por fim, o *Livro dos mistérios* (*Tractatus mysteriorum*), na medida em que contém uma série de interpretações, com referência a Cristo e ao povo cristão, dos tipos mais tradicionais do Antigo Testamento (Moisés, Josué etc.). O tratado prescinde totalmente da "história". Também alguns fatos da antiga aliança têm referência à escatologia cristã (a criação de Eva prenuncia a ressurreição da carne). Provavelmente em dois livros, o tratado nos chegou fragmentário. A data de composição de ambos parece situar-se nos anos de regresso do exílio. Segundo alguns, também depois do *Tratado sobre os Salmos*.

Cita-se também de Hilário um *Livro ao prefeito Salústio, ou contra Dióscuro*, sobre o qual cf. J. Doignon, in VV.AA., *Studia Patristica* VII, Akademie Verlag, Berlin 1966, pp. 170-177.

Bibliografia. Edições: CSEL 65, 1916 (A. Feder); SChr 19bis, 1965 (J. P. Brisson).

A importância que tem Hilário, não apenas para a história do dogma mas também para a cultura cristã, é evidenciada, enfim, pelo fato de ser autor de alguns *Hinos*: voltaremos a falar deles no momento oportuno (pp. 410).

Como escritor, Hilário ainda foi apreciado como mereceria. O juízo, sem dúvida positivo, que dele deu Jerônimo (*Comentário a Gálatas* II, pref.) põe em foco o amplo e solene fluir da prosa de Hilário. Em outro lugar (*Epist.* 58, 10), Jerônimo enfatiza a grandiosidade de sua prosa ou (*Epist.* 70, 5) capta uma semelhança entre o estilo de Hilário e o de Quintiliano. Seus períodos inspiram-se nas amplas volutas do ciceronianismo da era imperial, mas Hilário o tempera com soluções sintáticas que lembram de preferência Salústio e Tácito. Sua prosa, como observa Fontaine, é "lenta e poderosa, um pouco marmórea, de uma densidade elegante e formidável"; exprime "certa austeridade um pouco rígida da palavra, que é como que o reverso da altíssima idéia que ele tem de sua tarefa de escritor cristão".

6. Zenão de Verona

Com Zenão de Verona e Mário Vitorino lidamos com personalidades originárias da África. Essa região, no século precedente, fora o berço da grande literatura cristã e ainda pode garantir, nos primeiros decênios do século IV, quando se formam esses escritores, uma educação literária adequada. Ambos, em seguida, se transferiram para a Itália, talvez para evitar as turbulências do cisma donatista — mas trata-se de pura hipótese.

Uma personalidade bastante obscura é Zenão, oitavo bispo de Verona num período impreciso, entre 362 e 380. Dele nos chegaram numerosos *tractatus*, dos quais 93 parecem autênticos: o termo *tractatus* indicava comumente a homilia e encontra-se também em Gaudêncio de Bréscia, Prisciliano e Agostinho. Tanto as homilias como seu autor permaneceram desconhecidos dos antigos historiadores da literatura cristã, como Jerônimo. O conjunto da produção de Zenão é dividido em dois livros: o primeiro contém dezesseis sermões que abordam questões morais; o segundo, os de conteúdo escriturístico e litúrgico. As homilias de Zenão não são desprovidas de traços polêmicos, que caracterizam o escritor como pertencente à fé nicena. Encontra-se ali também os temas usuais da polêmica cristã, como os contra pagãos e judeus. Parece que o escritor conheceu, em sua exegese, o *Comentário aos Salmos* de Hilário de Poitiers, do qual derivaria sua exegese espiritual, origeniana. Sua origem africana é confirmada também pelo fato de o texto bíblico de que se serve ser muito próximo do de Cipriano; de conhecer um mártir que é ignorado por outras fontes, como Arcádio de Cesaréia da Mauritânia; de os escritores com quem tem mais familiaridade serem Tertuliano e Cipriano, dos quais retoma a estrutura diatríbico-moral da homilia rigorosa e acuradamente construída segundo as normas da retórica. A preciosidade do estilo e a superabundância das imagens traem a imitação também de Apuleio, outro africano. As homilias de Zenão, portanto, são o produto, bastante apreciável, de uma forte elaboração retórica e mereceriam, deste ponto de vista, um estudo mais atento do que têm recebido até o momento. Quanto à cultura cristã de Zenão, ela parece ser a cultura mediana de um bispo ocidental da segunda metade do século IV, com adequado conhecimento das controvérsias de seu tempo, mesmo sem ter-lhes dedicado um aprofundamento particular.

Bibliografia. Edições: CChr.Lat 22, 1971 (B. Löfstedt); traduções: G. Banterle (intr., tr. e notas: SAEMO, *Scrittori dell'area ambrosiana*, 1, Città Nuova, Roma 1987). Estudos: L. Padovese, *La dottrina ecclesiologica di Zeno da Verona*, "Laurentianum" 20 (1979) 247-273; id., *L'originalità cristiana. Il pensiero etico-sociale di alcuni vescovi nord-italiani del IV secolo*, ed. Laurentianum, Roma 1983; Y.-M. Duval, *Les sources grecques de l'exégèse de Jonas chez Zénon de Vérone*, VigChr 20 (1966) 98-115; J. Doignon, *"Refrigerium" et catéchèse à Vérone au IVe siècle*, in *Hommages à M. Renard*, Latomus, Bruxelles 1969, pp. 220-239.

7. Gaio Mário Vitorino

Grande foi a contribuição que deu Gaio Mário Vitorino à polêmica antiariana e à reflexão sobre o dogma trinitário. Singular figura de filósofo cristão, de sua vida contudo pouco sabemos. Como de hábito, temos de recorrer às informações que nos dá Jerônimo, que em sua *Crônica* situa em 354 o momento da maior fama deste personagem: "Mário Vitorino, o retor, e Donato, o gramático, que foi meu mestre, são célebres em Roma. E Vitorino mereceu até a honra de uma estátua no fórum de Trajano". Jerônimo também nos faz saber que Vitorino era de origem africana (*Os homens ilustres*, 101) e que, depois da conversão, teria escrito "livros contra Ário, compostos segundo a maneira dos dialéticos, muito difíceis, compreendidos apenas pelas pessoas eruditas; e comentários às epístolas do apóstolo". Essas obras teriam sido escritas, portanto, na extrema velhice e, de todo modo, são puramente teóricas.

Com esse retor e filósofo, nossa atenção se desloca da Gália de Hilário de Poitiers para a Roma do século IV, sobre cuja realidade cultural gostaríamos de saber algo mais. Dessa cultura (ou melhor, incultura) nos ambientes pagãos Amiano Marcelino nos dá uma descrição bastante crítica. Todavia, ela não parece corresponder ao que devemos imaginar da atividade de Gaio Mário Vitorino, que, nascido na África entre 281 e 291, teria sido titular do ensino público de retórica sob Constâncio II. Foi pagão por longo tempo, embora conhecesse o cristianismo, como ocorria com a maior parte dos neoplatônicos (por exemplo, Porfírio, Amélio e Numênio). Como muitos dos neoplatônicos de então, Vitorino concebia a religião numa forma de sincretismo, na medida em que a verdade, segundo eles, não era privilégio de uma só forma de pensamento. Elementos filosoficamente válidos se encontravam também no cristianismo, embora não fosse a profissão externa do cristianismo, aquela que se faz sob os olhos de todos, a que manifestasse a fé. Era possível ser "cristão" também como neoplatônico. Nesse período deve ter sido realizada por ele a tradução dos "livros dos Platônicos" (é incerto se se trata antes de textos de Plotino que de Porfírio), dos quais fala Agostinho nas *Confissões*, como importantes e formadoras leituras feitas por ele próprio.

Menos esquemática é a notícia dada por Agostinho, que fala de Vitorino como de um ancião, de quem Simpliciano (conselheiro espiritual de Ambrósio e de Agostinho em Milão) obtivera seus conhecimentos do neoplatonismo (cf. *Conf.* VIII, 2, 3-5; 4, 9; 5, 10). Ele também nos relata o episódio da ereção de uma estátua no Fórum romano, mas nos faz saber igualmente que Vitorino era erudito em todas as artes liberais e lera com espírito crítico um grande número de obras filosóficas. Mesmo assim, embora Mário Vitorino seja apresentado como um douto cristão, não se tem nenhuma notícia, sequer em Agostinho, de sua atividade filosófica e, sobretudo, do fato de suas obras terem sido escritas para combater o arianismo. Simpliciano também diz a Agostinho que, na velhice, Vitorino teria se convertido ao cristianismo, suscitando a admiração dos pagãos e a alegria dos cristãos pela adesão à sua fé de um personagem tão importante, e isso teria ocorrido, portanto, em torno de 354.

A evolução de Vitorino foi, portanto, de pagão a cristão, e diante dele nos achamos numa situação análoga à de Fírmico Materno, no sentido de que, para compreendê-lo adequadamente, é preciso conhecer tanto suas obras pagãs como as cristãs — mas a problemática do pensamento de Vitorino situa-se num nível bem diferente. Nele também a conversão assinala o divisor de águas de sua atividade literária, e as obras gramaticais vêm primeiro.

a) Obras de retórica

Mencionamos apenas: uma *Gramática (Ars grammatica)*, um *Tratado sobre os metros (De ratione metrorum)*, umas *Explicações da retórica de Cícero (Explanationes in Ciceronis rhetoricam)*. Obras de lógica: *Sobre os silogismos hipotéticos (De syllogismis hypotheticis)*; *As definições (De definitionibus)*, um comentário aos *Topica* de Cícero. Temos notícia também de uma sua tradução das *Categorias* e do *Tratado sobre a interpretação (De interpretatione)* de Aristóteles e de um comentário às *Categorias*; de *Comentários aos Diálogos de Cícero (In dialogos Ciceronis commentaria)*; fragmentos de uma tradução da *Isagoge* de Porfírio nos foram conservados por Boécio, que a cita para criticá-la.

b) Obras antiarianas

Podem ser datadas no período 356-363. A primeira é a *Epístola a Cândido Ariano* (*Ad Candidum Arrianum*), que constitui a resposta a uma carta recebida de um amigo de fé ariana, um certo Cândido, *Sobre a geração de Deus* (*De generatione divina*). É preciso ter em mente, contudo, que segundo muitos estudiosos esse Cândido não passaria de uma ficção literária do próprio Vitorino, que teria inventado um interlocutor fictício para melhor desenvolver seu tratado em forma dialógica.

Cândido (se existiu) era provavelmente seguidor do arianismo mais radical, de Aécio e de Eunômio, mas ainda assim amigo de Vitorino. Tanto Cândido como Vitorino estão de acordo em considerar que Deus é o ser, a realidade só e única, e simultaneamente ser, viver e compreender (*esse, vivere, intellegere*). Segundo Cândido, este ser de Deus deve ser concebido como puro ser, sem determinações, nem pode ser sujeito ou predicado de outro. É uno e simples, porque o ser puro é uno e simples. Se o ser é perfeito, isso ocorre somente porque vive e pensa. Deus é este ser perfeito, mas n'Ele o viver e o pensar confundem-se com o ser. É preciso, pois, distinguir entre o ser, que é Deus, e o primeiro existente, que é o uno-muitos, a primeira determinação inteligível, da qual foram constituídos o mundo inteligível e o mundo sensível. Em Deus não há nada que prefigure a alteridade, por isso a criação não corresponde a nenhum ato de Deus. A primeira substância, que é o Filho, é constituída do encontro do ser com a vontade, e é o primeiro composto, a obra da vontade de Deus. Por sua vez, o Filho, criado do nada, cria também do nada todas as coisas. Obra da vontade de Deus, o Filho fará o mundo como obra de sua vontade.

A resposta de Vitorino diz respeito, assim, à relação entre o ser e o existente. Para Cândido, o primeiro existente é criado, enquanto para Vitorino o primeiro existente é gerado, isto é, preexiste em Deus e posteriormente se manifesta. A resposta de Vitorino consta de duas partes: a primeira considera o Filho como primeiro existente; a segunda, o Filho como Logos. Pode-se aceitar que o Filho, como primeiro existente, seja derivado do nada, contanto que se entenda esse "nada" como um nada transcendente, isto é, um existente transcendente, um existente em potência, um preexistente. Na parte dedicada ao Logos, Vitorino observa que produzir uma realidade criada equivale a provocar justamente o movimento que Cândido quer excluir para Deus, na medida em que, segundo Cândido, a geração significaria um movimento naquele que é imutável. É preciso, pois, admitir que em Deus há um ato. Ora, esse ato de Deus não é outra coisa senão o seu Logos. O Filho é o movimento de Deus, o primeiro movimento, que é dirigido para si mesmo, como ato imanente do ser; posteriormente ele se move para o exterior e produz o mundo inteligível.

Também o fato de existir uma semelhança substancial entre a posição de Cândido e a de Vitorino, no tocante aos pressupostos, e de haver repetidas declarações de amizade entre os dois, foi motivo para crer que Cândido é uma figura inventada por Vitorino para dar movimento à discussão.

Pouco depois, Cândido envia a Vitorino outra *Epístola,* que contém em tradução latina dois importantes documentos do arianismo: a carta de Ário a Eusébio de Nicomédia e a carta deste a Paulino de Tiro. Vitorino responde não apenas examinando esses dois documentos arianos, mas retomando desde o princípio a questão da geração do Filho de Deus, mediante a composição do longo tratado *Contra Ário* (*Adversus Arium*), em quatro livros, no qual toma paulatinamente posição diante das diversas enunciações que a controvérsia ariana andava provocando entre 358 e 363.

Nesse meio tempo, de fato, a situação religiosa havia mudado. O imperador aceitara, no sínodo de Sírmio de 358, um símbolo de fé fortemente influenciado pelos homeusianos, por isso Vitorino tem de adequar o plano inicial da resposta e responder não tanto às duas cartas dos arianos quanto à nova fórmula, a do Filho "semelhante na substância" ao Pai. Ele reexamina as noções escriturísticas relativas ao Filho, nas quais se basearam os homeusianos, interpretando-as em sentido neoplatônico, como as de "imagem", "forma", "vida" e assim por diante. O conceito de "substância semelhante" é um absurdo lógico, como demonstram as *Categorias* de Aristóteles. Retomando as considerações da anterior resposta a Cândido, Vitorino afirma que o Pai é a substância primeira e que, no seio desta, existem o ato, ou a forma ou a imagem, e a vida, as quais se confundem com a substância. Em seguida essas determinações internas à substância divina surgem espontaneamente e se autogeram, apropriando-se da substância do Pai, que permanece única. Portanto, a forma, o ato, o movimento e a vida são autodeterminações da substância. Desse modo, Vitorino evita também o risco de cair no modalismo de Marcelo de Ancira, que ele condena junto com Fotino, porque a característica do Filho é ser automotor, ato do Pai, e portanto possuir uma individualidade própria. Levanta-se também o problema da relação recíproca dos nomes divinos: eles são próprios a cada Pessoa, ou comuns às três? Recorrendo à distinção neoplatônica de identidade na alteridade e de alteridade na identidade, presente também em Porfírio e em Siriano, Vitorino tenta definir em termos neoplatônicos as Pessoas da Trindade, definindo como "Espírito" o Pai, "Logos" o Filho e "Sapiência" o Espírito Santo.

Os livros terceiro e quarto vêm depois de alguns anos, provavelmente após o concílio de Alexandria de 362. Vitorino emprega então a fórmula "três hipóstases" e "uma substância e três hipóstases", repropondo a tríade "ser, viver, compreender". Do ser, isto é, da substância, provêm o viver e o compreender que, sendo determinações, isto é, formas da substância, constituem hipóstases distintas. O escritor em seguida dedica maior atenção à realidade do Espírito Santo. Se até agora se falou de geração do Filho, observa ele, isso não significa que se exclua o Espírito: com o nome comum de "Filho" entende-se também o Espírito Santo. Desse modo a geração significa o movimento do ser, que se duplica no Filho, isto é, na vida, e do Filho se duplica no Espírito, isto é, na inteligência. Por isso se pode dizer que a Trindade é, segundo Vitorino, uma dupla díade: não existe, pois, uma "processão" autônoma do Espírito a partir do Pai. O movimento do Filho a partir do Pai não é igual ao movimento do Espírito a partir do Filho, porque Cristo representa o movimento para o exterior, ao passo que o Espírito, enquanto Sapiência, significa o retorno do movimento para o interior. Na base de tudo isso se acha não apenas a filosofia de Porfírio, mas também a dos *Oráculos caldaicos*, particularmente apreciados pelos neoplatônicos. Aprofundando a questão com parâmetros filosóficos, Vitorino afirma também que, se o viver indica o ato, a vida indica a forma do ato; assim, o Pai se torna o viver, e o Filho, a vida; e analogamente o Pai é o compreender, e o Filho, a inteligência.

Após ter concluído a longa dissertação contra os arianos, Vitorino escreve um breve tratado *Sobre o dever de aceitar o consubstancial* (*De homoousio recipiendo*), dedicado àqueles que nos anos anteriores tinham aderido ao homeísmo e ainda hesitavam antes de acolher a doutrina do consubstancial.

Enquadram-se também entre as obras antiarianas (tal como, no fundo, os de Hilário, análogos na intenção e nos conteúdos) três *Hinos sobre a Trindade* (*Hymni de Trinitate*), de incerta cronologia. Falaremos deles na p. 411.

Bibliografia. Edições: CSEL 83, 1971 (P. Henry-P. Hadot), que retoma a precedente de SChr 68-69, 1960, também de Henry e Hadot. Traduções: P. Hadot-U. Brenke, *Artemis Verlag*, Zürich-Stuttgart, 1967. Estudos: P. Hadot, *Porfirio e Vittorino*, ed. it. de G. Girgenti, intr. de G. Reale, Vita e Pensiero, Milano 1993 (a partir da ed. francesa, Ét. Augustiniennes, Paris 1968); id., *Marius Victorinus*, Ét. Augustiniennes, Paris 1971; dos estudos precedentes vale a pena recordar somente E. Benz, *Marius Victorinus und die Entwicklung der abendländischen Willensmetaphysik*, Kohlhammer, Stuttgart 1932. Sobre a figura de Cândido, o ariano, cf. M. Simonetti, *Nota sull'ariano Candido*, "Orpheus" 10 (1963) 151-157.

c) As obras exegéticas de Vitorino

A notícia de Jerônimo mencionara também a existência de *Comentários ao Apóstolo* (*Comentarii in Apostolum*). Chegaram até nós apenas comentários às epístolas aos Gálatas, aos Efésios, aos Filipenses, embora não se deva descartar (com base em algumas menções do próprio Vitorino) que tenha comentado outras epístolas. Sobre esses comentários Jerônimo se expressou em outro momento com atitude de crítica. Preparando-se para comentar *Gálatas*, ele observa no prólogo de sua obra: "nao ignoro que Gaio Mário Vitorino, que quando eu era menino ensinou retórica em Roma, tenha publicado *Comentários ao Apóstolo*, mas, ocupado como era na erudição das cartas profanas, ignorou totalmente as Sagradas Escrituras, e ninguém, por mais eloqüente que seja, pode discutir adequadamente aquilo que desconhece". De fato, os comentários escriturísticos de Vitorino pouco se distinguem, tanto no método como no conteúdo, dos tratados filosóficos que escrevera anteriormente. Em todo caso, à parte qualquer outra consideração, eles representam, junto com os comentários contemporâneos de Hilário, os primeiros tratados exegéticos em língua latina que chegaram até nós. Decerto, o juízo negativo de Jerônimo é confirmado pelo fato de que neles se verifica, da parte de Vitorino, um conhecimento bastante limitado da Escritura. O Antigo Testamento está ausente, com exceção de poucas passagens de uso tradicional e vulgar. A explicação é marcada pelo literalismo e carece quase inteiramente de alegorese, o que impede interpretar o Antigo Testamento de maneira adequada ou, de todo modo, conforme às tendências exegéticas do cristianismo contemporâneo. Lado a lado com esse literalismo vai a atitude antijudaica do escritor, que o leva às vezes a verdadeiros erros doutrinais. Os comentários contêm longos excursos dogmáticos e filosóficos, que deveriam servir para esclarecer a doutrina do apóstolo, mas são totalmente estranhos a ela. Evidentemente, Vitorino não abandonou sua doutrina neoplatônica, que lhe permitira escrever seus tratados teológicos, e interpreta o apóstolo servindo-se dela, quando necessário. Talvez o escritor — tal como tentou nas obras dogmáticas uma interpretação de base neoplatônica da teologia cristã — queira ler agora a Escritura com os mesmos critérios. Assim, poderia decorrer de seu neoplatonismo a doutrina da preexistência das almas e a incerteza acerca da criação do mundo a partir do nada por obra de Deus. Interessantes são alguns elementos de origem gnóstica (cuja proveniência ainda tem de ser investigada) e, justamente no que diz respeito à interpretação do texto paulino, o uso dos "prólogos marcionitas" às epístolas de Paulo. Os escritos exegéticos de Vitorino fazem referência aos escritos antiarianos precedentes e, portanto, devem ser posteriores a eles; o estilo, de todo modo, é muito mais simples e plano.

Bibliografia. Edições: A. Locher, Teubner, Leipzig 1972; CSEL 83, 1986 (*Opera exegetica*: F. Gori). Comentários: Corona Patrum 8 (SEI, Torino 1981: F. Gori). Estudos: P. Hadot, *À propos d'une récente édition des Commentaires de Marius Victorinus sur les épîtres de saint Paul*, "Latomus" 35 (1976) 133-142; W. Erdt, *Marius Victorinus Afer, der erste lateinische Pauluscommentator...*, Lang, Frankfurt 1980; M. Simonetti, *Lettera e/o allegoria*, cit.

Com base no que foi dito, verificamos que Mário Vitorino possui uma personalidade sem dúvida insólita na história do antigo cristianismo, fortemente ancorada, por sua formação, na filosofia contemporânea, e mais precisamente no neoplatonismo difundido no Ocidente por Porfírio. Por essa sua singularidade, Vitorino parece um escritor separado das grandes correntes teológicas do cristianismo antigo, apesar de ter tomado parte com empenho não menor que outros na controvérsia ariana de seu tempo. Mas por causa desse modo novo de enfrentar os problemas teológicos então debatidos e de recorrer tão insistentemente à filosofia pagã, Vitorino não foi considerado um escritor importante, e suas soluções não exerceram influência alguma. Mesmo os escritos exegéticos, independentemente do juízo negativo dado por Jerônimo, permaneceram totalmente desconhecidos até o início do século XVII, quando foram descobertos por Sirmondi.

8. O triunfo da ortodoxia nicena no Ocidente: Ambrósio

A classe social a que pertencia, a formação cultural e a carreira burocrática caracterizaram e prepararam Ambrósio também para assumir a função de bispo de Milão, à qual foi eleito em plena maturidade. Nascido em 339 em Treves, onde residia o pai (que chegara ao elevado grau de prefeito da Gália), Ambrósio voltou ainda menino para Roma, de onde era originária sua família, e onde ele, como membro da aristocracia, teve uma posição importante. A família de Ambrósio já era convertida ao cristianismo (coisa ainda bastante rara para a aristocracia romana do século IV), como demonstra o fato de sua irmã Marcelina ter feito voto de virgindade por volta de 360, sob o pontificado de Libério. A boa situação econômica de que gozava permitiu a Ambrósio ter uma refinada educação, compreendendo também o conhecimento do grego, cada vez mais negligenciado naquela época. Ingressando na carreira da administração estatal, teve um posto de destaque na burocracia imperial (foi governador da Ligúria e da Emília). Por isso pode-se dizer que Ambrósio conservou a *forma mentis* própria do funcionário do Estado, mesmo depois de passar do governo civil ao governo da Igreja. A mesma energia, o mesmo senso de responsabilidade, de fidelidade ao Estado, que até então lhe haviam sido exigidos, Ambrósio os manifestou também no cumprimento de seu novo encargo. No século IV Milão era a capital da parte ocidental do império, e lá residiam o imperador e sua corte. A presença, em Milão, do poder civil em seu grau mais elevado só podia conferir importância também ao cargo mais alto da Igreja. Se a isso se acrescenta a presença, na cátedra milanesa, de um bispo enérgico e inteligente, a conseqüência foi que, com Ambrósio, Milão assumiu, se não um poder, decerto uma autoridade não inferior à de Roma. Mas essa posição de prestígio poderia ter vindo automaticamente se o bispo tivesse contado com o apoio da corte: Ambrósio, ao contrário, teve de conquistá-la. Quando foi eleito por aclamação popular (a crer no relato de seu biógrafo Paulino) em 374, ele sucedeu a Auxêncio, que já encontramos como bispo de Milão na época de Hilário, e a quem Hilário tentara em vão fazer depor. Com o mesmo distanciamento com que observara as tentativas de Hilário, assim também agora o imperador não se opôs à sucessão de um bispo niceno na sé de Milão. Valentiniano I, de fato, não quis intervir nas disputas religiosas de seu tempo. Provavelmente, a solução a que chegaram as duas facções religiosas, a ariana e a nicena (uma solução enobrecida pela hagiografia imediatamente posterior, que lhe atribuiu o caráter de uma inspiração divina), foi devida ao fato de Ambrósio, homem da administração estatal, parecer estranho às lutas religiosas do momento e poder garantir, assim, certa imparcialidade. Mas a nova função logo exigiu que Ambrósio se adequasse ao papel: a imperatriz Justina (morto em 375 Valentiniano I, que aprovara a eleição de Ambrósio) tentou influir no governo e na política, sobretudo em âmbito religioso, de seus dois filhos, primeiro Graciano (375-383) e depois Valentiniano II (383-392), pouco mais que um rapaz o primeiro, ainda um menino o segundo. A longa presença de um bispo ariano em Milão (como, aliás, em outros lugares, por exemplo Constantinopla) deixara suas marcas, e muitos eram os arianos na corte imperial.

a) Ambrósio contra os arianos

Mas Ambrósio não era um bispo disposto a aceitar a situação e a deixar as coisas como estavam se não estivessem do modo que ele considerava melhor para a ortodoxia e para a Igreja. Depois de poucos anos dedicados a estudar e a aprofundar a doutrina cristã (fora eleito bispo quando era ainda catecúmeno, e foi batizado naquela ocasião; seu mestre de doutrina foi o sacerdote Simpliciano, que depois lhe sucedeu na cátedra episcopal), Ambrósio entra em estreitas relações com o imperador Graciano, a quem dedica suas obras teológicas, escritas justamente nesse período. Nelas Ambrósio já aparece como o guia espiritual e respeitado conselheiro do imperador, coisa que decerto não devia agradar à mãe de Graciano, Justina.

Nessas primeiras obras o bispo fala com o imperador com grande segurança e autoridade, interpretando o significado dos recentes e catastróficos acontecimentos: a invasão dos godos, que culminou na terrível derrota de Adrianópolis em 378, na qual perdera a vida o imperador do Oriente, Valente, só podia ter sido causada pela impiedade desse imperador, sustentador dos arianos e perseguidor dos nicenos. Graciano, guiado por Ambrósio, estava remediando (e o general Teodósio fazia o mesmo no campo de batalha) os erros cometidos pelo imperador herético. Em Milão mesmo, Graciano tomara aos arianos uma basílica, que depois lhes fora restituída (decreto por desejo de Justina). Mas Graciano anulara essa providência. São pequenos episódios, mas indicam uma atitude, e a eles logo se seguirão outros.

Prosseguindo a política ortodoxa de Graciano, Teodósio publicou, em fevereiro de 380 em Tessalônica, um edito no qual, reconhecendo como única fé ortodoxa a de Dâmaso de Roma e Pedro de Alexandria, entregava aos nicenos todas as basílicas e lugares de culto em poder dos arianos. Um ano depois (primavera de 381), realizou-se em Constantinopla o segundo concílio ecumênico, que condenou definitivamente toda forma de arianismo, e em Aquiléia — importante centro econômico e cultural da Itália setentrional — um concílio paralelo, presidido por Ambrósio, conseguiu igualmente a condenação da heresia. Mas esta decisiva superioridade da fé nicena fora imposta sobretudo no Oriente, onde residia o próprio imperador Teodósio. No Ocidente as coisas não iam do mesmo modo, e uma corte arianófila ainda podia condicionar a vida religiosa. A oposição de Ambrósio significava, portanto, muito mais que uma simples contenda por motivos ocasionais, como podia ser a posse de uma Igreja. Esta convicção de que a Igreja não pode desinteressar-se da administração do Estado é típica do bispo de Milão e representa uma novidade para sua época, na qual se via, quando muito, o oposto, a intervenção do imperador na administração da Igreja. O comportamento de Ambrósio podia constituir também um exemplo para o futuro. A tal convicção correspondeu a atividade, puramente política, que Ambrósio desempenhou em 383, dirigindo-se a Treves junto ao usurpador Máximo, que matara Graciano, ou à Gália junto ao general Arbogaste, em maio de 392, o qual, em aliança com o senador Eugênio, matara Valentiniano II, com a intenção de afastar o Ocidente do domínio de Teodósio e restaurar o paganismo. Puramente política, dissemos, foi essa atividade, mas conduzida também com o risco da própria vida. Mas, por outro lado, quando Teodósio quis punir os cristãos que, em 388, tinham destruído uma sinagoga judia em Calínico, no Eufrates, impondo-lhes a reconstrução às próprias custas, Ambrósio forçou-o a revogar a medida. É bem conhecida, por fim, a "excomunhão" — a proibição de entrar na Igreja —, que o bispo infligiu ao imperador em 390 quando este, por motivos sobretudo políticos, mandou matar os habitantes de Tessalônica que haviam massacrado oficiais bárbaros a serviço do exército romano. Assim, quando lança ao rosto do usurpador Arbogaste que as coisas humanas são de jurisdição imperial, enquanto as divinas cabem a Deus e a quem o representa, Ambrósio quer fazer compreender que seu antagonista não tem a menor autoridade sobre ele. Decerto nem tudo é claro na atividade política de Ambrósio. Já se mencionou o episódio de intolerância antijudaica. Ademais, aparece nele o habitual preconceito ocidental para com o cristianismo bizantino, razão por que Ambrósio assumiu, junto com Dâmaso de Roma, uma atitude hostil a Basílio e ao partido dos melecianos, que eram os sustentadores do bispo legítimo de Antioquia, e deu seu apoio a um aventureiro, Máximo, que tentara usurpar a sé de Constantinopla ao bispo Gregório. Morto em 395 Teodósio, que mantivera cordiais relações de amizade com Ambrósio e nutrira por ele devoção e respeito, o bispo de Milão encontrou hostilidade na corte de seu sucessor, Honório, onde havia alguns anos era poderoso o general vândalo Estilicão, uma cria de Teodósio que lhe confiara o filho ainda muito jovem. As relações de Ambrósio com Estilicão não foram boas, e ele morreu em 4 de abril de 397. O próprio Estilicão caiu vítima das intrigas da corte e da hostilidade do medíocre imperador Honório poucos anos depois.

Detivemo-nos longamente na atitude política de Ambrósio, bispo de Milão, como fizemos antes com outra grande personalidade política da Igreja, o alexandrino Atanásio, seja porque ela é emblemática da personalidade do homem, seja porque Ambrósio se propõe como modelo para outras figuras que vieram depois. Observa Simonetti que apreendemos ainda melhor sua personalidade e seu comportamento como bispo quando comparamos com a análoga atitude que, na mesma função, teve no Oriente Eusébio de Cesaréia. Enquanto para Eusébio o bispo era completamente submisso ao imperador, para Ambrósio os dois estão em pé de igualdade. O poder político não só não é superior ao da Igreja como também é vinculado a ele. "Os bispos só podem ser julgados por bispos", afirma explicitamente numa carta ao imperador Valentiniano II (*Epist.* 75, 2 Zelzer). Ao imperador pertencem os palácios, não as igrejas — embora tenhamos de levar em conta, certamente, o momento de particular atrito que causara esta afirmação (a corte entregara aos arianos a basílica maior de Milão). E essas afirmações de direito, que parecem novas e representativas da época e da Idade Média que já se avizinha, são reiteradas por Ambrósio com igual decisão diante do imperador Teodósio, com quem pudera instaurar ótimas relações de colaboração. Seja dito, porém, que a comparação com Eusébio é válida até certo ponto, na medida em que Ambrósio não teve de lidar com uma personalidade autoritária e poderosa como Constantino. O poder leigo seguramente já enfraquecera no Ocidente, coisa que não se pode dizer para o mundo bizantino. Em conclusão, Ambrósio conseguiu fazer na Itália e nas regiões vizinhas o que Hilário fizera na Gália: eliminar o arianismo.

Bibliografia. Cf. A. Paredi, *Sant'Ambrogio e la sua età*, Hoepli, Milano 1960²; H. von Campenhausen, *Ambrosius von Mailand als Kirchenpolitiker*, Berlin e Leipzig 1929; J. R. Palanque, *Saint Ambroise et l'empire romain*, de Boccard, Paris 1933; F. Homes-Dudden, *The Life and Time of Saint Ambrose*, Univ. Press, Oxford 1935; G. Gottlieb, *Ambrosius von Mailand und Kaiser Gratian*, Vandenhoeck & Ruprecht, Göttingen

1973; L. Cracco Ruggini, *Ambrogio di fronte alla compagine sociale del suo tempo*, in VV.AA., *Ambrosius Episcopus*. Atti del Congresso intern. di studi ambrosiani..., Milano 2-7 dicembre 1974, org. por G. Lazzati, Studia Patristica Mediolanensia 6-7, Vita e Pensiero, Milano 1976, pp. 230-265; M. Sordi, *L'atteggiamento di Ambrogio di fronte a Roma e al paganesimo*, ibid., pp. 203-229; P. Courcelle, *Polemiche anticristiane e platonismo cristiano: da Arnobio a Sant'Ambrogio*, in VV.AA., *Il conflitto tra paganesimo e cristianesimo nel IV secolo*, escritos editados por A. Momigliano, tr. it. Einaudi, Torino 1968, pp. 165-197; N. B. McLynn, *Ambrose of Milan. Church and Court in a Christian Capital*, Univ. of California, Berkeley 1994.

b) O concílio de Aquiléia e os escritos teológicos

No contexto da luta contra os arianos tem lugar também a condenação que Ambrósio impôs a Paládio, bispo ariano de Raziária, no Ilírico, no concílio de Aquiléia de 381, que constituiu o equivalente ocidental do concílio de Constantinopla. As atas do concílio, contendo também as intervenções de Paládio e de Ambrósio, nos foram conservadas. Esse Paládio publicara um escrito, provavelmente em 379, com o qual polemizava com os primeiros dois livros de *A fé* de Ambrósio, que mencionaremos adiante. As deliberações do concílio de Aquiléia foram depois asperamente criticadas, por volta de 395, por Maximino, bispo ariano da Ilíria. Este, nascido em Roma em torno de 360-365, escreveu um comentário polêmico às atas do concílio, a *Discussão de Maximino contra Ambrósio* (*Dissertatio Maximini contra Ambrosium*). Maximino acrescentou também a seu texto opiniões de outros bispos arianos a propósito, entre as quais se acham algumas notícias sobre Úlfilas, o famoso bispo dos godos. Mencionaremos Maximino também mais adiante (p. 364), acerca da literatura ariana no Ocidente.

Nesta incessante ação política consiste a contribuição mais relevante de Ambrósio à eliminação do arianismo, ao passo que, em nossa opinião, não são igualmente significativas as suas contribuições de caráter teórico, confiadas aos dois escritos *A fé* (*De fide*: 378-380, em cinco livros) e *O Espírito Santo* (*De Spiritu Sancto*, de 381, em três livros), dedicados ao imperador Graciano. São seguidos do breve tratado sobre *O mistério da encarnação do Senhor* (*De incarnationis dominicae sacramento*, de 381-382), dirigido contra a heresia cristológica de Apolinário. Esses escritos estão entre as primeiras obras compostas por Ambrósio e servem-se amplamente de material grego (em particular, de doutrinas colhidas em Atanásio, Dídimo e Basílio de Cesaréia), sem uma verdadeira reelaboração de um pensamento pessoal.

Além disso (mas era prática comum na Antiguidade), nessas obras não se cita o nome dos escritores a que se recorre. Isso bastou para que poucos anos depois (em 387) Jerônimo (que decerto não nutria simpatias para com Ambrósio) acusasse o bispo de Milão de ter realizado um plágio da obra homônima de Dídimo, *O Espírito Santo*, plágio ao qual contrapôs uma declarada tradução sua.

Bibliografia. Edições: CSEL 78, 8, 1962 (*De fide*: O. Faller); 79, 1964 (*De Spiritu Sancto; De incarnationis dominicae sacramento*: O. Faller); SAEMO, 15, 1984 (*La Fede*: C. Moreschini); 16, 1979 (*Lo Spirito Santo*: C. Moreschini; *Il mistero dell'incarnazione del Signore*: E. Bellini). Sobre o concílio de Aquiléia: SAEMO 21, 1989 (G. Banterle). Sobre Ambrósio como político da Igreja, cf. M. Simonetti, *La politica antiariana di Ambrogio*, in VV.AA., *Ambrosius Episcopus*. Atti del Congresso intern. di studi ambrosiani..., cit., pp. 266-285; R. Cantalamessa, *Sant'Ambrogio di fronte ai grandi dibattiti teologici del suo secolo*, ibid., pp. 483-539; VV.AA., *Atti del Colloquio internazionale sul Concilio di Aquileia del 381*, "Antichità Altoadriatiche" XXI, Aquileia 1981.

c) Os *Hinos* ambrosianos

Pode-se enquadrar na intensa atividade desenvolvida por Ambrósio em defesa da ortodoxia aquela que é talvez sua invenção mais genial e o achado mais duradouro, a "descoberta" do hino, justamente por isso chamado "ambrosiano", embora tenhamos de reconhecer que, em diversos modos e formas paraliterárias, o hino religioso já existia desde os primeiros tempos na liturgia, como se viu no momento oportuno (vol. I, pp. 437-439). A situação histórica que induziu Ambrósio a "inventar" o hino cristão é bem precisa. Na primavera de 385 foi-lhe pedido que pusesse à disposição dos arianos uma pequena igreja situada diante dos muros da cidade, e ele recusou, apoiado por uma irrupção da multidão católica no próprio palácio imperial, aonde, depois de sua recusa, Ambrósio fora convocado para receber a intimação oficial de desobstruir a igreja. A humilhação sofrida pela imperatriz Justina fora demasiado grave para que ela estivesse disposta a esquecer. No início de 386 um edito conferiu o direito de reunião pública a todos os seguidores da religião professada sob o imperador Constâncio; permitia-se, em substância, livre culto aos arianos. Pediu-se a Ambrósio que entregasse a basílica maior de Milão ao bispo ariano Mercurino (que adotara "Auxêncio" como segundo nome para sublinhar sua afinidade ideológica com o bispo ariano antecessor de Ambrósio). No Domingo de Ramos, Ambrósio pronunciou uma homilia (*Discurso contra Auxêncio a propósito da entrega da basílica — Sermo contra*

Auxentium de basilicis tradendis), enquanto os soldados enviados pela corte rodeavam a basílica. Os fiéis, e Ambrósio com eles, se recusaram a desocupar a basílica e abandoná-la aos arianos. Ora, para encorajar o povo de Deus na defesa de sua Igreja e, ao mesmo tempo, para confirmar a reta fé — que está na base de toda resistência ao inimigo —, Ambrósio compôs alguns hinos, em métrica bastante simples e facilmente cantável. O canto religioso, portanto, confere ao cristão a força espiritual. "Defendendo-se da acusação de ter enfeitiçado o povo com seus hinos, Ambrósio (*Epist.* 75a, 34) reconhecerá depois que eles são realmente um grande encantamento, capaz de seduzir, mas só pela força conferida pela 'confissão da Trindade'" (Gualandri). O mérito de Ambrósio foi ter encontrado uma composição poética e musical que se podia aprender e cantar com facilidade. O conteúdo doutrinal, ademais, era simples e essencial, de tal modo que mesmo o não-letrado pudesse compreendê-lo: entre os cristãos que se haviam trancado na basílica milanesa, muitos seguramente eram analfabetos e não obstante conseguiram compreender o que era cantado, enquanto o analfabeto certamente não teria conseguido aprender o difícil hino de Hilário ou a prosa ritmada de Mário Vitorino, nem, muito menos, suas árduas especulações trinitárias. Por isso o poema ambrosiano se tornou tão famoso e foi imediatamente imitado por numerosos hinógrafos anônimos, enquanto os de Hilário e de Vitorino podem ser lidos e entendidos somente por poucos doutos. Numerosíssimos são os hinos atribuídos a Ambrósio, mas os seguramente autênticos são apenas quatro, todos atestados por Agostinho: *Eterno criador das coisas* (*Aeterne rerum conditor*), *Já surge a hora terça* (*Iam surgit hora tertia*), *Deus, criador do universo* (*Deus creator omnium*), *Vem, redentor das gentes* (*Veni, redemptor gentium*). Outros lhe são atribuídos, se não com certeza, ao menos com boa probabilidade. Com o hino, portanto, mais ainda que com as obras teológicas, Ambrósio conseguiu derrotar os inimigos da ortodoxia, criando, ademais, um instrumento muito útil para a liturgia. Nos hinos, Ambrósio surge como grande poeta, conjugando com naturalidade e espontaneidade a doutrina e o simbolismo cristão a uma estrutura atentamente estudada e a uma versificação refinada.

Bibliografia. Edições: BPat 13, 1989[2] (M. Simonetti); Ambroise de Milan, *Hymnes*, Texte établi, traduit et annoté sous la direction de J. Fontaine... par J.-L. Charlet, S. Deléani, Y.-M. Duval, J. Fontaine, A. Goulon, M.-H. Julien, J. de Montgolfier, G. Nauroy, M. Perrin, H. Savon, Les Éditions du Cerf, Paris 1992.

d) A luta contra o paganismo

Junto à atividade desenvolvida para eliminar o arianismo situa-se tudo o que Ambrósio fez para derrotar e isolar os círculos pagãos da época. No final do século IV o paganismo, sem dúvida, estava em declínio e, todavia, podia vangloriar-se da adesão de personagens de alto nível, como Símaco, Vétio Agório Pretextato, Vírio Nicômaco Flaviano. Esses, embora de idéias antiquadas, orgulhosos somente do passado de suas famílias e saudosos da glória de Roma, eram de todo modo pagãos respeitados. A polêmica que opôs Ambrósio a Símaco, literato e senador, foi julgada por alguns como um episódio de intolerância religiosa, já que o bispo de Milão interveio junto ao imperador para que não se atribuíssem mais aos cultos pagãos certos privilégios de que eles gozavam desde os primeiros tempos da existência de Roma, mas a intolerância religiosa se tornara já usual na Antiguidade tardia. Tal intolerância veio à luz na discussão que opôs o bispo ao literato pagão pela conservação do altar da Vitória. Esse altar, em Roma, situava-se, como símbolo da fé religiosa do Senado, diante da entrada da Cúria, onde os senadores se reuniam. Já Constâncio II, por volta de 355, o removera; depois, por insistência dos senadores, fora restituído a seu lugar, e novamente suprimido na época de Graciano. Sob Valentiniano II, em 384, os senadores tinham feito uma última tentativa de reaver o altar, e seu representante mais respeitado, Símaco, pronunciara diante do imperador uma oração (*relatio*), na qual defendia as antigas tradições de Roma, sublinhando o valor simbólico que elas tinham para o império e fazendo entender que a grandeza política deste se devia, justamente, à conservação das cerimônias religiosas e da tradição antiga. Eram, pois, os deuses pagãos que defendiam Roma, gratos pelo culto que nunca falhara. Símaco, de todo modo, estava bem consciente da situação em que se achava, e sabia que o paganismo agora era praticado por poucos, por isso propôs uma política conciliadora: certamente, a divindade suprema é única, tanto para os cristãos como para os pagãos, mas os ritos não são necessariamente os mesmos: permita-se, pois, aos pagãos que pratiquem o culto que desejam. A tal pedido de Símaco Ambrósio respondeu enviando ao imperador duas cartas (72 e 73 Zelzer), nas quais negava resolutamente, com base em argumentos tradicionais da apologética cristã, toda validade aos argumentos de Símaco, e destacava que a fé no verdadeiro Deus não permitia a existência de cultos diferentes, e que tampouco tinham sido os ídolos os responsáveis pela grandeza de Roma.

Bibliografia: M. Sordi, *L'atteggiamento di Ambrogio...*, cit., e, mais em geral, alguns títulos da bibliografia de Símaco (por ex., R. Klein, *Symmachus*, Wissensch. Buchgesell.,

Darmstadt 1971). O texto da *relatio* de Símaco se acha também no epistolário de Ambrósio (*Epist.* 72a Zelzer).

e) A atividade literária de Ambrósio: as homilias e orações

Ambrósio, fino literato, interessava-se sobretudo pela comunicação oral, isto é, pelas orações de caráter oficial (teve a ocasião de escrever discursos fúnebres) e pelas homilias ao povo. Se as orações, devido à ocasião e à situação em que se pronunciam, são ornadas e elegantes, nas homilias ele conseguiu encontrar outro caminho, não menos profícuo, instaurando um tom médio, com o qual consegue fazer compreender a seu auditório o tema escolhido. É preciso, de todo modo, levar em conta que o tema das homilias ambrosianas é, quase sempre, de caráter espiritual e moral, porque Ambrósio não é levado pelas árduas especulações teológicas. Em alguns aspectos, porém, diante de Ambrósio ergue-se um problema análogo ao que surgiu para seu contemporâneo Gregório de Nazianzo, o qual se serviu de modo precípuo da homilia e tentou fazer dela um instrumento adequado à comunicação de um pensamento teológico. Ambrósio foi orador famoso em sua época: o próprio Agostinho nos diz (*Conf.* V, 13, 23) que, quando era ainda jovem professor de retórica, dirigira-se a Milão para escutar as prédicas de Ambrósio e para ver se a eloqüência correspondia efetivamente à sua fama, e acrescenta: "eu me deleitava com a doçura de sua pregação". Todavia, é oportuno distinguir, entre as homilias de Ambrósio, ao menos dois níveis de literariedade: algumas homilias são mais despojadas e mais simples; outras, ao contrário, são destinadas a uma elite de cristãos, aos círculos de intelectuais milaneses que conhecemos não tanto por meio de Ambrósio quanto graças às *Confissões* e às primeiras obras filosóficas de Agostinho. Nesse círculo de intelectuais primava o mesmo Simpliciano, que fora o mestre espiritual de Ambrósio no momento de sua eleição a bispo de Milão.

A atividade homilética de Ambrósio começa muito cedo, pouco depois de sua sagração episcopal, e prossegue até por volta de 390. Considerada em seu conjunto, ela é animada por intenções morais e didascálicas. Mais particularmente, constitui um novo e interessante documento de exegese bíblica de tipo espiritual que, no Ocidente, ainda não fora praticada (ou não com a sistematicidade de Ambrósio). Nesse âmbito gostaríamos de destacar um caso insólito para um escritor latino, mas que nos atesta a vasta cultura de Ambrósio: as primeiras homilias do bispo recorrem aos escritos de Fílon de Alexandria (bem-entendido, reelaborados de modo que deles seja excluído o ponto essencial da exegese filoniana: a recondução da explicação de todo problema filosófico à essência do judaísmo). São elas: *O paraíso terrestre* (*De paradiso*), *Caim e Abel* (*De Cain et Abel*), *Noé* (*De Noe et arca*), *Abraão* (*De Abraham*), *Jacó e a vida feliz* (*De Iacob et vita beata*), *José* (*De Iosepho*), *A fuga do mundo* (*De fuga mundi*), *Os patriarcas* (*De patriarchis*), *As interpelações de Jó e David* (*De interpellationibus Iob et David*), *A autodefesa do profeta David* (*Apologia propheta David*), *Elias* (*De Helia*), *Nabuth* (*De Nabutha*), *Tobias* (*De Tobia*). São homilias pronunciadas em várias ocasiões: por exemplo, destinam-se aos candidatos ao batismo as que constituem o primeiro livro de *Abraão*. Todas foram remanejadas posteriormente, mas o grau de reelaboração é variado: alguns são em forma literária mais cuidada, outras parecem ainda em forma não-definitiva, quase um rascunho que serve para a prédica, mas deve ser novamente tratado em seguida. A exegese ora é moral, ora alegórica, com freqüente inserção de temáticas filosóficas, cuja função é, de todo modo, examinada criticamente pelo escritor; ora também literal, como em *O paraíso*. Entre os motivos que podemos distinguir nelas: o do dificultoso caminho de aperfeiçoamento do homem por meio das virtudes, desde o paganismo até Deus, simbolizado pela peregrinação de Abraão; Caim e Abel podem ser interpretados em chave eclesiológica, representando, o primeiro, o povo dos judeus, que matou Cristo, e o segundo, o povo cristão; a polêmica antijudaica está espalhada um pouco por toda parte. Interessante também é a *Autodefesa do profeta David*, dedicada ao imperador Teodósio, evidentemente para que extraísse do comportamento do rei de Israel um exemplo para si mesmo. O estilo não alcança ainda o refinamento das homilias mais maduras (algumas daquelas aqui rapidamente consideradas são as primeiras pronunciadas por Ambrósio). As reminiscências de escritores pagãos já estão presentes nessas homilias e representarão uma constante na obra ambrosiana.

Bibliografia: CSEL 32, 1, 1897 (C. Schenkl); SChr 239, 1977 (*Apologie de David*: P. Hadot, M. Cordier); SAEMO 2, 1, 1984 (*Il paradiso terrestre, Caino e Abele*: P. Siniscalco; *Noè*: A. Pastorino); 2, 2, 1984 (*Abramo*: F. Gori); 4, 1980 (*I patriarchi, La fuga del mondo, Le rimostranze di Giobbe e Davide*: G. Banterle); 5, 1981 (*Le due apologie di Davide*: F. Lucidi); 6, 1985 (*Elia e il digiuno, Naboth, Tobia*: F. Gori).

Estudos: E. Dassmann, Die Frömmigkeit des Kirchenvater Ambrosius von Mailand, Aschendorff, Münster 1965 (tr. it. *La sobria ebbrezza dello spirito*, Varese 1975); E. Lucchesi, *L'usage de Philon dans l'oeuvre exégétique de saint Ambroise...*, Brill, Leiden 1977; H. Savon, *Saint Ambroise devant l'exégèse de Philon d'Alexandrie*, Ét. Augustiniennes, Paris 1977.

Mais interessantes são outras homilias, que não recorrem a Fílon, mas mostram um vivo interesse pela espiritualidade de Orígenes (lembremos que a difusão da doutrina do Alexandrino no Ocidente começara com Hilário e, contemporaneamente a Ambrósio, em outros ambientes, mas naqueles mesmos anos Jerônimo e Rufino também são atentos leitores de Orígenes). Estes novos motivos se apreendem na homilia sobre *Isaac ou a alma* (*De Isaac vel anima*), provavelmente de 387, na qual as bodas de Isaac com Rebeca são entendidas como símbolo das bodas da alma com Cristo, segundo a exegese origeniana do Cântico dos Cânticos; e em *O bem da morte* (*De bono mortis*), que quer ser uma continuação da precedente e exorta a considerar a morte do corpo como um meio para alcançar a verdadeira vida. Aqui, muito material é de origem platônica, e Courcelle imaginou que essas duas homilias, que conjugam de modo harmonioso o espiritualismo cristão (extraído de Orígenes) e o espiritualismo platônico, poderiam ser justamente as homilias que tanto impressionaram Agostinho, que escutou Ambrósio antes de ser por ele batizado, nos primeiros meses de 387.

Mas as homilias mais famosas são, sem dúvida, as dedicadas a explicar *Os seis dias da criação* (*Hexameron libri VI*), nove ao todo, distribuídas em seis livros. Foram pronunciadas na Semana Santa, provavelmente de 387. O modelo a que Ambrósio recorre (às vezes quase traduzindo-o) foi a obra homônima de Basílio de Cesaréia, animada, tal como a do escritor latino, por intenções didascálicas muito marcadas.

Por isso a interpretação ambrosiana do *Gênesis* exclui, como já em Basílio, toda alegoria. O objetivo moral é evidente e consiste em ilustrar a bondade e a providência de Deus, manifestadas em sua obra criadora. O pregador se abandona, comovido, a descrever a beleza do criado, a perfeição que reina mesmo nas menores coisas, a providencialidade de Deus que vigia a tudo. A obra é particularmente cuidada no plano literário e mostra quanto Ambrósio se detivera na leitura de Virgílio, Ovídio e Horácio. Abundam os excursos e as divagações, típicas do estilo homilético.

Bibliografia. Textos: CSEL 32, 1, 1897 (C. Schenkl); SAEMO 1, 1979 (*I sei giorni della creazione*: G. Banterle); CSEL 32, 2, 1897 (C. Schenkl); SAEMO 3, 1982 (*Isacco o l'anima, Il bene della morte*: C. Moreschini; *Giaccobe e la vita beata, Giuseppe*: R. Palla). Estudos: P. Courcelle, *Nouveaux aspects du platonisme chez saint Ambroise*, "Revue des Études Latines" 34 (1956) 220-239; id., *Recherches sur les Confessions de Saint Augustin*, de Boccard 1968[2]; id., *Connais-toi toi-même*, Ét. Augustiniennes, Paris 1974-1975; M. D. Diederich, *Vergil in the works of St. Ambrose*, The Catholic Univ. of America, Washington 1931; J. Pepin, *Théologie cosmique et théologie chrétienne*, Presses Univ. de France, Paris 1964; A. V. Nazzaro, *Esordio e chiusa delle omelie esameronali di Ambrogio*,

Aug. 14 (1974) 559-590; id., *Simbologia e poesia dell'acqua e del mare in Ambrogio di Milano*, Loffredo, Napoli 1977; C. Lo Cicero, *Prestiti basiliani e cultura latina in Ambrogio*, in VV.AA., *Cristianesimo latino e cultura greca sino al sec. IV...*, Augustinianum, Roma 1993, pp. 245-270; G. Madec, *Saint Ambroise et la philosophie*, Ét. Augustiniennes, Paris 1974.

A predileção de Ambrósio pela homilia emerge também do fato de ele preferir (atrelando-se, contudo, a uma tradição já estabelecida por Orígenes) servir-se desse gênero literário, em detrimento do comentário, para sua exegese bíblica. É assim que a *Exposição do Evangelho de Lucas* (*Expositio evangelii secundum Lucam*) em dez livros, apesar do título, não é um tratado, na medida em que a obra é formada de um conjunto de homilias, proferidas em anos diferentes e revistas para a redação final, ocorrida por volta de 389-390.

Que não se trata de um tratado sistemático, aliás, é demonstrado também pelo fato de o escritor não comentar todo o texto lucano, mas aprofundar alguns pontos de seu agrado, descuidar de outros ou ainda tomar como ponto de partida passagens paralelas dos outros três Evangelhos. O terceiro livro parece ser uma reelaboração das *Perguntas e respostas sobre os Evangelhos* de Eusébio de Cesaréia, e, sobretudo no décimo livro, a obra é dirigida para descobrir a "harmonia" dos quatro Evangelhos entre si. O interesse predominante é o ético e espiritual, sustentado por uma forte insistência (que subjaz a toda a obra) em fazer emergir a natureza humana e divina de Cristo, contestada pelos arianos. A eclesiologia e a mariologia recebem aqui amplo espaço: Ambrósio é um dos primeiros escritores latinos interessados na mariologia. Orígenes é a fonte principal, mas a grande cultura do bispo de Milão emerge num freqüente enlace de sua homilia com reminiscências de escritores clássicos, entre os quais se destacam Horácio, Ovídio e, sobretudo, Virgílio. O aspecto homilético é claramente perceptível na interpelação do pregador ao povo dos fiéis, nas alusões à vida de todos os dias, às condições do império e da Igreja da época. Essa obra também foi vítima das farpas maldosas de Jerônimo, mas apreciada por Agostinho. Muitos críticos modernos julgaram-na prolixa e desorganizada, mas é preciso ter em mente que as divagações são, na maioria, um sinal do estilo da prédica, e esta *Expositio* não deve ser considerada um tratado científico.

Outras coletâneas de homilias são dedicadas aos *Salmos*. Estas são todas obras da maturidade. A primeira cronologicamente é a *Explicação do Salmo 118* (*Expositio psalmi 118*), vinte e duas homilias de diferente extensão, escritas por volta de 387-388, dedicadas a cada octonário do salmo. É provável que a fonte da exegese ambrosiana tenha sido Orígenes, que comentara justamente esse salmo. Outra coletânea de homilias é constituída pela *Explicação de doze Salmos* (*Explanatio psalmorum duodecim*) acerca dos salmos 1, 35-40, 43, 45, 47, 48 e 61. Também essas homilias são obra tardia (posterior a 387-388). A última (referente ao salmo 36) é pouco anterior à definitiva vitória de Teodósio sobre o usurpador Eugênio, em 6 de setembro de 394. A do salmo 43, enfim, parece ter sido terminada por Ambrósio no leito de morte, a crer no que nos relata seu biógrafo (Paulino, *Vida de Ambrósio*, 42). A obra, pois, deve ter sido reunida depois da morte do bispo. A exegese é essencialmente de caráter alegórico; a fonte parece ter sido, aqui também, Orígenes, cujo *Comentário aos Salmos*, porém, ficou perdido. Para a exegese do primeiro salmo, Ambrósio também levou em conta Basílio, que escreveu uma homilia sobre ele.

Essa obra é particularmente interessante porque contém um novo e interessante exame dos significados do salmo, uma investigação também no plano literário, conforme à mentalidade e à refinada educação de Ambrósio. Deve-se recordar, de resto, que também Jerônimo no mesmo período considerava com esse interesse os vários livros bíblicos: a época de Ambrósio, de Jerônimo, de Prudêncio e de Agostinho é sensível aos problemas de caráter literário. Os Salmos parecem ser para Ambrósio o livro fundamental no que diz respeito à profecia veterotestamentária. Sobretudo quando "falam" com referência a Cristo, eles são também mais eloquentes e coerentes que os próprios livros proféticos, que falam aos supetões e de modo obscuro. Mas os Salmos são também o livro poético por excelência e unem o deleite literário e a função moral; resumem em si os demais gêneros literários e, ao mesmo tempo, diferenciam-se deles. Se o Salmo oferece deleite, este tem uma função pedagógica: para o homem caído no pecado, o caminho que leva à purificação seria demasiado áspero e íngreme se fosse reduzido somente aos preceitos morais; o Salmo apresenta os mesmos conceitos necessários para a purificação, recobrindo-os, porém, com a arte e a poesia. É na exegese dos Salmos que a arte e a espiritualidade de Ambrósio se manifestam ao máximo grau: o homileta não percorre uma linha de pensamento bem-definida, mas se abandona a divagações, que todavia são as mais "ricas de uma espiritualidade viva e poeticamente válida" (Pizzolato). "Espiritualidade" e "poesia" são as palavras emblemáticas da exegese ambrosiana, que oferece na exposição dos Salmos o melhor de si, justamente na medida em que o bispo vê nesse livro a concentração de todo o ensinamento da Escritura. "A história instrui com ordem, a lei ensina, a profecia anuncia, a repreensão castiga, o discurso moral convence. No livro dos Salmos é possível encontrar a via do progresso para todos e o remédio para a saúde do homem", diz Ambrósio. As duas obras exegéticas sobre os Salmos, portanto, não fornecem tantos aprofundamentos doutrinais quanto uma riquíssima série de estímulos para meditações espirituais como o repúdio de Israel e o chamamento dos gentios, a salvação do homem, a divindade e a humanidade de Cristo. Nessas explicações pode-se realmente ver Ambrósio em ação diante de um auditório exigente, enquanto profundamente cristão e, ao mesmo tempo, refinado, como era o milanês (o mesmo auditório ao qual se destinavam as homilias sobre *Isaac*, sobre *Jacó* e sobre *O bem da morte*, às quais nos referimos mais acima).

Bibliografia. Textos: para a *Expositio in Lucam*: CSEL 32, 4, 1902 (C. Schenkl); CChr.Lat 14, 4 (M. Adriaen, 1957); SChr 42, 1958; 45, 1958 (G. Tissot); SAEMO 11-12, 1978 (G. Coppa); para a *Expositio Psalmi CXVIII*: CSEL 62, 1913 (M. Petschenig); SAEMO 9-10, 1987 (L. F. Pizzolato); para a *Explanatio psalmorum XII*: CSEL 64, 1919 (M. Petschenig); SAEMO 7-8, 1980 (L. F. Pizzolato). Estudos: G. Toscani, *Teologia della Chiesa in Sant'Ambrogio*, Studia Patristica Meidol. 3, Vita e Pensiero, Milano 1974.

Recorde-se, por fim, uma perdida *Explicação do Profeta Isaías* (*Expositio Esaiae prophetae*), que é citada por Agostinho e anterior a 389.

f) Ambrósio e a Escritura

Essa atividade homilética intensa é paralela, em Ambrósio, a uma série de considerações sobre o significado e o valor da Escritura, considerações que, mesmo não sendo apresentadas na forma sistemática de um tratado exegético, têm de todo modo seu interesse. Junto a considerações menos originais, porque aceitas em toda parte (como a de "explicar a Escritura com a Escritura", da necessidade de não acrescentar nada ao texto, que provém de Deus), Ambrósio também — tal como, entre os gregos, Gregório de Nissa — observa que o escopo do texto sagrado é o progresso moral do homem. Mais interessante ainda é considerar a Escritura como o "corpo do Filho de Deus", do mesmo modo que a Igreja (*Exposição do Evangelho de Lucas* VI, 33), razão por que a Escritura não é constituída de um conjunto de simples palavras, mas de palavras que têm uma substância própria. Essa afirmação serve para dar solução ao antigo problema do estilo deselegante do texto sagrado que Ambrósio, literato refinado, não podia deixar de perceber. De todo modo, ele tampouco consegue superar o surrado clichê da "simplicidade" e "humildade" das

Escrituras, mas tenta dar a esses conceitos um novo significado. A "simplicidade" não é senão o "costume" de exprimir-se em certo modo, por isso "o leitor e o exegeta estão certos de não terem que exibir dispendiosas acrobacias interpretativas" (Pizzolato), enquanto a característica da "humildade", que diz respeito ao estilo da Escritura, se contrapõe à profundidade de seus conteúdos (e essa observação era tradicional). Esse contraste, que decerto não era permitido pelas normas da retórica, justifica-se na medida em que o escritor sagrado não é obrigado a obedecer às regras da expressão cultivada, normas que, por outro lado, são válidas para os homens (*Elias*, 73). O autor do texto sagrado se permite também atingir um realismo expressivo conforme o assunto de que trata. Além disso, Ambrósio observa que, no fundo, também os escritores profanos às vezes dirigem sua atenção mais aos conteúdos que à expressão, por isso está muito certo o escritor sacro quando insiste sobretudo nos mistérios que revela e não na forma literária. A linguagem aceita revestir-se de humildade, justamente porque deve ser dirigida aos mistérios cristãos. Mas isso não significava uma incapacidade literária, e sim uma consciente renúncia à elaboração retórica, já que aqueles autores escreveram conformemente à graça, que é superior à arte. Desse modo, a palavra divina possui uma função análoga à da eucaristia porque alimenta o homem, transformando-o. A palavra de Deus também pode produzir a experiência mística que Ambrósio indica com o termo "sóbria embriaguez" (que remonta a Fílon de Alexandria e a Orígenes). A Escritura é mais rica que a palavra comum porque sua riqueza deriva do espírito de Deus, e tal riqueza é o motivo pelo qual é possível encontrar na Escritura uma multiplicidade de significados (literal, místico, moral, segundo a tripartição origeniana). "A Escritura divina é um mar", diz Ambrósio numa passagem famosa (*Epist.* 2, 3). O problema das relações entre os dois Testamentos é apresentado no modo tradicional: não existe um sem o outro; o primeiro serve para fazer compreender a profundidade do segundo, mas com uma advertência: junto com a Lei existia a graça profética que permitia a prefiguração, graça que depois se realizou perfeitamente num segundo momento, com a plenitude de tudo quanto fora profetizado.

Bibliografia. Cf. G. Lazzati, *Il valore letterario della esegesi ambrosiana*, Archivio Ambrosiano 11, Milano 1960; V. Hahn, Das wahre Gesetz. Eine Untersuchung der Auffassung des Ambrosius von Mailand vom Verhältnis der beiden Testamente, Aschendorff, Münster 1969; L. F. Pizzolato, *La Sacra Scrittura, fondamento del metodo esegetico di sant'Ambrogio*, in VV.AA., *Ambrosius Episcopus...*, cit., pp. 393-426; id., *La dottrina esegetica di sant'Ambrogio*, Studia Patristica Mediol. 9, Vita e Pensiero, Milano 1978.

g) As orações oficiais de Ambrósio

Um caráter diferente em certos aspectos — já que podem ser consideradas não como homilias, mas como verdadeiras "orações" (e mais precisamente "discursos fúnebres", constituindo um gênero literário bem específico) — possuem duas orações: uma é *Pela morte de Valentiniano* (*De obitu Valentiniani*), pronunciada em 392, depois do assassínio do imperador Valentiniano II (de quem Ambrósio fora, como para Graciano, guia espiritual) cometido pelo usurpador Arbogaste; a outra, *Pela morte de Teodósio* (*De obitu Theodosii*), pelo falecimento, em 395, do grande imperador cristão, amigo de Ambrósio. Falando como orador oficial, o bispo se serve nessas duas orações de todos os meios que a retórica punha à disposição em tais ocasiões (e existia, aliás, uma tradição específica para os discursos fúnebres, que remontava a Sêneca e Cícero). Encontram-se também excursos de caráter moral e histórico-político como aquele — contido na oração pela morte de Teodósio — sobre a descoberta da cruz de Cristo por Helena, mãe de Constantino, e sobre o uso que ela fez de dois dos pregos usados para a crucifixão. Evidentemente, não se trata de divagações estéreis, mas de digressões que pretendem sublinhar o estreito laço entre fé cristã e império, já apresentado nas figuras de Helena e de Constantino. Apesar disso, a amizade que ligara Ambrósio aos dois imperadores lhe sugere acentos comovidos.

Bastante anterior (377-378, pouco depois de sua ordenação) é outra oração fúnebre, *Pela morte de Sátiro* (*De excessu Satyri*), irmão de Ambrósio que, seguindo-lhe o exemplo, também abandonara a administração estatal. Compõe-se de dois discursos: o primeiro foi pronunciado na igreja de Milão, no dia mesmo da morte; o segundo, sete dias depois, no túmulo de Sátiro. Enquanto o primeiro discurso dedica-se sobretudo a narrar a vida do defunto, o segundo é de caráter mais teórico e contém considerações sobre a inevitabilidade da morte, sobre o benefício que ela acarreta — liberando-nos dos afãs da vida deste mundo — e, sobretudo, sobre o problema da ressurreição.

Ocupa grande espaço nessas orações o componente panegirístico e encomiástico, baseado na enumeração das virtudes do falecido e na narração dos episódios centrais de sua vida. Essa técnica é de origem estritamente profana. Ambrósio, de fato, retoma um gênero literário que fora difundido na cultura pagã e teorizado pelos escritores de retórica: o "discurso fúnebre". Análogo a esse é outro tipo de discurso, cultivado por Cícero e Sêneca, o da "consolação" (pelo menos as *Consolações* de Sêneca, que chegaram até nós, eram conhecidas de Ambrósio). Ambos os gêneros literários confluíram nesses discursos, que unem a exaltação das virtudes do defunto às exortações aos familiares para que suportem cristãmente a perda do ente querido. Nesse período, no Oriente, Gregório de Nazianzo e Gregório de Nissa cultivavam o mesmo tipo de oratória.

Bibliografia. Textos: CSEL 73, 7, 1955 (O. Faller); SAEMO 18, 1985 (G. Banterle). Estudos: P. Courcelle, *Ambroise lecteur du "De Platone" d'Apulée*, in *Recherches sur les Confessions de Saint Augustin*, cit.; A. Paredi, *Ambrogio, Graziano, Teodosio*, "Antichità Altoadriatiche" 22 (1982) 17-49.

h) Os tratados

Junto às obras homiléticas situam-se verdadeiros tratados, nos quais, porém, Ambrósio não deu o melhor de si.

Muito famoso, mas carente de originalidade, é o tratado *Sobre os deveres* (*De officiis ministrorum*), escrito provavelmente em 391, no qual Ambrósio retoma de modo freqüentemente confuso e desordenado o tratado *Sobre os deveres* de Cícero, adaptando-o ao comportamento dos religiosos.

Bibliografia. Edições: J. G. Krabinger, Tübingen 1857; SAEMO 13, 1991[2] (G. Banterle). Estudos: M. Testard, *Étude sur la composition dans le* De officiis ministrorum *de Saint Ambroise*, in VV.AA., *Ambroise de Milan*, cit., pp. 155-197.

Aproximamo-nos melhor das idéias mais intimamente enraizadas no ânimo de Ambrósio (que compartilhava com muitos cristãos de sua época uma convicta adesão aos ideais da ascese) quando lemos as obras que exaltam a virgindade: os três livros dedicados à irmã Marcelina, *As virgens* (*De virginibus*), escritos em 377 e, portanto, uma das primeiras obras de Ambrósio, junto com as orações pela morte do irmão Sátiro. A obra é bastante interessante tanto pelo pensamento do escrito como pelo testemunho do ascetismo ocidental no século IV. Os precedentes literários desse tratado podem ser identificados num texto mais antigo, respeitado naquela época, o *Sobre o modo de vestir das virgens*, escrito por Cipriano, que Ambrósio efetivamente utiliza, e num texto recente, *A epístola às virgens* de Atanásio, conservado apenas fragmentariamente e em tradução copta (p. 68), mas que Ambrósio decerto lia no original grego. O uso que dele faz Ambrósio é outro testemunho da difusão das doutrinas ascéticas de Atanásio no Ocidente, lado a lado com as doutrinas sobre o monaquismo, que já vimos no momento oportuno. A obra é interessante também como documento de uma primeira mariologia ocidental, na medida em que o escritor, como fizera também naqueles mesmos anos Zenão de Verona, conecta estreitamente o ideal virginal ao exemplo de Maria, e vale como documento das primeiras normas de vida ascética no Ocidente. Leve-se em conta, de todo modo, que o "monaquismo" dessas fervorosas mulheres cristãs não deve ser entendido como o modo de vida conduzido num local específico, num mosteiro, mas como uma forma de vida ascética praticada, no mais das vezes, dentro da própria casa. Análoga era a condição — em Roma também — das mulheres que praticavam a ascese segundo os conselhos de Jerônimo. O tratado conclui, enfim, com um discurso atribuído ao papa Libério em louvor da virgindade, que teria sido pronunciado por ocasião da consagração monástica de Marcelina. A obra gozou de certa fama e obteve até mesmo a aprovação de Jerônimo, habitualmente hostil a Ambrósio.

Análogo é o assunto das homilias *Sobre a virgindade* (*De virginitate*), publicadas em 378, e do tratado *Sobre os viúvos* (*De viduis*), de 377-378, no qual o bispo aconselha a todos, homens e mulheres, que se conservem no estado de viuvez, mas sem recorrer nesta sua recomendação aos tons violentos e inflamados que, a exemplo de Tertuliano e Jerônimo, chegam ao extremo de condenar as bodas. Embora dê a preferência à condição da viuvez, considerada próxima à virginal, Ambrósio não condena as segundas núpcias. Assim se compreende o conteúdo e os fins da mais tardia *Exortação à virgindade* (*Exhortatio virginitatis*), de 393, que é a reelaboração de uma homilia pronunciada em Florença, por ocasião da consagração da basílica de S. Lourenço, mandada erguer pela rica viúva Juliana. Na homilia, Ambrósio exorta à virgindade não só Juliana, mas também seus filhos. Gravita em torno do tema da virgindade também o escrito sobre *O pecado de uma virgem consagrada* (*De lapsu virginis consecratae*), cuja autenticidade ambrosiana, porém, não é segura, por causa da diferença do estilo e do fato de nunca ser citada pelos escritores antigos entre as obras de Ambrósio. Contém motivos de certa importância no plano dogmático o escrito *Sobre a educação da virgem e sobre a virgindade perpétua da beata Maria* (*De institutione virginis et S. Mariae virginitate perpetua*), de 391, dedicado a um Eusébio, talvez bispo de Bolonha.

Bibliografia. Edições: *De virginibus libri tres,* ed. I. Cazzaniga, Corpus Paravianum, Paravia, Torino 1948; SAEMO, 14, 1-2, 1989 (F. Gori); L.-Th. Lefort, *Saint Athanase: Sur la virginité,* "Le Muséon" 42 (1929) 197-264; Y.-M. Duval, *L'originalité du De virginibus dans le mouvement ascétique occidental. Ambroise, Cyprien, Athanase,* in *Ambroise de Milan,* cit., pp. 9-66, com remissões à bibliografia precedente.

Ambrósio dedicou-se também à catequese, escrevendo, sempre na forma da homilia (ou evocando-a), uma obra sobre *Os mistérios cristãos* (*De mysteriis*), cuja autenticidade foi posta em dúvida por alguns. É dedicada à instrução dos recém-batizados, aos quais explica o valor do batismo, da crisma e da eucaristia. Há também seis prédicas sobre *Os sacramentos* (*De sacramentis libri sex*), sobre o mesmo tema do *De mysteriis*, ao qual são muito afins também no conteúdo, prédicas consideradas igualmente de autenticidade suspeita. Observou-se, recentemente, que a afinidade dos temas não deve fazer pensar que uma das duas obras seja espúria, enquanto "supérflua", mas que os dois textos dependem um do outro. Na obra sobre *Os sacramentos*, Ambrósio conservou muito da língua falada, respeitando o estilo catequético, enquanto tais características expressivas foram depois atenuadas na obra sobre *Os mistérios*. Nessa segunda obra, quando é o caso, Ambrósio abandona o estilo catequético, simples e claro, para entregar-se ao entusiasmo poético.

Há também dois livros *Sobre a penitência* (*De paenitentia*), escritos por volta de 384, contra os seguidores de Novaciano. Neles Ambrósio sustenta que a Igreja possui a autoridade de perdoar os pecados, até os mais graves. Enfim, há uma obra *Sobre o mistério da regeneração e sobre a filosofia* (*De sacramento regenerationis sive de philosophia*), da qual nos restam apenas alguns fragmentos, conservados por Agostinho. A obra afirma, segundo a mais estrita tradição cristã do Ocidente, que a filosofia não pode fornecer a "regeneração", que só é garantida pelo batismo cristão, e polemiza com aqueles que sustentam que a doutrina cristã deriva do platonismo. Talvez o problema — decerto interessante, porque significativo da cultura do tempo de Ambrósio — não fosse exatamente aquele. Provavelmente os pagãos aos quais Ambrósio se refere sustentavam que os mesmos ensinamentos morais do cristianismo (e talvez também os dogmáticos: sabemos que o neoplatônico Amélio estudara o prólogo do evangelho de João) podiam ser encontrados também em Platão.

Bibliografia. Edições: *De paenitentia, De sacramentis, De mysteriis* in CSEL 73, 1955 (O. Faller); SChr 25bis, 1994[4] (B. Botte); 179, 1971 (*La pénitence*: R. Gryson). Traduções: CTP 3, 1987[2] (*La penitenza:* E. Marotta); SAEMO 17, 1982 (G. Banterle e E. Bellini); uma reconstrução do *De philosophia* em G. Madec, *Ambroise et la philosophie*, cit. Estudos: G. Lazzati, *L'autenticità del "De sacramentis" e la valutazione letteraria delle opere di S. Ambrogio,* "Aevum" 29 (1955) 17-48; Chr. Mohrmann, *Observations sur le "De Sacramentis" et le "De mysteriis" de saint Ambroise,* in VV.AA., *Ambrosius Episcopus,* cit., pp. 103-123.

i) O *epistolário*

Negligenciado no passado, o *epistolário* de Ambrósio foi reavaliado em época recente, tanto mais que agora finalmente se pode dispor de uma confiável edição crítica. Como todos os grandes literatos, não só do mundo antigo mas também da Antiguidade tardia, Ambrósio teria coligido pessoalmente sua correspondência, atualmente em dez livros, num total de 77 cartas, depois que desde o início se perdeu mais de um livro. Entre elas se encontra a famosa carta escrita de próprio punho ao imperador Teodósio em 390 (cf. acima, pp. 341-342), e uma carta pascal enviada em 25 de abril de 387, que nos confirma a data do batismo de Agostinho. O fato de Ambrósio ter organizado pessoalmente as próprias cartas induziu os estudiosos modernos a propor uma nova numeração para substituir a dos Maurini. No plano formal, parece que Ambrósio imitou a disposição de um epistolário famoso na Antiguidade tardia, o de Plínio, o Jovem: nove livros de cartas aos amigos, aos quais se acrescenta um décimo, contendo as cartas de caráter oficial. Provavelmente também o *epistolário* de Símaco fora disposto em modo análogo, composto igualmente nos últimos anos de vida do escritor. Faz parte, portanto, dos critérios literários pelos quais Ambrósio cultivou a arte oratória que o tornou famoso o fato de o *epistolário* também ser considerado pelo autor, como por todos os literatos antigos, uma obra de particular elaboração formal. Os autores imitados (Cícero, como era lógico, dado o gênero literário, e Virgílio) conferem também a este *epistolário* o colorido poético que é próprio da prosa ambrosiana, fruto de uma consciente revitalização da tradição literária antiga. Quanto ao conteúdo das cartas de Ambrósio, elas se apresentam sobretudo com caráter didascálico, com as quais o autor se aproxima de Fílon e Orígenes, como nas homilias que vimos acima. Outros motivos são tópicos da epistolografia antiga: a saudade do amigo, tornado presente pela carta, e o estilo familiar da expressão. Certamente, os aspectos pessoais têm um relevo secundário nas cartas de Ambrósio; mais numerosas são as cartas que assumem os contornos de pequenos tratados teológicos, abordando no mais das vezes específicas questões de caráter exegético. A carta, portanto, quer ser um diálogo com o amigo ausente, mas dedica-se a um problema de caráter religioso (ou de exegese bíblica). Por isso, pode-se dizer que Ambrósio dá vida, no Ocidente, a um novo aspecto de um gênero literário já conhecido, o da epistolografia de conteúdo exegético, análogo ao que Jerônimo fará naqueles mesmos anos.

Bibliografia. Edições: CSEL 82, 1.3, 1968-1993 (*Epistularum libri*, 1.: O. Faller; 3.: M. Zelzer); SAEMO 19-21, 1988-1989 (G. Banterle).

j) Obras espúrias

A grande autoridade de que gozou Ambrósio ainda vivo fez com que lhe fossem atribuídas também outras obras. Entre essas a mais problemática — porque em alguns manuscritos é atribuída a um certo Hegesipo, em outros é considerada obra do próprio Ambrósio — é a tradução de *A guerra judaica* de Flávio Josefo. O título da obra é *Hegesippus sive de bello Iudaico*, em que *Hegesippus* parece ser a corruptela de *Iosippus*, Josefo. Aqueles que pensam que o autor da obra é Ambrósio são da opinião de que tal "tradução" (se assim pode ser chamada, pois não é propriamente uma) foi realizada por volta de 370. Outros, contudo — considerando o fato de que Cassiodoro, que a conhecia, não a atribui explicitamente a Ambrósio, mas deixa incerto se é obra de Ambrósio, de Jerônimo ou de Rufino , consideram-na obra de um escritor que não teria sido Ambrósio, mas um cristão do ambiente romano, que teria realizado seu trabalho entre 367 e 384-385, como se deduz de algumas alusões a acontecimentos da época. Essa suposta tradução é, na realidade, uma adaptação de *A guerra judaica* de Flávio Josefo. O original foi reduzido de sete livros a cinco e modificado, naturalmente, com um acentuado intento antijudaico (que, em certos aspectos, já era presente em Flávio Josefo, defensor do império romano e da dinastia dos Flávios) e pró-cristão. O estilo é cuidado e retórico, imita o do historiador mais lido na época imperial, Salústio, e mostra ecos de outros clássicos latinos.

A Ambrósio foram atribuídas, enfim, outras obras de modesto nível que não vale a pena recordar.

Bibliografia. Edições: CSEL 66, 2, 1932-1960 (V. Ussani-K. Mras).

Personalidade de grande prestígio e autoridade, a ponto de deixar na sombra os bispos de Roma seus contemporâneos, Ambrósio se impõe no cristianismo ocidental por sua atividade no plano político, por seu ensinamento, por ter representado emblematicamente a figura do bispo cristão, tal como era exigida em seu tempo e que constituiu o modelo para os séculos posteriores. Não teve profundas capacidades especulativas, e não é no âmbito do aprofundamento teológico que deve ser buscado o melhor de sua atividade, mas na delineação de uma espiritualidade cristã, cálida mas alheia a extremismos (aqueles que caracterizaram no pior sentido, por exemplo, um Jerônimo). Nisso Ambrósio foi um mestre, e seu instrumento de comunicação privilegiado foi a homilia. Como orador sacro, só Agostinho pôde equiparar-se a ele, mas sem alcançar seu elevado nível artístico. Mohrmann observou que a homilética de Agostinho é mais inflamada e impetuosa, trai o velho mestre de retórica, enquanto a de Ambrósio é mais delicada, reflexiva e meditada. O estilo ambrosiano foi recentemente apreciado como merecia, sobretudo graças a Fontaine e Pizzolato. Com razão percebeu-se a característica precípua de sua arte no abraçar a tudo numa espécie de expressão sálmica, a meio caminho entre a prosa e a poesia. Ambrósio é em primeiro lugar um orador, mas ao mesmo tempo filósofo e poeta, e para ele as idéias jamais são separáveis, nem separadas, dos ecos que podem fazer surgir no coração dos ouvintes: tudo isso sem efeitos exteriores, sem ouropéis de grandiloqüência, com uma forma expressiva que não alcançou a fama da de Jerônimo, mas nem por isso é menos significativa.

Bibliografia. Cf. J. Fontaine, *Prose et poésie: l'interférence des genres et des styles dans la création littéraire d'Ambroise de Milan*, in VV.AA., Ambrosius Episcopus, cit., pp. 124-170; A. V. Nazzaro, *Simbologia e poesia dell'acqua e del mare*, cit. Recordemos, enfim, obras subsidiárias ao estudo de Ambrósio: P. F. Beatrice, R. Cantalamessa, L. F. Pizzolato, G. Visonà e outros, *Cento anni di bibliografia ambrosiana (1874-1974)*, Vita e Pensiero, Milano 1981; *Le fonti greche su Sant'Ambrogio*, SAEMO 24, 1, 1990 (C. Pasini); *Le fonti latine su Sant'Ambrogio*, SAEMO 24, 2, 1991 (G. Banterle), e o verbete *Ambrogio*, a cargo de L. F. Pizzolato, no *Dizionario degli Scrittori Greci e Latini*, vol. I, Marzorati, Milano 1987.

9. Escritores do ambiente ambrosiano

Ambrósio participou da designação de Gaudêncio como bispo de Bréscia em 391 e como sucessor de Filástrio. Filástrio é um escritor de pouca envergadura intelectual; subscreveu as atas do sínodo de Aquiléia em 381 e, entre 383 e 387, achava-se em Milão, junto de Ambrósio, onde o encontrou Agostinho. Escreveu um livro *Sobre as heresias* (*Liber de haeresibus*) entre 383 e 391, no qual expõe sucintamente o conteúdo de 156 heresias, retomando com parcas notícias e sem nenhum aprofundamento a tradição heresiológica latina (falta, por exemplo, qualquer reflexão sobre o conceito de "heresia", que todavia suscitara tanta atenção em Tertuliano). Foram encontrados também erros de cronologia nas contas realizadas por esse heresiólogo de pouco peso.

Seu sucessor foi, como se disse, Gaudêncio, autor de quinze prédicas dedicadas ao amigo Benivolus, que abandonara o posto de secretário do imperador Valentiniano I (364-375), quando este publicara leis em favor dos arianos. Dessas homilias, dez teriam sido escritas para a Semana Santa e outras cinco ilustrariam passagens do Evangelho. A elas foram depois acrescentadas outras homilias, que, contudo, são espúrias. Ao mesmo ambiente da Itália setentrional, dominado pela forte personalidade de Ambrósio, pertence Cromácio. Nascido em torno de 335-340, esteve presente como presbítero no concílio de Aquiléia de 381, no qual sustentou a ação antiariana de Ambrósio. Ainda em Aquiléia, poucos anos antes estivera em contato com Rufino, Jerônimo e as comunidades monásticas do lugar (cf. p. 374). Em seguida (388), sucedeu a Valeriano como bispo de Aquiléia, e sua consagração foi obra do bispo de Milão. Morreu por volta de 407-408. Até recentemente não tínhamos de Cromácio nada além dessas notícias, porque grande parte de seus escritos foram erroneamente atribuídos a Jerônimo e ao Crisóstomo latino. Uma recente edição trouxe à luz uma coletânea completa de *homilias*, posteriormente acrescida de outras descobertas menores, que nos permitem fazer uma idéia mais precisa do escritor e atribuir-lhe um maior peso, que lhe cabe. São ao todo 41 homilias, em forma de catequese ao povo, e outras duas fragmentárias. Foram conhecidos, ademais, *tractatus* sobre o evangelho de Mateus: são posteriores às *homilias* e incidem em 400-407. Destinados à leitura, são fortemente alegorizantes, embora Cromácio não conhecesse diretamente Orígenes, mas só pela mediação de Ambrósio ou de Rufino, que era seu amigo.

Bibliografia. Edições: CChr.Lat 9, 1957 (Filástrio, Gaudencio, Cromácio e outros: Bischoff, Bulhart, Heylen, Hoste e Wilmart); 9/A, 1977 (Cromácio: R. Etaix-J. Lemarié); com intr., tr. e notas: SAEMO, *Complementi*, 2, 1991 (Filástrio e Gaudêncio: G. Banterle); 3, 1, 1989 e 3, 2, 1990 (Cromácio: G. Banterle). Traduções: CTP 20, 1989[2] (*Catechesi al popolo*: G. Cuscito); 46-47, 1984 (*Commento a Matteo*: G. Trettel). Estudos: G. Trettel, Mysterium *e* Sacramentum *in san Cromazio*, Centro di studi storico-cristiani..., Trieste 1979; G. Nauroy, *Chromace, disciple critique de l'exégèse d'Ambroise...*, in VV.AA., *Chromatius Episcopus* 388-1988, "Antichità Altoadriatiche" 34, Udine 1989, pp. 117-149; Y.-M. Duval, *Chromace et Jérôme*, ibid., pp. 151-183.

a) Máximo de Turim

Ao ambiente ambrosiano pertence também um famoso e fértil pregador, que foi Máximo de Turim. Genádio localiza sua morte sob o império de Honório e de Teodósio II, isto é, entre 408 e 423. Provavelmente foi posto na cátedra de Turim por Ambrósio, com quem mostra forte dependência. Temos vários *termini post quem*: um parece ser 390, já que nos sermões de

Máximo é evidente a imitação de Ambrósio, e em particular das *Homilias ao Evangelho de Lucas,* publicadas naquela data. Em outro lugar se faz referência também à carta 78 de Jerônimo, que é de 400. Nos sermões 105 e 106 Máximo fala dos mártires da Anâunia, na atual Trentino, mortos pelos pagãos em 397, como seus contemporâneos. Uma menção a uma constituição imperial contra os cultos pagãos poderia referir-se à de 399. O assunto das prédicas de Máximo não é novo: celebração das festas cristãs, tanto das litúrgicas como das em honra dos santos ou dos mártires, instrução moral e espiritual do povo que o escuta. Na Itália da época, vastas camadas da população ainda eram pagãs, e era muita a superstição, que Máximo combate e denuncia em suas homilias. A exegese é, em todo caso, secundária nas intenções do pregador, que se dirige sobretudo à educação dos fiéis. Simples e claro no estilo, Máximo não escapa totalmente da sofisticação retórica, mas consegue contê-la em limites bastante estreitos. A crer nas notícias que nos dá Genádio, ele teria escrito muitas outras obras, mas que não chegaram até nós.

Muitos de seus sermões foram atribuídos, na Idade Média, a Ambrósio e a Agostinho; da mesma forma, foram-lhe atribuídos outros que são espúrios. Agora se acredita que pertencem a Máximo 82 sermões de uma primeira coletânea, composta de 89 peças (nela há quatro espúrios, um dúbio, um de Jerônimo [cf. CPL 599], um de Basílio na tradução de Rufino), e 18 de uma segunda coleção, que contém também dois espúrios e dois dúbios.

A obra de Máximo revela também um discreto nível de cultura; o estilo é claro e apurado. Contudo são raríssimas, nele, as referências aos escritores pagãos. Numerosas passagens mostram uma dependência quase literal para com Ambrósio.

Visto que alguns testemunhos nos dizem que um Máximo de Turim estava presente num sínodo de Milão de 451 e num de Roma de 465, deduziu-se daí, no passado, que naquela época Máximo provavelmente estava em idade bastante avançada, mas é mais verossímil que estejamos lidando com dois personagens diferentes com o mesmo nome.

Bibliografia. Textos: CChr.Lat 23, 1962 (A. Mutzenbecher); SAEMO, Complementi 4, 1991 (G. Banterle).

10. *Outros menores*

No reinado de Teodósio morreu Paciano de Barcelona, nomeado por Jerônimo (*Os homens ilustres,* 106) por ter escrito contra Novaciano: polêmica certamente não muito atual. Sob seu nome chegaram até nós três cartas contra o novacianismo, posteriores a 375 porque mencionam entre as várias heresias também o apolinarismo, condenado em Roma naquele ano. Apesar da cronologia, Paciano parece um tanto atrasado em temáticas passadas. Suas autoridades também são os escritores do século anterior, Cipriano e Tertuliano. Assim, escreveu também uma *Exortação à penitência* (*Paraenesis, sive exhortatio libellus ad paenitentiam*) e um *Discurso sobre o batismo* (*Sermo de baptismo*). Devemos citar, enfim, Baquiário, padre espanhol talvez seguidor de Prisciliano no final do século IV, autor de um livrinho *Sobre a fé*, e o bispo africano Hilarião, que escreveu *Sobre a duração do mundo*, calculando que faltavam ainda 101 anos antes da instauração do milênio.

Bibliografia: PL 13 (Paciano); 20 (Baquiário); 13 (Hilarião).

11. Nicetas de Remesiana

Originário de Remesiana, na Dácia (atual Sérvia), Nicetas ainda é pouco conhecido. Dele sabemos que em 398 e em 402 se dirigiu à Itália, junto ao túmulo de S. Félix em Nola, como nos diz Paulino, que era seu amigo. Por ocasião de sua partida de Nola em 398, Paulino lhe dedicou um poema de saudação, o n. 17, que constitui para nós a única fonte, pode-se dizer, para termos notícias de Nicetas. É celebrado como bispo, praticante de um severo ascetismo, missionário nas províncias bárbaras da Cízia e da Dácia. Nicetas é nomeado mais uma vez numa carta do papa Inocêncio I aos bispos da Macedônia, em 414.

Nicetas teria dirigido sua atividade literária quase exclusivamente à prática religiosa cristã. Segundo Genádio (*Os homens ilustres,* 22), teria escrito seis livros de *Instruções que servem para os batizandos,* dos quais temos poucos fragmentos. Faz parte desse aprendizado, necessário para os que se preparam para o batismo, também uma profissão de fé ortodoxa, contida no terceiro livro, que quer o Filho consubstancial ao Pai e o Espírito Santo consubstancial ao Filho, e um tratado *Sobre o símbolo de fé* (*De symbolo*), no quinto livro. A obra teria sido composta entre 370 e 380. É louvada por Genádio por seu estilo simples e nítido, por Cassiodoro pela brevidade com que Nicetas soube compendiar uma vasta matéria.

Nicetas teria escrito também uma carta dirigida *A uma virgem pecadora* (*Ad virginem lapsam*), talvez semelhante à de Ambrósio; um tratado *Sobre os diversos nomes de Cristo* (*De diversis appellationibus Christi*), que se dirige aos fiéis não com intenções científicas, mas com atitude didascálica. De incerta atribuição são as homilias intituladas *Sobre as vigílias dos servos de Deus* (*De vigiliis servorum Dei*) e *Como é bom cantar os Salmos* (*De Psalmodiae bono*). O título desta última obra nos introduz num aspecto bastante interessante da atividade literária de Nicetas, o da composição dos *Hinos*. É atestada também por Paulino de Nola em seu poema 17; infelizmente, nenhum hino de Nicetas sobreviveu até nós, com exceção do mais famoso da Igreja ocidental, o *Te Deum laudamus*. Este, porém, foi atribuído também a Ambrósio, Agostinho, Hilário e outros. É em prosa rítmica e nas primeiras três estrofes contém a celebração do Pai, a confissão da Trindade, a invocação do Filho. O hino nos chegou, porém, em três redações diferentes.

Bibliografia. Texto: PL 52, 863-873; 68, 365-376. Traduções: CTP 53, 1985 (C. Riggi). Estudos: A. E. Burn, *Nicetas of Remesiana*, Cambridge 1905 (com a edição de algumas obras de Nicetas).

12. A literatura ariana no Ocidente

Concentra-se quase toda na polêmica contra Ambrósio, dada a posição de guia que o bispo de Milão teve nos conflitos entre ortodoxia e heresia. Das atas do sínodo de Aquiléia de 381 já se falou acima. Maximino, que recolhera a documentação ariana produzida na polêmica com Ambrósio naquele sínodo, e a publicara em torno de 395, é também o autor de algumas homilias, conservadas entre outras, atribuídas a Máximo de Turim. Em 428 Maximino se dirigiu à África acompanhando as tropas imperiais que deviam reprimir a revolta de Bonifácio e teve assim a oportunidade de entrar em controvérsia pública, não sem sucesso, com o velho Agostinho, expondo a doutrina ariana. Tal acontecimento é exposto na *Discussão de Agostinho com Maximino* (*Collatio Augustini cum Maximino*, cf. p. 43 do vol. II/2 desta *História da literatura cristã antiga grega e latina*).

Existem também alguns fragmentos de tratados dogmáticos (*Fragmenta arriana*) e de *Homilias sobre o Evangelho de Lucas* (*Tractatus in Lucae Evangelium*). Tais obras teriam sido escritas entre os séculos IV e V, na Itália setentrional ou nas regiões danubianas, onde o arianismo era mais arraigado. Ademais, há o *Discurso dos arianos* (*Sermo arrianorum*), uma exposição da doutrina ariana, conservado junto com a obra de Agostinho destinada a confutá-la. É claro que a vitória dos nicenos, além da dificuldade objetiva de transmitir no curso da Idade Média a abundante literatura cristã destes séculos, produziu a destruição das obras não-ortodoxas.

Desse destino escapou o *Tratado incompleto sobre Mateus* (*Opus imperfectum in Matthaeum*) porque durante a Idade Média foi considerado uma obra de João Crisóstomo. É um comentário, que nos chegou fragmentado, ao evangelho de Mateus, e Erasmo foi o primeiro a atribuí-lo a um autor ariano, que escrevia em dura polêmica com os nicenos. A obra é fortemente alegorizante, mas se impõe no âmbito da exegese ocidental pela extraordinária intimidade com a Escritura, pela argumentação e pela originalidade de suas interpretações. Apesar de toda tentativa de identificação, o autor é desconhecido. Costuma-se situá-lo também nas províncias danubianas. Teria escrito nos primeiros anos do século V. Parece um bom conhecedor da literatura de tema teológico e exegético, entre a qual a de Orígenes e de Jerônimo. É bispo de uma comunidade ariana, circundada por um ambiente católico hostil a ela.

Bibliografia. Edições: para a *Dissertatio Maximini contra Ambrosium*: PLS 1, 693-; para a *Collatio Augustini cum Maximino Arrianorum episcopo*, PL 42, 709-; para o *Sermo Arrianorum*: PL 42, 677-; para os *Fragmenta Arriana*: PL 13, 593-; para os *Tractatus in Lucae Evangelium*: CChr.Lat 87, 1982 (R. Gryson); SChr 267, 1980 (*Scolies ariennes sur le concile d'Aquilée: R. Gryson*); para o *Opus imperfectum in Matthaeum*: CChr.Lat 87B, 1988 (J. van Banning). Estudos: M. Simonetti, *Arianesimo latino*, "Studi Medievali", III serie, VIII, 11 (1967) 663-744.

13. Prisciliano

Este escritor, condenado como herege por suas idéias fortemente influenciadas pelo dualismo e por sua ascese não bem-enquadrada nas coordenadas da Igreja (uma ascese que pode fazer pensar no análogo fenômeno oriental do monaquismo eustaciano e messaliano), sacudiu o mundo ocidental por breve tempo, mas com grande violência, e seu ensinamento, que conquistara grandíssima popularidade, se conservou, mesmo depois da condenação do mestre, na Espanha do século V, apesar de a inesperada invasão dos visigodos ter mudado, em certos aspectos, a sociedade daquele país, acarretando, como todas as invasões bárbaras, problemas concretos de gênero bem diverso.

O "problema" de Prisciliano surgiu de repente em 380, quando doze bispos ocidentais, entre os quais o já lembrado Febádio de Agen, já ancião, se reuniram num concílio em Saragoça e subscreveram oito cânones, alguns dos quais tinham em mira certas práticas ascéticas instituídas havia pouco tempo por um certo Prisciliano, embora este fosse um leigo. Um dos bispos presentes ao concílio escreveu depois um libelo contra Prisciliano, acusando-o de bruxaria, de maniqueísmo, de devassidão. Outros, porém, o defenderam a ponto de consagrá-lo bispo de Ávila. O fato suscitou outros ressentimentos, e na liderança dos opositores de Prisciliano se situou um bispo influente, Idácio de Mérida. Este se dirigiu a Ambrósio, o qual obteve do imperador Graciano a condenação de Prisciliano, sua deposição e exílio. Prisciliano e alguns amigos se refugiaram em Bordéus, na residência de uma viúva sua admiradora, e mais tarde em Roma, para obter de Dâmaso a revogação da condenação. Dâmaso, porém, se recusou a recebê-los. Indo a Milão, Prisciliano obteve da corte a anulação da condenação e foi recebido por Ambrósio. Parecia, pois, que Prisciliano obtivera o que desejava, mas ocorreu que Graciano foi morto pelo usurpador Máximo em 383. A este se dirigiram os opositores de Prisciliano, e Máximo convocou um concílio em Bordéus em 384. Aqui os opositores não só renovaram a condenação como também provocaram tumultos, que forçaram Prisciliano a refugiar-se em Treves junto de Máximo para obter justiça. Na corte de Máximo, todavia, obtiveram maior atenção, uma vez mais, os inimigos de Prisciliano, que o acusaram novamente de bruxaria, maniqueísmo e devassidão. As primeiras duas acusações não podiam ser desconsideradas: estavam entre as mais perigosas e difundidas na época (em particular, é preciso lembrar as repetidas condenações do maniqueísmo). Os acusados foram submetidos a tortura e, naturalmente, tiveram de confirmar as acusações. Por esse motivo foram em seguida executados, em 385-386. Tal execução não era coisa de pouca importância: um bispo acusara outro bispo e o levara à morte, razão por que Ambrósio (enviado à Gália junto ao usurpador Máximo para sustentar a causa do jovem imperador Valentiniano II) se recusou a comungar com os bispos gálicos e hispânicos que fizeram condenar Prisciliano. Outros protestos foram movidos pelo papa Sirício e por Sulpício Severo.

A coisa, mesmo assim, não terminou com essa execução. A opinião pública ficou dividida. Mesmo depois se encontraram partidários e inimigos das idéias de Prisciliano, apesar de alguns concílios locais tentarem pôr fim à questão, confirmando-lhe a condenação. Tanto Ambrósio quanto, mais tarde, Agostinho tiveram de lidar com priscilianistas, que continuaram a difundir-se em grande número na Gália e sobretudo na Espanha. Tal movimento durou por todo o século V. No final, foi sufocado pelos reis visigodos, sobretudo porque envolvido na acusação de maniqueísmo.

Normalmente, as doutrinas consideradas heréticas eram materialmente eliminadas da circulação e da leitura com a destruição dos livros que as continham, e assim se deu também com as de Prisciliano. Recentemente, porém (final do século XIX), num manuscrito bastante antigo (séculos V-VI), conservado na Biblioteca Universitária de Würzburg, foram encontrados dez breves tratados atribuídos a Prisciliano, junto com alguns documentos relativos à sua condenação. Vamos considerá-los brevemente.

O primeiro tratado é uma espécie de profissão de fé, provavelmente a apresentada ao concílio de Saragoça em 380. Tal profissão continha o repúdio de todas as idéias heréticas atribuídas a seu autor (sabelianismo, docetismo etc.). Em particular, o autor rejeita toda acusação de maniqueísmo e a leitura de escritos apócrifos do Novo Testamento. O segundo é um tanto mais tardio e contém um apelo ao papa Dâmaso, ao qual o autor protesta sua obediência. Afirma que, junto com os ascetas que o seguem, está pronto a submeter-se à hierarquia eclesiástica. Nesse tratado se acha um "credo" pessoal, que exclui de novo a profissão de doutrinas heréticas e expõe os fatos do concílio de Saragoça. O terceiro, dedicado a uma mulher de nome Amântia, em cuja casa se achavam os seguidores das idéias de Prisciliano, sustenta a necessidade de estudar não somente os escritos canônicos, mas também os apócrifos que, de resto (por exemplo, os apócrifos do Antigo Testamento), diz o autor, já se acham empregados no Novo Testamento. Tal necessidade é justificada pelo fato de que é preciso sustentar a reta fé com a leitura não apenas de alguns profetas, mas de todos. O escritor não se deixa iludir pela sabedoria do mundo; sua fé é autêntica.

Os escritos posteriores (IV-X) sao breves *tractatus* (sermões, como já dissemos) para a Quaresma e são menos interessantes no que diz respeito às idéias e à ascese de Prisciliano. Têm como argumento a Páscoa (uma exortação a renunciar ao mundo, a seguir a continência e o celibato); o Gênesis (e aqui o escritor ataca os que se inclinavam para a astrologia); o Êxodo (a homilia contém uma discussão da linguagem bíblica, sobre os três níveis do significado da Escritura; confirma a origem divina do Antigo Testamento; destaca o nascimento, humano e divino ao mesmo tempo, do Filho de Deus). Os motivos ascéticos estão presentes também no *tractatus* VII, que é uma homilia sobre o primeiro Salmo. Os sermões seguintes nos chegaram fragmentados. Parecem ser homilias de conteúdo exegético sobre os Salmos 3, 14 e 59.

Uma ascese fortemente acentuada — a ponto de lembrar o dualismo maniqueu na contraposição entre vida espiritual e vida segundo a carne — unida a elementos de insubordinação diante da hierarquia eclesiástica e um absoluto monarquianismo na questão trinitária constituíram os motivos da condenação de Prisciliano.

São atribuídas a Prisciliano também as seguintes obras:
1) Os *Canônes sobre as epístolas de Paulo*. Foram, contudo, revistos por um bispo Peregrino (que viveu talvez na Espanha do século V), que teria eliminado toda doutrina herética e teria aposto ao tratado um prólogo de sua autoria, no qual, dirigindo-se a um amigo que lho pedira, explica que tais cânones servem para uma reta interpretação das epístolas paulinas.
2) Os "prólogos monarquianos aos Evangelhos", contidos em muitos manuscritos antigos da *Vulgata*. O autor é um monarquiano, segundo o qual os nomes de "Filho" e de "Pai" são os nomes diferentes que devem indicar a mesma realidade divina. Enfatiza o celibato de João Evangelista.
3) Um tratado *Sobre a Trindade professada pela fé católica* (*De Trinitate fidei catholicae*). Aqui a heresia monarquiana do autor é ainda mais explicitamente afirmada: o Pai e o Filho são os nomes da única e só Pessoa. O Pai é o pensamento (*sensus*), o Filho é a palavra (*verbum*), inseparáveis um do outro. Não se pode dizer que o Pai não foi submetido à paixão, uma vez que o Filho o foi. Para essa doutrina o escritor recorre provavelmente a um texto apócrifo: "o nome do Pai é o Filho, e o nome do Filho é o Pai"; o nome que é comum a ambos é o de "Princípio".

Outras informações sobre a doutrina de Prisciliano podem ser obtidas no *Memorial* (*Commonitorium*) enviado com esse propósito por Orósio a Agostinho.

Recordemos, enfim, que Chadwick, especialista em Prisciliano, considera provável que a controvérsia priscilianista tenha sido a causa fundamental para traduzir-se em latim o *Contra as heresias* de Ireneu de Lião, cujo livro resultava de repente extremamente atual, duzentos anos depois de ter sido escrito.

Bibliografia. Edições: CSEL 18, 1889 (C. Schepps), para os *Tractatus* e os *Cânones*; para os *Prólogos monarquianos* cf. P. Corssen, *Monarchianische Prologe*, TU 15, 1, Hinrichs, Leipzig 1896; para a *Trindade da fé católica* cf. PLS 2, 1487-1507. Estudos: H. Chadwick, *Priscillian of Avila. The Occult and the Charismatic in the Early Church*, Clarendon Press, Oxford 1976.

CAPÍTULO X

Ciência e filologia bíblica: o ambiente romano

Sob o pontificado de Dâmaso (367-384), o ambiente da Roma cristã, já estimulado nos tempos de Júlio I e Libério, conhece um notável despertar graças ao apoio dado à cultura pelo próprio Dâmaso, um papa enérgico e culto. Dâmaso interveio nas discussões acerca do dogma, condenando a heresia de Apolinário e conquistando o reconhecimento do imperador à autenticidade da fé de Roma. Foi poeta, como veremos adiante, e protetor de Jerônimo, embora a maior parte da produção literária de Jerônimo seja posterior à morte de Dâmaso e, sobretudo, não tenha ocorrido em Roma. Mas mesmo indiretamente Dâmaso estimulou os estudos literários, porque um escritor desconhecido, Ambrosiaster, polemizou com ele, no ambiente romano.

1. Ambrosiaster

Assim foi chamado um anônimo, autor de um *Comentário às Epístolas de Paulo*. A partir de Cassiodoro e por toda a Idade Média, foi identificado com Ambrósio, mas depois, graças a Erasmo, foi diferenciado do bispo de Milão e considerado precisamente "o falso Ambrósio". Sua obra, que nos chegou em três recensões, aparece atribuída, numa dessas, a um Hilário, e tal atribuição deve ter sido bastante antiga, visto que se encontra já em Agostinho. O bispo de Hipona, de fato, citando uma passagem desse *Comentário* no tratado *Contra as duas epístolas dos pelagianos* (IV, 4, 7), escrito em 420, o atribui a um "santo Hilário", Hilário de Poitiers, coisa evidentemente impossível por motivos cronológicos. Em todo caso, o autor permaneceu anônimo. Sua época é identificável com boa precisão, porque ele indica o papa Dâmaso como guia da Igreja de seu tempo e Juliano, o Apóstata, como o último imperador antes do atual reinante. O período em que viveu é de paz religiosa. Propôs-se a identificação desse Ambrosiaster com um diácono luciferiano, de nome Hilário, morto em 382, com um presbítero luciferiano Faustino e, enfim, com o judeu convertido Isaac, seguidor do adversário de Dâmaso, Ursino. Essa atribuição, contudo, suscitou alguma perplexidade, porque o autor desses *Comentários* qualifica-se como cristão proveniente do paganismo, não do judaísmo. É verdade, porém, que o Ambrosiaster mostra uma particular atenção pelo judaísmo e pelo problema de sua relação com o cristianismo, e mais precisamente está interessado na questão da salvação dos judeus.

Por outro lado, teria existido realmente um Isaac, hebreu convertido ao cristianismo e inimigo de Dâmaso. Derrotado Ursino nas lutas que ocorreram em Roma com a morte do papa Libério, Isaac teria denunciado às autoridades civis as violências de Dâmaso. Condenado, teria sido mandado ao exílio na Espanha. Antes de 378 teria retornado ao judaísmo. Teria escrito, segundo nos diz Genádio (*Os homens ilustres*, 26), "um livro sobre a santa Trindade e sobre a encarnação do Senhor, de conteúdo muito obscuro e com linguagem complicada", conservado com o título de *A fé de Isaac, ex-judeu* (*Fides Isaatis ex Iudaeo*). Considerava-se no passado que fosse obra desse Isaac um tratado conservado entre os de Agostinho, as *Questões sobre o Antigo e o Novo Testamento* (*Quaestiones Veteris et Novi Testamenti*), que se interessa igualmente por problemas de caráter exegético, e cuja cronologia, sobretudo, parece coincidir com a do Ambrosiaster (o episcopado de Dâmaso). Tais *Questões*, porém, foram recentemente atribuídas a Ambrosiaster, em vez de àquele Isaac. Nesse caso, estamos lidando com uma personalidade cujos contornos se tornam cada vez mais concretos.

Bibliografia. Textos: CChr.Lat 9, 1957 (Isaac e outros: B. Bischoff, V. Bulhart etc.).

O ambiente cultural e religioso em que o Ambrosiaster escreveu é, portanto, o da Roma de Dâmaso, a cujas deliberações em âmbito conciliar o escritor se adapta: confirmação da fé nicena (para a qual as Pessoas da

Trindade são em tudo e por tudo iguais na natureza divina, na *virtus*, na *substantia* e na *figura*); condenação do apolinarismo (tal como formulada por Dâmaso por volta de 375); exclusão, do seio da reta fé, das duas partes opostas e igualmente heréticas, arianos e sabelianos; confirmação da natureza divina do Espírito Santo.

Na segunda metade do século IV, o ambiente latino dedica maior interesse à exegese das epístolas paulinas, como já vimos cultivada por Mário Vitorino, justamente em Roma. Assim também o Ambrosiaster se consagra a essa tarefa. Comentando as treze epístolas de Paulo (excluindo, portanto, a epístola aos Hebreus), o autor é movido por intenções exegéticas abertamente históricas e literais e exclui a alegoria, mesmo empregando sem dificuldades os tipos veterotestamentários tornados tradicionais. Seu costume é fazer preceder à exegese pessoal a perícope paulina, por isso a obra deste escritor é importante também para conhecer a vulgata pré-jeronimiana. Às vezes ele executa algumas revisões do texto servindo-se do original grego, língua, que todavia, conhece de modo aproximativo. A controvérsia pelagiana que, começou poucos anos depois da composição desse comentário, também fez com que os estudiosos voltassem sua atenção para o Ambrosiaster, no qual encontrou um primeiro esboço a problemática da salvação mediante a fé como desenvolvimento do pensamento paulino, proposto na epístola aos Romanos, que o Ambrosiaster precisamente estava comentando. O Ambrosiaster, de fato, também destaca diversas vezes que o homem, quer tenha sido judeu, quer pagão, é justificado somente com base na fé. O conceito de presciência divina, que intervém no "chamamento" do crente, começa a ser debatido: a eleição do homem por obra de Deus, de fato, é imutável e portanto tem lugar *ab aeterno*, mas não pode não ser justa. Exatamente por esse motivo a obra do Ambrosiaster (mas sobretudo seu *Comentário à epístola aos Romanos*) representou um momento de certo destaque na história da exegese paulina. O primeiro a servir-se desse comentário foi Agostinho, que o cita não só em sua obra *Contra as duas epístolas dos pelagianos*, como lembramos acima, mas provavelmente também na *Exposição de algumas questões tiradas da epístola aos Romanos*, em 395-396. Diante da fé, a Lei se tornou inútil, mas só no que diz respeito às normas rituais, observa o Ambrosiaster, pois o núcleo da Lei, contendo o mistério de Deus e a moral, passou intacto para o cristianismo. Não é raro a palavra do apóstolo fornecer o estímulo para comentar fatos contemporâneos, e não faltam observações de caráter teológico, próprias do escritor, que seguia, como dissemos, as formulações de Dâmaso.

O Ambrosiaster não é escritor dotado de particulares qualidades. Não emprega nenhum ornamento retórico, e seu estilo é simples e despojado. Bibliografia. Edições: CSEL 81, 1, 1966 (H. J. Vogels). Traduções: CTP 43, 1984 (A. Pollastri); 78-79, 1989 (L. Fatica). Estudos: C. Martini, *Ambrosiaster. De auctore, operibus, theologia*, Istituto Biblico, Roma 1944; A. J. Smith, *The Latin Sources of the Commentary of Pelagius on the Epistle of St. Paul to the Romans*, JThS 19 (1917-1918) 162-230; P. Courcelle, *Critiques exégétiques et arguments antichrétiens rapportés par Ambrosiaster*, VigChr 13 (1959) 133-169; M. G. Mara, *Paolo di Tarso e il suo epistolario...*, Japadre, L'Aquila 1983; M. Zelzer, *Zur Sprache des Ambrosiaster*, "Wiener Studien" N. F. 4 (1970) 196-213; A. Pollastri, *Sul rapporto tra cristiani e giudei secondo il commento dell'Ambrosiaster ad alcuni passi paolini...*, "Studi storico-religiosi" 4 (1980) 313-327.

2. Ciência e filologia bíblica: Jerônimo

Este grande escritor, fervoroso asceta, de vivíssima inteligência, mas escassamente dotado de equilíbrio e de tolerância, representa outro aspecto (e decerto não menos relevante) do extraordinário período, no Ocidente, que compreende a segunda metade do século IV e os primeiros decênios do V, período do apogeu da literatura cristã em língua latina. A personalidade de Jerônimo é, naturalmente, bem diferente da de Hilário, de Ambrósio e de Agostinho, e no entanto compreende-se que seus interesses culturais e espirituais são inconcebíveis sem levar em conta os daqueles. Como acontece nas épocas de grande fervor cultural, uma feliz homogeneidade une as figuras maiores entre si e as maiores às menores.

a) Em busca da ascese

Tinha de haver muita tenacidade e força de vontade (e Jerônimo testemunhou essas qualidades também mais tarde) num jovem nascido em Estridão, na fronteira entre a Dalmácia e a Panônia, para aproveitar os meios que sua família seguramente possuía e dirigir-se a Roma à escola do famoso gramático Hélio Donato. A opção de estudar em Roma pode parecer estranha, já que, na época, ela não era mais a capital do império; no entanto, ainda era famosa, nem que fosse apenas por suas escolas de retórica.

Estridão era, de fato, tão pouco importante que é citada apenas por Jerônimo que, quando a recorda, destaca sua estreiteza e mesquinhez, típicas dos ambientes isolados. Foi destruída em 379 em conseqüência da invasão gótica. Jerônimo teve também o nome de Eusébio, que às vezes se encontra no título de suas obras.

É difícil dizer que coisa Jerônimo aprendeu na escola de um *grammaticus* como Hélio Donato: decerto o amor pela cultura e um conhecimento literário de base, que era comum a pagãos e cristãos. Em Jerônimo também se podem encontrar as leituras dos grandes clássicos latinos. Além deles, um particular interesse pelos poetas satíricos (Horácio, Pérsio e Juvenal), que correspondiam a seu ânimo, um conhecimento superficial da filosofia, extraído de Cícero e Sêneca e, sobretudo, dos manuais (mais tarde, na maturidade, Jerônimo pôde ler também algumas obras de filósofos mais próximos no tempo, como Porfírio). Ademais, algum conhecimento da língua grega, que ele aprofundou sobretudo mais tarde. Esse aprendizado junto a Donato, que ocorreu por volta de 350 (os anos da juventude de Jerônimo estão envoltos na obscuridade), não deve ter significado muito para ele, embora sempre se refira com respeito a seu mestre. Donato, na verdade, não era uma personalidade que tivesse muito a oferecer: exegeta de Virgílio e de Terêncio, não sobressai pela inteligência nem pela agudeza. A obtenção, por parte de Jerônimo, de um estilo elevado e emotivo, totalmente construído sobre a retórica, foi o resultado de um estudo pessoal, que também ocorreu gradualmente. Pode-se dizer que o Estridonense foi um homem que construiu dia após dia sua formação intelectual. Acompanhando sua vida (quando dispomos de suas cartas e de suas obras), podemos ver também como ele aprofundou, ano após ano, sua cultura: primeiro junto a Gregório de Nazianzo, depois estudando Orígenes, em seguida Dídimo, o Cego, e, em geral, a tradição exegética alexandrina, até conhecer, por fim, a tradição hebraica. Também seu estilo foi se formando pouco a pouco. Sua formação cultural, portanto, se deu *in progress*, não lhe veio da escola que freqüentou nem dos anos juvenis. Algo do gênero se verificou também em Ambrósio, que teve seguramente uma educação muito refinada, mas quis igualmente, logo depois de sua ordenação episcopal, aprofundar sua própria cultura cristã, estudando Fílon de Alexandria e Orígenes. Assim, Ambrósio também mudou totalmente as leituras que fizera até então.

Jerônimo, nascido ao que parece em 331 (segundo outros, em 347), ao terminar os estudos, dirigiu-se, por volta de 369-370, provavelmente a Treves (talvez para fazer carreira burocrática), sede imperial tal como Milão. O que fez antes é coisa totalmente ignorada. Na Gália talvez tenha tido a primeira experiência do monaquismo, que ali se havia difundido a partir de 340 por impulso de Atanásio, como já se disse freqüentemente.

Jerônimo se deixou conquistar, e o monaquismo representou um ponto inabalável por toda a sua vida. Assim, quando decidiu voltar à Itália, estabeleceu-se em Aquiléia, em 372-373, e organizou com outros (entre os quais o amigo Rufino, Valeriano — bispo daquela cidade, que fora aprovado também por Basílio pela sua fé nicena — e o sacerdote Cromácio) uma comunidade monástica. É interessante que nessa comunidade se encontrassem também mulheres. Em todos esses casos de vida anacorética era ausente toda forma de organização coletiva, toda normativa precisa, toda regra escrita. Por motivos que ignoramos, essa comunidade monástica de Aquiléia de repente se dissolveu. No mesmo ano de 373 Jerônimo decidiu dirigir-se ao Oriente, rumo à Síria, que era, como vimos, um dos lugares já tradicionais para levar uma vida eremítica. No caminho rumo ao deserto, deteve-se em Antioquia, onde aprendeu o grego com o amigo Evágrio, o tradutor em latim da *Vida de Antão*, de Atanásio. Em seguida, em 374, estabeleceu-se em Cálcide, na zona oriental do deserto da Síria, nos limites com a Mesopotâmia.

> A temporada no deserto, as renúncias, as tentações são descritas por Jerônimo sobretudo na famosa *Epístola* 22, que mais tarde, quando ele já se encontrava em Roma, Eustóquia enviou à sua discípula, para exortá-la à ascese. No deserto (segundo outros, em Antioquia, no ano anterior) teve lugar a famosa visão do juiz eterno, que o condenava por ter sido até então um "ciceroniano, não um cristão".

Mas Jerônimo não se deteve por muito tempo naqueles lugares: ele entendia a ascese de modo diferente do que encontrava no deserto da Síria, onde tinha de lidar com anacoretas rústicos, ignorantes e ociosos. A ascese, segundo ele, devia ser a que empreendeu no resto de sua vida: uma renúncia ao mundo, sim, e uma verdadeira conversão (esse era o ideal do cristão daqueles tempos) que não implicasse, porém, o abandono do estudo, da meditação espiritual, das relações com outras pessoas. No deserto, ele teve a possibilidade de começar seu aprendizado do hebraico. Manteve a correspondência com os amigos e até enviou duas cartas ao bispo de Roma, Dâmaso, para que lhe esclarecesse qual era a reta fé, que ele pretendia professar: não lhe interessavam as discussões teológicas dos orientais e os conflitos que ocorriam na vizinha Antioquia (e dos quais, evidentemente, tinha notícia: outra prova de seu modo todo particular de entender a vida no deserto). Assim, em 376 ou 377, Jerônimo abandonou a anacorese e voltou a Antioquia. Ali encontrou a comunidade cristã dividida, havia já vinte anos, pelos fortes contrastes que opunham o bispo regular Melécio a Paulino, sagrado por Lucífero de Cagliari como vimos mais atrás (p. 319s.). Jerônimo, junto com Evágrio, ficou do lado de Paulino (talvez porque condicionado por sua formação ocidental e também pelo fato de Paulino ter sido reconhecido por Dâmaso como bispo legítimo, para grande pesar de Basílio). Em conseqüência disso, recebeu de Paulino a consagração sacerdotal e aceitou-a, mas desde que permanecesse monge. Freqüentou também as aulas de Apolinário de Laodicéia. Em 380 se dirigiu a Constantinopla, onde o bispo da comunidade nicena (mas que, no curso daquele mesmo ano, se tornaria, por desejo de Teodósio, o bispo de toda a cidade) era Gregório de Nazianzo. Jerônimo admirou a eloqüência do Nazianzeno e, pelo que ele mesmo nos diz, aprendeu com Gregório a arte da exegese escriturística: provavelmente começou então a aproximar-se de Orígenes. Jerônimo deixou Constantinopla dois anos depois, por ocasião de uma missão enviada a um sínodo convocado em Roma por Dâmaso.

b) Em Roma, junto a Dâmaso

Em Roma Jerônimo viveu um período breve, mas particularmente importante de sua vida. Dâmaso, admirando a inteligência daquele homem que conhecia bem o grego e tinha noções do hebraico (a primeira qualidade estava se tornando cada vez mais rara no Ocidente, e a segunda era realmente excepcional), convidou-o a permanecer junto de si. Jerônimo tornou-se, então, seu secretário e se impôs como mestre espiritual na aristocracia romana.

As posturas da aristocracia para com o cristianismo eram ambíguas. Os senadores, como se sabe, eram desde sempre pagãos e eram considerados (e queriam sê-lo) os últimos representantes das tradições antigas de Roma. Eram aqueles que, pela boca de Símaco, haviam pedido a restituição à Cúria do altar da Vitória. Não sendo cristãos, muito menos podiam apreciar a ascese que a nova religião estava então difundindo. O cristianismo, apesar disso, havia penetrado também em suas luxuosas residências gentílicas. As mulheres dos senadores ou, de todo modo, as mulheres da aristocracia eram em geral cristãs e praticavam com muito empenho uma vida ascética (um exemplo nos é dado por Marcelina, irmã de Ambrósio). Jerônimo logo se tornou conselheiro espiritual e mestre de muitas dessas mulheres da aristocracia, às quais envia cartas: recomenda-lhes não abandonar a prática da perfeição cristã, em particular da virgindade, e as instrui sobre várias questões de caráter erudito, por exemplo sobre a interminável produção de Orígenes. De fato, além de mestre de ascese, Jerônimo naqueles anos é o douto por excelência em Roma, a ponto de começar, por encargo de Dâmaso, a revisão da Sagrada Escritura, de que falaremos mais adiante. Mas tal sucesso não durou muito. No final de 384 Dâmaso morreu, e o sucessor Sirício não mostrou a mesma estima por Jerônimo, embora não saibamos exatamente se assumiu posições declaradamente hostis. Além disso, a opinião pública mudou e começou a criticar o comportamento de Jerônimo, acusando-o de excessivo rigorismo, exercido, ainda por cima, sobre pessoas mais fracas, a ponto de haver provocado, por causa das renúncias a que se obrigara por sugestão de seu mestre espiritual, a morte de uma jovem chamada Blesila. Há quem creia que também Ambrósio, de longe, estivesse entre os que tomaram posição contrária a Jerônimo. Assim, dando-se conta do clima que ali reinava, tornado para ele intolerável, Jerônimo abandonou Roma no início de 385, conservando sempre no coração um ódio indelével por aquela cidade, que ele comparou à Babilônia.

c) A opção definitiva: o mosteiro e Belém

Jerônimo decidiu retornar ao Oriente, mas sem repetir o erro de dez anos antes, quando se isolara no deserto. A ascese agora podia e devia ser praticada de um modo mais consoante a um cristão: para ela o deserto não era certamente o lugar adequado, ao passo que o eram, pela sugestão espiritual, os lugares santos, onde Jesus vivera. Já havia tempo que eles eram freqüentados pelos peregrinos e também por personagens muito famosos de Roma: a nobre Melânia fundara um mosteiro no monte das Oliveiras, em Jerusalém, junto com Rufino, amigo de Jerônimo. Durante a viagem rumo à Palestina, Jerônimo visitou o grande mestre Dídimo, o Cego, em Alexandria, e os anacoretas do Egito. Enfim, em 386, estabeleceu-se em Belém. Ali fundou um mosteiro, que devia servir de auxílio aos pobres e aos peregrinos, e no qual ele podia residir e estudar. Mas os recursos materiais para fazer tudo isso lhe foram fornecidos generosamente por uma de suas discípulas, Paula, a viúva muito rica de um senador romano, que acompanhou Jerônimo a Belém junto com sua filha Eustóquia. Junto ao mosteiro para homens, Paula ergueu um mosteiro feminino. Este foi o motivo por que os críticos de Jerônimo (que não eram poucos) observaram mais tarde que ele, no fundo, se aproveitara da fortuna dos outros para realizar seus próprios projetos e ostentar sua própria ambição.

Uma vez que interpretou sua mudança para Belém como um "retorno da Babilônia para Jerusalém" (*Epist.* 45, 6), Jerônimo não se moveu mais, mantendo-se, todavia, em contato com os amigos de Roma e com outras personalidades da época, como Epifânio e Agostinho, e participando, quase nunca com moderação, das discussões e controvérsias de seu tempo. Testemunha disso é seu riquíssimo epistolário. Dedicou-se somente ao estudo, com uma atividade incansável que durou até o fim, sem que a velhice diminuísse suas forças intelectuais ou físicas. Naturalmente, não teve boas relações com o bispo da região em que morava, João de Jerusalém. Nos últimos anos de sua vida, sofreu a violência de alguns bandos sublevados pelos pelagianos, por volta de 415. Morreu em 419 ou 420.

Bibliografia: G. Grützmacher, *Hieronymus: Eine biographische Studie*, Berlin 1901-1908 (reedição Scientia Verlag, Aalen 1969); F. Cavallera, *Saint Jérôme: sa vie et son oeuvre*, Campion, Louvain 1922; A. Penna, *San Gerolamo*, Marietti, Torino 1949; M. Testard, *Saint Jérôme, l'apôtre savant et pauvre du patriciat romain*, Les Belles Lettres, Paris 1969; J. N. D. Kelly, *Jerome. His Life, Writings and Controversies*, Duckworth, London 1975; St. Rebenich, *Hieronymus und sein Kreis*, Steiner, Stuttgart 1992.
Sobre vários problemas, alguns dos quais também de caráter biográfico, cf. P. Antin, *Recueil sur Saint Jérôme*, Coll. Latomus, Bruxelles 1968; VV.AA., *Jérôme entre l'Occident et l'Orient...*, Actes du Colloque de Chantilly... publiés par Y.-M. Duval, Ét. Augustiniennes, Paris 1988.

d) Os escritos ascéticos

O ideal ascético que inspirou a vida de Jerônimo se depreende sobretudo do epistolário, mas é enunciado também em tratados teóricos que, mesmo não se deixando apreciar pela profundidade da cultura e pela serenidade do raciocínio (o qual, aliás, freqüentemente procede de modo capcioso e sumário), são vigorosos e claros.

Consideremos à parte a sua primeira obra, que não é dedicada a essa problemática: a *Discussão entre um luciferiano e um ortodoxo* (*Altercatio luciferiani et orthodoxi*), diálogo em que são confutados os motivos que induziram Lucífero de Cagliari a se separar, por causa de sua intransigência, dos nicenos que tinham feito as pazes com os arianos mais moderados. A obra, escrita em Roma em 382 (segundo outros, em Antioquia em 378), foi-lhe solicitada provavelmente por Dâmaso com o fim de combater as comunidades de dissidentes que lá se encontravam. Ela se mostra, contrariamente ao estilo polêmico normal de Jerônimo, particularmente serena e equilibrada, e constitui uma boa fonte para a reconstrução dos acontecimentos que assinalaram a luta antiariana no Ocidente.

Pouco depois veio a defesa da doutrina da perpétua virgindade de Maria, que estava se impondo gradativamente no cristianismo antigo. Para Jerônimo ela significava defender um ideal ascético, que tinha na Mãe de Cristo seu penhor, tal como já havia dito Ambrósio em suas obras sobre a virgindade. Com este propósito escreveu o *Contra Helvídio* (*Adversus Helvidium*) durante sua temporada em Roma, em 383, contestando as opiniões de um leigo que fora discípulo de Auxêncio, bispo ariano de Milão. Helvídio, baseando-se numa série de passagens escriturísticas, afirmara que Maria não fora mais virgem *post partum*. Nessa obra Jerônimo inaugura o uso, não de todo justificado, mas típico de suas discussões, de basear-se sobretudo no acúmulo das citações escriturísticas e nos insultos pessoais, mais que no pacato raciocínio.

De muito maior relevo é sua terceira obra, o *Contra Joviniano* (*Adversus Iovinianum*), dedicada também a defender uma questão de princípio e escrita em Belém em 393. A obra é mais ampla e elaborada que as anteriores. Joviniano, um monge, sustentara, em Roma, quatro teses: a primeira, que virgindade e matrimônio se equivalem em méritos diante de Deus; a segunda, que aqueles que foram batizados não podem mais ser presas do diabo; terceira, que entre a abstinência e o uso apropriado dos alimentos não há nenhuma diferença de mérito; e, por fim, que aqueles que com plena fé receberam o batismo obterão a mesma glória no reino dos céus, sem diferenças entre indivíduos. Jerônimo, pouco sensível às questões doutrinais, deu destaque sobretudo à primeira tese de Joviniano, negligenciando as demais, que também mereceriam mais atenta consideração. É fácil imaginar qual era a confutação de Joviniano, apelidado "o Epicuro cristão". O *Contra Joviniano*, que recorria abundantemente às obras montanistas de Tertuliano dedicadas à mesma questão, levado de Belém (onde Jerônimo se achava ao escrevê-lo) para Roma, suscitou numerosas polêmicas, porque pareceu (e era uma impressão correta) que ele condenava abertamente o matrimônio. Por conseguinte, o escritor foi instado por Pamáquio, genro de Paula que morava em Roma, a escrever uma carta em que deveria esclarecer melhor sua posição. Nesse meio tempo, Pamáquio tentava retirar de circulação as cópias do livro que provocara o alvoroço. Jerônimo escreveu a carta pedida (n. 49), mas, longe de justificar-se, só fez retomar os pontos salientes do tratado e reiterar-lhes a validade. Seu protesto de que não condenava o matrimônio, mas somente o punha num grau inferior em comparação com a virgindade, pareceu uma pura declaração teórica, desmentida diante dos fatos. O escrito de Jerônimo, em dois livros, é fortemente polêmico e particularmente cuidado no plano da elaboração retórica, com amplas citações de poetas e filósofos pagãos, como Sêneca e Plutarco, e até do odiado Porfírio, que, se por um lado era detestável por ter escrito contra os cristãos, por outro tinha dado, em seus livros de moral, uma contribuição não-desprezível ao ideal da abstinência. Também aqui, Tertuliano (mesmo sem ser nomeado) é o mestre do pensamento ascético de nosso autor.

Parece que Joviniano teria negado a virgindade de Maria *in partu*. Jerônimo, em sua obra, estranhamente não faz menção deste particular: ou porque não estava contido na obra do adversário, mas somente ensinado verbalmente por ele, ou porque Joviniano só o ensinara mais tarde.

Mais complexa é a questão que envolveu Jerônimo nos últimos anos do século IV e na primeira década do V, a do origenismo. Trata-se de um episódio da recepção da obra de Orígenes no mundo cristão, para o qual alguns estudiosos tendem a dar uma interpretação bastante ampla, no sentido de que toda a cristandade teria tomado parte nele, ao passo que outros consideram que tal episódio foi de dimensões bastante limitadas e teria envolvido apenas Jerônimo e seus correspondentes e amigos, em primeiro lugar Epifânio e Rufino. Jerônimo desde sempre fora entusiasta admirador de Orígenes, tanto que traduziu em latim, durante a juventude, algumas homilias (sobre o Cântico dos Cânticos, sobre Jeremias e sobre o Evangelho de Lucas, como diremos mais adiante). Provavelmente, Jerônimo, no início de suas leituras, não se dera conta de que certas doutrinas origenianas não pareciam mais ortodoxas à Igreja do século IV, doravante estável em seus dogmas, quase todos já delineados com precisão. Mas Jerônimo jamais tivera interesse pelas questões teológicas, preferindo dedicar-se às de exegese bíblica: campo, este, em que a autoridade de Orígenes não só era indiscutível, mas também não viciada por desvios doutrinais, de modo que ele podia admirar explicitamente Orígenes, mesmo limitando-se à exegese. Apesar disso, Jerônimo começou a tomar posição contra Orígenes por volta de 392, numa carta a amigos, e de modo mais decidido em 394, quando participou do conflito que opôs Epifânio de Salamina — que incluíra Orígenes entre os heréticos elencados em seu *Panarion* — a João, bispo de Jerusalém e seguidor das doutrinas de Orígenes. Jerônimo, que já não nutria simpatias por João — em quem suspeitava uma adesão, no passado, ao arianismo e ao partido de Melécio —, enfileirou-se no partido de Epifânio, enquanto João foi apoiado por Rufino e Melânia, cujo mosteiro se achava não distante de Jerusalém. Jerônimo também traduziu para o latim, para que fosse difundida no Ocidente, uma carta de Epifânio que elencava os erros de Orígenes (*Epist*.

51). João, em 397, escreveu a Teófilo, patriarca de uma sé importante como era Alexandria, para justificar-se dos ataques de Epifânio e de Jerônimo, protestando seu desejo de chegar a uma pacificação. A ele respondeu Jerônimo em 398-399, escrevendo um brilhante ataque *Contra João de Jerusalém* (*Contro Iohannem Hierosolymitanum*), mas, devido à intervenção posterior de Teófilo, não deu logo ampla difusão ao escrito. Essa obra, sendo dirigida contra um origenista, polemiza com a doutrina da ressurreição tal como entendida pelo Alexandrino, e recorre, para essa problemática, mais uma vez a Tertuliano. A questão, todavia, ficou momentaneamente resolvida, e as dificuldades foram aplainadas graças à intervenção pacificadora de Teófilo, cuja carta Jerônimo se apressou em traduzir, tentando dar a entender que o patriarca de Alexandria estava de seu lado.

No entanto, o episódio produzira uma primeira ruptura nas relações entre Jerônimo e Rufino, que ambos sanaram (não sabemos com quanta sinceridade) na mesma época da intervenção de Teófilo. A ruptura se repetiu pouco depois, e foi definitiva, por causa de uma excessiva e inesperada (para não dizer injustificada) reação provocada em Jerônimo pela publicação da tradução em latim do tratado origeniano *Os princípios*, realizada por Rufino em 398. No prefácio, Rufino — de quem Jerônimo fora amigo desde a juventude — dirigindo-se a ele indicou-o ao público leitor como um profundo conhecedor de Orígenes. É difícil dizer até que ponto Rufino tenha sido sincero ou malicioso com essa aberta indicação de origenismo em alguém que pouco tempo antes fizera de tudo para negá-la e com o qual entrara em conflito, se não por esse motivo específico, decerto por motivos similares. A coisa era, no mínimo, inoportuna e pareceu ofensiva a Jerônimo, que justo naqueles anos estava tentando demonstrar, junto com Epifânio — como se viu —, que Orígenes era herético, e portanto certamente não queria ser designado como origenista. O fato é que Jerônimo tomou ciência das afirmações de Rufino antes mesmo que a obra fosse publicada, por causa de um comportamento no mínimo descarado de seu admirador Eusébio de Cremona que, em Roma, obteve às escondidas uma cópia da tradução que Rufino estava aprontando e a difundiu entre os amigos de Jerônimo. Este, por conseguinte, reagiu violentamente por escrito com algumas cartas. Surgiu assim uma penosa e mesquinha polêmica entre os dois, na qual as acusações se rebaixaram freqüentemente ao nível da calúnia. Por volta de 400, Rufino escreveu uma *Apologia*, à qual Jerônimo respondeu com os dois livros da *Apologia contra os livros de Rufino* (*Apologia adversus libros Rufini*), e no ano seguinte com um terceiro livro. Rufino não respondeu ao ataque de Jerônimo, mas cortou qualquer relação com ele. Jerônimo, por sua vez, perseguiu Rufino até sua morte, em 410, com alusões malévolas e gracejos venenosos que espalhou aqui e ali em suas obras.

É inegável que a admiração de Jerônimo por Orígenes remontava ao menos ao tempo de sua permanência em Roma, quando numa carta (*Epist.* 33), enviada à discípula Paula, elencou todas as obras que o mestre alexandrino escrevera. E ainda alguns anos depois, escrevendo os primeiros comentários bíblicos (por exemplo, a algumas epístolas paulinas), dissera explicitamente que seguia Orígenes como seu mestre. Depois de irrompida a controvérsia, Jerônimo tentará corrigir sua posição, asseverando (*Epist.* 84, 2) que admirava em Orígenes não o teólogo, mas o exegeta, coisa que Rufino prontamente rebaterá (*Apologia contra Jerônimo* I, 25ss.).

Seja como for, mesmo prescindindo dessas mesquinharias, Jerônimo movia contra Orígenes uma série de acusações, identificando alguns erros doutrinais, erros que os estudiosos modernos tendem a considerar em grande parte como fruto de deturpações lexicais, devidas ao fato de a linguagem teológica grega do século III não estar tão estavelmente fixada como no IV, quando interviera a controvérsia ariana, exigindo maior precisão. Ou então Jerônimo interpretava como efetivas proposições de caráter teológico o que Orígenes propusera de forma hipotética e como objeto de discussão. De todo modo, Jerônimo não estava só nesses mal-entendidos, visto que o próprio Epifânio, como vimos, considerara herético o Alexandrino. Essa condenação do origenismo, mais ou menos justificada, teve seus reflexos também no curso da exegese jeronimiana, porque a partir daqueles anos Jerônimo, em seus comentários bíblicos, surge repentinamente polêmico diante do "*allegoricus semper interpres*", e acentua sua interpretação literal em detrimento da alegórica.

Podemos dedicar pouco espaço à modesta obra *Contra Vigilâncio* (*Adversus Vigilantium*), escrita em 406 contra um presbítero da Aquitânia, autor de um livro contra o culto dos santos e das relíquias e contrário também à exaltação indiscriminada da prática ascética e da virgindade. Vigilâncio, ademais, durante a polêmica anterior entre João de Jerusalém e Jerônimo, tendo chegado à Palestina em 395, recusara-se a manter contatos com este último. Jerônimo novamente via transformados em objeto de crítica alguns de seus princípios, nos quais firmemente acreditava. Acrescentavam-se também motivos pessoais de hostilidade: daí uma polêmica particularmente áspera e cheia de insultos.

Dedicamos, por outro lado, um pouco mais de atenção à última obra polêmica de Jerônimo, o *Diálogo contra os pelagianos* (*Dialogus contra*

Pelagianus) em três livros, compostos na velhice. Pelágio talvez já fosse conhecido de longa data de Jerônimo, o qual, tomado de inveja e antipatia por aquele monge que o substituíra com sua autoridade espiritual e sua ascese na Roma da época (aquela Roma que Jerônimo mesmo tivera de abandonar), fizera de Pelágio uma caricatura, sem contudo nomeá-lo abertamente, na *Epístola* 50, escrita por volta de 395. De Pelágio falaremos mais demoradamente, é claro, a propósito de seu embate com Agostinho. Todavia, Jerônimo também quis contribuir pessoalmente, atacando-o em 415, quando Agostinho tinha escrito apenas as primeiras obras antipelagianas. Para defender-se, Pelágio dirigira-se em 415 a Jerusalém e a Dióspolis, diante de um sínodo. Naquele mesmo ano, Jerônimo escreveu uma carta a um certo Ctesifonte (n. 133) para desmascarar a heresia pelagiana e tentou depois aprofundar a questão com uma obra específica. Esta é interessante porque constitui uma das primeiras respostas dos ortodoxos ao pelagianismo, mas permanece bem distante da profundidade de pensamento e das problemáticas, que tocam no âmago da fé cristã, discutidas por Agostinho. Jerônimo limita-se quase exclusivamente a acumular citações escriturísticas, nas quais sentia-se mais seguro, para demonstrar que os homens não podem não pecar se têm à sua disposição apenas suas forças e não contam com o auxílio de Deus. Carente do suporte teórico de Agostinho, Jerônimo não era capaz de chegar ao fundo do problema.

Bibliografia. Edições: PL 23: *Altercatio luciferiani et orthodoxi, Adversus Helvidium, Adversus Iovinianum, Contra Vigilantium, Contra Iohannem Hierosolymitanum*; CChr.Lat 79, 1982 (*Contra Rufinum*: P. Lardet); 80, 1990 (*Adversus Pelagianos*: C. Moreschini); SChr 303, 1983 (*Apologie contre Rufin*: P. Lardet). Comentários: P. Lardet, *L'Apologie de Jérôme contre Rufin. Un commentaire*, Brill, Leiden 1993. Estudos: F. Valli, *Gioviniano*, Università, Urbino 1953; I. Opelt, *Hieronymus Streitschriften*, Winter, Heidelberg 1973. Traduções: Y.-M. Duval, *Tertullien contre Origène sur la resurrection de la chair...*, REAug 17 (1971) 227-278; id., *Jérôme et Origène avant la querelle origéniste...*, Aug. 24 (1984) 471-494.

Sobre a problemática da ascese, cf. Ph. Rousseau, *Ascetics, Authority and the Church in the Age of Jerome and Cassian*, Univ. Press, Oxford 1978; P. Brown, *Il corpo e la società. Uomini, donne e astinenza sessuale nel primo cristianesimo*, tr. it., Einaudi, Torino 1992.

e) As biografias dos santos

Inspiradas nos mesmos motivos ascéticos são três biografias que Jerônimo escreveu em momentos diferentes e cujos protagonistas são precisamente eremitas. Nelas se encontram muitos elementos que nos parecem inacreditáveis (como milagres, prodígios, peripécias romanescas), mas eram considerados objetivamente verdadeiros, tal como ocorria nos análogos relatos hagiográficos, aos quais a biografia cristã é afim em certos aspectos (cf. pp. 433ss.). A primeira dessas biografias é a *Vida de Paulo, o eremita* (*Vita Pauli*), provavelmente a primeira obra de Jerônimo porque foi escrita durante a ascese no deserto de Cálcide, em 376. Paulo, segundo Jerônimo, teria sido o primeiro de todos os eremitas (uma afirmação que contrasta com a da *Vida de Antão* atanasiana), porque teria se retirado no deserto do Egito durante a perseguição de Décio. Teria conhecido Antão, que deve ser considerado, assim, seu sucessor. Análogas em conteúdo e intenções são as biografias mais tardias. A *Vida de Malco* (*Vita Malchi*), escrita em 390-391 em Belém, é uma autobiografia ditada por Malco: Jerônimo teria conhecido o monge Malco em Antioquia e este lhe teria narrado sua vida, que é uma ideal "história de castidade". Contemporânea e, provavelmente, a mais bela no plano artístico é a *Vida de Hilarião* (*Vita Hilarionis*), na qual Jerônimo celebra outro eremita, de origem palestina, morto em Chipre poucos anos antes. Epifânio de Salamina conhecera Hilarião e escrevera seu elogio numa carta, e Jerônimo pode ter extraído de Epifânio algumas das notícias acerca do monge. Essa biografia, despojada e essencial, sem discursos ou sentenças, quer surpreender somente por meio de uma eficaz e dramática narração dos fatos.

Bibliografia. Textos: PL 23; *Vidas dos Santos*, organizado por Chr. Mohrmann (*Vita di Ilarione*, texto crítico estabelecido por A. A. R. Bastiaensen, tr. de C. Moreschini, Fondazione Valla, Mondadori, Milano 1975). Estudos: F. Fuhrmann, *Die Mönchsgeschichten des Hieronymus. Formexperimente in erzählender Literatur*, Entretiens Hardt, Genève 1977, pp. 41-89; G. Menestrina, *Tra il Nuovo Testamento e i Padri*, Morcelliana, Brescia 1995, pp. 75-97.

f) Jerônimo biblista

Mas a fama maior de Jerônimo se deve a seus trabalhos sobre a Bíblia, que podem ser resumidos, por simplicidade, em dois grupos: os dedicados à "tradução" denominada *Vulgata*, e os que se anexam a ela na medida em que tencionam comentar, explicar o texto sagrado progressiva e criticamente estabelecido (mesmo que tal atividade exegética não tenha sido exercida sobre todos os livros bíblicos).

Para ter uma idéia das metas que Jerônimo se propôs, é preciso esclarecer, tanto quanto nos é possível, qual era a situação do texto bíblico no século IV, no momento em que ele se pôs a trabalhar. Já foi dito oportunamente (vol. I, pp. 425ss.) que, no início, a pregação cristã no Ocidente se servira de traduções latinas da Escritura, realizadas por escritores desconhecidos que se ativeram a um literalismo exagerado, com o fim de conservar o mais fielmente possível o significado do original, em detrimento, seguramente, de um bom estilo literário. Falou-se também da existência de versões chamadas *Itala* ou *Afra*, segundo o lugar de difusão, ou ainda *veteres Latinae*. Ora, no século IV tais traduções pareciam insatisfatórias, uma vez que se havia arraigado na cultura cristã a certeza de que a arte também era um valor em si, que não devia ser menosprezado com prejuízo da simplicidade e da imediatez expressiva. Certamente, é difícil dizer até que ponto a exigência de renovar as traduções bíblicas estava difundida e até que ponto os fiéis estavam convencidos dela. Jerônimo e seu protetor, o papa Dâmaso, estavam, e provavelmente outros tanto quanto eles. Mas seguramente havia os que preferiam permanecer ligados à tradução tradicional, à qual se haviam habituado. Agostinho, por exemplo, apenas para citar uma pessoa de grande importância, pertencia a esse grupo de cristãos e nunca se convenceu totalmente da utilidade do novo trabalho, nem nunca substituiu sua velha *Afra* pela nova tradução. Mas não era questão apenas de novas exigências literárias. Os trabalhos sobre o texto bíblico, realizados por Orígenes, haviam se difundido pouco a pouco na cultura cristã de ambiente latino no século IV. Não só se conhecia o grande trabalho dedicado por Orígenes ao texto sagrado (em particular com os *Héxaplas*: cf. vol. I, pp. 379-381), mas, com a difusão de suas obras exegéticas, percebera-se, gradualmente, graças às observações que Orígenes espalhara naquelas obras, a complexidade da questão. Se Orígenes levantara o problema das relações entre a Septuaginta e os outros tradutores da Bíblia com o original hebraico, o mesmo problema agora era ainda mais urgente (ao menos para os que eram sensíveis a ele) em ambiente latino, na medida em que as versões que circulavam estavam num segundo grau de distância do original hebraico. Assim, a mesma relação que existia entre texto grego e texto hebraico se reapresentava para os latinos no tocante aos livros bíblicos escritos em grego. Era necessário, enfim, equiparar as numerosas traduções existentes (o próprio Agostinho disse que havia praticamente uma tradução da Bíblia em cada cidade), para evitar discrepâncias inexplicáveis entre uma e outra. Mas, como acabamos de dizer, nem todos estavam convencidos da validade desse problema. As críticas ao trabalho de revisão da Bíblia perseguiram Jerônimo até o fim da vida. Tomamos conhecimento das reações dos leitores ao seu trabalho por meio dos prefácios, em geral muito interessantes, que o escritor apôs à sua revisão do texto ou aos seus comentários ao mesmo.

Dispondo-se, portanto, também por sugestão de Dâmaso, a uma revisão (não a uma tradução *ex novo*) da Bíblia, Jerônimo se dava perfeita conta das dificuldades a que se expunha. Devia escolher entre as numerosas lições concorrentes que existiam e basear-se num critério de avaliação quase sempre pessoal, mesmo tendo recorrido, quando necessário, ao original grego. Não podemos acompanhar passo a passo os esforços de Jerônimo em seu trabalho de duas décadas, nem examiná-los em pormenor. Limitamo-nos apenas a alguns pontos. Ele iniciou com a revisão dos Evangelhos e, para evitar o máximo possível as críticas, limitou-se a inserir correções só onde era estritamente necessário. Para maior segurança sua, com tal propósito, deixou no texto até expressões francamente ambíguas que depois foram tornadas ainda mais ambíguas ou simplesmente traduzidas de modo errado nas línguas vulgares. Seu objetivo foi voltar ao texto grego original, mas, para tanto, não se comportou como os autores das antigas traduções, guiados por um extremo escrúpulo de fidelidade e literalidade. Em vez disso, Jerônimo deu ao texto uma estrutura mais puramente latina, eliminando termos e torneios sintáticos intoleráveis. Todavia, não quis substituir uma tradução antiga por uma nova; menos ainda quis substituir uma tradução vulgarizante por uma tradução conforme às normas da retórica. Jerônimo sabia bem que o texto sagrado devia continuar a andar nas mãos de todos, mesmo dos não-literatos. Quis, assim, que ele fosse sintática e gramaticalmente correto, mas absolutamente fácil de compreender, e teve perfeito êxito nesse seu intento. A revisão dos Evangelhos foi concluída e oferecida ao papa em 384. Ela formou o primeiro núcleo daquela que se tornaria a Bíblia latina, que o concílio de Trento reconheceria como a *Vulgata*. É necessário precisar, contudo, que a revisão jeronimiana do Novo Testamento deteve-se nos Evangelhos, embora não saibamos por que razão. Ao comentar, em seguida, as epístolas paulinas, Jerônimo usará um texto diferente daquele que para nós é a *Vulgata* das epístolas, e nunca o atribui a si mesmo, mas a outros tradutores, que por vezes ele critica.

Naqueles mesmos anos do pontificado de Dâmaso, o estudioso empreendeu a revisão do texto dos Salmos, controlado a partir da Septuaginta e modificado notavelmente. Tal revisão teve o nome de *Saltério romano*, por indicar o texto que originalmente era empregado em Roma e na Itália, mas a partir do século XVI foi usado somente na Basílica de S. Pedro. Deve ser distinguido do *Saltério galicano*, que é o de uso normal na Igreja e corresponde a uma segunda revisão de poucos anos depois. Segundo alguns, porém, o *Saltério romano* não corresponde totalmente à revisão executada por Jerônimo, que teria se perdido, mas ao texto anterior a Jerônimo, que ele quisera corrigir. O fato de Jerônimo ter escolhido, entre todos os livros do Antigo Testamento, justamente o dos Salmos para submetê-lo a revisão no início de sua atividade de crítico da Bíblia é mais um testemunho do significado que os Salmos possuíam para o cristianismo — e não só para o cristianismo antigo.

Poucos anos depois da revisão dos Evangelhos, contudo, Jerônimo deixara Roma e se estabelecera na Palestina. Não muito longe de Belém se encontrava Cesaréia da Palestina, na qual por longo tempo residira Orígenes, o grande estudioso. Em Cesaréia estava conservada sua biblioteca, contendo, entre os demais escritos, os *Héxaplas*. Tudo isso constituiu para Jerônimo uma preciosa oportunidade de consultar mais a fundo as obras de Orígenes e aprender seu método. Em particular, viu que Orígenes se servira não apenas da tradução (a mais famosa de todas) da Septuaginta, mas também do texto hebraico. Isso deu razão à sua idéia de que era preciso recorrer ao original hebraico, tal como, para o Novo Testamento, vira a necessidade de recorrer ao original grego. É preciso destacar essa novidade da atitude de Jerônimo, na medida em que a cultura latina, de hábito, aprendendo da cultura grega da época, se contentava em ler os textos e as doutrinas em tradução. Seguindo, portanto, esse critério de grande significado científico, Jerônimo teve a coragem de abandonar não apenas qualquer versão latina, mas também a Septuaginta (considerada normativa), para recorrer diretamente à que chamou *Hebraica veritas* (esse termo é usado pela primeira vez nas *Questões sobre temas hebraicos do Gênesis*, e no *Comentário ao Eclesiastes* 8,13 se diz que o texto hebraico é "a fonte da verdade"). E devemos ter em mente que o hebraico, no mundo antigo, era praticamente desconhecido, com pouquíssimas exceções, como Orígenes e Jerônimo. Atendo-se, portanto, a esses novos critérios, Jerônimo — após ter revisto com base no texto grego alguns livros bíblicos de menor peso — abandonou a Septuaginta para passar ao original hebraico. Não seguiu a seqüência que nos pareceria óbvia, de Gn em diante, mas começou com Sm e Rs, para prosseguir com Sl, os Profetas e Jó, em 394; Esd, Ne e Cr em 396. Depois de uma interrupção de dois anos, devida a suas más condições de saúde, retomou em 398 a tradução, consagrando-se aos três livros de Salomão (Ecl, Sr e Ct); em seguida ao Pentateuco, Js, Jz, Rt, Est, Tb e Jt. Essa gigantesca tarefa foi concluída por volta de 405-406. Tenhamos em mente, de todo modo, que, embora Jerônimo amadurecesse seu projeto depois de ter-se estabelecido na Palestina (onde pode ter sido auxiliado pelos rabinos locais), seu interesse pelo texto bíblico na língua original já é atestado desde sua temporada romana. Algumas cartas suas daquele período tratam expressamente de questões de filologia bíblica com referência ao original hebraico ou aludem a ele.

Preliminar a esse aprofundamento do estudo do Antigo Testamento que levasse em conta também a cultura e a civilização de que ele provinha (um dado de fato, este, que poucos cristãos então, habituados a três séculos de polêmica antijudaica, estavam dispostos a reconhecer) foi a elaboração de algumas obras de caráter puramente instrumental para o trabalho de tradução propriamente dito. Trata-se das *Interpretações dos nomes hebraicos* (*Liber interpretationis Hebraicorum nominum*), que é constituído de uma série de etimologias de nomes hebraicos (a moderna investigação lingüística, contudo, mostrou que o valor delas é praticamente nulo; mas o próprio Jerônimo admitira que muitas de suas etimologias eram apenas hipotéticas). A obra foi composta entre 389 e 391 e foi seguida de *Os lugares da Palestina* (*Liber locorum*), quase uma tradução da obra análoga de Eusébio de Cesaréia (vol. I, p. 558). Por fim, tem-se um tratado de fôlego maior, as *Questões sobre temas hebraicos do Gênesis* (*Hebraicae Quaestiones in Genesim*), um exame de alguns problemas relativos ao livro do Gênesis. Aqui Jerônimo se serve fartamente da erudição fornecida a ele pelos rabinos que conheceu na Palestina. Assim, não têm lugar interpretações de caráter espiritual e alegórico — que todavia eram correntes na exegese cristã também para um livro "histórico" como o Gênesis —, na medida em que o autor se atém aos problemas mais concretos, que são de origem lingüística, geográfica e histórica.

Esse gigantesco trabalho de revisão do Antigo Testamento comprometeu Jerônimo até 405-406, como foi dito. Devido a esse contato mais estreito com a cultura hebraica ele aceitou o cânon hebraico, quer dizer, somente os livros que pertenciam de pleno direito ao Antigo Testamento. A Igreja, por seu lado, uma vez que adotara o texto grego, acolhera sem dificuldade o cânon alexandrino, aquele usado pelos judeus não residentes na Palestina, mas de língua grega e espalhados em todo o mundo greco-romano. Esse cânon compreendia também aqueles livros — como Sb, Sr, Jt e outros — chamados "deuterocanônicos" e por isso excluídos do cânon do judaísmo oficial. Jerônimo também reconhece que os livros deuterocanônicos não são autênticos livros bíblicos; podem ser lidos para a edificação do cristão, mas não contêm a verdadeira doutrina da Igreja e não acrescentam nada ao que já se encontra nos livros canônicos.

Como julgar a nova tradução? É difícil dar uma resposta em poucas palavras. Jerônimo se gaba de ter sido fiel ao texto original e diz que para atingir essa meta teria consultado também judeus do lugar, porque não se sentia totalmente seguro dos próprios conhecimentos. Os estudiosos reconhecem uma fidelidade de princípio na tradução jeronimiana, embora o conceito de "fidelidade" fosse entendido no mundo antigo de modo diferente do nosso, e a própria tradução devia corresponder a objetivos que não coincidem com os nossos. O tradutor realiza freqüentemente uma paráfrase, porque não quer ser apenas um intérprete, mas deseja apresentar um trabalho autônomo (este princípio vale também para as numerosas traduções de Rufino, que incidem nesses mesmos anos). Poderemos fazer uma idéia de como Jerônimo considerava a tradução se observarmos alguns exemplos seus de tradução de Orígenes, contidos na *Epístola* 124 e muito fiéis ao original. Todavia, é preciso ter em mente que nessa epístola ele quer fazer ver, em polêmica com Rufino, como se devia traduzir Orígenes, e não falsificá-lo, como Jerônimo sustentava que Rufino fizera; por isso é provável que Jerônimo tenha sido propositadamente literal.

Os critérios teóricos sobre como deve ser uma tradução são expostos pelo escritor numa carta famosa, enviada a Pamáquio, a *Epístola* 57, de 395-396. Os motivos que levaram Jerônimo a escrever essa epístola são, como de hábito, polêmicos. Durante o atrito com João de Jerusalém, que surgira naqueles anos, Jerônimo fora acusado de ter vertido mal para o latim a carta que Epifânio escrevera elencando todos os erros do origenismo. Jerônimo, defendendo-se, sustenta que as diferenças entre o original grego e a versão latina não são casuais. É necessário, de fato, não traduzir ao pé da letra, mas ter em vista o significado global do trecho. Os mais famosos tradutores da literatura latina, como Cícero, ativeram-se precisamente a esse princípio, o da tradução *ad sensum*, justificado pelas exigências literárias. A única exceção, por outro lado, é constituída pela Sagrada Escritura, na qual, por causa do valor particular que possui o conteúdo do texto, a própria estrutura do período constitui um *mysterium*, e por isso é necessária uma tradução literal — mas mesmo nesse caso Jerônimo faz ver que às vezes uma tradução extremamente literal, como fora a de Áquila, é inaceitável. O escritor, pois, sente-se constrangido pelo texto sagrado a uma maior fidelidade ao original, mas, no geral, considera que uma tradução literal (*verbum ex verbo exprimere*) é defeituosa.

Em outros escritos, Jerônimo defende o mesmo princípio, como na *Epístola* 106, enviada a dois clérigos godos residentes em Constantinopla, Súnia e Fretela, entre 404 e 410, acompanhando com observações minuciosas alguns trechos de sua tradução dos Salmos. A obra foi, por esse motivo, tão famosa na Idade Média quanto a já citada *Epístola* 57 a Pamáquio. Outras vezes, porém, Jerônimo observa que se deve seguir um critério menos rígido, como a propósito de sua tradução do livro de Jó, cujo texto, aliás, era bastante difícil.

Bibliografia. O texto bíblico revisto por Jerônimo pode ser lido em *Biblia Sacra iuxta Latinam Vulgatam versionem*, Typis Polyglottis Vaticanis, Roma 1926-; *Biblia Sacra iuxta vulgatam versionem...*, ed. R. Weber, Deutsche Bibelgesellschaft, Stuttgart 1983[3]. Sobre o problema geral das traduções na Antiguidade tardia, cf. B. Marti, *Übersetzer der Augustin-Zeit*, Finck, München 1974; P. Chiesa, *Ad verbum o ad sensum?...*, "Medioevo e Rinascimento" 1 (1987) 1-51; sobre o ambiente hebraico: M. Pavan, *I cristiani e il mondo ebraico nell'età di Teodosio il Grande*, "Ann. Fac. Lettere e Filos. Univ. Perugia" 3 (1965-1966) 367-530; sobre Jerônimo e a tradução: P. Serra Zanetti, *Sul criterio e il valore della traduzione per Cicerone e San Girolamo*, Atti del I Congresso inter. di Studi Ciceroniani, Roma 1961, pp. 355-405; G. Q. A. Meershoek, *Le latin biblique d'après saint Jérôme*, Dekkers & Van de Vegt, Nijmegen 1966; G. Bardy, *Saint Jérôme et ses maîtres hébreux*, "Revue Bénédictine" 46 (1934) 145-164; para um comentário da *Epístola* 57, cf. Hieronymus, *Liber de optimo genere interpretandi. Epistula* 57. Ein Kommentar von G. J. M. Bartelink, Brill, Leiden 1980; sobre algumas traduções de Jerônimo cf. C. Estin, *Les Psaumes de Jérôme à la lumière des traductions juives antérieures*, San Girolamo, Roma 1984; A. Kamesar, *Jerome, Greek Scholarship, and the Hebrew Bible. A Study of the Quaestiones Hebraicae in Genesim*, Clarendon Press, Oxford 1993.

g) Jerônimo exegeta

Paralela à tradução-revisão do texto sagrado há a atividade exegética. Aqui Jerônimo tinha atrás de si uma tradição latina da qual, todavia, ele pouco depende. Encontra motivos para criticar seus predecessores: Retício de Autun, que comentou o *Cântico dos Cânticos* (cf. vol. I, p. 523), e Mário Vitorino, que comentou as *Epístolas* paulinas (cf. p. 336). Jerônimo observa, em Hilário, a absoluta dependência para com Orígenes no que diz respeito a seu *Comentário aos Salmos*. Ambrósio escrevera uma série de homilias, recolhidas depois na *Exposição do Evangelho segundo Lucas*, e também a seu respeito Jerônimo exprime um juízo bastante mordaz. O Estridonense, durante os anos passados no deserto, se arriscara, para começar, com um comentário a um profeta menor, Abdias, mas rejeitou mais tarde esse trabalho por dar demasiado espaço à interpretação espiritual. É interessante observar que o ambiente romano, no qual Jerônimo viveu um tempo, cultivava, junto com a ascese, um vivo interesse pelas questões de exegese bíblica: o Estridonense, seja na correspondência daqueles anos, seja na enviada a Roma desde Belém, responde freqüentemente a perguntas que lhe são feitas por amigos e amigas a esse respeito. Além disso,

Jerônimo teve como mestres famosos exegetas, como Apolinário de Laodicéia e Gregório Nazianzeno. Em Alexandria ensinava Dídimo, de quem Jerônimo sempre falou com admiração, e embora Dídimo fosse de tendências origenianas, quando estourou a questão da ortodoxia de Orígenes, Jerônimo sempre conservou estima por seu mestre.

É lógico, portanto, que, por causa desta sua formação junto de mestres gregos de tendências espiritualistas, Jerônimo entrasse no campo da exegese como convicto seguidor e admirador de Orígenes, cujas obras ele quis difundir entre o público latino, como Rufino lhe fez ver de modo polêmico.

Alguns comentários são dedicados ao Novo Testamento, mas não representam o melhor da atividade exegética de Jerônimo. O mais importante, realizado quando já se havia transferido para Belém, no curso de poucos meses do verão de 386, é o comentário a algumas epístolas paulinas (na ordem: Filêmon, Gálatas, Efésios e Tito), no qual introduziu extenso material origeniano, junto com elementos exegéticos extraídos de Dídimo e Apolinário, do qual (talvez) Jerônimo retoma a polêmica com Porfírio acerca da interpretação hostil dada pelo filósofo pagão à discussão surgida entre Pedro e Paulo em Antioquia. Às vezes Jerônimo expõe várias interpretações sem decidir, deixando ao leitor a tarefa de escolher a que lhe parece mais convincente. Apesar de seu origenismo, já neste primeiro comentário Jerônimo se distancia de algumas interpretações heterodoxas do Alexandrino, como a da preexistência das almas. Embora já existissem, em língua latina, os comentários de Mário Vitorino e do Ambrosiaster, ele cita o primeiro apenas para criticá-lo, e cala-se completamente sobre o segundo. Se é fácil compreender o motivo da crítica, difícil é, naturalmente, o do silêncio sobre o Ambrosiaster. Acredita-se que Jerônimo preferiu não nomeá-lo ou porque aquele escritor fora partidário do inimigo de Dâmaso durante a luta pela sucessão à cátedra de Roma, ou porque seu comentário era totalmente literal. Vêm em seguida as *Homilias sobre alguns Salmos* e *sobre o Evangelho de Marcos*, de atribuição discutida (segundo alguns, seriam obra não de Jerônimo, mas a pura e simples tradução de uma obra homônima de Orígenes). Essas homilias não têm grande relevância. Mais tarde, em 398, Jerônimo escreveu um *Comentário a Mateus* em quatro livros, seguindo um método de crítica estritamente literal, mas recorrendo abundantemente também a Orígenes. Tampouco essa obra tem grande importância: foi escrita às pressas (em pouco mais de um mês) e sem nenhum aprofundamento; o estilo, bastante deselegante, ressente-se disso.

Mas nesse ínterim já começara e progredia cada vez mais o trabalho de revisão do Antigo Testamento. Então Jerônimo põe em marcha um projeto, novo por sua sistematicidade, e mais novo ainda em ambiente latino, que é o de comentar — na medida em que os submetia a revisão crítica — os livros proféticos da Bíblia, que podem ser considerados sem exagero os mais difíceis. Esse programa sistemático, contudo, foi precedido de outro comentário, produzido — pode-se dizer — por um impulso sentimental, e não só fria obra de um estudo científico. Referimo-nos ao *Comentário ao Eclesiastes*, livro que seguramente podia atrair qualquer um por seu conteúdo humano, mas também embaraçoso por seu significado enigmático. No prefácio, dirigindo-se a Paula e Eustóquia, Jerônimo recorda que cinco anos antes (384) ele explicara o Eclesiastes a Blesila para exortá-la ao desprezo do mundo e fora instado por ela a pôr por escrito a exegese de todos os pontos obscuros, mas que em seguida abandonara o projeto no desconforto que se apoderara dele com a morte repentina da jovem discípula. Veio então a decisão de comentar as epístolas paulinas, e somente depois, em 389, houve a retomada do *Comentário ao Eclesiastes*. O prólogo é importante também pela enunciação dos critérios que Jerônimo pretende seguir: recorrer (e é a primeira vez que o proclama) ao original hebraico, sem alterar a *Vetus Latina* onde esta coincidisse com o hebraico, e levar em conta também as versões de Áquila, Teodocião e Símaco. O comentário, particularmente cuidado no plano literário, exigiu muito empenho do escritor, seja pela dificuldade de entender o verdadeiro significado daquele livro bíblico (a dificuldade era tal que os judeus reservavam sua leitura aos adultos), seja porque já haviam sido apresentadas várias interpretações do livro no passado. Uma delas, por exemplo, via no Eclesiastes um epicurista, razão por que a exegese cristã tinha de ser alegórica. Assim, por exemplo, se comportara Gregório de Nissa, que interpretara o Eclesiastes de modo platonizante. Jerônimo, ao contrário, consegue recuperar um significado cristão do Eclesiastes por meio de uma atenta e inteligente leitura "literal" do texto, como observa Leanza.

Pouco depois do *Comentário ao Eclesiastes*, Jerônimo começou (em 391) o *Comentário aos Profetas menores*, completado em dois tempos: em 392-393 (Na, Mq, Sf, Ag e Ab) e depois em 404-406 (Ml, Os, Jl, Am e Zc). Esse intervalo tão longo se explica pelo fato de Jerônimo, nesse meio tempo, ter se envolvido na áspera e desagradável discussão com Rufino e no problema do origenismo. Nesse período surge também, mais importante, o *Comentário ao profeta Jonas*, escrito em 396 e dedicado a Cromácio de Aquiléia. Esse comentário recebeu uma atenção particular porque o texto de Jonas era bastante famoso no Ocidente por seu simbolismo relativo à morte e à ressurreição de Cristo e do homem. Jerônimo escreveu, por fim, rejeitando a primeira tentativa de vinte anos antes (porque excessivamente alegórica), o breve *Comentário ao profeta Abdias*. Para ser completo em seu trabalho, ele primeiro traduziu o texto hebraico e depois o da Septuaginta, fazendo seguir a interpretação literal e a anagógica.

Em 404 morreu Paula que, em sua fidelidade aos ideais da ascese e da amizade, acompanhara Jerônimo na Palestina e, com seu dinheiro, lhe permitira edificar seu mosteiro e dedicar-se aos estudos. Jerônimo recordou-a num belíssimo e comovido epitáfio que é, no conjunto, uma hagiografia e acabou inserido na coletânea das *Epístolas* (n. 108, enviada ao genro de Paula, Pamáquio). Retomou em seguida, com energia, o interrompido trabalho de exegese dos livros proféticos, recorrendo a Orígenes (apesar da recente polêmica), a Hipólito, a Apolinário de Laodicéia e a Dídimo. Mantendo as relações com os amigos que viviam em Roma e na Itália, ele dedica a cada vez um comentário a este ou àquele. Assim, terminado o trabalho de tradução dos últimos livros bíblicos, seguiu-se (em 407-408) o *Comentário ao profeta Daniel*, dedicado aos amigos romanos Pamáquio e Marcela. Este é mais breve que os comentários aos outros grandes profetas porque Jerônimo queria explicar somente os pontos mais obscuros, forçado a isso também pelo fato de só existirem comentários parciais àquele livro bíblico. O trabalho quis rebater, por meio da erudição de Eusébio, Apolinário e Clemente de Alexandria, as críticas de Porfírio à interpretação cristã dos vários impérios do mundo, dos quais falaria alegoricamente o profeta Daniel. Segundo o filósofo pagão, o profeta não prenunciara acontecimentos futuros (entre os quais o advento do império romano e sua derrocada por obra do cristianismo), mas interpretara em forma de profecia os acontecimentos passados, vale dizer, os da dominação de Antíoco da Síria sobre os judeus. A erudição de Jerônimo exibe-se aqui nas referências também a historiadores pagãos (Políbio, Pompeu Trogo), ao judeu Flávio Josefo e a cronógrafos cristãos, como Júlio Africano.

Mais elaborado ainda foi o *Comentário a Isaías*, o mais volumoso de todos (são dezoito livros), escrito entre 408 e 410 e dedicado a Eustóquia e à memória de sua mãe, Paula. Já quando estivera em Constantinopla sob a direção de Gregório Nazianzeno, Jerônimo escrevera (diz-nos ele) um breve comentário à primeira visão de Isaías. Em seguida, em 397, escreveu uma exegese "histórica" das dez visões do profeta, retomada e incorporada no grande comentário. Àquela interpretação "histórica" Jerônimo acrescentou nessa obra a interpretação alegórica das mesmas visões. Antes dele somente um escritor latino, Vitorino de Petóvio, tentara explicar o profeta Isaías, e com modestos resultados (diz nosso escritor). Orígenes escrevera um comentário ao profeta, em trinta livros, que todavia se perdeu, além de escólios e homilias. Dessas homilias, nove tinham sido traduzidas por Jerônimo alguns anos antes, durante a temporada em Constantinopla. Jerônimo, como de hábito, nunca nomeia Orígenes, embora seja provável que, ao propor uma interpretação espiritual do texto, recorra a ele. Além disso, o Estridonense serviu-se também do comentário em quinze livros que escrevera Eusébio de Cesaréia, do comentário de Dídimo e do de Apolinário, todos perdidos. Nessa obra Jerônimo recorre fartamente à exegese hebraica, mesmo que esta esteja em contraste com a tradição cristã; repele as idéias milenaristas dos cristãos judaizantes. Como fundamento de seu comentário ele apresenta sua própria tradução do texto hebraico e, para não ser demasiado prolixo, dá notícia de modo apenas sucinto da versão da Septuaginta.

Terminado esse poderoso trabalho, Jerônimo não descansou muito pois, em 410, se dedicou ao *Comentário ao profeta Ezequiel*. Mal começara, aos setenta anos, a gigantesca tarefa quando lhe chegou a notícia do saque de Roma por Alarico. Em Roma ainda tinha amigos queridos. Alguns, como Marcela, que morreu pouco depois, sofreram violências. Tomado de comoção pela sorte da cidade, pagã sim, mas símbolo da cultura que ele amava, escreveu uma carta comovente (n. 127) e, devido à dor, teve de interromper a obra por algum tempo. A situação, aliás, era grave também na Palestina. Inesperadas incursões de bárbaros haviam destruído o mosteiro de Jerônimo, e ele se salvara a custo. A penúria era extrema, e não era fácil dedicar-se aos estudos, muito menos a uma obra que exigia tanto esforço como aquela. Somente em 414 o comentário, em quatorze livros, foi terminado e dedicado a Eustóquia, a filha de Paula. O livro de Ezequiel era um dos livros mais difíceis do Antigo Testamento, o mais difícil dos livros proféticos, tanto que os judeus reservavam sua leitura (como a dos primeiros capítulos do Gênesis e do Cântico dos Cânticos) apenas a quem tivesse completado trinta anos. Além disso, o texto hebraico estava em péssimas condições, e a própria Septuaginta apresentava lacunas e mal-entendidos. Para sua exegese, Jerônimo se serviu, como sempre, de Orígenes, do qual traduzira em 381 quatorze *homilias* sobre Ezequiel e, novamente, de Apolinário de Laodicéia. O *Comentário ao profeta Ezequiel*, embora escrito em idade avançada e em meio a infinitas dificuldades, é talvez, entre as obras exegéticas de Jerônimo, a mais perspicaz.

Restava comentar, entre os grandes profetas, o livro de Jeremias. A este tampouco ele pôde dedicar-se com ânimo sereno e sem enfrentar grandes dificuldades. Justo nesses anos, Jerônimo iniciara sua polêmica contra Pelágio, e esse fato, além de ocupá-lo em questões de caráter diferente, cujos ecos ressoam também no *Comentário ao profeta Jeremias*, lhe granjeara não poucas dificuldades: em 416 ele fora arrancado do mosteiro e maltratado por um bando de pelagianos. Além disso, a situação da Palestina (como de todo o império) era bastante grave por causa do empobrecimento geral. Grandes multidões de pobres acorriam ao mosteiro de Jerônimo. Por causa da agressão sofrida, o escritor teve de interromper seu comentário, e a obra nunca mais foi retomada. Este trabalho também exigiu de Jerônimo um grande esforço. O texto era bastante difícil e freqüentemente corrompido. Jerônimo já traduzira quatorze *homilias* de Orígenes sobre Jeremias muitos anos antes, em Constantinopla, mas agora ele polemiza com o Alexandrino de modo quase obsessivo. Retornam também nessa obra os insultos dirigidos a Rufino (que, por sinal, já tinha morrido), sem nenhum motivo, mas provavelmente apenas porque ele considera Rufino o precursor do pelagianismo, que naquele tempo era tão ameaçador. De todo modo, até o fim da vida, Jerônimo, apesar de seus protestos em contrário, permaneceu um exegeta origeniano. Sua inovação está em ter sabido temperar o espiritualismo com um interesse, cada vez mais acentuado ao longo dos anos, pela interpretação literal e pela exegese hebraica. Esta novidade nos permite levar em menor conta um delito seu: ter se aproveitado das exegeses de que se servia (sem reelaborá-las pessoalmente) e ter dado a entender freqüentemente que elas eram suas.

Bibliografia: Textos: PL 26-27; CChr.Lat 72, 1959 (*Liber nominum, Quaestiones Hebraicae in Genesim*: P. de Lagarde; *Comentarioli in Psalmos*: G. Morin; *Commentarius in Ecclesiastem*: M. Adriaen); 73-73A , 1963 (*Commentariis in Esaiam:* M. Adriaen); 74, 1960 = CSEL 59, 1913 (*Commentarii in Hieremiam*: S. Reiter); 75-75A, 1964 (*Commentarii in Hiezechielem; Commentarii in Danielem*: F. Glorie); 76-76A, 1969-1970 (*Commentarii in Prophetas minores*: M. Adriaen); 77, 1969 (*Commentarii in Matthaeum*: D. Hurst-M. Adriaen); 78, 1958 = *Anecdota Maredsolana* 1897-1903 (*Tractatus sive Homiliae in Psalmos, in Marci Evangelium; Tractatus sive Omiliae in Psalmos quattuordecim*: B. Capelle, J. Fraipont, G. Morin); SChr 242, 1978; 259, 1979 (*Commentaire sur Mathieu*: E. Barnard); 323, 1985 (*Commentaire sur Jonas*: Y.-M. Duval). Traduções: BTP 96, 1992 (*Commento al Libro di Giona*: N. Pavia). Estudos: A. Vaccari, *I fattori dell'esegesi geronimiana*, "Biblica" (1920) 457-480; A. Penna, *Principi e caratteri dell'esegesi di S. Gerolamo*, Pontif. Istituto Biblico, Roma 1950; Y.-M. Duval, *Le livre de Jonas dans la littérature chrétienne grecque et latine*, Ét. Augustiniennes, Paris 1973; C. Bammel, *Die Pauluskommentare des Hieronymus: die ersten wissenschaftlichen lateinischen Bibelkommentare?*, in VV.AA., *Cristianesimo Latino e cultura Greca sino al secolo IV*, Augustinianum, Roma 1993, pp. 187-207; S.

Leanza, *Sul Commentario all'Ecclesiaste di Girolamo*, in VV.AA., *Jérôme entre l'Occident et l'Orient...*, cit., pp. 267-282; P. Jay, *Jérôme à Bethléem: les Tractatus in Psalmos*, ibid., pp. 367-380; *L'exégèse de saint Jérôme d'après son "Commentaire sur Isaïe"*, Ét. Augustiniennes, Paris 1985; V. Peri, *Omilie origeniane sui Salmi*, Studi e Testi, Bibl. Apost. Vaticana, Città del Vaticano 1980; M. Simonetti, *Lettera e/o allegoria*, cit.; D. Gorce, *La lectio divina nell'ambiente ascetico di S. Gerolamo*, tr. it., EDB, Bologna 1990.

h) As traduções de Jerônimo

Pode-se ligar a esta atividade de exegeta a que Jerônimo compartilhou com outros escritores de sua época (por exemplo, com Rufino): a de tradutor de textos gregos. Mesmo o *Chronicon* — de que falaremos adiante —, uma das primeiras obras de Jerônimo, é constituído em boa parte de uma tradução do grego, a obra homônima de Eusébio de Cesaréia. Depois de ter traduzido Eusébio, o mesmo ambiente de Constantinopla (ou, em geral, oriental) fez Jerônimo conhecer Orígenes, razão por que uma obra juvenil é constituída de uma tradução de 37 homilias do Alexandrino sobre Jeremias, Ezequiel e Isaías (segundo alguns, porém, as nove homilias sobre Isaías não são anteriores a 392). Ainda de Orígenes, Jerônimo traduziu em 384, em Roma, duas homilias sobre o Cântico dos Cânticos; em 389-390, trinta e nove homilias sobre o Evangelho de Lucas (aliás, na *Epístola* 33, escrita a Paula quando ainda se achava em Roma, ele exaltara Orígenes e catalogara com admiração a massa enorme de seus escritos). Mais importante, e mais bem-cuidada — embora não isenta de intervenções normalizadoras sobre o texto para conformá-lo à teologia ocidental —, é a tradução posterior da obra de Dídimo sobre *O Espírito Santo* (*De Spiritu Sancto*), realizada provavelmente em 387. No prefácio à obra, Jerônimo polemiza asperamente com Ambrósio, que dez anos antes saqueara a mesma obra didimiana, mas camuflara seu furto sob as aparências de uma obra autônoma. Em 398, por fim, retomando com violência a sua polêmica com Rufino, que traduzira *Os princípios* de Orígenes desnaturando (segundo Jerônimo e seus partidários) o texto original por eliminar dele as proposições não-ortodoxas, nosso autor se aventurou numa tradução da mesma obra origeniana, não só para mostrar como se devia executar esse trabalho, mas sobretudo para que os perigosos erros doutrinais do Alexandrino não permanecessem ocultos sob o véu de uma tradução infiel, de modo a prejudicar quem lesse o texto sem atenção. A tradução jeronimiana ficou perdida; alguns fragmentos nos foram conservados pelo próprio autor que, na *Epístola* 124 a Avito, cita alguns trechos de sua tradução, sempre por motivos polêmicos, isto é, para fazer ver, com base num trabalho realizado segundo as exigências da fidelidade ao original, quanto era perigosa a heresia de Orígenes.

i) As obras históricas

Grande foi a contribuição que Jerônimo deu à cronografia cristã com o *Chronicon* que, compilado em 378-380 em Constantinopla, é constituído na primeira parte (isto é, desde as origens do mundo até a época de Eusébio, e mais precisamente até 325) da tradução latina da homônima obra do bispo de Cesaréia, despojada de algumas notícias concernentes ao mundo grego e devidamente integrada, para o mundo romano, de informações extraídas de manuais latinos, como *Os homens ilustres* de Suetônio, no tocante à história literária. Na segunda parte, Jerônimo leva a cronografia até a era contemporânea (325-378) recorrendo, para a parte profana, sobretudo ao *Manual de história a partir da fundação de Roma*, obra do pagão Eutrópio (e dedicando, numa atitude que decerto não é muito rigorosa, bastante atenção também aos detalhes que têm a ver com sua própria vida). Já neste trabalho de adaptação e de tradução notamos algumas das características dos trabalhos eruditos de Jerônimo, como a pressa e a displicência, que freqüentemente o conduzem a erro. A obra contém um interessante prefácio, no qual o escritor, já em pleno domínio do grego, mostra-se consciente da missão que cabe ao tradutor. A *Crônica* foi uma novidade para o mundo latino, na medida em que apresentava uma cronografia universal, e logo se tornou famosíssima em toda a Idade Média, constituindo um modelo para os cronógrafos já a partir do século V.

Obra igualmente famosa foi *Os homens ilustres* (*De viris illustribus*), escrita em 392, na qual Jerônimo, retomando o mesmo título da obra de Suetônio, recolheu e sintetizou a vida e as obras de 135 escritores cristãos, desde S. Pedro até o próprio Jerônimo (entre eles figuram também alguns heréticos). Para esses "verbetes" o escritor se serviu, sobretudo para a parte grega, da *História eclesiástica* de Eusébio. Os "homens ilustres" são quase todos cristãos, pois Jerônimo quis contrapor às análogas compilações eruditas dos pagãos uma "história da literatura cristã", segundo as intenções que manifesta também numa epístola importante (n. 70, a Magno, famoso retor de Roma). Os únicos não-cristãos levados em consideração são Fílon, Flávio Josefo e Sêneca. Este último, de todo modo, desde sempre era considerado um filósofo próximo ao cristianismo. Jerônimo cita o epistolário apócrifo (que ele considera autêntico) de Sêneca com o apóstolo Paulo. Também nesta obra abundam os erros e os detalhes não bem-controlados pelo autor, que ora quer dar a entender que tem experiência também naquilo que conhece só por ouvir dizer; ora simplesmente copia o que Eusébio disse em sua *História eclesiástica*; ora, enfim (e isso também vale para seus contemporâneos), é estranhamente carente de notícias, como no caso de Basílio e de Gregório de Nissa, ou propositadamente não quer falar de quem não lhe agrada, como Ambrósio. Em todo caso, com esta obra Jerônimo preenchia uma lacuna da cultura cristã (a da história da literatura), e seu repertório de literatos célebres e homens ilustres foi famosíssimo nos séculos posteriores.

Bibliografia. Edições: para a *Crônica*, GCS 47, 2, 1984³ (R. Helm); para *Os homens ilustres*, Texte und Untersuchungen XIV, 1, 1896 (E. C. Richardson); BPat 12, 1988 (A. Ceresa-Gastaldo).

j) O *Epistolário*

Recordamos várias vezes nas páginas precedentes o *Epistolário* de Jerônimo, e agora convém dizer alguma coisa a seu respeito. A coletânea é composta de 125 cartas autênticas, de traduções de cartas de outros (de Epifânio de Salamina e de Teófilo de Alexandria), e de algumas outras não de Jerônimo (por exemplo, de Agostinho ou de outros amigos), e é um documento fundamental para compreender a personalidade do escritor, para conhecer os fatos mais salientes de sua vida, para lançar luz sobre suas relações com outras personalidades da época. Assim, junto com o de Cícero, deve ser considerado o epistolário mais notável da literatura latina, além de documento literário de primeira ordem. Revela-nos os entusiasmos pelas experiências monásticas, a desilusão e o desencorajamento que assaltam Jerônimo no deserto, o férvido ideal ascético seu e dos amigos, os conselhos e as admoestações fornecidos a suas fiéis e devotadas discípulas em Roma. Certamente não nos agrada encontrar ali os ferozes atritos com os inimigos, a injusta e pouco cristã polêmica com Rufino, a aspereza e a irritabilidade para com Agostinho, que teve de dar provas de toda paciência humanamente possível. Mas encontramos também os cálidos afetos, a simpatia espontânea e envolvente que o eremita de Belém nutriu por seus amigos longínquos, por Pamáquio em Roma, por Heliodoro e Paulino de Nola, na Itália, por Agostinho, com quem estabeleceu ótimas relações de estima e de amizade depois de um início tempestuoso. O desentendimento deveu-se ao fato de o bispo de Hipona considerar inútil uma revisão da Bíblia que fosse além da Septuaginta e de ter rebatido a interpretação que Jerônimo propusera da discussão surgida entre Pedro e Paulo, em Antioquia, acerca da atitude a tomar em relação aos recém-convertidos pagãos e aos judeus. Quando a invasão de Alarico levou à pilhagem e à destruição de Roma, Jerônimo compartilhou os sofrimentos de seus amigos. Quando Agostinho, já famoso, entrou na dura e cansativa polêmica com os pelagianos, Jerônimo, tanto quanto pôde, ficou de seu lado, mesmo sem penetrar a fundo em seu pensamento. Com o mesmo Agostinho, e no final da vida, Jerônimo teve um intercâmbio epistolar sobre temas espinhosos, como a origem da alma (cf. *Epist.* 131-132, no epistolário de Jerônimo = 166-167 no epistolário de Agostinho, que podem ser consideradas como verdadeiros tratados).

O epistolário é, de todo modo, a obra maior de Jerônimo no plano literário, a que revela em plenitude sua arte de grande escritor, que também lampeja aqui e ali nas obras eruditas e já se percebe nas biografias.

A formação retórica que Jerônimo recebeu aparece com traços muito fortes em seu estilo, que todavia está muito distante do de Arnóbio, que teve uma origem análoga. O Estridonense, apoderando-se dos instrumentos da retórica, começou a escrever na maturidade, e seus escritos cobrem um período de quarenta anos. Neles Jerônimo não teve em mira uma exibição insistente de acrobacias retóricas, como se encontram em Arnóbio, mas dirigiu seus dotes literários, sustentados por uma sensibilidade apaixonada, em primeiro lugar à sátira e ao retrato, que o próprio escritor transformou em arte. Seus modelos foram, portanto, os grandes satiristas da era imperial, como Pérsio e Juvenal, embebidos, como ele, de retórica e interessados numa expressão rebuscada por conceptismos e por sonoridades. Podia realmente dissociar ciceronismo e cristianismo? Só acreditou nisso durante o pesadelo edificante de uma noite de Quaresma no deserto de Cálcide, observa Fontaine.

Bibliografia. Textos: CSEL 54-56, 1910-1918 (I. Hilberg); Les Belles Lettres, Paris 1949-1963 (8 vols.: J. Labourt). Traduções: *Le Lettere*, ed. de S. Cola, Città Nuova, Roma 1964; *Lettere*, intr. e notas de C. Moreschini, tr. de R. Palla, Rizzoli, Milano 1989 (antologia). Estudos: H. Hagendahl, *Latin Fathers and the Classics...*, Studia Graeca et Latina Gothoburgensia, Göteborg 1958; S. D. Wiesen, *St. Jerome as a Satyrist*, Ithaca, New York 1964.

3. *A cultura grega à disposição dos latinos: Rufino de Aquiléia e suas traduções*

Testemunho significativo da vivacidade da cultura cristã da Itália daqueles decênios foi Rufino de Aquiléia, que dirigiu suas forças sobretudo à difusão no Ocidente, mediante traduções dos grandes modelos gregos, embora qualificar Rufino exclusivamente como tradutor seja redutivo.

Nascido em torno de 345 em Concordia, não distante da importante cidade de Aquiléia, Rufino estudou em Roma, onde se tornou amigo de Jerônimo. Tal como este, ele sentiu vivíssima a força de atração do ideal ascético, por isso a partir de 371 fez parte da comunidade monástica que se estabelecera perto de Aquiléia, e na qual entrou também Jerônimo. Dissolvida essa comunidade, como foi dito, Rufino, em 373, decidiu dirigir-se ao Oriente, acompanhado de uma nobre romana, Melânia, a Anciã. No século IV, muitas mulheres queriam perseguir o ideal ascético, sobretudo se possuíam uma liberdade que, em sua sociedade, era garantida por sua condição de nobreza e por fartos meios econômicos. Assim eram, em Roma, as amigas de Jerônimo, como já vimos. Ora, a riquíssima Melânia, seguindo o ensinamento de Rufino, dirigiu-se com seu mestre ao Egito, onde ambos visitaram as comunidades eremíticas. Rufino escutou em Alexandria as lições de Dídimo, que lhe ensinou, como mais tarde a Jerônimo, a doutrina de Orígenes. Quando os arianos, com a morte de Atanásio (2 de maio de 373), se apoderaram da sé episcopal de Alexandria e iniciaram uma perseguição aos nicenos, também Rufino foi maltratado e encarcerado. Em 377, deixou o Egito e se transferiu para Jerusalém, onde Melânia, em 374, já havia fundado um convento feminino no monte das Oliveiras.

Em Jerusalém, Rufino se dedicou à ascese e aos estudos, de modo semelhante ao que fez dez anos depois Jerônimo em Belém. Já falamos do repentino rompimento da amizade entre os dois e da controvérsia sobre o origenismo. Pouco anos antes, aliás, Rufino já fizera amizade com o bispo de Jerusalém, João, por quem foi ordenado presbítero. Durante a controvérsia, Jerônimo se pôs ao lado de Epifânio, enquanto Rufino defendeu João. Em seguida veio uma aparente pacificação entre os dois. Rufino, de todo modo, retornou à Itália em 397 e, em Roma, retomou o estudo de Orígenes, evidentemente com o objetivo de difundir o conhecimento, em ambiente latino, de um mestre que considerava absolutamente ortodoxo. Em Roma travou amizade com a neta de Melânia, chamada Melânia, a Jovem, com a nobre Avita e o senador Túrcio Aproniano; com

Paulino de Nola, com Ursácio, abade do mosteiro de Pinetum, ao sul de Roma. Decidido, portanto, a não rejeitar os mestres de outrora — como fizera Jerônimo —, nos primeiros meses de 398 traduziu o primeiro livro da *Apologia de Orígenes*, composta por Pânfilo junto com Eusébio de Cesaréia. Rufino dava-se conta, porém, de que se ocupar de Orígenes precisamente em Roma, onde se achavam círculos de intelectuais amigos de Jerônimo, podia ser perigoso e antepôs à sua tradução de Pânfilo um prefácio, no qual exortava os leitores a julgar Orígenes somente depois de terem conhecido bem suas obras, e acrescentou — para tranqüilizar a todos quanto à sua própria ortodoxia — uma breve profissão de fé, que era a que João de Jerusalém ensinava e que ele próprio, Rufino, tinha aprendido. Logo depois enfrentou diretamente o problema da ortodoxia de Orígenes, traduzindo o tratado sobre *Os princípios*, ao qual acrescentou um seu, intitulado *Sobre as falsificações penetradas nas obras de Orígenes* (*De adulteratione librorum Origenis*), no qual tentou demonstrar que as obras do Alexandrino tinham sido deturpadas por heréticos, que nelas haviam inserido sub-repticiamente seus dogmas blasfemos. Com base nesse princípio, Rufino não hesitou em adaptar o texto que estava traduzindo à ortodoxia de seu tempo, modificando ou cortando o que não era aceitável em matéria de fé. Quando julgou oportuno, substituiu certas passagens perigosas por outras que, dizia ele, encontrara em outras obras de Orígenes. Explicou este método nos dois prefácios que escreveu, um aos primeiros dois livros da obra e outro aos dois segundos.

Mas, como dissemos acima, Rufino teve a má idéia de citar no prefácio, entre os admiradores e apreciadores de Orígenes, o nome de Jerônimo que, então, não queria mais absolutamente ser assim considerado. Isso provocou uma troca de cartas entre os dois, das quais só possuímos as de Jerônimo (a primeira era bastante pacífica em relação a Rufino, mas, quando chegou a Roma, foi interceptada por Pamáquio e Marcela). À primeira carta Jerônimo fez seguir outras, nas quais manifestava cada vez mais abertamente suas críticas a Rufino. Este teve de se defender com uma *Apologia* em dois livros, escrita em 400 e dedicada ao nobre e amigo Aproniano. No primeiro livro, Rufino defende sua atividade de tradutor de Orígenes, deixando claro que, se ele modificara o original, Jerônimo, com sua teimosa fidelidade ao texto, conseguira pôr em circulação justamente as idéias perversas que ele desejava combater. No segundo livro, ataca o adversário, destacando o escasso equilíbrio de suas atitudes ascéticas e a hostilidade com que sempre perseguira, nos fatos e nos escritos, os seus inimigos, a começar por Ambrósio. Certamente, a *Apologia* de Rufino não tem a violência e a capacidade de persuasão que tem Jerônimo, mas procede apresentando uma notável massa de documentações e de explicações objetivas. Rufino se esmera sobretudo em enfatizar a incoerência do adversário, confrontando as afirmações anteriores de louvor e de admiração por Orígenes com as posteriores condenações. Por causa dos ataques polêmicos que teve de sofrer por obra de Jerônimo e de seus amigos, Rufino enviou uma *Apologia* ao papa Atanásio, na qual, justificando sua tradução dos *Princípios*, propôs, como confirmação de sua própria ortodoxia, o seu símbolo de fé. Mas Atanásio, diferentemente de seu antecessor Sirício — que permanecera frio em relação ao monaquismo e a Jerônimo —, estava mais disposto a ouvir as sugestões daqueles que constituíam os círculos ascéticos de Roma, e a obra de Rufino não teve sucesso.

Nesse ponto, então, Rufino decidiu interromper a polêmica. Sem perder mais tempo em Roma, onde se tornara impossível para ele ser ouvido, retornou a Aquiléia, junto de seu amigo Cromácio, enquanto Jerônimo escrevia contra ele, em 401-402, um terceiro livro de sua *Apologia*, ao qual Rufino não respondeu. Por volta de 407, quando os visigodos invadiram a Itália setentrional, Rufino abandonou Aquiléia e se transferiu para o mosteiro de Pinetum, perto de Terracina. Em seguida, com a aproximação de Alarico, que saqueou Roma em agosto de 410, teve de afastar-se mais ainda, e se dirigiu a Messina. Ali morreu em 410.

a) Outras obras de Rufino

Devemos recordar, sob esta rubrica, os dois livros com que Rufino deu prosseguimento à *História eclesiástica* de Eusébio. Esse prosseguimento foi realizado a pedido, provavelmente, de Cromácio de Aquiléia, em 403, e consistiu em levar a narrativa desde 325 até 395, ano da morte de Teodósio. Composta às pressas, sem um verdadeiro aprofundamento dos problemas, a obra não é comparável à de Eusébio, ainda que seja útil para conhecermos o Ocidente.

Por volta de 404, Rufino escreveu, ainda a pedido de Cromácio, um *Comentário ao símbolo dos apóstolos* (*Commentarius in symbolum apostolorum*), exegese do símbolo batismal em uso na Igreja de Aquiléia. A obra é a mais antiga explicação do símbolo em língua latina e ilustra as diferenças existentes entre o símbolo de Aquiléia e o de Roma.

Inspira-se na alegoria origeniana a explicação, contida nos dois livros *Sobre as bênçãos dos patriarcas* (*De benedictionibus patriarcharum libri duo*), do capítulo 49 do Gênesis, em que Jacó abençoa seus filhos. Ao mesmo problema Orígenes dedicara a última de suas dezessete *Homilias sobre o Gênesis*. A obra teria sido escrita em 406-407 a pedido de um certo Paulino que, segundo alguns, seria Paulino de Nola.

Bibliografia. Edições: CChr.Lat 20, 1961 (M. Simonetti); SChr 140, 1968 (M. Simonetti, H. Rochais, P. Antin); CTP 11, 1993³ (*Spiegazione del Credo:* M. Simonetti).

b) As traduções de Rufino

Só nos resta, agora, elencar as traduções de Rufino, excetuando as ligadas à polêmica com Jerônimo, que já abordamos acima.

De Orígenes, o *Comentário à epístola aos Romanos*, escrito por volta de 404. O comentário origeniano parece ter sido particularmente remanejado na versão latina. Ademais, por volta de 410, o *Comentário ao Cântico dos Cânticos* (eram dez livros no original, e Rufino só traduziu quatro). Numerosas *homilias*: 17 sobre o Gênesis, 13 sobre o Êxodo, 16 sobre o Levítico, 28 sobre os Números, 26 sobre Josué, 9 sobre os Juízes, 9 sobre os Salmos 36, 37 e 38. Estas traduções são anteriores a 404, com exceção das *homilias sobre os Números*, pouco anterior à morte de Rufino.

De Adamâncio, que Rufino considerava ser o próprio Orígenes (cf. vol. I, pp. 423-424), *A reta fé em Deus* (*De recta in Deum fide*), entre 400 e 409.

Uma coletânea de sentenças morais, elaboração cristã de análogas coletâneas pagãs, particularmente famosa no século IV, e considerada obra do papa Sixto II (257-258): as *Sentenças de Sexto*, por volta de 400. À obra Rufino deu o título de *Enchiridion*, à grega, ou de *Anulus*, à latina. Também traduziu, provavelmente, uma antologia de sentenças de Evágrio Pôntico (mas não chegou até nós).

Em torno de 405, traduziu os *Reconhecimentos* (*Recognitiones*), das *Pseudoclementinas*.

De Basílio de Cesaréia traduziu, em 397, para o abade de Pinetum, a primeira redação das duas *Regras* monásticas e, em 399-400, oito *homilias* para o nobre Aproniano, ao qual dedicou também a tradução de nove *homilias* de Gregório Nazianzeno, realizada no mesmo período.

O interesse pela literatura monástica, atestado já pela tradução das *Regras* basilianas, é confirmado também pela tradução da *História dos monges egípcios, ou vidas dos Padres do deserto* (*Historia monachorum in Aegypto, sive de vitis Patrum*), composta entre 403 e 410. Outrora essa história foi considerada obra original de Rufino, mas verificou-se depois que era a versão latina da obra do arcediago Timóteo de Alexandria. Trata-se de uma antologia de episódios da vida de vários monges, análoga à *História Lausíaca* de Paládio, e bastante útil para o conhecimento do monaquismo egípcio do século IV.

Por fim, a tradução da *História eclesiástica* de Eusébio, que ele próprio continuou até 395, como foi dito acima. A tradução da obra de Eusébio é bastante criticável porque abrevia arbitrariamente o original, omitindo documentos, e acrescenta inúteis divagações.

Até recentemente, Rufino era considerado um puro e simples tradutor. Na realidade, o problema em avaliá-lo é sutil e difícil, na medida em que ele quase nunca quer expor explicitamente idéias próprias. A julgar pelo que escreveu, não se pode falar de um pensamento de Rufino. Pode-se fazê-lo, em contrapartida, no sentido de que, como tradutor, ele quis transmitir aos cristãos do Ocidente o patrimônio espiritual dos gregos e, como fiel ortodoxo, quis fazer com que essa mensagem não fosse deformada por idéias inaceitáveis. Por esse motivo ele emendara Orígenes, tornando-o conforme à teologia nicena. Mais recentemente, reconsiderando-se o valor e a função da tradução enquanto tal (e não só no plano literário), chegou-se à conclusão de que é necessário achar um motivo, ainda que não explicitamente manifesto, para suas traduções, por exemplo a das obras dos escritores ortodoxos. O fato de ter traduzido homilias de Basílio e de Gregório Nazianzeno — não para que fossem recitadas diante de um público de cristãos, mas para serem lidas num círculo restrito de pessoas cultas — mostrou que Rufino devia ser guiado por uma intenção específica. Divulgar, em função da leitura, uma homilia implica sempre uma opção, guiada por um critério próprio. O problema de Rufino não é, portanto, o de apreender uma mensagem direta e pessoal que é, em seu caso, de relevância mínima, mas o de definir seus intentos de caráter natural. Em tal contexto é importante definir as técnicas de sua tradução. O certo é que as traduções de Rufino são sensíveis às exigências literárias, como sempre tinham sido as traduções feitas do grego pelos escritores pagãos.

Bibliografia. As obras de Rufino (as que não são traduções) encontram-se em CChr.Lat 20, 1961 (M. Simonetti); a tradução e a continuação da *História eclesiástica*, em GCS 9, 1903-1905 (Th. Mommesen); em italiano: CTP 54, 1986 (L. Dattrino). Para as demais traduções é preciso, no mais das vezes, recorrer às edições das obras dos autores traduzidos por Rufino; em particular, para a tradução do *Comentário* de Orígenes à *Epístola aos Romanos*, à edição organizada por F. Cocchini, Marietti I-II, Casale Monferrato 1985-1986. Estudos: VV.AA., *Rufino di Concordia e il suo tempo*, I-III org. pela Accademia Card. Bessarione di Roma, "Antichità Altoadriatiche" XXXI-

XXXII, Udine 1987; A. Carlini, *Rufino di Aquileia traduttore e "revisore critico" del "De principiis" di Origene*, "Atti Accad. Scienze Lettere e Arti di Udine", ser. VIII, 2 (1973-1975) 105ss.; id., *Le sentenze di Sesto nella versione di Rufino*, in Studi Forogiuliesi in onore di G. C. Mor, Udine 1984, pp. 109-118; N. Pace, *Ricerche sulla traduzione di Rufino dal "De principiis" di Origene*, La Nuova Italia, Firenze 1990; C. Moreschini, *La traduzione di Rufino delle omelie di Basilio: motivi di una scelta*, in VV.AA., *La traduzione dei testi religiosi*, de C. Moreschini e G. Menestrina, Morcelliana, Brescia 1995, pp. 127-147.

4. Evágrio

Conhecido sobretudo por ter traduzido com estilo elegante (isto é, por ter realizado uma tradução literária, segundo as normas da cultura latina) a *Vida de Antão* escrita por Atanásio, Evágrio é um personagem interessante porque, embora nativo de Antioquia e, portanto, de língua grega, escreveu em latim. O mesmo fizera naqueles anos outro escritor originário de Antioquia, o pagão Amiano Marcelino. O uso do latim da parte de Evágrio se explica talvez por ele ter pertencido à ordem dos decuriões de Antioquia e, por conseguinte, à burocracia imperial. Foi, de todo modo, amigo de literatos e filósofos pagãos, como o retor Libânio e o filósofo Segundo Salústio (ou Salúcio), do círculo de literatos que gravitavam em torno de Juliano, o Apóstata. Teve de demitir-se de seu cargo em 362, por ser cristão, e a partir de então ficou junto a Eusébio de Vercelli até 371. Em seguida, transferiu-se para Roma, onde gozou da confiança de Dâmaso. Durante sua temporada na Itália, travou conhecimento com Jerônimo e o círculo de ascetas que se formara em Aquiléia. Ordenado sacerdote, Evágrio retornou a Antioquia em 372-373, onde reviu Jerônimo, que pretendia dirigir-se ao deserto da Síria. Morreu por volta de 393-394.

Foi talvez por sugestão de Eusébio de Vercelli, cujo interesse pela vida monástica já recordamos, que Evágrio se prontificou a traduzir em latim (provavelmente antes de 375) a *Vida de Antão*.

Bibliografia. Texto: PL 73, 125-170.

5. Pelágio

Pelágio é habitualmente estudado junto com Agostinho por causa da polêmica, violenta e feroz, centrada em determinados problemas dogmáticos, que envolveu o bispo de Hipona. Mas, se os interesses dogmáticos de Pelágio são os mais conhecidos também por causa daquela polêmica, num primeiro momento eles se manifestaram num ambiente que em muitos aspectos é próximo ao de Jerônimo e de Paulino de Nola, das comunidades ascéticas e culturais, romanas e itálicas, do final do século IV. Por conseguinte, nós o mencionaremos, e a seus amigos, neste contexto, fazendo referência às primeiras obras que escreveram, ao passo que, no tocante à verdadeira "controvérsia pelagiana", Pelágio deverá ser examinado mais adiante (pp. 55ss. do volume II/2 desta *História da literatura cristã antiga grega e latina*), em concomitância com a ação de Agostinho e do episcopado africano.

Como justamente observa Nuvolone, "se foi Pelágio que deu seu nome a um movimento de pensamento e de ação chamado 'pelagianismo', na realidade essa denominação unitária, imposta pelos heresiólogos antigos, corresponde mal à situação histórica e reflete antes a conseqüência das discussões e das condenações oficiais. Impõe-se um método diferente, que leve em consideração, individualmente, cada autor 'pelagiano' e sua suposta produção [...] por outro lado, é preciso evitar reduzir a teologia pelagiana a uma reação antiagostiniana, a uma espiritualidade individualista, a um movimento de inspiração social, ou fazer dela um sistema monolítico e fechado, arrancado de seu contexto social e teológico".

Citamos por extenso a opinião desse estudioso para justificar o fato de nossas observaçoes se reduzirem ao essencial (ao campo literário, que é o de nossa investigação), enquanto o complexo das temáticas que acabam de ser indicadas cabe aos estudiosos do dogma e da história da Igreja cristã.

Pelágio era originário da Britânia, e por volta de 390 granjeara, em Roma, a fama de guia espiritual que até pouco tempo antes fora privilégio de Jerônimo, suscitando a ironia invejosa deste, manifestada na carta 50 enviada a um amigo em Roma. Pelágio era famoso em Roma não porque seu ensinamento fosse profundo e agudo no terreno teológico (não se encontra em suas obras nenhum dos problemas dogmáticos discutidos em sua época), mas porque queria uma atenta e escrupulosa atuação do ensinamento evangélico, sobretudo da continência e da pobreza, e precisamente essas exigências éticas, postas em prática primeiramente por ele, haviam suscitado um vasto movimento de pessoas empenhadas em segui-lo. Naquele ambiente se uniram a ele os amigos Celéstio e Rufino da Síria, influenciando-se reciprocamente e discutindo sobre as relações entre graça, predestinação e livre-arbítrio. Naqueles anos, e nos seguintes, mas ainda anteriores ao embate com Agostinho (que Pelágio, todavia, teve ocasião de atacar publicamente em 402, quando pôde ler as *Confissões*), Pelágio escreve algumas obras não abertamente heréticas, mas inspiradas sobretudo em preocupações ascéticas e morais. É famosa uma carta sua a uma jovem de família nobre, filha de Júlia Anícia, a *Carta a Demetríades* (*Epistula ad Demetriadem*), com a qual, por volta de 413, exortava-a a renunciar ao matrimônio e a praticar de imediato a continência. A ela respondeu indiretamente Jerônimo escrevendo a *Epístola* 130, enviada à mesma destinatária. Pelágio também escreveu a *Carta à matrona Celância* (*Epistula ad Celantiam*); um livro de exortação à viúva Livânia (*Libellus exhortatorius ad quandam Livaniam viduam*); um *Livro sobre a natureza* (*Liber de natura*), quatro livros *Em defesa do livre-arbítrio* (*Pro libero arbitrio libri quattuor*), um *Livro sobre a vida cristã* (*Liber de vita christiana*), uma *Carta a Ctesifonte sobre o conhecimento da lei de Deus* (*Epistula ad Ctesiphontem de scientia divinae Legis*), uma *Carta a Cláudia, sobre a virgindade* (*Epistula ad Claudiam de virginitate*), atribuída sucessivamente a Hilário de Poitiers, Sulpício Severo, Jerônimo, Atanásio. O problema com as obras de Pelágio é distinguir o que é autenticamente dele daquilo que, ao contrário, deve ser atribuído a seus discípulos, cujos interesses precípuos eram freqüentemente diferentes dos de Pelágio; eram de caráter moral e, eventualmente, social, como o problema da riqueza e da pobreza entre os cristãos.

Segundo Genádio, Pelágio teria escrito também obras teológicas absolutamente ortodoxas, como os três livros *Sobre a fé na Trindade* (*De fide Trinitatis*) e um livro de *Passos extraídos das Sagradas Escrituras* (*Eclogae ex divinis Scripturis*). Pelágio também se dedicou à exegese, escrevendo um *Comentário às epístolas de S. Paulo* (*Expositiones XIII Epistularum Pauli Apostoli*), bastante conciso, mas que merece ser considerado com atenção. Sua interpretação da epístola aos Romanos era repleta de conseqüências porque, como veremos melhor a seguir, punha em dúvida a transmissão do pecado de Adão a seus descendentes.

Em consonância com seus interesses essencialmente morais, Pelágio combateu duramente o maniqueísmo, enquanto se serviu muito da sabedoria e da ascese pagã, sobretudo por meio das *Sentenças* de Sexto, que justamente naqueles anos foram traduzidas por Rufino. Por esse motivo, Jerônimo, em sua passionalidade, viu em Rufino precisamente um precursor e um preparador de Pelágio.

Bibliografia. Suas obras em PLS I; a *Carta a Celância* entre as *Epistulae* de Jerônimo (CSEL 56, 329-356: I. Hilberg); suas outras cartas foram editadas em PL 30 entre as cartas de Jerônimo e em PL 33 entre as cartas de Agostinho; o *De vita Christiana* em PL 50, 383-402, e 40, 1031-1046; as *Expositiones* também em Texts and Studies,

Cambridge 1926, editadas por A. Souter. Estudos (citamos só os estritamente relativos a Pelágio): G. de Plinval, *Pélage. Ses écrits, sa vie et sa réforme...*, Payot, Lausanne-Genève etc. 1943; id., *Essai sur le style et la langue de Pélage*, Librairie de l'Université, Fribourg en Suisse 1947; T. Bohlin, *Die Theologie des Pelagius und ihre Genesis*, A. B. Lundequistka Bokhandeln-Harrassowitz, Uppsala-Wiesbaden 1957; R. F. Evans, *Pelagius. Inquiries and Rappraisals*, Adam & Charles Black, London 1968; id., *Four Letters of Pelagius*, ibid., 1968; B. R. Rees, *The Letters of Pelagius and his Followers*, The Boydell Press, Woodbridge 1991; Th. de Bruyn, *Pelagius' Commentary on St. Paul's Epistle to the Romans*, Clarendon Press, Oxford 1993.

São figuras historicamente mais bem-determináveis os primeiros companheiros e partidários de Pelágio. Em primeiro lugar citamos Celéstio, que antes mesmo de conhecer Pelágio levava vida ascética num *monasterium* e escrevera aos pais opúsculos de exortação moral. Ligado a Pelágio, sofreu sua influência por cerca de vinte anos, até que se separou dele após a primeira condenação lançada [a Celéstio] pelo concílio cartaginês de 411. Essa condenação lhe foi dirigida por insistência de Paulino, diácono da Igreja milanesa na África (sobre ele ver pp. 438s.), que se opôs à pregação de Celéstio. Este, refugiando-se em Cartago com Pelágio e outros italianos depois da invasão de Alarico, solicitara ordenação sacerdotal. Celéstio foi condenado em setembro de 411, e a partir daquele momento se separou de Pelágio. Suas obras, muito pouco conhecidas, são quase todas posteriores a essa data.

Uma figura ainda mais obscura foi Rufino da Síria, sacerdote que se encontrava, em 393, no mosteiro dirigido por Epifânio de Salamina e depois se tornou amigo de Jerônimo por meio do mesmo Epifânio. Dirigindo-se pouco depois a Roma, levando consigo a tradução jeronimiana dos *Princípios*, foi hóspede de Pamáquio, em cuja casa conheceu Celéstio e Pelágio, ensinando a não-transmissão do pecado de Adão. Escreveu um *Livro sobre a fé* (*Liber de fide*; cf. PL 21, 1123-; 48, 239-254) e se dedicou talvez à versão latina de uma parte do Novo Testamento; por volta de 415 teria retornado à Palestina.

Capítulo XI

Poesia cristã do Ocidente

O grande esforço cultural que anima o cristianismo ocidental no século IV manifesta-se de modo seguramente relevante também na formação de uma nova poesia cristã; nova porque animada por intenções diferentes das da poesia surgida na época constantiniana, e entretanto coerente, em muitos aspectos, com os movimentos intelectuais e os estímulos espirituais que estavam emergindo no século IV; coerente no sentido de que ela também se viu envolvida na luta contra o arianismo e não foi estranha aos ideais da ascese, da "conversão", da renovação da alma. Se Hilário de Poitiers e Mário Vitorino, escrevendo quando era urgente o confronto com a heresia, representam uma primeira (e bem-caracterizada) tentativa de poesia nova, a geração seguinte, de Prudêncio e de Paulino de Nola, não está mais interessada na luta contra os hereges e dedica-se à propaganda dos novos ideais de perfeição cristã. Esses poetas já não escrevem para a liturgia e para a vida comunitária da Igreja, como Hilário, que compôs hinos; os leitores ideais aos quais se dirigem são pessoas cultas, refinadas, que praticam a ascese ou, pelo menos, não ignoram o que ela significa. Esse ideal de base se manifesta com um emprego mais variado de metros. Freqüentemente são os metros líricos da poesia de Horácio ou de Estácio os que melhor se prestam para ilustrar ao leitor os vários aspectos de um programa espiritual multiforme.

1. Os *Hinos* de Hilário de Poitiers

Constitui mais um testemunho da notável personalidade de Hilário o fato de o grande teólogo e exegeta ter-se dedicado também à poesia escrevendo, com finalidade catequética, *Hinos* que têm o objetivo de celebrar a glória de Deus. Esse gênero poético já tinha havia muito seu lugar na prática litúrgica, mas não fora ainda empregado em âmbito literário — por outro lado, já existia fazia vários séculos nas literaturas pagãs, mesmo não sendo uma composição usada com muita freqüência. A poesia cristã da época anterior, a de Constantino, percorrera, como vimos, outros caminhos. Hilário, portanto, realiza uma obra de grande novidade: escrever uma poesia de conteúdo hínico, destinada à comunidade cristã, muito embora — por causa de seu modo cansativo de exprimir-se e de seu estilo extremamente rebuscado — seus *Hinos*, após um período inicial de relativa fama (foram admirados por Isidoro de Sevilha e recordados como os únicos a ser cantados, junto com os de Ambrósio, pelo concílio de Toledo de 633), tivessem escassa difusão e nenhuma influência sobre a hinodia posterior, para a qual Ambrósio foi o único e inconteste modelo.

A poesia cristã já se sente também menos ligada às leis da prosódia, que não é mais seguida nem conhecida nesses tempos, razão por que os *Hinos* de Hilário mostram várias irregularidades. São ao todo três hinos, escritos provavelmente depois do exílio. Usam os metros da lírica de Horácio (o primeiro), uma série de iambos (o segundo), o tetrâmetro trocaico, metro da poesia popular (o terceiro). Os dois primeiros são abecedários (as estrofes se sucedem iniciando com cada uma das letras na ordem alfabética). Precede-os um dístico, no qual Hilário como que expõe seu programa poético, reconduzindo sua produção àquele que, antes e melhor que os outros, escreveu hinos a Deus, David. O primeiro (*Tu que és antes dos séculos, Ante saecula qui manes*) tem como assunto a presença eterna do Filho no Pai, em polêmica com os arianos. Ao segundo (*Enganou-te, ó cruel* [a morte], *o Verbo feito carne; Fefellit saevam Verbum factum te caro*) faltam cinco estrofes, e ele parece ser o grito de desafio à morte da parte da alma, resgatada pela ressurreição de Cristo. O terceiro (*Os gloriosos combates da carne e do corpo decaído de Adão, Adae carnis gloriosa et caduci corporis*), reduzido a poucas estrofes, exalta a encarnação de Cristo e sua vitória sobre o demônio.

Bibliografia. Edições: CSEL 65, 1916 (A. Feder). Estudos: M. Pellegrino, *La poesia di sant'Ilario di Poitiers,* VigChr 1 (1947) 201-226; J. Fontaine, *Naissance de la poésie chrétienne,* Ét. Augustiniennes, Paris 1981; B. Luiselli, *Forme versificatorie e destinazione popolare in Ilario, Ambrogio e Agostino,* "Helikon" 22-23 (1982-1987) 6-18.

2. Mário Vitorino

Por ter-se dedicado à exegese das epístolas paulinas após sua conversão, o novo cristão Mário Vitorino quis celebrar em três *Hinos* a teologia trinitária que justamente naqueles anos estava defendendo e interpretando nas obras em prosa. O primeiro retoma a doutrina filosófica neoplatônica: o Pai, o Filho e o Espírito Santo são a *monè* ("quiescis"), a processão e o retorno à unidade ("in unum qui cuncta nectis"). São expostos também nesse *Hino* a estruturação da Trindade em dupla díade (Pai-Filho; Filho-Espírito Santo) e o retorno da substância divina a si mesma por ação do Espírito. Analogamente, o terceiro constitui um louvor da Trindade, que é abordada segundo seus nomes, a substância e o Logos encarnado. Termina com uma invocação a Deus para que conceda o perdão dos pecados, a vida eterna e a paz. Esse hino, de quase trezentos versos, é constituído por uma série de estrofes intercaladas por um estribilho de invocação: "o beata Trinitas". O segundo hino, enfim, é uma oração a Cristo, dirigida pela alma que está aprisionada no mundo e pede para ser libertada elevando-se a Deus por meio da fé. Tal oração também se distingue por um estribilho ("miserere, Domine! Miserere, Christe!"). Os hinos de Vitorino, caracterizados por um tom solene e uma linguagem rebuscada, não são escritos em metro, mas numa prosa ritmada.

Bibliografia. Textos: SChr 68-69, 1960 (P. Henry-P. Hadot). Estudos: M. Simonetti, *Studi sull'innologia popolare cristiana dei primi secoli*, "Mem. Accad. dei Lincei" 6 (1952) 341-485.

3. Proba

Com esta poetisa e, mais ainda, com o papa Dâmaso, entramos no ambiente cultural romano, que estava se tornando cada vez mais dinâmico na segunda metade do século IV.

Descendente da nobre família dos Probos, aparentada com a dos Anícios, mais famosa, ela viveu aproximadamente entre 322 e 370 em Roma, onde residia o Senado. É interessante — no plano social — o surgimento dessa figura de poetisa cristã, que prenuncia a dinâmica atividade cultural (ainda que não manifestada numa produção literária) das mulheres de famílias abastadas da geração seguinte, na época de Jerônimo e do papa Dâmaso. Proba teria escrito um poema, hoje perdido, sobre a guerra empreendida pelo imperador Constâncio em 353 contra o usurpador Magnêncio. Nessa época a poetisa ainda não se havia batizado, e em sua obra cristã, escrita mais tarde, ela tende a separar-se de tudo quanto produzira até então como pagã.

Chegou-nos, por outro lado, seu *Centão de Virgílio* (*Cento Virgilianus*), obra que, nos dias de hoje, nos parece o mais distante possível de qualquer idéia de poesia. Mas é oportuno examinar o fenômeno da poesia centonária com mais atenção.

Em resumo, a poesia centonária pretendia obter composições de conteúdo novo retomando hemistíquios de poetas famosos e respeitados, como Homero e Virgílio, e combinando-os entre si, adaptando, logicamente, suas estruturas métricas nos pontos (normalmente, depois da cesura) em que podiam juntar-se. Os primeiros exemplos dessa técnica centonária parecem situar-se na literatura latina pagã das últimas décadas do século II e das primeiras do III: Tertuliano conhece o *Centão de Homero* de um obscuro poeta, Osídio Geta. Mais tarde, no século IV, a forma da poesia centonária parece ter-se difundido sem dificuldades tanto em ambiente pagão como em cristão. É difícil dizer o que efetivamente queria obter o poeta centonário: por exemplo, Ausônio, utilizando hemistíquios de Virgílio, obtém como resultado um centão de conteúdo obsceno. Tal obscenidade resultou das alusões e das mudanças semânticas produzidas inesperadamente pelo novo contexto: um caso evidente de "duplo sentido". Com Ausônio, portanto, temos um caso de poesia centonária empregada como jogo literário. Mas tal não fora a intenção de Osídio Geta, nem é a de Proba ou dos outros poetas centonários contemporâneos a ela (por sinal, severamente criticados por Jerônimo, *Epist.* 53, 7), e o mesmo Ausônio teorizara, no prefácio à sua brincadeira obscena, qual devia ser a técnica do centão. Evidentemente a poesia centonária era considerada uma forma particular de imitação dos clássicos, e vemos nela um dos aspectos do classicismo tardo-antigo, por mais grotesco que pareça ao nosso gosto. Queria-se obter uma forma nova, e portanto estimulante, de "Virgílio cristão". Fontaine falou de uma "técnica de mosaico".

Proba, desta maneira, pertence àqueles poetas centonários cristãos (que Jerônimo também conhece e critica) que querem apresentar de forma estritamente virgiliana a nova religião. A poetisa apresenta vários episódios do Antigo e do Novo Testamento, apondo uma introdução pessoal a cada um dos dois conjuntos e concluindo, como se tornara freqüente nos poetas cristãos desde os tempos de Juvenco, com uma oração a Deus. O motivo que inspira esta poesia é certamente didascálico, mas não se deve excluir no poeta centonário a consciência de escrever também para obter uma nova forma poética, com fins unicamente artísticos. Com efeito, a poetisa consegue realizar descrições dos episódios bíblicos, dos lugares santos (por exemplo, do paraíso e do inferno), que, embora movendo-se a partir de fragmentos de Virgílio, são como que percorridos por um gosto novo. O verso do poeta clássico se presta também para exprimir tipologias especificamente cristãs.

Bibliografia. Texto: CSEL 16, 1, 1888 (C. Schenkl); E. A. Clark-D. F. Hatch, *The golden Bough, the oaken Cross*. *The Vergilian cento of Faltonia Betitia Proba*, Ann Arbor 1981. Estudos: J. Fontaine, *Naissance de la poésie...*, cit.; M. R. Cacioli, *Adattamenti semantici e sintattici nel centone virgiliano di Proba*, "Studi ital. di filol. class." 41 (1969) 188-246; R. Palla, *Risvolti di tecnica centonaria*, "Civiltà Classica e Cristiana" 4 (1983) 279-298.

4. Dâmaso

Foi sucessor de Libério na sé de Roma de 367 a 384 e ficou conhecido por ter mostrado em numerosas ocasiões seu interesse pela cultura cristã: projetou, de acordo com Jerônimo, a revisão do Novo Testamento e mandou construir numerosos edifícios de culto em Roma. Seu interesse pela arquitetura se uniu ao gosto pela poesia, razão por que cultivou de modo específico a arte da inscrição fúnebre. Esse era um hábito antigo da civilização romana, típico dela e de seu "culto dos mortos", e remontava aos primórdios do período republicano: referimo-nos não à inscrição fúnebre enquanto tal, que sempre existira na comunidade cristã, mas à elaboração literária, que fora praticada também pela poesia pagã, na forma do epitáfio ou do epigrama. Em Dâmaso temos algo de diferente: a poesia funerária é dedicada sobretudo à celebração do santo ou do mártir (recordemos que o culto dos santos estava adquirindo vigor justamente no século IV), mas não exclusivamente: ela também toma como objeto de sua celebração papas ou personagens que não tinham conquistado esses méritos de excelência na vida da Igreja. A poesia de Dâmaso tem, naturalmente, as características da poesia fúnebre e lapidária: deve caber no formato de uma inscrição, mas, no interior dessas leis, mostra uma elaboração literária de primeira ordem, com fortes influências virgilianas. E, se no passado greco-romano não se pode falar de personalidades bem marcadas no campo da poesia epigráfica, este não é o caso de Dâmaso, que também insere em suas inscrições elementos pessoais.

A poesia epigráfica de Dâmaso, ligada à inscrição na pedra, teve a mesma sorte dos edifícios aos quais estava presa: as invasões bárbaras ou as guerras que devastaram Roma entre os séculos V e VI acarretaram também o desaparecimento de muitas inscrições. Todavia, os peregrinos, que viajavam para orar nos lugares santos e admiravam com assombro reverencial os edifícios sagrados, puseram-nas por escrito. Existem *sillogi* medievais dessas inscrições, conservadas nos grandes mosteiros da Europa setentrional, como Lorsch, Einsiedeln e Tours.

A exemplo de Dâmaso, a poesia epigráfica foi cultivada pelos maiores literatos cristãos do século IV, não só por Prudêncio e Paulino de Nola. Ambrósio também escreveu inscrições em versos (por exemplo, para a igreja de São Nazário, em Milão), nas quais une a simbologia da cruz e o conceito do triunfo de Cristo. Jerônimo, em sua *Epístola* 108, que é uma biografia e um panegírico da nobre amiga Paula, inseriu um epitáfio em versos. Outro tanto fez Ambrósio, no escrito pela morte do irmão Sátiro. Mesmo Agostinho, homem alheio às formas tradicionais da poesia, escreveu um epitáfio acróstico para o diácono Nabor, morto pelos donatistas, e algumas outras composições em verso. Tenha-se em mente, por fim, que esses epitáfios de Ambrósio, Jerônimo e Agostinho são todos na forma poética tradicional — em dísticos elegíacos —, ao passo que a poesia epigráfica damasiana, que não é poesia só de epitáfios em sentido estrito, é escrita em hexâmetros dactílicos.

5. Paulino, bispo de Nola

A poesia epigráfica de Paulino era análoga à de Prudêncio, mas despertou mais assombro entre os intelectuais da época, dada a notoriedade do personagem, a "conversão" de Pôncio Merópio Anício Paulino, chamado comumente "de Nola" por causa da sé episcopal que obteve e dirigiu com firme e benéfico empenho. Nascido em Burdigala (Bordéus), então uma das mais cultas e importantes cidades da Gália, em 353, educado pelo famoso poeta pagão Ausônio, recebeu uma refinada educação literária e tornou-se célebre retor. Obteve mais tarde, em 379, o cargo de governador da Campânia. Por causa das circunstâncias políticas da época, contudo, teve de retirar-se da vida pública e voltou à pátria, para suas vastas e ricas propriedades. Por volta de 390, junto com a mulher Terásia, decidiu renunciar à vida leiga, embora seu mestre Ausônio, que permanecia ainda pagão, tentasse dissuadi-lo. Paulino foi batizado, vendeu grande parte de suas propriedades doando o lucro obtido aos pobres e dirigiu-se à Espanha para levar vida solitária. Em 394 foi ordenado sacerdote em Barcelona e em 395 se transferiu para Nola a fim de conduzir, junto à tumba do mártir Félix, pelo qual nutria particular veneração, uma vida ascética. Nessa decisão, ao que parece, Paulino não encontrou a aprovação do papa Sirício, que era hostil ao monaquismo e já mostrara sua frieza a Jerônimo. Em 409 morreu o bispo de Nola, e Paulino foi eleito em seu lugar com a aprovação de Atanásio, sucessor de Sirício. Exerceu seu ofício nos tempos terríveis das invasões bárbaras (os godos de Alarico percorreram a Itália em 410, descendo até o estreito de Messina). Morreu em 431.

a) Paulino poeta

A fama de Paulino como literato cristão deve-se sobretudo à poesia: restam-nos poucas composições anteriores à conversão (algumas dessas retomam motivos análogos aos de seu mestre Ausônio), alguns outros textos foram compostos durante seu retiro na vida eremítica na Espanha entre 392 e 395, ao passo que são abundantíssimos os posteriores, que remontam ao período em que viveu em Nola. A vida ascética, de fato, para ele como para outras grandes personalidades da época, como Jerônimo, Agostinho e Sulpício Severo, não significava isolamento e abandono de todo interesse cultural, nem interrupção das relações de amizade (testemunham-no seus epistolários).

A poesia de Paulino não teve um centro de referência preciso, como a de Prudêncio, que se dedicou ao poema épico-didascálico ou à lírica centrada na ascese cristã: o Nolano teve veia fácil e abundante, sempre atenta e vigilante, que o preservou de escorregar na banalidade, mas um pouco dispersiva. Em todo caso, Paulino, como Prudêncio — a quem é habitualmente reunido por contraste (e alguns estudiosos tentaram identificar elementos de uma influência de Paulino sobre Prudêncio) —, também teve bem nítida a consciência da novidade a que se aventurava, isto é, do empenho que exigia o cultivo de uma poesia que desejava ser cristã. Essa consciência está presente nele desde suas primeiras experiências, como quando responde, em 396, a algumas cartas de Ausônio com os carmes 10 e 11, e exprime suas convicções de convertido ao cristianismo, defendendo-se das censuras do mestre por ter abandonado a poesia tradicional. É característico de sua poesia o fato de os gêneros literários pagãos, como o epitalâmio ou o carme de votos de boa viagem, serem retomados e adaptados à nova mentalidade.

Assim, compondo um poema (n. 25) para a celebração das bodas de Juliano (que mais tarde será seguidor de Pelágio e bispo de Eclano, perto de Benevento), o poeta quer substituir os conteúdos do epitalâmio pagão (cujo esquema retórico e compositivo retoma) por um poema cristão. No lugar da mitologia pagã ele emprega abundantes referências bíblicas; às bodas da carne, cantadas habitualmente pela poesia do epitalâmio, ele contrapõe as núpcias espirituais dos dois esposos cristãos. Análoga é a atitude do poeta no carme 17, que é, ao mesmo tempo, poema de votos de boa viagem (*propempticon*) para Nicetas de Remesiana que se preparava para retornar à sua sé na Trácia, e descrição da viagem, à maneira do que já tinham feito o antigo poeta latino Lucílio e depois Horácio — mas Lactâncio também já escrevera em versos um *Hodoeporicon* (a descrição de uma viagem). Ao manifestar seus sentimentos a Nicetas, que o deixa, Paulino caracteriza de modo novo a amizade: na realidade, o amigo não se separa dele, porque no ânimo e no espírito os dois permanecem unidos. Também os poemas de consolação pela morte de uma pessoa querida renovavam esse gênero poético com os sentimentos cristãos.

Como testemunho ulterior do desejo de alcançar um gênero literário novo podem ser interpretadas as paráfrases bíblicas (por exemplo, dos Salmos 1, 2 e 136) e o encômio de João Batista.

Particularmente significativo, não só pelo gênero, mas também pelo conteúdo — que neste caso é constituído pela hagiografia —, é o ciclo em honra de S. Félix, que se compõe de quinze poemas (cf. pp. 437ss.), escritos a partir de 397. Neles Paulino não somente se entrega a seu fervor religioso, mas mostra toda a sua grande habilidade versificatória, empregando metros líricos de variado gênero. Os diversos poemas aparecem como partes de uma composição unitária, observa Costanza, ainda que se caracterizem por uma ampla variedade de temas e de atitudes poéticas, sugeridas pelas diferentes circunstâncias em que foram compostos. O poeta agradece ao santo de sua proteção, manifestada particularmente durante a viagem da Espanha a Nola, celebra-lhe o dia natalício, descreve a procissão e o comportamento dos peregrinos que se dirigem a seu santuário, recorda os milagres por ele realizados também depois de morto. Alguns versos de dois poemas, nos quais o poeta passa em revista as construções e os afrescos da basílica de S. Félix em Cimitile, foram esculpidos também nas paredes da própria igreja e recuperados graças a recentes restaurações. Nesses poemas ressoam também outros motivos, que não têm estrita relação com a celebração de S. Félix, mas podem ser reconduzidos a ela, na medida em que o santo é o inspirador e a causa de fatos extraordinários e benéficos, como o retorno da paz depois do perigo das invasões bárbaras. Mas junto aos motivos hagiográficos há sempre numerosos elementos característicos da poesia pagã, como a glorificação do dia natalício e a descrição da exultação que o acompanha.

A renovação da poesia cristã não diz respeito apenas à nova função dos gêneros literários. Os próprios conteúdos substituem os tradicionais. São freqüentes os motivos catequéticos, que caracterizam alguns dos carmes mais importantes do Nolano: eram lidos pelo próprio Paulino, para a educação dos fiéis que acorriam de toda parte por ocasião da festa de S. Félix. No já citado *propempticon* do carme 17, dedicado ao bispo Nicetas para desejar-lhe feliz chegada a seu país e ter sucesso na evangelização daquelas populações selvagens (godos e malfeitores locais), o poeta é movido por um interesse pelas descrições dos lugares que é semelhante ao das descrições das *peregrinationes* cristãs. Cristo substitui as divindades pagãs ao assegurar, como deseja o poeta, a proteção a Nicetas em sua viagem perigosa. Também o epitalâmio do carme 25, que já citamos acima, composto para as núpcias de Juliano e Tícia, exalta as núpcias cristãs, recorrendo a todos os motivos específicos, como o de sua origem, desejada por Deus mesmo, com a criação de Eva a partir da costela de Adão; o louvor dos esposos não se baseia na celebração de sua beleza física, mas na de suas virtudes. O matrimônio cristão deve se distinguir do pagão pela simplicidade e pela modéstia, e para tanto o poeta se inspira na lembrança das mulheres que, na história hebraica, foram famosas por sua virtude, e conclui com uma exaltação da esposa cristã por excelência, a Igreja, mística esposa de Cristo.

A epístola do carme 31, dirigido a Pneumácio e Fidélis para consolá-los da morte do filho, retoma os motivos do gênero consolatório pagão, mas se baseia sobretudo na doutrina cristã do além e da ressureição. O carme 24 é uma epístola didascálica enviada ao amigo Citério, e nela são dadas instruções para educar o filho para o sacerdócio. A epístola introdutória do carme 22, a Jóvio, indica os temas filosóficos e teológicos que devem substituir, na atividade literária do destinatário, interessado em filosofia, os análogos temas cultivados pelos pagãos. Assim, os exemplos históricos e mitológicos são substituídos por Paulino por exemplos e fatos bíblicos. De igual modo, vários motivos parenéticos da cultura cristã, como a exortação à castidade e à renúncia ao luxo, à moderação na dor — que também tinham sido conteúdos de algumas formas literárias na cultura pagã —, sao retomados com um significado cristão. Desse modo a catequese cristã se avizinha de certas formas de diatribe ou de poesia didascálica pagã. De fato, como Paulino afirma na *Epístola* 16, 11, retomando um antigo *topos* da apologética, o poeta cristão deve se apropriar das antigas formas literárias como de um butim de guerra.

Existem, enfim, carmes dedicados à defesa do cristianismo e à polêmica contra as superstições pagãs.

Podemos mencionar ainda, nesse contexto, dois poemas anônimos, dirigidos contra o paganismo ainda resistente obstinadamente na aristocracia romana, e que se manifestara naqueles anos, também de modo perigoso, com a revolta do usurpador Eugênio, sustentado pelo militar Arbogaste e pelos intelectuais pagãos, antes de ser definitivamente derrotado por Teodósio. Um poema anônimo contra os pagãos (*Contra paganos*) refere-se aos acontecimentos de 394 (mas numerosas outras interpretações ligam-no a outros episódios análogos, de conflitos entre pagãos e cristãos durante os anos posteriores a 360). Ele manifesta uma violenta hostilidade, da parte cristã, para com o Senado, teimosamente pagão, e mais particularmente para com um prefeito e cônsul. Do ponto de vista literário, porém, o poema não se ergue da mediocridade. Semelhante é um outro, também de polêmica, dirigido *A um senador* (*Ad senatorem quendam*), que retornara do cristianismo ao culto dos ídolos.

Igualmente espúrios são alguns outros, que parecem ser obra de Próspero da Aquitânia; um parece imitar o *Commonitorium* de Oriêncio (sobre o qual, cf. p. 120 do vol. II/2 desta *História da literatura cristã antiga grega e latina*).

Bibliografia. Do *Carmen contra paganos* a edição mais recente: *Anthologia latina I*. Carmina in codicibus scripta. Recensuit D. R. Shackleton Bailey. Fasc. 1, Stutgardiae 1982, n. 3, pp. 17-23. Estudos: F. M. Clover, *The New Assessment of the* Carmen contra Paganos, in VV.AA., *Bonner Historia Augusta Colloquium* 1982/1983, Bonn 1985, pp. 163-176; L. Cracco Ruggini, *Il paganesimo romano tra religione e politica (384-394 d.C.): per una reinterpretazione del* Carmen contra Paganos, Atti della Acc. Naz. dei Lincei. Memorie. Classe di Scienze morali, storiche e filologiche ser. VIII, vol. 23, fasc. 1, Roma 1979; L. Lenaz, *Annotazioni sul "Carmen contra Paganos"*, "Studia Patavina" 25 (1978) 541-572; G. Manganaro, *La reazione pagana a Roma nel 408-9 d.C. e il poemetto anonimo* Contra Paganos, "Giornale italiano di filologia" 13 (1960), 210-224; J. F. Matthews, *The historical setting of the* Carmen contra Paganos (Cod. Par. Lat. 8084), "Historia" 19 (1970) 464-479; S. Mazzarino, *Antico, tardoantico ed era costantiniana*, I, cit., pp. 378-465; L. Musso, *Il praefectus del* Carmen contra Paganos: *tra vecchie e nuove interpretazioni*, "Archeologia classica" 31 (1979) 185-240; G. Puglisi, *Politica e religione nel IV secolo. Le prefetture del 384 e il* Carmen contra Paganos, CUECM, Catania 1981; F. Roncoroni, *Carmen Codicis Parisini* 8084, RSLR 8 (1972) 58-79.

Para o *Carmen ad senatorem quendam*: texto: CSEL 3, 3, 1871 (G. Hartel), pp. 302-305 (entre as obras espúrias de Cipriano). Estudos: A. Bartalucci, *L'antica esegesi virgiliana e una citazione dall'Eneide in un carme anonimo cristiano: qualche ipotesi sulla problematica del carme* Ad senatorem quendam, "Studi Classici e Orientali" 42 (1992) 127-145; R. B. Begley, The "carmen ad quendam senatorem": *date, milieu, and tradition*, diss. mimeo., Chapel Hill 1984.

Considerada do ponto de vista artístico, a produção de Paulino, como a de Prudêncio e de seus contemporâneos pagãos, parece dominada pelo critério da imitação-emulação dos clássicos. E a emulação se manifesta, como se disse, na substituição, quando é o caso, de temas especificamente pagãos por temas cristãos, como a exegese bíblica e a hagiografia. A forma do verso se molda sobretudo na de Virgílio, mas o uso dos metros variados faz do Nolano um atento seguidor de toda a tradição poética latina. Sua poesia é "ordenada, estudada, sorridente", como a define Fontaine, e, de todo modo, deixa transparecer o ensinamento de Ausônio, no gosto de narrar, na ampliação, na busca do preciosismo de ascendência alexandrina.

Bibliografia. Edições: CSEL 30, 1894 (G. Hartel). Comentários: W. Erdt, *Christentum und heidnisch-antike Bildung bei Paulin von Nola* (mit Kommentar und Übersetzung des 16. Briefes), Hain, Meisenheim am Glan 1976. Traduções: CTP 85, 1990 (A. Ruggiero). Estudos: P. Fabre, *Essai sur la chronologie de l'oeuvre de saint Paulin de Nole*, Les Belles Lettres, Paris 1948; *Saint Paulin de Nole et l'amitié chrétienne*, de Boccard, Paris 1949; L. F. Pizzolato, *L'idea di amicizia nel mondo antico classico e cristiano*, Einaudi, Torino 1993; VV.AA. *Atti del Convegno nel XXXI Cinquantenario della morte di S. Paolino di Nola (431-1981)*, Herder, Roma 1983 (entre os quais: S. Leanza, *Aspetti esegetici dell'opera di Paolino di Nola*, pp. 67-91; A. V. Nazzaro, *La parafrasi salmica di Paolino di Nola*, pp. 93-115; A. Quacquarelli, *Una* consolatio *cristiana* [*Paul. Nol.,* Carm. 31], pp. 121-142; R. A. Rallo Freni, *Il testo dei salmi nell'utilizzazione dell'opera di Paolino di Nola*, pp. 231-252); R. P. H. Green, *The Poetry of Paulinus of Nola. A Study of his Latinity*, Latomus, Bruxelles 1971; S. Costanza, *La poetica di Paolino di Nola*, in VV.AA., *Studi Classici in onore di Quintino Cataudella*, III, Università, Catania 1972, pp. 593-613; id., *I generi letterari nell'opera poetica di Paolino di Nola*, Aug. 14 (1974) 637-650; id., *Catechesi e poesia nei carmi XXII, XXV e XXXI di Paolino di Nola*, in VV.AA., id., *Crescita dell'uomo nella catechesi dei Padri (età postnicena)*, LAS, Roma 1988, pp. 225-285; S. Prete, *Motivi ascetici e letterari in Paolino di Nola*, Strenae Nolanae 1, LER, Napoli-Roma 1987; J. T. Lienhard, *Paulinus of Nola and early Western Monasticism*, Hanstein, Bonn 1977; G. Luongo, *Lo specchio dell'agiografo. S. Felice nei carmi XV e XVI di Paolino di Nola*, Nuove Edizioni Tempi Moderni, Napoli 1992.

b) O epistolário

É rico e interessante, embora não alcance a importância dos de Jerônimo ou Agostinho. Inicia-se no período que Paulino passou em Barcelona e contém numerosas cartas a amigos de sua terra natal na Aquitânia; as mais importantes entre essas são as enviadas a Sulpício Severo. Um lugar de destaque é ocupado também por quatro cartas enviadas a Agostinho, de quem Paulino procura obter os livros escritos contra os maniqueístas. O autor conhece também o fiel colaborador do bispo de Hipona, Alípio. Conservam-se, além disso, as cartas dos dois bispos africanos a Paulino. Agostinho tem motivos para alertar Paulino sobre uma perigosa amizade, a de Pelágio e do ambiente pelagiano da Itália, bastante influente sobretudo na aristocracia (por exemplo, de Pelágio eram amigos Piniano e Melânia, a jovem, e também Rufino, segundo seu inimigo Jerônimo; o Juliano cujas bodas Paulino celebra no epitalâmio acima citado será depois o famoso bispo de Eclano, inimigo de Agostinho). É certo, porém, que não encontramos vestígios concretos de pelagianismo na obra do bispo de Nola. Jerônimo e Agostinho, que leram as cartas de Paulino, mas não sua poesia, louvam-lhe calorosamente o estilo: parece conforme ao gosto refinado e até demasiado elaborado da prosa da época. Com efeito, o epistolário de Paulino parece muito mais retorizado (e às vezes empolado) que o de Jerônimo, que decerto não é deselegante. Paulino teria escrito também "muitas cartas a uma irmã, sobre o desprezo do mundo", como nos relata Genádio, mas essas não chegaram até nós.

Paulino escreveu também outras obras em prosa. Compôs um panegírico em honra de Teodósio após sua vitória sobre os usurpadores pagãos Arbogaste e Eugênio em 394. A obra foi vivamente apreciada por Jerônimo (*Epist.* 58), que de hábito era avaro de elogios a seus contemporâneos. Paulino teria sido instado a compô-la pelo retor e poeta gálico Endeléquio, mas seu verdadeiro intento era celebrar em Teodósio não tanto o imperador quanto o cristão, poderoso não pelo reino, mas pela fé. Esse panegírico se perdeu, como também outras duas obras atestadas por Genádio: um *Livro sobre a penitência* e um *Louvor de todos os mártires*.

Bibliografia. Edições: CSEL 29, 1894 (G. Hartel). Traduções: P. G. Walsh (ACW 35-36, Westminster-London 1966-1967); G. Santaniello, com uma carta introdutória do Card. Carlo Maria Martini, I-II, Strenae Nolanae 4-5, LER, Napoli-Roma 1992; *Epistole ad Agostino*, texto latino com intr., tr. it., com. e índice de T. Piscitelli Carpino, Strenae Nolanae 2, LER, Napoli-Roma 1989.
Estudos: A. Salvatore, *Immagini bibliche e strutture discorsive. La lettera 11 di Paolino*, in VV.AA.; *Atti del Convegno...*, cit., pp. 253-280; P. Brown, *Pelagio ed i suoi sostenitori: fini e ambiente* e *I protettori di Pelagio: l'aristocrazia romana tra Oriente e Occidente*, in id., *Religione e società nell'età di sant'Agostino*, tr. it. Einaudi, Torino 1975, pp. 173-196 e 197-214.

6. Prudêncio

É considerado em geral como o mais significativo poeta cristão o espanhol Aurélio Prudêncio Clemente, que no prefácio à compilação de seus poemas, feita por ele mesmo em 404-405, nos fornece as informações que precisamos para conhecer um pouco de sua vida e origem. Teria nascido por volta de 348 em Calagurris, na Espanha Tarraconense, de família nobre e cristã: em suas poesias ele mostra conhecer bem os mártires das cidades vizinhas, Caesaraugusta (Saragoça) e Tarragona. A Espanha era uma das províncias do império de mais antiga formação cultural romana; precisamente em Calagurris nascera Quintiliano; contemporâneos e conterrâneos de Prudêncio eram Gregório de Elvira e Paciano de Barcelona. Teria exercido a profissão de advogado e seguido a carreira burocrática, provavelmente na Espanha. Duas vezes teria sido governador de sua cidade. Enfim, graças à proteção do religioso imperador Teodósio, lhe teria sido designado um cargo muito elevado na carreira militar, que ele percorreu provavelmente não em campo, mas permanecendo na corte. Na velhice Prudêncio decide abandonar esse cargo e retirar-se à vida privada, para ocupar-se da própria salvação espiritual e dedicar-se à poesia, que deve servir para celebrar a Deus, uma vez que, para tal fim, os méritos obtidos como cristão, ao longo de sua vida, decerto são insuficientes. Prosseguindo, o mesmo prefácio nos informa dos conteúdos de sua poesia. Dessa menção, contudo, está excluído o *Dittochaeon*, que evidentemente era considerado pelo autor uma composição à parte (e de fato o é, como veremos adiante).

Há quem pergunte se o prefácio foi inserido à frente da compilação da obra já completa, ou se foi escrito antes que Prudêncio se lançasse a poetar: vale dizer, se toda a sua atividade poética foi anterior e desenvolvida durante sua carreira política, e depois o poeta teria revisto e organizado suas poesias no fim da vida, ou se no prefácio vem exposto o programa das composições futuras.

Tal propósito, exposto no prefácio, implica uma conversão, e tal conversão segue o exemplo da de Paulino de Nola, muito mais famosa: portanto, não estamos lidando com um simples tema literário. Deve ser situada após essa "conversão" uma viagem de Prudêncio a Roma, da qual se deduz sua devoção pelas relíquias dos mártires: para eles o poeta compôs o *Peristephanon*, assim como antes dele Dâmaso os celebrara em inscrições fúnebres.

Voltando à obra poética de Prudêncio, ela se conclui com um epílogo, sempre em versos. Ali o poeta retoma as mesmas considerações: se os outros podem oferecer a Deus suas boas obras, Prudêncio pode apresentar em sacrifício só as próprias poesias, que Deus escuta benevolamente. Constituirá um mérito para o poeta cristão ter cantado Cristo.

Diante das composições de um Hilário e de um Ambrósio, nas quais os poetas quiseram cantar a Deus por meio do hino, e portanto se haviam como que escondido por trás da composição destinada à liturgia, Prudêncio (e o mesmo vale para Paulino, como já vimos) se dedica a um tipo de poesia que não é destinada à celebração na Igreja, mas à leitura: esta pode ser realizada em comum, da parte de grupos animados por interesses espirituais, ou pelo cristão solitário, ao qual o poeta propõe meditações e composições de conteúdo didascálico e ascético.

a) Métrica e gêneros literários prudencianos

Numa classificação baseada na métrica empregado, as composições prudencianas se agrupam em poemas "épicos", para os quais é normativo o hexâmetro, e em "livros" de carmes, para os quais se usam os metros variados da tradição lírica. Em ambos os casos, todavia, a norma tradicional é submetida a relevantes modificações. Os poemas épicos devem ser considerados análogos aos da poesia pagã tardo-antiga: Claudiano oferece o modelo mais conveniente. Ele instaurara um gênero literário novo, o dos panegíricos em versos, no qual, de todo modo, segundo o hábito da poesia da época (que praticava a "contaminação dos gêneros literários"), inserira elementos épicos. E, tal como Claudiano escrevera poemas épicos de conteúdo histórico e de pequena dimensão — "epílios" (ao passo que na idade clássica o epílio é de conteúdo mitológico) —, assim Prudêncio escreve poemas épicos de (relativamente) pequena extensão, tendo conteúdo didascálico. O intento épico de Prudêncio, como se disse, manifesta-se em primeiro lugar no emprego do verso típico para esse gênero literário, o hexâmetro, mas o conteúdo, conformemente à proclamada novidade da poesia cristã, é explicar empresas épicas bem diferentes: assim é a batalha que se trava entre os vícios e as virtudes no interior da alma (a *Batalha da alma*). Ou então sua poesia possui um caráter acentuadamente didascálico, como no poema que explica o surgimento do pecado (*A origem do pecado*) ou no que apresenta a ortodoxa doutrina trinitária (*A doutrina de Deus*). A forma épica para um poema de conteúdo polêmico, como o *Contra Símaco*, pode ser considerada análoga à dos coetâneos carmes de Claudiano, de invectiva contra Rufino ou Eutrópio. Mas a novidade da técnica poética de Prudêncio revela-se em igual (ou maior) medida também no emprego de metros líricos de variada natureza, agrupados de modo variado: tanto os metros como seus agrupamentos, se em parte podem ser reconduzidos aos análogos exemplos da poesia latina clássica, também são diferentes dela.

Esses aspectos da obra prudenciana apresentam-nos um poeta douto, que cuida atentamente de suas composições enquanto quer atribuir-lhes um significado muitas vezes simbólico. Por esse motivo, elas foram objeto de estudo (às vezes até demasiadamente minucioso) da parte de alguns críticos que acreditaram poder ver nelas uma mensagem escondida, manifestada por meio de correspondências de números e estruturas, perceptíveis somente após um atento exame. Se isso é verdade ao menos em parte — uma vez que a retórica e a aritmologia constituíam dois pilares da educação tardo-antiga, dos quais um poeta não poderia absolutamente prescindir —, é preciso considerar também que Prudêncio é atento à vida, à sociedade de seu tempo, cristã e pagã: polêmicas antipagãs, concepções políticas, teologia, ideais ascéticos, culto dos mártires, são os múltiplos motivos que caracterizam a produção deste poeta, que irrompe inesperadamente com sua "novidade" na cultura cristã da época. Junto aos motivos mais espirituais de sua poesia podemos vislumbrar o interesse pela vida da comunidade cristã, por suas festas e igrejas, pelas basílicas, que justamente durante o século IV estavam sendo construídas, suntuosas e solenes, por Constantino (a de Latrão, a do Santo Sepulcro em Jerusalém e a de São Pedro), por Teodósio (basílica de São Paulo), por Honório, que a terminou.

b) Os poemas épicos

A formação cultural do poeta (na qual temos de crer que também estava presente a literatura grega, já que são em grego os títulos de quase todas as suas obras), seu gosto acentuado pela simbologia e o critério de pensar num segundo significado (implícito no texto) fizeram com que Prudêncio organizasse toda a sua obra segundo esses parâmetros, embora alguns detalhes das estruturas ainda sejam discutidos. A posição central é ocupada, segundo alguns estudiosos que se ocuparam em pôr os diversos poemas no *corpus* das obras prudencianas, pela *Batalha da alma* (*Psychomachia*): na direção dela deveriam convergir os outros dois poemetos épicos de conteúdo anti-herético e dogmático, *A doutrina de Deus* (*Apotheosis*) e *A origem do pecado* (*Hamartigenia*). Os poemas épicos expressamente nomeados por Prudêncio no prefácio geral seriam esses três; logo depois vem o *Contra Símaco* (*Contra Symmachum*), em dois livros.

O carme sobre *A origem do pecado* (*Hamartigenia*) quer combater as doutrinas dualistas difundidas no tempo de Prudêncio, tendo como ponto de partida uma heresia que no século IV certamente não era mais seguida, a de Marcião. Este professara um decidido diteísmo (cf. vol. I, pp. 237s.), mas decerto não atribuíra ao deus inferior a origem do mal: tal doutrina é, quando muito, maniqueísta, bem difundida e presente, naquela época, tanto no Oriente como no Ocidente. Marcião é, portanto, apenas uma etiqueta, empregada porque o dualismo que ele professava é o emblema do dualismo das heresias mais recentes, tanto é verdade que não faltam na obra ataques a heresias contemporâneas (segundo alguns, Prudêncio teria desejado combater o priscilianismo, sobre o qual cf. aqui, pp. 365). Seja como for, e independentemente do problema representado pela heresia, perguntar-se qual a origem do mal e do pecado constitui um problema fundamental para um cristão.

Esse poema deve ser relacionado àquele que, segundo alguns estudiosos, como já dissemos, constitui o centro rumo ao qual convergem os outros poemas épicos prudencianos: *A batalha da alma* (*Psychomachia*), em que é descrita, de forma épica e com cenas sangrentas, a luta mortal das sete virtudes contra os sete pecados capitais, estes e aquelas personificados. Depois da vitória das virtudes vem um hino em louvor da paz cristã e a exortação, expressa pela Concórdia e pela Fé, a elevar um templo a Deus. Segue-se, como terceira parte, a descrição do templo suntuoso construído pelas virtudes, descrição realizada com grande emprego de meios retóricos, como era usual na poesia tardo-antiga.

Como modelo Prudêncio teria se inspirado na descrição da Jerusalém celeste, que se lê no Apocalipse. A Sabedoria, vale dizer Cristo, reside no centro do templo, que representa simbolicamente o templo da mente. Segundo alguns estudiosos, *A batalha da alma* representaria a resposta cristã à *Eneida* de Virgílio, porque a luta das virtudes conduz à construção da morada de Deus, tal como as lutas de Enéias conduziram à construção de Roma. Até mesmo o primeiro verso do poema (*Christe, graves hominum semper miserate labores*) ecoa uma invocação de Enéias a Apolo (*Eneida* VI, 56). Segundo outros, porém, o poema sobre *A origem do pecado* tem estreita afinidade com *A doutrina de Deus* (*Apotheosis*), dada a conexão existente entre a doutrina trinitária, antidualista, e a negação de que a origem do mal seja a conseqüência do fato de existir um segundo deus, um deus mau.

Mais explícita que na *Psychomachia* é, nos dois livros *Contra Símaco* (*Contra Symmachum*), a oposição de Prudêncio à ideologia pagã. Ela se inspira num episódio famoso, o do atrito entre Ambrósio e Símaco a propósito do altar da Vitória (cf. aqui, p. 346). Apesar de remontar a vinte anos antes, o fato ainda era emblemático na época de Prudêncio. Tradicional, decerto, é a descrição satírica da religião da antiga Roma. O poeta louva o imperador Teodósio por tê-la abandonado definitivamente. O segundo livro, por seu turno, enfrenta mais detalhadamente as teses de Símaco. Em polêmica com o senador pagão, Prudêncio se move no terreno da história contemporânea e sustenta que foram o valor dos soldados romanos e a providência de Deus, não a idolatria, que conquistaram para Roma uma paz que permite a difusão do cristianismo em todo o mundo.

Antes do grupo dos cinco poemetos épicos Prudêncio colocou um carme de doze hexâmetros, intitulado *Hino sobre a Trindade* (*Hymnus de Trinitate*), que é habitualmente, mas sem razão, anexado ao poema sobre *A doutrina de Deus*, constituindo, assim, um segundo prefácio a ele. Na realidade, esses doze versos constituem um *Credo* e são um prefácio não apenas à *Doutrina de Deus*, mas a todos os poemetos épicos que se seguem, cujo conteúdo dogmático eles, em certo sentido, prenunciam.

Bibliografia. Edições com intr., tr. e comentários: J. Stam, diss., Amsterdam 1940 (*Hamartigenia*); E. Rapisarda, Centro Studi Ant. Crist., Catania 1954 (*Contra Symmachum*); ibid., 1962 (*Psychomachia*); ibid., s.d. (*L'apoteosi*); R. Palla, Giardini, Pisa 1981 (*Hamartigenia*). Estudos: Chr. Gnilka, *Studien zur Psychomachie des Prudentius*, Steiner, Wiesbaden 1963; R. Palla, *L'interpretazione figurale nelle opere di Prudenzio*, "La Scuola Cattolica" 1978, 143-168.

c) A produção lírica

Faz-se referência, no prefácio já tantas vezes citado, ao *Livro das horas do dia* (*Cathemerinon*) e ao das *Coroas dos mártires*.

O *Livro das horas* é formado de doze composições de caráter hínico. A tradição hínica, como foi dito acima, era desde sempre um patrimônio da liturgia cristã, confirmado, poucos anos antes que Prudêncio escrevesse os seus, pelos hinos de Ambrósio e pelos de Hilário e Mário Vitorino (que o poeta provavelmente não conheceu). A novidade de Prudêncio consiste no fato de escrever hinos não para o uso litúrgico, mas para cristãos educados na poesia clássica, compondo a primeira coletânea de lírica cristã para leitura e devoção pessoal. A esses leitores ideais ele se dirige com exortações retóricas. Os hinos de Prudêncio têm a mesma motivação dos ambrosianos. Aliás, o primeiro deles pode ser visto quase como uma reproposição do hino ambrosiano *Eterno criador das coisas*. São, contudo, muito mais amplos que os ambrosianos e de estrutura mais elaborada. O conjunto é dividido em dois ciclos: as seis primeiras composições referem-se às seis horas do dia que a Igreja antiga reservava à oração (manhã, meio-dia e entardecer), como uma série de hinos para o dia e para a noite; as outras seis são dedicadas às mais importantes ocasiões do ano litúrgico (Quaresma, Páscoa, Natal e Epifania).

Prudêncio empregou não só a métrica ambrosiana nos primeiros dois e nos últimos dois hinos, à guisa de moldura, mas também muitas formas da métrica latina clássica, na qual já se aventurara Hilário de Poitiers. Por causa dessa variedade de métricas Prudêncio recebeu o título de "Horácio cristão", mas a definição não deve ser aceita sem limitações. Antes de tudo, as métricas do *Livro das horas*, à parte os que imitam o hino ambrosiano, não derivam de Horácio, mas são próprias da métrica tardo-antiga, que Prudêncio emprega para fazer ver que podem adaptar-se também a um conteúdo cristão; além disso, o poeta freqüentemente tem Horácio presente sobretudo para imitá-lo em forma de divergência.

Por sua vez, a obra sobre *As coroas dos mártires* (*Peristephanon*) representa um documento da devoção de Prudêncio pelos mártires, aos quais dedica uma série de composições em várias métricas, das quais é mais difícil rastrear uma estrutura. O maior número de mártires que Prudêncio conhece são da Espanha, de onde o poeta era originário; em seguida, da África ou da Itália; outros são aqueles em que se fundamenta a cristandade inteira, como Pedro e Paulo: por isso o ciclo poético de Prudêncio é documento interessante também para a hagiografia. O poeta une ao solene encômio dos santos o motivo ascético do combate interior, da luta entre o bem e o mal, o conflito entre o pagão e o cristão, entre o santo e o juiz ou o carrasco; o soldado pagão martirizado transforma-se no "soldado de Cristo" de tradição paulina, razão por que o martírio tem amplo espaço nessa compilação de poemas.

As coroas dos mártires são uma das obras mais interessantes de Prudêncio pela variedade da métrica e pela novidade da estrutura. No que diz respeito ao primeiro ponto, o poeta experimenta não mais (como no *Livro das horas*) novas métricas só no âmbito do hino, mas aplica-as às diversas situações das múltiplas vicissitudes dos mártires. Assim encontramos um epigrama que deve ter funcionado como inscrição do batistério de Calagurris; num outro poema, com estrofes que só encontramos em Horácio, descreve-se uma espécie de mimo, imaginando um diálogo ocorrido numa estrada de Roma entre dois peregrinos cristãos, um dos quais pergunta os motivos da exultação e da festa presente, e o outro explica que se trata das celebrações do triunfo dos santos Pedro e Paulo; ou então o poeta, narrando sua viagem da Espanha à Itália à maneira da "viagem a Bríndisi" de Horácio, introduz o relato do martírio de Cassiano em Ímola. Outros poemas são verdadeiras *paixões de mártires* em versos, sinal evidente da variedade estrutural da poesia prudenciana, do entrecruzamento de gêneros literários antigos e novos. Interessante também é o poema 10, em honra do mártir Romano de Antioquia, que é bastante longo e composto no metro comum do diálogo das tragédias antigas. Representa uma espécie de "drama cristão", dedicado não à representação cênica, que era condenada pelo cristianismo, mas sim à declamação e à leitura, à maneira dos dramas de Sêneca. No poema exalta-se o mártir cristão que, empregando a razão, busca demonstrar ao magistrado, que o julga tomado de fúria, que é vão o culto dos pagãos. O debate se desenvolve numa série de cenas cada vez mais patéticas e culmina no martírio; o drama se conclui com um epílogo.

O *Dittochaeon* (*Duplo alimento,* aquele fornecido pelos dois Testamentos) é uma coletânea de 48 ou 49 composições de quatro hexâmetros dactílicos cada um, que ilustram em duas séries iguais outros tantos episódios do Antigo e do Novo Testamento. Aqui Prudêncio, com uma atitude nova, mas que tem seus precedentes na poesia epigramática antiga — que às vezes era empregada para a descrição de obras de arte —, volta-se para a arte cristã, descrevendo em versos os mosaicos e os afrescos que se podia observar junto às tumbas dos mártires nos batistérios e nas basílicas, sobretudo em Roma. Algo de semelhante fez naqueles mesmos anos Paulino de Nola que, como já vimos, retomou em alguns poemas o texto das inscrições compostas por ele mesmo para a basílica de S. Félix em Cimitile.

d) O poeta cristão

O surgimento na literatura cristã deste *poeta doctus* foi considerado, no passado, ainda mais inesperado, visto que os predecessores de Prudêncio eram então desconhecidos. Por isso também a crítica ficou surpresa com sua "imitação" da poesia clássica que foi, entre todos os componentes da poesia prudenciana, o elemento desde sempre mais estudado. Bentley, baseando-se sobretudo na variedade das formas métricas empregadas pelo poeta, definira Prudêncio como "o Virgílio e o Horácio cristãos", e tal epíteto tornou-se uma espécie de *communis opinio*. Mas não é lícita a oposição, que freqüentemente se encontra, entre "espírito cristão" e "forma pagã". De fato, mais recentemente a crítica, renovando seus próprios interesses pela cultura tardo-antiga, situou no âmbito dessa cultura a poesia de Prudêncio, considerando que a imitação dos clássicos era, sim, uma característica do poeta cristão, mas o era também de toda a produção poética contemporânea. Ao mesmo tempo, e como conseqüência dessa posição de princípio, Prudêncio seguia determinados procedimentos poéticos típicos de sua época. Assim, ele não pode ser considerado um classicista, segundo o significado que de hábito se atribui à palavra ("imitador dos poetas clássicos"), mas seguia as exigências da poética de seu tempo. Também deve ser reexaminada e mais bem-interpretada a técnica da imitação dos clássicos, considerada de modo mecânico nas décadas passadas, como se fosse um jogo do poeta cristão que retoma elementos da poesia de Virgílio e Horácio. Deve-se levar em conta, como observa Palla, "as modificações, as integrações, os retoques que o poeta cristão, *enquanto tal*, considerou oportunos ou se viu forçado a operar no tocante à fonte".

Essa atitude de reemprego das formas poéticas e literárias a ele precedentes ocorre também em relação aos próprios modelos cristãos. Tal reelaboração não significa que Prudêncio fosse animado por uma espécie de indiferença para com os conteúdos, pagãos e cristãos, que teria considerado como belos objetos poéticos, por meio dos quais podia levar algum vigor a uma produção já exangue. Teríamos, em tal caso, em Prudêncio, quase uma nova forma de jogo poético. Na realidade, o poeta prossegue o projeto de seus antecessores, o de compor uma poesia cristã, e o realiza seguindo as normas do alexandrinismo romano, praticado desde a era de Cícero e Augusto e adaptado ao gosto de seu tempo. No século IV o poeta cristão tinha a possibilidade de levar em consideração outras formas literárias, já existentes: assim Prudêncio sentiu a influência da paráfrase bíblica de Juvenco, e também, por outro lado, não poderia esquecer o sucesso excepcional de Ambrósio e as tentativas de Hilário. Em conclusão, na poesia de Prudêncio ocorre a interferência dos gêneros literários clássicos, mas também daqueles especificamente cristãos, como o gênero da paixão dos mártires, da apologética, da celebração litúrgica. Construindo seus poemas com esse procedimento, Prudêncio responde ao gosto de seus leitores cristãos. A essa caracterização do íntimo da poesia prudenciana permanecem estranhas as passagens doutrinais, que são as menos poéticas, não só no que diz respeito à linguagem, mas também no que tange à própria métrica (observaram os estudiosos que o poema sobre *A doutrina de Deus* é o menos correto do ponto de vista da métrica e o menos purista no tocante ao léxico). Na métrica, Prudêncio não observa rigorosamente as regras clássicas, como fazem seus contemporâneos Ausônio, Claudiano e Rutílio Namaziano (ou seja, os poetas pagãos), mas está mais próximo dos outros poetas cristãos, como Paulino de Nola, Sidônio Apolinário e Paulino de Pela.

Nessa atitude de servir-se da poesia clássica — na qual fora educado — para apresentar uma nova e bem mais significativa poesia cristã, Prudêncio participa do debate, tão vivo em sua época e retomado por Jerônimo em várias epístolas (por exemplo, na 53, enviada a Paulino de Nola) e por Agostinho em *A doutrina cristã*, de como se posicionar (ao menos em princípio) diante da tradição cultural pagã. Diferentemente de Jerônimo e Agostinho, Prudêncio não é um teórico; serve-se de sua educação pagã para escrever uma poesia cristã, e esta é a solução que propõe. Agostinho, por seu turno, considera inútil para o cristão a literatura pagã, porque já existem, como "textos clássicos" dos cristãos, a Bíblia e alguns escritores, como Cipriano, que são exemplos válidos a imitar. Jerônimo vê, analogamente, no Antigo Testamento tesouros de poesia, e os Salmos são, segundo ele, uma mina de metros que podem substituir adequadamente os da poesia pagã.

Os resultados artísticos alcançados por Prudêncio são, sem dúvida, de grande importância, mas não de fácil compreensão: sua poesia não se dirige ao simples fiel, como o hino ambrosiano, mas ao cristão culto, e Prudêncio é poeta de uma época (a Antiguidade tardia) que é julgada com critérios diferentes dos que nos permitem a abordagem, bem mais fácil, da literatura latina da idade republicana e da era de Augusto. Fontaine destaca o vigor e a retórica solene que caracterizavam então a grandiosa poesia de corte de Claudiano. Mas a essas características áulicas, próprias da arte da era teodosiana, se contrapõem o autêntico fervor religioso e sobretudo a violenta imaginação do poeta cristão. O estudioso fala de um "barroco cristão" e de maneirismo formal; aproxima a poesia de Prudêncio, por seu "fulgor colorista", da pintura contemporânea dos afrescos e dos mosaicos e se pergunta se não existem pontos em comum entre o triunfalismo da arte teodosiana e a estética espiritual da Contra-Reforma, que se desdobrou por excelência no estilo barroco, e se a his-

panicidade de Prudêncio não é algo semelhante à da poesia do século XVII, época em que Prudêncio era lido com particular interesse.
Bibliografia. Edições: CSEL 61, 1926 (I. Bergman); CChr.Lat 126, 1966 (M. P. Cunningham); CUF, Les Belles Lettres 1955-1963[2] (M. Lavarenne); Loeb Class. Libr. 1949-1953 (H. J. Thomson). Com tradução italiana: *Inni della giornata*, tr. in versi con testo a fronte, intr. e note di E. Bossi, Zanichelli, Bologna 1970 (e já antes: S. Colombo, SEI, Torino 1932; M. Pellegrino, Paoline, Alba 1954); *Le corone* (C. Marchesi, Roma 1917); M. M. van Assendelft, *Sol ecce surgit igneus. A Commentary on the Morning and Evening Hymns of Prudentius*, Bouma's, Groningen 1976. Estudos: M. Lavarenne, *Étude sur la langue du poète Prudence*, Les Belles Lettres, Paris 1933; A. Salvatore, *Studi Prudenziani*, Libreria Scientifica Editrice, Napoli 1958; I. Rodríguez Herrera, *Poeta Christanus. Prudentius' Auffassung von der Aufgabe des christlichen Dicthers*, Speyer, Müncher 1936; I. Lana, *Due capitoli prudenziani*, Studium, Roma 1962; Kl. Thraéde, *Studien zur Sprache und Stil des Prudentius*, Vandenhoeck & Ruprecht, Göttingen 1965; R. Herzog, *Die allegorische Dichtkunst des Prudentius*, Beck, München 1966; J. L. Charlet, *L'influence d'Ausone sur la poésie de Prudence*, Les Belles Lettres, Paris 1980; J. Fontaine, *Naissance de la poésie...*, cit.; J. L. Charlet, *La création poétique dans le Cathemerinon de Prudence*, Les Belles Lettres, Paris 1982; A. M. Palmer, *Prudentius on the Martyrs*, Clarendon Press, Oxford 1989; M. A. Malamud, *A Poetics of Transformation. Prudentius and Classical Mythology*, Cornell Univ. Press, Ithaca e London 1989; C. Magazzú, *Rassegna di studi prudenziani*, "Bollettino di studi latini" 7 (1977) 105-134.

Capítulo XII

Biografia e hagiografia no Ocidente

O século IV assiste à difusão vigorosa da biografia, gênero literário cultivado desde a era helenística e difundido sobretudo na era imperial. A biografia antiga era muito variada, aberta às influências de outros gêneros literários, como o da historiografia e do encômio; podia conter também unidades narrativas menores, autônomas em si; empregava de bom grado anedotas e sentenças, que serviam para evidenciar, conforme o caso, a superioridade ou a baixeza da personagem que era objeto da biografia. O modelo para esse gênero literário era constituído, no Ocidente, pela obra de Suetônio, mas bem depressa tal modelo clássico foi esvaziado de seus conteúdos e adaptado às novas situações da cultura cristã. O ponto de partida é bem perceptível nas biografias escritas por Jerônimo, que abordamos mais acima (pp. 382s.), nas quais a transformação em sentido cristão é inegável. Mas Jerônimo era um escritor de profunda formação clássica. Essa conservação da tradição esmorece, como é lógico, em escritores menos dotados que ele ou mais sensíveis a outras inspirações.

Vimos como as primeiras biografias apareceram, na literatura cristã, no século III (por exemplo, a *Vida de Cipriano* escrita por Pôncio), já com algumas características próprias: escassa atenção dedicada à vida anterior à conversão; interesse centrado sobretudo no comportamento moral do personagem e em sua morte como cristão; a função exemplar assumida pelos santos biografados, considerando-se que a biografia também devia apresentar aos leitores um modelo ideal a seguir. Tal gênero literário difunde-se ainda mais no século IV, e seus motivos inspiradores são agora bem diferentes dos da era pré-constantiniana. A partir do século IV a biografia leva em consideração também o período da vida anterior ao batismo, isto é, anterior à verdadeira vida cristã; está cada vez mais propensa aos tons celebratórios, dispõe de regras próprias, que dizem respeito ao uso dos lugares comuns, à necessidade de obter uma construção literária bem-organizada, de visar a determinados ideais e intenções.

O homem de Deus era, na época pré-constantiniana, sobretudo o mártir. Terminadas as perseguições, o modelo do homem cristão é delineado principalmente segundo os ideais do monaquismo, entendidos em sentido amplo — com isso queremos dizer que também nas figuras dos bispos, objeto de biografia, destacam-se características próprias do ideal do monge. O bispo, mesmo quando está no mundo e influi com sua santidade nas coisas do mundo, freqüentemente se comporta como monge e pratica certa forma de ascese. A biografia, portanto, está interessada, a partir dos séculos IV e V, tanto nas figuras dos grandes bispos como nas figuras dos grandes monges e anacoretas: o bispo, e sobretudo o monge, ocupa o lugar do mártir na função de personagem excepcional. Ou então, mesmo quando não se narra a vida de um monge ou de um bispo, o modelo de santidade pode ser reconduzido ao ideal monástico: não mais àquele da renúncia à vida e da aceitação da morte, mas ao da renúncia ao mundo. Isso explica o fato, acima mencionado, de a biografia, não limitada mais ao momento do martírio, levar em consideração agora toda a vida do santo, no curso da qual o escritor vê realizada a perfeição cristã, no contraste com o mundo, na contemplação e na ascese. O ideal do santo vem justamente a se formar entre os séculos III e IV, e depois de então se difunde com uma rapidez e uma força irresistíveis, também porque esse é o período da difusão triunfal do cristianismo, das conversões em massa, que nem sempre correspondem a verdadeiras exigências espirituais.

Entre a Antiguidade tardia e a alta Idade Média, o modelo monástico-episcopal — representado num primeiro momento por Antão e Martinho e, na geração seguinte, por Ambrósio e Agostinho — prossegue sem rupturas, em perfeita continuidade. Trata-se, como observa Leonardi, de uma hagiografia de oposição, no sentido de que o perfeito, o homem de Deus, o monge é aquele que se opõe ao mal. Ora, o mal já não é simbolizado pelo poder romano, outrora pagão, como se vê nos *Atos dos már-*

tires, mas sim pelo mundo — mundo, de fato, ainda bastante irreligioso e apegado ao paganismo, não só nos princípios como também nas manifestações exteriores.

A acentuação dos tons encomiásticos e do interesse pelo sagrado (tons e interesses que, de todo modo, já existiam antes, também na literatura apócrifa) transforma pouco a pouco a biografia tradicional em hagiografia. A literatura hagiográfica — da qual vêm fazer parte também numerosas falsificações — foi riquíssima e exigiria uma história só para si, já que é disciplina autônoma e independente, com critérios próprios e metodologias específicas, assim como exige um tratamento à parte a história do monaquismo. Nossa intenção, nos limites do presente trabalho, é considerar só as biografias de santos ou de monges de mais notável significado no plano literário.

Antes de mais nada, é preciso ter em mente que a hagiografia não é uma obra de história. Seria inútil (e estranho às intenções do hagiógrafo) buscar no texto a objetividade dos fatos. Aliás, para bem compreender a composição hagiográfica, é necessário levar em conta a recomendação de um grande especialista do gênero, H. Delehaye: não se pode "espoliar um relato hagiográfico daquilo que ele possa oferecer de inaceitável, eliminar os anacronismos, amortecer o elemento maravilhoso e teatral e considerar que o que sobra tem validade histórica. Trata-se de um erro grosseiro: a ilusão de que é verdadeiro o que não é inverossímil".

1. Primeiras formas hagiográficas

Já mencionamos o fato de o ideal monástico ter-se difundido no Ocidente (ou ao menos recebeu grande impulso) pela pregação de Atanásio, e que foi emblemática dessa difusão a tradução em latim da *Vida de Antão*, o mais famoso anacoreta do Oriente. Atanásio escreveu a biografia de Antão pouco depois da morte deste, em 356: dela possuímos duas traduções latinas, uma literária e elegante, realizada por Evágrio de Antioquia antes de 375 (ver p. 404), e uma segunda, literal e desprovida de ornamentos retóricos, mas dotada de notável eficácia narrativa, obra de um anônimo anterior a Evágrio. As duas traduções, pondo em circulação no Ocidente uma série de doutrinas relativas ao monaquismo, não deixam de fazer sentir sua influência. O abandono do mundo é, seguramente, fuga do mal; mas, ao mesmo tempo, Antão é descrito como aquele que, no mundo, constrói sua própria perfeição, sua própria semelhança com

Deus, mediante o amor oferecido aos irmãos. Atanásio, de fato, também insere nesta biografia alguns episódios aparentemente estranhos ao monaquismo, "mundanos": um longo discurso de Antão, de conteúdo doutrinal, e uma intervenção sua em Alexandria contra os arianos; a luta contra as potências do mal se exemplifica na luta com o demônio, que se opõe à perfeição do santo. A mesma exigência de fazer bem ao próximo, de não isolar-se na busca da perfeição, caracteriza a vida de Hilarião, narrada por Jerônimo. Mencionamos acima as biografias de santos e o *Epitáfio de Paula*, nos quais Jerônimo expõe seu próprio ideal monástico, diferente em muitos aspectos do anacorético. Paula também age na perfeição despojando-se dos bens do mundo, mas sobretudo construindo uma nova vida, dedicada à caridade e à oração, nos lugares santos.

O monge que, no Ocidente, teve fama igual à de Antão foi Martinho. Nascido por volta de 316 na Panônia, percorreu brilhantemente a carreira militar, que porém abandonou em torno de 356. Foi discípulo de Hilário de Poitiers e depois missionário junto aos bárbaros. Viveu por um período em solidão próximo a Milão, em seguida na ilha de Galinara, perto de Albenga. Por fim, nos arredores de Poitiers, em Ligugé, a partir de 360 viveu como eremita por dez anos. Feito bispo de Tours em 371 (decerto contra a vontade, a crer em seu biógrafo Sulpício Severo), fundou o centro eremítico de Marmoutier, no qual acolheu inúmeros discípulos, unindo em si a figura do bispo e do eremita. De fato, era sobretudo no ermo que o bispo podia encontrar a relação direta com Deus. Poucas décadas depois, seu ideal será abraçado pelos monges do cenóbio de Lérins, que freqüentemente se tornarão bispos (cf. 101s. do vol. II/2 desta *História da literatura cristã antiga grega e latina*).

A veneração de Martinho, já iniciada com o santo ainda vivo apesar da firme oposição movida contra ele pelo clero da Gália, tornou-se cada vez mais forte e difundida nos séculos seguintes, razão por que Tours se tornou meta de peregrinação tanto quanto Jerusalém ou Roma, e Martinho foi proclamado por Clóvis, rei dos francos, patrono do rei e do povo dos francos.

Bibliografia. Edições: *Vita di Antonio*. Crítica e comentários de G. J. M. Bartelink, tr. de P. Citati e S. Lilla; *Vita di Martino, Vita di Ilarione, In memoria di Paola*. Intr. de Chr. Mohrmann, crítica e comentários de A. A. R. Bastiaensen e J. W. Smit, tr. de L. Canali e C. Moreschini, Fondazione Valla, Mondadori, Milano 1975. Estudos: C. Leonardi, *I modelli dell'agiografia latina dall'epoca antica al Medioevo*, in VV.AA., *Passaggio dal mondo antico ao Medio Evo da Teodosio a San Gregorio Magno*, Atti dei Convegni Lincei 45, Accad. Naz. dei Lincei, Roma 1980, pp. 435-476; id., *L'agiografia latina dal Tardo Antico all'Altomedioevo*, in VV.AA., *La cultura in Italia fra Tardo Antico e Alto*

Medioevo. Stato e prospettive delle ricerche, Atti del Convegno Roma 1979, Herder, Roma 1981, pp. 643-659; VV.AA., *Biografia e agiografia*. Atti del Convegno di Trento, ed. de A. Ceresa-Gastaldo, EDB, Bologna 1990.

2. *Sulpício Severo*

A vida de Martinho foi narrada, quando ainda estava vivo, por Sulpício Severo, literato renomado por sua eloqüência. Sulpício nasceu por volta de 363 numa nobre e rica família da Aquitânia. Talvez tenha sido aluno de Ausônio, como o foi Paulino de Nola, originário da mesma região e pouco mais velho. Entre os dois se instaurou uma amizade, testemunhada pela correspondência de Paulino. Por ela tomamos conhecimento de alguns particulares da vida de Sulpício. Numa carta de 394 (n. 1), Paulino nos faz saber que, por causa de uma repentina inspiração, Sulpício teria se dedicado à ascese, liberando-se de uma parte de seu patrimônio. Prosseguiu mais fundo nesse caminho por causa da dor pela morte da mulher e da influência da sogra, grande admiradora de Martinho. Sulpício mesmo já conhecia o santo. Logo depois da conversão, Sulpício se retirou para a vida monástica em sua propriedade de Elúsio e em seguida em Primuliacum, perto de Toulouse, onde, contudo, sua ascese não teria sido tão rígida quanto a de Martinho, para não falar da dos padres do deserto egípcio. De fato, parece que o "mosteiro" de Sulpício se assemelhava mais às grandes residências senatoriais que, em Roma, se encontravam no Aventino e nas quais a ascese era cultivada, certamente, mas unida aos estudos e a algumas atividades em certos aspectos bastante mundanas. Alguns estudiosos chegam a pensar que a ascese de Primuliacum foi mais de fachada que real; falam de um "caravançará devoto, onde um círculo de amigos transformou-se numa confraria dos amigos de Martinho", ou até mesmo onde se está lidando mais com um jogo devoto que com um verdadeiro ascetismo. Segundo Genádio, Sulpício Severo mais tarde teria se deixado desviar pelo pelagianismo, mas em seguida, reconhecendo o engano, teria feito severa penitência pelo erro cometido. Morreu provavelmente entre 420 e 425.

a) Os escritos hagiográficos

Naturalmente, para a *Vida de Martinho* como para todas as *Vidas dos santos*, surge também o problema da veracidade histórica dos eventos ali narrados. Assim, segundo alguns estudiosos, o escritor teria retomado numerosos acontecimentos da vida de Antão para transferi-los, tal como estavam, para a vida de Martinho. A cronologia dos fatos, ademais, é tão genérica que não pode garantir-lhes a veracidade. Outros pormenores, mais ou menos importantes, foram modificados por arte do próprio Sulpício, por motivos apologéticos em relação a seu herói. As próprias características do ascetismo praticado por Martinho levantam não poucos problemas, porque freqüentemente o escritor lhe atribui práticas de origem oriental. Acrescente-se a atitude de Sulpício que, por patriotismo, quer mostrar que o Ocidente também teve monges capazes de rivalizar com os ascetas do deserto oriental quanto a rigor e abstinência. No que diz respeito aos sonhos, às visões, às aparições do miraculoso e do demoníaco, é inútil julgá-los com o metro da plausibilidade histórica: pode-se apenas registrá-los e considerá-los expressões de irracionalidade, mas nem por isso menos vivas e concretas; os leitores consideravam óbvios — reais até — tais fatos, porque o miraculoso pertencia à *forma mentis* do homem, pagão ou cristão que fosse, dos séculos IV e seguintes.

O modelo hagiográfico de Martinho teria constituído, segundo Marrou, uma inovação diante do de Antão. Se o do eremita egípcio representava a santidade antiga, o de Martinho simbolizaria, por outro lado, um novo modo de conceber a vida cristã, na qual o santo estaria mais voltado para o mundo que para a ascese eremítica. Essa concepção, no entanto, é contestada por Leonardi, que vê no modelo hagiográfico de Martinho as mesmas coordenadas espirituais válidas em Antão e em todo o século IV, isto é, não existe para Sulpício vida perfeita que não tenha referência com o monaquismo.

A *Vida* propriamente dita é acompanhada, à guisa de apêndice, de três cartas, das quais uma para a sogra e duas para outros personagens desconhecidos, e que falam ainda de Martinho e de sua morte. Sulpício, enfim, acrescenta, em 404, dois *Diálogos* (*Dialogi*), em que quer confrontar os milagres e as virtudes de Martinho com os dos monges do Egito e oferecer uma espécie de integração da biografia já escrita. No primeiro diálogo, um certo Postumiano conta a Sulpício e outro discípulo de Martinho tudo o que sabe da vida dos monges do Egito, a quem visitara pouco tempo antes. A ele responde o outro personagem, de nome Galo, falando-lhe amplamente de Martinho, razão por que o primeiro *diálogo* foi considerado por alguns como composto de dois livros. No segundo (ou terceiro) livro, Galo continua sua narração, no dia seguinte, diante de um público mais amplo.

b) A *Crônica*

Pessoa de notável cultura, além de refinada educação literária, Sulpício foi autor também de uma *Crônica* em dois livros; era uma história da Igreja cristã, que compreendia a de seus antecessores. Maior atenção, naturalmente, é dedicada às perseguições, à vitória de Constantino, à influência de sua mãe Helena, à luta da ortodoxia contra a heresia, ariana e priscilianista. A *Crônica* termina com o primeiro consulado de Estilicão, em 400, e foi escrita por volta de 403. Quer ser um manual histórico para o cristão culto, baseado sobretudo na obra homônima de Eusébio. Limita-se quase exclusivamente à catalogação de fatos históricos, com pouco interesse pela história das idéias ou mesmo do pensamento cristão. Diferenciando-se do hábito comum para as obras do gênero, Sulpício escreve sua obra com um estilo cuidadoso e elegante, próprio de sua formação cultural refinada. Seu modelo de escrita foi o de Salústio, mas sua práxis literária não foi seguida pela cronística posterior, que foi árida e despojada.

Como escritor, Sulpício tem seu lugar de notável destaque na literatura latina do século IV e é um representante de primeira ordem da cultura gálica da época. Graças à sua cultura escriturística e clássica, é capaz de escrever com uma dramaticidade da qual não destoam os preciosismos. Sua obra hagiográfica pode ser considerada a última biografia antiga e a primeira hagiografia medieval; tornou-se celebérrima em toda a Idade Média em virtude do ideal de perfeição cristã que conseguiu retratar.

Bibliografia. Edições: CSEL 1, 1867 (C. Halm); SChr 133-135, 1967-1969 (J. Fontaine).
Estudos: J. Fontaine, *L'ascétisme chrétien dans la littérature gallo-romaine d'Hilaire à Cassien*, in VV.AA., *La Gallia Romana*, Atti del Colloquio dell'Accad. dei Lincei, Roma 1973, pp. 87-115; C. Leonardi, *I modelli dell'agiografia latina* etc., cit.; S. Costanza, *I Cronica di Sulpicio Severo e le* Historiae *di Trogo-Giustino*, in VV.AA., *La storiografia ecclesiastica nella tarda Antichità*, Centro di Studi Umanistici, Messina 1980, pp. 275-312; P. Brown, *La società e il sacro nella tarda antichità*, tr. it. Einaudi, Torino 1988.

3. As composições hagiográficas de Paulino de Nola

Foi amigo de Sulpício Severo, como dissemos acima, Paulino de Nola, que voltamos a abordar aqui justamente por sua participação no ideal ascético (certamente mais engajada e rigorosa que a de Sulpício). A esse respeito é interessante para nós o fato de Paulino ter escrito uma hagiografia em versos com dois poemas seus (n. 15, pelo dia natalício, e n. 16, a verdadeira biografia), em honra de S. Félix, o santo local, celebrado pela multidão de fiéis da Itália meridional. Paulino imitou provavelmente a *vida de Paulo* e a *vida de Malco* de Jerônimo, com quem entrara em contato justamente naqueles anos e que lhe enviara duas cartas (n. 53 e 58), exortando-o a abraçar a vida monástica. Esses dois poemas datam de 398 e 399. No mesmo período situa-se também o poema 18, que narra os milagres do santo, e a epístola 29 a Sulpício Severo, que contém a biografia de Melânia, a anciã, imitando a *Vida de Martinho* de Sulpício.

O interesse de Paulino pela vida de Félix é emblemático da própria evolução espiritual do escritor, que vimos mais acima. Naquela época a "conversão" era entendida de modo absoluto e total, não mais apenas como adesão à religião cristã, e por isso se pode falar — para os protagonistas dessas "conversões", como Prudêncio, Paulino, Jerônimo — de uma "segunda conversão".

Paulino também tinha à sua disposição, para compor seus poemas em honra de S. Félix, uma rica documentação concreta, como a própria tumba do santo, e uma tradição local que conhecia suas virtudes taumatúrgicas. O poeta, porém, não quer fazer obra de historiador, mas de hagiógrafo, retomando, portanto, todos os lugares comuns da vida de Félix: tais lugares comuns não devem ser considerados "objeto de estéril eurística ou frio registro de materiais fatigantes e amontoados... são agora recuperados, também na hagiografia, para sua 'função argumentativa'", como instrumentos de demonstração e de prova, como observa Luongo. Temos, assim, novos "lugares-comuns", os da santidade. Se nos ativéssemos à velha distinção, Félix seria um confessor, mais que um mártir-santo. Seus méritos, contudo, consistem também no cuidado de seu próprio rebanho: mas são suficientes para granjear-lhe a santidade, mesmo não tendo sofrido o martírio. Na época de Paulino, aliás, começa a ser objeto de veneração também o confessor, e esse termo passa a ser atribuído também ao cristão empenhado nas lutas anti-heréticas, ao bispo merecedor por seu empenho pastoral-político ou, enfim, como já se disse, ao asceta.

4. Paulino de Milão

Com Paulino e Possídio, ambos escritores do ambiente africano e influenciados de algum modo pela espiritualidade de Agostinho, deparamos com um novo ideal monástico. Tendo escrito a vida de um bispo-santo, esses hagiógrafos não fazem entrar a realidade da Igreja em suas biografias. É a Igreja que, por meio desses bispos, alcança a vitória na luta contra o demônio.

Emblemática deste novo modo de escrever a vida de um santo, embora medíocre no plano literário, é a *Vida de Ambrósio* (*Vita Ambrosii*), de Paulino, que foi estenógrafo e secretário do bispo nos três últimos anos de sua vida (de 394 a 397) e depois se dirigiu à África para administrar os bens da Igreja de Milão, que lá se encontravam. Na África conheceu Agostinho e colaborou na luta, conduzida por este, contra os pelagianos. Foi por exortação de Agostinho que Paulino escreveu a *Vida de Ambrósio*, talvez em 422, e ao bispo de Hipona se dirige o autor no início de sua obra. Seus modelos declarados são a *Vida de Paulo*, de Jerônimo, a *Vida de Martinho*, de Sulpício Severo, e outras vidas de eremitas. Não cita explicitamente nenhuma fonte literária, nem sequer as obras do próprio Ambrósio, das quais só conhece algumas, entre as quais as cartas. Relata apenas acontecimentos que teria sabido por outras pessoas, como a família do bispo ou aqueles que o tinham conhecido. Em sua narrativa o miraculoso é continuamente presente, desde pormenores da infância. Sobretudo a faculdade profética de Ambrósio, como continuador dos grandes profetas do Antigo Testamento, é posta em evidência por Paulino. A biografia, escrita segundo as normas em voga no século IV, inicia-se não da conversão (do batismo), mas do nascimento, e prossegue conforme a cronologia. Nem todos os acontecimentos são narrados, todavia a grande dimensão eclesial da figura de Ambrósio é bem captada pelo biógrafo, que destaca a ação exercida na polêmica anti-herética, a espiritualidade, a atividade didática do bispo. Combina com essa interpretação de Ambrósio o fato de os milagres por ele realizados serem considerados obra dele não como indivíduo, mas como bispo da Igreja católica.

5. Possídio

Da medíocre personalidade de Paulino, que foi apenas um diácono da Igreja de Milão, diferencia-se em parte o autor de outra conhecida biografia, a de Agostinho, escrita por Possídio. Este fora educado pelo próprio Agostinho porque pertencera, entre 391 e 397, à comunidade ascética que Agostinho dirigiu antes de ser sacerdote e logo bispo de Hipona (cf. p. 23 do vol. II/2 desta *História da literatura cristã antiga grega e latina*). Possídio tornara-se bispo de Calama e permanecera em contínuo contato com Agostinho. Perto do fim da vida de Agostinho, ele se refugiou justamente em Hipona, porque sua cidade já fora ocupada pelos vândalos invasores, e pôde assistir pessoalmente à morte do grande bispo. E também durante as complexas vicissitudes da África cristã, às quais a atividade de Agostinho imprimira uma reviravolta, Possídio fora sempre fiel colaborador do bispo de Hipona, o que lhe permitiu conhecer seus escritos. Porém, mesmo nos limites impostos pelo gênero literário, que requeria uma forte atenção ao elemento divino (volumosamente presente também nessa biografia), a narrativa de Possídio parece ser fidedigna, bem distante das *vidas* de Jerônimo, tão fortemente romanceadas. A obra de Possídio é de bom nível literário porque segue o esquema de Suetônio, dividindo a biografia de Agostinho em três partes: a cronologia, o caráter, a morte. Seu esmero se percebe também no fato de imitar (embora de maneira às vezes desajeitada demais e com uma excessiva remissão aos textos bíblicos) o estilo, tão pessoal, do próprio Agostinho.

Em todo caso, capta-se nessa biografia um ideal monástico similar ao enunciado por Paulino e, como dissemos, provavelmente inspirado pelo próprio Agostinho. O bispo Agostinho é quem leva ao ápice a espiritualidade de que a Igreja é depositária, e ele faz isso em primeiro lugar mediante a luta vitoriosa contra os hereges, em segundo lugar garantindo — para o presente e para o futuro, com suas admoestações sobre como se comportar — a preservação da reta fé no momento da invasão dos vândalos, quando toda uma civilização e um modo de vida parecem extinguir-se. As violências bárbaras não são tão perigosas em si mesmas, pelos sofrimentos humanos que acarretam, mas porque se deve temer que produzam o desaparecimento da fé. A morte de Agostinho, de fato, é vista em paralelo com o fim da Igreja cristã que ele construíra e que estava ameaçada pelo desabamento do império romano. O santo não deve evitar o mundo e sua violência, mas vencê-lo, mantendo dentro de si a presença de Cristo e conservando a fé.

Bibliografia. Edições: *Vita di Cipriano, Vita di Ambrogio, Vita di Agostino,* intr. de Chr. Mohrmann, texto crítico e com. de A. A. R. Bastiaensen, tr. de L. Canali e C. Carena, Fondazione Valla, Mondadori, Milano 1975.

6. Uma "paixão" diferente: a Paixão dos mártires da Acaunia

Este é um escrito do literato Euquério de Lião que, embora cronologicamente um pouco posterior aos hagiógrafos que aqui levamos rapidamente em consideração, deve ser examinado neste contexto, ainda que suas temáticas sejam bem particulares.

A *Paixão dos mártires da Acaunia* (*Passio martyrum Acaunensis*) é a obra martirológica mais interessante do século V. É significativo, antes de mais nada, que ela tenha uma paternidade, enquanto as paixões anteriores eram anônimas; que tenha sido escrita em pleno século V, quando as perseguições anticristãs tinham terminado havia muito; enfim, que não seja animada pelos motivos habituais das paixões da era pré-constantiniana (e, se o tivesse sido, pareceria uma obra deslocada de seu tempo).

Escreveu-a Euquério, já abade em Lérins e depois bispo de Lião, justamente no tempo de seu episcopado (por volta de 440-450; cf. pp. 103ss. do vol. II/2 desta *História da literatura cristã antiga grega e latina*), mostrando com este escrito um vivo interesse pela hagiografia e pelo culto das relíquias dos mártires, que já se iniciara duas gerações antes com Sulpício Severo e seus escritos sobre Martinho de Tours.

Nela Euquério retrata os mártires acaunenses como campeões de fidelidade diante do imperador. Esses mártires eram os componentes da legião Tebéia, chamada do Egito pelo imperador Maximiano para submeter a Gália que se havia rebelado, mas sobretudo para perseguir os cristãos. No entanto, o imperador ignorava que os componentes daquela legião eram cristãos: seus soldados se recusaram a obedecer à ordem de Maximiano e foram martirizados. Tal narrativa, baseada provavelmente numa tradição oral que o escritor recolhera, é exposta a dúvidas justificáveis no que diz respeito à autenticidade dos fatos. Em todo caso, tal martírio constituiu uma das reminiscências mais antigas e significativas da Igreja cristã na Gália. Euquério, naturalmente, também pretende contribuir para a difusão da lenda e favorecer a edificação dos leitores, mas seu intento não é enriquecer a tradição com elementos fabulosos e fantásticos. Ele narra de modo sóbrio, sem recorrer aos episódios romanescos, sem inserir (a não ser em casos extremamente limitados) o elemento do miraculoso: isso está em conformidade com os princípios "filosóficos" da espiritualidade de Lérins, como veremos em tempo oportuno. Nessa *Paixão* os soldados são, ao mesmo tempo, campeões da fé de Cristo e campeões de lealdade ao imperador: estão prontos a servir também a César, além de serem devotos de Deus — têm, portanto, uma atitude bem diferente da que animava os soldados das paixões da era diocleciana, para os quais a recusa do serviço militar fora o motivo de sua condenação à morte (cf. vol. I, p. 534ss.). De fato, está ausente a alternativa entre serviço militar e fé cristã, sentida já desde os tempos do escrito sobre *A coroa*, de Tertuliano. Mas os tempos mudaram: doravante, em meados do século V, segundo Euquério, as leis do imperador podem e devem coincidir com as leis de Deus. Dessa *Paixão* existem duas redações. Uma remonta a Euquério, a outra é de um autor anônimo que teria utilizado elementos de uma versão diferente da empregada por Euquério e a teria contaminado em parte com algumas passagens do relato do próprio Euquério. Essa segunda redação seria obra de um membro do clero da Acaunia: sublinha mais que a outra o contraste entre o imperador Maximiano e os soldados cristãos que se recusam a matar não outros cristãos, mas bandidos e inimigos do Estado (os gauleses que se haviam rebelado), e antepõem a fé e a lei cristã, que manda não matar, à obediência às leis do Estado. O tema da lealdade cristã, proposto por Euquério, foi completamente apagado nessa segunda redação. Falando de bandidos, que os soldados não querem matar, o redator se refere aos *Bagaudi*, uma corja de salteadores e revoltosos que em várias ocasiões devastaram a Gália a partir da época de Diocleciano, mas que novamente se haviam insurgido em meados do século V e saqueavam e aterrorizavam o país. Esses bandidos eram a degeneração violenta e armada da plebe e dos camponeses sufocados pelo fiscalismo imperial e rebeldes à condição de extrema indigência a que tinham sido reduzidos. O motivo pelo qual esta segunda redação apresenta o tema da revolta dos *Bagaudi* é incerto. Há quem acredite que a narrativa desta redação seja a mais historicamente próxima da verdade dos fatos.

Bibliografia. Textos: MGH, *Script. Rer. Meroving.* 3, 1896 (B. Krusch). Estudos: S. Pricoco, *L'isola deis santi. Il cenobio di Lerino e le origini del monachesimo gallico*, Edizioni dell'Ateneo e Bizzarri, Roma 1978, pp. 204-244.

7. *Itinerários e viagens aos lugares santos*

Pode ser considerada uma manifestação de fé religiosa relacionada com a hagiografia (seja-nos permitida essa conexão um pouco artificiosa) a celebração não dos santos, mas dos "lugares santos", dos locais que foram mais santos que os outros: lugares onde viveu o Senhor. Se o próprio deserto ou o lugar em que se aperfeiçoou espiritualmente o homem de Deus receberam uma espécie de idealização — no sentido de que o deserto foi considerado, apesar de todos os seus perigos, um lugar melhor que o mundo habitado pelos homens, que era o mundo do pecado e do demônio —, quanto não foram idealizados e objeto de culto geral os lugares nos quais vivera não o homem de Deus, mas o homem-Deus, os

lugares da vida e da paixão de Cristo? Já na era constantiniana assiste-se
à devoção para com as coisas concretas que tinham feito parte da paixão
de Cristo, antes de tudo a Santa Cruz, e começa o culto das relíquias. A
própria imperatriz Helena, mãe de Constantino, era uma devota de Jerusalém e dos lugares santos. Em seguida, o interesse pela "geografia sagrada", atestada, no fundo, também pelo *Onomasticon* de Eusébio de Cesaréia,
que é um verdadeiro catálogo de lugares santos, e por uma significativa
afirmação do mesmo Eusébio (*Demonstração do Evangelho*, VI, 18), que
espera que numerosos peregrinos cristãos, provenientes de toda a terra
em que se difundira o Evangelho, dêem aberto testemunho da fé de
Cristo, contra a dos judeus, na própria Palestina.

No século IV, portanto, tornam-se cada vez mais freqüentes as viagens
de devoção aos lugares santos, as quais manifestam a fé do indivíduo e
também servem para obter-lhe um mérito junto a Deus, constituindo,
precisamente, uma "peregrinação", com todos os significados que a palavra começa a assumir. O próprio Jerônimo atribuiu um significado espiritual evidente à sua fixação em Belém, após as travessias anteriores e, sobretudo, depois das desilusões sofridas em Roma, de modo que, para ele,
transferir-se para a Terra Santa significou abandonar a Babilônia e voltar
a Jerusalém, como ele mesmo disse. Vimos que também Rufino e Melânia,
naquele período, se haviam estabelecido em Jerusalém. Outros cristãos,
entre os quais as mulheres são em grande número, empreendem a mesma
peregrinação.

Certamente, se a devoção era difundida, não se pode dizer outro tanto
da cultura (como, no fundo, sempre acontece). Muitos dos peregrinos
que se dirigiam à Palestina eram pessoas de viva fé, mas incultas, de modo
que, quando se aventuraram a pôr por escrito sua viagem, suas composições resultaram de baixo nível artístico, ainda que muito interessantes em
outros aspectos. De fato, eles relatam, sem nenhuma ornamentação literária, coisas que tinham visto pessoalmente e acontecimentos dos quais
participaram, razão por que seus relatos são interessantes na medida em
que nos informam dos usos religiosos locais, sobretudo naturalmente da
Palestina, para a qual sua atenção estava dirigida. Ao contrário, tudo o que
é profano — as maravilhas ou as características de uma cidade, de uma
localidade — possui para esses peregrinos escassos motivos de interesse.

Um texto de pouca elaboração artística, mas interessante em vários aspectos é a *Viagem desde Bordéus* aos lugares santos, naturalmente (*Itinerarium
Burdigalense* ou, no título mais completo, *Itinerarium a Burdigala Hierusalem
usque et ab Heraclea per Aulonam et per urbem Romam Mediolanum usque*). Foi

escrito por um anônimo ao retornar de sua peregrinação em 333. No final de maio alcançara Constantinopla, aonde retornara depois de ter estado nos lugares santos; na capital do império escreveu seu diário, nos últimos dias de dezembro daquele ano. Esse *itinerarium* não dá muitas indicações sobre o que gostaríamos de saber acerca das características do culto cristão nos lugares atravessados pelo peregrino. Limita-se a indicar as várias etapas e os albergues, além das distâncias entre as diversas localidades e as fronteiras das províncias. Só quando fala da Palestina é um pouco mais detalhado.

Bibliografia. Texto: CSEL 39, 1898 (*Itinera Hierosolymitana saeculi IV-VIII*: P. Geyer); CChr.Lat 175-176, 1965 (*Itineraria Hierosolymitana*: P. Geyer, O. Cuntz).

8. Egéria

De muito maior interesse, por outro lado, é *A peregrinação de Egéria*, embora seu nome preciso varie (no passado foi lido "Etéria" e também — mas sem um verdadeiro fundamento, a não ser uma conjectura sobre o texto — "Sílvia"), originária da Aquitânia. O título da obra também é conjectural: a única coisa que se pode dizer com certeza, com base no conteúdo, é que se trata de um "itinerário".

O texto foi descoberto recentemente, em 1887, por Gamurrini, num manuscrito do século XI conservado em Arezzo, que continha também o *Livro dos Mistérios* e os *Hinos* de Hilário de Poitiers. Essas obras de Hilário nos chegaram fragmentadas, assim como é incompleta essa *Peregrinação*, à qual faltam o início e o fim, de modo que não sabemos quem era nem de onde partiu (e para onde voltou) essa anônima escritora. Notícias biográficas sobre essa peregrina nos são dadas por dois testemunhos indiretos: o *Livro dos lugares santos* (*Liber de Locis Sanctis*) de Pedro Diácono, abade de Montecassino, que consultou o códice de Arezzo antes de sua mutilação, e a epístola de um monge, de nome Valério, que viveu no século VII, enviada aos confrades de um mosteiro situado na região de Bierzo, na Galiza (esta carta nos assegura, entre outras coisas, que o nome exato da peregrina era Egéria). Dada a incompletude da obra, ela começa (na forma em que podemos lê-la) num momento seguramente avançado da viagem, quando a escritora está subindo o monte Sinai. Já estivera em Jerusalém e já visitava a Palestina e o Egito. De Jerusalém estava se dirigindo, precisamente, ao Sinai, seguindo as indicações do Êxodo. Na verdade, para todas as viagens nos diversos lugares santos da Palestina, Egéria partia de Jerusalém, como sua base. Dessas viagens, posteriores, ela nos informa na seqüência de seu relato. Sua estada em Jerusalém já durava três anos, diz-nos ela, quando resolveu regressar à pátria, embora quisesse visitar os lugares dos santos monges na Mesopotâmia e o sepulcro do apóstolo Tomé em Edessa. Apesar disso, a peregrina retomou a estrada de Constantinopla, sem ulteriores desvios rumo à Mesopotâmia. Uma vez chegada à capital do império, pôs por escrito suas lembranças de viagem, mas não pelo desejo profano de relatar coisas maravilhosas, e sim para uso e edificação das mulheres cristãs de sua pátria.

Devido à sua longa temporada em Jerusalém, e ao seu interesse pelos hábitos litúrgicos dos lugares, o texto de Egéria, sobretudo na segunda parte (caps. 24-49), é de fundamental importância para conhecer a liturgia da cidade santa. A escritora, de fato, seguindo sua devoção pessoal, é minuciosíssima ao relatar os dias e os particulares das várias cerimônias e os costumes religiosos daqueles lugares. A devoção é o sentimento predominante dessa escritora e se manifesta na contínua identifição dos lugares que vê pessoalmente com os indicados na sagrada Escritura. O texto bíblico, assim, é considerado só deste ponto de vista, mas com os interesses da interpretação ou da erudição, à maneira de Eusébio ou de Jerônimo. A peregrina não possuía uma cultura particular; conhecia pouco o grego e escreve num latim não-literário, provavelmente na "língua comum" do Ocidente do século IV.

Sua província de origem parece ter sido a Gália meridional, segundo aqueles que se baseiam no fato de Egéria instituir uma comparação entre o Eufrates e o Ródano. Segundo outros, porém, baseados na carta de Valério de Bierzo, Egéria seria originária da Galiza. Essa hipótese estaria apoiada também no fato de que o latim da escritora mostraria características típicas da área hispânica. A certeza quanto a isso, no entanto, não foi alcançada, dado que, como já dissemos, a peregrina fala uma "língua comum" no seio do latim do século IV e não quer dar a seu escrito uma forma literária. Isso não significa que a língua de Egéria seja vulgarizante. A escritora procura ser correta, mas não tende de propósito a uma elevação estilística e literária. Naturalmente, o forte interesse pelos temas ascéticos e cristãos caracteriza a linguagem de Egéria com marcadas influências do latim bíblico. É, de todo modo, um documento interessante de uma língua de condição média, a meio caminho entre a elaboração literária dos grandes escritores como Ambrósio e Jerônimo e a linguagem comum e vulgar.

A autora não era de origem humilde, mas de condição social bastante elevada. Viaja com um grande séquito e é acolhida com notável cortesia por monges e bispos, sendo acompanhada por eles por mais de um dia, como sinal de deferência. É até mesmo escoltada por certo número de guardas, que lhe são designados pelas autoridades militares do lugar. Pelo modo como se dirige às amigas, chamando-as "irmãs", é provável que Egéria pertencesse a um convento, mas não foram encontradas ainda provas mais convincentes dessa hipótese. O termo "irmã", como o equivalente "irmão", pode indicar simplesmente a "irmã na fé". O interesse pelo monaquismo, que dissemos caracterizar Egéria, não faz dela necessariamente uma monja: poderia ser também simplesmente uma mulher devota e asceta. Provavelmente a escritora, mulher de família nobre, ou pelo menos abastada, era amiga de outras mulheres de análoga condição social e análogos interesses.

A viagem (e o conseqüente relato escrito) ocorre nos anos 385-388.

Mas em que âmbito literário são descritas todas essas "coisas notáveis" da Palestina? Parece que o gênero literário em que se situam esses relatos de viagem e de peregrinação é o da epístola. Assim teria sido, portanto, a obra de Egéria: uma epístola enviada por ela às mulheres piedosas permanecidas na pátria, embora não se possa negar que tal epístola seria bastante longa. Epístolas desse gênero — de informação do que se viu na Terra Santa — encontram-se também no epistolário de Jerônimo, cuja *Epístola* 46 contém o convite de Paula e Eustóquia a Marcela para que também se dirija à Palestina, e uma descrição dos lugares santos. Tem-se, ademais, uma descrição da peregrinação de Paula na *Epístola* 108 do mesmo Jerônimo, que contém o epitáfio da piedosa mulher.

Bibliografia. Texto: CSEL 39, 1898 (P. Geyer); CChr.Lat 175-176 (*Itineraria Hierosolymitana:* Ae. Franceschini, R. Weber); SChr 296, 1982 (P. Maraval); BPat 17, 1991 (N. Natalucci). Traduções: Paoline, Milano 1991 (E. Giannarelli); BTP 48, 1992² (P. Siniscalco e L. Scarampi). Estudos: E. Löfstedt, *Philologischer Kommentar zur Peregrinatio Aetheriae*, Arbeten... Universitetsfond, Uppsala 1911; G. F. M. Vermeer, *Observations sur le vocabulaire du pèlerinage chez Égérie et chez Antoin de Plaisance*, Dekker et Van de Vegt, Nijmegen-Utrecht 1965; VV.AA., *Atti del Convegno Internazionale sulla* Peregrinatio Egeriae, Arezzo 23-25 ottobre 1987, Accademia Petrarca, Arezzo 1990. Para bibliografia ulterior (particularmente rica para Egéria), remetemos o leitor às edições e às traduções acima indicadas.

Índice dos nomes dos autores antigos e das obras anônimas*

A

A um senador, 35, 418
Abdias, 283-285, 389, 392
Abúndio, 222
Acácio de Beréia, 202, 225
Acácio de Cesaréia, 75, 76, 80, 81
Adamâncio, 402
Adriano, 236
Aécio, 45, 73, 123, 220, 334
Aeropagita, 300
Afra, 384
Afraate, 137
Agostinho, 21-27, 31, 32, 34, 36, 39, 68, 86, 87, 90, 134, 186, 187, 195, 198, 234, 264, 282, 284, 295, 305-307, 312-316, 329, 331-335, 347-350, 352, 353, 358, 359, 361, 362, 364-366, 368, 370-374, 378, 383-386, 399, 404-407, 410, 416, 421, 431, 434, 440-442
Ahiqar, 258
Alarico, 393, 398, 401, 407, 415
Alexandre, 44, 45, 47, 48, 51-53, 56, 60, 77, 148
Alexandria do Egito, 72, 116, 118, 119, 177

Alfano, 224
Alípio, 420
Amão, 94
Ambrosiaster, 369, 370-372, 390
Ambrósio, 21, 24-26, 29, 33, 40, 50, 110, 179, 188, 233, 303-305, 308, 316, 329, 333, 339, 340-364, 366, 369, 372, 373, 375, 376, 378, 389, 395, 397, 400, 410, 414, 422, 425, 428, 432, 439, 445
Amélio, 333, 357
Amiano de Celeda, 200
Amiano Marcelino, 22, 24, 28, 41, 51, 178, 333, 404
Amônio, 174, 238
Anaphora Pilati, 270
Anatólio, 222
Anfilóquio, 6, 97, 115, 137, 140, 142, 172, 173, 263
Aniano de Celeda, 194, 197, 207
Antão, 38, 66, 67, 93, 94, 103, 374, 383, 404, 432-434, 436
Antíoco de Ptolemaide, 202, 224, 225
Apião, 292
Apocalipse da Virgem, 276, 293
Apocalipse de Elias, 280

(*) Estão excluídas as referências a escritos bíblicos

Apocalipse de Esdras, 298
Apocalipse de Paulo, 271, 276, 277, 292, 293, 294, 298, 302
Apocalipse de Pedro, 266, 292-295
Apocalipse de Sedrach, 298
Apocalipse de Tomé, 298
Apócrifo de João, 264
Apolinário, 35, 61, 63, 69, 98-102, 122, 123, 125, 152, 156, 186, 216, 218, 223, 343, 369, 375, 390, 392, 393, 429
Apóstata, 28, 40, 58, 82, 99, 118, 120, 128, 129, 178, 188, 199, 200, 311, 319, 329, 370, 404
Aproniano, 399, 400, 402
Apuleio, 23, 332
Áquila, 45, 106, 194, 388, 391
Arbogaste, 341, 354, 418, 420
Arcádio, 200, 203, 232, 298, 305, 332
Ário, 44-49, 51-54, 56, 57, 60, 61, 80, 113, 217, 220, 221, 244, 305, 309, 315, 322, 328, 332, 335
Aristóteles, 24, 181, 182, 223, 224, 334, 335
Arnóbio, 398
Arquelau, 89, 90
Arsácio, 203
Arsênio, 56, 104
Astério, 48, 60, 80
Atanásio, 21, 38, 47, 48-51, 53, 56-81, 90, 93, 94, 97, 99, 101, 103, 110, 111, 113, 117, 125, 131, 144, 151, 165, 179, 191, 219, 231, 235, 263, 264, 307, 308, 315, 317, 318-320, 322, 323, 342, 343, 355, 356, 373, 374, 399, 401, 404, 406, 415, 433, 434
Atas do concílio de Cartago, 313
Ático, 203
Atos de André, 284
Atos de André e Matias, 284
Atos de Barnabé, 287
Atos de Filipe, 286, 301
Atos de João, 285
Atos de Paulo, 254
Atos de Pedro, 254, 280-284, 290, 291
Atos de Pedro e André, 284
Atos de Pedro e dos doze apóstolos, 280
Atos de Pedro e Paulo, 283
Atos de Pilatos, 270-272, 278, 282
Atos de Tomé, 244, 284
Augusto, 26, 29, 188, 428, 429
Aurélio, 24, 421
Aurélio Prudêncio Clemente, 421
Ausônio, 22, 29, 37, 240, 412, 414, 415, 419, 429, 435
Auxêncio, 50, 308, 329, 339, 344, 378
Avita, 399

B

Baquiário, 363
Barchadbeshabba, 219
Bardesão, 216, 289
Barnabé, 250, 287, 290
Bartolomeu, 273, 286, 301
Basílio de Ancira, 70, 116-118, 130, 191
Basílio de Cesaréia, 56, 72, 99, 111, 113, 116, 117, 343, 349, 402
Beato de Liebana, 315
Benivolus, 360
Boécio, 11, 38, 39, 334
Burgundione da Pisa, 195, 224

C

Calcídio, 25, 316
Calínico, 341
Cânones apostólicos, 254
Cânones de Hipólito, 252, 256
Cânones dos apóstolos, 255
Cânones eclesiásticos dos santos apóstolos, 250
Cassiano, 21, 176, 427
Cassiodoro, 32, 105, 204, 315, 359, 363, 369
Ceciliano, 308, 309, 313
Celéstio, 405, 407
Celso, 168, 188, 213
Cerdão, 216
Cesário de Arles, 11, 279
Christus patiens, 159
Chronicon Paschale, 285
Cícero, 25, 38, 324, 334, 354, 355, 358, 373, 388, 397, 428
Cipriano, 33, 246, 247, 279, 280, 308, 312, 324, 331, 332, 355, 363, 418, 429, 431, 440
Cirilo de Alexandria, 64, 105, 188, 208, 218, 219, 240, 241
Cirilo de Jerusalém, 53, 75, 78, 90, 263
Ciro, 208, 209, 211, 213, 215, 216, 217, 219, 221, 222, 240

Citério, 417
Claromontano, 264
Claudiano, 22, 28, 30, 37, 305, 422, 423, 429
Cláudio, 270
Cledônio, 69, 156, 169
Clemente de Alexandria, 40, 41, 66, 85, 191, 213, 214, 236, 262, 392
Clemente de Roma, 253, 254, 283, 288
Collectio Palatina, 219
Coluto, 242
Combates dos apóstolos, 283
Comentário a Jó, 104, 175, 185, 254
Constâncio, 28, 48-51, 58, 59, 64, 70, 74, 77, 79, 81, 93, 118, 305, 307, 308, 315-317, 319-323, 325, 326, 329, 333, 344, 346, 411
Constante, 34, 57, 64, 76, 89, 93, 146, 211, 218, 309, 311, 322, 348
Constantino, 19, 24, 25, 29, 33, 43, 48-53, 55-58, 94, 137, 201, 204, 244, 297, 306-309, 315, 316, 342, 354, 410, 423, 437, 443
Constituição eclesiástica dos apóstolos, 250, 253, 255, 256
Constituições apostólicas, 250, 253, 255, 256, 264, 289
Corício, 240
Cosme de Jerusalém, 246
Courcelle, 36, 343, 349, 355, 372
Cremúcio Cordo, 51
Crisóstomo, 40, 63, 83, 128, 133, 137, 178, 181, 183, 184, 189-209, 212, 215, 216, 224, 225, 231, 234, 361, 365
Cristódoro, 242
Cromácio de Aquiléia, 268, 391, 401
Ctesifonte, 382, 406
Curtius, 31, 36, 37, 42

D

Dâmaso, 110, 127, 149, 152, 307, 308, 341, 366, 367, 369-371, 374-377, 384, 385, 390, 404, 411, 413, 414, 421
Damófilo, 149
De centesima, 280
De singularitate clericorum, 279
Décio, 297, 383
Decreto Gelasiano, 264, 268, 273, 294, 298

Deodoro de Tarso, 226
Diânio de Cesaréia, 121
Didaché, 71, 249-251, 253, 280
Didascalia dos apóstolos, 249
Dídimo de Alexandria, 12, 102-114, 123, 143, 176, 179, 343, 344, 373, 376, 390, 392, 393, 395, 399
Diocleciano, 45, 48, 55, 88, 89, 244, 246, 309, 312, 442
Diodoro de Tarso, 90, 99, 179, 181-184, 186-188, 190, 205, 206, 210, 217, 219, 221
Díon de Prusa, 234
Dionísio Areopagita, 300
Dionísio de Alexandria, 46, 71
Dionísio de Corinto, 283
Dionísio de Milão, 323
Dióscuro de Alexandria, 209, 222, 242, 330
Domiciano, 285, 289
Domno de Antioquia, 222
Domno II, 209
Donato, 308-311, 332, 372, 373
Donato, bispo de Bagai, 309
Dormição de Maria, 273, 274
Doroteu, 12, 243, 244
Doutrina dos apóstolos, 250

E

4 *Esdras*, 296, 297, 302
5 *Esdras*, 296, 297
6 *Esdras*, 296, 297, 302
Efrém, 96, 137
Egéria, 78, 444, 445, 446
Elêusio de Cízico, 117
Elias, 66, 280, 293, 348, 353
Endeléquio, 420
Enéias, 272, 424
Enoc, 280, 292, 293
Enoch, 258-260
Epifânio de Salamina, 82, 83, 85, 263, 274, 379, 383, 397, 407
Epístola de Tiago, 264
Epístola dos Apóstolos, 262, 273, 280
Eranistes, 216-218, 221
Erasmo, 365, 369
Esporácio, 220
Estácio, 30, 409
Estilicão, 342, 437

Eudóxia, 201, 203, 224, 241, 245-247, 247, 265, 267
Eudóxio, 74, 202, 220, 221
Eugênio, 341, 351, 418, 420
Eunômio, 45, 73, 99, 113, 121-125, 135, 142, 144, 145, 163-166, 169, 171, 185, 192, 196, 217, 220, 223, 292, 334
Euquério de Lião, 440-442
Eurípides, 100, 159
Eusébio de Cesaréia, 41, 44, 50, 52, 53, 55, 70, 77-79, 99, 109, 161, 213, 214, 221, 244, 263, 270, 287, 319, 342, 350, 387, 393, 395, 400, 443
Eusébio de Cremona, 380
Eusébio de Emesa, 78, 79, 181, 192
Eusébio de Nicomédia, 47, 48, 50-53, 55, 57, 78, 137, 335
Eusébio de Vercelli, 58, 307, 308, 319, 320, 323, 404
Eusébio de Verticelli, 83
Eustácio de Antioquia, 54, 55
Eustácio de Sebástia, 76
Eustáquio de Sebástia, 117, 122, 132, 140, 142
Eustóquia, 374, 376, 391-393, 446
Eutério de Tiana, 219
Eutíquio, 220
Eutrópio, 24, 200-202, 204, 396, 423
Evágrio de Antioquia, 433
Evágrio Escolástico, 245
Evágrio Pôntico, 104, 115, 173, 175, 402
Evangelho da infância árabe, 269
Evangelho da infância armênio, 269
Evangelho de Filipe, 262
Evangelho de Gamaliel, 273
Evangelho de Nicodemos, 272
Evangelho de Pedro, 262, 270, 296
Evangelho de Tomé, 262
Evangelho do Pseudo-Mateus, 268
Evangelho dos Hebreus, 277

F

Faustino, 370
Febádio de Agen, 365
Félix de Aphtunga, 308
Festo, 24
Fidélis, 417
Filástrio de Bréscia, 263, 282
Fílon de Alexandria, 161, 184, 348, 353, 373

Filostórgio, 48, 102
Filóstrato, 24, 213, 234
Fírmico Materno, 62, 333
Flacila, 153
Flaviano de Antioquia, 99, 137, 225
Flaviano de Constantinopla, 222
Flavio Biondo, 20
Flávio Josefo, 180, 359, 392, 397
Focílides, 258
Fócio, 66, 181, 184, 186, 187, 215, 219, 245, 246, 282
Fontaine, 27, 29, 33, 34, 36, 42, 304, 323, 325, 331, 345, 360, 398, 410, 412, 413, 419, 429, 430, 437
Fortunaciano de Aquiléia, 323
Fotino de Sírmio, 55, 102, 312
Fragmenta Arriana, 364, 365

G

Gaio Mário Vitorino, 332, 333, 335, 337
Gaudêncio, 331, 360, 361
Genádio de Marselha, 186, 225
Germínio, 307, 308, 325
Gibbon, 20, 34
Gorgônia, 156
Graciano, 340, 341, 343, 346, 354, 366
Gregório da Capadócia, 57, 79
Gregório de Elvira, 317, 319, 421
Gregório de Illiberis, 317
Gregório de Nazianzo, 40, 50, 69, 100, 115, 118-121, 124, 131-133, 135, 137, 138, 143, 144-146, 149, 154-156, 159, 160, 165-167, 189, 170, 171, 173, 174, 191, 196, 200, 204, 246, 247, 263, 304, 322, 347, 355, 373, 375, 390, 392, 402, 403
Gregório de Nissa, 40, 56, 97, 101, 113, 115, 116, 118, 119, 123, 127, 129, 131, 132, 134, 136, 144, 146-149, 152-155, 158, 160, 171, 182, 185, 190, 192, 205, 224, 352, 355, 391, 397
Gregório de Tours, 11, 284
Gregório Magno, 11, 21, 27, 37

H

Hegemônio, 89, 90
Hegesipo, 254, 359

Hélade, 287
Hélio Donato, 372, 373
Heliodoro de Altino, 268
Helvídio, 378
Heptateuco Clementino, 255
Herculiano, 231
Hermas, 71, 296
Heródoto, 180
Hesíquio de Jerusalém, 66
Hiérocles, 213
Hilarião, 82, 363, 383, 434
Hilário de Poitiers, 32, 48, 49, 58, 59, 70, 79, 117, 263, 307, 308, 319, 322, 323, 325, 327, 329, 331, 332, 370, 406, 409, 410, 426, 434, 444
Himério, 119
Hipácia, 230, 231, 234, 235, 237
Hipólito, 41, 84, 221, 252, 254, 256, 318, 392
História do carpinteiro José, 269
Homero, 32, 100, 180, 246, 412
Honório, 22, 203, 298, 305, 311, 342, 361, 423
Horácio, 23, 349, 350, 373, 409, 410, 416, 426-428
Horapollon, 240

I

Idácio, 366
Imperatriz Eudóxia, 201, 224
Inácio de Antioquia, 254, 262
Infância do Senhor Jesus, 267-269
Inocêncio I, 203, 363
Ireneu de Lião, 263, 368
Ireneu de Tiro, 222
Isaac, o Sírio, 225
Isidoro de Sevilha, 11, 27, 253, 316, 410

J

Jâmblico, 161, 213
Jerônimo, 23-25, 35, 37-39, 41, 48, 56, 64, 66, 68, 74, 75, 80-83, 86, 90-92, 94, 95, 99, 102-105, 110, 113, 117, 128, 149, 179, 181, 186, 191, 264, 268, 269, 273, 303, 305, 308, 310, 312, 317, 318, 323, 325, 329-332, 337, 338, 344, 349, 350, 351, 356, 358-362, 365, 369, 372-402, 404-407, 411-415, 419, 420, 429, 431, 434, 438-440, 443, 445, 446
Jerusalém, 53, 57, 66, 75-79, 83, 90, 174, 211, 245, 246, 263, 275, 278, 285, 294, 295, 297, 376, 377, 379-382, 388, 399, 400, 423, 424, 434, 443, 444, 445
Jesus, 81, 90, 108, 112, 147, 198, 217, 219, 250, 251, 256, 258-263, 266-275, 277-282, 284, 287, 288, 291, 292, 295, 301, 323, 324, 376
João Cassiano, 21
João Crisóstomo, 40, 63, 83, 128, 133, 137, 178, 181, 183, 184, 189, 191-193, 195, 197, 199, 201, 203, 205, 207, 208, 212, 215, 224, 225, 231, 365
João Damasceno, 104, 112, 113, 224
João de Egéia, 222
João de Jerusalém, 78, 377, 380, 381, 388, 400
João Lido, 272
Jonas, 332, 391, 392, 394
Jorge da Capadócia, 58, 64
Jorge de Laodicéia, 79, 90, 91, 221
José, 258, 266, 269, 271, 275, 276, 290, 348
José de Arimatéia, 271
José e Asenet, 258, 290
Jovenco, 35, 101
Joviano, 29, 58, 70, 101
Joviniano, 378, 379
Jóvio, 417
Jubileus, 258
Júlia Anícia, 406
Juliano de Eclano, 186
Júlio Africano, 40, 41, 264, 392
Júlio I, 101, 307, 315, 316, 369
Junílio, 39
Justina, 246, 247, 340, 344
Justiniano, 12, 209
Justino, 211, 220, 221, 263, 270, 297
Juvenal, 24, 373, 398
Juvenco, 238, 412, 428

K

Kerygmata Petrou, 289

L

Lactâncio, 25, 41, 223, 224, 416

Leão I, 218
Leão Magno, 209, 306
Lenda de Addai, 288
Lenda do rei Abgar, 287
Lêucio, 277, 282
Libânio, 39, 119, 132, 172, 178, 183, 190, 199, 404
Liber graduum, 96, 137
Libério, 307, 308, 317, 319, 339, 356, 369, 370, 413
Liciniano, 278
Licínio, 55, 244
Lino, 284, 288
Livânia, 406
Lívio, 23
Livro da ressurreição de Cristo do apóstolo Bartol, 273
Livro das leis dos Países, 289
Livro do repouso de Maria, 275
Longino, 278
Lourenço, 356
Lucas, 91, 158, 184, 187, 188, 219, 257, 262, 267, 350, 352, 362, 364, 379, 389, 395
Lucas de Nicetas de Heracléia, 219
Luciano de Alexandria, 45
Luciano de Antioquia, 48, 179
Lucífero de Cagliari, 8, 319, 321, 323, 327, 374, 377
Lucílio, 416

M

Macário, 95-98, 190, 309, 310
Macário, o Egípcio, 95
Macário-Simeão, 96-98, 190
Macedônio, 166
Macrina, 119, 161-163
Macróbio, 23-25, 310, 311
Magnêncio, 64, 411
Magno, 11, 21, 23, 27, 37, 145, 209, 306, 396, 434
Maiorino, 309
Mani, 74, 86, 88-91, 220
Marcela, 392, 393, 400, 446
Marcelina, 339, 355, 356, 375
Marcelo (Pseudo), 283, 284
Marcelo de Ancira, 48, 53-55, 57, 63, 77, 79, 80, 99, 117, 165, 220, 336

Marciano, 209, 222
Marcião, 216, 262, 263, 290, 300, 424
Marcos, o Eremita, 96
Maria, 107, 108, 131, 250, 266-269, 271, 273-278, 298-301, 307, 356, 378, 379, 420
Mário Máximo, 24
Mário Vitorino, 25, 48, 303, 316, 331-333, 335, 337, 338, 345, 371, 389, 390, 409, 411, 425
Martinho, 432, 434-436, 438, 439, 441
Martírio de Mateus, 284
Marx, 20
Mateus, 105, 158, 184, 194, 264, 267-269, 273, 283, 284, 297, 323, 324, 326, 361, 365, 390
Maurício, 274
Maxêncio, 39
Maximiano, 311, 441, 442
Maximino, 270, 343, 364, 365
Máximo Confessor, 176, 219
Máximo de Turim, 361, 362, 364
Melânia, 174, 175, 376, 379, 399, 420, 438, 443
Melécio, 72, 76, 83, 126, 127, 131, 151, 152, 181, 183, 190, 192, 199, 320, 374
Melício, 45, 224
Melitão de Sardes, 260, 277
Menandro, 100
Metódio, 38
Miguel, 275, 293
Milagres de André, 284
Milagres de João, 285
Milcíades, 309
Minúcio, 38, 39
Minúcio Félix, 38
Montesquieu, 20
Museu, 242

N

Natividade de Maria, 267, 269
Naucélio, 26
Naucrácio, 120
Nectário, 156, 169, 174, 200
Nemésio de Emesa, 7, 223
Nestório, 186, 189, 203, 208, 209, 220, 222
Nicetas de Heracléia, 219
Nicetas de Remesiana, 9, 363, 416

ÍNDICE DOS NOMES DOS AUTORES ANTIGOS E DAS OBRAS ANÔNIMAS

Nicóbulo, 40, 156
Nicodemos, 271, 272
Nicômaco Flaviano, 24, 346
Nolano, 415, 417, 419
Nono de Edessa, 239
Nono de Panópolis, 229, 238, 239, 241
Novaciano, 49, 318, 328, 357, 362
Numênio, 214, 333

O

Odes, 259
Optato de Mileve, 311, 312
Óptimo, 246
Opus imperfectum in Matthaeum, 365
Oráculos Sibilinos, 297
Oriêncio, 36, 418
Orígenes, 46-48, 54-56, 65, 66, 80, 83, 85, 87, 99, 102-106, 109, 116, 121, 124, 133, 161, 164, 170, 172, 174-176, 178-180, 184, 185, 188, 205, 213, 221, 231, 264, 289, 294, 318, 319, 321, 325, 329, 330, 349-351, 353, 358, 361, 365, 373, 375, 376, 379-381, 384, 386, 388-390, 392-396, 399-403
Orósio, 368
Orsíese, 95
Osídio Geta, 412
Ósio, 316
Óssio de Córdova, 8, 52-54, 306-308, 316
Ovídio, 349, 350

P

Paciano de Barcelona, 362, 421
Pacômio, 21, 93-95, 139
Paixão de João, 285
Paixão de Pedro, 284
Paixão de Perpétua e Felicidade, 296
Palada, 240
Paládio, 95, 103, 174, 176, 203, 343, 403
Pamáquio, 378, 388, 392, 397, 400, 407
Pamprépio, 240
Pânfilo, 400
Papa Gelásio, 264
Papias de Hierápolis, 262
Parmeniano, 311-314

Pascásio Radberto, 269
Patrício, 246
Paula, 376, 378, 381, 391-393, 395, 414, 434, 446
Paulino de Milão, 438
Paulino de Nola, 36, 253, 304, 364, 398, 400, 402, 405, 409, 414, 421, 427, 429, 435, 437
Paulino de Pela, 429
Paulino de Treves, 322
Paulo de Samósata, 220, 327
Paulo de Tebas, 92
Peânio, 183
Pedro de Alexandria, 149, 341
Pedro de Sebástia, 147
Pedro Diácono, 444
Pelágio, 99, 186, 382, 394, 404-407, 416, 420
Peregrino, 368, 444
Pérsio, 373, 398
Pilatos, 270-272, 278, 279, 282, 301
Piniano, 420
Platão, 25, 100, 123, 161, 162, 181, 182, 214, 357
Plotino, 25, 46, 144, 181, 213, 214, 333
Plutarco, 135, 136, 214, 379
Pneumácio, 417
Políbio, 392
Policrônio de Apaméia, 7, 189
Pompeu Trogo, 392
Pôncio Merópio Anício Paulino, 414
Porfírio, 25, 41, 51, 99, 124, 168, 188, 189, 199, 213, 214, 225, 230, 231, 235, 333, 334, 336, 338, 373, 379, 390, 392
Possídio, 10, 438, 439, 440
Possidônio, 223, 224
Potâmio de Lisboa, 8, 318
Pregação de Pedro, 296
Pregações de Pedro, 289
Prisciliano, 331, 363, 365-369
Proba, 35, 238, 245, 246, 411-413
Procla, 278
Proclo de Constantinopla, 222
Procópio de Gaza, 104
Prócoro, 285, 289
Proerésio, 119
Próspero, 36, 418
Próspero da Aquitânia, 418
Prudêncio, 26, 29, 30, 36, 37, 188, 237, 351, 409, 414, 415, 419, 421, 422-430, 438
Pseudo-Melitão, 274, 277, 285, 289

453

Pseudoclementinas, 253, 254, 288-291, 299, 301, 402
Pulquéria, 153, 222, 245

Q

Questões de Bartolomeu, 273, 301
Quintiliano, 331, 421
Quinto de Esmirna, 243

R

Rahner, 36
Rand, 36
Reichenau, 277
Retício de Autun, 389
Romano de Antioquia, 427
Rufino da Síria, 405, 407
Rufino de Aquiléia, 103, 141, 174, 253, 264, 288, 399, 401, 403
Rústio, 39
Rutílio Namaziano, 22, 23, 429

S

Sabélio, 80, 81, 110, 113, 220
Salmos de Salomão, 258, 259
Salomão, 84, 168, 185, 258, 259, 275, 276, 280, 386
Salústio, 330, 331, 359, 404, 437
Salviano, 22
Santo Mazzarino, 28
São Nazário, 414
Sátiro, 354, 355, 414
Saturnino de Arles, 323, 325
Segundo Salústio, 404
Selêucia, 64, 70, 76, 79, 127, 325, 326, 327
Sêneca, 30, 278, 324, 354, 373, 379, 397, 427
Sentenças de Sexto, 402, 406
Serapião de Antioquia, 262
Serapião de Thmuis, 6, 67, 90
Sermo Arrianorum, 364, 365
Severiano de Gabala, 7, 198, 202, 207, 224, 225, 227
Severo de Antioquia, 218, 220, 225
Shenute, 93, 138

Sidônio Apolinário, 35, 429
Silvestre, 306, 307, 309
Símaco, 22-26, 29, 33, 39, 40, 106, 188, 194, 346, 347, 358, 375, 391, 423, 424, 425
Simão Mago, 84, 216, 220, 254, 283, 290, 291, 292
Simeão da Mesopotâmia, 96, 98
Simpliciano, 333, 340, 347
Sinésio de Cirene, 229, 230, 231, 233, 235, 237
Sínodos alexandrinos, 256
Siriano, 336
Sirício, 313, 366, 376, 401, 415
Sobre o Espírito Santo, 109, 113, 114, 132, 135, 142, 144, 166, 167, 219
Sócrates, 78, 82, 100, 112, 162, 174, 178, 224, 241, 245
Sozômeno, 41, 45, 77, 79, 100, 137, 139, 174, 224, 241
Suetônio, 396, 431, 440
Sulpício Severo, 10, 38, 366, 406, 415, 420, 434, 435, 437-439, 441
Synodicon contra a Tragédia de Ireneu, 218

T

Taciano, 213
Tácito, 30, 51, 331
Temístio, 39, 234
Teodocião, 106, 194, 391
Teodoreto de Ciro, 208, 209, 211, 213, 215, 217, 219, 221
Teodoreto por Severo de Antioquia, 220
Teodoro de Mopsuéstia, 104, 178-180, 183, 184, 185, 187, 189, 205, 208, 210, 212, 217, 223
Teodósio I, 294
Teodósio II, 209, 222, 225, 245, 361
Teófilo, 83, 169, 174, 179, 190, 201, 202, 203, 225, 231-234, 380, 397
Téon, 231
Terêncio, 23, 373
Tertuliano, 30, 32, 33, 39, 264, 270, 312, 317, 318, 321, 323, 324, 328, 332, 356, 360, 363, 378-380, 412, 441
Testamento de Abraão, 298
Testamento de Maria, 276
Testamento de Moisés, 260
Testamento do Senhor, 251, 252, 255, 256

ÍNDICE DOS NOMES DOS AUTORES ANTIGOS E DAS OBRAS ANÔNIMAS

Tiago de Edessa, 255
Tibério, 51, 270
Tícia, 417
Ticônio, 314, 315
Timóteo de Alexandria, 403
Tito de Bostra, 90, 91
Tomé, 244, 262, 282, 284, 298, 445
Tractatus in Lucae Evangelium, 364, 365
Tradição apostólica, 249, 252-255, 256, 264
Trânsito de Maria, 274, 276, 277, 299
Tucídides, 40
Túrcio Aproniano, 399

U

Ursácio, 50, 64, 307, 308, 322, 325, 400
Ursino, 370

V

Valente, 49, 50, 58, 64, 76, 83, 91, 126, 148, 178, 305, 307, 308, 312, 322, 325, 340
Valentiniano I, 82, 305, 311, 339, 340, 360
Valentiniano II, 340, 341, 342, 346, 354, 366
Valentino, 216

Valeriano, 297, 308, 361, 374
Valério de Bierzo, 445
Veronensis LV, 253
Vétio Agório Pretextato, 24, 346
Vicente de Cápua, 307, 308
Vicente de Lérins, 82
Vigilâncio, 381
Vigílio, 186
Virgílio, 23, 25, 349, 350, 358, 373, 412, 413, 419, 424, 428
Vírio Nicômaco Flaviano, 346
Visão de Doroteu, 7, 12, 243
Visão do beato Esdras, 298
Vitélio, 310
Vítor, 24
Vitorino de Petóvio, 315, 318, 323, 393
Voltaire, 20, 34

X

Xenophon, 286

Z

Zacarias Escolástico, 240
Zenão de Verona, 9, 331, 356
Zósimo, 187

455

Edições Loyola

editoração impressão acabamento
Rua 1822 nº 341 – Ipiranga
04216-000 São Paulo, SP
T 55 11 3385 8500/8501, 2063 4275
www.loyola.com.br